日外アソシエーツ

A Reference Guide to Awards and Prizes of Women

Compiled by
Nichigai Associates, Inc.

©2014 by Nichigai Associates, Inc.
Printed in Japan

本書はディジタルデータでご利用いただくことができます。詳細はお問い合わせください。

●編集担当● 松本 裕加
装丁：赤田 麻衣子

刊行にあたって

　本書は日本国内の女性に関する賞の概要、受賞情報を集めた事典である。

　女性の社会進出・男女共同参画については、長年にわたって官・民問わず広く議論がなされており、その一環として社会進出促進を目的とした賞や、その拡充に寄与した人・団体等を顕彰するための賞が様々な団体により創設されている。

　本書では、男女共同参画や女性文化に関する賞をはじめ、応募・受賞対象が女性である賞、女性向けおよび女性をテーマにした作品を募集する賞などを、文化・科学・美術・文学・芸能ほか幅広い分野にわたり収録した。国内の156賞について、賞ごとにその概要や歴代受賞者、受賞作品・理由などを一覧することができ、受賞者名索引を利用すれば、特定の人物・団体の受賞歴を通覧することも可能である。

　過去に実施されていた賞から近年設けられた賞まで、実施時期や分野、内容から、その時々の女性に関する社会・文化の状況を垣間見ることもできるであろう。

　小社では、賞の概要や受賞者について調べたいときのツールとして、分野ごとに歴代の受賞情報を集めた「児童の賞事典」(2009)、「映画の賞事典」(2009)、「音楽の賞事典」(2010)、「ビジネス・技術・産業の賞事典」(2012)、「漫画・アニメの賞事典」(2012)、「環境・エネルギーの賞事典」(2013) を刊行している。本書と併せてご利用いただければ幸いである。

　　2014年3月

　　　　　　　　　　　　　　　　　　　　　日外アソシエーツ

凡　例

1. 本書の内容

    本書は国内の女性に関する156賞の受賞情報を収録した事典である。

2. 収録範囲

    1) 女性に関する賞を2014年3月現在で収録した。
    2) 特定の時期に女性関連の部門が設けられていたり、賞の一部に女性関連部門が存在する場合は、該当する年・部門のみを収録した。
    3) 特定の地域や学内など、対象が限定される賞は除いた。

3. 賞名見出し

    1) 賞名の表記は原則正式名称を採用した。
    2) 改称や他の呼称がある場合は、目次に個別の賞名見出しを立て、参照を付した。

4. 賞の分類と賞名見出しの排列

    賞を7つの大見出しに区分し、必要があるものは内部を小見出しで分けた。それぞれの見出しの下では賞名の五十音順に排列した。その際、濁音・半濁音は清音とみなし、ヂ→シ、ヅ→スとした。促音・拗音は直音とみなし、長音（音引き）は無視した。「日本」の読みは「ニホン」に統一した。

    Ⅰ　文化
    　　男女共同参画・女性文化
    　　ファッション・美容
    　　その他
    Ⅱ　ビジネス・産業
    　　ビジネス・起業・経営
    　　農林水産業

　　　　Ⅲ 科学
　　　　　　科学
　　　　　　医学・薬学
　　　　Ⅳ 文学
　　　　　　文学全般・小説
　　　　　　詩・短歌・俳句
　　　　　　児童文学
　　　　Ⅴ 漫画
　　　　Ⅵ 美術
　　　　Ⅶ 音楽・芸能
　　　　　　音楽
　　　　　　演劇
　　　　　　映画・映像
　　　　　　放送

5．記載内容

1）概　要

　賞の概要として、賞の由来・趣旨／主催者／選考委員／選考方法／選考基準／締切・発表／賞・賞金／公式ホームページURLを記載した。記述内容は原則として最新回のものによった。

2）受賞記録

　歴代受賞記録を受賞年（回）ごとにまとめ、部門・席次／受賞者名（受賞時の所属、肩書や地域、国籍）／受賞作品・理由・業績の順に記載した。

6．受賞者名索引

1）受賞者名から本文での記載頁を引けるようにした。
2）排列は、姓の読みの五十音順、同一姓のもとでは名の読みの五十音順とした。姓名区切りのない人物や団体名は全体を姓とみなして排列した。アルファベットで始まる外国人名はABC順とし、五十音の後においた。なお、濁音・半濁音は清音とみなし、ヂ→シ、ヅ→スとした。促音・拗音は直音とみなし、長音（音引き）は無視した。

目　　次

I　文　化

男女共同参画・女性文化

001 赤松良子賞 …………………………………………………………………… 3
002 赤松良子ユース賞 …………………………………………………………… 4
003 アジア人権賞 ………………………………………………………………… 5
　　　エイボン アワーズ・トゥ・ウィメン　→*004* エイボン女性年度賞
004 エイボン女性年度賞 ………………………………………………………… 6
005 加藤シヅエ賞 ………………………………………………………………… 19
006 京都府あけぼの賞 …………………………………………………………… 20
007 昭和女子大学女性文化研究賞（坂東眞理子基金）………………………… 24
008 女性史青山なを賞 …………………………………………………………… 25
009 女性史学賞 …………………………………………………………………… 27
010 女性人権活動奨励賞（やより賞）…………………………………………… 28
011 女性のチャレンジ賞 ………………………………………………………… 29
012 女性文化賞 …………………………………………………………………… 34
013 白井博子・地の塩賞 ………………………………………………………… 35
014 空を愛する女性たちを励ます賞 …………………………………………… 36
015 男女共同参画社会づくり功労者内閣総理大臣表彰 ……………………… 39
　　　男女共同参画社会づくり功労者の内閣官房長官表彰　→*015* 男女共同参社
　　　　会づくり功労者内閣総理大臣表彰
016 男女共同参画・少子化に関する研究活動の支援, 並びにこれに関する顕彰事業 … 44
017 日本女性学習財団賞 ………………………………………………………… 46
018 パートナー・オブ・ザ・イヤー …………………………………………… 47
019 平塚らいてう賞 ……………………………………………………………… 48
020 ベストマザー賞 ……………………………………………………………… 50
021 ベストメン賞 ………………………………………………………………… 52
022 山川菊栄賞（山川菊栄記念婦人問題研究奨励金）………………………… 53
　　　やより賞　→*010* 女性人権活動奨励賞（やより賞）
023 よい夫婦の日 ナイス・カップル …………………………………………… 55

目次

ファッション・美容

- *024* E-ライン・ビューティフル大賞 …………………………… 57
- *025* FECJ賞 ……………………………………………………… 58
- *026* ゴールド・メイクアップ賞 ……………………………… 59
- *027* The Beauty Week Award ………………………………… 59
  The Best of Beauty　→*027* The Beauty Week Award
- *028* ジュエリー業界が選ぶ"ウーマン オブ ザ イヤー" …… 61
- *029* シューズベストドレッサー賞 …………………………… 61
- *030* 日本ウェディングベストドレッサー賞 ………………… 62
- *031* 日本ジュエリーベストドレッサー賞 …………………… 62
- *032* ネイルクイーン …………………………………………… 66
- *033* 二十歳のベスト・パール・ドレッサー ………………… 69
- *034* ファー・オブ・ザ・イヤー ……………………………… 69
- *035* ブライダルジュエリー プリンセス ……………………… 70
- *036* プラチナ・ミューズ・アワード ………………………… 70
- *037* ベストジーニスト ………………………………………… 71
- *038* ベストビューティストアワード ………………………… 72
- *039* ベストフォーマリスト賞 ………………………………… 73
- *040* ベスト・ヘア賞 …………………………………………… 74
- *041* ベストレザーニスト賞 …………………………………… 74

その他

　　　WITHコットンUSA ずっと、いっしょにいたい人　→*043* コットンUSAアワード
- *042* VOGUE JAPAN Women of the Year ……………………… 75
  VOGUE NIPPON Women of the Year　→*042* VOGUE JAPAN Women of the Year
- *043* コットンUSAアワード …………………………………… 77
- *044* 将棋大賞 …………………………………………………… 78
- *045* 読者が選ぶ・講談社広告賞 ……………………………… 80
- *046* BLOG of the year ………………………………………… 80
- *047* ベスト・スマイル・オブ・ザ・イヤー ………………… 81
- *048* ミズ・リリー賞 …………………………………………… 83

(7)

Ⅱ ビジネス・産業

ビジネス・起業・経営

- *049* ウーマン・オブ・ザ・イヤー 84
- *050* ウーマンズビジネスグランプリ 96
  SNB大賞　→*054* さいたま市ニュービジネス大賞
- *051* エンパワーメント大賞 97
- *052* 関西財界セミナー賞 98
- *053* 京都女性起業家賞（アントレプレナー賞） 101
- *054* さいたま市ニュービジネス大賞 102
- *055* 女性起業家大賞 103
  女性新ビジネスプランコンペティション　→*056* DBJ女性新ビジネスプランコンペティション
- *056* DBJ女性新ビジネスプランコンペティション 112
- *057* メンター・アワード 113
- *058* 横浜ビジネスグランプリ 115

農林水産業

- *059* 「明日の農山漁村を担う女性」表彰 116
- *060* 女性グループの生活・生産活動に関する表彰 117
- *061* 農山漁村女性・シニア活動表彰 118
- *062* 農山漁村女性チャレンジ活動表彰 123
- *063* 農山漁村男女共同参画優良活動表彰 126
- *064* ベストパートナー賞 129

目 次

III 科学

科学

- *065* 入澤彩記念女性生理学者奨励賞（入澤彩賞）……………………… 131
  - OM賞 →*077* 日本動物学会女性研究者奨励OM賞
- *066* 化学工学会賞 ……………………………………………………… 132
- *067* 軽金属女性未来賞 ………………………………………………… 132
  - 猿橋賞 →*070* 女性科学者に明るい未来をの会・猿橋賞
- *068* JWEF女性技術者に贈る奨励賞 ………………………………… 133
  - JWEF都河賞 →*068* JWEF女性技術者に贈る奨励賞
- *069* 資生堂 女性研究者サイエンスグラント ………………………… 133
- *070* 女性科学者に明るい未来をの会・猿橋賞 ……………………… 137
  - 女性科学者日本奨励賞 →*081* ロレアル-ユネスコ女性科学者 日本奨励賞
- *071* 女性研究者研究業績・人材育成賞（小舘香椎子賞） …………… 139
- *072* 電気化学会女性躍進賞 …………………………………………… 140
- *073* 内藤記念女性研究者研究助成金 ………………………………… 141
- *074* 日本化学会女性化学者奨励賞 …………………………………… 144
- *075* 日本女性科学者の会功労賞 ……………………………………… 145
- *076* 日本女性科学者の会奨励賞 ……………………………………… 147
- *077* 日本動物学会女性研究者奨励OM賞 …………………………… 149
- *078* 日本油化学会女性科学者奨励賞 ………………………………… 151
- *079* 守田科学研究奨励賞 ……………………………………………… 151
- *080* 湯浅年子賞 ………………………………………………………… 153
- *081* ロレアル-ユネスコ女性科学者 日本奨励賞 …………………… 154

医学・薬学

- 荻野吟子賞 →*085* 日本女医会荻野吟子賞
- *082* 西予市おイネ賞事業 ……………………………………………… 157
- *083* 永井記念国際女性科学者賞 ……………………………………… 158
- *084* 日本循環器学会女性研究者奨励賞 ……………………………… 158
- *085* 日本女医会荻野吟子賞 …………………………………………… 159

(9)

目　次

086　日本女医会吉岡弥生賞……………………………………………………… 162
　　　日本薬剤学会永井記念国際女性科学者賞　→083 永井記念国際女性科学者賞
　　　吉岡弥生賞　→086 日本女医会吉岡弥生賞

Ⅳ　文　学

文学全般・小説

087　大阪女性文芸賞……………………………………………………………… 170
088　女による女のためのR-18文学賞…………………………………………… 171
089　神戸女流文学賞……………………………………………………………… 173
090　さくらんぼ文学新人賞……………………………………………………… 173
091　小説フェミナ賞……………………………………………………………… 174
　　　女性の小説募集　→104 らいらっく文学賞
092　ショート・ラブストーリー・コンテスト………………………………… 175
093　女流新人賞…………………………………………………………………… 175
094　女流文学者賞………………………………………………………………… 177
095　女流文学賞…………………………………………………………………… 177
096　関根賞・第2次関根賞……………………………………………………… 179
097　田村俊子賞…………………………………………………………………… 180
098　フェミナ賞…………………………………………………………………… 181
　　　婦人公論女流新人賞　→093 女流新人賞
099　婦人公論文芸賞……………………………………………………………… 182
100　フラウ文芸大賞……………………………………………………………… 182
101　振媛文学賞…………………………………………………………………… 183
102　マドモアゼル女流短篇新人賞……………………………………………… 184
103　紫式部文学賞………………………………………………………………… 184
104　らいらっく文学賞…………………………………………………………… 185

詩・短歌・俳句

105　桂信子賞……………………………………………………………………… 186
106　葛原妙子賞…………………………………………………………………… 187
107　現代詩女流賞………………………………………………………………… 188

(10)

目　次

108　現代短歌女流賞 ……………………………………… 188
109　現代短歌新人賞 ……………………………………… 189
110　現代俳句女流賞 ……………………………………… 190
111　河野愛子賞 …………………………………………… 191
112　星野立子賞 …………………………………………… 192
113　ミューズ女流文学賞 ………………………………… 192
114　ラ・メール新人賞 …………………………………… 193
115　ラ・メール短歌賞 …………………………………… 194
116　ラ・メール俳句賞 …………………………………… 194

児童文学

117　カネボウ・ミセス童話大賞 ………………………… 195
118　小梅童話賞 …………………………………………… 196
119　「小さな童話」大賞 ………………………………… 198
　　　ミセス童話大賞　→*117* カネボウ・ミセス童話大賞

Ⅴ　漫　画

120　えんため大賞 ………………………………………… 203
121　金のティアラ大賞 …………………………………… 205
122　講談社漫画賞 ………………………………………… 207
123　小学館新人コミック大賞 …………………………… 209
124　小学館漫画賞 ………………………………………… 223
125　女子マンガ大賞 ……………………………………… 225
126　電撃コミックグランプリ …………………………… 226

Ⅵ　美　術

127　亀高文子記念―赤艸社賞 …………………………… 229
128　朱葉会展 ……………………………………………… 230
129　女流画家協会展 ……………………………………… 243

(11)

130 女流陶芸公募展　260
131 東光展　268
132 二紀展〔絵画の部〕　270

Ⅶ 音楽・芸能

音楽

133 MTVビデオ・ミュージック・アワード・ジャパン　273
134 日本ゴールドディスク大賞　274

演劇

　O夫人児童演劇賞　→*135* O夫人児童青少年演劇賞
135 O夫人児童青少年演劇賞　276
136 日本シェイクスピア賞　278
137 読売演劇大賞　279

映画・映像

138 あいち国際女性映画祭 ショートフィルム・アワード　282
139 キネマ旬報ベスト・テン〔個人賞〕　283
140 シネ・フロント読者ベストテン　288
141 声優アワード　289
142 日刊スポーツ映画大賞　291
143 日本アカデミー賞　293
144 日本映画批評家大賞　296
145 日本映画プロフェッショナル大賞　299
　日本映画文化賞　→*146* ブルーリボン賞
146 ブルーリボン賞　300
147 報知映画賞　304
148 毎日映画コンクール　308

149 マックス ファクター・ビューティ・スピリット賞 ……………………………… 314
150 山路ふみ子賞 ……………………………………………………………………… 315

放 送

SJ賞　→*153* 放送ウーマン賞
WNB賞　→*154* 放送と女性ネットワーク賞
151 東京ドラマアウォード ……………………………………………………………… 317
152 日刊スポーツ・ドラマグランプリ ………………………………………………… 318
日本女性放送者懇談会賞　→*153* 放送ウーマン賞
153 放送ウーマン賞 …………………………………………………………………… 319
154 放送と女性ネットワーク賞 ……………………………………………………… 327
読売女性ヒューマン・ドキュメンタリー大賞　→*156* 読売「ヒューマン・ドキュメンタリー」大賞
155 読売・日本テレビWoman's Beat大賞カネボウスペシャル21 ………………… 329
156 読売「ヒューマン・ドキュメンタリー」大賞 …………………………………… 330

受賞者名索引 ………………………………………………………………………… 333

(13)

女性の賞事典

Ⅰ 文 化

男女共同参画・女性文化

001 赤松良子賞

平成9年(1997),国際女性の地位協会創立10周年を記念して,当時会長であった赤松良子氏の寄託する基金を基に創設された。女性差別撤廃条約の研究・普及を通じて,女性の地位向上に貢献した国内外の個人または団体を表彰する。

【主催者】 国際女性の地位協会

【選考委員】 (第17回)委員長:鳥居淳子(国際女性の地位協会後援者,成城大学名誉教授,難民審査参与員),委員:赤松良子(国際女性の地位協会名誉会長,文京学院大学顧問,日本ユニセフ協会会長),浅倉むつ子(国際女性の地位協会会員,早稲田大学教授),樋口恵子(評論家,東京家政大学名誉教授,NPO法人高齢社会をよくする女性の会理事長),矢澤澄子(国際女性の地位協会会員,元東京女子大学教授),山下泰子(国際女性の地位協会会長,文京学院大学名誉教授),古橋源六郎(一般財団法人古橋会 理事長)

【選考基準】 〔対象〕女性の地位向上に貢献した国内外の個人または団体

【締切・発表】 (第17回)平成25年12月15日「国際女性の地位協会 2013 赤松良子賞記念の集い」にて贈呈式および受賞者講演会を実施

【賞・賞金】 表彰状,副賞(30万円)

【URL】 http://www.jaiwr.org/

第1回(平9年)
　中村 道子(国連NGO国内婦人委員会会長)
第2回(平10年)
　該当者なし
第3回(平11年)
　イヴァンカ・コルティ(国連女性差別撤廃委員会委員・元同議長/イタリア)
第4回(平12年)
　三隅 佳子(北九州女性センター"ムーブ"所長)
第5回(平13年)
　ロフサンダンサン・イデル(国連女性差別撤廃委員会初代議長/モンゴル)

第6回(平14年)
　小笠原 みどり(朝日新聞記者,『世界中のひまわり姫へ』作者),永田 萠(イラストレーター,『世界中のひまわり姫へ』挿絵)
第7回(平15年)
　日本女性差別撤廃条約NGO ネットワーク(JNNC)
第8回(平16年)
　ワーキング・ウィメンズ・ネットワーク(WWN)(職場における女性差別撤廃を求めて,住友電工,同化学,同金属の3メーカーの女性労働者が起こした裁判の支援をとおして結成されたグループ)

第9回（平17年）
　ベアテ・シロタ・ゴードン　"日本国憲法の制定に際し、女性の権利（特に24条）についての条文を取り入れることに功績があった"

第10回（平18年）
　横田 洋三　"人権問題について国際的に幅広く取り組むとともに、女性の人権問題についても深い理解を持ち、その普及活動に貢献した"

第11回（平19年）
　有馬 真喜子（（財）横浜市男女共同参画推進協会顧問,NPO法人ユニフェム日本国内委員会理事,NPO法人女性人権機構理事長,ジャーナリスト）　"国連婦人の地位委員会日本代表として活躍、国際的な視野をもって女性の地位向上のための活動に貢献した"

第12回（平20年）
　イ・ヨンスク（韓国大学婦人協会副会長・元国会議員）　"国際議員連盟［IPU］女性委員会委員、国会女性特別委員長などに就任、女性の地位向上のため幅広く活躍、日韓女性の地位向上のための交流にも貢献した"

第13回（平21年）
　鹿嶋 敬（実践女子大学人間社会学部教授）　"ジャーナリストとして、女性差別撤廃条約、男女雇用機会均等法及び男女共同参画基本法に関わり、その理念を活用して女性の地位向上に寄与する"

第14回（平22年）
　NPO法人参画プランニング・いわて　"1992年以来、女性差別撤廃条約を学び、活かしながら、地域に根ざしたリーダーシップを発揮し、多岐にわたる女性の地位向上に貢献したことによる"

第15回（平23年）
　古橋 源六郎（（財）日本交通安全教育普及協会会長）　"男女共同参画審議会に設けられた男女共同参画社会基本法制定検討小委員会の委員長として同法制定に向け多大な尽力をされた"

◇特別賞
　菅野 典雄（福島県飯舘村村長）　"飯舘村において男女共同参画村への歩みを着実に推進させるために尽力された"

第16回（平24年）
　三井 マリ子（女性政策研究家）　"長年にわたり、フェミニスト評論家、政治家等として、女性の権利、ジェンダー平等、女性の政治参画などの幅広い分野で活動を続けてこられたこと"

第17回（平25年）
　鹿島 光代（ドメス出版株式会社編集長）　"株式会社ドメス出版の創設に参加し、創業時より現在に至るまで編集長として女性の問題に着眼した書籍出版に多大な努力をされ、女性の地位向上のために貢献した"

002 赤松良子ユース賞

　国際女性の地位協会が平成19年（2007）に創立20周年を迎えることを記念して、新たに創設した賞。協会創立10周年を記念して始められた「赤松良子賞」により、女性差別撤廃条約の研究・普及を通じて女性の地位向上に貢献した国内外の個人・団体に対し表彰を行ってきた経緯を踏まえ、本賞は、若手の研究者・活動実践者を対象にした論文の公募により、その研究・活動を積極的に支援しようとするものである。

【主催者】国際女性の地位協会

【選考委員】国際女性の地位協会名誉会長、会長、総括理事、研究企画委員長、編集委員長、国際委員長、およびテーマに関わる専門委員若干名（会長が必要に応じて委嘱）をもっ

て構成

【選考方法】「赤松良子ユース賞」選考委員会により論文の査読を行い,年1名を選考,受賞論文を「国際女性」に掲載する。

【選考基準】〔対象〕国内外の若手研究者・活動実践者等。年齢40歳未満。大学院修士課程修了後5年以内。〔募集論文〕(1)研究論文(オリジナルな研究成果をまとめたもの),(2)事例研究(具体的な事例研究報告)〔規定〕字数は12000字以上16000字以内とする。日本語で書かれた未発表のものに限る。〔テーマ〕女性差別撤廃条約の精神に合致し,女性の人権および地位向上に関わり,またジェンダー問題の解決に役立つテーマについて,自由に設定する。

【締切・発表】(第8回)平成26年7月31日締切。掲載論文は9月頃に決定予定。赤松良子賞贈呈式に合わせて赤松良子ユース賞の贈呈式を行う。

【賞・賞金】奨励金:1名 5万円

【URL】http://www.jaiwr.org/index.html

第1回(平19年)
　該当なし
第2回(平20年)
　ステフャニー・クープ(Stephanie Coop)(国際法,青山学院大学大学院)「強制結婚と国際刑事法―『人道に対する罪』としての認定をめぐって」
第3回(平21年)
　朴 仁京(政治学,筑波大学外国人研究員)「女性の政治的代表とクォータ制」
第4回(平22年)
　長田 華子(開発経済学,お茶の水女子大学大学院 人間文化創成科学研究科 ジェンダー学際研究専攻)「グローバル金融危機以降のバングラディシュにおける日系縫製工場と女性労働力―熟練度・賃金査定・世帯保持の観点から」
第5回(平23年)
　該当なし
第6回(平24年)
　斎藤 文栄(国際人権法,英国エセックス大学国際人権法修士)「人権条約の履行における国会の役割―女性差別撤廃委員会の声明から考える」
第7回(平25年)
　該当なし

003 アジア人権賞

土井たか子社民党党首,西川潤早稲田大学教授が代表を務めるアジア人権基金が創設。アジアの人権問題の解決,改善に功績を果たした内外の個人,団体に贈る。特に女性問題に尽力した場合は「女性・人権特別賞」(旧称・土井たか子人権賞)が贈られ,第6回まで設けられた。「アジア人権賞」は,第8回(平成15年)実施後,3年中断して,第9回(平成19年)を実施。翌年の第10回をもって終了した。平成21年(2009)より,アジア各地の受賞者・団体を訪問し,現状把握を行い,書籍『アジア・ヒューマンライツ―アジア人権基金の歩み』(土井たか子・村井吉敬・アジア人権基金編,梨の木舎発行,平成22年4月刊)にてその結果が報告されている。アジア人権基金は設立20年をもって,平成22年解散。

【主催者】アジア人権基金

【選考委員】永六輔,大石芳野,スリチャイ・ワンガェーオ,堤清二,土井たか子,西川潤,

松井やより,武者小路公秀
- 【選考方法】推薦。5月下旬から募集要網を発送,所定の書式による推薦書にて応募。締切後,当基金理事会が委嘱する選考委員および人権賞担当理事によって,討議を重ね選考委員会で決定。
- 【選考基準】〔対象〕アジア地域で人権のために活動する日本および海外の団体・個人。国内の外国人問題などで活動する日本の団体・個人
- 【締切・発表】例年8月末日締切,10月末決定,12月の人権週間に授賞式,記念講演
- 【賞・賞金】副賞として50万円

第1回(平8年)
◇土井たか子人権賞
　李 愚貞(韓国)
第2回(平9年)
◇土井たか子人権賞
　高里 鈴代(基地・軍隊を許さない行動する女たちの会(沖縄))
第3回(平10年)
◇女性・人権特別賞
　ラトゥナ・サルンパエット(女優/インドネシア)
　富山 妙子(画家)
第4回(平11年)
◇女性・人権特別賞
　ラケル・エドラリン・ティグラオ(フィリピン女性救護センター代表)
第5回(平12年)
◇女性・人権特別賞
　チャンタソン・インタヴォン(ラオスの子どもに絵本を送る会(ASPB))
第6回(平13年)
◇女性・人権特別賞
　シンシア・マウン(医師),メータオ診療所(ビルマ(ミャンマー))

004 エイボン女性年度賞

　これからの時代を的確に捉え,社会のために有意義な活動をし,時代を生きる女性に夢と希望を与え,功績をあげている女性に贈られる。昭和54年(1979)に開始。平成13年(2001)から19年(2007)までは「エイボン アワーズ・トゥ・ウィメン」と名称変更し,30回目となった平成20年に,当初の「エイボン女性年度賞」と名称を戻した。平成25年度(2013)より,特に被災地で復興に向けて活躍する女性を支援したいという思いから,特別枠として復興支援賞を設定。

- 【主催者】エイボン・プロダクツ株式会社
- 【選考委員】(2013年(平成25年))香山リカ(精神科医・立教大学現代心理学部映像身体学科教授),小室等(音楽家),上野千鶴子(東京大学名誉教授・認定NPO法人ウィメンズアクションネットワーク理事長),山口香(筑波大学大学院准教授・柔道家)
- 【選考方法】オピニオンリーダーや,公共機関・各種団体などをはじめ,一般推薦,新聞・雑誌・放送等の情報をもとに顧問委員会にて選考。
- 【選考基準】〔対象〕女性大賞:特に活動の分野を問わず,社会的にめざましい活躍をし,立派な功績をおさめ,その年を代表する女性としてふさわしい女性に贈る。 女性賞:特に活動の分野を問わず,社会的にめざましい活躍をし,功績をおさめている女性に贈る。

【締切・発表】（2013年（平成25））平成26年1月31日授与式
【賞・賞金】賞牌と賞金（女性大賞は100万円、他賞は50万円）。受賞者本人への副賞とは別に、各賞の副賞と同額の金額を受賞者の指名する団体に寄付。
【URL】http://www.avon.co.jp

1979年（昭54年）
◇エイボン女性大賞
市川 房枝（元・国会議員）"女性の地位と生活向上に生涯を捧げ、国会議員として多くの団体のリーダーとして意欲的に活動し女性に勇気と励みを与えた"
◇エイボン功績賞
水島 照子（ボランティア労力銀行主宰）"「ボランティア労力銀行」を考案し全国組織にまで発展させ、家庭婦人と社会の相互連帯を深めることに力を注いでいる"
◇エイボン教育賞
伊藤 雅子（国立市公民館勤務）"公民館に初めて保育室を創設、乳幼児を持つ主婦の学習を容易にし、婦人教育の実践に努め、市民とのつながりを深めている"
◇エイボン芸術賞
荒武 タミ（ゴッタン奏者）"鹿児島に残る楽器ゴッタンを後世に伝えるため、その正しい演奏法と唄の指導に40年以上貢献している"
白川 八重子，金谷 フサ（トンコリ奏者）"樺太シャーマンの伝統的な楽器トンコリを復活させ、演奏の練習に励みながら、後継者の育成に尽力した"
◇エイボンスポーツ賞
兵藤 秀子（元・オリンピック水泳選手，水泳指導者）"ベルリン・オリンピックの金メダリスト。また長年にわたる水泳指導を通じ、主婦や子供の健康増進、技術向上に努めている"

1980年（昭55年）
◇エイボン女性大賞
石原 一子（高島屋常務取締役）"女性として初めて大企業の役員に登用され、その めざましい先駆的活動は、後進の働く女性たちを大きく力づけている"
◇エイボン功績賞
北浦 雅子（全国重症心身障害児（者）を守る会会長）"「全国重症心身障害児（者）を守る会」を結成し、社会福祉運動を全国的に展開させ、多くの施設を作るために貢献している"
◇エイボン教育賞
瀬川 清子（女性民俗学者）"半世紀にわたり民俗学の研究一筋に歩み、日常の生活習慣の中から日本の女性史を掘り起こすなど、優れた成果をあげた"
◇エイボン芸術賞
山本 容子（版画家，京都市立芸大講師）"軽妙洒脱な描写で、日常的なモチーフをリズミカルに表現し、版画や水彩画で独創的な新しい世界を拓いている"
◇エイボンスポーツ賞
今井 通子（アルピニスト，東京女子医大病院講師，医学博士）"ヨーロッパの3大北壁登頂やダウラギリ縦走に挑み見事に成功、女性アルピニストの実力を身を持って示している"

1981年（昭56年）
◇エイボン女性大賞
猿橋 勝子（科学者，理学博士）"女性科学者の草分けとして、地球化学の分野で優れた功績をあげ、女性の地位向上と世界平和のために国際的な活躍を続けている"
◇エイボン功績賞
沢地 久枝（ノンフィクション作家）"ノンフィクション作家として、時代の中の人間像を適確に浮き彫りにし現代社会に向かって、真実とは何かを訴え続けている"
◇エイボン教育賞

大村 はま（元・国語教師）"52年に及ぶ教職生活を通じて，常に本物の教育とは何かを追及し，独創的な指導を実践，教育界に多大な影響を与えた"

◇エイボン芸術賞

林 雅子（建築家）"常に本当の住みよさとは何かを追及し，美と機能性を調和させた明快な空間づくりに意欲的に取り組んでいる"

◇エイボンスポーツ賞

増田 明美（陸上競技選手）"陸上競技の中・長距離において，女子最高の記録を次々に樹立し，日本の女子陸上界に明るい希望を与えた"

1982年（昭57年）

◇エイボン女性大賞

原 百代（作家）"幾多の困難を克服し，13年の歳月をかけ膨大な資料を探索，史実を掘り起こし，通説を覆す壮大なロマン「武則天」を完成させた"

◇エイボン功績賞

金森 千栄子（北陸放送・ラジオ局長，メディア・プロデューサー）"ラジオ番組制作に長年従事し，ラジオの領域と可能性を拡大，市民のコミュニケーションの充実と発展に大きく寄与している"

◇エイボン教育賞

西尾 珪子（国際日本語普及協会専務理事）"日本語教育の分野で，多様化するニーズに応じた独自の教授方法を開拓し，その活動を通じて国際交流に大きく貢献している"

◇エイボン芸術賞

木佐貫 邦子（ダンス・アーティスト）"モダンダンス界の新星として，より豊かな表現力と独自性を追及して創作活動に専心し，一層の活躍が期待されている"

◇エイボンスポーツ賞

大貫 映子（ドーバー海峡単独横断泳者）"日本人初ドーバー海峡水泳単独横断に成功し，9時間32分の公認記録を樹立した"

和田 梅（全米マスターズ6冠王）"第20回マスターズ水泳選手権大会70～74歳女子の部で，六種目制覇を成し遂げた"

1983年（昭58年）

◇エイボン女性大賞

姥山 寛代（社団北病院設立推進者）"住民の要求を住民の手によって結晶させた総合病院の設立に尽力し，理想の医療の実現をめざしてユニークな活動を実践した"

◇エイボン功績賞

津嶋 サダノ（山鳩愛林クラブ代表）"秋田杉の美林を子孫に残すため地域の女性たちと共に，険しい山肌を切り開いて植林し，その保護・育成に長年取り組んでいる"

◇エイボン教育賞

増井 光子（上野動物園飼育課衛生第二係長，獣医学博士）"動物園獣医として，飼育・治療にあたる一方，野生動物の生態を観察研究し，著作その他の活動を通じ子供の情操教育に寄与している"

◇エイボン芸術賞

松尾 葉子（指揮者，東京芸大講師）"指揮者の登竜門といわれるブザンソンコンクールで，女性として史上初の優勝という快挙を成し遂げ，音楽界に新風を吹き込んでいる"

◇エイボンスポーツ賞

小林 則子（海洋ジャーナリスト）"第一線のヨットウーマンとして，常に独自のテーマによる航海に挑み，海の歴史とロマンを広く紹介している"

1984年（昭59年）

◇エイボン女性大賞

香川 綾（女子栄養大学学長，医学博士）"日本初の女子栄養大学を創立し実践的な栄養学の普及・確立に努め，日本人の食生活の充実と健康増進に大きく寄与している"

◇エイボン功績賞

増山 たづ子（「故郷―私の徳山村写真日記」

著者）"ダムに水没するふるさとの姿を3万枚にも及ぶ写真に取り続けて写真集にまとめ,日本人の心の原点を伝え残すために尽力している"

◇エイボン教育賞

宇都宮 貞子（女性民俗学者）"還暦を過ぎてから本格的な執筆活動に入り,植物と民俗の関わりを優しく熱心に説き続け,学術的にも高い評価を博している"

◇エイボン芸術賞

羽根 澄子（記録映画監督）"記録映画の制作一筋に取り組み,日本の美,日本人の心を克明に丹念に映像化した数々の秀作で,人々に深い感動を与えている"

◇エイボンスポーツ賞

元好 三和子（シンクロナイズド・スイミング選手）"ロス五輪の新種目シンクロナイズド・スイミングに日本代表選手として出場し,優雅かつ個性的な演技で,ペア,ソロとも見事銅メダルに輝いた"

1985年（昭60年）

◇エイボン女性大賞

縫田 曄子（ジャーナリスト）"女性初の要職を歴任して後進に道を拓き,「国連婦人の10年」では,政府代表として活躍,世界中の女性の地位向上に尽力した"

◇エイボン功績賞

唐沢 美貴（木曽福島国際音楽祭推進者）"国内外の一流演奏家を招いて催される「木曽福島国際音楽祭」を創始し,その運営に精魂を傾け,地域文化の発展に寄与した"

◇エイボン教育賞

林 富美子,土田 セイ（看護絵日記「夕暮れになっても光はある」著者）"特別養護老人ホームに暮らす老人たちの生活を描いた「夕暮れになっても光はある」を出版し,人間の尊厳とは何かを広く訴えている"

◇エイボン芸術賞

佐藤 喜美（作曲家）"フランス政府主催の伝統あるローマ大賞を日本人で初めて獲得し,国際的な作曲家として独創性豊かな優れた作品を生み出している"

◇エイボンスポーツ賞

服部 道子（アマチュア・ゴルファー）"第85回全米女子アマチュアゴルフ選手権大会に初出場,17歳の史上最年少タイ記録で日本人初の優勝を飾った"

1986年（昭61年）

◇エイボン女性大賞

太田 朋子（国立遺伝学研究所教授,理学博士）"集団遺伝学の分野で,自然科学の発展に寄与する貴重な研究成果をあげ,世界第一級の科学者として高い評価を博している"

◇エイボン功績賞

兼松 左知子（東京都新宿区婦人相談員）"新宿区婦人相談員として,女性の人権問題と取り組み,献身的な努力を重ねながら,その保護・救済・更正に尽くしている"

◇エイボン教育賞

磯野 恭子（山口放送テレビ制作局次長）"戦争を題材としたテレビ・ドキュメンタリー番組の制作に取り組み,優れた作品を通して,平和の意義と生命の尊さを広く訴えている"

◇エイボン芸術賞

鳥居 清光（浮世絵師,鳥居派9代目宗家）"唯一の女性浮世絵師として,歌舞伎の絵看板制作や舞台美術に打ち込み,新しい個性を吹き込みながら伝統芸術の継承に尽力している"

◇エイボンスポーツ賞

橋本 聖子（スピードスケート選手）"短距離から長距離まで日本記録を更新,1986年全日本スピードスケート選手権で,史上初5連覇を達成,国際大会でも顕著な実績を上げている"

1987年（昭62年）

◇エイボン女性大賞

寺沢 国子（ユタ日報社長）"独立独歩の姿勢と不屈のジャーナリスト魂を貫き,ユ

004 エイボン女性年度賞

夕日報を60年余り発行し、在米邦人に生きる勇気と励ましをあたえている"
◇エイボン功績賞
槇 佐知子(古典医学研究家、作家)"日本最古の医学書「大同類聚方」を7年の歳月をかけ初めて解読し、女性の感性を視点に、古典医学の分野に新たな光明を与えた"
◇エイボン教育賞
ワット 隆子(あけぼのの会会長)"自らの体験を生かし、乳ガン患者のネットワーク「あけぼのの会」を主宰、会員相互援助に尽くす一方広く啓蒙活動を推進している"
◇エイボン芸術賞
宮田 まゆみ(笙演奏家)"斬新かつ繊細な感覚で独自の世界を拓き、独奏楽器としての笙の可能性を拡げ、秀逸な演奏活動で国内外の注目を集めている"
◇エイボンスポーツ賞
山口 香(柔道選手)"女子柔道選手のパイオニアとして、国際舞台で常に第一級の活躍をし、1987年全日本選手権で前人未到の10連覇を達成した"

1988年(昭63年)
◇エイボン女性大賞
北原 キヨ(武蔵野東中学園学園長)"教育現場での献身的な実践を通して、自閉症児に自立の道を拓く独自の生活療法をあみだし、目覚ましいその成果を海外へも広げた"
◇エイボン功績賞
南 とめ(映画ネガ編集者)"映画ネガフィルム編集に情熱を注ぎ、丹念な手仕事で600本余りもの作品を手がけ、半世紀に亘り日本映画の発展を支えている"
◇エイボン教育賞
遠藤 織枝(文教大学国語文化研究所研究員)"日本語教育の実績から清新かつ日常的なテーマを模索して「気になる言葉」を再点検し、現代の言葉の実態を究明している"
◇エイボン芸術賞

伊部 京子(和紙造形作家)"和紙の新しい魅力を追及する独創的な造形美術に挑戦し、豊饒な空間づくりで新境地を拓き、国際的な評価を博している"
◇エイボンスポーツ賞
田部井 淳子(世界五大陸最高峰登頂)"1975年女性として史上初エベレスト登頂を果たして以来、1988年北米マッキンリーに至るまで、世界五大陸最高峰踏破を達成した"

1989年(平1年)
◇エイボン女性大賞
野田 佳江(福井県大野市市議会議員、大野の水を考える会会長)"郷土の地下水の危機を究明し、草の根市民運動を推進、環境保全を訴え、行政の場に立ち女性の政治参加の新しい在り方を示唆している"
◇エイボン功績賞
石井 英子(上野本牧亭席亭)"江戸時代以来、庶民に愛され親しまれてきた講談の定席「本牧亭」を40年間守り続け大衆芸能の貴重な伝統を支えた"
◇エイボン教育賞
河野 美代子(特定医療法人あかね会土屋総合病院産婦人科部長)"産婦人科医として、臨床の場から性教育に新たな布石を投じ、豊かな性への願いを込め、女性の人権と人生の尊さを広く問いかけている"
◇エイボン芸術賞
湯崎 夫沙子(アニメーション作家)"粘土を素材としたアニメーションで、ファンタジックな美しい美の世界を築き、イタリアを中心に卓越した芸術活動を展開している"
◇エイボンスポーツ賞
金子 正子(日本水泳連盟シンクロ強化部長)"シンクロナイズド・スイミングの普及と強化に精魂を傾け、1988年ソウル五輪はじめ数々の国際大会で上位入賞を果たす選手の育成に尽力している"
山田 満知子(フィギュアスケート・インストラクター)"フィギュアスケート選手

の指導に精励し、その心身両面を支え、1989年世界選手権で日本人初の総合優勝という快挙に導いた"

1990年（平2年）
◇エイボン女性大賞
　加藤 シヅエ（元国会議員）"70年間に亘り勇気ある行動力で、人権の闘いに挑み、家族計画運動を推進し、地球的視野で女性解放に貢献した"
◇エイボン功績賞
　松田 美夜子（ごみ減量システム研究家）"資源活用と環境美化を生活者の視点で捉え、ゴミ減量とリサイクルに取り組み、官民一体で行う川口方式を誕生させた"
◇エイボン教育賞
　松岡 享子（東京子ども図書館理事長）"子どもの豊かな創造力を育むため、児童図書館活動に情熱を注ぐ一方、世界的視野で児童文化の向上に多大の成果をあげた"
◇エイボン芸術賞
　長谷川 逸子（建築家）"生活様式への深い洞察力をベースに、硬質な素材を使い女性独特の繊細な感性と自由な発想で都市空間に新たな可能性を拓いた"
◇エイボンスポーツ賞
　伊藤 由美（陸上競技選手）"車椅子の選手として陸上競技に打ち込み、強靱な意志で1988年ソウルパラリンピック大会スローム競技において金メダルに輝いた"

1991年（平3年）
◇エイボン女性大賞
　宮城 まり子（ねむの木学園園長、ねむの木養護学校校長）"社会福祉条例の改正を推進して制度の充実を図り、子供たちの隠れた能力を引き出す「こころの教育」に献身的な情熱を傾けている"
◇エイボン功績賞
　平野 紀子（尾瀬長蔵小屋主人）"3代にわたる長蔵小屋を守り続け、人と自然の共生を見つめながら、その貴重な美しさを後世に伝え残すために尽力している"

◇エイボン教育賞
　俵 友恵（元海外派遣ワーカー）"強靱な意志と敬虔な祈りを支えとし、JOCSを通じ、ネパールで12年間にわたり、看護活動と看護教育に精魂を打ち込み、衛生環境改善に尽力した"
◇エイボン芸術賞
　吉野 直子（ハープ奏者）"卓越した演奏技術と豊かな音楽性を持つソロ・ハーピスト第一人者として国際的な活動をし、一層の飛躍が期待されている"
◇エイボンスポーツ賞
　沢松 奈生子（プロテニスプレーヤー）"日本プロテニス界の若きホープとして沈着・冷静なプレーと旺盛なチャレンジ精神で、数々の世界大会で好成績をあげている"

1992年（平4年）
◇エイボン女性大賞
　石垣 靖子（東札幌病院副院長・看護部長）"「医療の本質は優しさにある」を基本理念に、終末期を迎えた癌患者の心身両面にわたる痛みの看護に挑戦するホスピスケアに先駆的な道を拓いた"
◇エイボン功績賞
　竹井 澄子（三橋町町議会議員、柳川国際青少年ロッジ代表）"柳川国際青少年ロッジを自ら創設し、世界70余国の若者を招き、愛と友情の絆を強く結ぶ国際的な草の根交流に奔走し続けている"
◇エイボン教育賞
　森下 郁子（淡水生物研究所所長）"地球上の大河を学術調査し、生物学的水質階級地図に記録したデータは河川への認識を広く喚起し、生物と環境との共生に多くの示唆を与えている"
◇エイボン芸術賞
　内藤 こづえ（コスチューム・アーティスト）"柔軟な布地にアート感覚で挑み、コスチュームに新たな命の誕生を求めて制作に励み、コスチュームアートに新しい可能性を広げている"

◇エイボンスポーツ賞
有森 裕子（陸上競技マラソンランナー）"マラソン競技に不断の努力を重ね1992年バルセロナオリンピック大会に初出場し,日本陸上界に64年ぶりの銀メダルをもたらした"

1993年（平5年）
◇エイボン女性大賞
相馬 雪香（尾崎行雄記念財団副会長,難民を助ける会会長）"一貫して人間の道義性を追い,民主主義の確立,政治浄化に身命を賭し,平和の実現に東奔西走。毅然たる姿勢で正義と人類愛を訴え続けている"

◇エイボン功績賞
金子 鮎子（ストローク代表取締役）"精神障害回復者に職業的自立の道を拓くべく,自ら企業を設立。心に病を持つ人々に社会復帰の確かな道しるべ役を果たし続けている"

◇エイボン教育賞
辻元 清美（ピースボート主催者）"激動する世界を巡り,人種を超えた人々の意見を交換し,平和への意思と援助を行動で示し,地球規模の交流に市民レベルで指導力を発揮している"

◇エイボン芸術賞
今井 信子（ヴィオラ奏者）"国際的なヴィオラ奏者としてヴィオラに独奏楽器としての新たな可能性を求め,ヴィオラ界の更なる飛躍を念じ,その普及と振興に情熱を傾けている"

◇エイボンスポーツ賞
浅利 純子（陸上競技マラソンランナー）"走ることに執念を燃やし,陸上競技ひと筋に挑み,1993年ドイツの世界陸上選手権大会に初挑戦。日本女子陸上界に初の金メダルをもたらした"

1994年（平6年）
◇エイボン女性大賞
高野 悦子（岩波ホール総支配人,エキプ・ド・シネマ主宰者）"世界の名画の発掘・上映運動エキプ・ド・シネマを主宰し20年。第三世界の秀作および未公開の女性監督作品の紹介と共に女性の視点で映画上映に尽力し続けている"

◇エイボン功績賞
及位 ヤエ（日本婦人航空協会理事長）"20歳で飛行機操縦免許を取得し,女性パイロットの草分けとして日本婦人航空協会を設立。女性の立場から航空界の平和的発展に尽力し続けている"

◇エイボン教育賞
芦野 由利子（日本家族計画連盟事務局次長）"家族計画を心身両面から女性の視点で一貫して追及。国際的な視野で取組み,女性の基本的な人権の保護と意識の高揚を広い分野で啓発し続けている"

◇エイボン芸術賞
石井 幹子（照明デザイナー）"都市に新たな表情を生むライトアップを国際的なスケールで展開。"心の灯"ともなる光の未来を示唆する先駆的な芸術活動を続けている"

◇エイボンスポーツ賞
綾部 美知枝（サッカー指導者）"教育の場をグラウンドに広げ,清水市で少年チームを指導して20余年。強靭な精神の養成並びに自主性豊かな人間性の育成に取組み続けている"

1995年（平7年）
◇エイボン女性大賞
丸木 俊（画家）"自ら体験した広島の惨状を30年に亘り夫と共同制作…鋭い社会性と優れた芸術性で日本の美術界に記念碑的足跡を刻み,戦後50年の今も国内外で渾身の情熱を傾けて"命の尊さ"を訴え続ける"

◇エイボン功績賞
谷 嘉代子（女の碑の会代表）"戦争のため余儀なく独身を通し働いて生き抜いた女性たちの証として「女の碑の会」を設立"

◇エイボン教育賞
松井 やより（フリージャーナリスト）"国

際ジャーナリストとして幅広く活躍し、他に先駆けアジアの多様な問題解決に女性の視点で取組み、1995年度北京世界女性会議に於いて東アジアNGOコーディネーターを務め広く世界の女性達の連帯を促した啓蒙活動"

◇エイボン芸術賞

福田 美蘭（画家）"従来の固定観念を突き崩し異なった多角的な視点から「絵画とは何か」を追求。現代における絵画の可能性に多彩な技法と鮮烈なイメージで挑み、鋭敏な感性で"いま"を表現し続ける潑剌とした創作活動"

◇エイボンスポーツ賞

元淵 幸（水泳競技飛び込み選手）"極度の集中力と緊張感を要する「飛び込み競技」ひと筋に挑み、1995年度国際水連グランプリ・サーキット（アラモ国際大会）に於いて日本人として初めて優勝。永年に亘り第一人者の座を保持し続ける不断の鍛練"

1996年（平8年）

◇エイボン女性大賞

米沢 富美子（日本物理学会会長，慶応義塾大学理工学部教授）"女性初の日本物理学会会長。アモルファス（非晶質）の研究で世界的に認められる"

◇エイボン功績賞

高里 鈴代（那覇市議会議員）"長年にわたり売買春問題、沖縄の基地を巡る女性への性暴力・人権問題に取り組む"

◇エイボン教育賞

半田 たつ子（「家庭科の男女共修をすすめる会」世話人）"高校家庭科の男女共修を実現"

◇エイボン芸術賞

藤家 渓子（作曲家）"女性初の「尾高賞」を受賞。モノローグオペラ「蠍の女」など男性が描かなかった女性像に焦点をあてる"

◇エイボンスポーツ賞

重 由美子，木下 アリーシア（国際470級ヨット選手）"1996年アトランタオリンピックで日本ヨット史上初の銀メダルに輝く"

1997年（平9年）

◇エイボン女性大賞

ベアテ・シロタ・ゴードン（元GHQ民政局員）"終戦直後GHQ民政局員として日本国憲法草案に携る。第24条に「男女平等」の思想を盛り込み、日本女性の基本的人権を確立"

◇エイボン功績賞

田中 澄江（劇作家）"女性の自立が困難な時代から「女と男は対等」との考えを著作を通じて表現"

◇エイボン教育賞

中村 隆子（「家族社」主宰）"1986年に情報誌「月刊家族」を創刊。「家族とは何か」を問いつづける"

◇エイボン芸術賞

秋吉 敏子（ジャズピアニスト，作曲家）"日本ジャズ界の先駆者として歩み、アメリカ音楽のジャズに、日本文化を融合"

◇エイボンスポーツ賞

成田 真由美（水泳選手）"水泳競技に情熱を注ぎ、1996年アトランタパラリンピックで5個のメダルを獲得"

1998年（平10年）

◇エイボン女性大賞

田辺 聖子（作家）"「人間のよさや優しさを伝えたい」と、硬軟自在の文章で二百余冊の著作を発表"

◇エイボン功績賞

落合 恵子（作家）"1976年に、子どもの本の専門店「クレヨンハウス」を設立。偏見のない社会の確立をめざして活動を続ける"

◇エイボン教育賞

小西 聖子（精神科医）"女性の性犯罪被害者に向けられた偏見を取り除き、犯罪被害者の心のケアにつくす"

◇エイボン芸術賞

部谷 京子（映画美術監督）"数少ない女性

の映画美術監督として多くの話題作を手掛け、美術部門での日本アカデミー賞を3回受賞"
◇エイボンスポーツ賞
能城 律子（国際ラリーレーサー）"乳がんを克服し、過酷なオフロードラリーに次々と挑戦"

1999年（平11年）
◇エイボン女性大賞
秋山 ちえ子（評論家）"平和と福祉の視点から、50余年にわたり普通の生活をラジオで語り続ける"
◇エイボン功績賞
山口 みつ子（市川房枝記念会常務理事）"「市川房枝記念会」を拠点とし、男女共同参画社会の実現に尽力"
◇エイボン教育賞
竹中 ナミ（プロップ・ステーション理事長）"障害を持つ人を"チャレンジド"と呼び、「チャレンジドを納税者にできる日本」を目標に就労を支援"
◇エイボン芸術賞
川崎 麻児（日本画家）"日本画固有の画材を創意工夫し、従来の日本画の概念を超えた画風で数々の賞を受賞"
◇エイボンスポーツ賞
浜口 京子（アマチュアレスリング選手）"日本女子アマチュアレスリング界で、初の世界選手権3連覇達成"

2000年（平12年）
◇エイボン女性大賞
樋口 恵子（高齢社会をよくする女性の会代表、東京家政大学教授・同大学人間文化研究所長）"「高齢社会をよくする女性の会」を組織し、国レベルの高齢社会対応策を提案、推進"
◇エイボン功績賞
清水 照子（全国女性農業経営者会議会長、米作専業農家経営）"女性も農業経営者の一翼として位置づけ農業の企業化を実践"
◇エイボン教育賞
加藤 洋子（マサチューセッツ州DV対策専門家会議理事、デザイナー）"自らのDV（ドメスティック・バイオレンス）の体験を乗り越え、DV撲滅活動を展開。日本でのDV防止法制定に向けて尽力"
◇エイボン芸術賞
香瑠鼓（振付家、ダンス・アーティスト）"踊りを通じて人と人が交歓し合える「テレボディ」という独自の表現方法を開拓"
◇エイボンスポーツ賞
長谷場 久美（ウエイトリフティング選手、埼玉栄高校女子ウエイトリフティング部監督）"日本初の女子ウエイトリフティング選手として、全日本選手権12連覇、世界選手権でも銀メダルを3個獲得"

2001年（平13年）
◇エイボン女性大賞
小山内 美江子（脚本家、「JHP・学校をつくる会」代表）"「顔の見える日本人」としてのボランティア活動を海外で積極的に行う"
◇エイボン功績賞
竹宮 恵子（漫画家、京都精華大学教授）"斬新なテーマの作品を次々と発表。大学で日本初のマンガ学科教授となり、漫画文化の確立と普及に貢献"
◇エイボン教育賞
内田 ひろ子（「パド・ウィメンズ・オフィス」代表取締役）"1986年より日本で初めて女性に関する新聞情報を厳選した専門誌を発行"
◇エイボン芸術賞
綾戸 智絵（ジャズシンガー）"人生の波瀾を乗り越えて40歳でデビュー"
◇エイボンスポーツ賞
遊佐 雅美（ライフセーバー）"ビーチフラッグス種目の世界チャンピオンとして競技に参加しながら、ライフセービングの普及に努める"

2002年（平14年）
◇エイボン女性大賞

喜多 悦子（日本赤十字九州国際看護大学教授，医師）"紛争地を中心に開発途上国など世界70ヶ国以上で，医療・保健衛生の向上に貢献"

◇エイボン功績賞
浅岡 美恵（環境NGO「気候ネットワーク」代表，弁護士）"世界のNGOや専門家との連携により，政策決定に影響を与える新時代の市民運動を確立した"

◇エイボン教育賞
山野 和子（フォーラム・「女性と労働21」主宰）"働く女性の権利を守り，男女が健やかに共生できる社会作りを目指して活動"

◇エイボン芸術賞
中村 春子（津軽三味線奏者）"津軽三味線の若手奏者として"津軽の心"を表現"

◇エイボンスポーツ賞
池田 敬子（全日本ジュニア体操クラブ連盟専務理事，日本体育大学教授）"日本女性初の国際体操殿堂入りを果たす。ジュニアの教育・育成に情熱を注ぎ，日本代表オリンピック選手を多数輩出"

2003年（平15年）

◇エイボン女性大賞
猪口 邦子（軍縮会議日本政府代表部大使）"国連小型武器中間会合の議長として，年間50万人もの犠牲者を出している小型武器の拡散防止や規制を取りまとめ，地球規模での軍縮への道を切り拓いた"

◇エイボン功績賞
堀口 雅子（産婦人科医師）"医療専門家として女性の視点を生かした医療の重要性を，執筆やNPO活動を通じて提唱。女性が生涯にわたり心と体の健康を自分で守る事の大切さを啓蒙"

◇エイボン教育賞
大日向 雅美（恵泉女学園教授）"「母性愛神話」からの解放を訴え，旧い常識の中で孤立しがちな子育て中の母親を支援。男女がともに人間らしく，家事も育児も仕事もできる社会作りに尽力"

◇エイボン芸術賞
小池 千枝（元文化服装学院名誉院長）"徹底的な人間観察により「立体裁断」を中心としたデザイン論を確立し，日本における服飾デザインの可能性を拡げ，世界で活躍する多くの人材の育成にも貢献"

◇エイボンスポーツ賞
樋口 久子（日本女子プロゴルフ協会会長）"アジア初のゴルフ世界殿堂入りを果たす。通算72勝という優れた生涯成績とともに，日本女子プロゴルフ界の発展に貢献，ゴルフ競技を幅広い層に普及"

◇エイボン特別賞
村治 佳織（ギタリスト）"数々のコンクールで最年少優勝を果たした才能と，気品と華やかさを兼ね備えたギタリスト。日本クラシック界の将来を担う存在として期待される"

2004年（平16年）

◇エイボン女性大賞
朝倉 摂（舞台美術家，画家）"独創的な表現で多彩な舞台空間を自在に構築し，国際的に高い評価を得ている。常に新しさを求め第一線で活躍し続けている姿は，女性たちに夢と勇気を与えている"

◇エイボン功績賞
小笠原 悦子（NPO法人ジュース理事長）"強いリーダーシップで国内外のスポーツ団体や関連組織と連携し，現状調査や提言など社会への働きかけを通じて，スポーツ界における女性の活躍を支援"

◇エイボン教育賞
椎名 篤子（フリージャーナリスト，子どもの虐待防止活動を考えるネットワーク代表），ささや ななえ（漫画家）"取材やNPO活動により得た児童虐待の情報を，共感を呼び起こす漫画表現でわかりやすく社会に伝え，顕在化させることで児童虐待に苦しむ親と子への支援の道を切り拓いた"

◇エイボン芸術賞
桐野 夏生（作家）"時代をとらえた作品を

次々と出版。現代日本に生きる女性たちが抱える抑圧感を迫力のある筆致で描き，日本人として初めてミステリーの最高賞「エドガー賞」候補者となる"

◇エイボンスポーツ賞

吉田 沙保里（女子レスリング・アテネオリンピック日本代表）"アテネオリンピック女子レスリング55kg級で金メダルを獲得。同時に「国際大会17連続優勝」という前人未到の記録を達成し，日本女子レスリングの実力を世界に認めさせた"

2005年（平17年）

◇エイボン女性大賞

高木 敏子（児童文学作家・「ガラスのうさぎ」の著者）"戦後60年の今年「二度と戦争を起こしてはならない」という強い思いを将来を担う孫の世代に伝えるため，『ガラスのうさぎ』のアニメーション化に取り組む。また，長年「平和巡礼」の講演活動を通して，戦争を知らない世代に平和の大切さを語り続けている"

◇エイボン功績賞

木山 啓子（NPO法人ジェン（JEN）事務局長）"豊富な現場体験と強力なリーダーシップで，世界各地の紛争地や災害地の経済的・精神的な自立再建を，的確かつ迅速に支援。特に女性のエンパワーメント事業が成果を上げている"

◇エイボン教育賞

池上 千寿子（NPO法人ぷれいす東京代表）"エイズ問題発生初期から，HIV陽性者支援と若者への予防啓発活動を続ける。今年7月に神戸で開催された第7回アジア・太平洋地域エイズ国際会議で，エイズ対策に関する研究成果を発表"

◇エイボン芸術賞

上松 美香（アルパ奏者）"23歳の若さで，本場パラグアイはじめ国内外で数々の賞を受賞。卓越したテクニックと洗練された音色で，アルパになじみのなかった日本人にもその素晴らしさを紹介"

◇エイボンスポーツ賞

細川 佳代子（NPO法人スペシャルオリンピック日本理事長）"今年2月に長野で開催された，知的障害のある人たちのスポーツの祭典「スペシャルオリンピックス冬季世界大会」のアジアでの初開催と成功に貢献"

2006年（平18年）

◇エイボン女性大賞

勝間 和代（インターネットコミュニティサイト「ムギ畑」代表）"ワーキングマザーのための情報交換サイトをいちはやく立ち上げ，女性の自己実現を応援。日常の体験や知恵の好感を通して，多様化する女性の価値観の共有の場を提供している"

◇エイボン功績賞

西村 かおる（コンチネンスアドバイザー，日本コンチネンス協会会長）"世界的にも立ち遅れている排泄ケア分野の日本初アドバイザー。患者の精神的支援，治療のアドバイスを行う。また，講演会や執筆活動を通じて"人間の尊厳を守るケア"を啓発している"

◇エイボン教育賞

浅倉 むつ子（早稲田大学法科大学院教授）"2006年の男女雇用機会均等法改正における，間接性差別禁止の立法化に貢献。また男女雇用平等をめぐる法律問題を長年にわたり研究して学問の領域を広げ，実践的にも女性の労働環境の改善に向けた政策提言を行っている"

◇エイボン芸術賞

柴田 文江（インダストリアルデザイナー）"生活の中に寄り添うように溶け込んでいくロングライフの日用品を次々と創出。美しく使いやすいデザインは多くの人に愛着を持たれ，日々の暮らしを快適で豊かなものにしている"

◇エイボンスポーツ賞

大日方 邦子（アルペンスキーヤー）"冬季パラリンピックに4回出場，日本選手最多の8個のメダルを獲得。トリノ大会では

選手団長を勤め,トップアスリートとしてあらたな可能性への挑戦を続けている"

2007年(平19年)

◇エイボン女性大賞

大石 芳野(写真家,東京工芸大学院教授) "戦時下の国々を戦後も継続的に訪れ,最も無力な子どもや女性,家族の姿を「写真」という言語を超えた手段で記録。夢や未来を奪い環境を破壊する戦争を告発し,力強く生き抜く人々の"今"を伝え続けている"

◇エイボン功績賞

坪井 節子(カリヨン子どもセンター理事長,弁護士) "虐待や養育放棄などの人権侵害に遭った10代の子どものためのシェルターを国内で初めて開設。子どもたちの回復と旅立ちを,子どもと大人が対等なパートナーシップの下で一緒に考え,支援する活動を続けている"

◇エイボン教育賞

柳原 和子(作家) "がんを得て医療による死の宣告を受けながら,生への希望,死への畏れ,痛み,治療を担う医師との間で揺れる自らを作品化。かつ,手探りで長期生存を得た多くの患者の経験を採録し,生死を超えた人々の生のありようを追究し,提案している"

◇エイボン芸術賞

伊原 昭(梅光学院大学名誉教授,文学博士) "半世紀を掛け,日本の古典文学に描かれた色に関わる表現を採録・分類・網羅し,『日本文学色彩用語集成』を完成。色彩表現の中に脈々と受け継がれてきた文学に見る,日本独自の社会性や文化を知る基礎資料を作り上げた"

◇エイボンスポーツ賞

田口 素子(日本女子体育大学講師,日本スポーツ栄養研究会会長,管理栄養士) "トップアスリート達が日々の食事を通してコンディションや体力を高め,勝利を手にするための栄養管理を,「スポーツ栄養学」として確立。一般市民への啓発や,後進のスポーツ栄養士育成にも努めている"

2008年(平20年)

◇エイボン女性大賞

小林 純子(建築士,設計事務所(有)ゴンドラ代表) "「深呼吸できるトイレ」を目指し,設計に打ち込んで20年。自ら現場で利用者の声やデータを収集して設計に生かし,笑顔の生まれる美しく快適なトイレ空間を実現し続けている"

◇エイボン女性賞

神山 美智子(食の安全・監視市民委員会代表,弁護士) "命につながる食の安全に取り組んで30年。安心して食品を選べる社会を目指し,独自の食の安全調査や監視,行政や企業への提言・意見交流などの活動を粘り強く続けている"

ルダシングワ 真美(NGO「ムリンディ/ジャパン・ワンラブ・プロジェクト」日本事務所代表) "紛争で障害を負ったルワンダ国民支援のため義肢装具士の資格を取得。義肢装具の無償製作や職業訓練,スポーツの普及などを通して障害者を自立へ導くべく奮闘を続けている"

2009年(平21年)

◇エイボン女性大賞

村松 静子(在宅看護研究センターLLP(有限責任事業組合)代表,日本在宅看護システム有限会社・看護コンサルタント株式会社 代表取締役) "誰もが最も愛する自宅で最善の看護技術と手のぬくもりを受ける在宅ケアこそ,看護の本質。その信条の下,"開業ナース"として看護サービスのビジネスモデルを一から築き上げ,在宅看護事業の道を切り拓いた"

◇エイボン女性賞

三浦 道子(広島大学大学院教授,広島大学HiSIM研究センター長) "指導者として研究チームを牽引し,開発した回路設計用トランジスタ・モデルが半導体分野で記念すべき国内初の国際標準を取得。日

本の技術力をグローバルに発信し、国内科学技術・産業界に誇りと活力を与えた"

阿部 彩（国立社会保障・人口問題研究所国際関係部第2室長）"格差社会の中でも見過ごされてきた日本の子どもの衝撃的な貧困率。その実態を地道なデータ収集で社会問題として浮き彫りにし、次世代への負の連鎖の撲滅と子ども達の幸せを祈って警鐘を鳴らし続けている"

2010年（平22年）

◇エイボン女性大賞

本間 郁子（NPO法人「特養ホームを良くする市民の会」理事長）"高齢者が尊厳を持って美しく老いるべき場、特養ホームの理想と現実をいち早く問題視。入居者や家族、介護者の声を丹念に聞き取って世論に訴え、特養ホームの住環境や介護の質向上のため力を尽くし続ける"

◇エイボン女性賞

大塚 聡子（日本電気 宇宙システム事業部 宇宙システム部 エキスパートエンジニア）"「宇宙を人が行く場所にしたい」との夢の下、宇宙空間で働くロボットアームの開発に携わって20年余。日本独自のアームの設計開発、宇宙飛行士の訓練に注力し、日本さらに世界の宇宙戦略に貢献を果たした"

土井 香苗（ヒューマン・ライツ・ウォッチ東京ディレクター、弁護士）"人権派弁護士としての出発時から掲げ続ける「人権尊重」の志。世界の紛争地帯や独裁国家の人権侵害を告発し、日本社会に人権意識を根づかせるため、常に弱者に寄り添いながら果敢な活動を繰り広げている"

※2011年（平23年）休止

2012年（平24年）

◇エイボン女性大賞

瀬谷 ルミ子（日本紛争予防センター（JCCP）事務局長）"JCCPの使命として、武力紛争の被害を受けた社会の復興・被災者支援にとどまらず、人々が自らの力で持続可能な平和社会を築くことができるよう、教育・雇用・産業等の機会の確保や治安改善のための事業を行う"

◇エイボン女性賞

向田 麻衣（一般社団法人 コフレ・プロジェクト代表）"「化粧品は女性に自由な心や希望を与え、自信と自尊心を育む」という信念のもと、化粧品を切り口に女性を支援する活動を行う。家庭で眠っている未使用の化粧品を募り途上国に送付、ネパールを中心にメイクのワークショップを行う。また、昨年の東日本大震災後には、現地に化粧品を届け多くの女性にメイクを施した"

吉川 のり子（SAJIMA Group President（スリランカ）,Tea Salon Sajima代表（日本））"内戦中のスリランカ、貧困から脱出するために出稼ぎに出る両親を持つ幼児や内戦孤児のため、村民が相互扶助で設立した施設に私財を投入し、教育管理できるための幼稚園に改善。また、村民たちがグループを組んで効率よく働き、生産性を上げ、賃金を得るシステムを根付かせた"

2013年（平25年）

◇エイボン女性大賞

石牟礼 道子（本願の会）"昭和44年、主婦の傍ら水俣病患者の悲しみと怒りを書きつづった『苦海浄土』を出版、水俣病を鎮魂の文学として描いた作品として絶賛されている"

◇エイボン女性賞

辛 淑玉（人材育成コンサルタント,TRAI東京代表,人材育成技術研究所所長）"「日本の公民権運動」共生社会を目指してヘイトデモ対策、ヘイトスピーチ対策、エンパワーメント、広報告知などを行う「のりこえねっと」―ヘイトスピーチとレイシズムを乗り越える国際ネットワーク―の立ち上げに尽力されている"

東洋の魔女の皆さん 1964年東京五輪出場メンバー（宮本恵美子,谷田絹子,半田百合子,松村好子,磯辺サタ）（公益財団法

人日本バレーボール協会)"1964年東京五輪では日紡貝塚チームのメンバーを主体とした全日本で出場し,5試合で落としたセットは1セットのみという圧倒的な力で金メダルを獲得した。引退した彼女たちは、主婦を集めての「ママさんバレーボール」の普及に尽力されている"
◇復興支援賞
　笹原 留以子 "大震災から3か月,津波に襲われた岩手県沿岸部で,300人以上の傷ついた遺体を復元するボランティア活動を2ヶ月余りに渡り行った"
　みやぎジョネット 草野 裕子(みやぎ女性復興支援ネットワーク)"被災地女性と全国支援者の思いを結ぶ事を目的にしているボランティア団体で,全国からの支援物資を被災地女性へ届け,各種支援活動プログラムによって女性が復興することを支援している"

---

005 加藤シヅエ賞

日本の家族計画・女性の地位向上運動の草分けで,国際家族計画連盟(IPPF)の創設に寄与した加藤シヅエ氏の高い志と精神を未来に長く引き継ぎ,真の意味で女と男の平等な社会の実現を願い平成9年(1997)に創設された。平成18年(2006)第10回をもって終了。

【主催者】社団法人 日本家族計画協会,財団法人 家族計画国際協力財団(共催)

【選考委員】(第10回)竹信三恵子(ジャーナリスト),林陽子(弁護士),三隅佳子(財団法人アジア女性交流・研究フォーラム理事長),宮子あずさ(東京厚生年金病院看護師長),目黒依子(上智大学教授)

【選考方法】応募

【選考基準】〔対象〕日本または開発途上国の女性を対象に,性と生殖に関する健康と権利(リプロダクティブ・ヘルス/ライツ)の向上と女性のエンパワーメントのために実践活動を行なっている,または調査・研究を希望する日本在住の女性(個人またはグループ)(国籍は問わない)

【締切・発表】例年4月上旬発表,7月上旬授賞式

【賞・賞金】記念の楯および奨励金総額80万円

【URL】http://www.ippf.org/jp/About/Contact+us.htm

第1回(平9年)
　SOSHIREN女のからだから(新宿区) "女性の出産自己決定権に否定的な国の施策や社会通念などに抗議行動を展開"
　女のスペース・おん(札幌市) "夫の暴力やセクハラなど性暴力被害者のカウンセリングと支援を中心に活動し,駆け込みシェルターを開設"
第2回(平10年)
　女性の人権KAMARADO(カマラード)(千葉県)
　FGM廃絶を支援する女たちの会(代表:ヤンソン柳沢由実子)(東京都)
第3回(平11年)
　ストップ子ども買春の会(新宿区) "児童買春・ポルノ処罰法の成立に大きな役割を果たした"
第4回(平12年)
　フィンレージの会(東京都) "少子化対策の手段としての不妊治療が注目される中,不妊の当事者自身が「子供がいてもいなくても抑圧されず差別されない社

会」を問いかけている"

性暴力を許さない女の会（大阪府）"告発型の活動を続けている"

第5回（平13年）

ダルク女性ハウス（東京都）"薬物・アルコール依存という困難な問題にいち早く取り組み，サバイバー自身が中心となって地道な活動を展開"

アジアの女性と子どもネットワーク（横浜市）"発展途上国の女性と子どもを対象にした支援活動を展開"

第6回（平14年）

ウィメンズセンター大阪（代表：芦田 陽子）（大阪府）"1984年に設立されて以来，一貫して女性のからだと性の問題に取り組む"

AWS女性シェルター（代表：納米 恵美子）（東京都）"1993年に民間シェルターの先駆けとして活動を開始。暴力被害の女性が中心となって運営され，夫やパートナーからの暴力に苦しむ女性の緊急避難所となってきた"

第7回（平15年）

ウィメンズネットこうべ（兵庫県）"DV（ドメスティックバイオレンス）被害者の支援など女性の人権問題にとりくむ"

第8回（平16年）

女のスペース・にいがた（新潟県）

第9回（平17年）

富士見産婦人科病院被害者同盟（代表：小西 熱子）（埼玉県）

第10回（平18年）

DV防止ながさき（NPO法人，代表：中田 慶子）（長崎県）

女性の家サーラー（NPO法人，理事長：三木 恵美子）（神奈川県）

◇審査委員特別賞

芦野 由利子（東京都）

006 京都府あけぼの賞

男女共同参画による豊かな地域社会の創造に向けて，女性の一層の能力発揮につながるよう，各分野での先駆的活動で特に功績の著しい女性またはグループに贈られる賞。京都府が平成元年度（1989）より開始。20回目を迎えた平成20年度（2008）や，25回目の平成25年度（2013）には，男女を問わず長年の活躍や功績を顕彰する「特別賞」が授与された。

【主催者】京都府

【選考基準】〔対象〕様々な分野での先駆的な活躍で特に功績の著しい女性やグループ

【締切・発表】（平成25年度）平成25年10月発表，10月26日「第25回KYOのあけぼのフェスティバル2013」の式典において表彰式

【URL】http://www.pref.kyoto.jp/josei/index.html

平成1年度

伊部 京子（和紙造形作家）

河合 初子（京都水泳協会理事，水泳コーチ）

河口 三千子（染織家）

高橋 美智子（わらべ歌研究家）

坪井 明日香（陶芸家）

中村 弘子（漆芸家）

藤田 比沙子（京都府ソフトボール協会，家庭婦人部長）

平成2年度

あまん きみこ（童話作家）

市田 ひろみ（服飾研究家）

伊藤 紫虹（画家）

岩井 如雪（能面師）

小林 澄子（高等学校講師，京都府家庭婦人バレーボール連盟理事長）

中西 美世（企業家）
波多野 優香（珠算塾講師）
平成3年度
　奥山 榮（京都なぎなた連盟副会長, 全日本なぎなた連盟理事）
　髙木 克美（陸上競技スターター）
　永田 萠（イラストレーター）
　光野 ため（「藤織り」の伝承）
　小川 ツヤ（「藤織り」の伝承）
平成4年度
　井上 光子（青果仲卸人）
　奥野 史子（シンクロナイズドスイミング選手）
　真木 和（陸上競技, 長距離選手）
　宮崎 東海（服飾デザイナー）
　山村 美紗（作家）
　山本 公子（財団法人「母と学生の会」, 国際女子留学センター館長）
平成5年度
　江里 佐代子（截金作家）
　渋谷 和子（染織家）
　坂東 美紀（高等学校教諭, カヌー指導者）
　藤村 るり子（ピアニスト）
平成6年度
　井上 三千子（舞踏家）
　片山 美代子（京都障害者スポーツ振興会副会長）
　國分 綾子（随筆家）
　土田 和子（染織家）
　福本 潮子（染色家）
　南 登美子（有職美容師）
平成7年度
　植和田 英子（薬師口茶業組合組合長）
　鶯淵 紹子（オルガニスト）
　田端 ハナ（舞鶴引揚記念碑を守る会会長）
　西村 恭子（美術プロデューサー）
　濱岡 登美子（彫刻家）
　藤家 溪子（作曲家）
　吉野 実江子（フラワーデザイナー）
平成8年度
　秋野 不矩（日本画家）
　伊藤 有子（美容師）

志水 見千子（陸上競技, 長距離選手）
千葉 真子（陸上競技, 長距離選手）
中山 富美子（手芸作家）
平成9年度
　伊藤 さかえ（消費者活動先駆者）
　遠藤 寿美子（演劇プロデューサー）
　河野 裕子（歌人）
　松尾 弘子（写真家）
　皆川 千惠子（日本画家）
平成10年度
　浅岡 美恵（『気候ネットワーク』代表）
　加藤 類子（元京都国立近代美術館主任研究官）
　平田 眞貴子（社会福祉法人京都いのちの電話事務局長）
　冷泉 布美子（財団法人冷泉家時雨亭文庫理事長）
平成11年度
　小谷 眞由美（企業家）
　津田 道子（邦楽演奏家）
　ワダ エミ（衣装デザイナー）
　和田 智恵子（女性漁業士）
平成12年度
　梅原 ひまり（ヴァイオリニスト）
　春日井 路子（染色作家）
　古野 雅子（ファッション・デザイナー）
　松島 慈児（宇治明星園（老人福祉施設）総園長）
平成13年度
　圓城 三花（フルート奏者）
　阪口 桂子（日本赤十字社京都府支部, 京都第二赤十字病院顧問）
　立花 美哉（シンクロナイズドスイミング選手）
　武田 美保（シンクロナイズドスイミング選手）
　松本 文繪（産婦人科医師）
平成14年度
　鎌谷中もえぎグループ企業組合（農産加工・販売）
　NPO法人子育て支援コミュニティ おふぃすパワーアップ（子育て支援活動）

平野 紀子（帽子デザイナー）
　堀木 エリ子（和紙デザイナー，企業家）
　森 悠子（ヴァイオリニスト，音楽監督）
平成15年度
　荒川 裕理（かるたクイン）
　小鴨 梨辺華（能楽金剛流師範，国際能楽研究会本部事務局長）
　貫戸 朋子（医師）
　小泉 和子（京都府スポーツ振興審議会委員，京都府生涯学習審議会委員）
　園部町環境衛生推進委員会（女性によるまちづくりへの参画）
平成16年度
　伊調 千春（女子レスリング選手）
　通崎 睦美（マリンバ奏者，エッセイスト）
　野口 みずき（陸上競技長距離選手）
　NPO法人働きたいおんなたちのネットワーク（社会参加チャレンジ支援事業，子育て応援事業）
平成17年度
　内田 奈織（ハープ奏者）
　神谷 雅子（映画館経営，大学講師）
　浜田 きよ子（高齢生活研究所所長，排泄総合研究所所長）
　山本 純子（高等学校教諭，詩人）
　京都食べもの文化研究会（京都の家庭に伝わる食文化研究グループ）
平成18年度
　小西 眞理子（女性農業士）
　正田 絢子（女子レスリング選手）
　田中 郁代（京丹後市丹後町漁業協同組合参事）
　平林 幸子（京都中央信用金庫常務理事）
　NPO法人舞鶴市女性センターネットワークの会（ネットワークを生かした地域づくり団体）
平成19年度
　松井 今朝子（作家）
　宮井 久美子（（社）京都犯罪被害者支援センター事務局長）
　京都子育てネットワーク（子育て応援活動）
　第25回全国都道府県対抗女子駅伝競走大会京都府チーム（陸上競技駅伝）
平成20年度
　江本 菜穂（ソフトボール選手）
　狩野 亜由美（ソフトボール選手）
　澤木 万理子（鵜匠，宇治市観光協会職員）
　瀬尾 まいこ（中学校教諭，作家）
　里いもグループ（郷土料理及び食文化の伝承）
◇京都府あけぼの賞20回記念特別賞
　志村 ふくみ（染織家）
　瀬戸内 寂聴（作家，天台宗尼僧）
　中畔 都舍子（京都府連合婦人会会長，全国地域婦人団体連絡協議会会長）
　ザイラー夫妻（エルンスト・ザイラー，和子・ザイラー）（ピアニスト）
平成21年度
　杉本 節子（財団法人奈良屋記念杉本家保存会事務局長・料理研究家）"「杉本家住宅」の保存を通じて，京町家に伝わる伝統文化を積極的に発信／料理研究家として，京都の暮らしやおばんざい等の伝統食を継承し，執筆活動やテレビ出演により全国に紹介"
　杉本 好美（女性農業士）"繁殖牛を水田に放牧する方法を先駆的に導入／平成3年京都府女性農業士に認定／消費者との交流を組織的，継続的に実施／研修生や学生の受入も積極的に行い，担い手の確保に向けた取組を実践"
　山本 淳子（平安文学研究者）"図書館職員，高校教諭を経て研究の世界へ／平成19年「源氏物語の時代 一条天皇と后たちのものがたり」で，第29回サントリー学芸賞受賞／源氏千年紀では，数々の講演・シンポジウム等を通じて，古典を親しみやすく且つ魅力的に伝える"
　宇治市消防団あさぎり分団（防火・防災活動）"平成10年女性だけの消防分団として設立／一人暮らし高齢者宅への防火訪問や住宅用火災警報機の普及等，地域に密着したきめ細やかな活動を実施／平成19年度京都府竿頭綬受賞／平成21年4月

定員を増員し，更に活動の拡充を図る"

平成22年度

荒木 かおり（有限会社川面美術研究所所長，絵師）"多数の国宝・重要文化財建造物等の彩色調査及び復原模写への取組や技能者の育成等，高度な技能と指導力を有する当分野の女性リーダーとして，文化財保護に貢献/都をどりの舞台背景画を，初演時（明治5年）から親子三代にわたり古典技法で描き続ける"

原田 紀久子（特定非営利活動法人アントレプレナーシップ開発センター理事長）"平成15年NPO法人アントレプレナーシップ開発センターを設立し，起業家教育事業を推進/平成22年，同法人が実践するプログラム「バーチャル・カンパニー」が，国際的非営利組織IPNの「グローバルベストアワード」を受賞（日本の団体で初）"

やなぎ みわ（美術作家）"CGや特殊メイクを用いた写真作品や映像作品を創作し，国内外で高い評価を獲得/平成13年京都府文化賞奨励賞受賞/平成21年 第53回ヴェネチア・ビエンナーレ日本館代表作家"

平成23年度

池坊 由紀（華道家・華道家元池坊次期家元）"国内外でのいけばなの普及をはじめ，講演など幅広い活動を通して日本の伝統文化の発信に尽力。平成22年「日本女性会議2010きょうと」では実行委員長を務め，男女共同参画社会の推進に貢献した"

江尻 省（国立極地研究所助教）"第51次南極地域観測隊員として昭和基地に滞在し主に大気の観測装置の整備に尽力。母校の府立桃山高等学校の地学部と，ヒートアイランド積乱雲の共同観測を行うなど，次世代への科学分野の魅力発信に努めている"

水野 加余子（京都女性スポーツの会会長）"競技の垣根を越えた全国唯一の女性スポーツの統括組織「京都女性スポーツの会」会長として，スポーツの振興に力を注いでいる。日本女性テニス連盟では，ピンクリボン委員長を務め，乳がんの早期発見・啓発促進運動に取り組んでいる"

平成24年度

太田 清子（水産加工業）"平成19年アカモクの加工技術を開発し，特産品化/平成23年第16回全国青年・女性漁業者交流大会で全国漁業／協同組合連合会長賞"

海堀 あゆみ（サッカー選手）"平成23年サッカー女子ワールドカップ日本代表（優勝）/平成23年国民栄誉賞（団体）/京都府スポーツ賞特別栄誉賞/2012年ロンドンオリンピック女子サッカー日本代表（準優勝）"

佐野 優子（バレーボール選手）"2012年ロンドンオリンピック女子バレーボール日本代表（第三位）"

中道 瞳（バレーボール選手）"2012年ロンドンオリンピック女子バレーボール日本代表（第三位）"

森田 りえ子（日本画家）"平成18〜21年京都迎賓館，金閣寺等の作品を制作/平成21年パリにて初の海外個展開催/平成23年京都府文化賞功労賞"

綿矢 りさ（小説家）"平成16年『蹴りたい背中』で第130回芥川賞/平成20年京都府文化賞奨励賞/平成24年『かわいそうだね？』で第6回大江健三郎賞"

亀岡市消防団つつじ分団（消防分団）"平成15年京都府消防協会長表彰において優秀竿頭綬/平成19年京都府消防協会長表彰において表彰旗/防火活動のみならず，消火実践活動も行う女性分団"

平成25年度

今井 幸代（郷土（京）料理研究家）"NHK京都文化センター講師を務め，テレビドラマや料理番組にも出演し，アメリカの食専門雑誌「SAVEUR（サブール）」の「世界の食100選」に，「おばんざいの復興に貢献した女性」として日本人で唯一

選ばれる/平成22年 紺綬褒章"
木﨑 良子(ダイハツ陸上競技部選手) "第14回世界陸上競技選手権大会女子マラソン4位入賞/京都府スポーツ賞 優秀賞"
玉井 菜採(ヴァイオリニスト,東京藝術大学准教授) "平成20年度 京都府文化賞奨励賞/府などで構成する古典の日推進委員会による「古典の日」の推進において,イメージキャラクターを務め,古典の日法制化に貢献"
福士 加代子(ワコール女子陸上競技部選手) "第14回世界陸上競技選手権大会女子マラソン銅メダル獲得/京都府スポーツ賞 特別栄誉賞"
藤野 可織(小説家) "平成25年『爪と目』で第149回芥川賞"
細見 恵美子(社会福祉法人顧問(元施設長)) "平成11〜13年 社会福祉法人京都南山城会理事/平成13〜24年 同法人特別養護老人ホーム山城ぬくもりの里施設長/平成24年度 京都ヒューマン大賞((公財)オムロン地域協力基金)"
特定非営利活動法人亀岡子育てネットワーク(子育て支援活動) "亀岡市内を拠点に子育て支援や親支援の活動を企画・運営/平成21年度 携帯メールでの子育て情報配信サービス「あったかめーる」開始/平成21年度 第3回京都府子育て支援表彰,市町村・地域自治功労者表彰"

◇京都府あけぼの賞特別賞

上杉 孝實(京都大学名誉教授,京都府男女共同参画審議会委員(元会長)) "昭和62年より,条例,計画の策定をはじめ,京都府の男女共同参画の推進に携わる/平成16〜24年 京都府男女共同参画審議会会長/平成24年度 男女共同参画社会づくり功労者内閣総理大臣表彰"
クルム伊達 公子(プロテニス選手) "平成25年 全豪オープン女子シングルスで3回戦に進出し,1968年同大会オープン化以降の最年長勝利記録を更新"
田中 田鶴子(大和学園名誉学園長) "平成9年 京都市教育委員長就任(政令指定都市で初の女性教育委員)/平成13年〜現在 大和学園名誉学園長/平成16年 旭日双光章(勲章)/平成19年 女性として初の京都商工会議所副会頭就任"

007 昭和女子大学女性文化研究賞(坂東眞理子基金)

昭和女子大学女性文化研究所が,坂東眞理子氏寄贈による基金を元に創設。男女共同参画社会形成の推進あるいは女性文化研究の発展に寄与する研究を対象とし,男女を問わず趣旨にあった著作(単行本)に対し,坂東眞理子基金から賞金を授与する。

【主催者】昭和女子大学女性文化研究所
【選考委員】(第5回)坂東眞理子,平尾光司,掛川典子,森ます美,岸田依子,志摩園子,伊藤純,粕谷美砂子,佐村知子,浅倉むつ子
【選考方法】選考委員会による選考
【選考基準】〔対象〕男女共同参画社会形成の推進に寄与する研究あるいは女性文化研究の発展に寄与する研究。(第6回)平成25年1月1日〜12月31日の1年間に刊行したもので,日本語で書かれた単行本。
【締切・発表】(第6回)応募受付:平成25年12月1日〜翌年1月31日,発表:平成26年5月1日(予定),贈呈式:5月末頃予定,発表誌:『昭和女子大学女性文化研究所紀要42号』(平成27年3月刊行)

【賞・賞金】副賞30万円
【URL】http://content.swu.ac.jp/jyobunken-blog/

第1回（平21年度）
　岩間 暁子（立教大学社会学部社会学科准教授）「女性の就業と家族のゆくえ 格差社会のなかの変容」（東京大学出版会）
第2回（平22年度）
　辻村 みよ子（東北大学大学院法学研究科教授）「憲法とジェンダー：男女共同参画と多文化共生への展望」（有斐閣）
第3回（平23年度）
　木村 涼子（大阪大学大学院人間科学研究科教授）「〈主婦〉の誕生：婦人雑誌と女性たちの近代」（吉川弘文館）
第4回（平24年度）
　藤井 和佐（岡山大学大学院社会文化科学研究科教授）「農村女性の社会学：地域づくりの男女共同参画」（昭和堂）
第5回（平25年度）
　該当者なし

008 女性史青山なを賞

女性史研究に先駆的業績を残した故青山なを氏の遺贈による基金に基づき，昭和61年（1986）に創設された。

【主催者】東京女子大学青山なを記念基金運営委員会
【選考方法】公募。推薦の中から専門家数名による選考委員会にて審査。
【選考基準】〔対象〕前年4月から当該年3月末日までに日本語で著され，日本で出版された女性史研究の単行本および研究報告書
【締切・発表】5月中旬締切，9月中旬発表
【賞・賞金】副賞20万円
【URL】http://lab.twcu.ac.jp/iws/nawo.htm

第1回（昭61年度）
　脇田 晴子〔編〕　「母性を問う―歴史的変遷 上下」（人文書院）
第2回（昭62年度）
　林 玲子〔ほか〕　「論集・近世女性史」（吉川弘文館）
　◇特別賞
　粟津 キヨ　「光に向って咲け―斉藤百合の生涯」（岩波書店）
第3回（昭63年度）
　該当者なし
第4回（平1年度）
　久武 綾子　「氏と戸籍の女性史―わが国における変遷と諸外国との比較」（世界思想社）
第5回（平2年度）
　堀場 清子　「イナグヤナナバチ…沖縄女性史を探る」（ドメス出版）
第6回（平3年度）
　服藤 早苗　「平安朝の母と子」（中央公論社），「家成立史の研究―祖先祭祀・女・子ども」（校倉書房）
第7回（平4年度）
　今井 けい　「イギリス女性運動史―フェミニズムと女性労働運動の結合」（日本経済評論社）

◇特別賞
　バーバラ・ルーシュ　「もう一つの中世像」（思文閣出版）

第8回（平5年度）
　小檜山 ルイ　「アメリカ婦人宣教師―来日の背景とその影響」（東京大学出版会）

第9回（平6年度）
　福岡県女性史編纂委員会　「光をかざす女たち―福岡県女性のあゆみ」（西日本新聞社）

第10回（平7年度）
　藤田 苑子　「フランソワとマルグリット―18世紀フランスの未婚の母と子どもたち」（同文館）

第11回（平8年度）
　勝浦 令子　「女の信心―妻が出家した時代」（平凡社）

第12回（平9年度）
　義江 明子　「日本古代の祭祀と女性」（吉川弘文館）

第13回（平10年度）
　鈴木 七美　「出産の歴史人類学―産婆世界の解体から自然出産運動へ」（新曜社）

第14回（平11年度）
　沢山 美果子　「出産と身体の近世」（勁草書房）

第15回（平12年度）
　平田 由美　「女性表現の明治史―樋口一葉以前」（岩波書店）

第16回（平13年度）
　該当者なし

第17回（平14年度）
　洪 郁如　「近代台湾女性史―日本の植民統治と「新女性」の誕生」（頸草書房）
◇特別賞
　黒田 弘子　「女性からみた中世社会と法」（校倉書房）

第18回（平15年度）
　曽根 ひろみ　「娼婦と近世社会」（吉川弘文館）

第19回（平16年度）
　井野瀬 久美惠　「植民地経験のゆくえ―アリス・グリーンのサロンと世紀転換期の大英帝国」（人文書院）

第20回（平17年度）
　野村 育世　「仏教と女の精神史」（吉川弘文館）

第21回（平18年度）
　川島 慶子　「エミリー・デュ・シャトレとマリー・ラヴワジエ―18世紀フランスのジェンダーと科学」（東京大学出版会）

第22回（平19年度）
　柳谷 慶子　「近世の女性相続と介護」（吉川弘文館）
◇特別賞
　田間 泰子　「『近代家族』とボディ・ポリティクス」（世界思想社）

第23回（平20年度）
　渡部 周子　「〈少女〉像の誕生―近代日本における「少女」規範の形成」（新泉社）

第24回（平21年度）
　荻野 美穂　「「家族計画」への道―近代日本の生殖をめぐる政治」（岩波書店）

第25回（平22年度）
　小山 静子　「戦後教育のジェンダー秩序」（勁草書房）

第26回（平23年度）
　池川 玲子　「「帝国」の映画監督 坂根田鶴子」（吉川弘文館）

第27回（平24年度）
　永原 和子　「近現代女性史論―家族・戦争・平和」（吉川弘文館）

第28回（平25年度）
　坂井 博美　「「愛の争鬪」のジェンダー力学―岩野清と泡鳴の同棲・訴訟・思想」（ぺりかん社）

009 女性史学賞

　平成17年（2005），日本史学者の脇田晴子氏を中心とし，女性史学賞選定委員会が結成された。近年，日本史・外国史ともに，女性史研究者の数および成果は確実に増加しているが，その主たる担い手の女性が研究職に就くことが出来る割合は依然として少なく，極めて困難な状況下で研究を余儀なくされている現実がある。歴史学研究において，より過去の女性の存在を明確にし，その位置づけをはっきりさせる女性史研究の展開をもって豊かな歴史学研究の進展を図らねばならないということ，さらに，女性の活躍を鼓舞し，女性の置かれた位置を歴史的な変化の中で確かめるべく，女性史研究者（男女を問わず）の育成を図る一助になるようにという抱負をもち，平成19年（2007）1月に第1回女性史学賞の贈呈が行われた。以降，選定委員会の5名は変わらず，毎年開催されている。

【選考委員】女性史学賞選定委員会（日本史関係：脇田晴子・武田佐知子・成田龍一，東洋史関係：岸本美緒，西洋史関係：河村貞枝）

【選考方法】推薦（候補作推薦のお願いを個人および出版社等に送付）。候補作から選定委員による検討の結果，受賞作を決定。

【締切・発表】1月贈呈式

【賞・賞金】賞状，記念品

第1回（平19年）
　金 富子 「植民地期朝鮮の教育とジェンダー――就学・不就学をめぐる権力関係」（世織書房 2005年5月）

第2回（平20年）
　内藤 千珠子 「帝国と暗殺――ジェンダーからみる近代日本のメディア編成」（新曜社 2005年10月）
　山崎 明子 「近代日本の「手芸」とジェンダー」（世織書房 2005年10月）

第3回（平21年）
　京樂 真帆子 「平安京都市社会史の研究」（塙書房 2008年3月）
　押山 美知子 「少女マンガジェンダー表象論――"男装の少女"の造形とアイデンティティ」（彩流社 2007年2月）

第4回（平22年）
　木村 朗子 「恋する物語のホモセクシュアリティ――宮廷社会と権力」（青土社 2008年3月），「乳房はだれのものか――日本中世物語にみる性と権力」（新曜社 2009年2月）

第5回（平23年）
　清家 章 「古墳時代の埋葬原理と親族構造」（大阪大学出版会 2010年1月）
　◇特別賞
　アンヌ・ブッシイ 「神と人のはざまに生きる――近代都市の女性巫者」（東京大学出版会 2009年5月）

第6回（平24年）
　磯山 久美子 「断髪する女たち――1920年代のスペイン社会とモダンガール」（新宿書房 2010年7月）
　小野沢 あかね 「近代日本社会と公娼制度――民衆史と国際関係史の視点から」（吉川弘文館 2010年4月）

第7回（平25年）
　内田 雅克 「大日本帝国の「少年」と「男性性」――少年少女雑誌に見る「ウィークネス・フォビア」――」（明石書店 2010年6月）
　姚 毅 「近代中国の出産と国家・社会――医師・助産士・接生婆――」（研文出版 2011年11月）

第8回(平26年)　　　　　　　　　　　　学学術出版会 2012年11月）
　宮西 香穂里　「沖縄軍人妻の研究」（京都大）

010 女性人権活動奨励賞（やより賞）

　過去から現在, 未来を国際的につなぐ, 女性の人権と平和の確立を目指す活動を進める「NPO法人 女たちの戦争と平和人権基金」が活動の柱の一つとする女性人権活動奨励事業。国際的な視野を持ち, 女性や弱者の側に立ち続けたジャーナリスト, 松井やよりさんの遺志と基金により, 平成17年度(2005)より開始。「やより賞」と「やよりジャーナリスト賞」の2賞を設ける。第10回, 平成26年度(2014)の授賞をもって終了となる。

【主催者】NPO法人 女たちの戦争と平和人権基金

【選考委員】やより賞：ラオ・キンチー, ニガット・カーン, ジョセファ・フランシスコ, 大橋正明, 中原道子, 弘田しずえ, 渡辺美奈 / やよりジャーナリスト賞：池田恵理子, 北原恵, 辛淑玉, 竹信三恵子, 丹羽雅代

【選考方法】選考委員によって, 厳正な審査を経たのち, 基金理事会で決定。やより賞：他薦。推薦書類と参考資料（推薦状, 業績紹介等）を全て英文にて提出。推薦された者から1名（または1団体）選出。やよりジャーナリスト賞：自薦, 他薦を問わない。推薦書類と参考資料（過去の作品実績：映像, 著作・印刷物等, 表現ジャンルは不問）を全て日本語で提出。1名または複数名選出。

【選考基準】〔対象〕やより賞：21世紀を戦争と性差別のない世紀にするために, 社会的弱者とされている人たちとともに, 広くアジア地域を中心に草の根で活動を続ける, 勇気と責任感のある女性アクティビスト, ジャーナリスト, アーティスト（あるいはその集団）。これからの活躍を期待して, 特に若い世代に注目。やよりジャーナリスト賞：日本を含む世界の女性たちが置かれている状況に光を当て, 性差別や不平等をなくすための活動を, ジェンダーの視点に立って生き生きと発信する女性ジャーナリスト, アーティスト（あるいはその集団）。日本語圏に向けて積極的に発信していく意志を条件とし, 言語表現は日本語のみを対象とする。高い評価が確立している実績よりも, 今後の活躍の可能性に強く注目。

【締切・発表】（平成25年）締切8月25日, 結果発表10月16日, 贈呈式12月7日

【賞・賞金】やより賞：奨励賞と奨励金50万円（対象者・グループが東京で行われる贈呈式に出席するための渡航費および滞在費は, 原則としてNPO法人 女たちの戦争と平和人権基金が負担）/ やよりジャーナリスト賞：奨励賞と奨励金総額50万円

【URL】http://www.wfphr.org/yayori/

第1回（平17年）
　◇やより賞
　　ウシャ・ティティクシュ（フェミニスト・フォトジャーナリスト/ネパール）"子どもと女性の安全と平和"
　◇やよりジャーナリスト賞
　　後藤 由美 "草の根の映像アーティストに光を当てる"

第2回（平18年）
　◇やより賞
　　高 維京（韓国）"米軍犯罪根絶と当事者サポート"
　◇やよりジャーナリスト賞
　　山本 柚 "平和を希求する女性たちの活動

を知らせる"
第3回（平19年）
◇やより賞
　該当者なし
◇やよりジャーナリスト賞
　該当者なし
第4回（平20年）
◇やより賞
　金 美穂（韓国・日本（在米））"差別の痛みの中からのエンパワメント"
◇やよりジャーナリスト賞
　大藪 順子 "性暴力被害当事者の表現と記憶で社会変革を図る"
　山秋 真 "反原発の現場から現実に密着した人々の運動や暮らしを記す"
第5回（平21年）
◇やより賞
　プロジェクト：「戦時性暴力の被害者から変革の主体へ——正義を求める女性たちの闘い」（グアテマラ）"内戦下の暴力被害当事者たちによるエンパワメント・民衆裁判の実現"
◇やよりジャーナリスト賞
　境分 万純 "南アジアの視点から国籍・国境・民族のあり方を問う"
●やよりジャーナリスト賞特別枠「作品賞」
　松浦 範子 "クルドの人々の生活や思想を映像と文筆で伝える"
第6回（平22年）
◇やより賞
　タヒラ・フィルダス（Tahira Firdous）（インド・カシミール）"ドキュメンタリー映画制作を通じ人権侵害に焦点を当てる"
◇やよりジャーナリスト賞
　北村 年子 "子どものいじめ・自死・野宿者襲撃をなくす取り組み"

●やよりジャーナリスト賞特別賞（大衆普及）
　神田 香織 "独自の講談を通じ, 幅広く社会的テーマを訴える"
第7回（平23年）
◇やより賞
　サラスワティ・ムトゥ（Sarasvathy Muthu）（人権活動家/マレーシア）"底辺の労働者を組織化, 抑圧に抗し団結して立ち向かう"
◇やよりジャーナリスト賞
　イトー・ターリ（パフォーマンス・アーティスト）"性, 人権を見据えた身体表現で過去と今を世に問う"
　岸本 眞奈美（編集者, プロジェクト・プランナー）"被差別者の視点で様々なメディアを駆使し表現する"
第8回（平24年）
◇やより賞
　アルマ・G・ブラウン（フィリピン）"性産業で働く女性たちが自らを信じ踏み出せるサポートを作る"
◇やよりジャーナリスト賞
　謝花 直美 "社会的問題に正面から向き合い現場ジャーナリズムに徹する"
●やよりジャーナリスト賞特別賞（メディアの役割）
　OurPlanet-TV（代表：白石 草）"多様で多角的な観点で映像を制作配信する市民メディア"
第9回（平25年）
◇やより賞
　武藤 類子
◇やよりジャーナリスト賞
　該当者なし
●やよりジャーナリスト賞特別枠「期待賞」
　堀切 さとみ

011 女性のチャレンジ賞

「女性のチャレンジ支援策について」（平成15年4月 男女共同参画会議決定）を受けて行

われる表彰。男女共同参画社会の形成の促進にあたっては,誰もが自らの意欲と能力によって自分の未来を切り開いていくこと,夢や志を実現することが可能であると信じられるような柔軟で活力ある社会にしていくことが大切である。しかし,現状では女性が,変化に応じ,様々な分野でチャレンジし,豊かさを感じられる生活を送るために,多様な選択肢がある中から自分にとって適切な選択を行うための具体的イメージを描くことは難しい。そこで,起業,NPO法人での活動,地域活動等にチャレンジすることで輝いている女性個人,女性団体・グループおよびそのようなチャレンジを支援する団体・グループ等を顕彰し,チャレンジの身近なモデル等を示すことによって男女共同参画社会の実現のための機運を高めることを目的とする。

【主催者】内閣府男女共同参画局
【選考委員】女性のチャレンジ賞選考委員会
【選考方法】都道府県,政令指定都市および男女共同参画推進本部関係府省は,あらかじめ本表彰にふさわしいと認められる候補者を,男女共同参画局長宛てに通知。他,男女共同参画会議有識者議員および男女共同参画推進連携会議企画委員並びにその他一般からの他薦を受け付ける。推薦された候補者の中から活動内容・経歴等を考慮の上,女性のチャレンジ賞選考委員会の審査を経て,内閣府特命担当大臣(男女共同参画)が決定する。
【選考基準】〔対象〕(1)政策・方針決定過程に参画し主導的立場を担っていくことを目指す「上」へのチャレンジ,新たな分野に活躍の場を広げる「横」へのチャレンジ,出産・育児後の再チャレンジで活躍しており,チャレンジの身近なモデルになると思われる女性個人,女性団体・グループ。(2)(1)にあるような女性のチャレンジについて積極的な支援を行い,男女共同参画社会の形成の促進に寄与したと認められる団体・グループ。(3)次の各号に該当する者のうち,当該年度において,別に定める特別部門に該当する者。1)(1)にあるようなチャレンジを行っている女性個人,女性団体・グループ。2)(1)にあるような女性のチャレンジについて積極的な支援を行っている団体・グループ。3)2)のほか,女性が(1)にあるようなチャレンジを行いやすい環境の整備に貢献している者。
【締切・発表】(平成25年度)平成25年3月29日締切。表彰式は,男女共同参画社会づくりに向けての全国会議開催日(6月下旬)に行う。
【賞・賞金】チャレンジ賞:原則として年4件。チャレンジ支援賞:原則として年1件。特別部門賞:原則として年3件。当該年度の特別部門が複数ある場合には,それぞれの表彰件数を定めるものとする。表彰状および記念品を授与。
【URL】http://www.gender.go.jp/

平16年度
◇女性のチャレンジ賞表彰
- 大賞
 惣万 佳代子(特定非営利活動法人「デイサービスこのゆびと〜まれ」理事長/富山県)
- 局長賞
 伊東 サダ子(「まごころの会」会長/秋田県)
 佐藤 良子(立川市大山団地自治会会長)
 高橋 裕子(奈良女子大学大学院教授/奈良県)
 中島 民子(つくば市農業・農村男女共同参画社会推進委員会会長,「わの会」会員/茨城県)
 日野 佳恵子(株式会社ハー・ストーリィ

代表取締役/広島市)
森だくさんの会女性部会(長野県)
◇女性のチャレンジ支援賞表彰
- 大賞
  IWAD環境福祉専門学校(代表：平田 冨美子)(広島県)
- 局長賞
  放送と女性ネットワークin関西(代表：松尾 邦子)(大阪府)

平17年度
◇女性のチャレンジ賞表彰
石原 奈津子(有限会社 茄子の花 代表取締役社長/島根県)
東野 真由美(パウダーテクノコーポレーション有限会社 代表取締役社長/山形県)
藤田 敏子(株式会社クック・チャム 代表取締役社長/愛媛県)
星川 光子(特定非営利活動法人 いぶりたすけ愛 理事長/北海道)
◇女性のチャレンジ支援賞表彰
株式会社アクティブブレインズ(代表：平山 喬恵)(千葉県)
Venus One(ヴィーナス ワン)(代表：小嶋 寿見子)(北九州市)
◇女性のチャレンジ賞特別部門賞(地域づくり)表彰
あやおり夢を咲かせる女性の会(代表：菊池 ナヨ)
萩の会(代表：斎藤 ソノ)(島根県)

平18年度
◇女性のチャレンジ賞表彰
近藤 紀子(地域維新グループ代表/山口県)
橋本 正惠(有限会社 丸二 水産取締役, 佐伯市観光協会副会長, かまえブルーツーリズム研究会会長/大分県)
八木 幸子(株式会社 比叡ゆば本舗 ゆば八 代表取締役社長/滋賀県)
特定非営利活動法人 活き生きネットワーク(代表：杉本 彰子)(静岡県)
◇女性のチャレンジ支援賞表彰
特定非営利活動法人 働きたいおんなたちのネットワーク(代表：吉田 秀子)(京都府)
◇女性のチャレンジ賞特別部門賞表彰(再チャレンジで活躍する女性個人, 女性団体・グループ)
田澤 由利(株式会社ワイズスタッフ代表取締役社長/北海道)
濱砂 圭子(株式会社フラウ代表取締役社長/福岡県)
◇女性のチャレンジ賞特別部門賞表彰(再チャレンジする女性の採用・登用に取り組む企業)
三笠運輸株式会社(代表：松浦 明)(静岡県)

平19年度
◇女性のチャレンジ賞表彰
植田 貴世子(株式会社クラッシー代表取締役/徳島県)
海野 フミ子(JA静岡市理事アグリロード美和代表/静岡県)
鎌野 実知子(全国子育てタクシー協会((有)花園タクシー取締役)/香川県), 中橋 恵美子(全国子育てタクシー協会(特定非営利活動法人 わははネット理事長)/香川県)
宮崎 弘美(株式会社かむろみプランニング代表取締役/福島県)
◇女性のチャレンジ支援賞表彰
株式会社マザーネット(代表：上田 理恵子)(大阪府)
◇女性のチャレンジ賞特別部門賞表彰(地域の魅力の発信)
齋藤 千鶴(斎藤 ちず)(特定非営利活動法人 コンカリーニョ理事長/北海道)
丸山 結香(有限会社やまこし道楽村代表取締役/新潟県)
谷津倉 智子(Funnybee株式会社代表取締役/神奈川県)

平20年度
◇女性のチャレンジ賞
グリーンレディースにかほ(代表：菊地 紀子)(秋田県)

011 女性のチャレンジ賞

谷 あゆみ(谷厩舎経営/北海道)
村山 由香里(株式会社アヴァンティ代表取締役社長/福岡県)
山本 文子(NPO法人 いのちの応援舎理事長/香川県)
◇女性のチャレンジ支援賞
NPO法人フローレンス(代表：代表理事・駒崎 弘樹)(東京都)
◇女性のチャレンジ賞特別部門賞(環境)
江崎 貴久(有限会社オズ代表取締役(有限会社菊乃代表取締役、若女将の会「うめの蕾会」会長)/三重県)
NPOグリーンコンシューマー高松(代表：勝浦 敬子)(香川県)
NPO法人スペースふう(代表：永井 寛子)(山梨県)

平21年度
◇女性のチャレンジ賞
特定非営利活動法人 NPOカタリバ(代表理事：今村 久美)(東京都)
苅田町女性農業機械オペレーターグループ「グリーンズ」(会長：西田 美恵子)(福岡県)
増田 恭子(富士宮駅前通り商店街振興組合理事長/静岡県)
光畑 由佳(モーハウス代表(モネット有限会社代表取締役)/茨城県)
山口 絵理子(株式会社マザーハウス代表取締役/埼玉県)
レディース100年の森林業グループ(代表：鷹嘴 充子)(北海道)
◇女性のチャレンジ支援賞
財団法人厚生年金事業振興団大阪厚生年金病院(代表：院長・清野 佳紀)(大阪府)
◇女性のチャレンジ賞特別部門賞(安心して暮らせる地域づくり)
行きまっせ！ 消費者啓発グループ「てくてく」(代表：谷 京子)(兵庫県)
亀井 静子(特定非営利活動法人 生ゴミリサイクル亀さんの家 理事長/三重県)
特定非営利活動法人 さんかくナビ(理事長：貝原 己代子)(岡山県)

三上 公子(石木 公子)(特定非営利活動法人 活き粋あさむし事務局長/青森県)
吉村 憂希(特定非営利活動法人 青少年育成審議会JSI理事長/大阪府)

平22年度
◇女性のチャレンジ賞
梅木 あゆみ(有限会社コテージガーデン代表取締役/北海道)
寒川 歳子(前美山村森林組合代表理事組合長/和歌山県)
新関 さとみ(さとみの漬物講座企業組合理事長/山形県)
藤原 たか子(マイスター工房八千代施設長/兵庫県)
◇女性のチャレンジ支援賞
特定非営利活動法人北海道子育支援ワーカーズ(代表：代表理事・小川 京子)(北海道)
◇女性のチャレンジ賞特別部門賞(新しい公共)
田中 美穂(特定非営利活動法人 STEP・北九州理事北九州市ひきこもり地域支援センター長/福岡県)
日置 真世(特定非営利活動法人 地域生活支援ネットワークサロン理事兼事務局顧問、北海道大学大学院教育学研究院附属子ども発達臨床研究センター助手/北海道)
森 綾子(特定非営利活動法人 宝塚NPOセンター専務理事/兵庫県)

平23年度
◇女性のチャレンジ賞
性暴力救援センター・大阪(SACHICO)(代表：加藤 治子)(大阪府) "全国初の性暴力被害者への24時間・総合的支援センター"
帆足 キヨ(吉野食品有限会社代表取締役社長/大分県) "郷土料理「鶏めし」を全国に販売 地域の味の伝承と活性化に貢献"
宗片 惠美子(特定非営利活動法人 イコールネット仙台代表理事/宮城県) "女性の視点から防災に尽力。被災女性支援の

ため「せんたくネット」等の取組を進める"
山下 由美(JAえひめ南女性部津島支部長/愛媛県)"農業経営,六次産業起業,若手女性ネットワークづくり,国際貢献などで幅広く大活躍"

◇女性のチャレンジ支援賞
湖南広域消防局(代表:消防局長・岩佐 卓實)(滋賀県)"女性消防士の採用・活躍を積極的に支援"

◇女性のチャレンジ賞特別部門賞(地域を変える女性の力)
木織 雅子(特定非営利活動法人 工房おのみち帆布 理事長/広島県)"伝統産品「尾道帆布」を使い小物を製造。新たな地域資源を見出し,活性化に貢献"
特定非営利活動法人 吉備郡工房ちみち(代表:加藤 せい子)(岡山県)"地域の歴史文化・魅力を再発見・PRする事業を,女性の視点をいかしながら実施"
横田 純子(特定非営利活動法人 素材広場 理事長/福島県)"地域の「素材」や「魅力」を見出し,人々をつなげることで,地域経済の活性化"

平24年度
◇女性のチャレンジ賞
岩岡 ひとみ(特定非営利活動法人 全国福祉理美容師養成協会 事務局長/愛知県)"外出困難者へ訪問理美容サービスを提供する有償ボランティア活動を展開,離職した女性理美容師の再就職にも貢献"
岩井 万祐子(株式会社 ホト・アグリ 代表取締役/静岡県)"技術者として優れた野菜栽培技術を開発,自ら起業し新産業を創造"
奥野 美代子(福岡県認定農業者女性部会会長/福岡県)"農業分野における女性の経営参画を強力に推進,女性農業者のネットワーク構築に尽力"

◇女性のチャレンジ支援賞
特定非営利活動法人 やまがた育児サークルランド(代表:野口 比呂美)(山形県)"育児サークルの活動の枠を超えた先駆的取組・急増する福島県からの避難母子に対する幅広い支援"

◇女性のチャレンジ賞特別部門賞(防災・復興)
井上 いほり(本荘まちづくり協議会会長/岐阜県)"東日本大震災の教訓や女性の視点を活かした自治会活動,まちづくり活動を精力的に展開"
佐野 ハツノ(いいたてカーネーションの会 代表/福島県)"仮設住宅で避難生活を送る高齢者の元気を取り戻すために「までい着」の製造を開始"
みやぎジョネット(代表:草野 祐子)(仙台市)"震災後,被災地女性と全国の支援者の思いを結ぶことを目的に「みやぎジョネット」立ち上げ"
特定非営利活動法人 参画プランニング・いわて(代表:平賀 圭子)(岩手県)"被災女性の個別ニーズに配慮した物資及びサービスを提供。被災地での女性専用の相談事業を積極展開"

平25年度
◇女性のチャレンジ賞
能登 祐子(能代市上町自治会長 のしろ白神ネットワーク代表/秋田県)"女性自治会長の先駆者として防災分野に尽力"
佐藤 真琴(株式会社PEER 代表取締役/静岡県)"ガン治療をしながら社会生活を送る女性患者の生活の質の向上に貢献"
浅利 妙峰(有限会社糀屋本店 代表取締役社長/大分県)"日本古来の食材である糀を女性ならではの視点で活用"
横田 響子(株式会社コラボラボ 代表取締役/東京都)"女性事業主コミュニティを起業し,女性の雇用創出と働き方の選択肢を増やすことに貢献"
籠田 淳子(有限会社ゼムケンサービス 代表取締役/福岡県)"男性が多数を占める建設業において,「女性だからできる経営」を実践"

◇女性のチャレンジ支援賞

株式会社グロッシー（代表取締役：北村貴）（北海道）"働く女性のムーブメントを起こすため、地域で働く女性のロールモデルを発掘し活躍をPR"
◇女性のチャレンジ賞特別部門賞（テーマ「女性活躍企業リーダー」）
林 克重（タカラ印刷株式会社代表取締役/福島県）"企業における女性起用・能力開発に積極的に取り組み、活気ある働きやすい職場環境づくりに寄与"
川原 正孝（株式会社ふくや代表取締役社長/福岡県）"女性社員の就業継続、育成に積極的に取り組み、女性の活躍を進める必要性・効果を発信"
生駒 京子（株式会社プロアシスト代表取締役/大阪府）"男女が同一線上で積極的に仕事に取り組むことを実践し、幹部女性を多く登用"
福井 真紀子（株式会社ハーモニーレジデンス 代表取締役/東京都）"優秀なシングルマザーと女性管理職候補者の人材を企業へ紹介、女性が活躍できる機会の創出に貢献"

012 女性文化賞

平成9年（1997）に詩人・高良留美子によって創設された賞。女性の文化創造者を励まし、支え、またこれまでの仕事に感謝することを目的とする。

【締切・発表】12月発表

【賞・賞金】賞金50万円。記念品として女性画家によるリトグラフ1点を贈る。

第1回（平9年）
　渡辺 みえこ（詩人、画家、評論家）「女のいない死の楽園—供儀の身体・三島由紀夫」（パンドラ 発行、現代書館 発売）
第2回（平10年）
　安里 英子 「揺れる聖域」（沖縄タイムス）
第3回（平11年）
　冨永 千恵子（作家）長編小説「太平洋戦争中の花子の日記」（同人雑誌『竪琴』連載）
第4回（平12年）
　浜野 佐知（映画監督）映画「第七官界彷徨—尾崎翠を探して」
第5回（平13年）
　坂田 千鶴子「よみがえる浦島伝説—恋人たちのゆくえ」（新曜社）
第6回（平14年）
　チカップ 美恵子（アイヌ文様刺繍家）
第7回（平15年）
　鈴木 郁子（フリーライター）「八ツ場ダム—足で歩いた現地ルポ」（明石書店）
第8回（平16年）
　田浪 亜央江
第9回（平17年）
　李 修京（歴史社会学/韓国）"「帝国の狭間に生きた日韓文学者」（緑陰書房）"
第10回（平18年）
　小林 とし子 「さすらい姫考—日本古典からたどる女の漂泊」（笠間書院）
第11回（平19年）
　「地に舟をこげ 在日女性文学」（在日女性文芸協会 発行、社会評論社 発売、呉文子・高英梨・朴和美・朴民宜・李美子・李光江・山口文子 編集）
第12回（平20年）
　河野 信子（女性史家）"長年にわたる女性史、男女の関係史、家族論等の著作において女性解放・人間解放の立場を貫き、高群逸枝のメッセージを読み解き、近著「媒介する性—ひらかれた世界へ」（藤原書店）では性の二元論を超えるひらかれ

第13回（平21年）
らいてうの家（長野県上田市）"女性解放運動の先駆者・平塚らいてうの没後, 遺族から寄贈されたあずまや高原の土地に, 多くの寄付や協力, ボランティア活動によって平成18年に長野県上田市真田町長十の原1278番地に建てられた家。平成13年「平塚らいてうの会」がNPO法人に認定。らいてうの反戦平和の願いを受けつぎ実現するため, また地域の女性運動を掘り起こして次世代に伝えるために活発に活動"

第14回（平22年）
堀場 清子（詩人, 女性史家）"長年にわたる女性史家・高群逸枝の研究・資料発掘・校訂・編集などによって, 女性史の研究に大きく寄与。「青鞜」をめぐる平塚らいてうと新しい女たちの研究と著作は, この分野への人びとの関心を高めた。詩集「じじい百態」（国文社）によってフェミニズム詩の新基軸を開いたことはつとに知られる"

第15回（平23年）
石川 逸子（詩人）"昭和57年にミニ通信「ヒロシマ・ナガサキを考える」を創刊（平成23年 100号で終刊）, 原爆に関わる詩歌や証言, 記録を発信"

第16回（平24年）
一条 ふみ（農民女性作家）"戦前戦後を通じて東北農民の傍らにあり, 農民たちの声にならない言葉を文集「ともしび」（昭和26年創刊）, 文集「むぎ」（昭和42年創刊）, 文集「生き残り運動」（昭和50年創刊）に記録し続けた。昭和56年から約15年にわたり, 友人とともに岩手県北の開拓地を耕した"

第17回（平25年）
李 寧煕（作家／韓国）"「もう一つの万葉集」（文藝春秋）,「天武と持統」（文藝春秋）,「日本語の真相」（文藝春秋）など多数の著書と, 雑誌「まなほ」86冊を通して,「万葉集」の多くの和歌を古代韓国語（新羅語・高句麗語・百済語）で解読し, そこに秘められた古代史の真実のドラマを再現する重要な手がかりを与えた"

013 白井博子・地の塩賞

新潟女性史クラブや女のひろば「あごら」事務局で活躍した, 故白井博子さんを記念して創設。白井さんを知る6人が呼びかけて基金を集め, 女性運動を長年支えてきた人をたたえるため設立した。

【選考方法】推薦

【締切・発表】（第1回）平成11年11月発表。雑誌『あごら』に掲載。

第1回（平11年）
菅谷 直子 "日本婦人問題懇話会発起人の一人として長年事務局を運営し, 多くの人材を送り出した"
松浦 三知子 "婦人有権者同盟の裏方として, 国会議員・婦人運動家の故市川房枝さんを長年支えた"

第2回（平12年）
斎藤 鶴子（故人）"「草の実会」を軸に平和と女性のために闘った"
市村 順子 "「婦人民主クラブ」を中心に女性と人権の活動を続けている"

第3回（平13年）
中村 文子 "戦後沖縄で女性の地位向上・平和・基地問題に尽力"

第4回（平14年）
松井 やより（ジャーナリスト）

第5回（平15年）
浮田 久子 "多年, 女性・平和運動を続けてこられた「白いリボン運動」の提唱者"

014 空を愛する女性たちを励ます賞

空への夢と希望をもって活躍している「空を愛する女性たち」を広く社会に周知し, 同じ道を志す人の指標となることを目的とする。主催者の社団法人日本女性航空協会（旧称・日本婦人航空協会）の創立45周年を記念し設定された。

【主催者】社団法人 日本女性航空協会
【選考方法】選定委員会による選出
【選考基準】〔対象〕（第12回）「ゼネラル・アビエーションの現場で活躍する女性たち」をコンセプトに推薦
【賞・賞金】（第12回）平成20年10月発表
【URL】http://www.jwaa.or.jp/award/

第1回（平9年）
◇「コクピットへの夢」賞（個人）
大竹 友子（日本航空株式会社）"ジェット旅客機パイロットへの想いを実現。日本の航空界初の大型ジェット旅客機B747の操縦士という夢を果たし, パイロットを目指す女性たちに希望を与えた。今までの努力への敬意とこれからの更なる飛躍と活躍を期待して"
◇「大空への挑戦」賞（個人）
森中 玲子（社団法人日本婦人航空協会理事）"学生時代にグライダーを始めてから, 「空の魅力」を追い続け, 飛行機, ヘリコプター, グライダーの事業用操縦士技能証明を取得しているばかりでなく, アメリカ合衆国・FAAの飛行機・ヘリコプターの教育証明も所持。平成9年グライダー高度記録10,276m樹立を含め10個の日本記録を保持し, 平成8年末にはアフリカで世界記録を達成するなど, 世界を駆けめぐり常に新たな記録に挑戦し続けている真摯なその姿勢に対して"
◇「空の旅への気配り」賞（団体）
株式会社日本エアシステム "「フローラルルーム」「天使のおでかけサービス」開発プロジェクト"
◇「空の旅への優しさ」賞（団体）
全日本空輸株式会社 "視聴覚障害を持つ方たちへのサービス」開発プロジェクト"

第2回（平10年）
勝田 敦美（日本航空株式会社 一等航空整備士（B747）），藤野 正美（日本航空株式会社 一等航空整備士（B747）），土谷 真理子（日本航空株式会社 一等航空整備士（B767）），山本 美佳子（日本航空株式会社 一等航空整備士（B747））"多くの乗客が利用する定期航空機の安全を日夜計り, 一等航空機整備士のライセンスを取得, 自己の向上を目指したその努力への敬意と今後のますますの活躍を期待して表彰"
尾形 実生（全日本空輸株式会社 航空工場整備士（形式・タービン発動機））"定期航空機の安全を日夜計り, 専門性の高い航空工場整備士ライセンスを女性として初めて取得, 自己の向上を目指したその努力への敬意と今後のますますの活躍を期待して表彰"
高西 弥生（朝日航洋株式会社 二等航空整備士（回転翼））"回転翼の安全を確保す

る整備に日々励み,自己の向上を目指し二等航空整備士のライセンスを取得した努力への敬意と今後のますますの活躍を期待して表彰"

坂本 恵美(熊本航空株式会社 三等航空整備士(陸上単発))"日々不定期使用事業航空機の安全確保のため,パイオニアとして永きにわたり努力を払い,常に自己の向上を目指していることに対し表彰"

第3回(平11年)

青山 久枝(航空局管制保安部),春田 慶子(大阪航空局関西空港事務所管制部),蒲浦 裕子(那覇航空交通管制部),福田 順子(東京航空交通管制部)"女性航空管制官一期生として空を愛する女性たちに航空管制官への道を開き,後に続く方たちの道標として今も空の安全のために活躍されている事に対して表彰"

灘波 陽子(海上保安庁第一管区海上保安本部 函館航空基地飛行士)"海上保安庁現役女性パイロットとして救難活動に必要な技能を修得し,海の安全を守るため熱意を持って努力し続けてこられた事に対して表彰"

第4回(平12年)

樫地 一恵(航空自衛隊 一尉),佐藤 香苗(航空自衛隊 二尉),一文字 祐子(航空自衛隊 二尉),川口 美登里(航空自衛隊 二尉),逢坂 麗(航空自衛隊三尉),田中 光穂(航空自衛隊 一曹)"空への夢と希望を実現し,現役の航空自衛隊女性パイロットとして日々研鑽に努め,任務を果たしているその熱意と努力は後に続く者たちへの道標となる。これまでの真摯な姿勢を称えこれからのますますの活躍を期待して表彰"

第5回(平13年)

大川 くみ子(三菱重工業株式会社 名古屋航空宇宙システム製作所),月ヶ瀬 かほる(三菱重工業株式会社 名古屋航空宇宙システム製作所),安井 久子(三菱重工業株式会社 名古屋航空宇宙システム製作所),澤中 裕子(川崎重工業株式会社),伊藤 友美(富士重工業株式会社),山脇 るり子(石川島播磨重工業株式会社)"民間企業において日々航空宇宙技術開発研究に努めてきたその熱意と努力は後に続く者たちへの道標となる。これまでの技術者としての姿勢を称えこれからのますますの活躍を期待し表彰"

第6回(平14年)

◇個人の部

中川 佳子(日本航空株式会社),伊藤 節子(日本航空株式会社),松本 朝子(日本航空株式会社),大槻 みち子(全日本空輸株式会社),山内 純子(全日本空輸株式会社),若田 加寿子(全日本空輸株式会社),岩木 潤子(全日本空輸株式会社),小川 君子(株式会社日本エアシステム),重住 徳子(株式会社日本エアシステム),新谷 恵子(エアーニッポン株式会社)"2002年は民間航空再開50周年でもあり,空を愛する女性たちの代表的な職種である客室乗務員として長年キャリアを積み,現在も後進の指導に当たり日々研鑽を重ね職責を果たしてきた姿勢は後進の指標であり,これからのますますの活躍を期待して表彰"

◇団体の部

女性パイロットによる韓国訪問飛行チーム(代表:浦松 香津子)"民間航空再開50周年ならびに当協会設立50周年記念事業の一環として,また韓国女性航空協会姉妹提携29周年を祝し,女性パイロットによる小型機で韓国訪問飛行を計画実施し無事成功。この事業の成功は日韓両国の官民,個人団体にかかわらず多くの人たちの理解と協力によるもので代表としてチームを表彰"

第7回(平15年)

北原 昌子(海上保安庁第三管区横浜海上保安部),布施谷 充紀子(警視庁航空隊飛行班),金澤 恵子(警視庁航空隊飛行班),塚口 千枝(陸上自衛隊一等陸尉),米光 雅代(陸上自衛隊三等陸尉),半浴 仁美(陸上自衛隊三等陸尉),勝野 愛裕

(陸上自衛隊一等陸曹）"緊急災害救助やパトロールにヘリコプターはその機動性と便利性により活躍が期待され、また様々な用途に使用されている。ヘリコプターのパイロットとして日々研鑽に励み、職務を果たしてきたその熱意と努力は後に続く者たちへの道標となる。これまでの真摯な姿勢を称えこれからのますますの活躍を期待し表彰"

第8回（平16年）
　荒井 悦子（株式会社JALスカイ），山口 祐子（株式会社JALスカイ），山中 幸恵（株式会社JALスカイ），山 悦子（全日本空輸株式会社），山崎 和子（全日本空輸株式会社），村石 京子（全日本空輸株式会社），平地 和恵（全日本空輸株式会社）"空港のグランドスタッフとしてサービスと安全の最前線に立ち、その職務研鑽に日々努めてこられたその熱意と努力は後に続く者たちへの道標となる。これまでの真摯な姿勢を称えこれからのますますの活躍を期待し表彰"

第9回（平17年）
　辻 めぐみ（国土交通省 東京航空局新潟空港事務所航空管制技術官），恒光 ゆかり（国土交通省 東京航空局旭川空港出張所航空管制運航情報官），秋田 博子（国土交通省 大阪航空局大阪空港事務所航空管制運航情報官）"国土交通省・航空管制技術官・航空管制情報官として日々研鑽に励み長年キャリアを重ね責務を果たしてきた熱意と努力は後に続く者たちへの道標である。これまでの真摯な姿勢を称えこれからのますますの活躍を期待し表彰"
　大門 優子（海上保安庁 第十一管区海上保安本部石垣航空基地整備士）"防衛庁自衛隊員初の女性パイロットとなり日々研鑽に励み、自衛官としての責務を果たしてきた熱意と努力は後に続く者たちへの道標となる。これまでの真摯な姿勢を称えますますの活躍を期待し表彰"
　瀧川 寛子（防衛庁海上自衛隊 海上幕僚監部人事教育部教育課航空教育班三等海佐）"防衛庁自衛隊初の女性パイロットとなり日々研鑽に励み、自衛官としての責務を果たしてきた熱意と努力は後に続く者たちへの道標となる。これまでの真摯な姿勢を称えますますの活躍を期待し表彰"
　堀越 深雪（独立行政法人航空大学校 独立行政法人航空大学校帯広分校講師）"航空大学校初の女性操縦教官として日々の研鑽に励みその責務を果たしてきた熱意と努力は後に続く者たちへの道標である。これまでの真摯な姿勢を称えこれからのますますの活躍を期待し表彰"

第10回（平18年）
　徳川 直子（独立行政法人宇宙航空研究開発機構 総合技術研究本部空力研究グループ主任研究員）"空への夢と希望を実現し小型超音速実験機など空力研究者として日々の研鑽に励み実績を重ねてきた熱意と努力は後に続く者たちへの道標である。これまでの真摯な姿勢を称えこれからのますますの活躍を期待し表彰"
　堀澤 早霧（カリフォルニア大学バークレー校 Dudley研究室ポスドク研究員，国際ゾンタ・アメリア・イアハート奨学金受賞者）"空への夢と希望を実現し航空工学・生物学的観点による飛翔昆虫とハチドリの羽ばたき飛行に関する研究を進め日々研鑽に励み実績を重ねてきた熱意と努力は後に続く者たちへの道標である。これまでの真摯な姿勢を称えこれからのますますの活躍を期待し表彰"
　松尾 亜紀子（慶應義塾大学理工学部機械工学科助教授，国土交通省航空・鉄道事故調査委員会委員，国際ゾンタ・アメリア・イアハート奨学金受賞者）"空への夢と希望を実現し数値流体力学により未来の宇宙飛行につながる研究に努め、大学の教育現場においても日々研鑽に励んできた熱意と努力は後に続く者たちへの道標である。これまでの真摯な姿勢を称えこれからのますますの活躍を期待し表彰"

第11回（平19年）
奥村 澄枝（岡山県倉敷市川崎医科大学附属病院救急部勤務），篠崎 真紀（和歌山県和歌山市和歌山県立医科大学附属病院CCMC勤務）"一刻を争う救命救急医療の現場に携わるものとして，ドクター・ヘリに乗務し，医師として熱意と誠実さをもってその責務を果たし続けていることを評価（NPO法人救急ヘリ病院ネットワークより推薦）"

大内美紀（株式会社TEI）"1997年4月17日，ツアー団員18名に添乗してドイツ・ロマンチック街道を観光バスでアウトバーンを走行中に運転手が心臓発作による心停止を起こし死亡，バスが走行路を外れ始めたのに気付き，いち早く状況を把握，運転手の背後からハンドルとブレーキを操作してバスを安全に停止させ団員全員の安全を確保した。その臨機応変にして機敏なる行動は，表彰に値する（社団法人日本添乗サービス協会から推薦）"

田中 由里子（株式会社ツーリスト・エキスパーツ），尾方 美子（株式会社JTBビジネスサポート九州）"グループを引率してガルーダ・インドネシア航空に搭乗中，1996年6月13日に発生した福岡空港での事故に遭遇。その際に冷静にして沈着な誘導を行い，ツアーグループの団員全員を無事に脱出させることに成功，避難後も混乱する現場において，その厳しい状況下において団員の安否を速やかに旅行会社に連絡を行なうなど，正に添乗員の模範となる行動をとったことは表彰に値する（社団法人日本添乗サービス協会から推薦）"

第12回（平20年）
平田 律子（国土交通省東京航空局航空機検査官），浦松 香津子（国土交通省大阪航空局運航審査官（航空従事者試験官併任）），小田嶋 良（本田航空株式会社運航部飛行機訓練課航空機操縦訓練教官），小野寺 直美（株式会社日本モーターグライダークラブ航空機操縦訓練教官），阿部 紀子（アイベックスアビエイション株式会社運航部航空機操縦訓練教官）

◇選定委員会特別賞
高山 侑子（女優）"角川映画「空へ―救いの翼」主演"

015 男女共同参画社会づくり功労者内閣総理大臣表彰

多年にわたり男女共同参画社会に向けた気運の醸成等に功績のあった者や，各分野において実践的な活動を積み重ね，男女共同参画の推進に貢献してきた者などを顕彰することによって，豊かで活力ある男女共同参画社会の形成に資することを目的として実施する表彰。平成9年度（1997）から平成19年度（2007）までは「男女共同参画社会づくり功労者の内閣官房長官表彰」の名称で，内閣官房長官による表彰として行われた。平成20年度（2008）からは，男女共同参画社会づくりに向けた取り組みの一層の促進を図るため，現名称にて内閣総理大臣表彰として実施されている。

【主催者】内閣府男女共同参画局

【選考方法】関係府省，都道府県等からの推薦ほか。有識者からなる選考委員会の審査を経て内閣総理大臣が決定。表彰数10名程度。

【選考基準】〔対象〕男女共同参画社会づくりに関し，極めて顕著な功績のあった個人。関係大臣もしくはこれに準ずる者等から表彰を受けたことのある者またはこれらの者と同程度以上の顕著な功績のあった者のうち，次の各号のいずれかに該当する者とする。ただし，これらの分野において褒章を受けた者および叙勲を受けた者は除く。

015 男女共同参画社会づくり功労者内閣総理大臣表彰　　Ⅰ 文化

なお、全国的な視野から見てその業績が顕著な者だけでなく、地域において地道な活動を重ねている者につき配慮するものとする。（1）長年にわたり男女共同参画社会に向けた気運の醸成や基盤づくりに功績のあった者（2）次のいずれかに該当する者で、その功績が顕著なもの　1）仕事と生活の調和の実現や女性の能力開発・能力発揮に対する支援などを通じ、男女共同参画の促進に貢献した者　2）従来、女性の参画が少なかった活動に積極的に参画し、社会に大きな影響を与えた女性または従来、男性の参画が少なかった活動に積極的に参画し、社会に大きな影響を与えた男性　3）それぞれの分野において社会的にめざましい活躍をしており、社会への貢献が認められる者で、ロールモデルとして男女共同参画の促進に資するもの（3）その他これらに準ずる者で特に功績が顕著な者

【締切・発表】男女共同参画週間（6月23日〜29日）のいずれかの日に表彰式を実施
【賞・賞金】表彰状、記念品
【URL】http://www.gender.go.jp/public/commendation/souri/index.html

平成9年度
　赤嶺 千壽（沖縄県婦人連合会会長）
　秋枝 蕭子（福岡YWCA理事）
　大久保 久子（文化学院芸術工科専門学校校長）
　大野 庸子（名古屋女子大学教授）
　金川 文子（長野県女性問題県民会議顧問）
　北岡 和子（社会福祉法人奈良社会福祉院寧楽の郷郷長）
　野口 政子（埼玉婦人問題会議顧問）
　野田 法子（元香川県各種婦人団体懇話会会長）
　濱田 滋子（三重県生涯学習センター顧問）
　藤田 美栄（青森県女性政策懇話会会長）
　村瀬 春樹（エッセイスト）
　横溝 正子（日本女性法律家協会会長）

平成10年度
　渥美 雅子（弁護士・千葉県女性施策推進懇話会座長）
　小松 君江（日本赤十字社常任理事）
　佐藤 朝子（光塩学園女子短期大学教授）
　真田 恭子（石川県婦人団体協議会常任顧問）
　髙村 リエ（山梨県女性団体協議会副会長）
　竹中 恵美子（龍谷大学経済学部教授）
　野津 初子（元宮崎県婦人団体連絡会会長）
　平川 浩子（弁護士・財団法人広島県女性会議理事）
　三輪 昌子（生活評論家・兵庫県女性施策推進委員会副座長）
　山本 せつ子（滋賀県男女共同参画社会づくり推進連絡協議会会長）

平成11年度
　池川 順子（前高知女子大学学長）
　大橋 松（栃木県女性団体連絡協議会会長）
　河野 輝枝（山口県女性団体連絡協議会会長）
　塩井 外喜子（富山県女性団体連絡協議会会長）
　玉津 菊子（新やまがたひゅーまんらいふフォーラム副代表）
　中畔 都舍子（京都府連合婦人会会長）
　長池 博子（医師・元宮城県女性問題懇談会座長）
　平野 多嘉子（熊本県男女共同参画社会推進懇話会会長）
　政野 澄子（（財）ふくい女性財団理事）
　水野 三重子（岡山県婦人協議会会長）

平成12年度
　加藤 郁子（岐阜県地域婦人会連合会会長）
　木内 むめ（秋田県国際交流をすすめる婦人の会 相談役理事）
　久世 妙子（椙山女学園大学教授）
　久保木 道子（愛媛県男女共同参画会議会長）

Ⅰ 文化　　015 男女共同参画社会づくり功労者内閣総理大臣表彰

時津 凉歌（佐賀県地域婦人連絡協議会会長）
富岡 恵美子（性暴力問題群馬弁護士ネットワーク代表）
藤枝 澪子（大阪府男女協働社会づくり審議会会長）
松原 敏美（弁護士）
三浦 タカコ（大分県女性団体連絡協議会会長）
南 ツギエ（鹿児島県女性団体連絡協議会会長）

平成13年度
秋田 幸子（全国地域婦人団体連絡協議会会長）
石田 都（埼玉婦人問題会議世話人代表）
伊勢 悦子（元徳島県女性協議会会長）
上田 喜志子（長崎県地域婦人団体連絡協議会会長）
岡田 淳子（北海道立女性プラザ館長）
角本 典子（鳥取県男女共同参画センター運営協議会委）
竹川 佳壽子（福島県立医科大学名誉教授）
橋本 裕子（弁護士）
深尾 凱子（埼玉短期大学教授）

平成14年度
麻上 千鳥（元山口県女性問題対策審議会会長）
安次富 初子（沖縄県女性の翼の会会長）
金森 弘子（富山県男女共同参画審議会会長）
神津 博子（前長野県男女共同参画推進県民会議会長）
静間 敏子（（社）国際婦人教育振興会副会長）
島本 郁子（元奈良県女性問題懇話会会長）
田中 敏子（高知県連合婦人会会長）
檜山 洋子（（財）広島県女性会議理事長）
湯浅 雪子（前（財）ふくい女性財団理事長）
湯沢 雍彦（お茶の水女子大学名誉教授）

平成15年度
石井 節子（前埼玉県地域婦人会連合会会長）

今川 敦子（大分県女性団体連絡協議会副会長）
大平 トシヱ（前北海道女性団体連絡協議会会長）
添田 包子（栃木県女性団体連絡協議会会長）
西川 潤（早稲田大学教授）
西脇 悦子（京都市地域女性連合会会長）
間宮 安子（元青森県婦人団体連絡協議会会長）
水上 ムス（熊本県男女共同参画活動交流協議会顧問）
谷田沢 典子（桜花学園大学教授）

平成16年度
緒方 世喜子（前福岡県男女共同参画審議会会長）
小村 悦子（前島根県連合婦人会会長）
音田 昌子（奈良県男女共同参画審議会会長）
佐々木 誠造（青森市長）
島野 穹子（つくば国際大学教授）
高澤 規子（富山県商工会議所女性会連合会会長）
古屋 繁子（前山梨県男女共同参画審議会会長）
峰島 歌子（JA全国女性組織協議会会長）
栁田 喜美子（特定非営利活動法人みやざき男女共同参画推進機構理事長）

平成17年度
瀬川 智子（特定非営利活動法人岩手県地域婦人団体協議会会長）
辻 きぬ（ふくいの生活と婦人問題研究会代表）
中田 和子（北海道女性団体連絡協議会会長）
二宮 慶枝（やまぐち男女共同参画会議顧問）
久田 ヤヨイ（宮崎県地域婦人連絡協議会顧問）
藤原 ヒサヨ（前島根県連合婦人会会長）
本田 和子（お茶の水女子大学名誉教授）
前川 初子（前滋賀県男女共同参画推進協議会会長）

015 男女共同参画社会づくり功労者内閣総理大臣表彰

　森 健祐(兵庫県経営者協会常務理事・事務局長)

平成18年度

　神谷 トメ(財団法人群馬県女性会館理事長)
　喜多嶋 美枝子(岡山県男女共同参画推進センター運営委員会運営委員長)
　小泉 和子(京都府女性の船「ステップあけぼの」顧問)
　駒井 つる子(元甲府市女性問題懇話会委員長)
　後藤 スミ子(前大分県女性団体連絡協議会理事)
　下森 華子(財団法人しまね女性センター理事長)
　杉山 佳代子(前しずおか女性の会会長)
　関 ウタ(前福島県女性団体連絡協議会会長)
　田中 敏(千葉県商工会女性部連合会会長)
　三隅 佳子(財団法人アジア女性交流・研究フォーラム理事長)

平成19年度

　大関 キン(元栃木県女性団体連絡協議会事務局長)
　沖藤 典子(かながわ女性会議代表)
　佐藤 和子(特定非営利活動法人静岡県男女共同参画センター交流会議代表理事)
　田中 チカ子(財団法人えひめ女性財団理事長)
　樽川 通子(元女性議員をふやすネットワーク「しなの」会長)
　徳矢 典子(大阪府男女共同参画審議会会長)
　中嶋 喜代(秋田県地域婦人団体連絡協議会会長)
　原田 躬予子(熊本県男女共同参画活動交流協議会会長)
　壬生 佐久子(前財団法人ふくい女性財団理事長)
　安田 純代(千葉県商工会議所女性会連合会会長)

平成20年度

　赤水 照子(しまね女性会議会長)
　淺岡 美惠(特定非営利活動法人気候ネットワーク代表)
　伊藤 さなゑ(元JA全国女性組織協議会会長)
　井原 理代(香川県男女共同参画審議会会長)
　岩佐 郁子(宮崎県男女共同参画審議会委員)
　遠藤 宮子(福島県女性団体連絡協議会会長)
　川瀬 啓子(広島県男女共同参画審議会会長)
　坂井 眞壽子(熊本県人権擁護委員連合会長)
　神宮 由美子(栃木県女性団体連絡協議会会長)
　利谷 信義(前社団法人農山漁村女性・生活活動支援協会会長)
　原 楫(前長野県男女共同参画推進県民会議会長)
　伏見 妙子(宇津木 妙子)(元ソフトボール女子日本代表チーム監督)

平成21年度

　池田 守男(株式会社資生堂相談役)
　甲斐 カズ子(宮崎県地域婦人連絡協議会顧問)
　加藤 愛子(愛知県女性団体連盟会長)
　田中 裕子(株式会社夢工房代表取締役)
　中村 富美子(元足立区女性団体連合会会長)
　成田 宏子(前青森県男女共同参画推進協議会会長)
　原 ひろ子(城西国際大学大学院客員教授)
　樋口 恵子(特定非営利活動法人高齢社会をよくする女性の会理事長)
　福原 啓子(特定非営利活動法人かながわ女のスペースみずら代表理事)
　藤井 絢子(滋賀県環境生活協同組合理事長)
　水上 幸衞(財団法人ふくい女性財団理事

Ⅰ 文化　　015 男女共同参画社会づくり功労者内閣総理大臣表彰

　　　　長）
　　和田 智恵子（湊漁業協同組合女性部部長）
平成22年度
　　井上 耐子（前鳥取県連合婦人会会長）
　　神田 道子（独立行政法人国立女性教育会館理事長）
　　北城 恪太郎（日本アイ・ビー・エム株式会社最高顧問）
　　小舘 香椎子（日本女子大学名誉教授）
　　高木 直（前山形県男女共同参画審議会会長）
　　土屋 貞代（前静岡県地域女性団体連絡協議会会長）
　　冨永 暉子（前福岡県男女共同参画審議会会長）
　　中山 敏子（熊本県男女共同参画活動交流協議会会長）
　　山岸 治男（前大分県男女共同参画審議会会長）
　　脇山 順子（前長崎県男女共同参画審議会会長）
平成23年度
　　阿部 康子（元山形市女性団体連絡協議会会長）
　　石田尾 博夫（鹿児島県男女共同参画審議会会長）
　　加藤 エミ子（元全国酪農青年女性会議副委員長）
　　近藤 恵子（特定非営利活動法人 全国女性シェルターネット 共同代表）
　　齊藤 尚子（元山梨県女性団体協議会副会長）
　　袖井 孝子（お茶の水女子大学名誉教授）
　　髙島 進子（兵庫県男女共同参画審議会会長）
　　福代 俊子（元JA全国女性組織協議会会長）
　　矢澤 澄子（元埼玉県男女共同参画審議会会長）
平成24年度
　　相見 壽子（元鳥取県男女共同参画をすすめるネットワーク会長）
　　上杉 孝實（兵庫県立男女共同参画センター運営委員会委員長）
　　喜多 悦子（日本赤十字九州国際看護大学学長）
　　小関 八重子（元山形県女性校長・教頭会会長）
　　進藤 斗志代（全国人権擁護委員連合会男女共同参画社会推進委員会委員）
　　都河 明子（国際女性技術者・科学者ネットワーク日本会長）
　　堂本 暁子（男女共同参画と災害・復興ネットワーク代表）
　　細谷 英二（株式会社りそなホールディングス 取締役 兼執行役会長）
　　宮﨑 恭子（元和歌山市男女共生推進懇話会会長）
　　持谷 靖子（群馬県男女共同参画推進委員会会長）
　　山口 みつ子（国際婦人年連絡会世話人）
　　山崎 捷子（前福島県女性団体連絡協議会会長）
平成25年度
　　内永 ゆか子（特定非営利活動法人ジャパン・ウイメンズ・イノベイティブ・ネットワーク理事長）
　　遠藤 恵子（元（公財）せんだい男女共同参画財団理事長）
　　岡村 正（株式会社東芝相談役）
　　久保 八百子（元群馬県農村生活アドバイザー協議会会長）
　　後藤 明子（元佐賀県女性団体協議会副会長）
　　後藤 澄江（元愛知県男女共同参画審議会会長）
　　坂上 有利（元奈良県地域婦人団体連絡協議会会長）
　　佐藤 惠子（元青森県男女共同参画審議会会長）
　　高木 絹子（元熊本県男女共同参画審議会会長）
　　野々山 久也（兵庫県男女共同参画審議会副会長）
　　松田 千鶴子（（公財）ふくい女性財団理事長）

016 男女共同参画・少子化に関する研究活動の支援,並びにこれに関する顕彰事業

男女共同参画社会の推進,ならびに少子化対策が,わが国の健全なる発展に極めて重要であるとの基本認識に立ち,若手研究者等の研究・活動の一層の推進を目指して行われる顕彰。

【主催者】 公益社団法人 程ヶ谷基金

【選考委員】 神田道子(独立行政法人国立女性教育会館前理事長),大日向雅美(恵泉女学園大学大学院人間社会学部教授),松田茂樹(中京大学現代社会学部教授),廣幡忠淳(公益社団法人程ヶ谷基金理事長)

【選考方法】 2名以上の推薦状を付して応募。選考委員会により決定。

【選考基準】 〔対象〕(第4回)原則,満40歳未満の研究者,学生,または満40歳未満の者を中心としたグループ,研究団体(理事長等が40歳以上の場合も,中心メンバーが満40歳未満であれば可)。また,男女共同参画社会の推進または少子化対策について,各部門ごとに定められた要件を満たすこと。ただし,既に他の同種の顕彰を受賞した個人または団体は除く。(1)論文部門:概ね平成24年1月以降に完成させた男女共同参画社会の推進または少子化対策に関する研究論文および「論文部門応募用紙」を提出した者。(2)活動部門:男女共同参画社会の推進または少子化対策に資する活動を過去から継続的に行っており,かつ,概ね平成24年1月以降に実施した活動状況について「別紙2活動部門応募用紙」および事業報告書,パンフレット等,活動状況把握の参考となる資料を提出した者。

【締切・発表】 (第4回)平成25年10月15日締切,12月13日表彰式

【賞・賞金】 原則,1件につき上限50万円。5名(または団体)程度を目途とする。

【URL】 http://hodogaya-foundation.or.jp

第1回(平22年)
◇最優秀賞
 渡辺 めぐみ(龍谷大学 講師)「農業労働とジェンダー:生きがいの戦略」ほか
◇優秀賞
 杉橋 やよい(金沢大学経済学経営学系 准教授)「男女間賃金格差の要因分解手法の意義と内在的限界」ほか
◇奨励賞
 澁谷 智子(東京大学大学院総合文化研究科 国際社会科学専攻)「コーダの世界―手話の文化と声の文化」ほか
 裵 智恵(慶應グローバルCOE 市民社会ガバナンス教育研究センター助教)「日本と韓国における男性の育児参加」ほか

第2回(平23年)
◇最優秀賞
 大木 直子(お茶の水女子大学大学院 人間文化創成科学研究科 研究院研究員)「地方議会における女性の政治参加―神奈川県におけるリクルートメント過程を中心に」
◇優秀賞
 井上 清美(川口短期大学 こども学科 専任講師)「現代日本の母親規範と自己アイデンティティ―ファミリー・サポート事業における相互行為を事例として」
 佐藤 純子(淑徳短期大学 准教授,日本プレ

イセンター協会代表)「プレイセンターにおける親の協働保育運営とソーシャルキャピタル形成に関する実証的研究」
◇奨励賞
田中 洋美(明治大学情報コミュニケーション学部 特任講師)「働く独身女性のライフコース選択—『普通の逸脱』の日本的文脈」ほか
NPO法人子育てサポーター・チャオ 代表理事:近澤 恵美子 "「仕事復帰へ向けた企業とのネットワーク事業」,「子育てサロン」の開設等の活動"
NPO法人女性と仕事研究所 研究員:前田 佐保 "「中小企業におけるワーク・ライフ・バランス推進事業」等の活動"
働くママ支援プロジェクト「キラきゃりママ」 代表:大洲 早生李 "働く母親のための情報サイト「キラきゃりママ」による情報発信等の活動"
アジア女性資料センター・ユースグループ コーディネーター:濱田 すみれ "「ジェンダーカフェ」,「女性の人権と社会運動について学ぶセミナー」等の活動"

第3回(平24年)
◇最優秀賞
寺村 絵里子(お茶の水女子大学大学院 博士後期課程,国際短期大学 専任講師)「女性事務職の賃金と就業行動—男女雇用機会均等法施行後の三時点比較—」ほか
◇優秀賞
松木 洋人(東京福祉大学短期大学部こども学科 専任講師)「子育て支援の社会学的インプリケーション」,「ひろば型子育て支援における『当事者性』と『専門性』」
◇奨励賞
相馬 直子(横浜国立大学大学院国際社会科学研究科 准教授)「変化する子どもと高齢者へのケアレジーム:東アジアの経験」ほか(英国ブリストル大学社会・政治・国際学研究科講師 山下順子他との共著)
ピア・スタディング 代表:髙﨑 恵 "若い世代への男女共同参画に関する広報・啓発の在り方を当事者の視点で考え,実践を重ねる中でうまれた「つぶやきトークサロン」,ワークショップ等の活動"
特定非営利活動法人あんふぁんねっと 代表:軽部 妙子 "「あんふぁんワールド」を通じた子育て支援「ノーバディーズパーフェクトプログラム」等の活動"
カシュパパ 代表:田所 喬 "「パパのしゃべり場」等を通じ,パパが育児に積極的にかかわれる環境づくりを目指し,同時に,母親の育児負担軽減と自己実現・社会進出もサポートする活動"
特定非営利活動法人シャーロックホームズ 事務局長:東 恵子 "子育て中のママからママへ送る子育て情報発信「プロジェクトベイ★キッズ」等の活動"
特定非営利活動法人石巻復興支援ネットワークやっぺす石巻 代表理事:兼子 佳恵 "東日本大震災被災地において「生きがい仕事づくり」,「やっぺす! 人材育成スクール」等を通じて子育て中の母親に就業機会を提供し,子育て・自立・雇用を応援する活動"
西野 毅史(東北福祉大学総合福祉学部 助教) "「東北福祉大学感性デザイン課程地域貢献プロジェクト」〜被災地児童クラブでの「アニメーション・ワークショップ」を通じた子育て支援,及びその心理的影響の研究活動"

第4回(平25年)
◇論文部門
● 最優秀賞
佐々木 尚之(大阪商業大学総合経営学部公共経営学科 助教)「JGSS累積データ2000-2010にみる日本人の性別役割分業意識の趨勢—Age-Period-Cohort Analysisの適用—」ほか
● 優秀賞
工藤 豪(日本大学文理学部 非常勤講師)「未婚化・晩婚化行為の地域性—東日本地域を中心にして—」
● 奨励賞

鎌田 健司（国立社会保障人口問題研究所人口構造研究部 研究員）「保育施設の適正配置に関する研究―新潟県新潟市を例に―」

堀 聡子（東京女子大学 研究員）「子育て支援の新展開と家族の境界―『子育てひろば』をめぐる実践に関する社会学的考察―」

◇活動部門（活動賞）

子ども夢フォーラム（代表：髙木 眞理子）"子ども専用電話相談『チャイルドライン・いしかわ』，大人向け電話相談『パパママ・ホッとライン』等の活動"

特定非営利活動法人 子育てふれあいグループ自然花（理事長：大脇 治樹）"地域資源を活かした親子ふれあい体験事業，保育所サービスを受けられない家庭に対しての一時預かり等の活動"

手づくりクッキーおからや（施設長：大森 和子）"障がい者や社会的更生が必要な青少年への自立支援等の活動"

017 日本女性学習財団賞

　男女共同参画社会実現のために，社会・地域・家庭の中でさまざまな困難や課題を乗り越えてきた過程をふり返った実践・研究レポートを募集し，日本女性学習財団賞として優秀作を表彰する。それまで行っていた「女性の学習の歩み」実践・研究レポート募集事業をリニューアルし，平成23年度（2011）より授賞開始。

【主催者】公益財団法人 日本女性学習財団

【選考委員】（2013年度（平成25年度））選考委員長：足立則夫（ジャーナリスト），選考委員：大島英樹（立正大学法学部准教授），辻智子（北海道大学教育学部准教授），平井和子（女性史研究者），大野曜（公益財団法人日本女性学習財団理事長）

【選考方法】「日本女性学習財団賞選考委員会」の選考を経て決定

【選考基準】〔対象〕趣旨に関心をもつ個人およびグループ（性別・国籍を問わず）〔選考基準〕(1) 男女共同参画社会の実現に向けた実践や研究を自らの視点でまとめたものであること (2) 男女平等に向けての視点やジェンダー問題の視点に立っていること (3) 人権を守り育てる視点に立っていること (4) 創造性，独自性があること (5) 論理性，説得力があること (6) 正確なデータに基づき，実証的であること (7) 社会・歴史の中での位置づけ，あるいは国際的な課題との関係が総合的に考察されていること〔応募方法〕使用言語は日本語のみ。パソコン（ワープロ）または手書きの応募レポート本文ほかを提出。

【締切・発表】（2013年度（平成25年度））平成26年9月30日締切，12月中旬発表，翌年2月15日パネルフォーラム「学びがひらく」―2013年度受賞レポート報告会にて贈呈式

【賞・賞金】大賞（1名）：賞金20万円/奨励賞（2名）賞金10万円

【URL】http://www.jawe2011.jp/

2011年度（平23年度）
　◇大賞
　　山下 知子（看護専門学校教員）「学びがひらく看護への道」

　◇奨励賞
　　田中 麻子（性暴力サバイバー支援団体代表）「日本の性暴力サバイバー支援の課題と今後」

I 文化　　　　　　　　　　　　　　　　　　　　　018 パートナー・オブ・ザ・イヤー

　田中 秀子（日本語ボランティア）「戦争に負けた日本を生きてきた私―昭和30年代のはじめ、男女の給与格差の是正に体当たりし、今はJapanese as a Second Language（J.S.L）の児童・生徒の人権の為に走る―」
◇選考委員特別賞
　武田 陽子（女性史研究会会員）「異文化相互理解の道をアメリカで拓いた先駆者―モダンダンス振付家・舞踊家一戸小枝子と憲法の男女平等の母ベアテ・シロタ・ゴードン」
　北村 亨（市川メンズ家事クラブ会員）「男性の立場から男女共同参画社会実現のために」

2012年度（平24年度）
◇大賞
　松﨑 実穂「介護とわたし―体験・知識・思いの共有がつくりだす未来へ」
◇奨励賞
　井上 由美「母子家庭からみた、社会のいびつさ」
　多賀 多津子「日本社会の発展を担った「乗り合いバスの女車掌」（理不尽のなかで）」
◇選考委員特別賞
　磯部 幸江「来て、感じて、伝えてほしい…放射能汚染の中で生きのびるために～福島で開いたWeフォーラム～」

2013年度（平25年度）
◇大賞
　小平 陽一「僕が家庭科教師になった訳」
◇奨励賞
　小川 真理子「司法通訳から研究者の道へ―女性が生きやすい社会を目指して」
　須賀 朋子「ドメスティック・バイオレンス予防教育への思い～教員から研究者への転身～」
　平尾 隆「妻を介護して15年：支え合いの仕組みづくりへの挑戦―男性介護者の会「みやび」の活動を題材にして―」
◇選考委員特別賞
　多賀 多津子「集合住宅の現今」
　山田 たけを「私の歩いた道―蚕とともに42年」

---

018 パートナー・オブ・ザ・イヤー

　「いい夫婦の日」をすすめる会が毎年、理想の夫婦・カップルにふさわしい2人を広く一般から投票してもらい，一般応募の得票数とその推薦理由，社会背景を基に「パートナー・オブ・ザ・イヤー」を選出，表彰している。「いい夫婦の日」は，昭和63年（1988）に，財団法人余暇開発センターが夫婦で余暇を楽しむライフスタイルを提唱したことをきっかけに新しく制定されたもので，「いい夫婦」との語呂合わせで11月22日に決定したという。同年より，同センターによる普及キャンペーンが開始され，その後，(社) 日本ボディファッション協会の塚本能交代表が趣旨に賛同，ファッション・アパレル関連業界による「いい夫婦の日」をすすめる会（7団体・2200社）が発足，現在に至る。

【主催者】「いい夫婦の日」をすすめる会
【選考方法】はがき，インターネットでの投票結果を基に選出
【選考基準】〔対象〕著名人
【締切・発表】投票期間：8月1日～10月初め，11月発表
【URL】http://www.fufu1122.com/

女性の賞事典　47

019 平塚らいてう賞　　　　　　　　　　　　　　　　　　　Ⅰ 文化

1999（第1回・平11年）
　江口 洋介, 森高 千里
2000（第2回・平12年）
　中村 橋之助, 三田 寛子
2001（第3回・平13年）
　渡辺 裕之, 原 日出子
2002（第4回・平14年）
　西尾 拓美, 西村 知美
2003（第5回・平15年）
　奥田 瑛二, 安藤 和津
2004（第6回・平16年）
　山本 貴司, 千葉 すず
2005（第7回・平17年）
　愛川 欽也, うつみ 宮土理
2006（第8回・平18年）
　船越 英一郎, 松居 一代

2007（第9回・平19年）
　ヒロミ, 松本 伊代
2008（第10回・平20年）
　朝原 宣治, 奥野 史子
2009（第11回・平21年）
　鈴木 おさむ, 大島 美幸
2010（第12回・平22年）
　野村 克也, 野村 沙知代
　佐々木 健介, 北斗 晶
2011（第13回・平23年）
　高橋 ジョージ, 三船 美佳
2012（第14回・平24年）
　小原 康司, 小原 日登美
2013（第15回・平25年）
　大和田 獏, 岡江 久美子

019 平塚らいてう賞

「平塚らいてうの記録映画を上映する会」の志をもとに, 平塚らいてう（日本女子大学校3回生）の日本女子大学卒業100年を記念して平成17年（2005）に創設された。男女共同参画社会の実現および女性解放を通じた世界平和に関する研究や活動に光を当てること, ならびに若い世代に対して平塚らいてうの遺志を継承していくことを目的とする。

【主催者】 学校法人 日本女子大学
【選考委員】（第9回）佐藤和人（日本女子大学学長）, 中嶋邦（日本女子大学名誉教授）, 出淵敬子（WILPF（婦人国際平和自由連盟）日本支部副会長, 日本女子大学名誉教授）, 羽田澄子（記録映画作家）, 大沢真知子（日本女子大学現代女性キャリア研究所所長）
【選考方法】 自薦・他薦
【選考基準】〔対象〕(1) 平塚らいてう賞（顕彰）：平塚らいてうの研究または男女共同参画社会の実現および女性解放を通じた世界平和に関わる活動や研究において際立った功績をあげた個人あるいは団体。(2) 平塚らいてう賞（奨励）：平塚らいてうの研究または男女共同参画社会の実現および女性解放を通じた世界平和に関わる活動や研究を継続しているか, 新たに取り組もうとしている学生および大学院生の個人あるいは団体。受賞1年後に報告を行う。
【締切・発表】（例年）応募期間：6月1日～9月30日, 発表：11月7日
【賞・賞金】 平塚らいてう賞（顕彰）：1名あるいは1団体につき賞金20万円。平塚らいてう賞（奨励）：1名あるいは1団体に賞金各10万円
【URL】 http://www.jwu.ac.jp/st/grp/raiteu/

第1回（平17年）
◇顕彰
人身売買禁止ネットワーク（代表：戒能 民江，大津 恵子，吉田 容子）"人身売買，女性に対する暴力，滞在外国人の人権擁護などの問題の取り組みについて"
◇奨励
丸浜 江里子（明治大学大学院）"なぜ杉並で原水爆禁止運動が広がったのか—社会教育と女性に注目して"
大島 香織 "米占領軍の新聞検閲—『中国新聞』の違反例"
◇特別
らいてう研究会（代表：折井 美耶子）

第2回（平18年）
◇顕彰
海南 友子（ドキュメンタリー映画監督）"アジアの女性や平和をテーマにドキュメンタリー映画を作成"
◇奨励
近藤 未佳子（東京大学大学院工学系研究科建築学専攻）"日本における女性の都市環境改善活動の展開：1920〜1970代—東京都区部の事例を中心として"
菊地 栄（立教大学大学院21世紀社会デザイン研究科）"少子化消費化社会における出産…出産体験者の経験と意識に関するアンケート調査を事例として"

第3回（平19年）
◇顕彰
上村 千賀子（独立行政法人国立女性教育会館客員研究員）"女性解放をめぐる占領政策"
◇奨励
齋藤 慶子（お茶の水女子大学大学院人間文化研究科 博士後期課程人間発達科学専攻）"戦前期の小学校女性教員における職業と家庭の両立問題の歴史的研究"

第4回（平20年）
◇顕彰
山内 恵（清泉女子大学，桜美林大学，東京女子大学等 非常勤講師）"アメリカ社会文化史，アメリカ女性史，日米女性比較史"
◇奨励
孔 令亜（日本女子大学大学院 家政学研究科 生活経済専攻 修士課程）"中国都市部の女性労働問題とその課題"
◇特別
飯島 ユキ（俳句 羅（ra）の会）"俳句を通しての平塚らいてうの顕彰・季語『らいてう忌』の普及"

第5回（平21年）
◇顕彰
松村 由利子（日本文藝家協会員，現代歌人協会員）"母性保護論争についての新たな視点と究明"
◇奨励
芝原 妙子（同志社大学大学院アメリカ研究科アメリカ研究専攻博士課程（後期））"トランスナショナル・フェミニズムの観点から考察する戦間期の日米女性の社会活動"

第6回（平22年）
◇顕彰
富田 裕子（成城大学兼任講師）"平塚らいてう研究に関する邦文・英文による学会発表 並び 論文出版"
◇奨励
南 コニー（神戸大学大学院 文化学研究科 文化構造専攻 博士課程後期）"法と社会参加の間における女性の権利を見直す研究 及び エジプトにおけるFGM廃止運動"
◇特別
東京国際女性映画祭（代表：高野 悦子）"世界の女性監督作品を紹介し，日本に女性監督を輩出する"

第7回（平23年）
◇顕彰
ジャン・バーズリー（Jan Bardsley）（ノースカロライナ大学 チャペルヒル校 アジア研究学部 准教授）"平塚らいてう，青鞜，フェミニズム，現代文化，日米女性の交流"

第8回（平24年）
　◇顕彰
　　秋山 佐和子（歌誌「玉ゆら」主宰，日本歌人クラブ中央幹事，現代歌人協会会員，日本文藝家協会会員）"『青鞜』と関わった歌人 原阿佐緒と三ヶ島葭子の歌と生の再検討"
第9回（平25年）
　◇顕彰
　　肖 霞（中華人民共和国 山東大学 外国語学院 日本語科 教授）"元始 女性は太陽であった『青鞜』及びその女性研究"

◇奨励
　高橋 順子（日本女子大学 人間社会学部現代社会学科 助教）"近現代沖縄社会における「新しい女たち」―沖縄初の女性校長砂川フユを中心に"
◇特別
　東日本大震災女性支援ネットワーク（共同代表：竹信 三恵子・中島 明子）"東日本大震災で被災した女性たちのニーズが支援活動や復興過程に反映させられると共に，復興支援の諸政策にジェンダー・多様性への視点が組み込まれること"

020 ベストマザー賞

　ママ達を応援するシンボリックなアクションとして，NPO法人日本マザーズ協会が平成19年（2007）に創設，平成20年5月9日に「第1回ベストマザー賞2008」を授賞した。ママたちの憧れや目標となるベストマザーをママ達に選んでもらい，子育てをしながら様々な分野で活躍する女性を表彰する。芸能・音楽・スポーツ・文化・政治・経済・学術の各分野ごとに1名を選出。5月の母の日近くに授賞式を行う。また，出産育児・子育て支援などの取り組みをしている企業・団体などを紹介。それぞれの団体が行っている活動が社会に広く認知され，他団体の参考となるよう願い発信している。

【主催者】特定非営利活動法人 日本マザーズ協会
【選考方法】1年間を通して，日本マザーズ協会が全国で開催する子育て応援・ママ応援イベント「マザーズフェスタ」など，全国の会場内にて実施のアンケート投票やネット投票，モバイル投票による結果を部門ごとに分類集計，得票の高い者を表彰。純粋投票のみで選出される。
【選考基準】〔対象〕子どもをもつ女性著名人
【締切・発表】（第6回）平成25年5月9日発表・授賞式
【賞・賞金】トロフィーほか
【URL】http://www.best-mother.jp/

第1回・2008（平20年）
◇個人賞
● 芸能部門
　黒木 瞳（女優）
● 政治部門
　小渕 優子（衆議院議員）
● 学術部門
　坂東 眞理子（昭和女子大学学長）
● 経済部門
　勝間 和代（公認会計士，経済評論家）
● 文化部門
　栗原 はるみ（料理家）
◇自治体部門賞
　福岡県 "「ふくおか子育てパーク」において充実した子育てWEB講座を展開している。「母子家庭等就業・就業自立支援

センター」の活動を積極的に展開している"
- さいたま市 "子育てヘルパー派遣事業を積極的に実施している"
- 東京都世田谷区 "地域社会と連携し、子育てに関する講座・研修を行う「子育てカレッジ」を推進している。武蔵野大学と提携し、24時間体制の「産後ケアセンター」を積極的に運営している"

◇企業部門賞
- ジョンソン・エンド・ジョンソン株式会社（メディカルカンパニー）"子育ておよびワークバランス支援における積極的取り組み"
- 日本電気株式会社（NEC）"ワークライフバランスの推進における「仕事と育児・介護の両立支援施策の拡充」や「次世代育成行動計画の実行」への積極的取り組み。ホームページ内の「あんぜん・あんしん・インターネット」において、子どもや保護者に向けてネットリテラシーの普及に取り組んでいる"
- 株式会社 カスミ "母子家庭の母親の就業支援において顕著な実績"
- 財団法人 水産物市場改善協会 "築地市場で取り扱われている旬の魚や野菜・果物を活用して、最新情報の発信や参加型のセミナーの実施、「築地発食事バランスガイド」の作成・配布等を通して「食」の知識を広め、健康な食生活のための「食育」を推進し、未来を担う子どもたちと子育て世代への支援を熱心に取り組んできた"

第2回・2009（平21年）
◇個人賞
- 芸能部門
  安田 成美（女優）
- 文化部門
  黒田 知永子（モデル）
- 音楽部門
  今井 絵理子（歌手）
- 学術部門
  俵 万智（歌人）
- 経済部門
  佐々木 かをり（株式会社 イー・ウーマン 代表取締役社長）

◇企業部門賞
- 株式会社 NTTデータ "社内のボトムアップ活動を実現。IT業界のみならず、同様な体質の業界のモデルとなるべく積極的にダイバーシティーを促進し、出産育児関連の制度充実を行っている"
- テンプスタッフ株式会社 "子育てを機に仕事を離れた母親たちの再就職支援や育児支援をグループ全体で積極的に展開"

第3回・2010（平22年）
◇個人・投票の部
- 音楽部門
  森高 千里
- 芸能部門
  江角 マキコ（女優）
- 政治部門
  蓮舫（参議院議員）
- 文化部門
  久保 純子（フリーアナウンサー、タレント、司会者）
- スポーツ部門
  小谷 実可子（スポーツコメンテーター）

◇団体・選考の部
- 企業部門
  株式会社 日立製作所 "女性の活躍支援や仕事と家庭の両立支援に取り組み、両立支援に関する制度を拡充させるとともに、ダイバーシティ推進プロジェクトとして、両立支援ガイドブックの制作など、全社的に活動を進める"
- 自治体部門
  成澤 廣修（文京区長）"地方自治体の首長として初めて育児休暇を取得"

第4回・2011（平23年）
◇個人・投票の部
- 音楽部門
  今井 美樹（歌手）
- 芸能部門

石田 ひかり（女優）
● 文化部門
　清原 亜希（モデル）
● スポーツ部門
　山本 愛（バレーボール選手）
◇団体・選考の部
　授賞せず
第5回・2012（平24年）
◇芸能部門
　渡辺 満里奈（タレント）
◇音楽部門
　土屋 アンナ（歌手, モデル）
◇文化部門
　冨永 愛（モデル）

◇スポーツ部門
　岡崎 朋美（スピードスケート選手）
第6回・2013（平25年）
◇芸能部門
　長谷川 京子（女優）
◇音楽部門
　hitomi（歌手）
◇文化部門
　辻 希美（タレント, 歌手）
◇文芸部門
　西原 理恵子（漫画家）
◇スポーツ部門
　赤羽 由紀子（陸上競技選手）

021 ベストメン賞

昭和60年（1985）「国連婦人の十年」の最終年を記念し「平和・開発・平等」の実現につくした男性をたたえるため創設。平成14年（2002）までで終了。

【主催者】日本BPW連合会（旧・日本有職婦人クラブ全国連合会）
【選考委員】同会役員
【選考方法】全国25ヶ所にある同クラブの推薦による
【選考基準】〔対象〕女性の社会的進出, 地位向上のために理解があり尽力された男性
【締切・発表】例年, 締切は8月頃, 発表は2月, 授賞式は2月から3月に開催される同クラブ全国連合会総会席上
【賞・賞金】賞状, 楯と記念品

第1回（昭60年）
　荒木 淳（玉成保育専門学校専任講師）
　江幡 清（朝日新聞社友）
　上林 博雄（日本学術会議第6部家政学研究連絡委員）
　小林 與次（読売新聞社代表取締役社長）
　福武 直（社会保障研究所所長, 東京大学名誉教授）
第2回（昭61年）
　加藤 式造（元岐阜県土岐市笠原町町長）
　越原 一郎（名古屋女子大学付属高校, 中学校長）

　青木 秀道（坂本鉄平事務所）
第3回（昭62年）
　松山 幸雄（朝日新聞社取締役論説主幹）
　村瀬 春樹（フリーライター）
第4回（昭63年）
　横路 孝弘（北海道知事）
　具島 兼三郎（長崎総合科学大学平和文化研究所名誉所長）
第5回（平1年）
　井上 昭正（女子社員教育事業）
　高橋 毅（電通法務部長）
　寺部 清毅（安城学園理事長）

Ⅰ 文化　　　　　　　　　　　　　　　022 山川菊栄賞（山川菊栄記念婦人問題研究奨励金）

第6回（平2年）
　長谷川 公一（東北大学教養学部助教授）
　鹿嶋 敬（日本経済新聞婦人家庭部次長）
　細川 忍（発寒中央病院理事長）
第7回（平3年）
　島 桂次（NHK会長）
　畑 和（埼玉県知事）
　鈴木 永二（日経連会長）
　広岡 守穂（中央大学法学部教授）
第8回（平4年）
　なだ いなだ（精神科医，作家）
　杼村 正雄（大阪市立住吉中学校教諭）
第9回（平5年）
　岩國 哲人（出雲市長）
　ウィリアム・M.エルダー（大阪女学院短期大学教授）
　小林 陽太郎（富士ゼロックス会長）
　福原 義春（資生堂社長）
第10回（平6年）
　吉田 義仁（フリーライター）
　櫻井 武雄（和歌山県立医大附属病院北分院長）
　保田 健一（ビデオクラブ会員）

第11回（平7年）
　嘉悦 康人（嘉悦学園理事長）
　嘉村 國男（郷土史家，長崎文献社取締役）
　佐竹 寛（中央大学名誉教授）
第12回（平8年）
　平岡 敬（広島市長）
第13回（平9年）
　梶原 拓（岐阜県知事）
第14回（平10年）
　養老 孟司（解剖学者，北里大学一般教育総合センター教授）
　松井 忠三（良品計画常務取締役）
第15回（平11年）
　梅内 敏浩（青森銀行代表取締役会長）
第16回（平12年）
　叶内 紀雄（殖産銀行代表取締役頭取）
　野中 広務（前内閣官房長官，自由民主党幹事長代理）
　古橋 源六郎（男女共同参画審議会会長代理，国家公務員共済組合連合会理事長）
第17回（平13年）
　重渕 雅敏（東陶機器代表取締役社長）
第18回（平14年）
　中村 正（立命館大学大学院助教授）

022 山川菊栄賞（山川菊栄記念婦人問題研究奨励金）

　我が国婦人問題研究の先駆者である故・山川菊栄氏を記念して氏没後1年の昭和56年（1981）に創設された。婦人問題の研究・調査等に貢献した個人・グループに贈呈される。正式名称は「山川菊栄記念婦人問題研究奨励金」。第34回（平成26年度）をもって終了する。

【主催者】山川菊栄記念会

【選考委員】代表・選考委員長：井上輝子，浅倉むつ子，有賀夏紀，加納実紀代，駒野陽子，佐藤礼次，重藤都，鈴木裕子，竹中恵美子，丹羽雅代，水田珠枝，山田敬子（事務局）

【選考方法】公募

【選考基準】〔対象〕前年8月から次の年の7月末までに出版または発表され活字化された女性（問題）に関する研究論文・調査等で優れた業績をあげられた個人・グループ

【締切・発表】8月末締切，発表12月　（第33回）贈呈式 平成26年3月1日

【賞・賞金】贈呈金20万円と贈呈状

022 山川菊栄賞（山川菊栄記念婦人問題研究奨励金）　　I 文化

【URL】http://www.yamakawakikue.com/

第1回（昭56年度）
　柴田 博美，冨沢 真理子，星野 弓子，山田 敬子 「山川菊栄の研究」（婦人問題懇話会報 34）
第2回（昭57年度）
　鈴木 裕士〔編・解説〕 「山川菊栄集 全10巻」（岩波書店）
第3回（昭58年度）
　福井 美津子〔訳〕 「異文化の女性たち」（ポール・デザルマン著 新評論），「女性が自由を選ぶとき」（ジゼール・アリミ著 青山館）
第4回（昭59年度）
　亀山 美知子 「近代日本看護史 1,2」（ドメス出版）
第5回（昭60年度）
　女たちの現在を問う会 「銃後史ノート」第1号～第10号
第6回（昭61年度）
　粟津 キヨ 「光に向かって咲け」（岩波新書）
　グレゴリー・M.フルーグフェルダー 「政治と台所」（ドメス出版）
第7回（昭62年度）
　李 順愛，崔 映淑，金 静伊〔訳〕 「分断時代の韓国女性運動」（李効再著 御茶の水書房）
第8回（昭63年度）
　金 栄，梁 澄子 「海を渡った朝鮮人海女—房総のチャムスを訪ねて」（新宿書房）
　有賀 夏紀 「アメリカ・フェミニズムの社会史」（勁草書房）ほか
第9回（平1年度）
　大林 道子 「助産婦の戦後」（勁草書房）
第10回（平2年度）
　該当者なし
第11回（平3年度）
　浅倉 むつ子（東京都立大学教授）「男女雇用平等法論」（ドメス出版）

第12回（平4年度）
　働くことと性差別を考える三多摩の会 「おんな6500人の証言—働く女の胸のうち」（学陽書房）
第13回（平5年度）
　大沢 真理（東京大学助教授）「企業中心社会を超えて」（時事通信社）
　善積 京子（追手門大学助教授）「婚外子の社会学」（世界思想社）
第14回（平6年度）
　落合 恵美子（国際日本文化研究センター助教授）「21世紀家族へ」（有斐閣）
第15回（平7年度）
　ウィメンズセンター大阪（市民グループ）「女の月経・女のからだ—子宮内膜症とは」
第16回（平8年度）
　浅野 千恵（東京都立大学大学院）「女はなぜやせようとするのか—摂取障害とジェンダー」（勁草書房）
　森川 万智子（フリーライター）「文玉珠 ビルマ戦線 楯（たて）師団の「慰安婦」だった私」（梨の木舎）
第17回（平9年度）
　藤目 ゆき（大阪外国語大学助教授）「性の歴史学—公娼制度・堕胎罪体制から売春防止法・優生保護法体制へ」（不二出版）
第18回（平10年度）
　春日 キスヨ（安田女子大学教授）「介護とジェンダー—男が看とる 女が看とる」（家族社）
第19回（平11年度）
　田村 雲供 「近代ドイツ女性史—市民社会・女性・ナショナリズム」（阿吽社）
第20回（平12年度）
　柘植 あづみ（明治学院大学社会学部助教授）「文化としての生殖技術—不妊治療にたずさわる医師の語り」（松籟社）
第21回（平13年度）
　天野 寛子 「戦後日本の女性農業者の地位

―男女平等の生活文化の創造へ」(ドメス出版社)
◇特別賞
VAWW-NET Japan「日本軍性奴隷を裁く―2000年女性国際戦犯法廷の記録」(緑風出版)
第22回(平14年度)
戒能 民江 「ドメスティックバイオレンス」(不磨書房)
第23回(平15年度)
三宅 義子 「女性学の再創造」(ドメス出版)
第24回(平16年度)
石田 米子(性暴力の視点から見た日中戦争の歴史的性格研究会代表)「黄土の村の性暴力―大娘(ダーニャン)たちの戦争は終わらない」(創土社)
第25回(平17年度)
森 ます美 「日本の性差別賃金」(有斐閣)
第26回(平18年度)
糠塚 康江 「パリテの論理：男女共同参画の技法」(信山社)
第27回(平19年度)
中村 桃子 「『女ことば』はつくられる」(ひつじ書房)

第28回(平20年度)
該当者なし
第29回(平21年度)
西倉 実季 「顔にあざのある女性たち―「問題経験の語り」の社会学」(生活書院)
堀江 節子 「人間であって人間でなかった―ハンセン病と玉城しげ」(桂書房)
第30回(平22年度)
杉浦 浩美 「働く女性とマタニティ・ハラスメント」(大月書店)
◇特別賞
富士見産婦人科病院被害者同盟・原告団 「富士見産婦人科病院事件―私たちの30年のたたかい―」(一葉社)
第31回(平23年度)
大橋 史恵 「現代中国の移住家事労働者―農村・都市関係と再生産労働のジェンダー・ポリティクス」(御茶の水書房)
第32回(平24年度)
徐 阿貴 「在日朝鮮人女性による「下位の対抗的な公共圏」の形成―大阪の夜間中学を核とした運動」(御茶の水書房)
第33回(平25年度)
丸山 里美 「女性ホームレスとして生きる―貧困と排除の社会学」(世界思想社)

023 よい夫婦の日 ナイス・カップル

平成6年(1994)に国連が発表した「国際家族年」をきっかけに講談社が4月22日を「よい夫婦の日」として提唱,夫婦の意義を見つめ直す日としてキャンペーンを展開。毎年一般投票により選出された話題の夫婦数組を表彰する。

【主催者】講談社
【選考方法】一般アンケート(前年,話題になった夫婦の中から,素敵だと思う夫婦・生き方に共感を覚えるカップルを1組挙げる)による投票を元に選出。
【選考基準】〔対象〕著名人
【締切・発表】4月発表・表彰式
【賞・賞金】トロフィー
【URL】http://www.422fufu.com/

023 よい夫婦の日 ナイス・カップル

第1回（平6年）
　◇ナイス・カップル
　　阿部 雅司・智左子
　　野村 克也・沙知代
　　宮川 大助・花子
　◇特別賞
　　服部 政一・美恵子
第2回（平7年）
　◇ナイス・カップル
　　大澄 賢也，小柳 ルミ子
　　落合 博満・信子
　　宮尾 すすむ・明美（故）
　◇特別賞
　　向井 万起男・千秋
第3回（平8年）
　◇ナイス・カップル
　　霧島 一博・菜穂子
　　高島 忠夫，寿美 花代
　◇特別賞
　　河野 義行・澄子
第4回（平9年）
　◇ナイス・カップル
　　中村 橋之助，三田 寛子
　　辻 仁成，南 果歩
　◇特別賞
　　池田 満寿夫（故），佐藤 陽子
第5回（平10年）
　◇ナイス・カップル
　　KONISIKI，塩田 寿美歌
　　原田 雅彦・恵子
　　薬丸 裕英，石川 秀美
第6回（平11年）
　◇ナイス・カップル
　　田中 直紀・眞紀子
　　峰 竜太，海老名 美どり
　　ジャイアント馬場（故）・元子
第7回（平12年）
　◇ナイス・カップル
　　愛川 欽也，うつみ 宮土理
　　川崎 麻世，カイヤ
　　田原 総一朗・節子
　◇特別賞

　　江村 利雄・登美子
第8回（平13年）
　◇ナイス・カップル
　　小出 義雄・啓子
　　畑山 隆則・真由美
　　梅宮 辰夫・クラウディア
　◇特別賞
　　川淵 三郎・康子
第9回（平14年）
　◇ナイス・カップル
　　藤田 宜永，小池 真理子
　　高橋 英樹・美恵子
　　平良 とみ・進
第10回（平15年）
　◇ナイス・カップル
　　青木 功・チエ
　　小柴 昌俊・慶子
　　松本 幸四郎・紀子
　　森 進一・昌子
第11回（平16年）
　◇ナイス・カップル
　　なかにし 礼・由利子
　　三浦 雄一郎・朋子
　　曙太郎，クリスティーン麗子
第12回（平17年）
　◇ナイス・カップル
　　アニマル浜口，浜口 初枝
　　西川 きよし・ヘレン
　　野村 忠宏・葉子
第13回（平18年）
　◇ナイス・カップル
　　加山 雄三，松本 めぐみ
　　佐々木 健介，北斗 晶
　　鶴保 庸介，野田 聖子
　◇特別賞
　　荒川 晃市・佐知
第14回（平19年）
　◇ナイス・カップル
　　木下 博勝，ジャガー横田
　　高橋 ジョージ，三船 美佳

第15回(平20年)　　　　　　　　　　　勝野 洋, キャシー中島
　◇ナイス・カップル　　　　　　　　第17回(平22年)
　　内藤 大助・真弓　　　　　　　　　◇ナイス・カップル
　　中尾 彬, 池波 志乃　　　　　　　　宇崎 竜童, 阿木 燿子
第16回(平21年)　　　　　　　　　　　庄司 智春, 藤本 美貴
　◇ナイス・カップル　　　　　　　　　皆川 賢太郎, 上村 愛子
　　哀川 翔・公美

ファッション・美容

024 E-ライン・ビューティフル大賞

　矯正歯科治療の効果を一般に周知し, 対外的にアピールすることを目的とし創設。歯並びの良い著名人を表彰する。E-ラインとは, 美しい横顔 (プロフィール) の基準としてアメリカの矯正歯科医のDr.リケッツにより研究発表されたもの。

【主催者】E-ライン・ビューティフル大賞選考委員会

【選考委員】日本成人矯正歯科学会を中心としたE-ライン・ビューティフル大賞選考委員会 (委員長：日本矯正歯科研究所所長 佐藤元彦)

【選考方法】選考委員会による選考

【選考基準】〔対象〕(1) 歯並びのよいプロフィールの美しい日本女性であること (2) 心身共に健全であり総合的なプロポーションもバランスがとれていること (3) 幅広く活躍する著名人であること

【締切・発表】(第17回) 平成24年7月1日授賞式 (日本成人矯正歯科学会の学術大会終了後)

【賞・賞金】トロフィー, 表彰状

【URL】http://www.jaao.jp/ippan/eline.html

第1回(平8年)　　　　　　　　　　　第6回(平13年)
　MIE　　　　　　　　　　　　　　　　天海 祐希
第2回(平9年)　　　　　　　　　　　第7回(平14年)
　池上 季実子　　　　　　　　　　　　宮沢 りえ
第3回(平10年)　　　　　　　　　　 第8回(平15年)
　藤谷 美紀　　　　　　　　　　　　　黒木 瞳
第4回(平11年)　　　　　　　　　　 第9回(平16年)
　清水 美沙　　　　　　　　　　　　　米倉 涼子
第5回(平12年)　　　　　　　　　　 第10回(平17年)
　佐藤 藍子　　　　　　　　　　　　　水野 真紀

第11回（平18年）
　白石 美帆
第12回（平19年）
　上戸 彩
第13回（平20年）
　優香
第14回（平21年）
　釈 由美子

第15回（平22年）
　井上 和香
第16回（平23年）
　小池 栄子
第17回（平24年）
　武井 咲

025 FECJ賞

その年に目覚しい活躍をし,話題となり,日本のファッション界に貢献した人を日本ファッション・エディターズ・クラブ(FECJ)会員が選び,顕彰する。昭和31年度（1956）より授賞を開始,第52回までは,FEC賞の名称で行われた。

【主催者】日本ファッション・エディターズ・クラブ（FECJ 旧・FEC）

【選考基準】〔対象〕モデル・オブ・ザ・イヤー：ファッションメディアで最も活躍した国内モデル。セレブリティ・オブ・ザ・イヤー：（第54回）"今年一年世界に誇れるセレブリティ"として活躍した者。〔部門〕（第54回）デザイナー・オブ・ザ・イヤー、モデル・オブ・ザ・イヤー、セレブリティ・オブ・ザ・イヤー、新人賞、特別賞

【締切・発表】（第54回）平成24年12月14日贈賞式

【URL】http://www.fec-japan.com/award.html

第43回（平11年度）
　◇セレブリティ・オブ・ザ・イヤー
　　神田 うの
　◇モデル・オブ・ザ・イヤー
　　川原 亜矢子
第44回（平12年度）
　◇ダイヤモンド・パーソナリティ賞（セレブリティ・オブ・ザ・イヤー）
　　松嶋 菜々子
　◇モデル・オブ・ザ・イヤー
　　未希
第45回（平13年度）
　◇モデル・オブ・ザ・イヤー
　　冨永 愛
第46回（平14年度）
　◇モデル・オブ・ザ・イヤー
　　Giselle

第47回（平15年度）
　◇モデル・オブ・ザ・イヤー
　　石川 亜沙美
第48回（平16年度）
　◇モデル・オブ・ザ・イヤー
　　森 泉
第49回（平17年度）
　◇インターナショナル・モデル・オブ・ザ・イヤー
　　杏
第50回（平18年度）
　◇50周年記念として賞選出なし
第51回（平19年度）
　◇モデル・オブ・ザ・イヤー
　　受賞者なし
第52回（平20年度）
　◇モデル・オブ・ザ・イヤー
　　TAO

| Ⅰ 文化 | 027 The Beauty Week Award |

第53回（平21年度）　　　　　　　　　　　武井 咲
　◇モデル・オブ・ザ・イヤー　　　　　　◇モデル・オブ・ザ・イヤー
　　佐々木 希　　　　　　　　　　　　　　　水原 希子
※平成22年度 休止
第54回（平23年度）
　◇セレブリティ・オブ・ザ・イヤー

---

026 ゴールド・メイクアップ賞

メイクアップの係わる世界で輝く功績者または優れた成果を示した者を表彰する賞。平成20年（2008）開始。

【主催者】一般社団法人 日本メイクアップ連盟

【選考基準】〔対象〕モード/ファッション部門：モードおよびファッションの世界で顕著な活躍をされた方の中で，特にメイクアップに視点を移した場合，称賛に値する優れたテクニックを発揮した人に贈る。　〔部門〕モード/ファッション部門，映像/演劇部門，学術/教育部門，国際映像演劇部門

【締切・発表】（第4回）平成24年5月28日授賞式

【賞・賞金】トロフィー

【URL】http://www.msoj.jp/index.html

第1回（平20年）　　　　　　　　　　　　第3回（平22年）
　◇モード/ファッション部門　　　　　　◇モード/ファッション部門
　　マリエ（モデル，タレント）　　　　　　西山 茉希（モデル，タレント）
第2回（平21年）　　　　　　　　　　　※平成23年 休止
　◇モード/ファッション部門　　　　　　第4回（平24年）
　　深田 恭子（女優）　　　　　　　　　◇モード/ファッション部門
　　　　　　　　　　　　　　　　　　　　大政 絢（女優，タレント）

---

027 The Beauty Week Award

消費者の美容への啓蒙と美容業の振興を目的に，9月4日を「くしの日」と定め，その前後1週間を「Beauty Week」とし，NPO法人美容振興協議会により，様々なイベントが実施されている。その一環として，平成16年（2004）から「Beauty week Award」を開始，当該年に輝いた芸能人やスポーツ選手などを表彰している。第7回（平成22年）からは賞名に「The Best of Beauty」が付け加えられている。

【主催者】NPO法人 美容週間振興協議会，全国美容週間実行委員会

【選考基準】〔対象〕著名人　〔部門〕(2013・第10回) 10代部門, 20代部門, 30代部門, 男性部門

027 The Beauty Week Award

【締切・発表】表彰：9月4日
【賞・賞金】トロフィー、記念品（くし）
【URL】http://beautyweek.com/

2004（第1回・平16年）
◇アクトレスビューティー
　黒谷 友香
◇アスリートビューティー
　立花 美哉
　武田 美保
2005（第2回・平17年）
◇女優部門
　小沢 真珠
◇アーティスト部門
　鈴木 亜美
◇特別賞
　浅見 れいな
2006（第3回・平18年）
◇アクトレスビューティーアワード
　栗山 千明
　長澤 まさみ
◇テーマビューティーアワード
　坂本 冬美
2007（第4回・平19年）
◇アクトレスビューティーアワード
　●ロングヘア部門
　　神田 うの
　●ショートヘア部門
　　堀北 真希
◇テーマビューティーアワード
　●フォーマルスタイリング部門
　　寺島 しのぶ
2008（第5回・平20年）
◇アクトレスビューティーウィークアワード
　檀 れい
◇フレッシュビューティーウィークアワード
　南 明奈
◇アスリートビューティーウィークアワード
　栗原 恵
2009（第6回・平21年）
◇フレッシュビューティーアワード

　福田 沙紀
◇マルチタレントビューティーアワード
　ベッキー
◇アクトレスビューティーアワード
　小西 真奈美
The Best of Beauty 2010（第7回・平22年）
◇10歳代
　忽那 汐里
◇20歳代
　貫地谷 しほり
◇30歳代
　優木 まおみ
The Best of Beauty 2011（第8回・平23年）
◇ラブリービューティアワード
　剛力 彩芽
◇フレッシュビューティアワード
　戸田 恵梨香
◇ワンダフルビューティアワード
　広末 涼子
◇エレガントビューティアワード
　牧瀬 里穂
The Best of Beauty 2012（第9回・平24年）
◇10代部門
　草刈 麻有
◇20代部門
　榮倉 奈々
◇30代部門
　優香
The Best of Beauty 2013（第10回・平25年）
◇10代部門（CHANGE of Beauty～Refine～）
　吉本 実憂
◇20代部門（CHANGE of Beauty～Active～）
　ローラ
◇30代部門（CHANGE of Beauty～Sexy～）

I 文化

壇 蜜

028 ジュエリー業界が選ぶ "ウーマン オブ ザ イヤー"

　現代を生きる女性は外見的な美しさだけではなく,内面的な美しさを磨くことが求められている。既婚・独身に関わらず,仕事,プライベート,ファッション,知性,社会貢献など,現代女性がライフスタイルに求める価値観や選択肢は多様化してきており,「美しく生きている女性」は様々な経験を通じて日々成長し,自立していくといえる。本賞は,今年「最も美しく生きている女性」「人生を楽しんで生きている女性」をコンセプトに,文化・芸能・スポーツ界の中から受賞者を選出。平成25年(2012),「ジュエリー業界が選ぶ『第1回"ウーマン オブ ザ イヤー"』」として,ジュエリー業界の国際展示会「ジャパンジュエリーフェア2013」の会場・東京ビッグサイトで授賞式が行われた。

【主催者】一般社団法人 日本ジュエリー協会,UBMジャパン株式会社

【選考方法】「ジャパンジュエリーフェア」を主催するUBM社と一般社団法人日本ジュエリー協会が,今年「最も美しく生きている女性」「人生を楽しんで生きている女性」をコンセプトに,文化・芸能・スポーツ界の中から受賞者を選出。

【選考基準】〔対象〕女性著名人

【締切・発表】授賞式:平成25年8月28日「ジャパンジュエリーフェア2013」会場

第1回(平25年)
　米倉 涼子(女優)

029 シューズベストドレッサー賞

　その年,最もシューズが似合う有名人に贈る。東京都台東区の皮革産業や靴関連業者が中心となる「靴のめぐみ祭り市実行委員会」により実施され,毎年,玉姫稲荷神社(台東区)で開かれる「靴のめぐみ祭り市」にて授賞式が行われる。

【主催者】靴のめぐみ祭り市実行委員会

【選考方法】皮革産業有志メンバーの推薦による選出。

【選考基準】〔対象〕有名人 〔部門〕男性部門,女性部門,シューズベストドレッサー大賞

【締切・発表】(第6回)授賞式:平成25年11月23日

【URL】http://www.kutsumatsuri.com/

第1回(平20年)
　◇女性部門
　　神田 うの(タレント)
第2回(平21年)
　◇女性部門
　　浅田 好未(タレント)
第3回(平22年)
　◇女性部門
　　田丸 麻紀(女優)

030 日本ウェディングベストドレッサー賞　　　　　　　　　　　Ⅰ 文化

第4回（平23年）
　◇女性部門
　　高橋 愛（元・モーニング娘）
第5回（平24年）
　◇女性部門

　　吉澤 ひとみ（元・モーニング娘）
第6回（平25年）
　◇女性部門
　　坂口 杏里（タレント）

030 日本ウェディングベストドレッサー賞

その年に活躍した"ウエディングドレス姿を最も見てみたい有名人"に贈られる。例年、各種ブライダル企業が揃い行われる日本最大のブライダルイベント「東京ブライダルフェスタ」にて授賞式が執り行われ、受賞者がウェディングドレス姿で出席する。

【主催者】東京ブライダルフェスタ実行委員会
【選考基準】〔対象〕女性著名人
【締切・発表】授賞式：12月「東京ブライダルフェスタ」会場にて実施
【URL】http：//www.bridal-festa.com/

第1回（平22年）
　◇モデル部門
　　マリエ
　◇タレント部門
　　南 明奈
　◇アイドル部門
　　板野 友美
第2回（平23年）
　◇モデル部門
　　森 理世
　◇女優部門
　　忽那 汐里

　　剛力 彩芽
第3回（平24年）
　◇モデル部門
　　鈴木 奈々
　◇タレント部門
　　芹那
第4回（平25年）
　◇モデル部門
　　藤井 リナ
　◇アスリート部門
　　田中 理恵

031 日本ジュエリーベストドレッサー賞

過去1年間を通じて「最も輝いていた人」「最もジュエリーが似合う人」、および「今後もさらにジュエリーを身に付けて欲しい人」を世代別、男性部門のそれぞれに分けて選考。国際宝飾展でのレセプション・パーティーにおいて受賞者出席のもと、表彰式が行われる。

【主催者】（国際宝飾展主催）リード エグジビション ジャパン株式会社、日本ジュエリー協会
【選考方法】国際宝飾展の出展企業の投票結果および来場者など、宝飾業界関係者からのアンケートを元に、同展の主催者であるリード エグジビション ジャパン（株）が選考。
【選考基準】〔対象〕過去1年間を通じて「最も輝いていた人」「最もジュエリーが似合

う人」「今後もさらにジュエリーを身に付けて欲しい人」〔部門〕10代,20代,30代,40代,50代,60代以上,男性部門,特別賞

【締切・発表】表彰式：1月 国際宝飾展でのレセプション・パーティーの場にて表彰

【URL】http://www.ijt.jp/ja/About/Best-Jewellery/Awardees/

第1回（平2年）
　◇20代
　　紺野 美紗子（女優）
　◇30代
　　池上 季実子（女優）
　◇40代
　　村山 勝美（ヴィオラ奏者）
　◇50代
　　芳村 真理（テレビ司会者）
第2回（平3年）
　◇20代
　　安田 成美（女優）
　◇30代
　　古手川 祐子（女優）
　◇40代
　　沢田 研二（歌手）
　◇50代
　　岩下 志麻（女優）
第3回（平4年）
　◇20代
　　今井 美樹（女優）
　◇30代
　　島田 陽子（女優）
　◇40代
　　阿川 泰子（歌手）
　◇50代
　　若尾 文子（女優）
　◇特別賞
　　ジュリー・ドレフュス（タレント）
第4回（平5年）
　◇20代
　　牧瀬 里穂（女優）
　◇30代
　　名取 裕子（女優）
　◇40代
　　篠 ひろ子（女優）
　◇50代
　　佐久間 良子（女優）
　◇特別賞
　　ヒロコ・グレース（女優）
第5回（平6年）
　◇20代
　　松雪 泰子（女優）
　◇30代
　　樋口 可南子（女優）
　◇40代
　　小池 百合子（国会議員）
　◇50代
　　野際 陽子（女優）
第6回（平7年）
　◇20代
　　石田 ゆり子（女優）
　◇30代
　　黒木 瞳（女優）
　◇40代
　　和田 アキ子（歌手）
　◇50代
　　三田 佳子（女優）
第7回（平8年）
　◇20代
　　飯島 直子（タレント）
　◇30代
　　石川 さゆり（歌手）
　◇40代
　　田丸 美寿々（ニュースキャスター）
　◇50代
　　浅丘 ルリ子（女優）
第8回（平9年）
　◇20代
　　梅宮 アンナ（ファッションモデル）
　◇30代
　　かたせ 梨乃（女優）

031 日本ジュエリーベストドレッサー賞

◇40代
　小林 幸子(歌手)
◇50代
　中村 玉緒(女優)
◇60代以上
　森 英恵(デザイナー)
第9回(平10年)
◇20代
　鶴田 真由(女優)
◇30代
　川島 なお美(女優)
◇40代
　小柳 ルミ子(歌手)
◇50代
　島倉 千代子
◇60代
　朝丘 雪路(歌手,舞踏家,女優)
第10回(平11年)
◇10代
　ともさか りえ(女優,歌手)
◇20代
　松嶋 菜々子(女優)
◇30代
　高島 礼子(女優)
◇40代
　天童 よしみ(歌手)
◇50代
　五月 みどり(歌手,女優)
◇60代
　雪村 いづみ(歌手)
第11回(平12年)
◇10代
　加藤 あい(女優)
◇20代
　安室 奈美恵(歌手)
◇30代
　財前 直見(女優)
◇40代
　安藤 優子(ニュースキャスター)
◇50代
　瀬川 瑛子(歌手)
◇60代
　市原 悦子(女優)
第12回(平13年)
◇10代
　深田 恭子(女優)
◇20代
　本上 まなみ(女優)
◇30代
　中村 江里子(フリーアナウンサー)
◇40代
　林 真理子(作家)
◇50代
　木の実 ナナ(女優)
◇60代
　デヴィ・スカルノ(元インドネシア大統領夫人)
◇特別賞
　高橋 尚子(マラソンランナー)
第13回(平14年)
◇10代
　上原 多香子(歌手)
◇20代
　米倉 涼子(女優)
◇30代
　川原 亜矢子(モデル,女優)
◇40代
　萬田 久子(女優)
◇50代
　由美 かおる(女優)
◇60代
　白川 由美(女優)
第14回(平15年)
◇10代
　上戸 彩(女優)
◇20代
　菊川 怜(女優)
◇30代
　小島 奈津子(フリーアナウンサー)
◇40代
　浅田 美代子(女優)
◇50代
　松坂 慶子(女優)
◇60代

第15回（平16年）
　◇10代
　　後藤 真希（歌手）
　◇20代
　　伊東 美咲（女優）
　◇30代
　　水野 真紀（女優）
　◇40代
　　黒木 瞳（女優）
　◇50代
　　桃井 かおり（女優）
　◇60代
　　十朱 幸代（女優）
第16回（平17年）
　◇10代
　　松浦 亜弥（歌手）
　◇20代
　　長谷川 京子（女優）
　◇30代
　　天海 祐希（女優）
　◇40代
　　大竹 しのぶ（女優）
　◇50代
　　秋吉 久美子（女優）
　◇60代
　　野際 陽子（女優）
第17回（平18年）
　◇10代
　　BOA（歌手）
　◇20代
　　小雪（女優）
　◇30代
　　深津 絵里（女優）
　◇40代
　　大地 真央（女優）
　◇50代
　　小池 百合子（環境大臣・沖縄北方担当大臣）
　◇60代
　　八千草 薫（女優）

第18回（平19年）
　◇10代
　　長澤 まさみ（女優）
　◇20代
　　倖田 來未（歌手）
　◇30代
　　篠原 涼子（女優）
　◇40代
　　YOU（タレント）
　◇50代
　　阿川 佐和子（文筆家）
　◇60代
　　岩下 志麻（女優）
第19回（平20年）
　◇10代
　　堀北 真希（女優）
　◇20代
　　加藤 ローサ（女優）
　◇30代
　　中谷 美紀（女優）
　◇40代
　　江角 マキコ（女優）
　◇50代
　　風吹 ジュン（女優）
　◇60代
　　阿木 燿子（作詞家）
第20回（平21年）
　◇10代
　　成海 璃子（女優）
　◇20代
　　広末 涼子（女優）
　◇30代
　　滝川 クリステル（キャスター）
　◇40代
　　真矢 みき（女優）
　◇50代
　　夏木 マリ（女優）
　◇60代
　　森山 良子（歌手）
第21回（平22年）
　◇特別賞 女性部門
　　鳩山 幸（鳩山由紀夫夫人）

032 ネイルクイーン

◇10代
　福田 沙紀（女優）
◇20代
　ベッキー（タレント）
◇30代
　観月 ありさ（女優）
◇40代
　大塚 寧々（女優）
◇50代
　戸田 恵子（女優）
◇60代
　髙橋 真梨子（歌手）
第22回（平23年）
◇特別賞 女性部門
　蓮舫（行政刷新担当大臣）
◇10代
　前田 敦子（AKB48, 女優）
◇20代
　黒木 メイサ（女優）
◇30代
　木村 佳乃（女優）
◇40代
　草刈 民代（女優）
◇50代
　高畑 淳子（女優）
◇60代
　八代 亜紀（歌手）
第23回（平24年）
◇特別賞 女性部門
　少女時代（アイドル歌手/韓国）
◇10代
　武井 咲（女優）
◇20代
　大島 優子（AKB48, 女優）
◇30代
　米倉 涼子（女優）
◇40代
　檀 れい（女優）
◇50代
　余 貴美子（女優）
◇60代
　浅丘 ルリ子（女優）
第24回（平25年）
◇特別賞女性部門
　KARA（アーティスト/韓国）
◇10代
　川島 海荷（女優）
◇20代
　剛力 彩芽（女優）
◇30代
　松嶋 菜々子（女優）
◇40代
　永作 博美（女優）
◇50代
　高橋 惠子（女優）
◇60代以上
　由紀 さおり（歌手）
第25回（平26年）
◇10代
　川口 春奈（女優）
◇20代
　吉高 由里子（女優）
◇30代
　吉瀬 美智子（女優）
◇40代
　鈴木 保奈美（女優）
◇50代
　浅野 温子（女優）
◇60代以上
　竹下 景子（女優）

---

032 ネイルクイーン

　ネイルを愛する各界著名人の中からその年一番輝いた人に贈る賞。女優部門, タレント部門など各分野で人気・実力ともに最も輝いている人に「ネイルクイーン」の栄光が贈られる。毎年「東京ネイルエキスポ」会場にて授賞式が行われ, 受賞者が個性溢れるデ

ザインのネイルを披露する。
【主催者】NPO法人 日本ネイリスト協会
【選考方法】日本ネイリスト協会認定講師約2000人による選考。
【選考基準】〔対象〕著名人 〔部門〕女優部門, タレント部門, アイドル部門, アーティスト部門, モデル部門, 文化・スポーツ部門, メンズ部門, 協会特別賞
【締切・発表】11月に行われる「東京ネイルエキスポ」にて授賞式を実施
【URL】http://www.nail.or.jp/event/nailexpo/index.html

第1回（平8年）
　◇ファッショナブル部門
　　平子 理沙
　◇エレガンス部門
　　細川 ふみえ
第2回（平9年）
　◇ネイルアート部門
　　神田 うの
　◇ネイルケア部門
　　中村 あずさ
第3回（平10年）
　　IZAM
　◇協会特別賞
　　山咲 千里
第4回（平11年）
　　KEIKO（globe）
　　Mana（マリスミゼル）
　　梅宮 アンナ
　　吉川 ひなの
　◇協会特別賞
　　渡辺 美奈代
第5回（平12年）
　　浜崎 あゆみ
　　安西 ひろこ
　◇協会特別賞
　　かたせ 梨乃
第6回（平13年）
　◇アーティスト部門
　　浜崎 あゆみ
　◇女優部門
　　米倉 涼子
　◇協会特別賞
　　池上 季実子
第7回（平14年）
　　浜崎 あゆみ
　◇協会特別賞
　　研 ナオコ
第8回（平15年）
　◇タレント・女優部門
　　田中 麗奈
　◇アーティスト部門
　　佐田 真由美
　◇U17部門
　　SAYAKA
　◇協会特別賞
　　松田 聖子
第9回（平16年）
　◇女優部門
　　黒谷 友香
　◇アーティスト部門
　　後藤 真希
　◇タレント部門
　　井上 和香
　◇協会特別賞
　　工藤 静香
第10回（平17年）
　◇女優部門
　　上戸 彩
　◇アーティスト部門
　　hitomi
　◇タレント部門
　　ベッキー
　◇文化・スポーツ部門
　　横峯 さくら
　◇協会特別賞

未唯
第11回（平18年）
◇女優部門
　深田 恭子
◇アーティスト部門
　倖田 來未
◇タレント部門
　ベッキー
◇文化・スポーツ部門
　村主 章枝
◇協会特別賞
　和田 アキ子
第12回（平19年）
◇女優部門
　井上 真央
◇アーティスト部門
　倖田 來未
◇タレント部門
　ベッキー
◇文化部門
　IKKO
第13回（平20年）
◇女優部門
　米倉 涼子
◇アーティスト部門
　倖田 來未
◇タレント部門
　杏
◇スポーツ部門
　サッカー日本女子代表（なでしこジャパン）
◇協会特別賞
　ピーター
第14回（平21年）
◇女優部門
　深田 恭子
◇アーティスト部門
　土屋 アンナ
◇タレント部門
　益若 つばさ
◇協会特別賞
　大地 真央

第15回（平22年）
◇女優部門
　深田 恭子
◇アーティスト部門
　マリエ
◇タレント部門
　スザンヌ
◇スポーツ部門
　杉山 愛
◇協会特別賞
　神田 うの
第16回（平23年）
◇アーティスト部門
　西野 カナ
◇タレント部門
　益若 つばさ
　はるな 愛
◇スポーツ部門
　武田 修宏
◇協会特別賞
　ピンク・レディー
◇協会功労賞
　LiLiCo
　なでしこジャパン（サッカー日本女子代表）
第17回（平24年）
◇女優部門
　栗山 千明
◇アーティスト部門
　篠田 麻里子
◇タレント部門
　ローラ
◇モデル部門
　菜々緒
◇文化部門
　蜷川 実花
◇協会特別賞
　夏木 マリ
第18回（平25年）
◇タレント部門
　ローラ
◇アーティスト部門
　板野 友美

◇アイドル部門　　　　　　　　　　◇スポーツ部門
　南 明奈　　　　　　　　　　　　　安藤 美姫
◇モデル部門　　　　　　　　　　　◇協会特別賞
　中村 アン　　　　　　　　　　　　萬田 久子

033 二十歳のベスト・パール・ドレッサー

「成人式にパールネックレスを贈ろう」をキャッチフレーズに展開するキャンペーンの一環として,日本真珠振興会と日本真珠小売店協会が平成10年(1998)に開始した。最も真珠の似合う20歳の女性著名人に贈られる。平成19年(2007)をもって終了。

【主催者】社団法人 日本真珠振興会,日本真珠小売店協会
【選考基準】〔対象〕その年に二十歳を迎える女性著名人
【締切・発表】1月贈賞式
【賞・賞金】副賞100万円相当の真珠ネックレス

第1回(平10年)　　　　　　　　　　第6回(平15年)
　佐藤 藍子　　　　　　　　　　　　深田 恭子
第2回(平11年)　　　　　　　　　　第7回(平16年)
　中山 エミリ　　　　　　　　　　　平山 あや
第3回(平12年)　　　　　　　　　　第8回(平17年)
　奥菜 恵　　　　　　　　　　　　　平原 綾香
第4回(平13年)　　　　　　　　　　第9回(平18年)
　優香　　　　　　　　　　　　　　酒井 彩名
第5回(平14年)　　　　　　　　　　第10回(平19年)
　内山 理名　　　　　　　　　　　　石原 さとみ

034 ファー・オブ・ザ・イヤー

ファーファッションの向上と毛皮の普及を目的として,様々な分野で活躍し,外面のみならず内面共に「最もファーが似合う人」「毛皮を愛して頂ける方」を選考。「FUR OF THE YEAR」として,日本毛皮協会が表彰する。平成16年(2004)開始。

【主催者】一般社団法人 日本毛皮協会
【選考基準】〔対象〕毛皮の似合う著名人
【締切・発表】(第9回)平成25年11月28日授賞式
【賞・賞金】トロフィー,毛皮製品
【URL】http://www.fur.or.jp/foy/

第1回(平16年)
　荒川 静香

035 ブライダルジュエリー プリンセス　　　　　　　　　　Ⅰ 文化

第2回（平17年）
　石川 亜沙美
第3回（平18年）
　◇女性部門
　　田丸 麻紀
第4回（平19年）
　◇女性部門
　　水野 美紀
第5回（平20年）
　黒木 メイサ

第6回（平21年）
　米倉 涼子
第7回（平22年）
　上戸 彩
第8回（平23年）
　土屋 アンナ
第9回（平24年）
　菊川 怜

---

035 ブライダルジュエリー プリンセス

　ブライダルジュエリーのイメージリーダーにふさわしい著名人に贈られる。毎年2名の女性著名人が選出され，国際宝飾展（IJT）会期中に同会場で表彰式が行われる。平成19年（2007）の「第18回 国際宝飾展」にて第1回を実施した。表彰式では受賞者が，桂由美デザインのウェディングドレス姿で登場する。

【主催者】社団法人 日本ジュエリー協会
【選考基準】〔対象〕女性著名人
【締切・発表】（第5回）平成23年1月28日 表彰式

第1回（平19年）
　優香
　安 めぐみ
第2回（平20年）
　小林 麻央
　安田 美沙子
第3回（平21年）
　平山 あや

　皆藤 愛子
第4回（平22年）
　スザンヌ
　南 明奈
第5回（平23年）
　大島 優子
　福田 沙紀

---

036 プラチナ・ミューズ・アワード

　時を超えてもエレガントでその輝きが変わらないプラチナ・ジュエリーのように，美しさを保ち，女性が憧れる最も輝いているワーキング・ウーマンを表彰。プラチナ・ジュエリーの国際的広報機関であるプラチナ・ギルド・インターナショナルと働く女性のための雑誌『Domani』（小学館）のコラボレーションにより，平成21年（2009）より授賞開始。

【主催者】プラチナ・ギルド・インターナショナル，小学館『Domani』
【選考基準】〔対象〕女性著名人
【締切・発表】7月授賞式

70　女性の賞事典

【賞・賞金】トロフィー, プラチナ・ミューズ ジュエリー（プラチナのみで制作）

第1回（平21年）
　米倉 涼子
第2回（平22年）
　滝川 クリステル

第3回（平23年）
　中谷 美紀
第4回（平24年）
　木村 佳乃

037 ベストジーニスト

　最もジーンズが似合う有名人に贈る賞。日本ジーンズ協議会ならびに岡山県アパレル工業組合がジーンズの良さを周知するという趣旨で実施している。

【主催者】日本ジーンズ協議会, 岡山県アパレル工業組合
【選考方法】一般選出部門：一般投票。ハガキおよびWEB・モバイルによる投票。
【選考基準】〔対象〕一般選出部門："最もジーンズが似合う有名人"。国内在住者のみ。
〔部門〕（第30回）一般選出部門, 協議会選出部門, 協議会選出部門国際部門, 協議会選出部門グローバル特別敢闘賞, 協議会選出部門特別賞, 一般新人部門。一般選出部門で3回受賞した有名人は"殿堂入り"として永久ベストジーニストとなる。
【締切・発表】（第30回）授賞式：平成25年10月2日
【URL】http://www.best-jeans.com/

第1回（昭59年）
　◇一般選出部門〔女性〕
　　浅野 ゆう子
第2回（昭60年）
　◇一般選出部門〔女性〕
　　浅野 温子
第3回（昭61年）
　◇一般選出部門〔女性〕
　　早見 優
第4回（昭62年）
　◇一般選出部門〔女性〕
　　本田 美奈子
第5回（昭63年）
　◇一般選出部門〔女性〕
　　今井 美樹
第6回（平1年）
　◇一般選出部門〔女性〕
　　浅野 温子

第7回（平2年）
　◇一般選出部門〔女性〕
　　宮沢 りえ
第8回（平3年）
　◇一般選出部門〔女性〕
　　西田 ひかる
第9回（平4年）
　◇一般選出部門〔女性〕
　　観月 ありさ
第10回（平5年）
　◇一般選出部門〔女性〕
　　観月 ありさ
第11回（平6年）
　◇一般選出部門〔女性〕
　　内田 有紀
第12回（平7年）
　◇一般選出部門〔女性〕
　　篠原 涼子

第13回（平8年）
　◇一般選出部門〔女性〕
　　江角 マキコ
第14回（平9年）
　◇一般選出部門〔女性〕
　　PUFFY
第15回（平10年）
　◇一般選出部門〔女性〕
　　吉川 ひなの
第16回（平11年）
　◇一般選出部門〔女性〕
　　松嶋 菜々子
第17回（平12年）
　◇一般選出部門〔女性〕
　　浜崎 あゆみ
第18回（平13年）
　◇一般選出部門〔女性〕
　　浜崎 あゆみ
第19回（平14年）
　◇一般選出部門〔女性〕
　　米倉 涼子
第20回（平15年）
　◇一般選出部門〔女性〕
　　浜崎 あゆみ
第21回（平16年）
　◇一般選出部門〔女性〕
　　浜崎 あゆみ

第22回（平17年）
　◇一般選出部門〔女性〕
　　浜崎 あゆみ
第23回（平18年）
　◇一般選出部門〔女性〕
　　倖田 來未
第24回（平19年）
　◇一般選出部門〔女性〕
　　倖田 來未
第25回（平20年）
　◇一般選出部門〔女性〕
　　倖田 來未
第26回（平21年）
　◇一般選出部門〔女性〕
　　倖田 來未
第27回（平22年）
　◇一般選出部門〔女性〕
　　倖田 來未
第28回（平23年）
　◇一般選出部門〔女性〕
　　黒木 メイサ
第29回（平24年）
　◇一般選出部門〔女性〕
　　黒木 メイサ
第30回（平25年）
　◇一般選出部門〔女性〕
　　ローラ

038 ベストビューティストアワード

　様々な分野で活躍する女性たちの中で"美を通じて世の中の人々に共感され，今年最も輝いた女性"に贈られる賞。平成24年（2012）授賞開始。コスメ・美容の総合サイト「@cosme」（運営・株式会社アイスタイル）が2大ビューティーアワードとして「@cosmeベストコスメ大賞」と同時発表している。

【主催者】株式会社 アイスタイル

【選考基準】〔対象〕女性著名人　〔部門〕女優部門，タレント部門，モデル部門

【締切・発表】（2013・第2回）平成25年12月5日授賞式

【賞・賞金】トロフィー

【URL】http://bba.cosme.net/

2012（第1回・平24年）
　◇女優部門
　　剛力 彩芽
　◇モデル部門
　　水原 希子
　◇タレント部門
　　中川 翔子
　◇特別賞
　　吉松 育美

2013（第2回・平25年）
　◇女優部門
　　堀北 真希
　◇タレント部門
　　ローラ
　◇モデル部門
　　長谷川 潤

039 ベストフォーマリスト賞

　日本フォーマル協会により、「高い品格と将来性、話題性」があり「フォーマルウェアを素敵に着こなせる」男女を表彰。秋に開催されるフレンズパーティで授賞式を執り行う。
【主催者】一般社団法人 日本フォーマル協会
【選考基準】〔対象〕著名人 〔部門〕男性部門, 女性部門
【締切・発表】表彰式：毎秋のパーティで授賞式を行う。
【賞・賞金】賞状, トロフィー, 副賞
【URL】http://www.jafa-formal.jp/

第1回（平12年度）
　◇女性部門
　　水野 真紀
第2回（平13年度）
　◇女性部門
　　瀬戸 朝香
第3回（平14年度）
　◇女性部門
　　小雪
第4回（平15年度）
　◇女性部門
　　稲森 いずみ
第5回（平16年度）
　◇女性部門
　　加藤 あい
第6回（平17年度）
　◇女性部門
　　川原 亜矢子

第7回（平18年度）
　◇女性部門
　　米倉 涼子
第8回（平19年度）
　◇女性部門
　　井川 遥
第9回（平20年度）
　◇女性部門
　　釈 由美子
第10回（平21年度）
　◇女性部門
　　広末 涼子
第11回（平22年度）
　◇女性部門
　　松下 奈緒
第12回（平23年度）
　◇女性部門
　　檀 れい

第13回（平24年度）
　◇女性部門
　　石原 さとみ

第14回（平25年度）
　◇女性部門
　　堀北 真希

040 ベスト・ヘア賞

　時代感覚にフィットしたヘアスタイルと、個性や人柄で"毛髪"の魅力を引き立たせている女性を対象に贈られる。「全日本美容技術選手権大会」の会場にて表彰式を実施する。第29回（平成12年）の同大会より開始した。

【主催者】全日本美容業生活衛生同業組合連合会
【選考方法】全日本美容業生活衛生同業組合連合の会員美容師や一般からの投票を集計、その結果を全美連が審査し決定。
【選考基準】〔対象〕女性著名人
【締切・発表】（第8回）平成19年11月6日 全日本美容技術選手権大会にて表彰式

2000（第1回・平12年）
　神田 うの
　草笛 光子
　田畑 智子
2001（第2回・平13年）
　菊川 怜
2002（第3回・平14年）
　米倉 涼子
2003（第4回・平15年）
　優香

2004（第5回・平16年）
　石川 亜沙美
2005（第6回・平17年）
　上戸 彩
2006（第7回・平18年）
　長澤 まさみ
2007（第8回・平19年）
　三船 美佳

041 ベストレザーニスト賞

　日本皮革製品の魅力を幅広く知ってもらうことを目的に、日本皮革産業連合会（JLIA）が毎年11月3日「いいレザーの日」に、その年、最もレザーが似合う著名人に贈る。平成20年（2008）から、女性部門・男性部門を設置。

【主催者】社団法人 日本皮革産業連合会
【選考基準】〔対象〕著名人 〔部門〕女性部門、男性部門
【締切・発表】11月3日に授賞式
【賞・賞金】トロフィー、副賞（オリジナル革製品）
【URL】http://www.jlia.or.jp/

第1回（平13年）
　米倉 涼子
第2回（平14年）
　川原 亜矢子
第3回（平15年）
　冨永 愛
第4回（平16年）
　石川 亜沙美
第5回（平17年）
　土屋 アンナ
第6回（平18年）
　佐藤 江梨子
第7回（平19年）
　栗山 千明
第8回（平20年）
　◇女性部門
　　香里奈
第9回（平21年）
　◇女性部門
　　堀北 真希
第10回（平22年）
　◇女性部門
　　優木 まおみ
第11回（平23年）
　◇女性部門
　　優香
第12回（平24年）
　◇女性部門
　　剛力 彩芽

その他

042 VOGUE JAPAN Women of the Year

　女性誌『VOGUE JAPAN』(旧誌名『VOGUE NIPPON』)が，各分野で圧倒的な活躍をみせ，読者をインスパイアする女性たちに贈る賞。平成18年（2004），「VOGUE NIPPON Women of the Year」として開始。同誌の創刊10周年である平成21年（2009）には，「VOGUE NIPPON Women of the Decade 2009」として，10年間輝き続けている女性に賞が贈られた。

【主催者】VOGUE JAPAN
【選考基準】〔対象〕女性著名人
【締切・発表】11月発売の『VOGUE JAPAN』1月号に掲載。11月授賞式を実施。
【賞・賞金】トロフィー
【URL】http://www.vogue.co.jp/

VOGUE NIPPON Women of the Year 2006
（平18年）
　荒川 静香（フィギュアスケーター）
　杏（女優，モデル）
　菊地 凛子（女優）
　倖田 來未（歌手）
　沢尻 エリカ（女優）
　滝川 クリステル（キャスター）
　長澤 まさみ（女優）
　中谷 美紀（女優）
　ほしの あき
　松井 冬子（日本画家）
　松雪 泰子（女優）
　桃井 かおり（女優）

森 英恵(デザイナー)
VOGUE NIPPON Women of the Year 2007
(平19年)
　綾瀬 はるか(女優)
　安藤 美姫(フィギュアスケーター)
　神尾 真由子(ヴァイオリニスト)
　河瀬 直美(映画作家)
　田中 宥久子(ビューティー・アーティザン)
　檀 れい(女優)
　土屋 アンナ(モデル,歌手,女優)
　友近(芸人)
　富司 純子(女優)
　堀北 真希(女優)
　森 理世(2007ミス・ユニバース)
VOGUE NIPPON Women of the Year 2008
(平20年)
　一条 ゆかり(漫画家)
　上野 樹里(女優)
　上野 由岐子(ソフトボール選手)
　エド・はるみ(芸人)
　川上 未映子(作家)
　スザンヌ(タレント)
　瀬戸内 寂聴(作家,尼僧)
　樋口 可南子(女優)
　宮﨑 あおい(女優)
VOGUE NIPPON Women of the Year 2009
(平21年)
　蒼井 優(女優)
　上戸 彩(女優)
　本谷 有希子(劇作家,小説家)
　仲間 由紀恵(女優)
VOGUE NIPPON Women of the Decade 2009
　大竹 しのぶ(女優)
　オノ・ヨーコ(前衛芸術家)
　草間 弥生(前衛芸術家)
　杉山 愛(プロテニスプレイヤー)
　冨永 愛(モデル)
　宮沢 りえ(女優)
VOGUE NIPPON Women of the Year 2010
(平22年)
　石原 さとみ(女優)

　加藤 ミリヤ(アーティスト)
　草刈 民代(女優)
　黒木 メイサ(女優,歌手)
　西原 理恵子(漫画家)
　TAO(ファッションモデル)
　寺島 しのぶ(女優)
　クルム伊達 公子(プロテニスプレイヤー)
VOGUE JAPAN Women of the Year 2011
(平23年)
　澤 穂希(サッカー選手)
　武井 咲(女優)
　水原 希子(ファッションモデル,女優)
　ピンク・レディー(アイドル・デュオ)
　若尾 文子(女優)
　上原 ひろみ(ピアニスト)
　朝吹 真理子(小説家)
　鈴木 京香(女優)
VOGUE JAPAN Women of the Year 2012
(平24年)
　吉田 沙保里(女子レスリング選手)
　伊調 馨(女子レスリング選手)
　剛力 彩芽(女優)
　ヤマザキ マリ(漫画家)
　尾野 真千子(女優)
　由紀 さおり(歌手)
　秋吉 敏子(ジャズピアニスト)
　きゃりーぱみゅぱみゅ(歌手,モデル)
　清川 あさみ(アーティスト)
　前田 敦子(女優)
VOGUE JAPAN Women of the Year 2013
(平25年)
　満島 ひかり(女優)
　福島 リラ(モデル,女優)
　樹木 希林(女優)
　壇 蜜(タレント)
　大久保 佳代子(タレント)
　CHIHARU(モデル)
　佐藤 真海(アスリート)
　スプツニ子!(アーティスト)
　八千草 薫(女優)

043 コットンUSAアワード

　CCI国際綿花評議会が,COTTON USAのイメージアップを目的として,平成16年(2004)から実施している賞。毎年,5月10日「コットンの日」を記念して,COTTON USAのもつ,優しさ,さわやかさ,親しみやすさといったイメージにふさわしい著名人を選出し,贈賞している。平成22年(2010)までは,ミス,ミセス,ミスターの3部門により行われていたが,平成23年は,"コットンのようにずっと一緒にいたい人"をテーマに著名人を選出。平成24年(2012)からは,「コットンといきる人」をテーマに開催している。

【主催者】CCI国際綿花評議会
【選考基準】〔対象〕コットンの持つ"優しさ","さわやかさ","親しみやすさ"のイメージに相応しい著名人
【締切・発表】5月10日（コットンの日）
【URL】http://www.cottonusa.jp

第1回（平16年）
　◇Miss COTTON USA
　　菊川 怜
　◇Mrs. COTTON USA
　　酒井 法子
第2回（平17年）
　◇Miss COTTON USA
　　石川 亜沙美
　◇Mrs. COTTON USA
　　本上 まなみ
第3回（平18年）
　◇Miss COTTON USA
　　上戸 彩
　◇Mrs. COTTON USA
　　三船 美佳
第4回（平19年）
　◇Miss COTTON USA
　　長澤 まさみ
　◇Mrs. COTTON USA
　　菊池 桃子
第5回（平20年）
　◇Miss COTTON USA
　　堀北 真希
　◇Mrs. COTTON USA
　　小池 栄子
第6回（平21年）
　◇Miss COTTON USA
　　黒木 メイサ
　◇Mrs. COTTON USA
　　黒木 瞳
第7回（平22年）
　◇Miss COTTON USA
　　北乃 きい
　◇Mrs. COTTON USA
　　辻 希美
第8回（平23年）
　◇WITHコットンUSA ずっと、いっしょにいたい人2011
　　瀬戸 朝香
　　渡辺 謙
第9回（平24年）
　◇〜コットンといきる人〜
　　忽那 汐里
　　SHIHO
　　笑福亭 鶴瓶
第10回（平25年）
　◇〜コットンといきる人〜
　　米倉 涼子
　　石田純一・東尾理子夫妻,長男・理汰郎

044 将棋大賞

当該年度に活躍した将棋棋士を表彰する。昭和49年 (1974)、第1回を実施。第8回 (昭和56年) より、女流棋士賞を開始、第27回 (平成12年) より女流部門は2部門に分かれ、その年度に抜群の成績を残した女流棋士へ「最優秀女流棋士賞」、また、印象に残った女流棋士へ「女流棋士賞」を贈ることとなった。第37回 (平成22年) には、「女流最多対局賞」が設置された。

【主催者】公益社団法人 日本将棋連盟

【選考委員】(第40回)将棋大賞選考委員会：小田尚英 (読売新聞)、村瀬信也 (朝日新聞)、山村英樹 (毎日新聞)、藤本裕行 (三社連合)、柏崎海一郎 (日経新聞)、池松達郎 (共同通信)、藤田昌俊 (産経新聞)、中山頼昭 (囲碁・将棋チャンネル)、風間博美 (NHK)、田中良明 (しんぶん赤旗)、雨宮知典 (マイナビ)、北野新太 (報知新聞)、小川正貴 (山陽新聞)、近藤丈二 (時事通信)

【選考方法】(1) 東京将棋記者会代表による選考会にて決定 (最優秀棋士賞、優秀棋士賞、敢闘賞、新人賞、最優秀女流棋士賞、女流棋士賞、東京将棋記者会賞) (2) 東京将棋記者会代表および棋士の代表による選考会にて決定。読者投票も受付 (升田幸三賞、名局賞) (3) 当該年度の成績により決定 (最多対局賞、最多勝利賞、勝率1位賞、連勝賞、女流最多対局賞)

【選考基準】〔対象〕(第40回) 平成24年度に活躍した棋士、対局

【締切・発表】(第40回) 平成25年4月1日選考会、4月15日表彰式、「将棋世界」6月号掲載

【賞・賞金】(第40回) 最優秀棋士賞、優秀棋士賞、敢闘賞、新人賞、最優秀女流棋士賞、女流棋士賞、東京将棋記者会賞、第19回升田幸三賞、第7回名局賞、名局賞特別賞、特別賞、最多対局賞、最多勝利賞、勝率1位賞、連勝賞、女流最多対局賞

【URL】http://www.shogi.or.jp/

第8回 (昭56年)
◇女流棋士賞
　山下 カズ子
　蛸島 彰子
第9回 (昭57年)
◇女流棋士賞
　蛸島 彰子
第10回 (昭58年)
◇女流棋士賞
　林葉 直子
第11回 (昭59年)
◇女流棋士賞
　林葉 直子

第12回 (昭60年)
◇女流棋士賞
　林葉 直子
第13回 (昭61年)
◇女流棋士賞
　中井 広恵
第14回 (昭62年)
◇女流棋士賞
　中井 広恵
　林葉 直子
第15回 (昭63年)
◇女流棋士賞
　清水 市代

I 文化　　　　　　　　　　　　　　　　　　　　　044 将棋大賞

第16回（平1年）
◇女流棋士賞
　中井 広恵
第17回（平2年）
◇女流棋士賞
　林葉 直子
第18回（平3年）
◇女流棋士賞
　林葉 直子
第19回（平4年）
◇女流棋士賞
　清水 市代
第20回（平5年）
◇女流棋士賞
　中井 広恵
第21回（平6年）
◇女流棋士賞
　清水 市代
第22回（平7年）
◇女流棋士賞
　清水 市代
第23回（平8年）
◇女流棋士賞
　清水 市代
第24回（平9年）
◇女流棋士賞
　清水 市代
第25回（平10年）
◇女流棋士賞
　清水 市代
第26回（平11年）
◇女流棋士賞
　清水 市代
第27回（平12年）
◇最優秀女流棋士賞
　石橋 幸緒
◇女流棋士賞
　中井 広恵
第28回（平13年）
◇最優秀女流棋士賞
　清水 市代
◇女流棋士賞
　斎田 晴子
第29回（平14年）
◇最優秀女流棋士賞
　中井 広恵
◇女流棋士賞
　清水 市代
第30回（平15年）
◇最優秀女流棋士賞
　中井 広恵
◇女流棋士賞
　石橋 幸緒
第31回（平16年）
◇最優秀女流棋士賞
　清水 市代
◇女流棋士賞
　中井 広恵
第32回（平17年）
◇最優秀女流棋士賞
　清水 市代
◇女流棋士賞
　中井 広恵
第33回（平18年）
◇最優秀女流棋士賞
　矢内 理絵子
◇女流棋士賞
　千葉 涼子
第34回（平19年）
◇最優秀女流棋士賞
　矢内 理絵子
◇女流棋士賞
　里見 香奈
第35回（平20年）
◇最優秀女流棋士賞
　清水 市代
◇女流棋士賞
　矢内 理絵子
第36回（平21年）
◇最優秀女流棋士賞
　清水 市代
◇女流棋士賞
　里見 香奈

第37回（平22年）
　◇最優秀女流棋士賞
　　里見 香奈
　◇女流棋士賞
　　清水 市代
　◇女流最多対局賞
　　上田 初美
　　岩根 忍
第38回（平23年）
　◇最優秀女流棋士賞
　　里見 香奈
　◇女流棋士賞
　　甲斐 智美
　◇女流最多対局賞
　　清水 市代

　　中井 広恵
第39回（平24年）
　◇最優秀女流棋士賞
　　里見 香奈
　◇女流棋士賞
　　清水 市代
　◇女流最多対局賞
　　清水 市代
第40回（平25年）
　◇最優秀女流棋士賞
　　里見 香奈
　◇女流棋士賞
　　上田 初美
　◇女流最多対局賞
　　中井 広恵

045 読者が選ぶ・講談社広告賞

　講談社が刊行する雑誌に掲載された広告のうち、読者の投票によって選ばれた優れた広告に贈られる賞。アドモニター会員によるWeb投票と贈賞式当日の参加者による最終審査の投票で広告大賞が決定する。第32回より「ベストキャラクター賞」を創設。これまでに、その年活躍した女性有名人が受賞している。

【主催者】講談社
【選考方法】ベストキャラクター賞：読者投票
【選考基準】〔対象〕ベストキャラクター賞：今最も輝いている人
【締切・発表】10月発表・贈賞式
【賞・賞金】ベストキャラクター賞：トロフィー
【URL】http://adshow.kodansha.net

第32回（平22年）
　◇ベストキャラクター賞
　　倉木 麻衣
第33回（平23年）
　◇ベストキャラクター賞
　　ベッキー

第34回（平24年）
　◇ベストキャラクター賞
　　剛力 彩芽
第35回（平25年）
　◇ベストキャラクター賞
　　ローラ

046 BLOG of the year

　その年、最も注目をされ輝いていたブログを決め、ブログの更なる認知度向上と普及、活

性化を目的として,平成18年度(2006)に設立。一般投票により,その年のブログ界を盛り上げた芸能人・有名人を選出,2月6日(ブログの日)前後に受賞者を発表する。

【主催者】株式会社 サイバーエージェント
【選考方法】Ameba会員向けにWEB上で実施したアンケートの投票結果に基づき,受賞者を選出
【選考基準】〔対象〕著名人ブログ
【締切・発表】(2011・第5回)投票期間:平成24年2月3日～5日

2006(第1回・平18年)
　◇女性芸能部門
　　中川 翔子 「しょこたんぶろぐ」
　◇モデル部門
　　押切 もえ 「Moemode」
2007(第2回・平19年)
　◇女性タレント・女優部門
　　ともさか りえ 「RIE TOMOSAKA OFFICIAL BLOG」
　◇モデル・グラビア部門
　　東原 亜希 「ひがしはらですが?」
2008
　◇女性タレント・女優部門
　　スザンヌ 「ぶろぐザンス☆」
　◇モデル部門
　　山田 優 「山田優オフィシャルブログ」
2009(第3回・平20年)
　◇女性タレント・女優部門
　　辻 希美 「のんピース」
　◇モデル・グラビア部門
　　梨花 「RINKAのHAPPY LIFE」
2010(第4回・平21年)
　◇女性部門
　　前田 敦子 「前田敦子オフィシャルブログ」
2011(第5回・平22年)
　◇女性部門
　　大島 優子 「ゆうらり ゆうこ」

047 ベスト・スマイル・オブ・ザ・イヤー

　ベスト・スマイル・オブ・ザ・イヤーは,「『いい歯で,いい笑顔』を日本中に。」をキャッチフレーズに,日本歯科医師会が,8020運動の一環として,また,歯科医療への正しい理解促進を図ることを目的に実施しているキャンペーン。平成5年(1993)から平成18年(2006)まで,「笑顔が素敵な」著名人を毎年男女1名ずつ選出してきたが,平成19年からは,一般向けに「とびきりの笑顔」の写真を募集するスマイルフォトコンテストを合わせて実施している。

【主催者】日本歯科医師会
【選考委員】全国の日本歯科医師会会員
【選考方法】全国の日本歯科医師会会員による選出
【選考基準】〔対象〕最も笑顔が輝いた著名人部門:「笑顔が素敵な」著名人 〔部門〕スマイルフォトコンテスト,著名人部門(女性の部・男性の部)
【締切・発表】(2013(平成25年))11月8日 発表・授賞式

047 ベスト・スマイル・オブ・ザ・イヤー

【URL】http://bestsmile.jp/

1993（平5年）
　◇女性の部
　　伊達 公子（プロテニス）
1994（平6年）
　◇女性の部
　　田中 眞紀子（衆議院議員）
1995（平7年）
　◇女性の部
　　田村 亮子（柔道）
1996（平8年）
　◇女性の部
　　有森 裕子（マラソン）
1997（平9年）
　◇女性の部
　　平木 理化（プロテニス）
1998（平10年）
　◇女性の部
　　深田 恭子（女優）
1999（平11年）
　◇女性の部
　　茂森 あゆみ（タレント）
2000（平12年）
　◇女性の部
　　田島 寧子（水泳）
2001（平13年）
　◇女性の部
　　国仲 涼子（女優）
2002（平14年）
　◇女性の部
　　鈴木 杏（女優）
2003（平15年）
　◇女性の部
　　伊東 美咲（女優）
※2004（平16年）休止
2005（平17年）
　◇女性の部
　　上戸 彩（女優）
2006（平18年）
　◇女性の部
　　黒木 瞳（女優）
2007（平19年）
　◇最も笑顔が輝いた著名人
　●女性の部
　　長澤 まさみ（女優）
2008（平20年）
　◇最も笑顔が輝いた著名人
　●女性の部
　　谷本 歩美（女子柔道選手）
　●8020運動20周年 会長特別賞
　　上野 由岐子（女子ソフトボール選手）
2009（平21年）
　◇最も笑顔が輝いた著名人
　●女性の部
　　ベッキー（タレント）
2010（平22年）
　◇最も笑顔が輝いた著名人
　●女性の部
　　松下 奈緒（女優）
2011（平23年）
　◇最も笑顔が輝いた著名人
　●女性の部
　　武井 咲（女優）
2012（平24年）
　◇最も笑顔が輝いた著名人
　●女性の部
　　剛力 彩芽（女優）
2013（平25年）
　◇最も笑顔が輝いた著名人
　●女性の部
　　指原 莉乃（HKT48）

048 ミズ・リリー賞

ユリの持つ多面的な美しさと魅力を強く伝え、ユリの更なるイメージ向上を図るため、平成14年(2002)にオランダ国際球根協会が「最もユリの似合う女性」を表彰するために創設。毎年、受賞者のイメージに合わせて、その年のテーマとなるユリ「テーマリリー」（色あるいは品種）を発表している。第10回（平成23年）をもって終了。

【主催者】オランダ国際球根協会
【選考基準】〔対象〕女性著名人
【締切・発表】（第10回）平成23年7月2日「フラワードリーム2011」（東京ビッグサイト）にて授賞式
【賞・賞金】楯およびテーマリリーの花束を贈呈
【URL】http://www.ibulbjapan.jp/works/mslily.html

第1回（平14年）
　◇品種名：カサブランカ
　　黒木 瞳
第2回（平15年）
　◇品種名：ソルボンヌ
　　川原 亜矢子
第3回（平16年）
　◇品種名：イエローウィン
　　常盤 貴子
第4回（平17年）
　◇テーマカラー：レディピンク
　　桃井 かおり
第5回（平18年）
　◇テーマカラー：エレガントホワイト
　　木村 佳乃

第6回（平19年）
　◇テーマカラー：ノーブルレッド
　　米倉 涼子
第7回（平20年）
　◇品種名：カサブランカ
　　広末 涼子
第8回（平21年）
　◇テーマカラー：マザーホワイト＆ハッピーピンク
　　黒木 メイサ
第9回（平22年）
　◇テーマカラー：セレブレーションレッド
　　堀北 真希
第10回（平23年）
　◇品種名：ニンフ
　　武井 咲

II ビジネス・産業

ビジネス・起業・経営

049 ウーマン・オブ・ザ・イヤー

女性誌『日経WOMAN』(日経BP社)が、この1年に輝かしい活躍を見せた働く女性に贈る。働く女性のロールモデルを掲載し、組織の中に埋もれがちな個人の業績に光を当て、活躍した女性たちを通して時代の変化の矛先をとらえるという主旨のもと、平成11年(1999)に「ウーマン・オブ・ザ・イヤー 2000」として授賞を開始した。

【主催者】日経WOMAN(日経BP社)

【選考方法】編集部と各部門審査員で候補者を選出。5つの評価基準に従って採点し、5人の審査員と編集部の総合得点で大賞・準大賞を選出。

【選考基準】〔対象〕前年に輝かしい活躍を見せた働く女性 〔部門〕リーダー部門、ヒットメーカー部門、キャリアクリエイト部門

【締切・発表】12月発売の『日経WOMAN』1月号に掲載。12月に表彰式および祝賀パーティを開催。

【URL】http://wol.nikkeibp.co.jp/

2000(第1回・平12年)
◇総合1位〈ヒットメーカー部門〉
　松永 真理 "「iモード」の立ち上げに関わり「iモードの生みの親」と呼ばれる。1999年2月販売直後より大ヒット"
◇総合2位〈キャリア・起業家部門〉
　筑紫 みずえ "1999年、日本初のSRI(社会責任投資)型金融商品エコファンドをゼロから企画し発売"
◇総合3位〈ヒットメーカー部門〉
　渡辺 加奈 "ファッションブランド「エゴイスト」プロデューサー"
◇総合4位〈カルチャー部門〉
　桐野 夏生 "1997年の長編小説『OUT』で日本推理作家協会賞。1999年『柔らかな頬』(講談社)で直木賞を受賞"
◇総合5位〈キャリア・起業家部門〉
　斉藤 裕美 "15年間休眠状態だった「シルクホテル」(横浜市)に通信インフラを装備、SOHO事業者が低コストで事業をスタートできる創業支援施設をつくった"
◇総合6位〈ヒットメーカー部門〉
　末政 ひかる "脱力癒し系のヒット商品の代表的なキャラクター「たれぱんだ」をデザイン"
◇総合7位〈脱・事務部門〉
　瀬川 祐代 "パートで入社し、1年後には正社員、34歳で取締役に就任"
◇総合8位〈カルチャー部門〉
　綾戸 智絵 "1998年、40歳を過ぎてメジャーデビュー。1年半でアルバム4作を発表。ライブを年間120本以上こなす"
◇総合9位〈キャリア・起業家部門〉
　南場 智子 "リクルート,SCNの大手資本の

II ビジネス・産業

出資を受け,1999年起業。日本最大のオークションネットを目指す"
◇総合10位〈ヒットメーカー部門〉
川口 美也 "パークハイアット東京で企画を担当。大晦日に開く全館貸切のミレニアム・パーティーが,業界初の試みとして話題に"

2001(第2回・平13年)
◇総合1位〈ヒットメーカー部門〉
松岡 佑子 "『ハリー・ポッター』シリーズの翻訳・出版。1,2巻で200万部を超えるヒット"
◇総合2位〈リーダー部門〉
大平 光代 "『だから,あなたも生き抜いて』がベストセラーに。非行の原因は家庭と考え,講演や少年院訪問などで全国を奔走"
◇総合3位〈リーダー部門〉
宇津木 妙子 "女子ソフトボール日本代表監督。女性として初めて,団体競技の監督として五輪メダル獲得の指揮を執った"
◇総合4位〈脱・事務部門〉
池田 章子 "2000年6月,上場企業では9人目の女性の社長に就任。1997年「月島もんじゃ焼き」を企画開発し,3億円を売り上げた実績が買われた"
◇総合5位〈カルチャー部門〉
浜崎 あゆみ "ディーバと呼ばれる女性歌手の代表的存在。2000年には同時発売した3つのシングルがすべてミリオンセラーになる快挙を成し遂げた"
◇総合6位〈ネット部門/リーダー部門〉
村本 理恵子 "専修大学教授としてマーケティングを教える一方,1999年,会員60万人のネットコミュニティ「ガーラフレンド」を運営するガーラに参画。2000年より会長となり,同年8月,ナスダックジャパン上場を果たす"
◇総合7位〈リーダー部門〉
潮谷 義子 "乳児ホーム園長から,1999年熊本県副知事に抜擢される。ボランティア活動で知り合った草の根ネットワークの女性たち,そして県庁職員の支持により,2000年知事選挙に勝利。初の民間出身知事となった"
◇総合8位〈ヒットメーカー部門〉
北川 悦吏子 "TVドラマ『ビューティフルライフ』(TBS系)脚本。平均視聴率30％超,最終回の最高視聴率は40％を超した"
◇総合9位〈ネット部門〉
小久保 徳子 "ボランティアでスタートした,ネット上の同窓会「この指とまれ!」のコンセプトが当たり,登録数が145万人,約5万校に膨れ上がる。2000年より法人化"
◇総合10位〈カルチャー部門〉
田口 ランディ "広告代理店や編集プロダクションを経て,6万人の読者を持つネットコラムニストとして注目を浴びる。2000年,処女小説『コンセント』を上昇し,続く第2作『アンテナ』もベストセラーに"

2002(第3回・平14年)
◇総合1位〈リーダー部門〉
セーラ・マリ・カミングス "古い酒造場をレストラン「蔵屋」に改造。さらに造り酒屋の伝統をアピールする新銘柄を開発し,長野県小布施町の廃業寸前の造り酒屋を再建。5年前の20倍もの売り上げをもたらした。セミナー「小布施ッション」も始める"
◇総合2位〈ネット部門〉
宮田 由美子 "テンキーだけでウェブ操作ができる,誰にとっても優しい「ラビットインターフェイス」を開発。初年度3億円の売り上げを2001年には3倍に伸ばした。さらにブラウザーに組み込める新システム「プッシュテン」を開発"
◇総合3位〈リーダー部門〉
木山 啓行 "NGO16団体と財界,政府などからなる日本初の緊急支援のための枠組み「ジャパン・プラットフォーム」の副

代表理事として,アフガニスタンやモンゴル難民支援で活躍。主に各団体との調整と方針策定に貢献した"
◇総合4位〈ヒットメーカー部門〉
藪 ゆき子 "世界初の縦型の洗濯乾燥機を開発。1年で20万台を販売"
◇総合5位〈リーダー/ネット部門〉
小川 義美 "2001年店頭市場(ジャスダック)に上場。経常利益が前年比135%,売り上げ3倍強。その原動力になったコンテンツ事業を統括する。また携帯電話で香水や花などを購入できるEC事業も立ち上げた"
◇総合6位〈ヒットメーカー部門〉
中山 千恵子 "「ゴスペラーズ」を7年にわたって育て、ミリオンセラーを出せるミュージシャンにした。2002年、企画したアルバム『Love Notes』は180万枚を突破"
◇総合7位〈ネット部門〉
関根 千佳 "Web情報のバリアフリーを提唱。障害者、高齢者にも使いやすいWebの「アクセシビリティ」を訴え、政府を巻き込み,ITのユニバーサルデザインを推進する"
◇総合8位〈カルチャー部門〉
宮部 みゆき "3月に出版した『模倣犯』が上下巻で70万部を突破、ネットで先行発表し,7月に発売した『R.P.G.』も85万部の売り上げ。11月にも新作を発表するなど精力的に活動"
◇総合9位〈キャリアクリエイト部門〉
森木 千津美 "一般営業職から,3段級特進でマツダプロセッシング中国社長に抜擢"
◇総合10位〈カルチャー部門〉
平良 とみ "NHK連続テレビ小説『ちゅらさん』のおばぁ役でブレイク"
2003(第4回・平15年)
◇総合1位〈リーダー部門〉
小川 善美(インデックス代表取締役社長)"2002年12月、上場企業で最年少の女性社長に就任。海外展開やM&Aにも手腕

を発揮。タカラと共同開発した犬語翻訳機「バウリンガル」が話題に"
◇総合2位〈リーダー部門〉
惣万 佳代子(NPO法人このゆびとーまれ代表)"デイケアハウス「このゆびとーまれ」で、赤ちゃんからお年寄り、障害者まで共に預かる「富山方式」で注目を浴びる。1999年よりNPO法人となる"
◇総合3位〈キャリアクリエイト部門〉
堀木 エリ子(堀木エリ子&アソシエイツ代表 和紙プロデューサー)"銀行事務職から和紙プロデューサーに転身。建築・インテリア材に活かせる手漉き和紙の開発で、ビジネス化に成功。巨大和紙の制作手法と、立体和紙の制作手法で特許を取得。伝統手漉き和紙を広めることに貢献"
◇総合4位〈ヒットメーカー部門〉
池田 香代子(翻訳家・口承文芸研究家)"世界がもし100人の村だったら』(マガジンハウス)を出版、ミリオンセラーに。印税の全金額3500万円で『100人村基金』を設立"
◇総合5位〈ヒットメーカー/リーダー部門〉
加治木 紀子(オフィスノア代表取締役)"独自開発の携帯用動画圧縮技術「ナンシー」が、「ムービー写メール」に採用され、大きく注目される"
◇総合6位〈リーダー部門〉
小出 寛子(日本リーバ取締役 粧業品マーケティング本部長)"2001年11月、シャンプー・リンス市場シェア1位を奪った日本リーバの売り上げの7割を占める主力11ブランドを,取締役マーケティング部長として統括"
◇総合7位〈今年の顔〉
上原 彩子(ピアニスト)"チャイコフスキー国際コンクールのピアノ部門で日本人初・女性初の優勝"
◇総合8位〈リーダー部門〉
飯田 桂子(シグノシステムジャパン代表取締役社長)"徹底的にデータ分析をする

地道なマーケティングで携帯コンテンツビジネスを成長させる。2002年3月期の経常利益は前年の12倍の7億9000万円に。同年、ナスダック・ジャパン(現ヘラクレス)に上場を果たした"

◇総合9位〈リーダー部門〉
藤井 絢子(菜の花プロジェクトネットワーク代表)"1998年、琵琶湖畔で生まれたエネルギー循環型地域モデル「菜の花プロジェクト」。4年後の2002年、プロジェクトは全国60以上の市町村に広がった。活動に賛同する国会議員の呼びかけで、菜の花議員連盟も誕生"

◇総合10位〈今年の顔〉
元 ちとせ(歌手)"2002年にメジャーデビュー、『ワダツミの木』が90万枚を超える大ヒットとなった。奄美の島歌で磨かれた歌声は「100年にひとりの声」と称される"

◇特別賞〈今年の顔〉
高橋 尚子(マラソン選手)"ベルリンマラソンで、マラソン6連勝。7社とのCM契約でも新しい選手像を示す"

2004(第5回・平16年)

◇総合1位〈リーダー部門〉
唐木 幸子(オリンパス ライフサイエンスカンパニー ゲノム医療事業推進室 グループリーダー)"世界初の実用的な遺伝子分析用DNAコンピューターの開発チームを率い、2002年試作機を完成。さらに2003年夏までに産・官・学連携の国家プロジェクトをリーダーとしてまとめ、遺伝子発現頻度の検出を行う機器を完成させた"

◇総合2位〈リーダー部門〉
浅川 智恵子(日本IBM 東京基礎研究所 アクセシビリティーリサーチ グループリーダー)"視覚障害を抱える人が利用しやすいホームページを制作する技術を手がけ、その第1弾「アクセシビリティ・デザイナー」のプロトタイプを完成"

◇総合3位〈リーダー部門〉
野田 由美子(プライスウオーターハウスクーパース・フィナンシャル・アドバイザー・サービス パートナー)"プライベート・ファイナンシャル・イニシアティブ(PFI)を日本に導入した第一人者"

◇総合4位〈ヒットメーカー部門〉
本間 絹子(電通 コピーライター/CMプランナー)"2003年最大のヒットCM「燃焼系 アミノ式」のCMプランナー"

◇総合5位〈リーダー部門〉
岸谷 美穂(ピース ウィンズ・ジャパン海外事業部 前クルド人自治区コーディネーター)"イラク国内で難民化していたクルド人への人道支援をイラク戦争後まで、現地で指揮した"

◇総合6位〈リーダー部門〉
名取 美和(タイ・チェンマイHIV感染孤児施設「バーンロムサイ」代表)"タイ・チェンマイにあるHIV感染孤児施設「バーンロムサイ」を運営。施設内で染めたり織ったりした布でオリジナル商品を製造・販売。少数民族への支援やHIVに関する情報発信へと活動を広げている"

◇総合7位〈キャリアクリエイト部門〉
新井 順子(フランスワイン醸造家)"フランスロワール地方にぶどう畑を購入。2003年、フランス内でも挑戦する人が少ないバイオダイナミック農法で造ったワインをデビューさせた"

◇総合8位〈ヒットメーカー部門〉
星野 有香(ギャガ・コミュニケーションズ ギャガ・ディストリビューション・カンパニー バイスプレジデント)"ミニシアター系映画の宣伝を手がけ、2002年公開の『チョコレート』のヒットに続き、2003年も話題作となった『ボウリング・フォー・コロンバイン』や『キル・ビル』など次々とヒットを生み出す"

◇総合9位〈ヒットメーカー部門〉
井上 由美子(脚本家)"2003年、視聴率37.6%を記録した『GOOD LUCK!!』、『白

い巨塔』など話題のテレビドラマの脚本を執筆"
◇総合10位〈今年の顔〉
杉山 愛(プロテニスプレーヤー) "2003年は全仏オープン,ウィンブルドンと4大大会でダブルス連覇。日本人として初めて,シングル・ダブルス同時に世界WTAランキングのトップ10入り。賞金総額約1億3500万円は男女を通じ,日本歴代1位"

2005(第6回・平17年)
◇総合1位〈リーダー部門〉
秋山をね(インテグレックス 代表取締役) "社会的責任(CSR)に配慮した経営をする企業を評価し,資本市場を通じて支援していく投資活動(SRI)の普及に尽力。2004年SRIインテグレックスのCSR調査を基に,国内最大規模の「ダイワSRIファンド」が発売された"
◇総合2位〈ヒットメーカー部門〉
丸田 智子(国際メディア・コーポレーション 映像事業部 シニアマネージャー) "韓流ブームを引き起こし,日韓の歴史を変えたドラマ『冬のソナタ』を買い付けたバイヤー"
◇総合3位〈リーダー部門〉
水越 洋子(ビッグイシュー日本版 編集長) "ホームレス就労支援のための画期的なシステムを持つ雑誌「ビッグイシュー」日本版を創刊。1年間で7000万円もの収入をホームレスにもたらした"
◇総合4位〈リーダー部門〉
岩宮 陽子(飾一 代表取締役社長) "人水に強く,環境に優しい「超越紙」を開発。2004年,米国ザ・スター・グループより世界最優秀女性起業家賞受賞"
◇総合5位〈リーダー部門〉
内出 幸美(気仙デーサービスセンター グループホーム「ひまわり」総所長) "現場と大学院での研究の両面から痴呆性高齢者ケアに取り組む第一人者。2004年,日本初の国際アルツハイマー病協会国際会議では,発表会の座長も務めた"
◇総合6位〈リーダー部門〉
関 幸子(まちづくり三鷹 事業部企画事業グループマネジャー) "三鷹市などが出資する第3セクター「まちづくり三鷹」を拠点に,地方自治体発のビジネスを仕掛ける。「シニアSOHO普及サロン」「子育てコンビニ」など,ユニークな"稼ぐ行政"の発想は全国から注目された"
◇総合7位〈リーダー部門〉
坂東 敬子(ワコール ワコールブランド事業本部 コンフォートプロデューサー) "ターゲットを中高年に絞り込んだ女性下着を開発"
◇総合8位〈ヒットメーカー部門〉
荒金 久美(コーセー 商品開発部部長) "「ライスパワーエキスNO.11」に,いち早く着目し,美容液「モイスチュアスキンリペア」を商品化,1年間で販売数100万本突破の大ヒット"
◇総合9位〈ヒットメーカー部門〉
齋藤 未来(ナムコ チームナンジャ「自由が丘スイーツフォレスト」ストアディレクター) "スイーツ関連の人気店12軒を一堂に集めたフードテーマパーク「自由が丘スイーツフォレスト」を企画"
◇総合10位〈キャリアクリエイト部門〉
金城 祐子(グレイスラム代表取締役社長) "沖縄電力グループの社内ベンチャー制度に応募し採用。工場用地の無料貸与など南大東島の支援も取り付け,2004年サトウキビからラム酒をつくる製造会社「グレイスラム」を設立し,社長に就任"

2006(第7回・平18年)
◇総合1位〈リーダー部門〉
木山 啓子(NPO法人ジェン(JEN)理事・事務局長) "紛争や自然災害で厳しい状況にある人々を支援する国際協力NGOを率いる実力派NGOウーマン。豊富な海外での体験を活かし,2004年から,中越地震被災地の新潟で国内初となる支援を開始した"

◇総合2位〈キャリアクリエイト部門〉
　林 文子(ダイエー代表取締役会長 兼 CEO)　"自動車販売業界初の女性社長。ファーレン東京,BMW東京で社長を務め業績を上げた実績を買われ,2005年春より,ダイエー会長に就任"

◇総合3位〈リーダー部門〉
　秋山 咲恵(サキコーポレーション 代表取締役社長)　"1994年創業。業界後発ながら,電子機器のプリント基板検査装置で世界的なシェアを獲得したベンチャー社長"

◇総合4位〈ヒットメーカー部門〉
　郡司 裕子(新潮社出版部 文芸第二編集部副編集長)　"2005年一大ブームとなった書籍『電車男』を編集。書籍も100万部突破,映画も観客動員数100万人達成と「ダブルミリオン」も話題になった"

◇総合5位〈リーダー部門〉
　鎌田 由美子(JR東日本ステーションリテイリング社長)　"エキナカ施設「ecute(エキュート)」を手がける。「エキナカビジネス」を推進して,プロパー女性社員で,はじめてJR東日本グループの会社社長に抜擢された"

◇総合6位〈リーダー部門〉
　南場 智子((株)ディー・エヌ・エー 代表取締役社長)　"2004年よりスタートした携帯電話専用オークションサイト「モバオク」が会員数,出品数ともに国内最大の規模に。オークション&ショッピングサイト「ビッダーズ」も引き続き好調で,創業6年目の2005年,マザーズ上場を果たした"

◇総合7位〈リーダー部門〉
　秋池 玲子(産業再生機構 マネージングディレクター)　"日本経済の最重要課題である企業再生に取り組む。2004年1月より取締役として就任した九州産業交通では着任2年足らずで,過去最高益を生み出すなど成果を上げた"

◇総合8位〈リーダー部門〉
　奥 キヌ子(レキオファーマ 代表取締役社長)　"沖縄発の産業を興したいという一念で,17年かけて痔の治療薬「ジオン」を研究,ベンチャーが共同開発した医薬品として初めて国から承認された"

◇総合9位〈ヒットメーカー部門〉
　平岡 利枝(三菱電機 冷蔵庫製造部冷蔵庫先行開発グループマネージャー)　"「ビタミンCを増やす冷蔵庫」という,画期的な商品の開発に成功。冷蔵庫開発部門の女性初のグループマネージャー。2005年6月には紫外線を当ててポリフェノールを増やす新製品も発売"

◇総合10位〈ヒットメーカー部門〉
　高橋 美由紀(日産自動車マーケティング本部マーケティングダイレクターオフィス マーケティング・ダイレクター)　"同社初の車種にかかわる女性のマーケティングディレクター。『新型セレナ』の商品コンセプトと立案から実行までをリーダーとしてまとめた。ワンボックスカー市場における日産自動車のシェアを大幅に拡大した"

◇特別賞
　宮里 藍(プロゴルファー)　"2005年,日本女子オープンゴルフ選手権にて,初のメジャータイトルを獲得。史上最年少でツアー通算10勝目,同大会史上最年少優勝,生涯獲得賞金も史上最年少&最速で2億円突破"

◇話題賞
　中島 美嘉(アーティスト)　"2005年,興行収入40億円という映画「NANA」の主演。自身の主題歌の売り上げも自己最高を記録。12月には4年間の集大成ベストアルバムを発売"

2007(第8回・平19年)
◇総合1位〈リーダー部門〉
　南場 智子((株)ディー・エヌ・エー 代表取締役社長)　"1日1億ページビューというトップサイトを展開,ケータイの「Web2.0」時代を切り開く"

◇総合2位〈リーダー部門〉
宮井 真千子（松下電器産業株式会社 クッキング機器ビジネスユニット長）"IHジャー炊飯器、ホームベーカリーなど数々のヒットを生み出したヒットメーカー。2006年1月、松下のクッキング機器分野のトップに就任"

◇総合3位〈リーダー部門〉
中村 利江（夢の街創造委員会株式会社 代表取締役社長）"中食・出前市場の成長性に目をつけ、ネットを活用した外食デリバリーシステムを構築、創業者から引き継いだ2億8000万円の赤字会社を再生し、2006年社長就任4年で念願の上場を果たした"

◇総合4位〈キャリアクリエイト部門〉
橋本 真由美（ブックオフコーポレーション株式会社 代表取締役社長兼COO）"専業主婦をしていた1990年、近所のブックオフ1号店でパート勤務を始める。不振店舗の立て直しやマニュアル整備、人材育成を積極的に手掛け、同社の急成長に貢献。2006年6月、代表取締役社長兼COOに就任した"

◇総合5位〈ヒットメーカー部門〉
中川 潤子（シャープ情報通信事業本部通信融合端末事業部第1商品企画部部長）"PDAとPHSの技術を融合させ、ウィルコムとの共同開発で新カテゴリーの商品『W-ZERO3』を開発。双方の技術を最大限に生かすため、二社間の折衝役として貢献。シャープの開発チームを率いた調整型リーダー"

◇総合6位〈リーダー部門〉
大石 佳能子（株式会社メディヴァ 代表取締役）"日本の医療を医療消費者と地域ビジネスの視点で改革。在宅ホスピスケアを特色とするクリニックを開業支援するなど、国の制度を先駆けて新しい医療機関モデルをつくり、医療界にインパクトを与え続ける"

◇総合7位〈キャリアクリエイト部門〉
根本 かおる（国連難民高等弁務官事務所（UNHCR）ネパール・ダマク駐在事務所所長）"2006年2月からネパール・ダマク駐在事務所所長として、ブータン難民問題に第一線で取り組んでいる"

◇総合8位〈リーダー部門〉
清岡 久幸（株式会社タケックス・ラボ 代表取締役）"化学製品から建材、バイオマス資源まで、循環系資源である竹の有効活用を研究し、日本の環境保全を図るベンチャートップ"

◇総合9位〈ヒットメーカー部門〉
鈴木 里佳（三洋電機株式会社 パワーループ モバイルエナジーカンパニー マーケティング部 マーケティング課 主任）"三洋電機の新ビジョン「Think GAIA」を具現化する第一弾商品『エネループ』のマーケティング担当"

◇総合10位〈キャリアクリエイト部門〉
横井 千香子（株式会社クレディセゾン 取締役クレジット本部副本部長）"1986年にパートとしてクレディセゾン入社。2004年に立教大学大学院でMBAを取得。2006年6月に取締役クレジット本部副本部長に就任"

◇特別賞
荒川 静香（プロフィギュアスケーター）"トリノ冬季オリンピックにて、フィギュア女子シングル優勝。五輪フィギュア史上、初のアジア人、最年長の金メダリストとして、フィギュア界の歴史を塗り替えた"

2008（第9回・平20年）

◇総合1位〈リーダー部門〉
野尻 知里（テルモ執行役員 テルモハート社社長）"世界初の技術を採用した補助人工心臓を開発・販売。2007年、欧州で補助人工心臓「デュラハート」を発売。「命を助けたい」という熱意をベースに、世界を飛び回り医療界をリードする"

◇総合2位〈リーダー部門〉
永谷 亜矢子（東京ガールズコレクション実

II ビジネス・産業　　　049 ウーマン・オブ・ザ・イヤー

行委員会 チーフプロデューサー）"リアルクローズのファッションショー「東京ガールズコレクション」を統括。eコマース連動型の全く新しいイベントを展開する。2006年にパリ,2007年に北京でも東京ガールズコレクションを成功させ,日本のファッションを世界に発信した"

◇総合3位〈リーダー部門〉
　松場 登美（石見銀山生活文化研究所 取締役所長）"今年,世界遺産に登録された石見銀山にある,人口わずか500人弱の町から,地方発の生活文化を発信。行政の補助に頼らない町づくりを進める一方で,オリジナルブランド「群言堂」（ぐんげんどう）を全国展開。年商10億円を売り上げる"

◇総合4位〈キャリアクリエイト部門〉
　小島 幸子（クメール アンコール フーズ 代表取締役社長）"日本語教師として移住したアンコールワット遺跡のあるカンボジアの街で,お土産品事業を手がける会社を起業。カンボジア原産の材料にこだわり,現地スタッフを雇用。たった3年で年商1億5000万円を超す規模に成長させた"

◇総合5位〈ヒットメーカー部門〉
　海老澤 香織（花王 ビューティケア事業ユニット プレミアム・ヘアケアグループ インバスグループ）"オシャレに積極的で,いつまでも美しくいたいという40代の女性層に向けて,高額なプレミアムシャンプー「セグレタ」を企画・開発。発売1カ月で300万本を達成"

◇総合6位〈ヒットメーカー部門〉
　中園 ミホ（シナリオライター）"平均視聴率20％を超えたテレビドラマ『ハケンの品格』（2007年1～3月に放映,NTV系）のオリジナル脚本を企画・執筆"

◇総合7位〈リーダー部門〉
　松村 文代（東芝 産業システム社 事業開発推進統括部 課長代理）"印刷した文字が消える「消せるトナー e-blue」を製品化。オフィスでの紙の再使用を可能にすると,約150社300事業所への導入を実現した"

◇総合8位〈リーダー部門〉
　吉高 まり（三菱UFJ証券 クリーン・エネルギー・ファイナンス委員会 主任研究員）"途上国で排出権を生み出す地球温暖化対策の手段として京都議定書以降に生まれた排出権ビジネス。この分野の日本における先駆者として,途上国で温室効果ガスを減らし,排出権を生むコンサルタントとして活躍"

◇総合9位〈ヒットメーカー部門〉
　遠藤 千咲（タカラトミー マーケティング統括本部 ニュープロダクトチーム）"「つらいことを楽しくする」をテーマに,500円玉を入れるたびに貯金箱の住人が成長するというエンターテインメント性をもたせた貯金箱「人生銀行」を企画開発。初回出荷分を3週間で完売。半年で20万個を超す大ヒットとなった"

◇総合10位〈キャリアクリエイト部門〉
　橘田 佳音利（フラジュテリー 代表取締役社長）"42歳での再就職で年齢差別を受けた経験から「35歳以上の女性に特化した人材紹介会社」起業を決意し,フラジュテリーを設立。同社研修受講者の9割以上が正社員としての就職に成功"

◇特別賞
　菊地 凛子（女優）"映画『バベル』で,日本人女優としては2人目,49年ぶりにアカデミー賞助演女優賞にノミネート。アジア人初のシャネルのイメージキャラクターにも抜擢された"

2009（第10回・平21年）
◇総合1位〈ヒットメーカー部門〉
　白井 恵美（ユニクロ 執行役員 商品本部 ウィメンズMD部 部長）"2008年,300万枚以上を販売した,女性用ブラカップ付きトップス「ブラトップ」。2007年2000万枚を販売した機能性インナー「ヒートテック」と,開発した商品を次々大ヒッ

女性の賞事典　91

トさせた"
◇総合2位〈リーダー部門〉
石黒 不二代(ネットイヤーグループ 代表取締役社長 兼 CEO) "最強のマーケティングツールという視点を軸基に,数千,数万ページという大規模な企業サイト構築に強みを持つ同社。4期連続の増収増益を果たし,2008年3月には念願の東証マザーズ上場を実現した"
◇総合3位〈ヒットメーカー部門〉
田渕 久美子(脚本家) "NHK大河ドラマ「篤姫」の脚本家。大河ドラマをあまり見なかった若い世代からも支持を得て,日本中に篤姫ブームを巻き起こした"
◇総合4位〈キャリアクリエイト部門〉
神崎 夕紀(キリンビール 栃木工場 醸造担当 部長) "大手ビール会社初の女性醸造部長。「ラガービール」「一番搾り」など9種類の味づくりを担う"
◇総合5位〈キャリアクリエイト部門〉
須田 久美子(鹿島建設 東京土木支店裏高尾JV工事事務所 副所長) "耐震性と長寿命化の観点からコンクリートを20年以上研究。高速道路など日本の主要インフラ作りに貢献。土木作業現場で大手ゼネコン初の女性管理職として,自ら設計した裏高尾橋の施工管理を担当"
◇総合6位〈リーダー部門〉
岡田 圭子(シャープ 健康・環境システム事業本部 調理システム事業部長) "「ヘルシオ」を始め,数々の家電製品のデザイン,企画を手がけてきたリーダー。2008年9月同社初の女性事業部長に就任"
◇総合7位〈リーダー部門〉
中橋 恵美子(NPO法人 わははネット 理事長) "2004年にタクシー会社と組み,研修を受けたタクシー運転手が保育園へのお迎え代行などを担う「子育てタクシー」を開始。全国17都道府県,54社が参加する規模に育てた"
◇総合8位〈リーダー部門〉
相 幸子(三菱UFJ信託銀行 フロンティア戦略企画部 環境室 室長) "排出権の小口販売を可能とした信託商品を開発。2007年12月,日本で初めて販売にこぎつけ,カーボンオフセット商品ブームに火をつけた。二酸化炭素の排出が少ない「低炭素社会」実現の一旦を担う"
◇総合9位〈リーダー部門〉
松浦 真弓(宇宙航空研究開発機構JEM運用プロジェクトチーム フライトディレクタ) "2008年3月,15カ国が参加する国際宇宙ステーションへ打ち上げられた,日本初の有人宇宙施設「きぼう」。この管制責任者として,きぼうの運用を指揮。高い貢献度が評価され,2008年NASAより表彰された"
◇総合10位〈ヒットメーカー部門〉
吉本 光里(ワニブックス 書籍編集部 主任) "テレビ番組を見てお笑いコンビ麒麟の田村裕さんのホームレス体験を知り,すぐに書籍化を打診。編集を担当。1年で225万部を販売"
◇特別賞
上野 由岐子(2008年 北京オリンピック ソフトボール日本代表) "日本ソフトボール代表として北京オリンピックの舞台でエースとして投げ抜き,最強のライバル米国に勝利。日本初のソフトボール金メダルを獲得"
◇話題賞
勝間 和代(経済評論家) "39万部を販売した『お金は銀行に預けるな』(光文社)を始め,10万部以上のベストセラーを次々生み出した"

2010(第11回・平22年)
◇総合1位〈リーダー部門〉
西郷 真理子(都市計画プランナー/株式会社まちづくりカンパニー・シープネットワーク代表取締役) "活気を失いかけていた香川の丸亀町商店街を再生。再開発の成功例として全国から注目浴びる"
◇総合2位〈リーダー部門〉
小竹 貴子(クックパッド株式会社 執行役

編集部 編集長）"ページビュー月間3億9861万,816万人が集うソーシャルメディア総合レシピサイト「クックパッド」の立役者"
◇総合3位〈キャリアクリエイト部門〉
清村 千鶴（ファイザー株式会社 執行役員）"女性初のMRとして入社。大型医薬品のリーダー,マーケティング部門トップを経て女性MR出身では大手製薬会社初の役員に"
◇総合4位〈リーダー部門〉
関西 佳子（水間鉄道株式会社 代表取締役社長）"民営鉄道初の女性社長に就任。存続の危機に瀕するローカル線が多い中,斬新なアイデアで会社を活性化する"
◇総合5位〈ヒットメーカー部門〉
梶原 奈美子（キリンビール株式会社 マーケティング部 商品開発研究所 新商品開発グループ）"世界初の完全ノンアルコールのビールテイスト飲料「キリンフリー」を開発。これまでに300万ケースを超える売り上げを記録する大ヒットに"
◇総合6位〈キャリアクリエイト部門〉
和崎 揚子（日本郵船株式会社 経営委員）"一般職で入社し,自動車船の運航という船会社の基幹業務や,海外拠点の立ち上げを手がけ,業界初の生え抜きの女性役員に"
◇総合7位〈リーダー部門〉
渡邊 智恵子（株式会社アバンティ 代表取締役）"オーガニックコットンの栽培から企画,製造,販売まで手がける9億円企業を育てた。エシカル・ファッションを提唱する"
◇総合8位〈ヒットメーカー部門〉
呉 裕利子（花王株式会社 ファブリック＆ホームケア事業ユニット ファブリックケア事業グループ シニア開発マネージャー）"「すすぎ1回でOK」というエココンシャスな液体洗剤「アタックNeo」を開発。1カ月で1000万個を出荷"

◇総合9位〈リーダー部門〉
高橋 泉（KSGグループ CEO）"婚礼デザインアルバム,低価格な結婚式などを全国に先駆けて参入し,新規市場を開拓。グループ年商100億円を誇る"
◇総合10位〈ヒットメーカー部門〉
古森 由夏（松竹株式会社 映画宣伝部 宣伝企画室 宣伝プロデューサー）"米国アカデミー外国語映画賞受賞映画『おくりびと』の宣伝を担当。口コミ戦略で評判を広め,興行収入64億円のヒットに結びつけた"
◇今年の顔
福島 みずほ（内閣府特命担当大臣（消費者及び食品安全,少子化対策,男女共同参画））"参議院議員・社民党党首として2009年9月の衆議院議員総選挙を戦い,政権交代実現を後押しした"
湊 かなえ（作家）"作家デビュー作『告白』が2009年第6回本屋大賞を受賞。上半期ベストセラー2位となるヒットを記録した"

2011（第12回・平23年）
◇総合1位〈リーダー部門〉
福島 理恵子（株式会社 東芝 研究開発センター マルチメディアラボラトリー主任研究員 兼 エコテクノロジー推進室参事）"世界初の裸眼（専用メガネなし）3Dテレビを開発し,エンターテインメント分野にイノベーションを起こした"
◇総合2位〈リーダー部門〉
大石 亜紀子（スタートトゥデイ 取締役（想像戦略室・フルフィルメント本部担当））"年間売り上げ171億円,日本最大級の通販サイトZOZOTOWN 急成長の立役者"
◇総合3位〈キャリアクリエイト部門〉
清水 季子（日本銀行 高松支店長）"1882年開業の日本銀行128年の歴史で女性初の支店長に就任"
◇総合4位〈リーダー部門〉
日置 真世（北海道大学大学院教育学研究院

049 ウーマン・オブ・ザ・イヤー　Ⅱ ビジネス・産業

附属子ども発達臨床研究センター助手/NPO法人地域生活支援ネットワークサロン理事兼事務局顧問）"誰もが社会の担い手になれる地域づくりを手がけ「新しい公共」を提唱するリーダー"

◇総合5位〈リーダー部門〉

屋代 浩子（フォルシア 代表取締役社長・最高経営責任者）"次世代の検索システム「Spook（スプーク）」を開発。大手旅行関連会社7割に導入"

◇総合6位〈ヒットメーカー部門〉

五十嵐 麻子（飛鳥新社 出版部 第三編集）"98歳のアマチュア詩人の詩集『くじけないで』を編集。詩集では異例の75万部を突破"

◇総合7位〈キャリアクリエイト部門〉

青木 計世（キューデン・エコソル 常務取締役）"九州電力で太陽光発電の新事業を企画、推進。子会社設立を実現し、女性社員初の常務取締役に就任"

◇総合8位〈ヒットメーカー部門〉

長谷川 歩（バンダイ ボーイズトイ事業部 ホビーチーム）"1台のミニカーが別の車に変身する新コンセプトのミニカー「VooV（ブーブ）」が100万個の売り上げを達成"

◇総合9位〈キャリアクリエイト部門〉

熨斗 麻起子（中国・深圳 可宝得環保技術有限公司 総経理）"中国で飲料水ビジネスを起業し、社長に就任。中国市場で売り上げを伸ばす"

◇総合10位〈ヒットメーカー部門〉

小林 麻美（日本コカ・コーラ マーケティング本部 ウォーターカテゴリー ウォーターグループマネジャー）"国内最軽量のペットボトルを採用したミネラルウォーター「い・ろ・は・す」のマーケティングと商品開発を担当。トップシェアを確立"

◇ヒットメーカー部門

二宮 恭子（株式会社ポーラ 商品企画部 課長）"高機能化粧品「B.A」シリーズをブランドマネジャーとして開発。2010年9月10日の発売から、18日で5品累計34.3億円の売り上げを達成"

仁平 知世（東宝株式会社 映像本部 映画企画部 プロデューサー）"企画プロデュースした映画『悪人』が公開10週で興行収入20億円を突破。モントリオール世界映画祭で最優秀女優賞を受賞するなど、世界的にも評価された"

◇キャリアクリエイト部門

白木 夏子（株式会社HASUNA 代表取締役）"学生時代から貧困問題に関心を持ち続け、日本初の「エシカル・ジュエリー」制作・販売会社を起業。ビジネスによる国際貢献を実現"

高橋 啓子（米国サンフランシスコのフランス料理店「EL PASEO」エグゼクティブ・シェフ）"28歳で芸能事務所マネジャーから料理の道へ転身。厳しい男性社会の料理界で技術を磨き、日本人女性シェフで初めてミシュランの1つ星を獲得した"

2012（第13回・平24年）

◇大賞

石井 美恵子（日本看護協会 看護研修学校 認定看護師教育課程 救急看護学科 主任教員）"災害看護のスペシャリストとして四川大地震などで活躍。東日本大震災では"災害支援ナース"の派遣や福祉避難所の設置に奔走、被災地支援に力を尽くす"

◇準大賞

森本 千絵（goen°主宰、コミュニケーションディレクター、アートディレクター）"震災後、CM・ポスター・サイトを通じアートの力で希望を与えた"

◇準大賞

瀬谷 ルミ子（特定非営利活動法人 日本紛争予防センター 事務局長）"武装解除という専門スキルを持ち、世界各地の紛争地を支援"

◇リーダー部門入賞

野坂 千秋(味の素株式会社 執行役員 食品事業本部 食品研究所 商品開発センター長) "120人の部下を率いて味の素の商品開発を指揮する "R&Dの匠""

服部 道江(株式会社大林組 新タワー建設工事事務所 副所長) "東京スカイツリーの建設現場の副所長として、生産設計部隊を率いる"

◇ヒットメーカー部門入賞

東 文恵(株式会社アテックス 商品開発部 部長) "累計販売台数300万台を突破した「ルルドマッサージクッション」を開発"

橋本 芙美(株式会社共同テレビジョン 制作センター第1制作部 プロデューサー) "人と人との絆を描き、視聴者に元気をくれたドラマ「マルモのおきて」をプロデュース"

◇キャリアクリエイト部門入賞

塚本 良江(NTTコミュニケーションズ株式会社 アプリケーション&コンテンツサービス部 マーケティングソリューション部門 部門長) "インターネットサービスを広げた立役者 一度辞めたNTTからも請われる存在に"

安田 玲美(CRC世研有限公司 総経理) "中国で調査会社を設立。日本企業の中国展開を支援"

◇特別賞

なでしこジャパン(サッカー日本女子代表) "サッカー女子ワールドカップで初優勝。あきらめず、勝利を信じ戦い続ける姿が大きな感動を呼んだ"

2013(第14回・平25年)

◇大賞〈リーダー部門〉

諏訪 貴子(ダイヤ精機代表取締役社長) "日本の製造業を支える町工場で数々の経営改革を断行"

◇準大賞〈ヒットメーカー部門〉

白井 明子(株式会社ローソン 広告販促企画部 兼 CRM推進部アシスタントマネジャー) "ソーシャルメディアを使った販売戦略の先駆者として活躍"

◇準大賞〈リーダー部門〉

坪内 南(一般財団法人 教育支援グローバル基金 理事・事務局長) "東日本大震災で被災した若者を対象に、次世代のリーダー育成に取り組む"

◇リーダー部門入賞

阿部 玲子(株式会社オリエンタルコンサルタンツ GC事業本部 軌道交通部 部長) "インドの地下鉄工事で品質管理のトップに従事、日本の最新技術も導入"

関根 近子(株式会社資生堂 執行役員 美容統括部長 ビューティークリエーション担当、資生堂学園担当) "美容部員から執行役員に就任。"おもてなし接客"をグローバル市場に展開"

◇入賞〈ヒットメーカー部門〉

稲垣 あゆみ(NHN Japan株式会社 ウェブサービス本部 UXデザイン室 UXチーム) "国内3600万人が利用する「LINE」の企画開発から事業化までを主導"

久米 さやか(サントリー食品インターナショナル株式会社 食品事業本部 食品事業部 ブランド戦略部) "炭酸飲料「オランジーナ」を800万ケース以上売り上げ、果汁炭酸市場を活性化"

◇入賞〈キャリアクリエイト部門〉

遠藤 貴子(株式会社 つ・い・つ・い 代表取締役) "倒産寸前の米菓工場を立て直し、SNSを駆使した新しいあられ店を展開"

櫻井 千秋(大塚製薬株式会社 常務執行役員 ニュートラシューティカルズ事業部 コスメディクス事業部門担当リーダー) "秘書で入社後、新商品立ち上げを成功させ、38歳で常務執行役員に就任"

鮫島 弘子(株式会社andu amet(アンドゥアメット) 代表取締役) "エチオピアの羊革で高級バッグを生産し、社会貢献性を兼ね備えたブランドを設立"

2014(第15回・平26年)

◇大賞〈キャリアクリエイト部門〉

佐藤 真海(サントリーホールディングス株

式会社 CSR推進部 パラリンピアン）"ハンデを乗り越えて独自のキャリアを切り開き,2020年五輪の東京招致に貢献"

◇準大賞〈リーダー部門〉
片田江 舞子（株式会社東京大学エッジキャピタル パートナー）"創薬の世界に革命を起こす技術を見いだし時価総額1600億円のバイオベンチャーの起業と上場をリード"

◇準大賞〈ヒットメーカー部門〉
岩倉 暢子（日本放送協会 デザインセンター 映像デザイン部）"国民的大ヒットドラマ「あまちゃん」で,斬新な番組ロゴやセット,キャラクターをデザイン。作品の世界観を確立"

◇入賞〈リーダー部門〉
山田 由佳（パナソニック株式会社 先端技術研究所 エコマテリアル研究グループ グループマネージャー）"環境・エネルギー分野で世界最高性能,世界初の2つの最先端技術開発を成功に導いたリーダー"

◇入賞〈ヒットメーカー部門〉
川上 登美子（株式会社資生堂 国際事業部 アジアパシフィック営業部）"重ねたメイクがお湯で落とせる世界初の化粧下地を発案。2ヵ月で200万個の累計出荷数を達成"

◇入賞〈ヒットメーカー部門〉
藤代 智春（ピップ株式会社 商品開発事業本部 マーケティング部）"足指が開く着圧靴下で,女性の足悩みを解消。市場最速で100万足を突破するヒットに"

◇入賞〈キャリアクリエイト部門〉
坪内 知佳（萩大島船団丸 代表）"漁師60人を率いて魚の自家出荷を開始。漁業の6次産業化を実現する"

田中 知美（合同会社エッジ代表 合同会社ドリームオン代表）"経済学者の視点を生かし,40代で社会起業家へ。独自の貧困層支援を行う"

吉田 正子（東京海上日動火災保険株式会社 執行役員 旅行業営業部長）"一般職で入社後,営業や人事など幅広い分野で成果を上げ,地域型社員初の執行役員に"

050 ウーマンズビジネスグランプリ

品川区,品川区立武蔵小山創業支援センターなどが主催する,女性のためのビジネスプランコンテスト。創業支援を推し進める一環として,平成24年（2012）開始。女性の起業の可能性について広く周知し,女性起業家輩出の裾野を広げ,優れたビジネスプランを発掘して適切な支援を行うことで,女性起業家の成功事例を輩出することを目的としている。

【主催者】ウーマンズビジネスグランプリ実行委員会（品川区,品川区立武蔵小山創業支援センターなどにより組織）

【選考委員】（2014・第3回）田村真理子（日本ベンチャー学会事務局長）,後藤せき子（株式会社文化堂代表取締役会長,品川区女性起業家交流会会長）,川名和美（高千穂大学経営学部教授）,中川原忠史（品川区地域振興事業部長）

【選考方法】書類審査,プレゼン審査

【選考基準】〔対象〕(1)概ね1年以内に起業予定の女性　(2)起業後概ね5年以内の女性　(3)既存事業とは異なる新規の事業を立ち上げようとしている女性

【締切・発表】（2014・第3回）平成25年12月28日エントリー締切,平成26年3月2日ファイナル会場審査

【賞・賞金】（2014・第3回）グランプリ1名,オーディエンス賞1名,優秀賞1名,特別賞1

名。それぞれに賞状・副賞。入賞者は、武蔵小山創業支援センターにおいて、創業に向けての専門相談や各種セミナーなどの支援を受けられる。
【URL】http://www.musashikoyama-sc.jp/

2012（第1回・平24年）
◇グランプリ
一本木 えみこ "障害者、そのお母さんのためのヘアメイク付写真スタジオ"
◇優秀賞
佐野 いくみ "0歳から学ぶバイリンガルメソッド 親子で学ぶ英語&中国語教室"
◇特別賞・ヒューマンリソシア賞
大笹 いづみ "学校のこどもたちをつなぐ安全安心なSNS「ぐーぱ」の運営～ネット利用で犯罪被害にあうこどもたちを減らすために～"
◇オーディエンス賞
●1位
神足 寛子 "〈おかえり！ サポート！〉教育シッターサービス"
●2位
一本木 えみこ "障害者、そのお母さんのためのヘアメイク付写真スタジオ"
●3位
木原 洋美 "端材で作る木製ブロックをご当地土産にして山郷の産業振興をはかる"

2013（第2回・平25年）
◇グランプリ
新居 彩子 "子どもの基礎運動能力を高めるバレエトレーニングメソッド"

◇優秀賞
下坪 久美子 "サロンコンサートによるモデルハウス集客策"
◇特別賞
久保 恵子 "エイジレス世代のファッションビジネス"
◇立正大学経営学部賞・週刊ダイヤモンド賞・オーディエンス賞
鈴木 公子 "いやしのエンターテイメント～ぬいぐるみに旅させよう!!～"

2014（第3回・平26年）
◇グランプリ
種市 加津子 "傘シュッ！・・・ 傘のマナー革命"
◇優秀賞・立正大学経営学部賞
西沢 桂子 "美しくありたいすべての女性のためのオーダーメイド下着の開発販売"
◇特別賞
桑原 千月 "大人の女性に自信を与える"お守り"のような1着を！ ～カスタムオーダーワンピース～"
◇城南信金賞
舩岳 眞理 "都市に住むお年寄りが元気に暮らせる街を食のコミュニティを通して創り上げる！"

051 エンパワーメント大賞

女性の力を活かし、組織の生産性向上につなげる動きを加速させるために、幅広い視点から、女性の活躍推進・生産性向上を目指し、独自性ある創意工夫された取り組みを行っている組織を表彰する。平成21年（2009）から実施してきた「メンター・アワード」から表彰の対象を広げたもので、平成26年（2014）、新たに「エンパワーメント大賞」として第1回を実施。幅広い観点から、他の範となる優れた取り組みを募集する。
【主催者】ワーキングウーマン・パワーアップ会議 公益財団法人日本生産性本部

【選考方法】公募

【選考基準】〔対象〕女性の活躍推進において,企業・組織で他の範となる事例や,組織内外に大きな影響・貢献を果たしている事例。〔選考の観点〕次のいずれかの観点(複数可)に該当するものを選考。a.〈総合的かつ先進的な取り組み〉女性の活躍推進について,幅広い観点に立って,総合的・先進的な取り組みを行っているか。b.〈中小企業等における独自性ある取り組み〉中小企業等において,自社の特性などを活かした独自性ある取り組みか。c.〈メンター制度等を活用した社員の育成への取り組み〉メンター制度等を仕組みとして取り入れ,女性または男女双方を対象として,社員の育成・活用を積極的に促している取り組みか。d.〈組織風土改革・意識改革における取り組み〉ダイバーシティの重要性を認識・受容し,その考え方を組織に浸透させ,経営者・管理職の意識改革を含め,組織風土改革・活性化に取り組んでいるか。e.〈生産性向上につながっている取り組み〉女性の活躍により,組織に新たなビジネスモデル・サービスモデルを創出し,組織の生産性向上・業績向上につながっている取り組みか。

【締切・発表】平成26年1月19日締切,2月25日「エンパワーメント・フォーラム2014」の席上にて表彰式

【賞・賞金】優秀賞:優れた取り組み5件以内。〈受賞の特典〉賞状および副賞(特製パネル)を授与。本会議のホームページ等にて受賞を告知。受賞者のホームページ等でPRすることが可能。

【URL】http://www.powerup-w.jp

第1回(平26年)
◇エンパワーメント大賞
(株)セブン&アイ・ホールディングス "グループ全体で横断的な活動を展開し,女性管理職が大幅に増加"
P&G "「多様性推進とその活用」を経営戦略として取り組み,工場長に女性就任"
◇奨励賞
鳥取大学医学部附属病院 "全職種へのメンター配置の取り組みとシングルマザーの活躍を支援"
トヨタファイナンス(株) "「人材マネジメント方針」に基づき企業文化変革で女性の能力拡張を支援"
(株)光機械製作所 "女性の職域拡大で,新たな発想から熟練技術不要な研削盤開発を実現"

052 関西財界セミナー賞

関西経済連合会と関西経済同友会が「関西において,優れた技術やビジネスモデルを持ち,独自性を活かして関西の活性化に貢献している企業・団体・個人など」を表彰する賞。昭和63年(1963)の第1回以来,毎年2月に開催される,関西の企業経営者が一堂に会し,国,地域,企業経営のあり方を議論する伝統あるセミナーの「関西財界セミナー」(第41回から関西経済同友会と関西経済連合会の共催)において,平成17年(2005)より「関西財界セミナー賞」を実施。第5回(平成21年)より,「輝く女性賞」を設置し,女性の活躍を支援する企業・団体や活躍の著しい女性を表彰している。

【主催者】関西経済連合会,関西経済同友会

【選考方法】公募(自薦および他薦)

【選考基準】〔対象〕関西2府8県(福井,三重,滋賀,京都,大阪,兵庫,奈良,和歌山,鳥取,徳島)で事業活動を行う企業・団体・個人等。企業・団体規模の大小,本社の所在地は問わない。〔表彰要件〕(1)独自の経営や技術,ビジネスモデルなどによって業績をあげている。または地元産業に貢献していることなど。※直近3年の業績(経常利益)も参考にする。(2)新規事業などにより関西経済の発展,関西のイメージアップに貢献している。または社会的活動を通じ,地域社会に貢献していることなど。

【締切・発表】(平成24年)応募締切10月17日。2月開催の「関西財界セミナー」会場にて授賞式。

【賞・賞金】大賞：表彰要件(1)に該当する,最も優れた企業1件。 特別賞：表彰要件(1)または(2)に該当する優れた企業・団体・個人2件以内。 輝く女性賞：表彰要件(1)または(2)に該当する活躍が著しい女性,または,女性の活躍を支援する企業・団体・個人3件以内。

【URL】http://www.kankeiren.or.jp/

第5回(平21年)
◇輝く女性賞
NPO法人 J.POSH(日本乳がんピンクリボン運動)"「ピンクリボン運動」を実施,企業と連携して乳がん予防の取り組みを幅広く実践,乳がん啓発運動の全国展開に幅広い活動"

下村 俊子(第25回全国菓子大博覧会・兵庫(姫路菓子博2008)実行委員長)"2008年4～5月開催の「姫路菓子博2008」の実行委員長として,同博覧会の集客(24日間で約92万人)・成功に貢献。老舗菓子メーカーの経営者としてその手腕を発揮する,神戸を代表する女性経営者の一人。また,文化・芸術による地域振興活動にも取り組んでいる"

西村 いつき(兵庫県豊岡農業改良普及センター)"2002年にコウノトリプロジェクトチームの一員として,安全で美味しいお米と多様な生き物を育み,コウノトリも住める豊かな環境づくりを目指す「コウノトリを育む農法」の確立普及に取り組む。2006年からは,同農法を教材化推進し,国内外から高い評価を受けている"

第6回(平22年)
◇輝く女性賞
岩田 康子(有限会社 ブルーベリーフィールズ紀伊國屋 代表取締役)"どんな社会状況の中でもキラキラと輝いて幸せに人生を送っていきたいとの考えのもと,女性ならではの視点から食の安全性を追及した野菜やジャムを栽培し,自身の経営するレストラン・カフェで提供し,循環型社会の実現を目指す"

植田 貴世子(株式会社クラッシー 代表取締役)"1986年女性の育児と仕事の両立を支援するため保育サービス「Stella」を起業。また,家事や生活経験などの生活スキルにも経済価値を見出し,現在のコンシェルジュサービスの基礎を築いた。また,NPO法人Human On The Moveの代表を務め,多様な人的産業の隆盛を図る"

上田 理恵子(株式会社マザーネット 代表取締役)"2001年に働く女性の育児支援会社として大阪で同社を設立。女性が結婚,出産をして,仕事を持ち続けるための環境整備がいまだに十分でない現状に対し,同氏の実体験をもとに様々な事業展開を行っている。彼女たちが仕事を続けて良かったと実感できるような社会づくりを目指す"

田中 まこ(神戸フィルムオフィス代表)"ロケーション撮影の誘致や,撮影に必要な諸手続をワンストップで行う非営利団体であるフィルムコミッションとして,

代表の田中氏の幅広いネットワークも生かし、これまでに約1600本の映像制作を誘致、6億円を超える直接的な経済効果を産み出したと言われ、地域活性化に貢献している"

第7回（平23年）
　◇輝く女性賞
　　農事組合法人 古座川ゆず平井の里 "女性による生産・加工組織と生産農家、地元の生活研究グループ等が一体となって設立。ユズを中心とした生産・加工・販売の一元化や、都市との交流事業などを通じ農業経営の安定、農村環境保全、雇用の機会づくりといった地域全体の活性化といった目標を掲げ活動"
　　帝人株式会社 "1990年代、当時の安居祥策社長の強い考えに基づき、女性活躍推進に取り組む。「ダイバーシティ推進室」を人財部内に設置。人事改革の立案、研修やイベントの企画、研究活動や提言を行っており、現在、50名を超える女性幹部を抱え、優秀な女性社員が活躍している"
　　河内 幸枝（マロニー株式会社 代表取締役社長） "食品業界では難しいとされるシステム化やITによってPDCAが適切に運用されるなど経営改善に努め、2000年以降の改革により売上が40％増加した。また、CMで中村玉緒を起用し、ニッチカテゴリーである「はるさめ」を全国ブランドに育成した"

第8回（平24年）
　◇輝く女性賞
　　関西 佳子（水間鉄道株式会社 代表取締役社長） "厳しい経営状態にあった同社の経営再建に取り組み、会社更生法適用から1年2ヵ月での会社再建に貢献した。また、鉄道業界初の女性社長に就任後も、鉄道の魅力向上のために女性アテンダントの導入や「えきなかマルシェ」など様々なイベントを企画・実施している"
　　藤浪 芳子（昭和精機株式会社 代表取締役社長） "製造業で数少ない女性経営者として、30年にわたり産業機械で使用する制御機器の開発に取り組むとともに、10ヵ国以上の企業と直接取引を展開している。また、神戸商工会議所の女性経営者倶楽部会長に就任されるなど女性経営者のリーダー役としても活動している"
　　宮井 真千子（パナソニック株式会社 役員 環境本部長） "同社において、長年白物家電の開発に携わり、ななめドラム洗濯乾燥機やスチームオーブンレンジなど、数多くのヒット商品の誕生に貢献した。2011年4月、同社初の女性役員に就任し、7月からは新設された節電本部の本部長も兼任している"

第9回（平25年）
　◇輝く女性賞
　　株式会社 エコトラック "国内初の大型天然ガストラックを導入し、他社の導入支援も行うなど、環境負荷の軽減に努力している。また創業当時より小中学校への環境教育を120校以上実施。代表取締役の池田治子氏は守口門真商工会議所の女性会会長として、地域の商工業の発展に貢献している"
　　澤田 拓子（塩野義製薬株式会社 専務執行役員 Global Development統括） "入社後一貫して開発畑を歩み、2007年に同社初であり業界でも数少ない女性執行役員に就任した。様々な医薬品の開発に携わり、抗インフルエンザウイルス薬や世界初の特発性肺線維症の治療薬などの開発を成功させるなど成果を出した"
　　株式会社JCLバイオアッセイ "医薬品開発において、臨床試験中のヒトや動物の体液から薬品の濃度を測定するバイオアナリシス試験を実施。高い技術を持ち、国内トップシェア。女性が長く勤められる施策の実施に力を入れ、全社員のうち6割、また管理職の2割が女性であるなど、女性が活躍している"

第10回（平26年）
　◇輝く女性賞
　　熊谷 京子（クマリフト株式会社 代表取締

いる点,例年,女性の育児休業取得率・復職率とも100％となるなど,女性が働き続けやすい環境づくりに取り組んでいる点"

小谷 眞由美(株式会社ユーシン精機 代表取締役社長) "常に経営の前面に立ち上場を果たすなど,会社の着実な発展に貢献,同社がプラスチック成形品の取出ロボットで国内,世界共にトップシェアを獲得している点"

役社長) "同社が小荷物専用昇降機で創業以来国内トップシェアを継続している点や現在7年目を迎えている「しあわせのいえ」が,交流イベントの実施,様々な教室の運営により,交流拠点として根付き,地域社会に貢献している点など"

株式会社 フェリシモ "1990年代中頃から育児休業を2年間とし,休業中の社員へのフォローにも力を入れるなど,早くから法律を上回る両立支援制度が整備されて

053 京都女性起業家賞(アントレプレナー賞)

新たなビジネスにチャレンジする輝く女性を顕彰し,京都から全国に向けて発信することを目的に,平成24年度(2012)創設。人々の生活向上や地域社会・経済の活性化に寄与する女性の起業モデルを募集する。

【主催者】京都府

【選考方法】一次審査:書面審査,二次審査:面接審査,最終審査:公開プレゼンテーション

【選考基準】〔対象〕個人・グループ・法人・現住所・国籍の制限なし。京都で既に事業を営んでいる,又は京都で事業を展開する予定のある女性。その他,京都にゆかりのある事業を展開(予定)している女性。法人・団体の場合は,代表者が女性であること。〔選考基準〕「創造性」「社会貢献性」「市場性」「実現可能性」「成長性」などの側面から,専門家および起業家等の意見を参考に,京都府にて総合的に選考。

【締切・発表】(第2回)募集期間:平成25年6月3日〜9月30日,最終審査:平成26年2月〜3月

【賞・賞金】(第2回)京都府知事賞(最優秀賞)1件:助成金30万円。 京都府知事賞(優秀賞)1件:助成金10万円。 近畿経済産業局長賞(予定)1件。 特別賞(予定):京都商工会議所女性会賞・京都リビング新聞社賞・日本経済新聞社賞・日本政策金融公庫グッドプラン賞 各1件。

【URL】http://www.pref.kyoto.jp/josei/jyoseikigyoukasyou.html

第1回(平24年度)
◇最優秀賞
　三田 果菜(Happy Beauty Project 代表) "がん患者さんの日常を応援! 専門美容室と理美容師さんが使いやすいウィッグ展開"
◇優秀賞
　橋本 陵加(SOBA Café.さらざん 代表)

"消費〜加工〜生産者を幸せにする「そば」事業"
◇近畿経済産業局長賞
　波岡 聡子 "ベビー用品リユースで子育て支援と環境活動〜ベビーエコ〜"
◇京都商工会議所女性会賞
　青木 寿賀子(子育てサポート手をつなごう 代表) "子育て多様なニーズに対応した

女性の賞事典　101

複合展開 〜親育ち・子育ちを応援する保育施設〜"
◇日本経済新聞社賞
谷井 友海 "大学生と地域の方をリアルとSNSで結ぶ『家庭教師—各種サービス受託事業』"
◇京都府知事賞 奨励賞
小川 美知(有限会社ワックジャパン代表取締役) "『英語付茶の湯かるた』の開発と展開"

054 さいたま市ニュービジネス大賞

　さいたま市を元気にする斬新なアイデアあふれるビジネスプランを募集。応募されたビジネスプランがさいたま市の地域経済の活性化や社会の快適性・幸福度の向上につながることを期待する。優秀なビジネスプランについては,「さいたま市ニュービジネス大賞」として表彰するとともに,金融機関,支援機関および事業会社とのマッチングのほか,専門家派遣などを通して"軌道にのるまで徹底支援"を行う。平成17年(2005)開始,翌年からは,女性創業者を対象とした部門賞を設置している。

【主催者】公益財団法人 さいたま市産業創造財団
【選考方法】公募。第1次〜3次審査。
【選考基準】〔対象〕将来,さいたま市での事業展開を考えている個人および法人,またはさいたま市で事業を営んでいる個人および法人で,次のいずれかの条件を満たす者。(1)申込時点で1年以内の実施を見込んでいるビジネスプランであること (2)申込時点で売上計上(試作品等の売上を含む)から3年以内の新事業に関するビジネスプランであること (3)既存事業とは別の新規事業を起こそうとしている個人および法人。他支援機関等で同一プランの受賞実績のある者は応募不可。 学生起業プランについては,以下の制約を受けない。さいたま市での事業展開,1年以内のビジネスプランの実施。「女性起業賞」の定義は,次のa)に該当し,b)またはc)のいずれかを満たすこと。a)これから起業する者,または,起業して3年以内で実績のある者。b)事業を推進する組織の代表者が女性であること。c)事業を推進する組織の主体者が女性で構成されていること。
【締切・発表】(2013(平成25年)) 募集期間:平成25年5月27日〜7月22日,表彰式・発表会:平成25年11月10日「コラボさいたま2013」会場
【賞・賞金】(2013)部門賞:優秀プラン賞,女性起業賞,学生起業賞,奨励賞,ものづくりスター賞,コミュニティビジネス賞,審査委員特別賞。部門賞の中から,最も優秀なものをグランプリ(最優秀賞)として表彰。また,コラボさいたま2013会場でおこなわれる来場者投票における最多投票を獲得したプランをコラボさいたま賞として表彰 〈応募者の特典〉さいたま市産業創造財団が主催する「特別支援セミナー」を無料で受講 第1・2次審査通過者への特典や支援内容:特別支援の実施,専門家による無料アドバイス,ホームページ作成・改善支援,ワークジョイさいたま会員へのPR〈部門賞受賞者への特典や支援内容〉「コラボさいたま2013」特設ブースへ無料出展,ビジネスマッチングの場を提供,受賞者PRの実施
【URL】http://www.sozo-saitama.or.jp/snb/index.html

2006（平18年度）
◇奨励賞
- 女性創業賞
  鈴木 真由美（株式会社 ツリーベル）"30代までのオンライン英会話。理解は日本人,会話は外国人講師"
  小島 真知子（Fairy）"心と身体から始まる,働く女性を応援するトータルサロン"

2007（平19年度）
◇奨励賞
- 女性創業賞
  井野 和子（株式会社セフティキャッチサービス）"「見える化ポール君」による新防犯システムの販売展開"

2008（平20年度）
◇奨励賞
- 女性創業賞
  園藤 祐子（Herbal MOMO）"五感で愉しむハーブ教室 すぐに役立つ使い方から薬効まで,学べます"

2009（平21年度）
◇奨励賞
- 女性創業賞
  佐藤 恵（ボイスクリエーション Sucre）"声はすべてのシーンの主役！ 業績向上・生活の質向上に繋がるボイス&スピーチコンサルタント事業"

2010（平22年度）
◇奨励賞
- 女性創業賞
  上原 三千（染工房上原）"華やかな染色「友禅」と着る漢方「植物染」であなただけの一品を"

2011（平23年度）
◇女性創業賞
  森田 節子（株式会社 裕翔）"多忙な女性にかわり車をキチンと管理,女性も車もキレイが1番！"

2012（平24年度）
◇女性創業賞
  北野 陽子（プルスアルハ）"子ども向け心理教育絵本制作＋普及"

2013（平25年度）
◇女性起業賞
  阪本 美智子 "～子育て世代キャリアママのプロ力集結で～「あったらいいな」を実現する事業"

055 女性起業家大賞

女性の視点で革新的・創造的な企業の創業や経営を行い,事業を成功させている女性起業家を顕彰し,督励・支援する。

【主催者】日本商工会議所,全国商工会議所助成女性会連合会

【選考委員】全国商工会議所女性会連合会役員・日本商工会議所役員,学識経験者等

【選考方法】公募

【選考基準】〔対象〕創業期（創業から10年未満）の女性経営者で,日々,経営革新・創意工夫に果敢に取り組み,他の女性経営者の範となる企業経営・事業展開・事業発展等に実績を挙げている人物。スタートアップ（Start up）部門（創業から5年未満）とグロース（Growth）部門（創業から5年以上10年未満）がある。〔応募規定〕所定の「応募用紙」により,各地商工会議所女性会を通じて応募する。自薦・他薦は問わない。添付書類は,1次審査：会社・事業に関する資料（会社案内・パンフレット,報道記事等。コピー可）。2次審査：（1次審査通過後）直近の営業報告書（貸借対照表,損益計算書もしくは,確定申告書のコピー）

055 女性起業家大賞　Ⅱ ビジネス・産業

【締切・発表】（第12回）平成25年4月30日応募締切,9月6日表彰
【賞・賞金】最優秀賞（日本商工会議所会頭賞）1名：表賞状・副賞20万円。優秀賞（全国商工会議所女性会連合会会長賞）2名：表賞状・副賞10万円。奨励賞（全国商工会議所女性会連合会企画調査委員長賞）4名：表賞状・副賞5万円。特別賞（「女性起業家大賞」審査委員会委員長賞など）若干名：表賞状。
【URL】http://joseikai.jcci.or.jp/

第1回（平14年）
◇最優秀賞
　藤田 敏子（クック・チャム代表取締役社長）"お母さんの役目をできるお店,地域に根付いたお店を理念に,出来たての美味しさを提供。今年東京に進出,5年後100店舗の夢を膨らませる"
◇スタートアップ部門
●優秀賞
　志村 薫（RAYFIX（レイフィックス）代表）"プロの目で新郎新婦の夢を膨らませる二人のためのパーティを予算にあわせ企画・実現。オリジナル性にこだわり,人生最大のイベントをプロデュースする"
●奨励賞
　相坂 柚火子（編集工房じゅわ樹代表取締役）"女性の実生活や感性に基づいた料理本や趣味本の編集方法で差別化している。インターネットを使ったミニ出版や情報ツールとしての事業開発"
　横山 りえ（日本健康管理センターナチュラルカフェこころん）"心を洗う,自然派石鹸の開発・生産委託・販売の一貫システム。知り合いの知的障害者の可能性を知り,石鹸製造を開始する"
●特別賞
　佐藤 孝子（古河和装代表）"きもの文化の継承のために学問教育よりは技能教育の重要性を実感し,事業を創業。着物に込められた日本人の知恵や心を重視し,一人で一点をつくる"
　新倉 美佐子（リス・インターナショナル代表取締役）"司法書士業に加えて,マニュアル化によりスタッフの能力を活用,事業の拡大を図る。今までになかった日本再生ビジネスとして,不良債権事業を展開。提案型コンサルティングの開始"
◇グロース部門
●優秀賞
　杉本 薫子（KAORUKO代表取締役社長）"ブライダルフラワーの第一人者として,フラワープロデュース,フラワースクール事業を創造した。ブライダル専門フラワースクールで育成した人材チームによる,幸せを呼ぶ事業の創造を夢見る"
●奨励賞
　東條 初恵（シラネパック代表取締役社長）"身の回りのダンボールの再生技術の研究により,地球に優しい環境型産業を創造した。デザインを工夫し,用途開発で成功"
　村山 由香里（ファウプ代表取締役社長）"女性たちが自分の可能性を見出すために,地域の働く女性を応援する情報誌の事業化で一歩前に出る勇気を形にした。地域に働く女性に広告を読ませる手法で広告料を経営基盤とする"
●特別賞
　武基 正子（すまいる情報光が丘代表取締役社長）"光が丘の営業所体験を活かし,生涯,地域に貢献する決意で独立。徹底した地域密着でシェアー60％を占め,無借金経営モデルを構築"
　山崎 比紗子（ヒサコネイル代表取締役）"美しさへの提案はトータルで,をコンセプトに指先からの美学を追う。美と健康をネイルスクール・ネイル用品の研究・開発・市場化。心を癒す技術と思いやりのある笑顔の会話等カンセリング技術を

第2回（平15年）
　◇最優秀賞
　　小宮山 眞佐子（ウォーブンハーツ代表取締役）"認定保育園の運営・保育所の運営受託業務，人材発掘コンサルティング業務。ホスピタリティマインドを持ち近代的保育園経営で社会に貢献，株式会社と社会福祉法人で理想保育園経営"
　◇スタートアップ部門
　●優秀賞
　　堀木 エリ子（堀木エリコ＆アソシエイツ代表取締役）"和紙作品製作・販売，内装仕上げ工事業，和装インテリア，和紙素材開発。伝統工芸の和紙を活用し，空間演出で成功，公共空間から住空間そして世界空間へ，素材開発にも注力"
　●奨励賞
　　池田 治子（エコトラック代表取締役）"一般貨物自動車運送業。エコトラック運送業で環境保全貢献のモデル"
　　渡辺 千佳子（マダム・ボー）"農産物加工販売，キャロティー（人参茶）を開発，薩摩のさつま芋のポタージュなど産地ならではの展開"
　●特別賞
　　森 和子（オルネット代表取締役）"タオル及びタオル縫製品販売。女性の目で欲しくなる商品を企画販売"
　　花田 雅江（岡三食品代表取締役）"むき甘栗，天津甘栗製造・販売。むき甘栗の日本市場創造，中国の材料で現地本物加工"
　◇グロース部門
　●優秀賞
　　丸田 好美（サーティースリー代表取締役）"リフレクソロジーサロン業務，技術者養成スクール運営。サロン事業とスクール事業の同時展開"
　●奨励賞
　　中居 成子（ハート・アンド・キャリア代表取締役）"キャリア開発事業，チャイルドケア事業，調査・研究"
　●特別賞
　　森田 弘美（グループフィリア代表取締役社長）"社史編集プロダクション（社史，社内報，会社案内のほか映像・作品集など）。少数精鋭の女性スタッフで，創業の精神を社史として記述し，企業発展に寄与"

第3回（平16年）
　◇最優秀賞
　　田山 雪江（陽気な母さんの店（大館特産物センター）友の会会長）"小売業（大館特産物直売所），農業体験・郷土料理体験など。会員制の産地直売と文化の発信"
　◇スタートアップ部門
　●優秀賞
　　矢部 みち子（海の恵み代表取締役）"水産加工品の製造販売，「浜焼き鯖寿司」「浜焼き鯛寿司」「小鯛の昆布〆」。地元の焼鯖寿司を機内食として市場創造，スピード成長"
　●奨励賞
　　高田 はるみ（ゆとりライフTAKADA代表取締役）"収納カウンセラー。女性の視点で捨てる技術を深め，収納カウンセリングを展開しながらリフォーム需要の開拓"
　　砂庭 須美子（スタジオせんじゅ）"布工芸品製造業（洋服・バック・小物）。一品物にこだわり使いやすさ，もとめやすさを追求"
　●特別賞
　　工藤 あい（エステティック「あいサロン」）"エステティックサロンおよび化粧品販売。中高年の女性を対象に美意識を高めていきたいを理念に高齢起業"
　◇グロース部門
　●優秀賞
　　下河原 朋子（朋コーポレーション代表取締役）"健康食品販売（朋もろみしぼり酢），レストラン経営，もろみ酢専門店。沖縄のもろみ酢の高い安定供給体制を確立，安定したビジネスモデルと経営"

- 奨励賞

  藤田 徳子(フェアリー・テイル代表取締役)"ブライダルプロデュース業"

  鋤柄 よしこ(アトリエコスモス代表取締役)"全国のクリエーター・SOHOのエージェントなど。SOHO事業者の働きやすい環境支援,安定した収益性"

- 特別賞

  才田 亜希子(ベルディオ・アットマーク代表取締役)"NTTドコモ九州代理店(ドコモショップ等4店舗)など,顧客満足と従業員満足の同時展開"

  大江 世津子(トリプル・ディー代表取締役社長)"サンドクリーン事業(砂場の殺菌・消毒,焼き砂の製造)。母の目で園児の情操・安全・健康を守る砂場浄化事業への参入"

第4回(平17年)
  ◇最優秀賞

  園田 正世(北極しろくま堂代表取締役)"育児用品の企画,製造,販売業など。お母さんに心身ともに健やかな育児ができる育児用品を自分の感動体験から事業化"

  ◇スタートアップ部門
- 優秀賞

  織田 静香(HELLO TOMORROW JAPAN ORDER BODY LAB代表)"乳がん手術で乳房を摘出した患者向けの人工乳房やボディパーツ(エピテーゼ)の製作。女性の悩みを女性の感性で解決し,希望と夢を提供する事業の創業"

- 奨励賞

  平舘 美木(Hime & Company代表取締役社長)"女性トレンドマーケティング業務など。女性感覚でのトレンドマーケティングモデルの創造"

  竹川 博子(タケカワダイヤツール代表取締役)"製造業(ダイヤモンド切削工具)。親族の経営から独立し製造業で女性経営者モデルを確立"

- 特別賞

  宮下 啓子(あしすと代表取締役)"訪問入浴介護事業など。入浴をリハビリの一つと位置づけ,入浴の効果と重要性を顧客へアピール"

  明石 春枝(Jinaサロン代表)"美容室,女性用オーダーウイッグメーカー。美容室提携により,大幅に経費削減で価格破壊に成功"

  久富 一代(久富代表取締役)"ビジネスホテル経営。安心,気軽な家庭的ムードのある宿作りの創業"

  ◇グロース部門
- 優秀賞

  石川 幸千代(ゼネラルフード事業スタジオ代表取締役)"フードビジネスにおけるコンサルタント全般的業務。外食産業体験を深めて女性ならではのお客さまの立場にたった総合コンサルティングの事業展開"

- 奨励賞

  降矢 恭子(スピカ・麦の穂代表取締役)"日本の麦と自家培養酵母で添加物のない,本物のパン作りの事業展開"

- 特別賞

  山口 智子(英語教育研究所代表取締役)"英会話教室の経営・英語教師養成・オリジナル教材の作成など"

第5回(平18年)
  ◇最優秀賞

  池田 治子(エコトラック代表取締役)"天然ガス自動車で低公害化をすすめるエコトラック理念で創業成長,荷主企業連携・NEDO交流などで環境物流事業の成長と収益安定化"

  ◇スタートアップ部門
- 優秀賞

  伊藤 弘美(フェアベリッシュ代表取締役社長)"12年間の家族介護体験からの愛着商品の創造,日本初のリハビリ介護靴・商標登録・特許,青空ネット"

- 奨励賞

  武石 麗子(マダムトモコ代表取締役)"腰

骨・背骨が変形した人のための婦人服でハッピーなシニアーライフを創出, 独自の通販・サイトでマダムトモコを浸透"
- 特別賞
  坂東 未来（藍色工房代表取締役社長）"ピアニストの感性で自然素材の健やかで楽しい価値の提供, 専用手作り工房で手づくり量産"
  山根 多恵（旅館吉田屋女将）"老舗旅館を都会の若女将チームで旅館再生・地域再生, 女性のIターン後継創業で地域自立"
  千葉 小織（サヨリ商店街代表取締役）"子供用のバレエ衣装の製造販売で少子化時代の情操教育ニーズを創造, 大手バレーメーカー商品・顧客オリジナル商品のネット販売"

◇グロース部門
- 優秀賞
  堤 香苗（キャリア・マム代表取締役）"主婦をターゲットとしたマーケティング・ブランド調査と在宅就労で主婦の社会経済活動を支援, ネット活用でマーケティング調査・ブランド調査・在宅就労支援の3本柱を展開"
- 奨励賞
  畠山 さゆり（Bee Creative A,C.代表）"地元の顧客の持つ本当の魅力を引き出し, 集客するITコンテンツ作成とネット販売支援, 地域の顧客の広報担当として支援"
  関根 千佳（ユーディット代表取締役）"SOHOネットを活用しユニバーサルデザイン（UD）の専門コンサルタントとして高齢者や障害者に優しいUD社会の実現に貢献, 社長を含め全員在宅。登録スタッフ280名は海外も含めて多様なナレッジスキルの保有者"
- 特別賞
  玉井 里美（アミックインターナショナル代表取締役）"地域と世界を結ぶ語学コミュニケーションビジネスの創出, 世界的視野で地域に根ざし, 生徒・講師・スタッフ・事業所間のコミュニケーションを重視し, 地域のグローバル化を推進"
  堤 恵美子（ティーツーイー代表取締役）"顧客のライフスタイルにあわせた不動産情報の提供サイトで価値創造を支援, 誠実高潔・本質の追求・独創性を理念に向上心をもってビジネスを進化"

第6回（平19年）
◇最優秀賞：日本商工会議所会頭賞
  谷口 とよ美（リブネット代表取締役）"図書館アウトソーシングで図書館を知の創造スペースに変換, 公営図書館のみでなく民営図書館の価値創造技術の蓄積"
◇スタートアップ部門
- 優秀賞：全国商工会議所女性会連合会会長賞
  久田 真紀子（ヴェス代表取締役社長）"女性の立場で公平な情報家電などの検証事業の事業化と拡大, レディーステスター育成と検証サービスで女性による顧客の立場に立った検証サービス"
- 奨励賞：全国商工会議所女性会連合会企画調査委員長賞
  阪口 あき子（シンプルウェイ代表）"懐かしのホームビデオのDVD変換で, 想い出映像の価値創造, 北海道から思い出の詰まったホームビデオ事業展開"
  三林 美雪（ミユキ代表取締役）"業績不振の家業（魚屋）での知識を活用し, 母の作った棒寿司を再現, 素材にこだわった棒寿司で空弁・駅弁で独自販路開拓"
- 特別賞：『女性起業家大賞』審査委員会委員長賞
  新関 さとみ（さとみの漬物講座企業組合理事長）"山形発のお母さんの漬物・タレ・教育などの製造販売サービス事業, 総合サービス化で山形から東北・東京へ進出"
  青木 久子（M&W企画オフィス代表取締役）"歴史や伝統技術をテーマに暮らし視点からのコンサル事業で地域活性化, 暮らし・自然・文化の3つの再生で自発的事業展開"

高橋 泉（KSGインターナショナル代表取締役）"消費者視点の民間ブライダル電報事業の創造, インターネット電報で写真館・結婚式場と事業連携"

◇グロース部門

• 優秀賞：全国商工会議所女性会連合会会長賞

松田 壽美子（ジェイセレクション代表取締役）"オリジナルバッグで和の感性ブランディングビジネスの創出, 使い手と作り手の感動の結びつける仕組み開発"

• 奨励賞：全国商工会議所女性会連合会企画調査委員長賞

田澤 由利（ワイズスタッフ代表取締役）"プロジェクト管理メールを自社開発しネットオフィス経営モデルを構築, 北見発の問題解決型のしなやかなテレワーク事業開発"

増田 かおり（マミーズファミリー代表取締役）"お母さんのニーズ先取りし多機能な保育システムの開発, ベビーシッターの養成・派遣, 託児施設運営でお母さんの元気支援"

• 特別賞：『女性起業家大賞』審査委員会委員長賞

清野 めぐみ（ジェイウイング取締役）"女性ならではの感性で豆腐加工機と豆腐商品の両輪事業, 機械と製品の両輪事業のコンセプトが女性らしく面白い"

小出 史（ソルト・ファーム代表取締役）"天日古代製法にこだわった本物の美味しい自然海塩の事業化, 熊本の自然海塩とその加工製品の豊富な品揃えで地域力の活性化"

第7回（平20年）

◇最優秀賞：日本商工会議所会頭賞

河合 とも子（ズーム・ティー代表取締役）"ドクターベッタ哺乳びんで国内ニッチトップ, 少子化社会の価値創造に貢献"

◇スタートアップ部門

• 優秀賞：全国商工会議所女性会連合会会長賞

森田 祥子（Terrace代表取締役）"欧州最新流行の靴をカスタマイズし, 女性の夢を叶える都市型サービスの創造"

• 奨励賞：全国商工会議所女性会連合会企画調査委員長賞

上野 賢美（共立代表取締役）"顧客視点からの研究開発型環境システムの推進により環境対応を創造"

浅原 真弓（岡山玉島市場有限責任事業組合職務執行者）"生産者とエンドユーザーの直結化と地産地消で地域農業の活性化"

• 特別賞：『女性起業家大賞』審査委員会委員長賞

山内 美雪（ミユキ・エマイム代表取締役）"安全・安心で健康重視の高機能タイル商品の普及で地元瓦産業の活性化"

浦川 嘉子（はなのわ代表取締役）"困っている方の一人ひとりの思いを大切に, 寄り添った介護で豊かな高齢化社会をめざす"

◇グロース部門

• 優秀賞：全国商工会議所女性会連合会会長賞

菅原 あけみ（マスカル代表取締役）"北海道の素材を活かしたプリンを冷凍保存技術により全国商品化し, 農商連携を促進"

• 奨励賞：全国商工会議所女性会連合会企画調査委員長賞

貴島 清美（ディプロム代表取締役）"顧客視点でIT・クリエイター・人材支援を融合し顧客感動を創造"

牛来 千鶴（SOHO総研代表取締役）"SOHOのコーディネイトとネットづくりで地域の活性化に貢献"

• 特別賞：『女性起業家大賞』審査委員会委員長賞

大堀 和子（Duco代表取締役）"古き良き未来というコンセプトで新素材に伝統工芸をほどこし手作りのよさで生活を豊かに"

栗屋 しのぶ（企業組合 オフィスケイ（トラ

ベルネット）代表理事）"別府観光資源のトラベルネットワークで地域資源を活用"

第8回（平21年）
◇最優秀賞：日本商工会議所会頭賞
権藤 光枝（Branches代表取締役）"改善手法を磨き上げ，保育サービスのビジネスモデルを進化"
◇スタートアップ部門
● 優秀賞：全国商工会議所女性会連合会会長賞
秋山 晶子（たび寅代表取締役社長）"宿と一心同体支援で不況を勝ち抜く"
● 奨励賞：全国商工会議所女性会連合会企画調査委員長賞
阿久津 智子（クルール・プロジェ代表取締役）"社会・地域・企業が子育て支援環境づくり"
奥間 邦子（BuonoBuono代表取締役）"パンの形をした幸せを提供する店で社会に貢献"
● 特別賞：『女性起業家大賞』審査委員会委員長賞
佐藤 真琴（一般社団法人ピア代表理事）"ウイッグの提供でがんと前向きに闘っていける環境を整える"
加藤 元美（やっさ弁当代表）"地産地消で姫路や祭りを発信し，ブランド化で名物へ展開"
御子柴 真由美（まゆ 積み木作家代表）"自分の子供に与えたいと思える五感に響く積み木で想像力を育む"
◇グロース部門
● 優秀賞：全国商工会議所女性会連合会会長賞
光畑 由佳（モーハウス代表）"授乳服で母親達に自分らしい生き方を提供"
● 奨励賞：全国商工会議所女性会連合会企画調査委員長賞
林 志英（KAJIN代表取締役）"子供フォーマルで子供達に華やかな思い出を提供"
平井 由紀子（セルフウイング代表取締役社長）"起業家精神・生きる力の備わった人材育成で社会に貢献する"
● 特別賞：『女性起業家大賞』審査委員会委員長賞
古関 弘子（みずほフーズ代表取締役）"地場の知恵を生かし，ほんのりピーチの復活で農商工連携を目指して創業"
西川 あゆみ（イーブ代表取締役会長）"EAPによる，企業や組織で働く人々の問題解決や生産性向上を支援する"

第9回（平22年）
◇最優秀賞：日本商工会議所会頭賞
阪本 惠子（ビッグバイオ代表取締役）"納豆菌群を利用した水質浄化ブロックのオンリーワン商品の開発"
◇スタートアップ部門
● 優秀賞：全国商工会議所女性会連合会会長賞
大塚 玲奈（エコトワザ代表取締役社長）"エコ商材を持つ中小企業の，情報発信・販売・コンサルティングで世界のかけ橋"
● 奨励賞：全国商工会議所女性会連合会企画調査委員長賞
石田 友子（愛心援助サービス2人3脚代表取締役）"医療連携で，一対一の寄り添う介護の実現"
中村 文妃子（マミードルチェ代表取締役）"食物アレルギーの子供たちに，冷凍パンで家族皆で食べられる喜びを提供"
● 特別賞：『女性起業家大賞』審査委員会委員長賞
乾 由香（ナンクルナイサァーケアネット代表取締役）"障害福祉サービスに力を入れ，笑顔いっぱい社会づくりで成功"
佐伯 明香（阿蘇デザインファーム代表取締役）"女性ならではの視点で食育や環境問題を取り入れた体験農業"
◇グロース部門
● 優秀賞：全国商工会議所女性会連合会会長賞
柳生 美江（プチファーマシスト代表取締

役）"薬局再生で,地域NO1のかかりつけ薬局を目指し,成長戦略で成功"
- 奨励賞：全国商工会議所女性会連合会企画調査委員長賞
   青木 由紀子（アライブ・アンド・キッキング代表取締役）"訪日外国人の増加,エコ・健康志向の高まりで市場は拡大傾向"

第10回（平23年）
◇最優秀賞：日本商工会議所会頭賞
   住川 奈美（アクセスライフ代表取締役）"調剤薬局運営。地域に寄り添う薬局として,地域集中展開で成功"
◇スタートアップ部門
- 優秀賞：全国商工会議所女性会連合会会長賞
   田ノ本 智子（マーズデザイン代表取締役社長）"化粧品製造業・化粧品製造販売業。爪用化粧料・スキンケア商品等。日本製の安心安全なジェルの製造販売で好業績"
- 奨励賞：全国商工会議所女性会連合会企画調査委員長賞
   後藤 展子（菜っちゃん代表取締役）"農家の女性が中心となって運営する,70種類以上の総菜が並ぶビュッフェスタイルのランチなどを扱うレストラン。野菜のおいしさを知っていただく食育を通じて地域,農業の振興で成功"
   越前 文子（グットスマイル代表取締役）"小規模多機能型居宅介護。故郷は故郷の人で守る。利用者と職員が幸せな介護サービスを創造"
- 特別賞：『女性起業家大賞』審査委員会委員長賞
   温井 和佳奈（ブルーミング・ライフ代表取締役）"デザイン開発・デザイナー育成・キャリア開発・人材育成。アジアの女性を対象にしてデザイン開発を通じて地位向上と成功の舞台づくりの活動"
◇グロース部門
- 優秀賞：全国商工会議所女性会連合会会長賞
   富田 祐子（センターフィールド（株）代表取締役）"コンピュータソフト開発,基幹システムの開発,業種別パッケージソフトの開発及び運営。独自のパッケージソフト「パワーポジション」でワンストップ管理の実現でイノベーション"
- 奨励賞：全国商工会議所女性会連合会企画調査委員長賞
   飯田 美加（Angel's Closet代表取締役）"インターネットを活用し,子供フォーマル輸入で,定価格・高機能サービスで高成長"
- 特別賞：『女性起業家大賞』審査委員会委員長賞
   伊藤 久美子（イズム代表取締役）"中小企業を対象に伊藤イズムにこだわった販促・PR・商品プロデュース事業で成功"

第11回（平24年）
◇最優秀賞：日本商工会議所会頭賞
   辻 友美子（ユミコーポレーション代表取締役）"介護福祉事業。ユミケア憲章を軸に,楽しい介護のイノベーションを推進"
◇スタートアップ部門
- 優秀賞：全国商工会議所女性会連合会会長賞
   西村 美也子（株式会社福祉ネットサービス代表取締役）"介護事業。ゆっくり気力を養って,生きがいを感じるやさしい介護サービスで超高齢化社会に挑戦"
◇スタートアップ部門
- 奨励賞：全国商工会議所女性会連合会企画調査委員長賞
   岡崎 美紀子（株式会社カエルカンパニー代表取締役）"飲食店コンサルタント業,店舗プロデュース業。繁盛店から町を笑顔で元気にカエル価値創造"
   石頭 悦（株式会社幸呼来Japan代表取締役）"岩手の伝統工芸の裂き織の技術継承と障害者雇用事業"
- 特別賞：『女性起業家大賞』審査委員会委員長賞

堀江 由香里（NPO法人ArrowArrow代表理事）"子育てと仕事の両立が当たり前の社会を創造"

◇グロース部門
- 優秀賞：全国商工会議所女性会連合会会長賞

  村田 早耶香（特定非営利活動法人かものはしプロジェクト代表理事）"カンボジアの貧困を解決し、子供が希望をもって生きられるための工房経営に挑戦"

- 奨励賞：全国商工会議所女性会連合会企画調査委員長賞

  田中 知世子（ピースクルーズ株式会社代表取締役社長）"介護サービス業ほか。福祉の向上のために利用者を大事にする経営をトップ先導型で展開"

  三澤 澄江（株式会社 柚りっ子代表取締役）"徳島県の柚を活かして、ボランティア仲間が「ゆずみそ」の商品開発で故郷を守る"

- 特別賞：『女性起業家大賞』審査委員会委員長賞

  松原 律子（有限会社スマイルサービス代表取締役）"老人福祉事業ほか。福祉の向上のために利用者を大事にする経営をトップ先導型で展開"

  金森 福子（金森韓国語・中国語教室代表、NPO日中韓虹のかけはしAKITA会長）"秋田―ソウル便の就航を機会に秋田県の国際化のために起業し、外国人にやさしい街づくりに貢献"

第12回（平25年）

◇最優秀賞

  石山 純恵（クリフ代表取締役）"人材育成事業、多言語翻訳。「人と人とのコミュニケーションがすべての基本」との経営理念の下、教育・翻訳・学童保育・起業支援等の事業を展開し、地域や企業を支える人材育成を通じて福島の復興に貢献"

◇スタートアップ部門
- 優秀賞

  片桐 実央（銀座セカンドライフ株式会社代表取締役）"起業支援。シニア起業に特化し、ソフト面とハード面（事務支援・起業交流会・レンタルオフィス等）の提供、起業後の売上アップ支援までのワンストップ支援を実施"

- 奨励賞

  梶川 ゆり子（社会福祉法人ゆずり葉ゆめランチ理事長）"障害福祉サービス事業。障害を持つ方の安定した生活の実現に向けて、弁当の製造販売・配達とリサイクル事業という異なる性質の事業を展開し、障害度合に応じた個別のきめ細かな就労支援を実施"

  吉本 純子（よしもと葬祭代表）"葬祭業。地域の伝統工芸や地場産品を取り入れ、静岡らしさを感じるオリジナルの葬儀を提供し、遺族の方々の高い満足度を得ている"

- 特別賞

  並木 陽子（株式会社エヌ・ツー・エンジニアリング代表取締役）"製造業（精密機械組立）。製造現場で働いてきた技術のある中高年を組織化し、機器等の委託受注や組立製造から物流業務まで手掛け、地域の活性化に貢献"

  山本 美穂（ベストパートナー介護株式会社代表取締役社長）"介護総合事業。看護師経験を生かし、地域に根差した介護人材教育、介護起業支援、デイサービスの総合事業を実施し、県内初の介護職員初任者研修認可事業所として先進モデルとなる事業展開"

◇グロース部門
- 優秀賞

  橋本 昌子（てまりグループ株式会社スパーテル／株式会社EHMメディカル代表取締役）"小売・医療・福祉（薬局・有料老人ホーム）。薬剤師経験を生かし、高齢者が安心して住めるまちづくりを目指し、薬局事業・福祉事業を積極的に展開。医薬分業に伴い、医療機関の近くに調剤薬局を展開する他、開所した有料老人ホームでは、薬局と医療と介護のコラボ

056 DBJ女性新ビジネスプランコンペティション

レーションで差別化を図る等,地域の医療・介護・健康づくりに貢献"
- 奨励賞
  山本 典子（株式会社メディディア（医療デザイン研究所）代表取締役）"現場の看護師の視点から,医療現場の「あったらいいな」を形にする理念の下,医療用サージカルテープカッター「きるる」,木製点滴スタンドフィール等,専門的でニーズに合わせたデザインの商品を3Dを駆使して開発"

---

056 DBJ女性新ビジネスプランコンペティション

女性による新しい視点でのビジネスを,社会や経済に変革をもたらす事業として育てることを目的としたコンペティション。

【主催者】株式会社 日本政策投資銀行（DBJ）

【選考委員】（第3回 最終審査委員）委員長：橘・フクシマ・咲江（G&S Global Advisors Inc. 代表取締役社長（経済同友会 副代表幹事）），委員：秋山咲恵株式会社サキコーポレーション 代表取締役社長），各務茂夫（東京大学 教授 産学連携本部イノベーション推進部長），中村紀子（株式会社ポピンズ 代表取締役 CEO），森本美成（株式会社エグゼクティブ・パートナーズ 理事（DBJキャピタル株式会社 投資決定委員）），山川龍雄（株式会社日経BP 日経ビジネス 編集長），鍋山徹（一般財団法人日本経済研究所チーフエコノミスト）

【選考方法】（第3回）1次審査（書類）：平成26年3月上旬～下旬,2次審査（面談）：平成26年4月上旬～5月上旬,最終審査（プレゼンテーションと質疑応答）：平成26年5月29日

【選考基準】〔対象〕創業期にある女性経営者による事業で,技術・サービス・ビジネスモデル等において新規性あるいは高い付加価値が期待でき,革新性が高く,かつ事業として大きな成長が期待できるビジネスプラン〔基準〕革新性に対する評価,事業性に対する評価,経営者評価,震災復興に資するビジネスプランであるか

【締切・発表】（第3回）募集期間：平成25年12月16日～翌年2月28日,発表：平成26年6月下旬

【賞・賞金】DBJ女性企業大賞（1件）：賞金1000万円（最大）,DBJ女性企業優秀賞（1件）：500万円（最大）。および,受賞後1年間の事後支援。

【URL】http://www.dbj.jp/service/advisory/wec/

第1回（平24年）

◇日経特別賞

小林 りん（公益財団法人インターナショナルスクール・オブ・アジア軽井沢設立準備財団 代表理事）"アジア太平洋地域のために,新たなフロンティアを創り出し変革を起こせるリーダーを育てる。日本初！ 全寮制インターナショナルハイスクール"

◇DBJ女性起業優秀賞

牛来 千鶴（株式会社ソアラサービス 代表取締役）"起業家やクリエーターのための共同オフィス・モノづくり・人育てのビジネス拠点～あったらいいな を カタチにする～「SO@R ビジネスポート」"

加藤 百合子（株式会社エム・スクエア・ラボ 代表取締役）"持続可能な農業を目指して,畑から食卓まで,おいしいと安心を

人とITで高効率につなぐベジプロバイダーR事業"

及川 秀子(有限会社オイカワデニム 代表取締役)"気仙沼発 地域資源有効活用の最大化 地域資源を生かした新ファッションブランドの創設"

◇未来にチャレンジ賞

米良 はるか(オーマ株式会社 取締役 READY FOR? チーム)""実行者"を支援する日本初のクラウドファンディング クリエイティブな活動,社会性の高い活動,夢の実現を支援してもらうためのプラットホーム事業"

◇震災復興特別賞

鹿島 美織(株式会社アネモア CEO)"みんなでシェアしよう。ぐるぐるバス,わいわい仕事…場と時間をシェアする仕組みとは?"

第2回(平25年)

◇DBJ女性起業優秀賞

吉本 桂子(ロイヤルブルーティージャパン株式会社 代表取締役社長)"自社一貫開発製造による高級ボトリング日本茶を世界に発信!"

日野 美貴(株式会社西日本冷食 代表取締役社長)"内陸型水産業による地域イノベーションの構築～養殖は天然を超えて良いものか～"

◇特別賞High-Spirits賞

鮫島 弘子(株式会社andu amet 代表取締役社長)"世界最高峰のエチオピアシープスキンを贅沢に使用したエシカル×リュクスなレザーブランド"

057 メンター・アワード

　メンターとは,豊富な職業経験を活かし,後輩など(メンティ)からの相談を受けてその課題達成や問題解決をサポートし,職業人としての成長を支援していく人のことである。女性の仕事への意欲はますます高くなり,より高い目標に向かって,仕事への責任を果たし,成長したいと願う人が増えてきている中,女性が管理職やリーダーとして第一線で活躍していくためには,その成長を熱心にサポートし,見守ってくれる良き相談相手としてのメンターの存在が重要であり,大きな意義をもっている。現在,トップランナーとして活躍している女性たちの多くは,そのキャリア形成の過程で,良きメンターに出会い,仕事上の悩みや課題を解決しながら,成長を続けてきている。「ワーキングウーマン・パワーアップ会議」では,メンターによるサポートの意義や重要性を広く普及させ,女性の活躍を応援する組織風土の醸成や活躍推進の加速を目的に,平成21年(2009)より「メンター・アワード」を実施。独自性があり,創意工夫された取り組みを行っている組織や,適切な助言を与えながら,メンティの活躍や成長を支え,後押しした個人を表彰し,メンター制度の普及・定着を図っている。

【主催者】ワーキングウーマン・パワーアップ会議(事務局:日本生産性本部)

【選考方法】公募。(1)"組織のイキイキ活躍度をアップする"メンター制度表彰:メンター制度表彰用応募用紙および関連情報(会社案内,取り組み概要・成果のわかる資料,あるいは雑誌記事等の関連資料)を送付 (2)"活躍・成長を支えた"メンター個人表彰:メンター個人表彰用応募用紙および関連情報(社内報・雑誌記事等の関連資料)を送付

【選考基準】〔対象〕(1)"組織のイキイキ活躍度をアップする"メンター制度表彰:女性または男女双方を対象として,社員の育成・活用を積極的に促すことを目的としたメンター制度を,仕組みとして取り入れている組織。制度を取り入れたことにより,女性

のより一層の活躍が促進され,それが組織の活力として効果を表している組織。※メンター制度という名称でなくても,組織内の仕組みとしてのサポート体制も対象。※企業,労働組合,その他すべての組織が対象。組織全体の取り組みの他,一部の部門・事業所単位での取り組みも対象。 (2)"活躍・成長を支えた"メンター個人表彰：女性が活躍・成長するために,仕事やキャリアについて助言をし,熱心にサポートをしている人や,女性の仕事に対する意欲を高め,成功への導きやチャンスを意識するきっかけを与えている人。※メンティは女性のみが対象だが,メンターは男女,組織内外を問わない。※メンター制度上のメンターだけでなく,事実上のメンターも対象。※応募にあたっては,メンティとなった女性(1名)からの作文/エッセイの提出が必要

【締切・発表】(2013・第5回)1月11日締切。2月26日開催の「メンター・アワード2013表彰式」において表彰。受賞者は表彰式へ出席。日本生産性本部ホームページ等にて受賞を告知。受賞したことを,受賞者のホームページ等でPRすることが可能。

【賞・賞金】賞状および副賞(特製パネル)を授与。 (1)"組織のイキイキ活躍度をアップする"メンター制度表彰：優秀賞3件以内,最優秀賞(優秀賞のうち,特に優れたもの)1件 (2)"活躍・成長を支えた"メンター個人表彰：3件以内

【URL】http://www.powerup-w.jp

2009(第1回・平21年)
◇組織部門
● 優秀賞
P&G "人材育成ビジョンと連動した全社的・自発的なメンター制度を長年実施"
国立大学法人 神戸大学 "女性研究者育成を,学内外(企業・高等教育機関)のメンターで支援"
住友スリーエム(株) 「新しい企業文化の創造」全社プロジェクトから女性社員メンタリングを推進"
● 特別賞
NTTソフトウェア(株) "「仕事と育児の両立」に焦点をあてた制度で,女性の就業継続を支援"
◇個人部門
● 優秀賞
田井 久恵(帝人(株)CSR室長 帝人グループ理事) "女性活躍推進室長時代からの相談者や女性管理職などへ継続的な支援"
深沢 ひとみ(プルデンシャル生命保険(株)執行役員) "女性研究者育成を,学内外(企業・高等教育機関)のメンターで支援"

2010(第2回・平22年)
◇組織部門
● 優秀賞
富国生命保険(相) "メンターと「シニアメンター」のチームで,新入社員全員を支援"
キリンホールディングス(株) "メンティが次のメンターとなる「メンタリング・チェイン」を展開"
日本ハム(株) "異なる所属の組合せの「クロスメンター制度」で,メンティの視野拡大"
◇個人部門
該当者なし

2011(第3回・平23年)
◇組織部門
● 優秀賞
全日本空輸(株) "キャリアデザインセミナーとメンター制度で,入社5年目の女性社員を支援"
(株)オークローン マーケティング "メンターとOJTで,若手層の定着化と中堅層の育てる意識を醸成"
学校法人上智学院 上智大学 "世界各国の研究者がメンターとなって理工系の女性

研究者を支援"
◇個人部門
該当者なし
2012（第4回・平24年）
◇"組織の活き活き度をアップする"メンター制度表彰
- 優秀賞
第一生命保険（株）"全国の女性職員をカバーした「メンターネットワーク」を構築"
（株）髙島屋 "入社4年目の主任と10年目前後の課長を組合わせた制度を実施"
国立大学法人 名古屋大学 "メンター・メンティ向けのガイド作成により, 自己応募者が増加"
◇"活躍・成長を支えた"メンター個人表彰（メンティからの応募に基づき選考）
- 入選
細野 靖幸（（株）村田製作所）"ボランティア・メンターで女性の活躍を支援"
2013（第5回・平25年）
◇"組織の活き活き度をアップする"メンター制度表彰
- 優秀賞
アステラス製薬（株）"役員のメンターとメンティがビジネスに繋がるテーマをペアで決定"
- 優秀賞
あいおいニッセイ同和損害保険株式会社 "役員をメンターとして, 経営意識向上と社内ネットワークづくり"
◇"活躍・成長を支えた"メンター個人表彰（メンティからの応募に基づき選考）
- 入賞
福田 明子（JEC連合男女共同参画推進室室長, 田辺三菱製薬労働組合中央副執行委員長）"労働組合の役員・組合員を広く対象にして, 女性リーダーづくりを支援"
- 入賞
熊田 恵造（640コヴィディエンジャパン（株）エナジーデバイス事業部 事業部長）"新たなロールモデルへと女性営業職の活躍をサポートし, その定着で組織活性化"

058 横浜ビジネスグランプリ

　横浜は, 安政6年（1859）の開港以来, 外国文化の交流にビジネスチャンスを求めて発展したアントレプレナー（起業家）の街である。そのような歴史を持つこの地が「世界に誇れる起業支援都市」となることを目指し, そのためのシンボリックイベントとして平成15年（2003）に開始した。横浜市内だけではなく, 全国から事業アイデアを募りビジネスプランコンテストを開催することで, 今後もベンチャー精神あふれる街であり続け, また横浜から輩出していくために, 横浜で起業を目指す優秀な起業家予備軍および起業家に対して, ビジネスプランの事業化へ向けた支援を主催団体である公益財団法人 横浜企業経営支援財団が行っていく。平成24年（2012）からは,「女性起業家賞」が設けられている。

【主催者】公益財団法人 横浜企業経営支援財団

【選考委員】ファイナル審査員：野島廣司（審査員長・株式会社ノジマ 代表執行役社長）, 伊藤麻美（日本電鍍工業株式会社 代表取締役）, 片岡由美（家業応援コンサルタント®, 中小企業診断士）, 呉雅俊（株式会社TNPパートナーズ 代表取締役社長）, 小山嚴也（関東学院大学 経済学部経営学科教授）, 渡邊大知（株式会社ジェイ・エム・シー 代表取締役）, 舛田一彦（日本政策金融公庫 国民生活事業 南関東地区総括）

【選考方法】公募。事業計画書をメールにて送信。

【選考基準】〔対象〕ベンチャー部門：横浜市内で新たな事業を始める事業者。ただし,

新たに起業する事業者の場合は,1年以内に事業を開始する予定の者。起業済みの事業者の場合は,応募内容に関わる事業に着手してから3年以内の者。 学生部門:「学校教育法」に規定する大学(大学院を含む),短期大学,高等専門学校,専修学校,高等学校若しくは日本国内のこれらに準ずると認められる学校に在籍する学生(聴講生を除く)で,将来横浜市内での起業を考えている者。

【締切・発表】(2014(平成26年))平成25年12月6日締切。平成26年2月22日 ランドマークホールにてファイナルを実施,受賞者を決定。

【賞・賞金】ベンチャー部門最優秀賞:賞状・副賞30万円,学生部門優秀賞:賞状・副賞10万円,アントレプレナー賞:賞状・副賞10万円,女性起業家賞:賞状・副賞10万円,ソーシャルビジネス賞:賞状・副賞10万円,オーディエンス賞:賞状

【URL】http://www.idec.or.jp/kigyo/ybg/

2012(平24年)
◇女性起業家賞
一本木 えみこ((株)エミコ・コーポレーション/東京都) "障がい者,そのお母さんのための写真スタジオ―障がい者への対応ノウハウを持つ写真スタジオを展開することにより,思い出に残すとともにヘアメイク等で母親等へ癒しを提供"

2013(平25年)
◇女性起業家賞
皆川 未来(大学生/横浜市) "おらほの田んぼ―震災の被災地である仙台市若林区を拠点とし,「稲作代行サービス」と「アイスプラント栽培」の二つのサービスを提供する。上記の事業で,農家減少への対策と震災被害からの復興という2つの課題を解決する"

2014(平26年)
◇女性起業家賞
前原 洋子(筆友会 ふでともかきかた教室/横浜市) "美しく正しい文字の基礎は幼児期にあり 「水書道」を活用し毛筆と硬筆を組み合わせた新メソッドのかきかた教室の展開"

農林水産業

059 「明日の農山漁村を担う女性」表彰

農林水産省では,農山漁村における男女共同参画を推進するため平成19年度(2001)から実施。農林水産分野において,優れた取り組みを行っている女性等を表彰することにより,次世代を担う地域リーダー等の育成等を図り,農山漁村における男女共同参画の促進に資するとともに,農山漁村の魅力を広くアピールすることとする。

【主催者】農林水産省男女共同参画推進本部

【選考委員】(平成21年度)川手督也(審査委員長・日本大学准教授),池田陽子(JA全国女性組織協議会理事),栗原慶子(全国林業研究グループ連絡協議会顧問),道下善明(全国漁業協同組合連合会漁政部次長)

【選考方法】各都道府県から推薦のあった者について,有識者による審査委員会での厳選

なる審査の結果, 受賞者を決定
【選考基準】〔対象〕農山漁村女性が経営参画・社会参画を行っていく上で身近なモデルとなりうる取り組みを行っている者であり, かつ, 今後地域の担い手として期待される女性(45歳未満の者。ただし, 農林水産業に従事後15年以内の者についてはこの限りではない)
【締切・発表】(平成21年度) 表彰：平成22年3月10日「平成21年度 第23回 農山漁村女性の日記念の集い」において表彰式を開催
【URL】http://www.maff.go.jp/index.html

平成19年度
◇農林水産大臣賞
　及川 久仁江(岩手県/農業)
◇国井農林水産副大臣賞
　大平 恵(青森県/農業)
　小野 奈々(愛媛県/農業)
◇福井農林水産大臣政務官賞
　齋藤 イツ子(埼玉県/農業)
　竹下 敦子(長崎県/水産業)
平成20年度
◇農林水産大臣賞
　吉川 香里(石川県能美市/農業(野菜))
◇農林水産副大臣賞
　松元 裕子(宮城県仙台市/農業(花き・野菜))
　守川 千穂(熊本県山鹿市/農業(花き))
◇農林水産大臣政務官賞
　田中 小有里(滋賀県東浅井郡湖北町/農業(水稲・麦・大豆))
　蓬莱 智子(兵庫県三田市/畜産業(肥育牛))
平成21年度
◇農林水産大臣賞
　山下 由美(愛媛県宇和島市/農業(稲作・柑橘・野菜))
◇農林水産副大臣賞
　濵口 千穂(三重県熊野市/林業)
　桜本 美奈子(岐阜県高山市/農業(野菜))
◇農林水産大臣政務官賞
　新美 みどり(愛知県碧南市/農業(野菜))
　橋本 知子(兵庫県神崎郡市川町/農業(稲作・野菜))

060 女性グループの生活・生産活動に関する表彰

　農林漁村生活の充実を図ろうと, 農山漁村女性・生活活動支援協会(東京)が平成3年度(1991)に「支えあうくらしと農を育む婦人・高齢者グループ表彰(婦人・高齢者グループの生活・生産活動に関する表彰)」として創立。平成12年度(2000)から「女性グループの生活・生産活動に関する表彰」となる。自治体から推薦を受けた, 農林漁業の振興に優れた実績を持つ全国の女性グループに賞が贈られる。平成15年度(2003)から,「農山漁村女性チャレンジ活動表彰」に移行。

【主催者】農山漁村女性・生活活動支援協会
【選考方法】推薦
【選考基準】〔対象〕農林漁業の振興に優れた実績を持つ全国の女性グループ
【賞・賞金】最優秀賞(農林水産大臣賞), 優秀賞(経営局長賞)

061 農山漁村女性・シニア活動表彰

平成12年度
　◇最優秀賞（農林水産大臣賞）
　　大内りんどう生活改善グループ（福島県）
　　塩尻市農村女性いきいきネットワーク会議（長野県）
　　JA塩田町女性機会士レモンズ会（佐賀県）
　◇優秀賞（経営局長賞）
　　十和田湖町ふるさと活性化友の会（青森県）
　　東磐井地方森林組合室根婦人部はなみずきの会（岩手県）
　　国分寺町生活改善クラブ協議会（栃木県）
　　高山あぐり☆ウィミンの会（岐阜県）
　　九日市場グループ（愛知県）
　　鳥越どんづまりハウス（鳥取県）
　　笠岡湾干拓酪農婦人部（岡山県）
　　天草町漁業協同組合婦人部（熊本県）
　　一尺屋上浦婦人営農集団（佐賀県）

平成13年度
　◇最優秀賞（農林水産大臣賞）
　　水沢地方農業担い手女性塾（岩手県）
　　飯山市農村女性団体連絡会（長野県）
　　白百合グループ（高知県）
　◇優秀賞（経営局長賞）
　　浄安森林組合婦人部「ききょうの会」（岩手県）
　　宮城県南三陸農協花き部会女性部（宮城県）
　　きらきらネットワーク倶楽部（山形県）
　　花野米レディース（福井県）
　　さくらんぼグループ（愛知県）
　　えぷろんおばさん（京都府）
　　華工房ブーケ（鳥取県）
　　女性起業ネットワーク そよかぜ（広島県）
　　労働支援組織・杷木町あぐりの会（福岡県）

平成14年度
　◇最優秀賞（農林水産大臣賞）
　　遠野地方Y・Y・Y推進女性の会（岩手県）
　　大栄町酪農女性部（鳥取県）
　　伯方地区生活研究グループ連絡協議会（愛媛県）
　◇優秀賞（経営局長賞）
　　紋別簿記会（北海道）
　　カマラードの家（青森県）
　　津島活性化グループ（福島県）
　　徳光野菜婦人部（石川県）
　　つくば市農業・農村男女共同参画社会推進委員会（茨城県）
　　三浦市漁協婦人部連絡協議会（神奈川県）
　　遊YOU村女性部（鳥取県）
　　蒜菜会林業研究部会（岡山県）
　　ミセスいんない町づくりグループ（大分県）

---

061 農山漁村女性・シニア活動表彰

　農山漁村における女性や高齢者といった地域の多様な人材は、農山漁村を支え、農山漁村生活の充実と地域経済の活性化に重要な役割を果たしており、農山漁村の6次産業化、食の安全・安心の観点からも、これらの活動が活発になるように支援していく必要がある。このため、農林水産業および農山漁村生活並びに農山漁村の活性化に優れた活動の実績をもち、男女共同参画の推進またはいきいきとした高齢者の活動の推進のために積極的に活動している経験豊富な女性・高齢者の個人または団体を表彰することにより、女性や高齢者といった地域の多様な人材が農山漁村でいきいきと活躍できる環境づくりの推進に資するものとする。

　【主催者】農山漁村男女共同参画推進協議会、後援：農林水産省、全国森林組合連合会、全国漁業協同組合連合会、全国農業協同組合中央会、協力：全国酪農青年女性会議

　【選考方法】都道府県、市町村（都道府県経由で推薦）および全国もしくは都道府県の農林水産関係団体（農業協同組合中央会、漁業協同組合連合会、森林組合連合会、農業会議等）は、各部門のテーマに即し、次の要件を参考に優秀と認められる個人または団体

を推薦する。審査協議会会長は,最優秀賞,優秀賞,優良賞の候補となる個人または団体を決定するため,農林漁業・農山漁村における女性・高齢者の活動に知見を有する学識経験者等を審査会委員に依頼し,審査会を開催する。審査会においては,推薦のあった個人または団体について書類審査を行い,個人または団体活動の模範として実績顕著なものを順位をつけて選出する。必要があれば,現地調査を行うことができるものとする。

【選考基準】〔対象〕次の参加部門のテーマに沿って積極的に活動している個人または団体。また,(1)から(3)のいずれかに応募するものとし,同じ内容のものを各部門と重複して応募することはできないものとする。(1)女性地域社会参画部門:農山漁村の女性が中心となった地域の農林水産業の振興および農山漁村の活性化のための活動や,農林水産関係組織における活動等を積極的に実施している女性の個人または団体。個人の場合,農林水産業に15年以上従事している女性を対象とする。(2)女性起業・経営参画部門:農山漁村の女性が中心となった地域資源を活用した起業活動や農業経営に積極的に参画している女性の個人または団体。個人の場合,農林水産業に15年以上従事している女性を対象とする。(3)シニア起業・地域活性化部門:農山漁村の高齢者が中心となり,地域の農林水産業の振興および農山漁村の活性化のための活動等を積極的に実施している高齢者の個人または団体。なお,高齢者の個人にあっては65歳以上,団体にあっては,構成員の半数以上が高齢者(65歳以上)であるものとする。ただし,(1)(2)に該当するものは除く。

【締切・発表】(平成25年度)平成25年8月16日締切。翌年2月発表。3月6日「第27回農山漁村女性の日記念の集い」において表彰式を実施。

【賞・賞金】(平成25年度)最優秀賞(農林水産大臣の賞状(女性地域社会参画部門,女性起業・経営参画部門,シニア起業・地域活性化部門 各部門2点 合計6点))/優秀賞(農林水産省経営局長(女性地域社会参画部門,女性起業・経営参画部門,シニア起業・地域活性化部門 各部門3点 合計9点),林野庁長官(1点),水産庁長官(1点)の賞状)/優良賞(全国森林組合連合会会長(1点),全国漁業協同組合連合会長(1点),全国農業協同組合中央会長(1点))

【URL】 http://www.weli.or.jp/council/

平成22年度
◇農林水産大臣賞
- A.女性地域社会参画部門
 芳賀 よみ子(宮城県登米市)"家族協定が背中を後押しし,仲間のためにできること"
 村岡 ツユ子(鹿児島県霧島市)"思いを形に,まずは実践を"
- B.女性起業・経営参画部門
 鈴木 春江(宮城県栗原市)"女性として農業者としておふくろとして~家庭・地域での役割と仲間とのかかわり~"
 有限会社 楽四季舎(大分県杵築市)"山香米を使って,おいしい! 楽しい! うれしい! 特産品づくり"

- C.シニア起業・地域活性化部門
 桑田 ミサオ(青森県五所川原市)"私の財産~技で広がる活動,つながる仲間~"
 オアシスグループ(山口県柳井市)"豊かな暮らしの実現に向けて生活改善グループが担うもの"

◇農林水産省経営局長賞
- A.女性地域社会参画部門
 だんどりの会(長野県飯綱町)"次の世代への「だんどり」を今!!"
 おふくろ会(愛知県豊田市)"自らも輝きながら,地域にまいた種を咲かせていきます!"

061 農山漁村女性・シニア活動表彰　Ⅱ ビジネス・産業

塩屋かたろう会（熊本県熊本市）"女性から発信「地域ぐるみの高齢者支援」で安心農漁業"
- B.女性起業・経営参画部門
  農事組合法人 国府野菜本舗（群馬県高崎市）"地産地消で地域野菜のブランド化をめざす"
  農事組合法人 食彩あさひ（富山県朝日町）"地産地消活動は，私たち「食彩あさひ」におまかせ！"
  宮子 外喜子（石川県白山市）"花とハーブで楽しむ私のチャレンジ経営"
- C.シニア起業・地域活性化部門
  工藤 佻（岩手県二戸市）"66歳に挑戦した私の起業活動～地域みんなが潤う加工活動を目指して～"
  尾張中央農業協同組合グリーンセンター春日井産直部会（愛知県春日井市）"高齢者が立ち上がり，地域農業の活性化を目指す産直活動"
  うたたねの里いっぷく亭（岡山県鏡野町）"山里の味でおもてなし"

◇林野庁長官賞
- A.女性地域社会参画部門
  山本 君子（愛知県岡崎市）"地域の仲間とともに，地域を元気に！"

◇水産庁長官賞
- A.女性地域社会参画部門
  渦浦漁業協同組合女性部（愛媛県今治市）"地域産物を活用した加工活動で島を元気に"

◇全国森林組合連合会長賞
- C.シニア起業・地域活性化部門
  七ッ山婦人加工グループ（宮崎県諸塚村）"60歳からが女！ 生涯現役で村の活性化に取り組む"

◇全国農業協同組合中央会長賞
- C.シニア起業・地域活性化部門
  井手野加工グループ（佐賀県佐賀市）"井手野の「がばいばあちゃん」は，地域活性化の担い手"

平成23年度
◇農林水産大臣賞
- A.女性地域社会参画部門
  久保 八百子（群馬県嬬恋村）"仲間と共にパワー全開「村を元気に！ 自分たちも元気に！」"
  浦 久美子（石川県白山市）"自ら発信し，継続する農業へ"
- B.女性起業・経営参画部門
  明神農産加工組合（栃木県日光市）"長続きのコツは緩やかなつながり～のれん分けでグループ起業から個別起業へ～"
  下島 和子（愛知県碧南市）"夢そして感動を与える"農家れすとらん「葉菜の舎」"で地産地消・地域活性化の実現"
- C.シニア起業・地域活性化部門
  邑橋 裕惠（兵庫県新温泉町）"食と私の人生"
  かも寿会（岡山県津山市）"シニアパワーで育てたもち米が山陰の銘菓に"

◇農林水産省経営局長賞
- A.女性地域社会参画部門
  中島 滋代（埼玉県越谷市）"越谷市伝統もち米品種「太郎兵衛もち」の作出・維持・確保とブランド化に取り組んで"
  楢原 由紀子（長野県東御市）"茜色の70代をめざして"
  平原ホタルグループ（愛知県西尾市）"ゲンジボタルの舞う美しい地域作りと農産加工を通じた地域交流"
- B.女性起業・経営参画部門
  金森 正子（宮城県丸森町）"ひっぽを元気にする農家レストランを目指して"
  庄司 祐子（山形県鶴岡市）"自立への「想い」を形にした農場レストラン経営─農業・農村を舞台に「自分なりの生き方」を農業経営で実現─"
  邑楽町農畜産物処理加工施設利用組合（邑楽町あいあいセンター利用組合）（群馬県邑楽町）"農村女性の願いと夢の実現をめざして～作り手の「あい」と地域住民の「あい」の出会いを大切に～"

- C.シニア起業・地域活性化部門

  塩野谷農業協同組合塩谷地区〆縄部会（栃木県塩谷町）"〆縄づくり35年間,伝統技術継承で地域の活性化を"

  赤茂野菜組合（岡山県真庭市）"元気で楽しく野菜を作ろう"

  うちこグリーンツーリズム協会（愛媛県内子町）"高齢者がいきいき輝くグリーン・ツーリズム活動"

◇林野庁長官賞
- A.女性地域社会参画部門

  原 富美子（岐阜県郡上市）"森とのふれあいを地域に広げよう"

◇水産庁長官賞
- A.女性地域社会参画部門

  伊勢志摩海女小屋体験（三重県志摩市）"杉から始まった伊勢志摩海女小屋物語—もう一度あなたに会いたくて—"

◇全国漁業協同組合連合会長賞
- B.女性起業・経営参画部門

  四海漁業協同組合女性部（香川県土庄町）"海の宝を活かして,さまざまな味を届けます"

◇全国農業協同組合中央会長賞
- C.シニア起業・地域活性化部門

  坂口 千代能（長崎県佐世保市）"わが家の生活改善から地域活性化に向けて"

平成24年度
◇最優秀賞（農林水産大臣賞）
- A.女性地域社会参画部門

  中山 みつい（茨城県牛久市）"笑顔で取り組む食農教育"

  栗原 慶子（埼玉県飯能市）"地域の中で輝いて"

- B.女性起業・経営参画部門

  渡邉 政子（群馬県玉村町）"兼業農家の嫁から農業経営者としての39年〜地域の農業を支えたい〜"

  開聞農産物販売所「おふくろの里」運営会（鹿児島県指宿市）"地域のみんなと感動を共有できる生きがい型直売所を目指して"

- C.シニア起業・地域活性化部門

  渡邉 貞子（岩手県奥州市）"郷土食を伝える,私の活動〜食を通じて地域のおふくろになろう〜"

  企業組合 小行司健康グループ（山口県田布施町）"地域とともに歩む起業グループを目指して"

◇優秀賞（経営局長賞）
- A.女性地域社会参画部門

  小磯 節子（茨城県笠間市）"女性起業活動から6次産業化推進リーダーとしての取り組み"

  飯塚 信子（群馬県みどり市）"農村地域での男女共同参画の実践"

  いろいろアグリ（岡山県赤磐市）"グループ活動が背中を押してくれる地域社会参画"

- B.女性起業・経営参画部門

  千葉 秀子（岩手県一関市）"何事にもチャレンジして得られた宝物を後世に伝えたい〜家族とともに,仲間とともに,地域とともに〜"

  篠塚 のり（千葉県多古町）"パートナーシップを発揮し法人経営へ発展—経営のパートナーから社長に就任！—"

  山崎 京子（愛媛県宇和島市）"みかんの郷に夢を描いて"

- C.シニア起業・地域活性化部門

  つまごい竹の子グループ（群馬県嬬恋村）"嬬恋村の6次産業は男女共同参画で"

  企業組合 ファームまぁま喜ね舎（福井県福井市）"企業組合で「福井の母ちゃんの味」を継承"

  与那国町生活改善実行グループ連絡研究会（沖縄県与那国町）"日本最西端の食文化を支えるおばぁたちの「ふれあい市」と「島の特産品作り」"

◇優秀賞（林野庁長官賞）
- A.女性地域社会参画部門

  物産販売所「清流」愛称おばしゃんの店「清流」（福岡県八女市）"おばしゃんの店「清流」（せいりゅう）〜20年のあゆみ

とこれから〜"
◇優秀賞(水産庁長官賞)
- A.女性地域社会参画部門
 遠山 菊江(熊本県芦北町) "お客様の「また来るね!」を聞きたくて… 〜芦北町・観光うたせ船〜"
◇優良賞(全国漁業協同組合連合会長賞)
- B.女性起業・経営参画部
 蒲入水産有限会社加工部(京都府伊根町) "「漁港めし」で地域を活性化"
◇優良賞(全国農業協同組合中央会長賞)
- C.シニア起業・地域活性化部門
 JA愛知東助け合い組織つくしんぼうの会(愛知県新城市) "地域を元気に!―地域の農産物を活用した手作り加工品がつなぐ農と食と人―"
◇優良賞(全国森林組合連合会長賞)
 該当なし
平成25年度
◇最優秀賞(農林水産大臣賞)
- A.女性地域社会参画部門
 菊池 ナヨ(岩手県遠野市) "農家レストラン「夢咲き茶屋」「結和」、児童・生徒を対象に郷土料理講習会を開催、「あやおり食暦」を中学生と作成"
 黒田 惠美(兵庫県たつの市) "黒崎梅林組合婦人部長、兵庫県女性農漁業士初代会長、市として初の女性農業委員"
- B.女性起業・経営参画部
 あばん亭(福井県小浜市) "古民家を活用し、地元の食材を使った宅配弁当の店の開業、農家レストランの開業"
 株式会社 ビストロくるるん(福岡県大木町) "地元産食材にこだわるレストランを経営。親子対象の弁当づくり教室の開催など食と農の架け橋となる"
- C.シニア起業・地域活性化部門
 中村 佳子(香川県小豆島町) "女性起業組織「安田レディースあわじ会」を設立"
 有限会社四季(ふれあいタイム四季)(長崎県雲仙市) "吾妻農産加工組合の女性部長を引退後、仲間に呼びかけて有限会社を発足。自己資金、自己責任で加工・直売所運営を行う"
◇優秀賞(経営局長賞)
- A.女性地域社会参画部門
 樺澤 壽美子(群馬県前橋市) "平成15年に県の農村生活アドバイザーに認定、「前橋広域農村女性会議」の設立に尽力"
 新藤 みち子(埼玉県さいたま市) "「浦和婦人農業青年会議所」を設立。農村の男女共同参画の実現に向けた郷土料理教室や農業体験塾などを通じて、地域住民の交流の場の提供に取り組む"
 西部 知香(愛媛県今治市) "平成20年、県の農業指導士に認定され、後継者の育成やグリーンツーリズムに指導的役割を果たす"
- B.女性起業・経営参画部
 加藤 重子(宮城県加美町) "農事組合法人代表理事組合長。県指導農業士ほか。農家民宿「花袋・天王」を開業"
 渋谷 輝子(埼玉県越谷市) "「ふるさとの味伝承士」として地元農産物を活用した加工品を提供"
 有限会社 さくらじま旬彩館(鹿児島県鹿児島市) "桜島の農産物にこだわった加工品の製造・販売"
- C.シニア起業・地域活性化部門
 ひょうたん倶楽部(青森県黒石市) "「飾りひょうたん」技術を芸術的にレベルアップ、起業"
 特産氷見稲積梅生産組合(富山県氷見市) "生産継続が危惧されていた梅「稲積梅」の生産の持続性を高めるために、地区の有志で設立"
 勝田ひまわり会(岡山県美作市) "地域産品を活かした地産地消を展開"
◇優秀賞(林野庁長官賞)
 該当なし
◇優秀賞(水産庁長官賞)
- A.女性地域社会参画部門
 平野 世紀子(石川県金沢市) "魚食普及活動に取り組む。「海の子交流会」運営の

Ⅱ ビジネス・産業　　　　　　　　　　　　　　062 農山漁村女性チャレンジ活動表彰

　　中心的役割を担う"
◇優秀賞(全国漁業協同組合連合会会長賞)
● B.女性起業・経営参画部
　漁村女性起業化グループ「かなんど工房」
　　(大分県姫島村)"カナガシラを使った
　　「姫島名物さかな味噌」を開発"
◇優秀賞(全国農業協同組合中央会長賞)

● C.シニア起業・地域活性化部門
　岡山市農業協同組合建部ピーマン部会(岡
　　山県岡山市)"定年退職者の就労の場の
　　提供や女性の社会参画推進に貢献。地元
　　産としてブランド化"
◇優秀賞(全国森林組合連合会会長賞)
　該当なし

---

062 農山漁村女性チャレンジ活動表彰

　農林漁業および農山漁村生活の充実と開発に優れた活動の実績をもち,男女共同参画の推進のために積極的に活動している女性の個人または団体を表彰することにより,女性と男性が共に社会に貢献することが出来る男女共同参画社会を構築するとともに,女性にも魅力ある農村社会づくりに資することを目的とする賞。社団法人農山漁村女性・生活活動支援協会の主催で,補助事業の表彰事業として,平成15年度(2003)から実施。

【主催者】社団法人 農山漁村女性・生活活動支援協会,社団法人 全国農業改良普及支援協会,後援：農林水産省

【選考委員】(平成21年度)大内雅利(審査委員長・明治大学教授),天野寛子(昭和女子大学名誉教授),渡辺喜代司(渡辺税理士事務所税理士),五条満義(東京農業大学准教授),中道仁美(愛媛大学准教授)

【選考方法】都道府県知事から推薦のあった者について,有識者による現地調査および審査委員会での厳選なる審査の結果,受賞者を決定

【選考基準】〔対象〕山漁村の女性が中心となり,起業活動・経営参画・地域社会への参加を積極的に活動している個人または団体

【締切・発表】(平成21年度)平成22年3月10日よみうりホールにおいて開催される 平成21年度 第23回「農山漁村女性の日記念の集い」において表彰

【URL】http://www.weli.or.jp/

平成15年度
◇最優秀賞(農林水産大臣賞)
　北御牧村母親連絡会(長野県)"安全な食材を学校給食へ"
　劇団 夢芝居(静岡県)"農山漁村は夢舞台"
　八尋 美智子(福岡県)"食と農の「むすび庵」は私の城"
◇優秀賞(経営局長賞)
　三戸地区産地直売施設連絡協議会(青森県)"ネットワークの強みを活かした直売活動～新鮮で安全・安心・おいしい農産物を消費者に届けよう～"
　松っちゃん市場販売組合(岩手県)"農村女性のいきいきパワーで地域に新しい風を!"
　加藤 富子(茨城県)"我が家の経営ビジョンに向かって"
　高安 秀子(千葉県)"女性農業者ネットワークで築く社会参画パワー"
　アグリハウス菜っちゃん(岐阜県)"「アグリハウス菜っちゃん」の活動"
　加悦 富美恵(兵庫県)"郷土料理店開業が過疎化の村を活性化"
　上竹ピオーネづくりロマンの会(岡山県)

"女性のパワーで地域づくり"
	有限会社 三坂特産物センター（広島県）"やる気かあさん,20年のあゆみ"
	農事組合法人 畦道グループ食品加工組合（大分県）""女性の知恵と輪で地域起こし"と生涯現役を"

平成16年度
◇最優秀賞（農林水産大臣賞）
	白石 光江（埼玉県美里町）"「幻の肉・古代豚」に魅せられて"
	吉田 陽子（兵庫県小野市）"60歳からの青春"
	ときめき水都市運営委員会（愛媛県西条市）"青空100円市から水都市へ―農家女性たちの夢をかなえる拠点づくり―"
◇優秀賞（経営局長賞）
	あいあい夢の会（岩手県松尾村）"女性農業者とペンション経営者との協働"
	長南 光（山形県櫛引町）"農村女性の輝きの場を求めて―農業の素晴らしさ,おもしろさを発信―"
	まごころ会（福島県伊達町）"農産物を育てるあたたかな手とまごころで,子供たちへ,地域へ"
	野菜直売所「おかあさんの店」（栃木県上三川町）"伝えようふるさとの良さ,豊かな食生活"
	有限会社 メロード（埼玉県妻沼町）"女性協議会から有限会社へ―女性起業のステップアップ―"
	下吉田みそ加工グループ（京都府美山町）"安心して食べられるものを自分たちの手で"
	湊浦漁業協同組合女性部（和歌山県田辺市）"魚のおいしさを伝えたくて"
	五家荘しゃくなげ会（熊本県泉村）"グリーンツーリズムで輝いて"
	下之門 洋子（鹿児島県川辺町）"お茶の香りに包まれて―二人で築いた夢の9桁農業―"

平成17年度
◇最優秀賞（農林水産大臣賞）
	中野市豊田農産物加工施設利用組合（長野県中野市）"ふるさとに夢開いた女性パワー"
	北比良グループ（滋賀県志賀町）"女性の感性を生かした食と農を結ぶ活動―北比良の立地や自然をいかして―"
	當山 君子（沖縄県恩納村）"輝きのある男女共同参画社会をめざして"
◇優秀賞（経営局長賞）
	特定非営利活動法人 八雲ハンドメイドの会（北海道八雲町）"酪農の郷から食文化を発信！―消費者交流から地域活性化へ―"
	一二三 ゆう子（青森県八戸市）"夢はみつばち牧場―ふれあいと語らいのある「ひふみハニーファーム」をめざして―"
	秋葉 節子（千葉県茂原市）"魔法の手でみんなを元気にする「北のおもちゃさん」"
	アグリウーマン中津川学校給食部会（岐阜県中津川市）"地元の旬を学校給食へ"
	植和田 英子（京都府舞鶴市）"茶業女性のトップランナーを目指して"
	西山 きよみ（兵庫県三木市）"夢ある酪農経営にステップアップ！"
	すぎなの会（鳥取県南部町）"若い農家のお母さんから始まった地産池消(商)への道のり"
	奈良尾生活改善グループ（長崎県新上五島町）"郷土料理を特産品へ―豆ようかんで翔けた20年間の取り組み―"
	道の駅かほく小栗郷「お栗茶屋」（熊本県山鹿市）"鹿北らしさ輝く心のステーション「お栗茶屋」"

平成18年度
◇最優秀賞（農林水産大臣賞）
	グリーンレディースにかほ（秋田県にかほ市）"グループ活動を糧にパートナーシップ経営を実践"
	松浦 愛子（愛媛県西予市）"プロの農業者,豊かな生活者をめざして"
	有限会社 サン奄美（鹿児島県奄美市）"奄美に活力の花開かせる取り組み"

◇優秀賞（経営局長賞）
　小山内 美喜子（青森県弘前市）"りんご農家から転身・そんじょそこらにない花屋さん"
　林 藤江（千葉県香取市）"パートナーシップ農業の実現で経営発展—ダイヤにも勝る輝く養豚経営の実現—"
　小布施町風の会（長野県小布施町）"カントリーウォークで地域に風を"
　野末 信子（静岡県浜松市）"自社の経営が地域の活性化につながる経営を目指して"
　白鳥町農業婦人クラブ（岐阜県郡上市）"「地元のよさ」を発信する拠点として"
　黒野 政江（愛知県豊田市）"ベースメント・はっぴーを目指して"
　福吉あかもく部会（福岡県二丈町）"女性のちからでアカモクを売りだそう!!—福吉あかもく部会のとりくみ—"
　夢耕房農産加工グループ（佐賀県伊万里市）"黒米で地域おこし—川内野のがばい母ちゃんたち—"
　南大東村農漁村生活研究会（沖縄県南大東村）"島と共に歩む私たちの活動"

平成19年度
◇最優秀賞（農林水産大臣賞）
　陽気な母さんの店友の会（秋田県大館市）"夢を形に"会員の多様な経験・技術を活かした体験交流型直売活動"の実践"
　手づくり梨工房（鳥取県鳥取市）"山に囲まれたこの地で働く場を! 梨を活用し，佐治梨のブランド力を高めて"
　上野 絹子（鹿児島県川辺町（現南九州市））"一人の人間として能力を発揮できる農村社会をめざして〜協働で取り組む農村の課題解決〜"
◇優秀賞（経営局長賞）
　有限会社 緑友会六輪村（北海道北斗市）"集まって元気!「直売」と「体験」で開く農業の未来"
　工藤 都子（青森県十和田市）"人が輝く元気な地域農業をめざして"
　つたの輪（岩手県花巻市）"旬と健康をテーマに東和町ならではの食の幸を提案"
　ふたば夢工房企業組合（福島県双葉町）"地元の食材で，昔懐かしい味をお届けします！"
　みたけグルメ工房組合（長野県木曽町）"若い声がこだまするむらに"
　なごやか営農グループ（滋賀県甲賀市）"女性のパワーで集落を動かす〜人の輪と集落の和〜"
　那賀川こまち（徳島県那賀町）"女性林業グループによる地域活性化"
　有限会社 御船おふくろの店（熊本県御船町）"「石の上にも3年」手探りの挑戦から農家主婦の自立"
　アグリおばん（鹿児島県頴娃町）"頴娃町の食と農を農家レストランから発信"

平成20年度
◇最優秀賞（農林水産大臣賞）
　泉谷 美津子（秋田県横手市）"自分を活かした農業，業種を超えた"食と農"ネットワーク・地域づくり"
　有限会社 ほっと今庄（福井県南越前町）"今庄そばの歴史を守る熱きおばちゃん達「ほっと今庄」"
　福留 ケイ子（鹿児島県伊仙町）"南の島からの挑戦"
◇優秀賞（経営局長賞）
　石母田 れい子（岩手県金ヶ崎市）"農家にルールのある暮らしを"
　根本 由美子（千葉県香取市）"仲間とともに輝ける農村社会を目指して"
　有限会社 せいわの里（三重県多気町）"豊かな地域社会を生かした山里の「まめや」"
　小西 眞理子（京都府南山城村）"家族経営協定を活かした魅力ある茶業経営の実現〜経営感覚に富んだ女性農業者として〜"
　企業組合 彩雲（兵庫県三木市）"起業から企業への発展を実現した農村女性のチャ

レンジ"
大程 幸子（愛媛県内子町）"町並み・村並み・山並み農ある暮らし〜内子町からの提案〜"
農産物直売所 ほたるの里利用組合（福岡県宗像市）"笑顔と知恵でお客様のハートをつかむ農産物直売所"
森永 美智子（佐賀県佐賀市）"一歩でも多く，一人でも多く，足を前へ踏み出すために〜男女共同参画の実現と農業振興のために〜"
JAかみましき女性部「よってはいよファクトリー」（熊本県山都町）"高齢化が進む地域で，農業女性・生活協会のパワー全開"

平成21年度
◇最優秀賞（農林水産大臣賞）
松村 久子（群馬県伊勢崎市）"社長になりたい！〜パートナーシップ経営で夢の実現〜"
企業組合 うつい工房（山口県下関市）"ふるさと"内日"（うつい）への愛情がパワーの源"うつい工房""
高松市生活研究グループ連絡協議会（香川県高松市）"仲間とともに「学び・考え・つなげる」ふるさと"たかまつ"ごじまん活動"

◇優秀賞（経営局長賞）
日辺あゆみ会（宮城県仙台市）"仲間とともに輝く女性参画社会を目指して"
西方町農産物加工組合「おとめ会」（栃木県西方町）"おとめの味は里の味"
飯田雀のお宿「まゆの会」（神奈川県横浜市）"農家ならではの味を伝えていきたい〜竹から生まれた「まゆの会」からプレゼント〜"
竹川 初美（岐阜県白川町）"感動を共有できる仲間づくりをめざして〜就農への橋渡し役として〜"
耕房よってかんせ（三重県津市）"農地も心も身体も豊かに耕す拠点をめざして"
中迫 貞子（岡山県高梁市）"トマトを通した地域づくりと人づくり"
エスペランスグループ（愛媛県西条市）"地域特産物「柿」を核にした起業・交流・社会参画活動"
脇田 サトエ（鹿児島県鹿児島市）"地域農業と共に歩んで35年"
喜友名 慶子（沖縄県大宜味村）"子供たち，家族，牧場と共に創る私のドリームマップづくり"

063 農山漁村男女共同参画優良活動表彰

　農山漁村において女性は，農業就業人口の過半を占めているとともに，起業活動等により，地域において活躍している。しかしながら，農業委員や農協役員等に占める女性の割合は低く，地域の指導的立場への女性の登用は進んでいない。政府として，「2020年までに指導的地位に女性が占める割合を少なくとも30％程度」とすることを目指しており，他分野に比べ遅れている農山漁村において，女性の登用を進めることが急務である。このため，次世代を担う地域リーダーとなることが見込まれている若手女性および女性の参画を積極的に推進している組織等を表彰することにより，農山漁村における男女共同参画の取組の推進に資するものとする。

【主催者】農山漁村男女共同参画推進協議会，後援：農林水産省，協力：全国酪農青年女性会議

【選考方法】推薦（1）次世代を担う若手地域リーダー部門：都道府県および市町村（都道府県経由で推薦），全国もしくは都道府県の農林水産関係団体の代表者が，優秀と認められる個人またはグループを推薦する（2）組織における女性登用部門：都道府県

および市町村(都道府県経由で推薦)、全国もしくは都道府県の農林水産関係団体の代表者が、優秀と認められる組織または個人を推薦する(参加者資格を有する者による自薦も可)

【選考基準】〔対象〕(1)次世代を担う若手地域リーダー部門:農山漁村女性が経営参画・社会参画を行っていく上で身近なモデルとなりうる取り組みを行っている者であり、かつ、今後地域の担い手として期待される農林水産業に従事する若手女性個人または若手女性を中心とするグループ。個人の場合、農林漁業に5年以上15年未満従事し、活動実績を有する女性で、年齢の目安として45歳未満の者。グループの場合、構成員の半数以上が45歳未満であること。なお、1)または2)のいずれかに応募するものとするものとし、同じ内容のものを同時に両部門へ応募することはできないものとする。1)経営参画部門農林漁業経営において、起業活動や経営の一部門を担うなど、経営に主体的に参画し、活動している若手女性または若手女性を中心としたグループ。2)地域参画部門自身の農林漁業経営を基本として、農山漁村地域における若手女性リーダーとして活動している女性または若手女性を中心としたグループ。(2)組織における女性登用部門:役員等への女性登用に積極的に取り組み、実績を有している農業協同組合、JA女性組織協議会、農業委員会、漁業協同組合、森林組合、共済組合等(以下「農林水産関係団体」という。および都道府県、市町村、女性組織(生活研究グループ、JA女性部、女性農業委員の組織等)等、または、農林水産関係団体における役員等への女性登用に積極的に取り組み、実績を有している個人。

【締切・発表】(平成25年度)平成26年2月発表。3月6日「農山漁村女性の日記念の集い」にて表彰式を実施。

【賞・賞金】(1)次世代を担う若手地域リーダー部門 1)経営参画部門 農林水産大臣賞1点・農林水産副大臣賞2点・農林水産大臣政務官賞2点 2)地域参画部門 農林水産大臣賞1点、農林水産副大臣賞2点・農林水産大臣政務官賞2点 (2)組織における女性登用部門 農林水産大臣賞2点・農林水産副大臣賞2点・農林水産大臣政務官賞2点

【URL】http://www.weli.or.jp/

平成22年度
◇農林水産大臣賞
- 次世代を担う地域リーダー部門—経営参画部門
  阿部 都(宮城県石巻市 JAいしのまき女性部フレッシュミズふたば会会長)
- 次世代を担う地域リーダー部門—地域参画部門
  伊藤 まち子(北海道苫前町)
- 組織における女性登用部門
  新ふくしま農業協同組合(農業協同組合)(福島県福島市)
  長野県女性農業委員の会(女性組織(女性農業委員組織))(長野県長野市)
◇農林水産副大臣賞

- 次世代を担う地域リーダー部門—経営参画部門
  澤田 明子(石川県内灘町 (株)Harmony with(ハーモニーウィズ)取締役)
  川添 照子(長崎県西海市)
- 次世代を担う地域リーダー部門—地域参画部門
  森 智子(愛媛県今治市)
  飯田 幸子(佐賀県唐津市)
- 組織における女性登用部門
  大出 陽子(農業委員会 女性農業委員組織)(栃木県宇都宮市)
  北口 和皇(農業委員会 女性農業委員組織)(熊本県熊本市)
◇農林水産大臣政務官賞

063 農山漁村男女共同参画優良活動表彰　　　Ⅱ ビジネス・産業

- 次世代を担う地域リーダー部門—経営参画部門
  池田 美香(千葉県南房総市)
  綾香 清子(長崎県平戸市)
  鈴木 厚子(千葉県館山市)
  加嶋 泰子(岡山県新見市)
- 組織における女性登用部門
  飛騨市農業委員会(農業委員会)(岐阜県飛騨市)
  香川県三豊市農業委員会(農業委員会)(香川県三豊市)

◇特別賞
- 農山漁村男女共同参画推進協議会会長賞
  山武市農業共同参画推進会(女性組織(共同参画推進組織))(千葉県山武市)

平成23年度
◇農林水産大臣賞
- 次世代を担う若手地域リーダー部門—経営参画部門
  熊野 智子(愛媛県四国中央市)
- 次世代を担う若手地域リーダー部門—地域参画部門
  矢走 恵美子(宮城県大崎市)
- 組織における女性登用部門
  秋田県横手市農業委員会(農業委員会)(秋田県横手市)
  吉岡 敏子(女性組織(生活研究グループ))(兵庫県稲美町)

◇農林水産副大臣賞
- 次世代を担う若手地域リーダー部門—経営参画部門
  朝倉 雪(福井県あわら市)
  福島 裕子(鹿児島県喜界町)
- 次世代を担う若手地域リーダー部門—地域参画部門
  蛯子 良子(青森県大間町)
  川﨑 恵子(佐賀県白石町)
- 組織における女性登用部門
  石本 和子(農業委員会)(山口県山口市)
  さつま日置農業協同組合・JAさつま日置女性部会(鹿児島県日置市(農業協同組合))

◇農林水産大臣政務官賞
- 次世代を担う若手地域リーダー部門—経営参画部門
  布瀬 智子(栃木県益子町)
  鈴木 美穂子(埼玉県本庄市)
- 次世代を担う若手地域リーダー部門—地域参画部門
  嶋崎 啓子(石川県金沢市)
  田村 三千代(鹿児島県鹿屋市)

平成24年度
◇農林水産大臣賞
- 次世代を担う若手地域リーダー部門—経営参画部門
  高 博子(石川県七尾市)
- 次世代を担う若手地域リーダー部門—地域参画部門
  平野 佳子(千葉県旭市)
- 組織における女性登用部門
  遠野市農業委員会(農業委員会)(岩手県遠野市)
  曽於市農業委員会(農業委員会)(鹿児島県曽於市)

◇農林水産副大臣賞
- 次世代を担う若手地域リーダー部門—経営参画部門
  古沢 昌子(栃木県塩谷市)
  梅本 恵子(富山県砺波市)
- 次世代を担う若手地域リーダー部門—地域参画部門
  竹中 伸枝(愛媛県伊予市)
  池田 陽子(宮崎県日南市)
- 組織における女性登用部門
  岡野 とし子(埼玉県鶴ヶ島市)
  串間21レディ(農村女性リーダーの組織)(宮崎県串間市)

◇農林水産大臣政務官賞
- 次世代を担う若手地域リーダー部門—経営参画部門
  須貝 美穂(群馬県安中市)
  奥村 幸恵(滋賀県甲賀市)
- 次世代を担う若手地域リーダー部門—地域参画部門

下山 直子（静岡県長泉町）
浜田 博美（石川県金沢市）
- 組織における女性登用部門
  永松 カズ子（農業協同組合，農業委員会）
  （大分県豊後高田市）

平成25年度
◇世代を担う地域リーダー部門—経営参画部門
- 農林水産大臣賞
  寺田 真由美（岐阜県）
- 農林水産副大臣賞
  川村 美紀（青森県）
- 農林水産副大臣賞
  高野 寛子（岩手県）
- 農林水産大臣政務官賞
  貫井 香織（埼玉県）
- 農林水産大臣政務官賞
  香月 涼子（佐賀県）

◇次世代を担う地域リーダー部門—地域参画部門
- 農林水産大臣賞
  三宅 静恵（福岡県）
- 農林水産副大臣賞
  熊谷 美沙子（長野県）
- 農林水産副大臣賞
  右田 広美（鹿児島県）
- 農林水産大臣政務官賞
  苅米 眞弓（千葉県）
- 農林水産大臣政務官賞
  大坪 順子（富山県）

◇組織における女性登用部門
- 農林水産大臣賞
  大崎市農業委員会（宮城県（農業委員会））
- 農林水産大臣賞
  栃木県農村女性会議（栃木県（女性組織））
- 農林水産副大臣賞
  相場 カツ子（栃木県（農業委員会，生活研究グループ，JA女性部，女性農業委員会組織））
- 農林水産副大臣賞
  南駿農業協同組合（静岡県（農業協同組合））
- 農林水産大臣政務官賞
  瑞穂市農業委員会（岐阜県（農業委員会））
- 農林水産大臣政務官賞
  道下 和子（広島県（農業委員会））

064 ベストパートナー賞

　男女が社会の対等なパートナーとしていきいきと活躍できる農村社会を形成していくために，啓発活動の一環として行う賞。平成12年度（2000），全国女性農業経営者会議の清水照子元会長が「エイボン女性年度賞」の功績賞を受賞，副賞としてエイボン女性文化センターから受賞者が指名する団体として全国女性農業経営者会議に賞金が贈られた。平成13年度（2001），この賞金を有効に活用すべく基金としてベストパートナー賞が創設された。

【主催者】全国女性農業者経営者会議

【選考基準】夫と妻が互いを尊重して農林漁業を担っている，夫は妻の社会参画に対し積極的に応援している，夫は妻の働き（農業経営・生活）に高い評価をしている，夫は妻の資産形成に理解を示し実行している，家族経営協定を締結している，その他必要と思われる事項。

【締切・発表】「全国女性農業経営者会議 全国の集い」にて授賞式

【賞・賞金】賞状ほか

064 ベストパートナー賞

【URL】http://www.weli.or.jp/keieisyakaigi/

第1回（平13年）
　出田 義国，出田 基子（北海道）
　上田 欽悟，上田 さえ子（愛知県）
第2回（平14年）
　安齋 忠作，安齋 さと子（福島県）
第3回（平15年）
　清水 幸三，清水 照子（長野県）
　藤田 晴雄，藤田 由美子（鳥取県）
第4回（平16年）
　上野 登，上野 カナエ（岩手県）
　鈴木 美津夫，鈴木 智恵子（山形県）
第5回（平17年）
　山下 勲夫，山下 和子（長野県）
第6回（平18年）
　西窪 武，西窪 あけみ（京都府）
第7回（平19年）
　伊藤 昇，伊藤 恵子（宮城県）
　井上 信幸，井上 ユキエ（福岡県）
第8回（平20年）
　三澤 英雄，三澤 いく子（長野県）
　丸山 春美，丸山 栄子（熊本県）
第9回（平21年）
　小林 勇，小林 幸子（山梨県）
第10回（平22年）
　河北 善樹，河北 とも子（三重県）
　吉田 清二，吉田 マサ子（熊本県）
第11回（平23年）
　福山 三義，福山 律子（宮崎県）
第12回（平24年）
　三森 斉，三森 かおり（山梨県）
　阿部 馳夫，阿部 礼子（愛媛県）
第13回（平25年）
　佐々木 玲慈，佐々木 京子（島根県）

Ⅲ 科 学

科 学

065 入澤彩記念女性生理学者奨励賞（入澤彩賞）

生理学女性研究者の草分けとして長年研究に尽くされ、女性生理学者の育成に努められた故入澤彩氏から追贈された資金をもとに、優れた女性生理学者の研究を奨励することを目的として、平成22年（2010）に創設。a）優れた研究を奨励する。b）地道で多面的な活動と研究の両立を評価する。c）若手人材を育成する、という3つの柱を設けている。

【主催者】日本生理学会

【選考委員】女性生理学者5名（生理学女性研究者の会会員1～2名、非会員3～4名）からなる選考委員

【選考方法】推薦。選考委員が応募者の中から1名を決定。

【選考基準】〔対象〕日本生理学会の会員で、3年以上の正会員（学生会員を含む）歴を有する女性の生理学研究者。役職や研究領域は問わない。〔基準〕評価基準や対象者の年齢層を毎年変えて募集。平成20～22年度の3年間は、独創性の高い研究や素晴らしい発見をした人を評価する。平成22年度は50歳以上、平成23年度は40歳～49歳、平成24年度は40歳未満を対象とする。平成25～27年度は、優れた研究を行い、さらに研究活動以外のこと（育児、介護、社会活動等を含む）にも力を注いだ女性を評価する。平成25年度は、基準日に50歳以上（または博士学位取得後20年以上）を対象とする。

【締切・発表】例年10月末日締切。3月の総会席上で表彰。

【賞・賞金】毎年1名 賞状と副賞（100万円）

【URL】http://physiology.jp/

平成22年度
　水村 和枝（名古屋大学環境医学研究所・神経性調節）"筋性疼痛の神経機構の理解を目指して"

平成23年度
　西谷（中村）友重（国立循環器病研究センター・分子生理部）"心臓・神経系におけるカルシウムセンサーNCS-1の多彩な生理機能の解明"

平成24年度
　佐々木 真理（愛媛大学・医学系研究科・分子病態医学分野）"新規膜電位感受性分子の発見とその意義"

平成25年度
　木村 純子（福島県立医科大学薬理学講座）"Na-Ca 交換輸送体から芍薬甘草湯まで"

066 化学工学会賞

化学工学分野における研究,教育,技術開発および国際交流を含めた学会活動に対して功績のあった者に贈られる。化学工学および化学機械装置の進歩普及をはかり,我が国化学工業の発展に資する一助として,昭和41年(1966)に創設された。平成23年度(2011),学会創立75周年を記念して「女性賞」を創設。

【主催者】公益社団法人 化学工学会

【選考委員】表彰委員会(平成24年度委員長：田門肇(同会副会長,京都大学教授))の下に各賞選考委員会を設置

【選考方法】女性賞：同会維持会員,特別会員,正会員の推薦による

【選考基準】女性賞：〔資格〕女性 〔対象〕化学工学に関連する技術開発や学術研究,教育における優れた業績,および仕事と生活の調和(ワーク・ライフ・バランス)を実現しつつ化学工学の発展に貢献,および化学工学における男女共同参画推進のための制度や環境の整備に功績のあった個人

【締切・発表】例年,推薦締切は5月中旬,表彰は通常総会席上(平成25年度)女性賞：平成25年5月15日推薦締切

【賞・賞金】女性賞(2件以内)：賞状

【URL】http://www.scej.org

平成23年度
◇女性賞
　藤岡 恵子((株)ファンクショナル・フルイッド)
　小川 薫(岩手大学)

平成24年度
◇女性賞
　松本 陽子(崇城大学)
　仲二見 裕美(旭化成ケミカルズ(株))

平成25年度
◇女性賞
　上野 裕美(綜研化学株式会社)
　上新原 十和(サントリービジネスエキスパート株式会社)

067 軽金属女性未来賞

軽金属分野において学術研究または技術開発に顕著な功績をあげ,将来の活躍が期待される新進気鋭の女性研究者または女性技術者に贈る。

【主催者】一般社団法人 軽金属学会

【選考方法】軽金属学会の会誌「軽金属」の会告および同学会のホームページによって公募。理事会において審議の上,決定。

【選考基準】〔対象〕受賞の年の4月1日現在満年齢45歳以下で,大学,公的研究機関または企業に在籍する者,あるいは大学院博士後期課程在学者とする。

【締切・発表】公募期間：6月～7月中旬,表彰式：11月の軽金属学会秋期大会において表彰

【URL】 http://www.jilm.or.jp/society/

第1回（平21年度）
　鈴木 真由美（東北大学）
　鳥居 麗子（三菱アルミニウム株式会社）
第2回（平22年度）
　上田 薫（住友軽金属工業株式会社）
第3回（平23年度）
　渡辺 睦子（古河スカイ株式会社）
第4回（平24年度）
　三浦 永理（兵庫県立大学）
第5回（平25年度）
　大島 智子（株式会社TYK）

068 JWEF女性技術者に贈る奨励賞

　女性技術者の活躍が社会の発展に寄与することを奨励することを目的とし、職場においてリーダーシップを発揮・活躍している若手女性技術者を表彰する。前東京大学教授・東京医科歯科大学教授、JWEFアドバイザーの都河明子氏からの寄付を基金に日本女性技術者フォーラム（JWEF）が運営する。平成21年度（2009）から22年度（2010）までは「JWEF都河賞」の名称で実施。

【主催者】日本女性技術者フォーラム（JWEF）
【選考方法】選考委員会による書類選考、最終選考において面接を実施する場合もある。
【選考基準】〔対象〕仕事を遂行する上での行動・手法・成果が社会や会社の意識・風土の改革につながり、若手のロールモデルとなっている、40歳未満の女性技術者。
【締切・発表】（平成25年度）平成25年6月30日締切、8月末発表
【賞・賞金】奨励賞（1名）：正賞表彰楯、副賞10万円
【URL】 http://www.jwef.jp/

平成21年度
　伊東 直子（日本電気株式会社）
平成22年度
　永松 愛子（宇宙航空研究開発機構）
平成23年度
　長曽我部 紀理子（株式会社リコー MFP事業本部 第三設計センター第二設計室 設計一グループ スペシャリスト）
平成24年度
　松井 彩（日本アイ・ビー・エム株式会社 先進ソリューション研究所ヘルスケア・インフォマティクスハードウエア開発エンジニア・課長）
平成25年度
　上新原 十和（サントリービジネスエキスパート株式会社 品質保証本部 安全性科学センター 課長）

069 資生堂 女性研究者サイエンスグラント

　優秀な女性研究者の研究活動を支援することにより、指導的女性研究者の育成に貢献することを目的とする研究助成。自然科学分野の幅広い研究テーマ（理工科学系・生命

069 資生堂 女性研究者サイエンスグラント

科学系全般）を対象に、平成19年度（2007）の設立以来、毎年10名の女性研究者へ研究助成を行っている。新規性・独創性があり、自身の研究分野を切り拓く意欲のある研究計画を歓迎。

【主催者】株式会社 資生堂

【選考委員】審査委員長：島谷庸一（資生堂執行役員）、社外審査員：有賀早苗（北海道大学）、小舘香椎子（日本女子大学）、鳥養映子（山梨大学）、矢部希見子（農研機構・食品総合研究所）

【選考方法】推薦者不要。自由応募による完全公募制。

【選考基準】〔対象〕自然科学分野（理工科学分野、生命科学分野いずれもご応募いただけます）。日本国内の大学・公的研究機関で、自然科学の研究に従事する女性研究者。年齢、国籍は問わない。応募時、すでに指導の役割を担う研究者（教授など）、学生（大学院生など）、企業に所属する研究者は除く。

【締切・発表】（第7回）平成25年11月11日必着、平成26年3月頃発表予定

【賞・賞金】100万円/1件、最大10件まで（年間総額1000万円）

【URL】http://group.shiseido.co.jp/rd/doctor/grants/scienc

第1回（平20年）
　伊吹 裕子（静岡県立大学環境科学研究所 光環境生命科学研究室 准教授）"太陽光中の高波長領域紫外線（UVA1）が皮膚機能に与える影響―UVA1による細胞死の阻害と光発がんへの関与について―"
　加治屋 勝子（山口大学大学院医学系研究科 器官制御医科学講座 生体機能分子制御学 助教）"脂質膜界面の分子認識に伴う膜の物性変化に関する研究"
　片野坂 友紀（岡山大学大学院医歯薬学総合研究科 システム循環生理 助教）"生体メカノセンサーを介した細胞運命決定機構の解明"
　城戸 瑞穂（九州大学大学院歯学研究院 口腔常態制御学講座 硬組織構造解析学分野 准教授）"口腔粘膜のセンサー機能の解明"
　佐々木 千鶴（徳島大学大学院 ソシオテクノサイエンス研究部 助教）"木質系バイオマスの総合的有効利用"
　柴田 美雅（産業医科大学大学院医学部耳鼻咽喉科第1生理学 大学院4年生）"嗅覚が情動ストレス・疼痛ストレスを緩和する脳内メカニズムの解明"
　細谷 紀子（東京大学大学院 医学系研究科 疾患生命工学センター 放射線研究領域 助教）"DNA修復システム研究から乳癌のオーダーメード治療へ"
　堀井 謹子（奈良県立医科大学 寄生虫学教室 助教）"豊富な感覚刺激は女性らしさを創る―エンリッチ環境飼育下マウスにおける視床下部神経新生と女性ホルモン分泌―"
　松下 祥子（日本大学文理学部物理生命システム科学科 専任講師）"コロイド結晶内の近接場共鳴を利用した機能性材料開発の試み"

第2回（平21年）
　上田 真由美（同志社大学生命医科学部 再生医療研究センター 講師）"上皮細胞による炎症制御機構の解明"
　岡村 恵美子（姫路獨協大学薬学部 教授）"薬物のin-cell NMR：シグナルの非侵襲検出と輸送解析"
　佐藤 春実（関西学院大学理工学部 博士研究員）"バイオポリエステルのメソ構造形成機構における弱い水素結合の役割"
　島田 緑（名古屋市立大学医学研究科 細胞生化学講座 助教）"老化を防止する医薬

品開発を目指した細胞老化の分子機構の解明"

高橋 まさえ(東北大学 金属材料研究所 附属金属ガラス総合研究センター 准教授) "テラヘルツ電磁波の医学への応用のためのテラヘルツ帯非調和大振幅振動の指紋完全解析"

竹岡 裕子(上智大学理工学部物質生命理工学科 講師) "生分解性高分子を用いた環境低負荷型バイオマテリアルの創製"

寺西 美佳(東北大学大学院生命科学研究科 助教) "CO2削減効果上昇のための植物の紫外線耐性機構の解明"

三浦 晶子(京都大学大学院医学研究科 内科学講座 日本学術振興会特別研究員) "乳歯由来歯髄幹細胞を用いた新たな骨粗鬆症治療法の開発"

山本 希美子(東京大学大学院医学系研究科 システム生理学 講師) "血流に応答する動脈硬化関連分子の探索と生理機能解析"

若山 清香(理化学研究所 発生・再生科学総合研究センター 研究員) "遺伝子挿入のない卵子由来の初期化因子を用いた新しいiPS細胞樹立について"

第3回(平22年)

秋山 秋梅(京都大学大学院理学研究科 生物科学専攻 准教授) "細胞の酸化ストレス防御を担う新規タンパク質の作用機構と生理的機能の解析"

柿崎 育子(弘前大学大学院医学研究科 附属高度先進医学研究センター 糖鎖工学講座 准教授) "マラリアの母子感染防御を目指した糖鎖工学的アプローチ"

川島 素子(慶應義塾大学 医学部眼科学教室 助教) "カロリー制限による涙液分泌機能維持のメカニズム解明"

甲賀 かをり(東京大学医学部 産科婦人科学教室 助教) "妊孕能確保にむけた子宮内膜症の新規治療法の開発"

幸谷 愛(東京大学 医科学研究所 先端医療研究センター 分子療法分野 助教) "AIDをターゲットとした薬剤耐性克服を目指した新規治療開発のための基礎的研究"

下重 美紀(国立がんセンター研究所 化学療法部 主任研究官) "プロテオーム解析による大腸発がん制御機構の解明"

中江 文(大阪大学大学院医学研究科 生体統御医学 麻酔・集中治療医学講座 准教授) "顔面の慢性疼痛に対する新しい薬剤の開発"

肥山 詠美子(理化学研究所 仁科加速器研究センター 准主任研究員) "ミューオン触媒核融合が拓く新クリーンエネルギー"

宮本 悦子(慶應義塾大学 先導研究センター 准教授) "次世代シーケンサーを活用する細胞丸ごと プロテオーム解析技術の開発"

矢野 陽子(立命館大学 総合理工学研究機構 チェアプロフェッサー) "タンパク質と界面の相互作用の研究"

第4回(平23年)

神田 奈緒子(帝京大学 医学部皮膚科学講座 准教授) "Adipokineの制御による乾癬の治療 メタボリックシンドロームとの関連"

日下部 りえ(神戸大学大学院理学研究科生物学専攻 助教) "骨格筋の発生と再生におけるmicroRNA機能の解析"

佐藤 あやの(岡山大学 異分野融合先端研究コア 助教) "コラーゲン分泌の可視化"

田中 美代子(独立行政法人 物質・材料研究機構量子ドットセンター 主幹研究員) "固体酸化物燃料電池界面の酸素雰囲気下構造変化の観察と分析"

谷川 千津(東京大学 医科学研究所 ヒトゲノム解析センターゲノムシークエンス解析分野 特任研究員) "初経年齢・閉経年齢・月経周期に関するゲノムワイド関連解析"

千葉 奈津子(東北大学 加齢医学研究所 免疫遺伝子制御研究分野 准教授) "乳癌のオーダーメイド医療のための癌抑制遺伝

子産物のユビキチン化修飾機構の解明"
野田 裕美(東京医科歯科大学 慢性腎臓病病態治療学講座 准教授)"アクアポリンの時空間制御機構に基づく水分調節異常疾患治療法開発"
保倉 明子(東京電機大学工学部環境化学科 准教授)"コケの生理機能を利用した金属ナノ粒子の合成"
松田 知子(東京工業大学大学院生命理工学研究科 講師)"二酸化炭素を材料とする酵素を用いる有機合成反応の開発 グリーンバイオイノベーション"
安田 仁奈(独立行政法人 水産総合研究センター 瀬戸内海区水産研究所 赤潮環境部 有毒プランクトン研究室 特別研究員)"サンゴ礁生態系保全にむけたCoral Triangleにおける種分化プロセス及び遺伝流動の解明"

第5回(平24年)
岩倉いずみ(広島大学大学院 理学研究科 助教)"金属錯体反応における項間交差の解析(観測困難とされてきた化学反応の瞬間を超短レーザーパルスで捉える)"
恩田 弥生(山形大学農学部 助教)"植物細胞・エネルギー代謝を制御する電子キャリアーの細胞内分配機構の解明(光を利用したエネルギー生産の仕組みを明らかにする)"
近藤 美欧(分子科学研究所 生命・錯体分子 科学研究領域 助教)"界面電子移動プログラミングによる水の完全光分解系の構築(クリーンエネルギー開発の基礎知見となる,太陽光エネルギーを用いた水の完全分解系を構築する)"
佐藤 美由紀(群馬大学 生体調節研究所 助教)"線虫C.elegansにおけるミトコンドリア母性遺伝の分子メカニズムの研究(細胞内の小器官「ミトコンドリア」はなぜ母親からのみ受け継がれるのかという仕組みを明らかにする)"
澤井 仁美(分子科学研究所 岡崎統合バイオサイエンスセンター 特任助教)"細胞内ヘム濃度の恒常性維持に関わる分子機構の解明(活性酸素を発生させる「鉄」を排除して,細胞を守るたんぱく質の分子構造を明らかにする)"
中村 美穂(東京医科歯科大学生体材料工学研究所 助教)"加齢に伴う骨の材料特性および破骨細胞機能変化に関する研究(骨のエイジング機構を明らかにする)"
政池 知子(学習院大学理学部物理学科 助教)"分子モーター蛋白質F1-ATPaseの物理的回転による高効率の機能的回転機構の解明(蛋白質の部品を解体する力を光学顕微鏡で1分子測定し,作動機構に迫る)"
眞鍋 史乃(独立行政法人理化学研究所基幹研究所 専任研究員)"新規反応活性種を用いた糖鎖結合形成法の開発と新規高分子創成への展開(合成が難しい糖の結合法を開発することで新規医薬品を生み出す)"
柳澤 実穂(九州大学大学院理学研究院 助教)"理論的理解のための皮膚細胞様モデル構築とモデル細胞間相互作用の制御(皮膚細胞のような組織モデルを構築することで,生物を形づくる制御機構を見出す)"
吉田 絵里(豊橋技術科学大学大学院工学研究科 准教授)"新規"光精密ラジカル重合法"の開拓(光で分子を精密につないでいく方法を開発する)"

第6回(平25年)
天野 麻穂(北海道大学大学院 先端生命科学研究院 特任助教(生化学・糖質科学))"グライコミクスによる昆虫の休眠機構の体系的解明(厳しい環境をしのぐための昆虫の『眠り』に関する研究)"
大澤 志津江(京都大学生命科学研究科システム機能学分野 日本学術振興会・特別研究員SPD(遺伝学・発生生物学))"細胞老化を介した細胞非自律的腫瘍悪性化の分子基盤の解明(ショウジョウバエを用いてガン化の仕組みを明らかにする研究)"

佐藤 敦子（東京大学大学院 理学系研究科 特任研究員（環境進化発生学））"環境温度ストレスの神経冠細胞特異的遺伝子発現への影響と動物進化での役割（環境温度の変化と動物の顔の進化の関係を明らかにする研究）"

白藤 梨可（帯広畜産大学 原虫病研究センター 助教（寄生虫学））"マダニの卵形成を制御する分子機構の解明（ダニが卵を作る仕組みを解明し，新しい殺ダニ剤開発へ繋げる研究）"

城﨑 由紀（九州工業大学 若手研究者フロンティア 研究アカデミー 准教授（生体材料化学））"有機-無機ヒドロゲルを用いた薬剤徐放型ミクロ粒子の創製（失った骨の再生を助ける粒子の開発）"

鈴木 由美子（上智大学理工学部 物質生命理工学科 准教授（有機化学））"有機触媒反応を用いた医薬品候補化合物の合成（癌や感染症を治療する新しい薬の研究）"

帯刀 陽子（山形大学大学院 理工学研究科 助教（物性化学））"動的自己活性化ナノコイルスキャホールドの創製とその機能評価（再生医療に用いる細胞を機能させるナノ材料の開発）"

西村 珠子（神戸大学 自然科学系先端融合研究環 助教（生物学））"神経管形成の制御分子Celsr1の背腹軸方向の極性分布を司るシグナル系の探索（脳や脊髄のもとになる神経管がどのようにしてできるのかを明らかにする研究）"

Huixin Liu（木村 会欣）（九州大学理学研究院地球惑星科学専攻 准教授（気象学・宇宙物理学））"成層圏から超高層まで：成層圏突然昇温に対する超高層大気寒冷化の生成機構の解明（大気で起こる物理現象の研究）"

細川 千絵（独立行政法人 産業技術総合研究所 健康工学研究部門 研究員（神経工学・生物物理学））"集光レーザービームを用いた神経細胞の局所機能操作（レーザー光で神経回路の仕組みを明らかにする研究）"

070 女性科学者に明るい未来をの会・猿橋賞

猿橋勝子博士気象研究所研究部長退官の記念事業として，昭和55年（1980）に創立された。女性科学者のもつ高い潜在能力を信じ，我が国の自然科学の今後の発展が女性科学者の活動に依存する所きわめて大きいと考え，現在女性科学者がおかれている情況を鑑みるにいくらかでも彼女たちを励まし，自然科学発展に貢献できるよう支援することを目的としている。

【主催者】一般財団法人 女性科学者に明るい未来をの会
【選考委員】理事会が選任する10名ないし15名以内の委員
【選考方法】関連学会の推薦による。また，ホームページにて公募。
【選考基準】〔資格〕推薦締切日で50歳未満の女性 〔対象〕自然科学の分野で，顕著な業績を収めた女性科学者
【締切・発表】（第34回）平成25年11月30日締切（必着），翌5月に贈呈式。
【賞・賞金】毎年1名。賞状と副賞（賞金30万円）
【URL】http://www.saruhashi.net/

第1回（昭56年）
　太田 朋子（国立遺伝学研究所）"分子レベルにおける集団遺伝学の理論的研究"
第2回（昭57年）
　山田 晴河（関西学院大学）"レーザーラマン分光による表面現象の研究"
第3回（昭58年）
　大隅 正子（日本女子大学）"酵母細胞の微細構造と機能の研究"
第4回（昭59年）
　米沢 富美子（慶応義塾大学）"非結晶物質基礎物性の理論的研究"
第5回（昭60年）
　八杉 満利子（筑波大学）"解析学の論理構造解明のための方法論"
第6回（昭61年）
　相馬 芳枝（通産省大阪工業技術試験所研究室長）"新しい有機合成触媒の発見"
第7回（昭62年）
　大野 湶（東京工業大学助教授）"電気化学的薄膜形成の基礎的研究—メッキによる新素材開発"
第8回（昭63年）
　佐ങ 周子（愛知県がんセンター研究所放射線部長）"放射線によるがん細胞分裂死の研究"
第9回（平1年）
　石田 瑞穂（国立防災科学技術センター研究室長）"微小地震による地下プレート構造と地震前兆の研究"
第10回（平2年）
　高橋 三保子（筑波大学助教授）"原生動物の行動の遺伝学的研究"
第11回（平3年）
　森 美和子（北海道大学教授）"医薬品合成のための新しい反応の開発"
第12回（平4年）
　加藤 隆子（核融合科学研究所助教授）"高温プラズマの原子過程の研究"
第13回（平5年）
　黒田 玲子（東京大学教養学部教授）"非対称な分子の左右やDNA塩基配列の識別のしくみの研究"
第14回（平6年）
　白井 浩子（岡山大学理学部附属臨海実験所助教授）"ヒトデの排卵と卵成熟のしくみの研究"
第15回（平7年）
　石井 志保子（東京工業大学理学部助教授）"代数幾何学での特異点の研究"
第16回（平8年）
　川合 真紀（理化学研究所主任研究員）"固体表面における化学反応の基礎研究"
第17回（平9年）
　高倍 鉄子（名古屋大学生物分子応答研究センター助教授）"植物の耐塩性機構の分子生物学的研究"
第18回（平10年）
　西川 恵子（千葉大学大学院自然科学研究科教授）"超臨界流体の構造とゆらぎの研究"
第19回（平11年）
　持田 澄子（東京医科大学助教授）"神経伝達物質の放出に関与するいくつかのタンパク質が，それぞれ異なった役割分担をしていることを解明した"
第20回（平12年）
　中西 友子（東京大学大学院農学生命科学研究科助教授）"中性子線が水素原子にぶつかると吸収・散乱する性質を利用して，生きた植物組織内の水分の分布状態を立体画像としてとらえる独自の手法を考案。また植物内の微量元素測定でも業績を挙げた"
第21回（平13年）
　永原 裕子（東京大学大学院理学系研究科助教授）"いん石や惑星物質の形成と進化"
第22回（平14年）
　真行寺 千佳子（東京大学大学院理学系研究科助教授）"生物のべん毛運動に関する研究"
第23回（平15年）
　深見 希代子（東京薬科大学生命科学部教授）"生命現象におけるリン脂質代謝の役割の解明"

第24回（平16年）
　小磯 晴代（高エネルギー加速器研究機構助教授）"衝突型加速器KEKBにおける世界最高輝度達成への貢献"
第25回（平17年）
　小谷 元子（東北大学大学院理学研究科教授）"離散幾何解析による結晶格子の研究"
第26回（平18年）
　森 郁恵（名古屋大学大学院理学研究科教授）"感覚と学習行動の遺伝学的研究"
第27回（平19年）
　高藪 縁（東京大学気候システム研究センター教授）"熱帯における雲分布の力学に関する観測的研究"
第28回（平20年）
　野崎 京子（東京大学大学院工学系研究科教授）"金属錯体触媒を用いる極性モノマーの精密重合の研究"
第29回（平21年）
　塩見 美喜子（慶應義塾大学医学部総合医科学研究センター 准教授）"RNAサイレンシング作用機序の研究"
第30回（平22年）
　高橋 淑子（奈良先端科学技術大学院大学バイオサイエンス研究科教授）"動物の発生における形作りの研究"
第31回（平23年）
　溝口 紀子（東京学芸大学教育学部自然科学系 准教授）"爆発現象の漸近解析"
第32回（平24年）
　阿部 彩子（東京大学大気海洋研究所 准教授）"過去から将来の気候と氷床の変動メカニズムの研究"
第33回（平25年）
　肥山 詠美子（理化学研究所仁科加速器研究センター准主任研究員）"量子少数多体系の精密計算法の確立とその展開"

071 女性研究者研究業績・人材育成賞（小舘香椎子賞）

　応用物理学分野の研究活動において顕著な研究業績をあげた女性研究者・技術者，または，女性研究者・技術者の人材育成に貢献することで科学技術の発展に大いに寄与した研究者・技術者または組織・グループに対し，表彰．

【主催者】公益社団法人 応用物理学会

【選考方法】女性研究者研究業績・人材育成賞表彰委員会による選考

【選考基準】〔対象〕応用物理分野で顕著な研究・開発の成果をあげた女性研究者・技術者または，本会，所属機関等において女性研究者・技術者の育成に大きく貢献した研究者・技術者または組織・グループ。もしくは以下を採用する：A.(a) 研究業績部門：応用物理分野で顕著な研究・開発の成果をあげた女性研究者・技術者。 A.(b) 研究業績部門（若手）：応用物理分野で顕著な研究・開発の成果をあげた女性研究者・技術者で，表彰年度の4月1日時点で，満35才以下の者。 B.人材育成部門：本会，所属機関等において女性研究者・技術者の育成に大きく貢献した研究者・技術者または組織・グループ（男女対象）

【締切・発表】（第4回）締切：平成25年10月31日，授賞式：本学会の春季講演会の会期中（平成26年3月17日〜20日）に実施

【賞・賞金】賞状と記念品

【URL】http://www.jsap.or.jp/index.html

072 電気化学会女性躍進賞

第1回（平22年）
　◇A部門
　　美濃島 薫（産業技術総合研究所）"超短光パルスによる応用光学計測分野の先駆的研究に関する貢献"
　◇B部門
　　後藤 俊夫（中部大学）"応用物理学会における男女共同参画活動の先駆的推進"
第2回（平23年）
　◇A部門
　　加藤 一実（産業技術総合研究所）"溶液法を用いた機能性酸化物薄膜集積化デバイスに関する先導的研究と強誘電体メモリへの応用"
　◇B部門
　　渡辺 美代子（東芝）"応用物理学会における大規模アンケート企画をはじめとした男女共同参画活動の先導的推進"
第3回（平24年）
　◇A部門
　　高井 まどか（東京大学大学院工学系研究科）"新規バイオマテリアル創製とバイオセンサー開発に関する先導的研究"
　◇B部門
　　石川 和枝（元・上智大学）"光学実験を通した理科教育活動,若手女性研究者育成への長年にわたる貢献"
第4回（平25年）
　◇A部門
　　沈 青（電気通信大学 准教授）"半導体量子ドットにおける多重励起子生成と緩和ダイナミクスに関する研究"
　◇A部門（若手）
　　鍛治 怜奈（北海道大学大学院工学研究院 特任助教）"半導体量子ドットでの光学的核スピンエンジニアリングに関する研究"
　◇B部門
　　遠山 嘉一（東京大学工学部 理工連携キャリア支援室）"応用物理学会における男女共同参画活動とその対外的展開への貢献"

072 電気化学会女性躍進賞

電気化学および工業物理化学に関する産業・学術の発展に顕著な業績をあげた者に贈られる。

【主催者】 公益社団法人 電気化学会
【選考方法】 会員の推薦による
【選考基準】 〔資格〕同会会員に限定しない 〔対象〕男女共同参画推進の精神にのっとり, 電気化学および工業物理化学に関する独創性の高い研究または新しい技術開発を進め, 今後の活躍が期待される女性研究者・技術者
【締切・発表】 前年8月末日締切, 授賞の年の春季学会時に表彰。
【賞・賞金】 2名以内：賞状と賞牌
【URL】 http://www.electrochem.jp

平成24年度
　◇女性躍進賞
　　栄部 比夏里（産業技術総合研究所ユビキタスエネルギー研究部門）"リチウム系二次電池の高エネルギー密度化に向けた新材料の研究"
　　佐藤 縁（産業技術総合研究所バイオメディカル研究部門）"分子認識ソフト界面の構築と膜構造および機能評価に関する研

究"

平成25年度
◇女性躍進賞
丸尾 容子(NTT環境エネルギー研究所)
"固相比色化学センサ及びユビキタスセンサネットワーク開発に関する研究"

吉本 信子(山口大学大学院理工学研究科)
"非水電解質中での電極過程の解析とエネルギーデバイスへの応用に関する研究"

073 内藤記念女性研究者研究助成金

人類の健康の増進に寄与する自然科学の基礎的研究を行う女性研究者に対して、出産・育児によって研究が中断した際の研究現場への復帰と研究業績を挙げることを支援する目的で、研究に必要な経費を補助するもの。

【主催者】公益財団法人 内藤記念科学振興財団

【選考方法】公募。選考委員会で審査し、理事会で決定。採択件数10件以上。

【選考基準】〔対象〕(平成25年採択) (1)自然科学の基礎的研究に独創的・意欲的に取り組んでいる一定以上の研究実績をあげた博士号を持つ研究者。 (2)出産日から職場復帰(予定日)までが60ヵ月以内の女性研究者。 1)今後職場復帰する場合,復帰日と復帰場所が明確になっていること。 2)応募以前に職場復帰している場合,出産日から助成金締切日までが60ヵ月以内であれば応募可。 (3)当財団以外から同期間(申請年度を含む助成期間(平成25年度〜27年度))に同様(同類)の助成金を受けることはできない。 (4)当財団の選考委員と同一の教室(講座)に所属する者は申請不可。

【締切・発表】(平成25年採択)平成25年6月3日締切。10月に申請者および推薦者に通知。第1回目送金 平成26年1月。第2回目送金 翌年1月。第3回目送金 翌々年3月。

【賞・賞金】(平成25年採択)助成額200万円/年の3年間。ただし,3年目については2年目までの研究結果を評価して継続の可否を決定するため,2年目までの研究成果報告書を平成27年9月末日までに送付すること。

【URL】https://www.naito-f.or.jp/jp/

2006年度(平18年度)
◇300万円
黒川 洵子(助教授/東京医科歯科大学難治疾患研究所) "致死性不整脈を誘発するQT延長毒性に対する女性ホルモンの影響"
後藤 典子(特任准教授/東京大学医科学研究所) "受容体チロシンキナーゼ癌化の分子機構"
松田 恵子(助手/慶應義塾大学医学部) "新しい分泌型シナプス栄養因子Cbln1の機能解析"

2007年度(平19年度)
◇300万円
岸田 想子(助教/鹿児島大学大学院医歯学総合研究科) "哺乳動物細胞におけるWnt/PCPシグナル伝達経路の働き"
窪田 泰江(助教/名古屋市立大学大学院医学研究科) "過活動膀胱におけるSCF-Kitシグナル伝達系の機能解析と遺伝子多型解析"
佐々木 純子(助教/秋田大学医学部) "微量イノシトールリン脂質の血球細胞における役割"
竹本(木村)さやか(助教/東京大学大学院

医学系研究科)"神経軸索・樹状突起の形成伸展制御機構"
室山 優子(助教/千葉大学大学院医学研究院)"マウス大脳皮質のグリア細胞を生み出す分子機構"

2008年度(平20年度)
◇300万円
佐藤 明子(GCOE特任准教授/名古屋大学大学院理学研究科)"ショウジョウバエ視細胞の死と生存を制御するアレスチンのシグナル伝達機構"
富田(竹内)野乃(助教/東京大学大学院新領域創成科学研究科)"哺乳類ミトコンドリア蛋白質合成系の分子機構の解明とその医療応用"
豊島 文子(教授/京都大学ウイルス研究所)"細胞の分裂軸を決める仕組みにおける分裂期制御因子の役割"
西井 明子(助教/東京女子医科大学医学部)"心筋ギャップジャンクションチャネルを標的とした合成ペプチドによる新しい不整脈治療法についての研究"
峯野 知子(准教授/高崎健康福祉大学薬学部)"Ageladine Aの全合成を基盤とした抗癌作用化合物の創製"

2009年度(平21年度)
◇300万円
有澤 美枝子(助教/東北大学大学院薬学研究科)"遷移金属触媒を用いる生物活性有機リン化合物の新合成法"
大岡 静衣(研究員/がんセンター研究所がん性幹細胞研究プロジェクト)"運動神経細胞におけるポリオウイルス感染初期過程の高感度イメージング解析"
佐藤 美由紀(グローバルCOE教員/群馬大学生体調節研究所)"受精卵における母性および父性タンパク質とオルガネラの選択的分解の分子機構"
佐藤 陽子(助教/東北大学大学院工学研究科)"疾病関連イオン輸送系の構造形成過程解析および機能部位の解明 〜創薬ターゲットとなる機能部位の同定を目指

して〜"
新藤 優佳(研究員/信州大学大学院医学系研究科)"アドレノメデュリン−RAMP2システムを標的とした,メタボリックシンドローム及び血管合併症治療の開発"

2010年度(平22年度)
◇300万円
尾畑 やよい(准教授/東京農業大学応用生物科学部)"哺乳類生殖細胞におけるゲノム刷込み機構の解明"
黒岩 麻里(准教授/北海道大学大学院理学研究院)"Y染色体退化と雄性機能維持メカニズムの解明─精子機能低下に着目して─"
永澤 奈美子(助教/秋田県立大学生物資源科学部)"イネ及びソルガムにおけるカドミウム蓄積機構の分子遺伝学的解明とファイトレメディエーションへの応用"
福田 智美(助教/長崎大学大学院医歯薬学総合研究科)"真珠腫性中耳炎に対する抗角化細胞増殖因子抗体療法の開発:新動物モデルを用いて"
吉田 千春(研究員/大阪府立病院機構大阪府立母子保健総合医療センター研究所)"システムイメージングを用いたマウス外胚葉の細胞運命制御機構の解明"

2011年度(平23年度)
◇200万円
池田(村松)里衣子(助教/大阪大学大学院医学系研究科)"酸素供給促進による脳神経症状の改善"
岡田 由紀(特任准教授/東京大学分子細胞生物学研究所)"In vitro組織培養系を用いた精子幹細胞移植とライブセルイメージング技術の開発"
川島 千帆(助教/帯広畜産大学畜産フィールド科学センター)"乳用雌子牛の将来の泌乳と繁殖能力に関与するIGF-1産生能決定要因の解明〜胎子期の母牛の栄養代謝状態と遺伝形質解析からのアプローチ〜"

香山 雅子（特任研究員/大阪大学 微生物病研究所）"組織マクロファージの分化誘導機構, およびその生体内における機能の解析"

坂田（柳元）麻実子（講師/筑波大学医学医療系）"Hes-1による骨髄性白血病幹細胞の発生・維持の機構の解明"

杉山 清佳（テニュア・トラック准教授/新潟大学大学院医歯学総合研究科）"臨界期におけるホメオ蛋白質の新しい役割"

瀬木（西田）恵里（准教授/京都大学大学院薬学研究科）"うつ病治療におけるセロトニン4型受容体（5-HT4R）の寄与の解明"

高尾 昭子（助教/東京工業大学資源化学研究所）"可視光増感性金属錯体を用いた二酸化炭素の触媒的光分子変換反応の開発"

長堀 紀子（特任助教/北海道大学大学院先端生命科学研究院）"生細胞相関分光法を用いたゴルジ体酵素の機能的複合体形成のダイナミクス解析"

松井 美紀（助手/東北大学大学院医学系研究科）"ヘムをシグナルとする形質細胞分化調節機構の解明"

2012年度（平24年度）
◇200万円

池森 敦子（講師/聖マリアンナ医科大学 医学部）"食塩感受性高血圧による腎障害の病態解明とL型脂肪酸結合蛋白（L-FABP）に注目した新規腎疾患治療薬の開発"

石津 綾子（特任助教/慶應義塾大学 医学部）"血小板因子CLEC-2を介した骨髄ニッチの制御機構の解析"

伊藤（大橋）恭子（准教授/東京大学 大学院理学系研究科）"植物の維管束initial cell形成機構の解明"

今西 未来（助教/京都大学 化学研究所）"転写因子様ドメイン「TALE」のDNA結合様式解明と細胞時計制御への応用"

岩倉 百合子（助教/新潟大学脳研究所）"セロトニン神経系における神経栄養因子ニューレグリン1とセロトニンの相互作用機序の解明"

太田 茜（科研研究員/甲南大学理工学部）"動物の温度適応に関わる分泌性因子の分子生理機構"

大野 聖子（特任助教/滋賀医科大学医学部）"コピー数多型が関与する家族性突然死症候群の発症メカニズム解明"

倉林 麻貴（研究員/理化学研究所発生・再生科学総合研究センター）"脊索動物におけるシグナル誘導型始原生殖細胞形成の分子機構解析"

黒谷 玲子（助教（テニュアトラック）/山形大学大学院理工学研究科）"新規生理活性物質SCGB3A2の肺線維症治療薬としての応用を目指した基盤研究;肺線維症改善効果の検証と作用機序の解明"

鈴木 登紀子（助教/東北大学大学院薬学研究科）"Gタンパク質共役型受容体ヘテロ多量体形成による新規体内時計制御機構：アデノシン受容体・P2Y受容体の多量体形成の体内時計及び睡眠相後退症候群（DSPS）との関与の解明"

高鳥 悠記（特別任用助教/同志社女子大学薬学部）"新規治療薬の開発を目指したアルツハイマー病治療薬の神経保護作用機序の解明"

田畑（佐々木）香織（助教/九州大学大学院薬学研究院）"大麻成分のがん細胞に対する細胞死誘導活性およびがん転移抑制活性に関する研究"

富岡 幸子（助教/北海道大学遺伝子病制御研究所）"男性不妊症の原因因子としてのヘルペスウイルス前初期蛋白質の機能解析"

橋本 美穂（研究員/群馬大学大学院保健学研究科）"冬眠による生体保護作用の分子メカニズム：冬眠モデルの確立と利用"

林 陽子（特任研究員/大阪大学大学院生命機能研究科）"生細胞におけるヒストン

修飾のダイナミクスの追跡とゲノム安定性維持機構の解析"
水野 由美（特任研究員/埼玉医科大学ゲノム医学研究センター）"Tysnd1欠損マウスを用いたペルオキシソームの機能低下と神経変性疾患の発症についての解析"
望月 牧子（特任研究員/千葉大学大学院医学研究院）"ポリコーム複合体による造血機能制御とその破綻に伴う造血器腫瘍発症機構の解明"
吉川（仲村）朋子（特任助教/北海道大学大学院医学研究科）"視交叉上核に存在する概日時計の複振動体システムの解析"
若山 清香（特任助教/山梨大学生命環境学部）"染色体移植技術の開発による死滅動物染色体を有するマウスES細胞作成の試み"
和田 恵子（助教/岐阜大学大学院医学系研究科）"小児における大豆イソフラボンの代謝と生活習慣病に関する研究"

074 日本化学会女性化学者奨励賞

化学の専門性を活かした学術研究に傑出した業績と貢献がある者で、社会貢献にも努め、国内外での研究活動・交流を通して我が国の女性化学者の地位向上に寄与し、将来の科学者・技術者を目指す学生や若手研究者の目標となる者に授与する。

【主催者】公益社団法人 日本化学会

【選考委員】女性化学者奨励賞選考委員会（委員長、副委員長および委員若干名で構成）

【選考方法】各支部、各部会、各ディビジョンおよび男女共同参画推進委員会の長は、所定の推薦書を用い、受賞候補者を選考委員会あてに8月末日までに推薦。委員会は、原則として年1回、10～11月頃に開催し、同賞の推薦候補者の業績内容の審議および受賞候補者の選考を行い、12月20日迄に会長に報告する。会長は、委員会から報告のあった受賞候補者を理事会に諮り、その承認を得て受賞者を決定する。

【選考基準】〔資格〕年齢が受賞の年の4月1日現在において満40歳に達していない同会会員 〔対象〕化学の専門性を活かした学術研究に傑出した業績と貢献がある者で、社会貢献にも努め、国内外での研究活動・交流を通して我が国の女性化学者の地位向上に寄与し、将来の科学者・技術者を目指す学生や若手研究者の目標となる者

【締切・発表】推薦締切は毎年8月末日。第61回（平成24年度）は平成25年2月8日にホームページにて受賞者発表、3月23日に授賞式

【賞・賞金】2件以内。表彰楯

【URL】http://www.chemistry.or.jp/

第1回（平24年度）
小林 由佳（物質・材料研究機構）"有機塩橋物質の電子機能に関する研究"
唯 美津木（分子科学研究所）"固体表面での分子レベル触媒構造の構築とその機能の可視化"

第2回（平25年度）
内田 さやか（東京大学大学院総合文化研究科）"多孔性イオン結晶の構築と機能の開拓"
牧浦 理恵（大阪府立大学21世紀科学研究機構）"有機―無機複合ナノ構造体の構築と機能創出"

Ⅲ 科学

075 日本女性科学者の会功労賞

女性科学者相互の友好を深め,各研究分野の知識の交換をはかり,女性科学者の地位向上を目指すとともに,世界平和に貢献することを目的とする,「日本女性科学者の会(SJWS)」が,会の実績と社会的信頼を背景に女性研究者・科学者の活動を奨励し,支援するために設置した賞。本会の目的の達成に力を尽くし,顕著な成果を挙げた者,あるいは挙げることが期待できる者に贈呈して,その功績をたたえ,さらに本会の発展に寄与することを目的とする。

【主催者】日本女性科学者の会
【選考方法】本会の会員2名以上による推薦。理事会が決定。
【選考基準】〔対象〕広く理系の分野において,女性研究者のロールモデルとして活躍し,女性研究者の地位の向上やネットワーク作りに長年尽力され,大きな功績があった者。本会の会員に限らない。年齢・国籍・性別不問。
【締切・発表】(第19回)応募期間:平成26年1月24日～2月24日,受賞者決定:3月末(本人宛通知),贈呈:本会総会(例年6月)
【賞・賞金】賞状および楯(1～3件)
【URL】http://www.sjws.info/prize/receive1.html

第1回(平8年度)
阿武 喜美子 "生物化学における基礎研究の業績,女性科学者の育成また初代会長として貢献した"
向井 千秋 "宇宙飛行士としてコロンビア号に搭乗,微少重力下で先端科学技術の実験を遂行した"
福岡 文子 "がん研究において生化学及び化学療法での業績,本会設立当時役員として貢献した"

第2回(平9年度)
幾瀬 マサ "花粉形態学での基礎を築いた。理系女子学生の教育,第2代会長として学会運営に貢献した"
石井 道子 "労働政務次官として女性の地位向上,環境庁長官として科学技術政策へ貢献した"

第3回(平10年度)
岡本 歌子 "凝固血を溶解する酵素プラスミンの研究ほか基礎医学に貢献し,教育,支部活動に寄与した"
増井 光子 "初の女性動物園長に就任,獣医学分野への女性進出を促す。パンダの人工繁殖にも寄与した"

第4回(平11年度)
柳澤 桂子 "遺伝学者としての業績を病のため中断,生命科学等の執筆を通して市民を啓蒙した"
松尾 幸子 "熱帯性病原体感染研究の傍ら,本会第1号支部,九州支部の発展に長期間貢献した"

第5回(平12年度)
大熊 由紀子 "科学ジャーナリストとしてメディアを通して,科学技術や医療福祉の普及に広く貢献した"
数野 美つ子 "高エネルギー素粒子研究,理系教育,ICWES11開催などに貢献し,第3代会長として会の活性化に寄与した"

第6回(平13年度)
米沢 富美子 "複雑系・不規則系の基礎理論を確立,日本物理学会長を勤めるなど物理学研究に貢献した"
岩崎 民子 "放射線障害研究,原子力諸機関における国際的活動とSJWS会員活動に

貢献した"
第7回（平14年度）
　大原 一枝 "女性医師の草分けとして日本女性医師の育成と地位向上ならびに国際活動促進に貢献した"
　長内 侑子 "本会員として地域の歯科医療と青少年の科学活動を促進し本会の発展に寄与した"
第8回（平15年度）
　橋本 静代 "大学退職後「発見工房クリエイト」を設立、子供の科学教育や地域に密着した活動を展開し、自然科学の発展に貢献した"
　佐宗 祐子 "消火の基礎研究において大きな業績を挙げ、消防研究所では初の女性主任研究官として工学分野での女性研究者の地位向上に寄与した"
第9回（平16年度）
　遠山 嘉一 "企業および学会活動の中で理工系人材、とりわけ女性研究者育成に努め、男性の立場から女性科学者の地位向上に貢献した"
　浅川 智恵子 "視覚障害者向けのIT支援システムを研究・開発して世界中の視覚障害者にネット社会の扉を開き、社会に大きく貢献した"
第10回（平17年度）
　鈴木 益子 "長らく本会の東北支部長を務め、また第4代会長として学術年報発行、学術大会開催を実現し日本学術会議登録学協会として承認を得る等、会の発展に貢献した"
　武井 たつ子 "工学系における女性教授の草分け的存在として大学教育と研究に貢献し、地域の子供達のための学術振興にも寄与した"
第11回（平18年度）
　坂元 昂 "情報教育の分野で草分けとして活躍した、我が国教育界の重鎮。高い教育的視点から女性科学者へも理解を示し、本会の第19期日本学術会議への登録を実現させた"

　佐渡 昌子 "本会の理事として第2,3代会長を長期に亘って補佐し、庶務、会計、名簿作成など、本会の実務面を作り上げた。研究や教育を通して専門の薬学分野の発展にも寄与した"
第12回（平19年度）
　塩満 典子 "理工系出身行政官の女性パイオニアの一人。内閣府男女共同参画局参事官および調査課長として、男女共同参画行政に取り組んできた"
第13回（平20年度）
　齋尾 恭子 "農林水産省の研究所にて先導的な女性研究者として活躍し、幅広い食品化学技術研究を展開した。また、理事として本会の運営にも貢献した"
第14回（平21年度）
　佐々木 政子 "研究・教育を通して、生命と環境に関わる光科学を追求、自然科学の発展、学術研究に功績を残した。また本会会長として本会および女性研究者の地位向上に多大なる貢献を果たした"
第15回（平22年度）
　水田 祥代 "九州大学大学院医学研究院小児外科学講座の教授として、小児外科の臨床・研究において、我が国の小児外科学に寄与した"
　荒谷 美智 "東京大学原子核研究所および理化学研究所核化学研究室で加速器にかかわる核・放射線に関する研究に従事し、国際的にも評価される研究を行い、国内外で活躍した"
第16回（平23年度）
　橋本 葉子 "医学研究者として研究・教育に長年携わり、多くの女性医師の育成に尽力した"
　大隅 正子 "一貫して女子大学での教育と研究に従事し、多くの優秀な女性理系人材の育成に多大な貢献を果たした"
第17回（平24年度）
　田中（安）咸子 "本会においては、創立の初期の頃からの会員であり、長年にわたり理事・監事を務め、女性研究者の地位

向上や本会発展の為に寄与した"

第18回（平25年度）
坂東 昌子 "共同保育所の運営,大学と地域の保育所の設置,男女共同参画学協会連絡会の設立,若手支援のためのキャリア支援センターを設立など,我が国の女性研究者,若手研究者の支援に大きく貢献した"

大坪 久子 "日本の科学界における男女共同参画推進と女性研究者支援に大きな貢献を果たした"

076 日本女性科学者の会奨励賞

女性科学者相互の友好を深め,各研究分野の知識の交換をはかり,女性科学者の地位向上を目指すとともに,世界平和に貢献することを目的とする,「日本女性科学者の会（SJWS）」が,会の実績と社会的信頼を背景に女性研究者・科学者の活動を奨励し,支援するために設置した賞。本会の目的の達成に力を尽くし,顕著な成果を挙げた者,あるいは挙げることが期待できる者に贈呈して,その功績をたたえ,さらに本会の発展に寄与することを目的とする。

【主催者】日本女性科学者の会
【選考方法】自薦・他薦
【選考基準】〔対象〕広く理系の分野において研究業績をあげ,その将来性を期待できる者で,かつ本会の趣旨に賛同し,その達成のために努力していると認められる本会会員。年齢・国籍・性別不問。管理職（教授・部長等）にある者の応募は不可。
【締切・発表】（第19回）応募期間：平成25年11月1日〜15日,受賞者決定：平成26年3月末（本人宛通知）,贈呈：本会総会（例年6月）
【賞・賞金】賞状,奨励金20万円（1〜3件）
【URL】http://www.sjws.info/prize/receive.html

第1回（平8年度）
水村 和枝（名古屋大学環境医学研究所 教授）"痛覚過敏の末梢神経機構の研究ー痛み受容器における感作機構について"
丸山 千秋（理化学研究所特別研究員）"レンズ特異的に発現するMIP遺伝子の発現制御における転写因子間ネットワークの解析"

第2回（平9年度）
栗原 和枝（東北大学 反応化学研究所 教授）"分子組織体の構造と相互作用の研究"
清水 由紀子（（放射線影響研究所 疫学部 副部長）"人における放射線のリスク推定に関する疫学的研究"

第3回（平10年度）
藤井 紀子（京都大学 原子力研究所 助教授）"D-アミノ酸を指標とした老化の基礎研究"

第4回（平11年度）
今栄 東洋子（名古屋大学 物質科学国際研究センター 教授）"分子集合系構築とキャラクタリゼーション＝バルクから界面まで"
木村 昌由美（東京医科歯科大学 生体材料工学研究所 助手）"妊娠週産期に見られる睡眠障害に関する基礎研究"

第5回（平12年度）
山田 恵子（札幌医科大学 保険医療学部 助教授）"細胞機能発現におけるDGKア

イソザイムの役割=EFハンドの役割"
野村 淳子(東京工業大学 資源化学研究所 助手)"固体酸触媒に特有な酸触媒反応機構の解明"

第6回(平13年度)
小島 秀子(愛媛大学 工学部 助教授)"固相二分子反応解析と有機固体光化学の開拓と展開に関する研究"
マーシー・ワイルダー(独立行政法人・国際農林水産研究センター 主任研究官)"甲殻類の脱皮・生殖・胚発生に関する生理化学的研究とその養殖技術開発への応用"

第7回(平14年度)
小磯 晴代(高エネルギー加速器研究機構 助教授)"素粒子の実験的研究の根幹をなす加速器の開発と素粒子の対称性の研究"
尾崎 美和子(理化学研究所 プロジェクトリーダー)"脳の神経構築技術開発において多機能性神経栄養因子ニューレグリン機能を解明"

第8回(平15年度)
松島 紀佐(東北大学 助教授)"微分方程式による翼空力形状の逆問題設計法と応用の研究"
北爪 しのぶ(理化学研究所 フロンティア研究員)"アルツハイマー病BACA1と糖転移酵素"

第9回(平16年度)
後藤 由季子(東京大学分子細胞生物学研究所 助教授)"MAPキナーゼカスケードの同定と機能の解析に多大な貢献"
甘利 幸子(Washington University, Senior Research Scientist)"プレソーラー粒子の隕石からの抽出と二次イオン質量分析計による分析方法の確立に貢献"
澤口 聡子(東京女子医科大学医学部 助教授)"乳幼児突然死症候群に関する生理学的・病理学的・疫学的統合研究を通しての社会的貢献"

第10回(平17年度)
池田 啓子(自治医科大学分身業態治療研究センター 助教授)"ナトリウムポンプα2サブユニットの神経系における新機能"
松下 祥子(独立行政法人理化学研究所フロンティア研究システム 研究員))"自己組織化を利用した機能性材料の創製"

第11回(平18年度)
鳥居 啓子(University of Washington 生物学部 Associate Professor))"植物の器官形成を制御する細胞間シグナル伝達機構の解明"
佐藤 縁(産業技術総合研究所生物機能工学研究部門 主任研究員)"有機単分子層修飾による界面電子移動制御と分子認識に関する研究"

第12回(平19年度)
吉田 絵里(豊橋技術科学大学物質工学系 准教授)"精密ラジカル重合により合成した新規"非両親媒性高分子"のミセル形成法の開拓"
堀 純子(日本医科大学眼科学講座 准教授)"眼組織の移植と再生における免疫学的研究"

第13回(平20年度)
佐藤 久子((独)科学技術振興機構さきがけ研究者, 東京大学大学院理学研究科)"無機ナノシートの電子デバイスの研究"
本間 美和子(福島県立医科大学医学部 講師)"細胞周期の制御を中心とする増殖シグナル伝達機構に関する研究"
近藤 科江(京都大学大学院医学研究科COE准教授(応募時), 同大学大学院科学技術振興教授(受賞時))"低酸素特異的融合タンパク質を用いた治療薬・診断薬の開発"

第14回(平21年度)
田中 富士枝(岐阜大学工学部特別協力研究員, 米国スクリプス研究所Associate Professor)(応募時))"有機分子触媒の創製と利用に関する研究"
稲田 明理(九州大学医学研究院特任准教

Ⅲ 科学

授)"膵臓β細胞産生に関する基礎研究"
第15回(平22年度)
　高橋 まさえ(東北大学大学院農学研究科准教授,東北大学金属材料研究所(応募時))"第一原理計算による高機能性ケイ素π電子ナノ材料の基本単位の構築"
　吉田 麻衣子(独立行政法人 日本原子力研究開発機構 研究員)"核融合炉に向けたプラズマ回転速度分布と運動量輸送に関する研究"
第16回(平23年度)
　長瀬 美樹(東京大学大学院医学系研究科 特任准教授)"メタボリックシンドロームにおけるアルドステロン/鉱質コルチコイド受容体活性化機構と心腎臓器障害における役割"
　杉浦 美羽(愛媛大学 無細胞生命科学工学研究センター 准教授)"水の酸化を伴った光合成によるエネルギー変換機構と分子構造に関する研究"
第17回(平24年度)
　佐藤 美由紀(群馬大学 生体調節研究所 助教)"受精卵における細胞内リモデリングメカニズムの研究"
第18回(平25年度)
　武井 史恵(大阪大学 産業科学研究所 助教)"蛍光標識を必要としない革新的遺伝子一塩基の蛍光検出法の開発"

077 日本動物学会女性研究者奨励OM賞

篤志家からの寄付を受け,女性研究者による動物学発展への新たな試みを奨励する目的で平成13年(2001)に創設された。

【主催者】公益社団法人 日本動物学会
【選考委員】同賞委員会
【選考方法】公募,自薦・他薦を問わない
【選考基準】〔資格〕動物科学女性研究者〔対象〕優れた研究を推進しようとしている者。とくに,安定した身分で研究を続けることが困難であるが,強い意志と高い志を持って研究に意欲的に取り組もうとする者。
【締切・発表】(平成26年度)平成26年3月31日締切
【賞・賞金】賞状,副賞50万円
【URL】http://www.zoology.or.jp/

第1回(平13年度)
　定本 久世(北海道大学大学院理学研究科博士課程)"軟体動物を用いた学習記憶機構における転写調節因子の機能解析"
　松下 智子(奥羽大学歯学部助手)"漁類味覚MSG,MSAリセプターのクローニング"
第2回(平14年度)
　向後 晶子(藤田保健衛生大学医学部非常勤研究員)"腎臓の形態形成におけるショウジョウバエ上皮癌抑制遺伝子哺乳類ホモログ蛋白質の機能解析"
　成瀬 真弓(奈良女子大学理学部非常勤講師)"生物時計機構のどの段階が活動リズムの可塑性に関与するか"
第3回(平15年度)
　箕浦 高子(筑波大学生命・文部科学技官)"テトラヒメナ新規アクチン関連タンパク質(tArp)の繊毛形成における機能"
　藤原 宏子(日本女子大学理学部・非常勤講師)"鳥類の音声機能は脳のどこに貯蔵

077 日本動物学会女性研究者奨励OM賞　　Ⅲ 科学

されているか？"

第4回（平16年度）
　木下 充代（横浜市立大学大学院総合理学研究科・博士研究員）"アゲハ脳における神経伝達物質と生理活性ペプチドの分布地図作成"
　沓掛 磨也子（産業技術総合研究所生物機能工学部門・第一号非常勤職員）"社会性アブラムシにおける兵隊特異的発現プロテアーゼの機能と進化に関する研究"

第5回（平17年度）
　寺崎 朝子（千葉大学大学院自然科学研究科）"無脊椎動物のlasp family タンパク質の機能解析"
　杉浦 真由美（奈良女子大学大学院人間文化研究科）"原生動物繊毛虫ブレファリズマにおける有性生殖開始機構の解明"

第6回（平18年度）
　重谷 安代（東京大学海洋研究所先端システム研究センター海洋システム解析分野・研究機関研究員）"脊椎動物の頭部三叉神経堤領域とは何か？―ニワトリとカワヤツメにおける神経堤細胞とプラコード派生物そしてナメクジウオにおける相同器官の形成に関わる遺伝子群の解析"
　松下 敦子（バージニア大学心理学部・Research Scientist）"弱電気魚の時間差検出における神経回路の免疫組織化学的研究"

第7回（平19年度）
　佐倉 緑（北海道大学電子科学研究所神経情報研究分野・学術研究員）"コオロギの闘争行動にかかわるクチクラ体表物質識別の神経機構の解明"

第8回（平20年度）
　日下部 りえ（神戸大学大学院理学研究科・プロジェクト奨励研究員）"円口類ヤツメウナギを用いた骨格筋発生機構の進化に関する研究"
　前田 美香（東北大学加齢医学研究所・教育研究支援者）"ゼブラフィッシュ脊髄一次運動神経の細胞体を，周期的に配置する機構についての研究"
　笹川 浩美（（財）国際振興財団研究開発部・研究員）"ミツバチ類の社会性行動の発現・発達とその制御，および個体間コミュニケーションを司る行動解発因子に関する研究"

第9回（平21年度）
　藤田 愛（独立行政法人農業生物資源研究所昆虫科学研究領域）"シロアリ類におけるセルラーゼ生産部位の進化と共生微生物の変化"
　吉川 朋子（北海道大学大学院医学研究科・時間医学）"卵巣に存在する概日時計の生理的役割の解明"

第10回（平22年度）
　中谷 友紀（東京工業大学大学院生命理工学研究科）"種の異なる魚類間で腹ビレの多様性をもたらすメカニズムの解明"
　柴田 朋子（東京大学大学院理学系研究科）"動物の進化過程における再生様式の変遷"

第11回（平23年度）
　土原 和子（同志社大学 ニューロセンシング・バイオナビゲーション研究センター）"有害物質の無毒化に関わる調節タンパク質の同定と機能解析"
　四宮 愛（慶応義塾大学 法学部 自然科学（生物））"性決定機構の多様化をもたらす性関連遺伝子の種内変異"

第12回（平24年度）
　岩越 栄子（広島大学大学院総合科学研究科・非常勤講師）"新規生理活性ペプチドの同定と機能解析"
　廣瀬 慎美子（琉球大学理学部国際サンゴ礁研究ハブ形成プロジェクト・ポスドク研究員）"刺胞動物の生殖巣形成と藻類伝達様式の多様性に関する研究"

第13回（平25年度）
　湯山 育子（静岡大学 創造科学技術大学院・学術研究員（非常勤））"共生藻の違いがサンゴのストレス耐性に与える影響"

倉林 麻貴（理化学研究所 発生・再生科学総合研究センター・研究員（期限付））　"カタユウレイボヤにおける生殖細胞分化関連遺伝子の機能解析"

078 日本油化学会女性科学者奨励賞

学会の諸活動を担い，貢献した女性会員および今後の貢献が期待される女性会員を表彰する。

【主催者】公益社団法人 日本油化学会
【選考委員】名誉会員候補者，日本油化学会フェロー候補者および功績賞推薦委員会
【選考方法】「名誉会員候補者，日本油化学会フェロー候補者および功績賞推薦委員会」で推薦し，理事会で決定する。
【選考基準】〔対象〕女性会員
【締切・発表】（第4回）平成25年4月30日授賞
【URL】http://www.jocs.jp/index-j.shtml

第1回（平22年）
　高橋 美奈子（ボーソー油脂（株））"若手の会，オレオライフサイエンス部会を中心に本会活動を担い，貢献度が大きい最もアクティブな女性科学者の一人である"

第2回（平23年）
　牧野 公子（東京理科大学 薬学部）"オレオナノサイエンス部会副部会長，オレオサイエンス編集委員などを務められ，本会活動への貢献度が大きい，最もアクティブな女性科学者の一人である"
　兼井 典子（曽田香料（株）フレグランス研究部）"界面科学部会幹事を務められ，本会活動への貢献度が大きい，最もアクティブな女性科学者の一人である"

第3回（平24年）
　三宅 深雪（ライオン（株））"オレオサイエンス誌編集委員をはじめ各種の専門部会委員を務められ，また多数の書籍の執筆や依頼講演などを通じて，本会活動への貢献度が大きい。最もアクティブな女性科学者の一人である"

第4回（平25年）
　関根 知子（（株）資生堂）"オレオサイエンス誌編集委員を務められ，またオレオサイエンスフェアの企画・運営などを通じて，本会活動への貢献度が大きい，最もアクティブな女性科学者の一人である"
　御器谷 友美（ミヨシ油脂（株））"油脂産業技術部会幹事を務められ，またオレオサイエンスフェアの企画・運営などを通じて，本会活動への貢献度が大きい，最もアクティブな女性科学者の一人である"

079 守田科学研究奨励賞

故守田純子氏から遺贈された資金を基に，自然科学を専門とする女性科学者の研究を奨励し，科学の発展に貢献する人材を育成することを目的として，平成10年（1998）に創設された。

079 守田科学研究奨励賞　Ⅲ 科学

【主催者】一般社団法人 大学女性協会
【選考方法】公募
【選考基準】〔対象〕自然科学分野において優れた研究成果をあげ,将来科学の発展に貢献することが期待される40歳未満（応募締切日現在）の女性科学者
【締切・発表】（第16回）平成25年11月22日締切
【賞・賞金】2件以内。賞状と副賞（50万円）
【URL】http://www.jauw.org/

第1回（平10年）
　斎藤 礼子（東京工業大学大学院理工学研究科助手）"高分子のミクロ相分離構造を利用して高性能のポリマーを合成"
　原田 慶恵（慶応義塾大学理工学部物理学科講師）"生体内で筋収縮,細胞内の物質の輸送などを担っているタンパク質の分子モーターのメカニズム解明を目指す"

第2回（平11年）
　浜崎 浩子（東京医科歯科大学助教授）"中枢神経の研究成果"
　庭山 聡美（オクラホマ州立大学助教授）"サリドマイドが腫瘍を壊死させる物質の働きを抑えることなどを発見した業績"

第3回（平12年）
　香取 浩子（理化学研究所先任研究員）"磁性体の性質に関する研究"
　加藤 美砂子（お茶の水女子大大学院助教授）"植物体内でカフェイン合成に関係する酵素とその遺伝子を初めて見つけた業績"

第4回（平13年）
　中島 裕美子（琉球大学助手）"ウイルスなどによって種の異なる生物に運ばれる遺伝子の研究"
　大島 まり（東京大学助教授）"コンピューターを使ったくも膜下出血発症機構の解明"

第5回（平14年）
　増子 佳世（聖マリアンナ医科大学難治治療センター助手）
　村松 加奈子（奈良女子大学共生科学研究センター助教授）

第6回（平15年）
　一二三 恵美（広島県立大生物資源学部助手）"標的タンパク質を破壊する抗体酵素の発見,その作製法と機能"
　深沢 倫子（科学技術振興機構研究員）"南極氷床内部でおこる分子拡散と地球環境変動"

第7回（平16年）
　肥山 詠美子（奈良女子大理学部助教授,原子核物理学）"「ハイパー核」と呼ばれる新しい原子核の構造を数学的手法で予測する方法を確立した"
　堀 麻希（シンガポール国立大テマセク生命科学研究所室長,細胞生物学）"ほ乳類細胞が増殖する際の細胞質分裂の仕組みを分子レベルで解明した"

第8回（平17年）
　松田 知子（東京工業大学大学院生命理工学研究科講師（生命有機化学））
　喜田 昭子（京都大学原子炉実験所助手（構造生物学））

第9回（平18年）
　近藤（市川）温子（高エネルギー加速器研究機構素粒子原子核研究所助教（原子物理学））
　富田 真理子（琉球大学大学院医学研究科助教（分子腫瘍学））

第10回（平19年）
　岩崎（阿部）昌子（東京大学大学院理学系研究科物理学専攻 講師（素粒子物理学））
　吉田 年美（ハーバード医科大学マサチュー

セッツ総合病院皮膚科学研究部門講師（発生生物学））

第11回（平20年）
　唯 美津木（自然科学研究機構分子科学研究所 准教授（触媒科学））
　藤川 英華（千葉大学大学院理学研究科 准教授（複素解析学））

第12回（平21年）
　小根山 千歳（大阪大学微生物病研究所助教（分子腫瘍学））
　小林 かおり（富山大学理工学研究部准教授（分子分光学））

第13回（平22年）
　荒井 緑（千葉大学大学院薬学研究院准教授（生物有機化学））
　島田 緑（名古屋市立大学大学院医学研究科講師（細胞生物学））

第14回（平23年）
　塩尻 かおり（京都大学白眉センター特定助教（生態学））
　藤田 恵（東京大学医学部附属病院腎臓・内分泌科特任助教（腎臓・内分泌学））

第15回（平24年）
　大矢根 綾子（（独）産業技術総合研究所 主任研究員（材料化学））
　関口 仁子（東北大学大学院理学研究科准教授（原子核物理学））

080 湯浅年子賞

　お茶の水女子大学が，大学共同利用機関法人高エネルギー加速器研究機構（KEK）が日仏共同事業として運営する「湯浅年子ラボラトリー（TYL）」の協力を得て，湯浅年子博士の自然科学およびその関連分野に対する功績を記念し設立した賞。お茶の水女子大学およびその前身校において数多くの女子学生を育て，フランスにおいては長年にわたって優れた原子核の実験的研究を行い，国際的に活躍した日本初の女性自然科学者である湯浅博士の遺志が若い世代に受け継がれることを願い，自然科学の諸分野において顕著な業績を挙げた女性を顕彰することを目的とする。本賞は「お茶の水女子大学賞」の一つとして位置付けられている。

【主催者】お茶の水女子大学

【選考委員】選考委員長：菅本晶夫（お茶の水女子大学理学部長）

【選考方法】他薦（男女共同参画学協会連絡会等に適任者の推薦を依頼すると共に，公募により広く推薦を募る）。選考委員会により，推薦書および業績等の応募書類ならびに当委員会が必要に応じて委嘱する外部レフェリーの評価を総合して，受賞候補者を決定。

【選考基準】〔対象〕自然科学の諸分野において顕著な研究業績を挙げた者。また，自然科学の社会的普及活動あるいは同分野の女性研究者を増大させる活動において，顕著な業績を挙げた者も対象とする。　金賞：自然科学の諸分野における業績が著しく顕著であり国内あるいは国外において既に高い評価が確立している女性。　銀賞：自然科学の諸分野における業績が特に顕著であり近い将来当該分野において国際的に活躍する女性になると認められる者。〔資格〕日本国籍を有する女性または日本において高等教育を受けた女性。

【締切・発表】（第1回）平成25年7月31日締切

【賞・賞金】賞状（お茶の水女子大学長より授与），副賞メダル（TYLより授与），銀賞授賞者はTYLによりフランスに招聘。

第1回（平25年度）
◇金賞
　山崎 美和恵（埼玉大学名誉教授,お茶の水女子大学ジェンダー研究センター研究協力員）"湯浅年子博士に関する研究と著作活動"
　市川 温子（京都大学大学院理学研究科 准教授）"ニュートリノ振動実験への寄与"
◇銀賞
　該当者なし

081 ロレアルーユネスコ女性科学者 日本奨励賞

　日本ロレアルは,世界規模で展開するロレアル－ユネスコの女性科学者を支援する共同プロジェクトの理念を継承し,将来を担う日本の若手女性研究者が研究を継続できるよう,奨励することを目的として,平成17年（2005）に創設。生命科学,物質科学の2分野を対象に,賞状および奨学金100万円を贈呈。創設5周年を迎えた平成22年（2010）には,科学の分野で活躍する女性や団体を表彰する「特別賞」を新設。同賞は,長期的視野に立ち,若手女性科学者支援を積極的に推進している。

【主催者】日本ロレアル株式会社,ユネスコ日本委員会
【選考委員】同賞審査委員会（物質科学,生命科学分野,各分野の有識者により構成）
【選考方法】日本奨励賞：指導教員による推薦。日本奨励賞―特別賞：自薦・他薦問わず。個人・企業・団体・学校。
【選考基準】〔資格〕日本奨励賞：生命科学,物質科学の分野において,博士後期課程に在籍あるいは,博士後期課程に進学予定の40歳未満の女性を対象。応募締切日現在,40歳未満で交付後1年間,国内で教育・研究に従事できる者。留学生は対象外。 日本奨励賞―特別賞：科学の分野への夢と希望を多くの人々に与えるとともに,科学分野を志す若い女性へのロールモデルとして,または,次世代育成などにおいて積極的な活動を推進している個人または企業・団体・学校。
【締切・発表】（第9回）受付期間：平成25年11月18日～平成26年2月28日,平成26年に東京で開催予定の授賞式にて発表
【賞・賞金】日本奨励賞：生命科学,物質科学の分野からそれぞれ原則1年2名,計4名を選考し,受賞者に賞状および奨学金100万円を贈呈
【URL】http://www.nihon-loreal.jp/corp/

第1回（平18年度）
◇物質科学分野
　高峰 愛子（東京大学大学院総合文化研究科）"高周波イオンガイドの開発 ― 不安定原子核の陽子・中性子分布測定に向けて"
◇生命科学分野
　佐々木 真理（総合研究大学院大学生命科学研究科）"新規膜電位感受タンパク質VSOPの生理機能の解明"
　野中 美応（京都大学大学院理学研究科）"神経のシナプスの成熟を調節するメカニズムの解明"
第2回（平19年度）
◇物質科学分野

神谷 真子（東京大学大学院薬学系研究科分子薬学専攻）"高感度蛍光プローブを用いた癌蛍光イメージング法の開発"

作田 絵里（北海道大学大学院理学研究科化学専攻）"ホウ素を架橋コアとした分子系の創製とその光機能性の解明"

三浦 陽子（名古屋大学大学院理学研究科物質理学専攻（物理系））"ハニカム格子系遷移金属酸化物の物性研究"

◇生命科学分野

黒田 有希子（理化学研究所脳科学総合研究センター発生神経生物研究チーム）"破骨細胞分化におけるIP_3受容体の役割と新規破骨細胞分化のメカニズムの解明"

戸張 靖子（日本医科大学大学院医学研究科生体制御形態科学部門）"ジュウシマツの雌雄差を手がかりとした発声学習のための神経機構"

第3回（平20年）

◇物質科学

田中 奈津美（早稲田大学大学院 先進理工学研究科 化学・生命化学専攻）"抗癌剤の開発に貢献—抗腫瘍活性化合物(-)-FR 182877の不斉全合成"

南谷 英美（大阪大学大学院 工学研究科 精密科学・応用物理学専攻）"情報化社会の発展への寄与を目指して — "スピン"が生み出す多彩な物性"

◇生命科学

大西 なおみ（北海道大学 遺伝子病制御研究所 分子腫瘍分野）"胃がんの新規予防法・治療法開発に貢献 — ヘリコバクター・ピロリ感染を起点とする胃発癌機構の解析"

覚道 奈津子（関西医科大学大学院 医学研究科 高次機能制御系形成外科学専攻）"再生医療の発展に貢献 — ヒト脂肪組織由来幹細胞の分子生物学的特性解析とその臨床的意義"

第4回（平21年）

◇物質科学

海老根 真琴（東北大学大学院 理学研究科）"天然由来の新規有機薬剤開発を目指して：海洋天然有機化合物プレベナールの効率的化学合成"

大串 裕子（九州大学大学院 工学府 物質プロセス工学専攻）"再生医療の発展に貢献：乳ガン患者のクオリティーオブライフ向上を目指した乳房再建のための脂肪組織体の構築"

◇生命科学

岩井 玲奈（東京大学大学院 医学系研究科 神経機能解明ユニット）"視覚発達過程の理解に貢献：左右の眼特異的な神経回路の形成における視床の分化過程解析"

富田 文菜（東京工業大学 フロンティア研究センター）"新薬開発への応用に期待：タンパク質の反応過程観測 ― 一酸化炭素結合型ミオグロビンの光解離配位子輸送過程直接観測"

第5回（平22年）

◇物質科学

富永 依里子（京都工芸繊維大学大学院 工芸科学研究科 設計工学専攻）"周囲温度の変化に対して発光波長が変動しない光通信用半導体レーザの開発"

中村 優希（東京大学大学院 理学系研究科 化学専攻）"炭素－フッ素結合の活性化による新規合成反応の開発とナノサイエンスへの応用"

◇生命科学

野澤 佳世（東京大学大学院 理学系研究科 生物化学専攻）"22番目の新規アミノ酸ピロリジンのタンパク質組み込み機構の解明"

依田 真由子（東京大学大学院 新領域創成科学研究科 メディカルゲノム専攻）"small RNAの作用メカニズム～small RNA医薬品の実用化に向けて～"

◇特別賞

山崎 直子（JAXA 有人宇宙環境利用ミッション本部 有人宇宙技術部 宇宙飛行士）"2010年にスペースシャトル ディスカバリー号に搭乗し，宇宙科学の発展

への功績と，結婚・出産を経験しながらも継続的に研究を続け，次世代のロールモデルの一人としての実績を評価"

第6回（平23年）
◇物質科学
植田 桐加（名古屋大学大学院 理学研究科 物質理学専攻（化学系）伊丹研究室）"触媒を用いた芳香環連結反応の開発と薬理活性物質や機能性有機材料の応用"
竹原 由佳（お茶の水女子大学大学院 人間文化創成科学研究科 理学専攻 物理科学コース 奥村研究室）"粉粒体における高速引きずり抵抗"
◇生命科学
水沼 未雅（東京大学大学院 薬学系研究科 薬品作用学教室）"多ニューロンカルシウム画像法を用いて脳を新たな視点から解釈する"
森田 真規子（広島大学大学院 理学研究科 生物科学専攻 細胞生物学研究室）"HeLa細胞内における微小管結合タンパク質ダイナミン2の機能解析"
◇特別賞
東北大学 杜の都女性研究者ハードリング支援事業 サイエンス・エンジェル（担当部門：東北大学 女性研究者育成支援推進室 杜の都女性研究者ハードリング支援事業 次世代支援班）"東北大学大学院の自然科学分野を専攻する現役の女子大学院生が「サイエンス・エンジェル」として身近なロールモデルとなり，オープンキャンパスや全国の小中高への出張セミナーなど，次世代を担う女性研究者の育成や小中高校生に科学の魅力を伝えることを目的とした活動を評価"

第7回（平24年）
◇物質科学
客野 遥（首都大学東京大学院 理工学研究科 物理学専攻 ナノ物性Ⅰ研究室）"水のナノサイエンス — 微細な空間に閉じ込められた水の構造と性質の研究"
工藤 まゆみ（お茶の水女子大学大学院 人間文化創成科学研究科 理学専攻 化学・生物化学領域 棚谷研究室）"人工分子によるらせん構造の構築と化学的性質の解明"
◇生命科学
髙田 朱弥（東京大学大学院 医学系研究科 消化器内科学）"マイクロRNAの機能に関わる因子に異常が起きると，癌になりやすくなる？"
中泉 敦子（北大阪警察病院 眼科）"網膜虚血性疾患と網膜毛細血管傷害"
◇特別賞
茨城県立水戸第二高等学校（担当部門：茨城県立水戸第二高等学校 数理科学同好会）"学校全体で世界を目指す女性科学者の育成に取り組み，新たな科学現象「BZ反応」の発見など，研究を続ける生徒たちの情熱を評価"

第8回（平25年）
◇物質科学
小原 睦代（名古屋工業大学大学院工学研究科未来材料創成工学専攻 ナノ・ライフ変換科学分野中村研究室）"酵素を凌駕する触媒創製 — 新触媒を用いて医薬品分子の右左を作り分ける"
髙山 アカリ（東北大学原子分子材料科学高等研究機構（2013年4月～））"世界最高分解能測定から見えた電子スピンの不思議な振る舞い"
◇生命科学分野
野殿 英恵（慶應義塾大学理工学部）"プラナリアの生殖様式転換と寿命に関する研究"
松嶋 藻乃（北海道大学大学院医学研究科特任助教）"前頭連合野による注意の制御"
◇特別賞
該当なし

医学・薬学

082 西予市おイネ賞事業

シーボルトの娘で日本初の産科女医となった「楠本イネ」を輩出したまちとして,愛媛県西予市が医学研究や医療活動に活躍する女性を奨励することを目的とし,平成24年(2012)より「西予市おイネ賞事業」を開始。全国の女性医師と女子医学生を対象に懸賞作文を募集し,受賞者には医学研究費ほかを授与する。第2回の作文テーマは,「女性医師(女子医学生)が思うワークライフバランス」あるいは「女性医師(女子医学生)からみた産科医療」。

【主催者】 西予市
【選考委員】 西予市おイネ賞審査委員会(審査員5人),審査委員長:香山リカ
【選考方法】 西予市おイネ賞審査委員会による審査
【選考基準】 〔対象〕全国の女性医師と女子医学生
【締切・発表】 (第2回)応募期間:平成25年5月1日~8月31日,発表:9月末頃
【賞・賞金】 奨励賞(医師部門)1名:表彰状・医学研究費(賞金)50万円・西予市特産物。奨励賞(医学生部門)1名:表彰状・医学研究費(賞金)10万円・西予市特産物。特別賞(医師部門)2名:表彰状・医学研究費(賞金)10万円・西予市特産物。特別賞(医学生部門)2名:表彰状/医学研究費(賞金)5万円・西予市特産物。
【URL】 https://www.city.seiyo.ehime.jp/

第1回(平24年)
◇奨励賞
　伊東 昌子(長崎大学病院 医師)「いち女性医師としての、私の勤めと次世代への期待」
◇特別賞
　間宮 敬子(旭川医科大学 医師)「女性医師として生きること」
　渡邉 真理(滋賀医科大学 医学生)「国境を超えて人の命に向き合う」

第2回(平25年)
◇医師部門
●奨励賞
　吉田 穂波(国立保健医療科学院生涯健康研究部 医師)「「時間がない」からこそ、「やりたい」気持ちが湧いてくる!」

●特別賞
　武田 裕子(ハーバード大学特別研究員 医師)「英国社会にみるライフ・ワークバランス」
　高柳 友子(社会福祉法人 日本介助犬協会 医師)「医師という仕事—母として女性として続けること」
◇医学生部門
●奨励賞
　細尾 真奈美(滋賀医科大学 学生)「若い世代からの提案—ワークライフバランスの実現に向けて—」
●特別賞
　才木 智尋(九州大学 学生)「三つの鍵~ライフワークバランスの実現のために~」
　大瀧 雅世(筑波大学 学生)「良妻賢母はブラック企業」

083 永井記念国際女性科学者賞

薬剤学領域において顕著な業績をあげ将来も顕著な業績をあげることが期待される,現職の国内・国外の女性科学者を顕彰することを目的に設けられた。

【主催者】公益社団法人 日本薬剤学会
【選考方法】自薦・他薦
【選考基準】〔資格〕国内外の薬剤学領域において顕著な業績をあげ,将来も顕著な業績をあげることが期待される,現職の女性科学者
【締切・発表】8月締切
【賞・賞金】賞状,副賞。受賞は国内者・国外者交互に原則1件。
【URL】http://www.apstj.jp/

2007年度(平19年度)
　Kathleen M.Giacomini (UCSF Department of Biophamaceutical Sciences)
2008年度(平20年度)
　Emi Nakashima (Dept. of Pharmaceutics, Kyoritsu Univ. of Pharm.)
2009年度(平21年度)
　Ruth Duncan (Welsh Sch. of Pharm., Cardiff Univ.)
2010年度(平22年度)
　Teruko Imai (Sch. of Pharm.,Kumamoto Univ.)
2011年度(平23年度)
　Diane J.Burgess (Univ. of Connecticut Sch. of Pharm.)
2012年度(平24年度)
　Kiyomi Ito (Faculty of Pharmacy, Musashino University)
2013年度(平25年度)
　Dominique Duchêne (Universite de Paris-Sud)

084 日本循環器学会女性研究者奨励賞

平成19年(2007)に神戸で開催された第71回日本循環器学会学術集会(会長:横山光宏)基金をもとに,循環器の分野で活躍する女性研究者の支援となることを願って設立された。

【主催者】一般社団法人 日本循環器学会
【選考委員】同賞選考委員会
【選考方法】公募。選考方法は女性研究者奨励賞選考委員会の書類選考による。受賞者は毎年1名とする。
【選考基準】〔資格〕日本循環器学会の女性会員〔対象〕循環器の臨床および基礎研究に貢献した女性研究者。応募論文は,この1年間(締切日より過去1年間)に発表または投稿中のもので,他の学会賞への応募と重複しないこととし,1施設(教室)から1名とする。

【締切・発表】（平成25年度）平成25年9月20日締切,12月中旬頃選考結果通知,翌年3月の学術集会において,選考結果を公表し,賞の贈呈を行う。
【賞・賞金】賞状および副賞（50万円）
【URL】http://www.j-circ.or.jp/

第1回（平19年度）
　宮坂 陽子（関西医科大学附属枚方病院第二内科）"Mortality Trends in Patients Diagnosed With First Atrial Fibrillation"
第2回（平20年度）
　横山 詩子（横浜市立大学大学院医学研究科 循環制御医学）"The Cyclic AMP Effector Epac Integrates Pro- and Anti-Fibrotic Signals"
第3回（平21年度）
　横尾 さとり（慶応義塾大学医学部 再生医学教室）"Glucocorticoid Protects Rodent Hearts from Ischemia / Reperfusion Injury by Activating Lipocalin-type Prostaglandin D Synthase-derived PGD2 Biosynthesis"
第4回（平22年度）
　小菅 雅美（横浜市大附属市民総合医療センター 心臓血管センター内科）"Simple and Accurate Electrocardiographic Criteria to Differentiate Takotsubo Cardiomyopathy From Anterior Acute Myocardial Infarction"
第5回（平23年度）
　大窄 マリアナ・今日美（大阪大学大学院医学系研究科 老年・腎臓内科学）"Cross-Talk of RANKL Signaling with Renin-Angiotensin II System in Vascular Calcification and Remodeling"
第6回（平24年度）
　小林 成美（神戸大学大学院医学研究科 内科学講座循環器内科学分野）"Osteoblast-like Differentiation of Cultured Human Coronary Artery Smooth Muscle Cells by Bone Morphogenetic Protein Endothelial Cell Precursor-derived Regulator (BMPER)"

085 日本女医会荻野吟子賞

女性として初めて公に医師の資格を与えられた荻野吟子の偉業を称え,その名を永久に伝え,女性の地位向上を図ることを目的として制定した。

【主催者】日本女医会
【選考方法】日本女医会員による推薦
【選考基準】〔対象〕独自の活躍をもって女性の地位向上に著しい貢献をした女性医師（原則として1名）。所定の様式の履歴書,推薦状を日本女医会事務局まで簡易書留で郵送。
【締切・発表】（第31回）平成26年1月31日提出締切。同年5月18日開催の第59回日本女医会定時総会において授与
【賞・賞金】賞状,楯および副賞20万円
【URL】http://jnwa.or.jp/index.html

第1回（昭58年）
　大村 ひさゑ（東女医大）"日本女医会再発

085 日本女医会荻野吟子賞

足に身を挺して尽力された"
川那部 喜美子(関西医大) "日本女医会再発足に身を挺して尽力された"
第2回(昭59年)
該当者なし
第3回(昭60年)
荒川 あや(東女医大) "日本女医会に吉岡弥生賞の設立を提案。これを推進し賞の基金として私財を本会に寄付された"
小俣 喜久子(東邦大医) "三同窓会の中の鶴風会代表の一人として日本女医会再建に向けて努力された"
第4回(昭61年)
香川 綾(東女医大) "日本初の大学院を併設する「女子栄養大学」を開設し,科学に基盤をおく栄養の普及とその実践に対する情熱は国民の健康増進に大いなる影響を与えた"
第5回(昭62年)
該当者なし
第6回(昭63年)
宮崎 安子(東女医大) "小児科医としての使命感と深い人類愛にその一身を捧げ,特に医療に恵まれないアジアの国々の子供達への医療活動に挺身された"
第7回(平1年)
小野 春生(東女医大) "国際女医会の役員として活躍され,特に国際会長に就任し,第15回国際女医会議を開催され,日本女医会を広く世界に顕示された"
第8回(平2年)
該当者なし
第9回(平3年)
岩崎 和佳子(関西医大) "十余年の長年にわたり民間国際交流につとめると共に医療関係者,一般市民の協力を得て「バッアツ共和国に医療を送る会」を設立,ボランティアとして現地の眼科医療に毎年奉仕をされている等,国際医療活動に尽力,貢献されている"
加藤 竺子(東邦大医) "長年福岡市の衛生行政に携わり,公衆衛生就中母子保健乳

幼児健診事業の拡充に多大の功績をあげられる。またいち早く高齢化社会に対応した福祉施策の推進に貢献された。また全国政令都市初の女性助役に就任,女性の地位向上に寄与され,女医の評価を高揚された"
第10回(平4年)
今野 タイ(東女医大) "北海道最北端の地,佐呂間町の厳しい環境の下に昭和18年以来50年の長きにわたり診療に従事し,地域住民の疾病予防健康増進及び治療に情熱を注いでこられる。50年間の僻地医療に貢献された献身と努力を高く評価する"
第11回(平5年)
唐澤 寿(東女医大) "93才の今日まで現役。昭和25年第1回産業医コンサルタント国家試験に合格,産業医第1号として環境衛生管理につとめた。喫煙の害をいち早く説き,灰皿の設置を禁止するなど大きな成果をあげた。日本女性同盟を結成,会長として広く社会活動を続けてきた。女医並びに女性の先駆者としての活動に対し深甚なる敬意を表す"
養老 静江(東女医大) "今日まで70余年に亘り地域住民の敬愛と信頼を受けて93歳の今日尚診療を続けておられる。その強い責任感と情熱の生活は後輩にとっても大きな励みである"
第12回(平6年)
山田 多佳子(東女医大) "国立国際医療センター国際医療協力局派遣協力課に赴任。気候,生活条件著しく困難な状況の世界各地において各種保健医療プロジェクトに参加。新生児保育,治療技術の指導に献身努力され,その活躍は現地医師に深い感銘を与えると共に日本医療団からも高い評価を受けている"
第13回(平7年)
該当者なし
第14回(平8年)
佐分 妙(東女医大) "昭和30年より整形外

科医として肢体不自由児の療育に専念するとともに昭和40年日本女医会愛知県支部活動として「婦人と子供の健康を相談する会」を発足させ、以来30年余その中心となって推進。その活動は地域より多大の評価を得ている"

第15回（平9年）

小林 梅子（東女医大）"山梨県保健所初代女性所長として46年間の長きにわたり住民の健康管理の総括責任者として予防医学を実践し、保健所活動の基礎を築いた。更に女性の労働環境の改善や管理職ポストの確保など女性の地位の向上に尽力した"

南里 栄子（東女医大）"地域医療・社会教育及び社会福祉、特に母性保護を中心に衛生教育・母子保健指導などに多大な貢献をされた。昨年は高齢者のための施設を開設、社会への奉仕活動もしている。"

第16回（平10年）

須藤 昭子（関西医大）"昭和28年クリストロア宣教修道会に入会し、結核撲滅のため意欲的に活動。昭和51年からはハイチ共和国においての結核患者および癩患者救済のため孤軍奮闘。この社会、経済的情勢の厳しいハイチ共和国での献身的医療および救済活動に対しての受賞"

第17回（平11年）

該当者なし

第18回（平12年）

中沢 由美（京都大医）"小児科学を専攻し特に小児心身症の園芸療法について研究・実践され登校児摂食障害児対策に大きな成果を挙げた。神経発達外来や学童思春期外来での診療の傍ら種々な教育講座などの講演を通しての地道な活動に対しての受賞"

第19回（平13年）

安藤 まさ子（東邦大医）"戦後まもなく地域保健事業のパイオニアとして活躍、東京小児療育病院の設立運営に参画、西洋医学に満足せず東洋医学も研鑽され、更に視覚障害者や高齢者の医療アドバイザーとして活躍している。この広範囲な医療活動並びに社会活動に対しての受賞"

稲葉 美佐子（東女医大）"学校保健に尽力され、ヘルスカウンセリング学会・千葉県支部を設立し、特に小児のカウンセリングに多大な貢献をした。この学校保健教育並びに社会活動に対しての受賞"

亀崎 善江（東邦大医）"カトリック信者として貧困者治療に従事、平成3年からは東ティモールでの医療奉仕活動を続けている。この永年に亘る貧困者への献身的医療活動並びに国際的医療活動に対しての受賞"

第20～23回（平14～17年）

なし

第24回（平18年）

稲生 襄（東女医大）"小児科・内科として診療に従事する傍ら、学校医・保育園園医などを勤めるなど、地域医療に貢献。また、日本女医会神奈川支部長、日本女医会理事として後進の指導に当たる"

第25回（平19回）

吉本 ミチ（東女医大）"秋田で眼科診療を始めて以来70年余、現在も眼科医として地域に多大な貢献をした。長年に亘る活躍に対しての受賞"

緒方 文江（関西医大）"昭和46年に佐賀県で白石保養院、日見中央病院を開設し地域医療に多大な貢献をした。その傍ら私財を投じて青少年のスポーツ育成に力を注がれた。その幅広い活躍に対しての受賞"

第26回（平20年）

該当者なし

第27回（平21年）

石岡 弘子 "ユング派分析家資格を取得。開設したクリニックで絵画療法、絶食療法などを駆使し地域医療に貢献。その社会的活動に対しての受賞"

大野 照子 "地域医療と乳幼児健診等の母

子保健事業に尽力。栃木県教育委員長として地域に貢献。第43回日本女医会総会の宇都宮市開催に際し多大な尽力をした。長年に亘る地域医療と社会教育,日本女医会への貢献に対しての受賞"

菅野 喜興 "昭和35年宮城県塩竈市に菅野愛生会緑が丘病院を設立,精神科医療を行うと共に若者の心の悩み高齢化に伴う諸問題に取り組んだ。長年に亘る地域医療と幅広い社会活動に対しての受賞"

第28回(平22年)

上野 壽子 "宇都宮市に上野医院を開設。地域医療に貢献し,宇都宮市市政功労表彰,宇都宮市長表彰,栃木県公衆衛生大会長表彰を受賞。さらに日本女医会予備評議員として本会の発展に貢献するなど,長年の地域医療と社会活動に対しての受賞"

清水 五百子 "武蔵野市に清水内科医院を開設以来93歳まで地域医療に邁進し,その貢献に対し平成22年日本臨床内科学会地域功労賞が授与された。さらに日本女医会東京都下東支部長,東京都支部連合会監事として本会の発展に大いに貢献した。長年の地域医療と社会活動に対する賞"

第29回(平23年)
該当者なし

第30回(平24年)

加藤 治子 "社会的ハイリスク妊産婦支援を続け,平成21年「女性の安全と医療支援ネットワーク」準備室を創設。平成22年には,全国に先駆けて「性暴力救援センター(通称SACHICO)」を院内に開設し,性暴力対応ワンストップセンターとして24時間体制で性暴力被害者救済にあたっていることに対する賞"

086 日本女医会吉岡弥生賞

日本女医会会長・龍知恵子女史の提案により,荒川あや女史の寄付に基づいて,昭和43年(1968)に創設された。故吉岡弥生女史の偉業を永遠に伝え,その遺志の発揚に資することを目的とする。

【主催者】公益社団法人 日本女医会

【選考委員】津田喬子(会長),小関温子,澤口彰子,対馬ルリ子(副会長),川村富美子,前田佳子(理事),溝口秀昭(外部委員)

【選考方法】候補者の推薦は女医会会員の推薦による

【選考基準】〔対象〕医学に貢献した女性医師,あるいは社会に貢献した女性医師

【締切・発表】(平成26年)1月31日締切,同会総会席上にて授賞式

【賞・賞金】賞状,楯および副賞20万円

【URL】http://jmwa.or.jp/index.html

第1回(昭43年度)
◇社会に貢献した会員
森川 みどり "女医の地位向上,後輩の育成,愛知支部無料健康相談等の実績に対して"
牧野 夫佐子 "病院ボランティア運動の推薦者として"
龍 知恵子〔他〕 "幼少脳性マヒ児療育施設及び研究に対して"

第2回(昭44年度)
◇医学に貢献した会員

岡本 歌子 "線維素溶解現象の生理学的研究"
添田 百枝 "トリコマイシンの製造法ならびにマリナマイシンの発見と開発"
荒木 寿枝 "光線過敏症の基礎ならびに臨床的研究"

第3回（昭45年度）
◇社会に貢献した会員
岸 直枝 "精薄幼児の収容施設，渡来瀬養護園を独立で創設し，学齢前の児童養護教育を行っている業績に対して"
川田 仁子 "20有余年にわたる精薄養護ならびにその教育に従事した業績に対して"
◇医学に貢献した会員
野呂 幸枝 "母校病院内に独自の未熟児センターを開設し，その主宰者として管理指導にあたり，さらに，退院児について長期の追跡調査を行うなどの業績に対して"

第4回（昭46年度）
◇社会に貢献した会員
林 富美子 "長年癩療養所に勤務し，癩医療のため献身的活動に従事し，その社会的功績は高く評価されている"
◇医学に貢献した会員
藤井 儒子 "薬理学者として20年の長きにわたり，ホルモンの問題，特に性線を中心とする研究に対して"

第5回（昭47年度）
◇社会に貢献した会員
阿部 秀世 "戦後の混乱時代に私費を投じ，育秀会乳児園を設立，恵まれない乳児のために多年にわたり日夜専念"
野呂 たじ "多年にわたり地域医療に尽力すると共に，私費をもって愛児園を創設し，さらに幼稚園を開設するなど，多年にわたり幼児教育のため専念"
◇医学に貢献した会員
河野 林 "長い間病理学の研究に専念，特に外傷により神経系血管障害についての業績"

鮫島 美子 "内科学，特に消化器癌の酸素診断と薬物による肝障害の酸素診断についての業績"

第6回（昭48年度）
◇社会に貢献した会員
石橋 志う "第二次大戦後の混乱期に婦人の厚生，未亡人のための保育所，乳児院，養護施設などを創立"
◇医学に貢献した会員
堀口 文 "多年にわたり産婦人科領域の研究に没頭し，成果をあげた。特に血液型不適合の問題に早くより着目し，これを産婦人科領域に応用。「不適合妊娠の研究」は，学界において高く評価されている"

第7回（昭49年度）
◇社会に貢献した会員
名和 千嘉 "長年月にわたり，癩の研究と治療に従事，献身的に尽力"
◇医学に貢献した会員
大森 安恵 "長年にわたり糖尿病の臨床的研究に専念，数多くの業績をあげた。殊に「妊娠と糖尿病」についての研究は，学会において高く評価されている"

第8回（昭50年度）
◇社会に貢献した会員
新井 タネ "30年余り，へき地診療に従事，医療面のみならず広くその地域の指導的役割を果たした"
◇医学に貢献した会員
薮内 英子 "多年にわたり微生物学の研究に専念，多くの業績をあげた。殊に緑膿菌についての研究は，学会において高く評価されている"

第9回（昭51年度）
◇社会に貢献した会員
肥塚 典子 "母と子を守る会「ふたば会」の指導者として，地域保健のため活躍，女医の本分を十分発揮した"
近藤 み弥 "保育園を設立，川崎市児童福祉事業の草分けとして，この仕事に専念"
◇医学に貢献した会員

関 敦子 "消化管ホルモン,殊にガストリン分泌について,幾多の業績を発表。特に「消化液分泌における自律神経と消化管ホルモンの協働」の研究は学会から高く評価されている"

濱田 雅 "抗生物質の研究一筋に打ち込み,幾多の新抗生物質を発見。特に「カスガマイシン」は稲の「いもち病」の特効剤として広く用いられ,高く評価されている"

第10回（昭52年度）
◇社会に貢献した会員
高木 松江 "昭和43年より,めだか学園,後にさざれ学園を開設,心身障害児のためその生活訓練,音楽訓練等を行い,昭和50年私財を投じ,地域の心身障害児に対しても大きな力を与えた"

松尾 周子 "社会福祉法人みぎわ学園を開設,全私財を投じて老人ホームを設立し,老人福祉に専念した"

◇医学に貢献した会員
五島 瑳智子 "微生物学の分野において研鑽,多くの優れた業績を挙げた。特に緑膿菌及びその類似菌の業績は,内外の学界に高く評価されている"

青山 光子 "長い間公衆衛生学の研究に専念し,数多くの業績をあげた。特に,衣食住家庭用品などの衛生学的研究「自動車排気ガスの生体に及ぼす影響」の実験など,そのユニークな研究は学会において高く評価されている"

第11回（昭53年度）
◇医学に貢献した会員
平野 京子 "永年にわたり,皮膚遊出細胞の免疫学的に「皮膚遊出細胞の免疫学的検索」等,「免疫」の分野を広く深く研究,進展させその優れた業績は高く評価されている"

第12回（昭54年度）
該当者なし

第13回（昭55年度）
◇社会に貢献した会員

日野 俊子 "60有余年の永きにわたり,僻地医療に献身し,地域住民の福祉の増進と文化の向上に尽力した"

◇医学に貢献した会員
橋本 葉子 "永年にわたり冷血脊椎動物網膜の生理学的研究に専念し,優れた業績を発表,特に色素電極法や顕微分光光度法を駆使しての研究は学会において高く評価されている"

第14回（昭56年度）
該当者なし

第15回（昭57年度）
◇社会に貢献した会員
福永 ひろ子 "無医地区であった元箱根に昭和19年以来,地域医療に貢献しその功績が大であった"

◇医学に貢献した会員
串田 つゆ香 "光学顕微鏡と電子顕微鏡との研究を密接させる優れた方法,GMA-Quetol523包埋法を考案した"

杉山 太規子 "マイコプラズマ及びノートバイオロジーに関し,幾多の研究成果をあげた"

第16回（昭58年度）
◇社会に貢献した会員
佐伯 輝子 "昭和54年以来,横浜市寿町診療所に勤務し,心身ともに荒廃した人々の診療にあたった"

第17回（昭59年度）
◇社会に貢献した会員
松山 京子 "保健所勤務の経験と臨床医として地域に直結した保健衛生指導とその普及,教育に尽力"

若林 静子 "開業医として横浜市山下町中華街で中国人を診療し,日中友好の実をあげた一方,母子福祉連絡協議会会長として地域医療に貢献した"

第18回（昭60年度）
◇社会に貢献した会員
三神 美和 "昭和43年より18年,日本女医会会長の要職を果し,その間本会の社団法人の認可,大阪万国博会期中救急医療奉

仕, 国際女医会会議東京に招致, 国際交流基金設定, 研究助成制度を設け, 加えて会館建設, 荻野吟子賞設定など卓越した能力と優れた指導力に対して"

第19回（昭61年度）
◇社会に貢献した会員
荷見 ヒサ子 "早期に社会福祉事業に着目し, 昭和46年に社会福祉法人特別養護老人ホーム「西山苑」を設立, 追って保育園を設立し, 老人看護には極めてユニークな運営をし, 地域社会に貢献した"

第20回（昭62年度）
◇社会に貢献した会員
長池 博子 "長池優生保護相談所を開設, 思春期相談に情熱を傾け母性健康管理並びに性教育の指導に尽力した"
◇医学に貢献した会員
平敷 淳子 "早くから画像診断学を提唱し, 総合画像処理システムの開発とその実用化に努力した"

第21回（昭63年度）
◇社会に貢献した会員
今 鶯子 "小児科医として終生地域医療活動に尽くし, 早くから婦人教育の健康教育を推進, 率先してその指導にあたり, また昭和24年当会の北海道支部を設立, 無医地区の診療奉仕活動, 並びに広く社会的活動をすすめ地域に貢献した"
◇医学に貢献した会員
竹宮 敏子 "自律神経機能障害の臨床, 特に血管運動神経調節障害の臨床生理学的研究において業績を挙げ, 国内外学会における活躍と共に, 後輩の指導にも尽力した"

第22回（平1年度）
◇社会に貢献した会員
丸木 希代 "心身障害児者福祉増進に献身的努力をし, アジア諸国との医学交流, 並びに医師看護婦を招聘しその教育, 研修に尽力した"
◇医学に貢献した会員
早川 律子 "国の内外学会に数多くの論文を発表, 顕著な業績をあげ, 特に接触皮膚炎の領域における知見は, 他に追随を許さぬ研究として高い評価を受けている"

第23回（平2年度）
◇社会に貢献した会員
保坂 智子 "永年にわたり小児科医, 特に女医としての観点から病児保育の必要性に着眼, 幾多の困難を克服してその実現を図り, 鋭意活動してきた。これは病児の健康管理のみならず, 現社会に於ける女性の社会的進出にも寄与した"
◇医学に貢献した会員
野本 照子 "医学部卒業当初より薬理学を専攻, 爾来その数多の業績は国内外学会に於て高い評価を得ると共に薬理学教授として医学教育に貢献, かつ各学会の評議員として学術振興に大きく寄与した"

第24回（平3年度）
◇社会に貢献した会員
高柳 泰世 "学校医として長年にわたり学校保健衛生に関する研究を続け, 学校保健に多大の寄与をした。また, 色覚異常に関する研究を通し色覚異常者の社会生活の改善に推進, 貢献した"
◇医学に貢献した会員
稲垣 千代子 "薬理学の分野において数多くの顕著な業績を挙げ国内外における高い評価と栄誉を受ける。また薬理学教授として学生の指導にあたり医学教育に貢献, 学術振興に大きく寄与した"

第25回（平4年度）
◇社会に貢献した会員
倉島 摂子 "長年にわたり脳性麻痺児を守る会の理事としてその療育施設東京小児療育病院及びみどり愛育園の診療及び運営に没頭し, 今日まで多端な活動を続けている。日夜多くの患児及びその家族の支えとなり, また困難な福祉施設の経営をより強固に発展させた功績は高く評価されている"

第26回（平5年度）
◇医学に貢献した会員

加藤 庸子 "脳神経外科専門医として研鑽を重ねると共に教育,診療にも携わり臨床,研究,両面においてめざましい業績を挙げた。尚,平成3年には日本脳神経外科女医会を結成し米国脳神経外科女医会とも積極的に交流を図る。学術面に於ける研鑽,交流,女医の地位向上につとめると共に後輩女医の指導など,その幅広い活動に対し高く評価されている"

横山 和子 "一貫して麻酔の研究,教育,診療に携わり,臨床面はもとより研究面においても輝かしい業績を挙げ,麻酔科専門医として国内・国外の多数の学会において高い評価を得る"

第27回(平6年度)
◇社会に貢献した会員
山崎 倫子 "戦後混乱の外地において死を賭して住民の医療に尽力。昭和42年日本女医会役員に就任,会長職を経て30年の長きに亘り卓越した指導力を発揮,国際女医会東京会議,西太平洋地域会議を成功に導いた。日本女医会の法人格取得に対する功績は特筆される。高齢化問題に対する実践活動は高い評価を受けている"

◇医学に貢献した会員
水田 祥代 "平成元年,旧帝国大学医学部における初の女性教授として就任,その間一貫して小児外科の診療,研究に専従され特に新生児外科領域に於ける輸液栄養管理並びに胎児外科の研究の多くの業績は学会の高い評価と多大の期待を受ける。また,後輩女医に対し積極的な指導にあたり,高次元の識見と包容力は万人の信頼と敬愛を受け師表と目される"

第28回(平7年度)
◇医学に貢献した会員
澤口 彰子 "昭和42年東京女子医科大学大学院を終了,社会医学系博士号を取得後,一貫して法医学の分野を歩み,現在は東京女子医科大学・法医学教室の主任教授として「DNA分析の法医診断学的応用」を研究の中心課題として活躍の傍ら,東京都監察医務院非常勤監察医,警視庁刑事部鑑識課嘱託医として東京23区域司法解剖鑑定人としても活躍し,国内・国外の学会から高い評価を得ている"

第29回(平8年度)
◇社会に貢献した会員
群馬県母乳育児をひろめる会 "女性医師の視点に立脚,全国的規模による母親への啓蒙活動を推進すると共に研究発表を通じ問題提起を続けている"

◇医学に貢献した会員
内潟 安子(東京女子医大) "糖尿病を中心とする自己免疫病,特にインスリン自己免疫症候群の発症機序の解明に数々の業績を挙げられ,国内・国外の学会から高い評価を受けている"

第30回(平9年度)
◇社会に貢献した会員
佐藤 秩子(愛知医大) "医学部卒業以来45年間にわたり,細胞の老化及び老化の環境について研究を積まれ高齢化社会の中で高齢者自身が長命をどのように受け止め今後の生活に如何に価値付けるかなど科学的分析のみならず社会に向けての啓蒙活動を行なった"

◇医学に貢献した会員
斎藤 加代子(東京女子医大) "分子遺伝学の臨床応用及び神経筋疾患の基礎研究と臨床に関して研鑽を積み,国内・国外の学会から高い評価を受けている。特に筋ジストロフィーに関する遺伝子診断は厚生省の高度先進医療として認められている"

第31回(平10年度)
◇社会に貢献した会員
久保田 くら(東京女子医大) "社団法人至誠会理事長として保育園の運営に携わり,働く女性の保育環境整備に力を注いだ。平成3年には午後7時まで,平成5年には午後10時までの延長保育を実施し,特に女性研究者の研究活動に大いに寄与した"

◇医学に貢献した会員

宮川 幸子（奈良県立医大）"難病である膠原病や新生児エリテマトーデス等の皮膚科領域並びに臓器障害の研究に従事し多大な業績を挙げた"

第32回（平11年度）

◇社会に貢献した会員

橋本 美知子（仏教大学）"医学部卒業後，四十数年間，公衆衛生学の研究・教育を通して，高齢者福祉・介護の先駆者的指導者として活躍し，更に衛生行政や市民の保健啓蒙に多大の貢献をした"

◇医学に貢献した会員

山本 纊子（藤田保健衛生大）"医学部卒業後，脊髄小脳変性症など神経内科学の研鑽を積み，異常眼球運動の定量化の方法を確立し，治療薬の薬効の評価を可能にした。更に，脳神経障害時の画像解析，特に眼球運動の機能的MRIの計画など，病態解明に多大な貢献をした"

第33回（平12年度）

◇医学に貢献した会員

大原 一枝 "1936年の化粧品による皮膚障害のパッチテストによる報告は皮膚障害のパッチテストの嚆矢であり，カンジダ性肉芽腫も本邦初症例を報告。また日和見感染という訳語を一般に広められた功績も大である。女性医師の社会的地位の向上にも貢献した"

大沢 真木子（東京女子医大）"小児神経学の研鑽を積み，特に福山型筋ジストロフィーが常染色体劣勢遺伝による事を明らかにし，同疾患が常染色体9番長腕31にあるフクチン遺伝子の異常によるという発見の基盤を作った。その一方詳細な臨床的観察に基づき患者の突然死の防止にも寄与した"

第34回（平13年度）

◇社会に貢献した会員

関根 みよ（開業）"昭和61年より平成8年まで10年間に亘り日本女医会埼玉支部長として会員増強に尽力，学術講演や懇親会を開催して支部の活性化を図り，また日本医師会支部役員との交流を深めるなど支部の復興に努力し日本女医会の活動に多大な貢献をした"

第35回（平14年度）

該当者なし

第36回（平15年度）

◇医学に貢献した会員

津田 喬子（名古屋市立大学大学院医学研究科麻酔・危機管理医学分野，助教授）"特に，麻酔科医の立場から救命救急士の育成，一般市民への救急蘇生法の普及，痛みの理解に関しての啓発活動や，女性医師を取り巻く諸問題に関する積極的な取り組みなど，広く社会に貢献している"

高原 照美（富山医科薬科大学第三内科助教授）"主に肝炎発症機序の免疫学的解析，肝硬変の進展機序に関する研究，肝硬変における抗線維化遺伝子治療，肝再生医療の構築など肝臓病の研究に功績を挙げた。その間，海外での活躍もはなばなしく，国内でも種々な学会より奨励賞を受賞されるなど，医学に多大なる貢献をした"

◇社会に貢献した会員

野澤 良美（開業）"内科医師として地域医療に携わる一方，多くの園医や校医として活躍し，その間に女性の働く環境の支援として特に病児保育の必要性を痛感し，平成3年に関東地区・中部地区では第1号である病児保育室を開室。その後，病児保育研修会における保育士・看護師などの教育活動をはじめ，病児保育室を国の「乳幼児健康支援一時預かり事業」に位置付ける運動や，全国病児保育協議会の結成に多大なる貢献をした"

第37回（平16年度）

津田 喬子（名古屋市立大学大学院医学研究科）

第38回（平17年度）

◇医学に貢献した会員

清水 夏絵（帝京大学名誉教授）"神経疾患に関係ある運動障害，めまい・平衡障害，

眼球運動障害,視覚障害の神経生理学的臨床研究に力を注がれ,沢山の成果を上げた。また,平成16年に開催した第26回国際女医会議ではランチョンセミナー「片頭痛治療の最前線」の講師もし,日本女医会のためにも尽力している"

◇社会に貢献した会員

嶋崎 紀代子 "耳鼻咽喉科医師として地域医療に従事する一方,小川正子医師のハンセン病に対する使命感に共感し,日本キリスト教団会員としてハンセン病の診療に貢献。国内の患者激減後は開業医として活躍されながら,韓国,インドネシアなどのハンセン病撲滅運動に奉仕している"

松本 文絵 "産婦人科医師として地域医療に多大の貢献するともに,テレビドクターとして昭和38年から3年間,思春期外来,不妊外来,赤ちゃん外来を担当。平成13年「京都府あけぼの賞」受賞。平成14年よりインターネットで「思春期のまっただ中にいる15歳を大切に」というメッセージを送り続け,"苺(15)先生"と敬愛されている。また,スリランカに子供用教育施設「松本ナーサリースクール」ほかを寄付・寄贈され,スリランカ保健省より表彰されている"

第39回（平18年度）

◇医学に貢献した会員

湯沢 美都子（日本大学医学部教授）"2000年日本眼科学会学術集会に於いて,宿題報告の重責を女性として果たし,2006年には同学会雑誌の最優秀論文賞も受賞した。現在も黄斑疾患の世界的権威者として,その業績は国際的にも高く評価されている"

◇社会に貢献した会員

石原 幸子（開業）"東京女子医科大学第二病院小児科開設時の功績により,同門会より奨励賞。今なお地域医療に貢献。日本女医会においては30年もの長きにわたり,日本女医会理事,同副会長として本会の発展に尽くし,昭和51年・平成16年の国際女医会議に多大な協力をした。現在も子育て支援委員会委員長として活躍"

加藤 竺子 "九州大学医学部第三内科に入局後,行政に入り,福岡市保健所長,同衛生局長などの要職を歴任。女性としては初の政令指定都市である福岡市助役に抜擢,1期4年を務めた。医師としての広い視野に立ち,衛生,民生,高齢者福祉などの分野で功績を挙げ,その間,日本女医会副会長として多くの事業を企画実行し,本会の活動に寄与した"

第40回（平19年度）

◇医学に貢献した会員

伊藤 千賀子（広島大医）"広島原爆被爆者健康管理所勤務の傍ら,経口ブドウ糖負荷試験の経年観察を行い,糖尿病発症とインスリン抵抗性の関与を明らかにした。この研究は日本糖尿病診断基準改変に寄与した"

◇社会に貢献した会員

竹内 静香（関西医大）"昭和29年に熱海診療所を開設以来,半世紀以上に亘りここで診療をし,この間,静岡県女医会会長,日本女医会役員,熱海市医師会副会長,熱海市議会議員,静岡県議会議員などを歴任しつつ,老人・女性・環境問題等に取り組んだ"

今野 信子（東女医大）"順天堂大学眼科医局を経て四谷新宿眼科,新宿眼科を開業。70年余,眼科医として地域医療に多大な貢献をした功績に対し文部大臣賞,東京都知事賞を受賞。これまで日本女医会の発展のために,折に触れ貢献した"

第41回（平20年度）

◇医学に貢献した会員

溝口 昌子 "帝京大学皮膚科助教授を経て平成3年聖マリアンナ大学皮膚科主任教授に就任。平成16年には国際色素細胞学会連合の最高賞マイロン・ゴードン賞を受賞。長年に亘りたゆまぬ研究を続けてきた"

◇社会に貢献した会員

川田 喜代子 "昭和28年大阪市に耳鼻咽喉科医院を開業の傍ら岐阜大学医学部で研鑽を積まれ医学博士の学位を取得。これまで女性として初めての大阪市浪速区医師会理事・大阪府女医会会長・日本女医会役員・大阪府人事委員会委員などに就任。これらの活動を通じて女性の地位向上に力を尽くした。また長年に亘る医師会・日本女医会を始め地域医療へ貢献した"

第42回（平21年度）
◇医学に貢献した会員
　酒井 シヅ "昭和59年に順天堂大学医学部教授に就任。日本における医史学研究の第一人者として世界的に活動している。「日本女医会百年史」編纂にも多大な貢献をした"
◇社会に貢献した会員
　青井 禮子 "昭和63年に日本女医会理事に就任。東京都医師会理事、日本医師会常任理事、母校の老年内科教授、葛飾区医師会長等を歴任。幅広く社会に貢献し、日本女医会に貢献をした"

第43回（平22年度）
◇医学に貢献した会員
　後藤 節子 "名古屋大学産婦人科学教室にて絨毛がん腫瘍マーカーHCGの特異的モノクロナール抗体によるHCG微量測定法開発を始め、世界が注目する絨毛がんの診断・治療法を確立。同大学医療技術短期大学部・医学部保健学科教授として看護師・助産師育成に貢献"
◇社会に貢献した会員
　中山 年子 "地域医療に貢献すると共に40年に亘り島田養育センターの重症障害児やサリドマイド児の支援を続けてきた。日本女医会東京都支部連合会長として会の発展に貢献"

第44回（平23年度）
◇医学に貢献した会員
　安達 知子 "生殖・周産期のホルモン産生と代謝および静脈血栓塞栓症の研究において成果をあげる。平成18年東京女子医科大学客員教授就任後も研究とともに女性のリプロダクティブヘルス推進および国と自治体に関わる多数の重要な役職を兼ねる"
　小田 泰子 "地域医療とともに東北大学大学院国際文化研究科で医学の歴史を研究し、平成10年に国際文化博士号第一号を取得。日本眼科医会・医師会の役員をはじめ日本女医会会長を歴任"
　清島 眞理子 "上皮ケラチンの研究において国内外で成果をあげる。岐阜大学大学院医学系研究科皮膚病態学教授就任後は疥癬のアフェレシス治療のメカニズム研究臨床応用に邁進、国内外で高い評価を得る。女性医師・女子医学生の指導および女性医師就労支援にも貢献"
◇社会に貢献した会員
　橘川 ふさ子 "昭和37年に橘川医院を設立。地域医療に邁進し、学校医等の貢献により、名古屋市教育委員会賞。日本女医会愛知県支部理事に就任以降40年以上に亘り支部・本部理事ならびに日本女医会副会長として活躍。特に阪神大震災時の医療活動、国際女医会議日本開催に尽力した"

第45回（平24年度）
　該当者なし

Ⅳ 文学

文学全般・小説

087 大阪女性文芸賞

　従来の文学賞はともすると男性中心の傾向がまま見られた為、女性の書く作品世界が正しく理解されにくい状況にあった。そこで女性自らの手で運営する文学賞を設け、女性の文芸運動の拠点となる組織を作る必要性が感じられたのが、創設の理由である。西日本在住の女性を対象としていたが、第16回から全国公募となった。

【主催者】大阪女性文芸協会
【選考委員】黒井千次、津島佑子
【選考方法】公募
【選考基準】〔対象〕自作・未発表の小説。同人誌掲載作品は可。ただし応募後は、著作権の関係上、受賞作が決定するまではインターネット上も含め他媒体での発表は認めない。〔資格〕日本に居住する女性。〔原稿〕400字詰原稿用紙80枚まで（枚数厳守）。ワープロ原稿は白い用紙に25字×35行の縦書きで印字する。〔応募料〕大阪女性文芸協会会員以外：1000円（「鐘」の誌代と送料等）、郵便小為替にて応募作品に同封。大阪女性文芸協会会員：無料
【締切・発表】5月末日締切（当日消印有効）、12月下旬までに新聞誌上にて発表。受賞作品は2月発行予定の「鐘」に掲載
【賞・賞金】受賞作：賞状と副賞30万円、佳作：副賞5万円。受賞作品の著作権は大阪女性文芸協会に帰属する
【URL】http://www2.odn.ne.jp/~ojb/

第1回（昭58年）
　青木 智子 「港へ」
　◇佳作
　弓 透子 「メイン州のある街で」
第2回（昭59年）
　吉田 典子 「海のない港街」
第3回（昭60年）
　久保田 匡子 「裏の海」
第4回（昭61年）
　西口 典江 「凍結幻想」

第5回（昭62年）
　弓 透子 「北の国」
第6回（昭63年）
　山ノ内 早苗 「朝まで踊ろう」
　中村 路子 「山姥騒動」
第7回（平1年）
　斎藤 史子 「落日」
第8回（平2年）
　織部 圭子 「蓮氷」
第9回（平3年）
　鳥海 文子 「化粧男」

第10回（平4年）
　近藤 弘子 「うすべにの街」
第11回（平5年）
　葉山 由季 「二階」
第12回（平6年）
　金 真須美 「てくらまくら」「贋ダイアを弔う」
第13回（平7年）
　該当作なし
第14回（平8年）
　柳谷 郁子 「播火」「月柱」
第15回（平9年）
　畔地 里美 「金沢文学」「目礼をする」
第16回（平10年）
　大原 加津子 「パラレル・ターン」
第17回（平11年）
　山村 睦 「あいつのためのモノローグ」
第18回（平12年）
　内村 和 「心」
◇佳作
　柚木 美佐子 「夏の記憶」
第19回（平13年）
　井上 豊萌 「ボタニカル・ハウス」
第20回（平14年）
　野見山 潔子 「島に吹く風」
第21回（平15年）
　吉沢 薫 「遮断機」
◇佳作
　吉村 奈央子 「ウラジオストック」
第22回（平16年）
　鮒田 トト 「純粋階段」
第23回（平17年）
　川本 和佳 「父の話」
◇佳作
　田村 貴恵子 「カンガルー俱楽部、海へ」
第24回（平18年）
　海東 セラ 「連結コイル」
◇佳作
　稲葉 祥子 「髪を洗う男」
第25回（平19年）
　逸見 真由 「桃の纏詰」
◇佳作
　天六 ヤヨイ 「けつね袋」
第26回（平20年）
　大西 智子 「ベースボール・トレーニング」
◇佳作
　和田 ゆりえ 「アヌビス」
第27回（平21年）
　門倉 ミミ 「通夜ごっこ」
◇佳作
　潮田 眞弓 「空想キッチン」
第28回（平22年）
　片岡 真 「ゆらぎ」
◇佳作
　片島 麦子 「透明になった犬の話」
第29回（平23年）
　朝倉 由希野 「おかっぱちゃん」
◇佳作
　織部 るび 「ヨブの風呂」
第30回（平24年）
　津川 有香子 「雛を弔う」
◇佳作
　ひわき ゆりこ 「女子会をいたしましょう」
第31回（平25年）
　芦原 瑞祥 「妄想カレシ」
◇佳作
　大坂 千恵子 「パチンコ母さん」

088 女による女のためのR-18文学賞

　賞の創立以来,性をテーマにした小説を募集してきたが,平成23年（2011）にリニューアルし,官能描写の有無にかかわらず女性ならではの感性を生かした小説を対象とすることとした。「大賞」のほかに,ホームページ上で最終候補作を公開し,女性読者の投票で決まる「読者賞」も設ける。

088 女による女のためのR-18文学賞

IV 文学

【主催者】新潮社

【選考委員】（第13回）三浦しをん、辻村深月

【選考方法】公募

【選考基準】〔資格〕女性に限る。年齢不問。〔対象〕女性ならではの感性を生かした小説。〔原稿〕400字詰め原稿用紙換算で30〜50枚まで（1行40字の場合300〜500行まで）、横書き。テキストファイルにしてメールで送付。一人3作品まで応募可。

【締切・発表】（第13回）平成25年10月31日締切、平成26年2月下旬最終候補作発表・読者投票受付、4月上旬大賞決定・発表。すべての選考経過はホームページにて発表。

【賞・賞金】大賞1名：賞金30万円、読者賞若干名：賞金10万円、副賞：体脂肪計付ヘルスメーター

【URL】http://www.shinchosha.co.jp/r18/

第1回（平14年）
　◇大賞
　　日向 蓬 「マゼンタ100」
　◇読者賞
　　豊島 ミホ 「青空チェリー」
第2回（平15年）
　◇優秀賞
　　正木 陶子 「パートナー」
　◇読者賞
　　渡辺 やよい 「そして俺は途方に暮れる」
第3回（平16年）
　◇大賞・読者賞
　　吉川 トリコ 「ねむりひめ」
　◇優秀賞
　　管乃 了 「ハイキング」
第4回（平17年）
　◇大賞
　　南 綾子 「夏がおわる」
　◇読者賞
　　松田 桂 「宇宙切手シリーズ」
第5回（平18年）
　◇大賞・読者賞
　　宮木 あや子 「花宵道中」
　◇優秀賞
　　清瀬 マオ 「なくこころとさびしさを」
第6回（平19年）
　◇優秀賞
　　三日月 拓 「シーズンザンダースプリン♪」

　◇読者賞
　　石田 瀬々 「ラムネの泡と、溺れた人魚」
第7回（平20年）
　◇大賞
　　蛭田 亜紗子 「自縛自縄の二乗」
　◇読者賞
　　山内 マリコ 「16歳はセックスの齢」
第8回（平21年）
　◇大賞
　　窪 美澄 「ミクマリ」
第9回（平22年）
　◇優秀賞
　　木爾 チレン 「溶けたらしぼんだ。」
　◇読者賞
　　彩瀬 まる 「花に眩む」
第10回（平23年）
　◇大賞
　　田中 兆子 「べしみ」
　◇読者賞
　　上月 文青 「偶然の息子」
第11回（平24年）
　◇大賞
　　深沢 潮 「金江のおばさん」
　◇読者賞
　　こざわ たまこ 「ハロー、厄災」
第12回（平25年）
　◇大賞
　　朝香 式 「マンガ肉と僕」

◇読者賞
　森 美樹　「朝凪」

089 神戸女流文学賞

　昭和51年(1976)，西日本(含北陸)在住者を対象とし，有為の新人に新しく道を開くとともに，西日本における文学活動のいっそうの発展のために神戸文学賞とともに創設。第11回より一本化し，神戸文学賞となる。

【主催者】月刊神戸っ子
【選考委員】足立巻一，小島輝正，森川達也，島京子
【選考方法】400字詰100枚前後の未発表原稿。または締切以前，一年未満に発行の同人誌掲載作品。(要400字程度のあらすじ)
【締切・発表】毎年8月15日締切，月刊神戸っ子新年号(12月25日発行分)誌上に発表
【賞・賞金】賞金20万円，副賞：楯

第1回(昭52年)
　小倉 弘子　「ペットの背景」
第2回(昭53年)
　該当作なし
第3回(昭54年)
　大原 由記子　「夢の消滅」
第4回(昭55年)
　田口 佳子　「影と棲む」
第5回(昭56年)
　久保田 匡子　「痕跡」
第6回(昭57年)
　該当作なし
第7回(昭58年)
　新 光江　「花いちもんめ」
第8回(昭59年)
　菊池 佐紀　「薔薇の跫音」
第9回(昭60年)
　宇山 翠　「いちじく」
　桑井 朋子　「ストラルプラグ」
第10回(昭61年)
　舟木 かな子　「オレンジ色の闇」

090 さくらんぼ文学新人賞

　近年，女性の書き手による小説作品が話題になっていることをふまえつつ，そうした力強いトレンドをさまざまに支援し新たな才能と価値を「地方」から発信していこうと，平成19年(2007)12月に賞創設。平成20年1月より第1回目の募集を開始した。第3回(平成22年)をもって休止。

【主催者】主催：さくらんぼテレビジョン，共催：新潮社(「小説新潮」「yomyom」)，後援：フジテレビジョン
【選考委員】(第3回)唯川恵(作家)，北上次郎(文芸評論家)
【選考方法】公募
【選考基準】〔対象〕女性の筆者による日本語で書かれた未発表小説。年齢，職業，国内

091 小説フェミナ賞

外(国籍)を問わず、「日本語文学」の新たな可能性を切り拓くオリジナル作品を広く募集。〔原稿〕400字詰原稿用紙換算で80枚程度(下限60枚/上限90枚)。書式は「1行30字×40行・縦書き」を"目安"とするが、「.txt」ファイルなどでの応募をはじめ、諸般の都合がある場合は必ずしもその限りとしない。作品の1ページ目に、梗概(400～600字程度)を必ず掲載すること。作品は電子メールに添付して「応募専用」アドレスに送信(手書き、郵送は不可)。応募メールの件名は「さくらんぼ文学新人賞応募」と明記。

【締切・発表】(第3回)平成22年11月30日締切,平成23年5月23日受賞作品発表,「小説新潮」12月号に大賞作品を全文掲載

【賞・賞金】大賞(1作品):100万円,副賞・山形産さくらんぼ。選考の結果によっては大賞のほかに奨励賞を出す場合もある。

【URL】 http://www.sakuranbo.co.jp/

第1回(平20年)
　◇大賞
　　長谷川 多紀　「ニノミヤのこと」
　◇奨励賞
　　木々乃 すい　「おねえさんの呪文」
　　小林 成美　「強欲なパズル」

第2回(平21年)
　◇大賞
　　邢彦　「熊猫の囁き」
第3回(平22年)
　◇大賞
　　中村 玲子　「記憶」

091 小説フェミナ賞

女性を対象にした文芸新人賞で、雑誌「小説フェミナ」で公募。「フェミナ賞」を前身とする。平成6年(1994)「小説フェミナ」休刊と同時に、第2回をもって終了。

【主催者】学習研究社

【選考委員】渡辺淳一,森瑤子,村松友視

【選考方法】公募

【選考基準】〔対象〕小説,ノンフィクション 〔資格〕女性に限る 〔原稿〕400字詰原稿用紙100枚程度。5枚程度の梗概を添付。未発表作品に限る。

【締切・発表】(第2回)平成5年3月31日締切,「小説フェミナ」9号に発表・掲載

【賞・賞金】賞金100万円,副賞:(株)メナード化粧品より記念品

第1回(平4年)
　◇小説
　　伊藤 幸恵　「入り江にて」
　◇ノンフィクション
　　該当作なし
第2回(平6年)
　◇ノンフィクション
　　三木 紀伊子　「我が道を譲らじと思ふ—江口きちの生涯」

092 ショート・ラブストーリー・コンテスト

　欧米各地のロマンスおよびエンターテイメントの翻訳作品を扱うハーレクイン社主催のコンテスト。日本国内において日本人女性を主人公としたラブストーリー作品を広く募集する。入賞作品は「ハーレクインSP文庫」より受賞作品集として刊行。平成17年(2005)創設。

【主催者】ハーレクイン

【選考方法】公募

【選考基準】〔資格〕不問　〔募集内容〕日本人女性を主人公としたピュアなラブストーリー　〔応募規定〕1行40字×500～1000行。400字詰原稿用紙換算で50枚～100枚。電子メールにファイル添付で応募。一人2作品まで応募可能。応募は商業紙誌で未発表のオリジナル作品に限る(ただし、同人誌や自身のHPで掲載している作品は可)。他の公募に応募中の作品不可。

【締切・発表】(第2回)平成18年8月31日締切。ハーレクイン社HPにて発表。入賞者には郵送で通知(平成18年11月末予定)。

【賞・賞金】大賞(1名)：賞金30万円、優秀賞(5名)：賞金3万円。入賞者にはハーレクイン社作品を贈呈。入賞作品は短編集としてハーレクイン社より出版。

第1回(平17年)
　◇大賞
　　桜庭 馨　「るり色の天使」
　◇優秀賞
　　祐天寺 ヒロミ　「彼によろしく」
　　荻野 真昼　「あたしの彼方へ」
　　森瀬 いずみ　「空色の夢」
　　川辺 純可　「シーウィンド」
　　後藤 知朝子　「夏がキラリ。」

第2回(平18年)
　◇大賞
　　藤ノ木 陵　「君があたりは」
　◇優秀賞
　　風視 のり　「最後の贈りもの」
　　緋川 小夏　「セカンド・ガール」
　　秋山 あさの　「内気な女神(ミューズ)」
　　仁村 魚　「パラフレーズ」
　　ハラ ハルカ　「神様のごほうび」

093 女流新人賞

　昭和30年(1955)に「婦人公論」創刊40周年を記念して、女流新人小説が募集され、2回続いた。そのあとをうけて昭和33年(1958)女流新人作家の登龍門として創設された。平成10年度(1998)以降休止。

【主催者】中央公論社

【選考委員】(第40回)平岩弓枝、宮尾登美子、渡辺淳一

【選考方法】公募

【選考基準】〔対象〕小説　〔資格〕商業誌に作品を発表したことのない、女流新人の未発表原稿(同人雑誌掲載作品は可)　〔原稿〕枚数は400字詰原稿用紙で100枚以内、これに400字程度の概要をつけること

093 女流新人賞

【締切・発表】5月31日締切。入選作は「婦人公論」10月号に発表。年1回実施。
【賞・賞金】記念品と賞金50万円

第1回（昭33年度）
　　有賀 喜代子　「子種」
第2回（昭34年度）
　　南部 きみ子　「流氷の街」
第3回（昭35年度）
　　田中 阿里子　「鱶」
第4回（昭36年度）
　　片岡 稔恵　「チャージ」
第5回（昭37年度）
　　前田 とみ子　「連（れん）」
第6回（昭38年度）
　　丸川 賀世子　「巷のあんばい」
第7回（昭39年度）
　　乾 東里子　「五月の嵐（メイストーム）」
第8回（昭40年度）
　　帯 正子　「背広を買う」
第9回（昭41年度）
　　鈴木 佐代子　「証文」
第10回（昭42年度）
　　杜 香織　「雪花」
第11回（昭43年度）
　　山口 年子　「集塵」
第12回（昭44年度）
　　島 さち子　「存在のエコー」
第13回（昭45年度）
　　該当作なし
第14回（昭46年度）
　　来島 潤子　「眩暈（めまい）」
第15回（昭47年度）
　　該当作なし
第16回（昭48年度）
　　稲葉 真弓　「蒼い影の傷みを」
第17回（昭49年度）
　　該当作なし
第18回（昭50年度）
　　該当作なし
第19回（昭51年度）
　　中山 茅集　「蛇の卵」

　　山下 智恵子　「埋める」
第20回（昭52年度）
　　中山 登紀子　「舫いあう男たち」
第21回（昭53年度）
　　該当作なし
第22回（昭54年度）
　　野島 千恵子　「日暮れの前に」
　　伊藤 光子　「死に待ちの家」
第23回（昭55年度）
　　該当作なし
第24回（昭56年度）
　　須山 ユキヱ　「延段」
第25回（昭57年度）
　　田口 佳子　「箱のうちそと」
第26回（昭58年度）
　　新田 純子　「飛蝶」
第27回（昭59年度）
　　村上 章子　「四月は残酷な月」
第28回（昭60年度）
　　田中 千佳　「マイブルー・ヘブン」
　　西本 陽子　「ひとすじの髪」
第29回（昭61年度）
　　北村 満緒　「五月の気流」
　　丸山 史　「ふたりぐらし」
第30回（昭62年度）
　　北原 リエ　「青い傷」
第31回（昭63年度）
　　朝比奈 愛子　「赤土の家」
第32回（平1年度）
　　杉本 晴子　「ビスクドール」
第33回（平2年度）
　　片山 ゆかり　「春子のバラード」
　　舞坂 あき　「落日の炎」
第34回（平3年度）
　　酒井 牧子　「色彩のない風景」
　　柏木 抄蘭　「ブッタの垣根」
第35回（平4年度）
　　牧野 節子　「水族館」

第36回（平5年度）
　有砂 悠子　「定数」
第37回（平6年度）
　維住 玲子　「ブリザード」
第38回（平7年度）
　岩橋 昌美　「空を失くした日」

第39回（平8年度）
　西町 意和子（リンゼイ美恵子）「答えて、トマス」
第40回（平9年度）
　矢口 敦子　「人形になる」

094 女流文学者賞

「婦人文庫」が世話人となって結成された女流文学者会が昭和21年（1946）に創設。女流作家の最優秀作に授賞したが，昭和36年（1961）に中央公論社が制定した「女流文学賞」に合流した。

【主催者】 女流文学者会
【選考方法】 非公募
【賞・賞金】 記念品および副賞5000円

第1回（昭22年）
　平林 たい子　「かうぃふ女」（『展望』昭和21年10月号）
第2回（昭23年）
　網野 菊　「金の棺」（『世界』昭和22年5月号）
第3回（昭24年）
　林 芙美子　「晩菊」（『別冊文芸春秋』昭和23年11月号）
第4回（昭27年）
　吉屋 信子　「鬼火」（中央公論社）
　大田 洋子　「人間襤褸」（『改造』昭和25年8月号）
第5回（昭28年）
　大谷 藤子　「釣瓶の音」（『改造』昭和27年12月号）
第6回（昭29年）
　円地 文子　「ひもじい月日」（『中央公論』昭和28年12月号）

第7回（昭30年）
　壺井 栄　「風」（光文社）
第8回（昭32年）
　原田 康子　「挽歌」（東都書房）
　大原 富枝　「ストマイつんぼ」（『文芸』昭和31年9月号）
第9回（昭33年）
　宇野 千代　「おはん」（『文体』昭和22年12月号より3回連載，『中央公論』昭和30年6月号より8回連載）
第10回（昭34年）
　該当作なし
第11回（昭35年）
　梁 雅子　「悲田院」（三一書房）
第12回（昭36年）
　芝木 好子　「湯葉」（『群像』昭和35年9月号）
　倉橋 由美子　「パルタイ」（文芸春秋新社）

095 女流文学賞

女流文学の振興と発展のため，以前からあった「女流文学者賞」を吸収して，昭和36年

095 女流文学賞　　　Ⅳ 文学

(1961)に創設された賞で、その年度における女流作家の最優秀作品に贈られる。平成13年(2001)「女流文学賞」を発展改組し、受賞者の性別を問わない「婦人公論文芸賞」となった。平成12年度をもって授賞終了。

【主催者】中央公論新社
【選考方法】非公募
【選考基準】〔対象〕前年7月1日より本年6月末までに発表された作品
【賞・賞金】賞牌と副賞100万円

第1回(昭37年度)
　網野 菊「さくらの花」(新潮社)
第2回(昭38年度)
　佐多 稲子「女の宿」(講談社)
　瀬戸内 晴美「夏の終り」(『新潮』昭和36年10月号)
第3回(昭39年度)
　野上 弥生子「秀吉と利休」(中央公論社)
第4回(昭40年度)
　該当作なし
第5回(昭41年度)
　円地 文子「なまみこ物語」(中央公論社)
第6回(昭42年度)
　有吉 佐和子「華岡青洲の妻」(『新潮』昭和41年10月号)
　河野 多恵子「最後の時」(河出書房新社)
第7回(昭43年度)
　平林 たい子「秘密」(『新潮』昭和42年10月号)
第8回(昭44年度)
　阿部 光子「遅い目覚めながらも」(新潮社)
第9回(昭45年度)
　大谷 藤子「再会」(『新潮』昭和43年8月号)
　大原 富枝「於雪―土佐一条家の崩壊」(中央公論社)
第10回(昭46年度)
　宇野 千代「幸福」(『新潮』昭和46年4月号)ほか
第11回(昭47年度)
　芝木 好子「青磁砧」(講談社)

第12回(昭48年度)
　幸田 文「闘」(新潮社)
第13回(昭49年度)
　富岡 多恵子「冥土の家族」(講談社)
第14回(昭50年度)
　大庭 みな子「がらくた博物館」(文芸春秋)
第15回(昭51年度)
　萩原 葉子「蕁麻の家」(『新潮』昭和50年7月号)
第16回(昭52年度)
　高橋 たか子「ロンリー・ウーマン」(集英社)
　宮尾 登美子「寒椿」(中央公論社)
第17回(昭53年度)
　津島 佑子「寵児」(河出書房新社)
　竹西 寛子「管絃祭」(新潮社)
第18回(昭54年度)
　中里 恒子「誰袖草」(文芸春秋)
　佐藤 愛子「幸福の絵」(新潮社)
第19回(昭55年度)
　曽野 綾子(辞退)「神の汚れた手」上・下(朝日新聞社)
第20回(昭56年度)
　広津 桃子「石蕗の花」(講談社)
第21回(昭57年度)
　永井 路子「氷輪」上・下(中央公論社)
第22回(昭58年度)
　林 京子「上海」(中央公論社)
第23回(昭59年度)
　吉田 知子「満洲は知らない」(『新潮』昭和58年11月号)

178　女性の賞事典

第24回（昭60年度）
　山本 道子　「ひとの樹」（文芸春秋）
第25回（昭61年度）
　杉本 苑子　「穢土荘厳」上・下（文芸春秋）
第26回（昭62年度）
　田辺 聖子　「花衣ぬぐやまつわる…」（集英社）
第27回（昭63年度）
　塩野 七生　「わが友マキアヴェッリ」（中央公論社）
　金井 美恵子　「タマや」（講談社）
第28回（平1年度）
　吉行 理恵　「黄色い猫」（新潮社）
第29回（平2年度）
　村田 喜代子　「白い山」（文芸春秋）
　津村 節子　「流星雨」（岩波書店）
第30回（平3年度）
　須賀 敦子　「ミラノ 霧の風景」（白水社）
　山田 詠美　「トラッシュ」（文芸春秋）
第31回（平4年度）
　稲葉 真弓　「エンドレス・ワルツ」（河出書房新社）
　岩橋 邦枝　「浮橋」（講談社）
第32回（平5年度）
　安西 篤子　「黒鳥」（新潮社）
第33回（平6年度）
　松浦 理英子　「親指Pの修業時代」（河出書房新社）
第34回（平7年度）
　高樹 のぶ子　「水脈」（文芸春秋）
第35回（平8年度）
　田中 澄江　「夫の始末」（講談社）
第36回（平9年度）
　北原 亜以子　「江戸風狂伝」（中央公論社）
第37回（平10年度）
　米谷 ふみ子　「ファミリー・ビジネス」（新潮社）
第38回（平11年度）
　原田 康子　「蠟涙」（講談社）
第39回（平12年度）
　川上 弘美　「溺レる」（文芸春秋）

096 関根賞・第2次関根賞

　お茶の水女子大学名誉教授の関根慶子氏の基金をもとに、新進・中堅の女性研究者による平安時代の日本文学・語学研究を奨励する目的で創設。平成6年度（1994）より授賞開始。平成17年（2005）秋に事務局を新たにし「第二次関根賞」が発足、移行した。

【主催者】関根賞運営委員会

【選考委員】委員長：永井和子（学習院女子大学名誉教授・前学長）、委員：梅野きみ子、河添房江、後藤祥子、清水婦久子、平野由紀子、安田徳子

【選考方法】推薦

【選考基準】〔対象〕女性研究者。各年1月から12月までに公表された平安時代の日本文学・語学を中心とする業績（著書・論文）。

【締切・発表】5月締切,8月発表。第8回（通算20回）授賞式：平成25年9月28日

【URL】http://spc.hujibakama.com/

第1回（平5年度）
　望月 郁子　「類聚名義抄の文献学的研究」（笠間書院）
　川添 房江　「源氏物語の喩と王権」（有精堂）
第2回（平6年度）
　該当作なし

第3回（平7年度）
　宮川 葉子　「三条西実隆と古典学」（風間書房）

第4回（平8年度）
　米田 明美　「『風葉和歌集』の構造に関する研究」（笠間書院）

第5回（平9年度）
　清水 婦久子　「源氏物語の風景と和歌」（和泉書院）

第6回（平10年度）
　安田 徳子　「中世和歌研究」（和泉書院）

第7回（平11年度）
　斎藤 熙子　「赤染衛門とその周辺」（笠間書院）

第8回（平12年度）
　張 龍妹　「源氏物語の救済」（風間書房）

第9回（平13年度）
　胡 潔　「平安貴族の婚姻慣習と源氏物語」（風間書房）

第10回（平14年度）
　該当作なし

第11回（平15年度）
　新田 孝子　「栄花物語の乳母の系譜」（風間書房）
　加藤 静子　「王朝歴史物語の生成と方法」（風間書房）

第12回（平16年度）
　圷 美奈子　「新しい枕草子論 主題・手法そして本文」（新典社）

第2次第1回・通算13回（平18年）
　中村 文　「後白河院時代歌人伝の研究」（笠間書院）
　近藤 みゆき　「古代後期和歌文学の研究」（風間書房）

第2次第2回・通算14回（平19年）
　丁 莉　「伊勢物語とその周縁 ジェンダーの視点から」（風間書房）

第2次第3回・通算15回（平20年）
　渡邉 裕美子　「最勝四天王院障子和歌全釈」（風間書房）

第2次第4回・通算16回（平21年）
　和田 律子　「藤原頼通の文化世界と更級日記」（新典社）

第2次第5回・通算17回（平22年）
　植田 恭代　「源氏物語の宮廷文化 後宮・雅楽・物語世界」（笠間書院）

第2次第6回・通算18回（平23年）
　岡嶌 偉久子　「源氏物語写本の書誌学的研究」（おうふう）

第2次第7回・通算19回（平24年）
　李 宇玲　「古代宮廷文学論—中日文化交流史の視点から」（勉誠出版）

第2次第8回・通算20回（平25年）
　家永 香織　「転換期の和歌表現 院政期和歌文学の研究」（青簡舎）

097 田村俊子賞

　昭和35年（1960）に創設，田村俊子に遺族がないため，死後の印税は田村俊子会が保管，それを基金としてこの賞が制定され，女流文学者の作品におくられる。第17回（昭和51年）で中止。

【主催者】 田村俊子会

【選考委員】 （第1回）武田泰淳，草野心平，阿部知二，立野信之，湯浅芳子，佐多稲子

【賞・賞金】 賞金10万円と記念品

第1回（昭35年）
　瀬戸内 晴美　「田村俊子」（『文学者』連載）

第2回（昭36年）
　森 茉莉　「恋人たちの森」（新潮社）

第3回（昭37年）
　倉橋 由美子　"業績に対して"
第4回（昭38年）
　竹西 寛子　「往還の記」(『文学者』昭和38年7月号～39年3月号）
第5回（昭39年）
　阿部 光子　「遅い目覚めながらも」「神学校一年生」(『新潮』昭和39年11月号，同40年3月号）
　秋元 松代　「常陸坊海尊」(牧羊社)
第6回（昭40年）
　萩原 葉子　「天上の花」(『新潮』3月号）
第7回（昭41年）
　中村 きい子　「女と刀」(光文社)
第8回（昭42年）
　松田 解子　「おりん口伝」(新日本出版社)
　吉行 理恵　「夢のなかで」(晶文社)
第9回（昭43年）
　福田 須磨子　「われなお生きてあり」(筑摩書房)
第10回（昭44年）
　三枝 和子　「処刑は行われている」(審美社)
　松原 一枝　「お前よ美しくあれと声がする」(集英社)
第11回（昭45年）
　江夏 美好　「下々の女」(河出書房新社)
　本多 房子　"婦人民主新聞記者としての活動に対して"
第12回（昭46年）
　広津 桃子　「春の音」(講談社)
　江刺 昭子　「草籠―評伝・大田洋子」(濤書房)
　石垣 りん　「石垣りん詩集」(思潮社)
第13回（昭47年）
　高橋 たか子　「空の果てまで」(新潮社)
第14回（昭48年）
　富岡 多恵子　「植物祭」(中央公論社)
第15回（昭49年）
　吉野 せい　「洟をたらした神」(弥生書房)
　島尾 ミホ　「海辺の生と死」(創樹社)
第16回（昭50年）
　津島 佑子　「葎の母」(河出書房新社)
　一の瀬 綾　「黄の花」(総合調査研究所)
第17回（昭51年）
　木々 康子　「蒼龍の系譜」(筑摩書房)
　武田 百合子　「富士日記」(『海』連載)

098 フェミナ賞

女性新人の登龍門とする。平成3年（1991）第3回の発表をもって終了し，「小説フェミナ賞」が新たに設けられた。

【主催者】学習研究社
【選考委員】大庭みな子，瀬戸内寂聴，田辺聖子，藤原新也
【選考方法】公募
【選考基準】〔対象〕小説，ノンフィクションなどのジャンルを問わない　〔資格〕女性新人の未発表作品に限る　〔原稿〕400字詰原稿用紙100枚程度
【締切・発表】（第3回）平成2年10月末日締切，「フェミナ」平成3年春号にて発表
【賞・賞金】特賞：賞金100万円

第1回（昭63年）
　井上 荒野　「わたしのヌレエフ」
　江國 香織　「409ラドクリフ」
　木村 英代　「オーフロイデ」

099 婦人公論文芸賞　　　　　　　　　　　　　　　　　　　　　　Ⅳ 文学

第2回（平1年）
　田村 総　「いきいき老青春」
　加藤 博子　「ヒロコ」

第3回（平2年）
　上正路 理砂　「やがて伝説がうまれる」
　市川 温子　「ぐりーん・ふいっしゅ」

099 婦人公論文芸賞

「婦人文庫」が世話人となって結成された女流文学者会が昭和21年（1946）に「女流文学者賞」を創設。昭和36年（1961）に中央公論社が制定した「女流文学賞」に合流した。平成13年（2001）「女流文学賞」は発展改組し、受賞者の性別を問わない「婦人公論文芸賞」が創設された。第5回（平成17年）をもって終了。

【主催者】中央公論新社

【選考委員】（第5回）鹿島茂、林真理子、渡辺淳一

【選考基準】〔対象〕前年7月から当年6月に発表された作品で、女性を活写して、現代に問題を提起し、多くの読者に感動を与えた作品。小説、詩歌、エッセー、ノンフィクションなど文学による表現ならジャンルを問わない。

【締切・発表】例年8月に選考会、10月に贈呈式

【賞・賞金】記念品と副賞（賞金100万円）

第1回（平13年）
　田口 ランディ　「できればムカつかずに生きたい」（晶文社）

第2回（平14年）
　岩井 志麻子　「チャイ・コイ」（中央公論新社）

第3回（平15年）
　角田 光代　「空中庭園」（文芸春秋）

第4回（平16年）
　酒井 順子　「負け犬の遠吠え」（講談社）

第5回（平17年）
　桐野 夏生　「魂萌え！」（毎日新聞社）

100 フラウ文芸大賞

女性による、女性のための本大賞として、平成25年（2013）、女性誌『FRaU』が「フラウ文芸大賞」および「女子マンガ大賞」を設立した。フラウ世代の女性に読書のきっかけを作り、少しでも役に立つ、心に潤いを与えてくれる本を紹介することを目的に創設された。

【主催者】FRaU（講談社）

【選考委員】瀧井朝世（フリーライター）、山崎まどか（コラムニスト・ライター・翻訳家）、藤田香織（書評家）

【選考方法】フラウ世代の女性書店員と3名の選考委員にアンケート調査を行い、その作品の中からおすすめ度に即した点数を、持ち点の中で配点し選出。合計点数の高かった上位作品から、選考委員による選考を経て大賞を決定。

【選考基準】〔対象〕平成24年1月～翌年5月に発売された小説、エッセイ、ノンフィクション（翻訳作品も含む）など、マンガを除くすべてのジャンル。本の現場にいる女性が、

"女性のために"本当に薦めたいかどうかを選考基準とする。

【締切・発表】平成25年9月号にて特集

【URL】http://frau-web.net/

第1回(平25年)
　◇大賞
　　村田 沙耶香 「しろいろの街の、その骨の体温の」(朝日新聞出版)
　◇準大賞
　　本谷 有希子 「嵐のピクニック」(講談社)
　◇新人賞
　　彩瀬 まる 「あのひとは蜘蛛を潰せない」(新潮社)
　◇海外文学賞
　　コルム・トビーン〔著〕,栩木 伸明〔訳〕「ブルックリン」(白水社)
　◇装丁賞
　　山内 マリコ 「ここは退屈迎えに来て」(幻冬舎)

101 振媛文学賞

継体天皇の生母で,「日本書紀」で美しい女性として紹介されている振媛(ふりひめ)の故郷の福井県丸岡町(現・坂井市)が創設。振媛を題材とし,越(こし)の国をアピールする小説を募集。時代小説,推理小説,SF等のジャンル自由。当初より2〜3回開催の予定で,第2回をもって作品集を刊行して終了。

【主催者】丸岡町

【選考委員】(第2回)黒岩重吾,中山千夏,門脇禎二,森浩一

【選考方法】公募

【選考基準】〔対象〕謎の解明と古代を対象にした歴史小説。振媛を題材とする。論文・戯曲・詩は不可。〔資格〕プロ,アマ不問。未発表作品に限る。〔原稿〕400字詰原稿用紙30〜40枚。400字程度のあらすじを添付。

【締切・発表】(第2回)平成4年11月10日締切,平成5年3月受賞者に通知するほか,マスコミおよび「歴史読本」で発表・掲載

【賞・賞金】振媛文学賞(1編):賞金50万円,2席(2編):賞金20万円。諸権利は丸岡町教育委員会に帰属

第1回(平3年度)
　◇1席
　　楠本 幸子(コピーライター)「越の麗媛(くわしめ)」
　◇2席
　　山岸 香奈恵 「川は涙を飲み込んで」
　　福 明子 「熱風」

第2回(平4年度)
　◇1席
　　該当作なし
　◇2席
　　武陵 蘭 「花に抱かれて」
　　吉橋 通夫 「恋初む」
　　馬面 善子 「坂中井に虹が出て」

102 マドモアゼル女流短篇新人賞

　創刊5周年を記念して,フレッシュな女性作家の発掘を目的とし,昭和40年(1965)に「女流短編新人賞」が創設された。途中で「マドモアゼル女流短篇新人賞」と改称される。昭和43年(1968)3月号で休刊となり,中止。

【主催者】 小学館

【選考委員】 円地文子,北杜夫,三浦朱門

【選考基準】 〔対象〕短編小説,テーマは自由 〔資格〕女性なら誰でも 〔原稿〕400字詰原稿用紙で50枚

【締切・発表】 毎年2月締切,6月発表

【賞・賞金】 賞金3万円

第1回(昭40年)
　持田 美根子　「灰色のコンプレックス」
第2回(昭41年)
　島木 葉子　「朽ちた裏階段の挿話」
第3回(昭42年)
　該当作なし
第4回(昭43年)
　釈永 君子　「甚平」

103 紫式部文学賞

　宇治市では,「源氏物語」最後の十帖の舞台となっていることから,源氏物語をテーマにしたまちづくりを推進している。その中核となるのが,市民のアイディアをもとに創設した「紫式部文学賞」である。伝統ある日本女性文学の継承と発展に寄与するとともに,市民文化の向上に資することを目的として実施している。

【主催者】 宇治市,宇治市教育委員会

【選考委員】 井波律子,川上弘美,鈴木貞美,竹田青嗣,村田喜代子

【選考方法】 非公募(推薦)。全国の作家,文芸評論家,出版社,新聞社,市民推薦人から各々1点に限り推薦を受けた作品を,紫式部文学賞推薦委員会で数編に絞り,その後,紫式部文学賞選考委員会で受賞作品が選定され,市長が決定。

【選考基準】 〔対象〕小説,戯曲,評論,随筆,詩,歌句,翻訳およびノンフィクション等の文学作品(ただし,詩および歌句については,ある程度の作品を収録した「集」の体裁をとるものとする)〔要件〕作者が女性であること。前年1月1日から同年12月31日までに刊行された作品(単行本)であること。日本語の作品であること。

【締切・発表】 (第24回)平成26年8月上旬発表予定,平成26年11月中旬贈呈式実施予定

【賞・賞金】 正賞(ブロンズ像)と副賞(賞金200万円)

【URL】 http://www.city.uji.kyoto.jp/bungakushou/

第1回(平3年)
　石丸 晶子(東京経済大学教授)「式子内親王伝―面影びとは法然」(朝日新聞社)

第2回（平4年）
　江國 香織（小説家）「きらきらひかる」（新潮社）
第3回（平5年）
　石牟礼 道子（小説家）「十六夜橋」（径書房）
第4回（平6年）
　岩阪 恵子（作家）「淀川にちかい町から」（講談社）
第5回（平7年）
　吉本 ばなな（小説家）「アムリタ」（ベネッセコーポレーション）
第6回（平8年）
　田中 澄江（劇作家, 小説家）「夫の始末」（講談社）
第7回（平9年）
　村田 喜代子（小説家）「蟹女」（文藝春秋）
第8回（平10年）
　斎藤 史（歌人）「斎藤史全歌集 1928-1993」（大和書房）
第9回（平11年）
　川上 弘美（作家）「神様」（中央公論）
第10回（平12年）
　三枝 和子（作家）「薬子の京」（講談社）
第11回（平13年）
　富岡 多恵子（作家, 詩人）「釈迢空ノート」（岩波書店）
第12回（平14年）
　河野 裕子（歌人）「歩く」（青磁社）

第13回（平15年）
　大庭 みな子（作家）「浦安うた日記」（作品社）
第14回（平16年）
　俵 万智（歌人）「愛する源氏物語」（文藝春秋）
第15回（平17年）
　津島 佑子（作家）「ナラ・レポート」（文藝春秋）
第16回（平18年）
　梨木 香歩　「沼地のある森を抜けて」（新潮社）
第17回（平19年）
　馬場 あき子　「歌説話の世界」（講談社）
第18回（平20年）
　伊藤 比呂美　「とげ抜き 新巣鴨地蔵縁起」（講談社）
第19回（平21年）
　桐野 夏生　「女神記」（角川書店）
第20回（平22年）
　川上 未映子　「ヘヴン」（講談社）
第21回（平23年）
　多和田 葉子　「尼僧とキューピッドの弓」（講談社）
第22回（平24年）
　岩橋 邦枝　「評伝 野上彌生子——迷路を抜けて森へ」（新潮社）
第23回（平25年）
　赤坂 真理　「東京プリズン」（河出書房新社）

104 らいらっく文学賞

　"女性の時代の幕あけ"といわれた昭和55年（1980），「女性の小説」募集としてスタート。平成2年（1990）から「らいらっく文学賞」と改称した。平成16年（2004），第25回をもって授賞休止。

【主催者】朝日新聞北海道支社
【選考委員】（第25回）秋山駿，林真理子，唯川恵，渡辺淳一，朝日新聞東京本社学芸部長
【選考方法】公募
【選考基準】〔対象〕小説　〔資格〕全国の女性　〔原稿〕400字詰原稿用紙に換算して70

枚まで。紙のプリントに入力済みフロッピー添付,もしくはメールに添付して送信。
【締切・発表】(第25回)平成16年3月15日締切,審査会6月上旬,審査会翌日の朝日新聞北海道版紙上とホームページで発表
【賞・賞金】入選(1編):賞状と賞金100万円,佳作(2編):賞状と賞金10万円

第1回(昭55年)
　沓沢 久里　「鶴の日」
第2回(昭56年)
　高久 裕子　「金髪のジェニーさん」
第3回(昭57年)
　該当作なし
第4回(昭58年)
　山下 邦子　「影絵の街」
第5回(昭59年)
　岡井 満子　「仮りの家」
第6回(昭60年)
　山路 ひろ子　「ある夏の断章」
第7回(昭61年)
　飯豊 深雪　「うつむいた秋」
第8回(昭62年)
　鎌田 理恵　「昆布番屋」
第9回(昭63年)
　坂本 直子　「イントロダクション」
第10回(平1年)
　江藤 あさひ　「階段をのぼれ」
第11回(平2年)
　蒲生 ゆかり　「月も 夜も 街も」
第12回(平3年)
　原田 由美子　「夏のうしろ姿」
　尾川 裕子　「星祭り」

第13回(平4年)
　井上 茅那　「三コーナーから大まくり」
第14回(平5年)
　水野 佳子　「愛されない僕と,愛せない僕」
第15回(平6年)
　北城 景　「凍てるスニーカー」
第16回(平7年)
　杉村 静　「波ばかり」
第17回(平8年)
　高橋 あい　「星 ふるえる」
第18回(平9年)
　宮原 寧子　「雪線」
第19回(平10年)
　野水 あいら　「美しい記号」
第20回(平11年)
　舘 有紀　「木漏れ日」
第21回(平12年)
　今井 恭子　「引き継がれし者」
第22回(平13年)
　伊藤 莉沙　「ジ・パラナ・ホテル」
第23回(平14年)
　奥村 理英　「二人のノーサイド」
第24回(平15年)
　伊波 伊久子　「残り香」
第25回(平16年)
　喜多 由布子　「帰っておいで」

詩・短歌・俳句

105 桂信子賞

俳句創作に加え,地道な研究活動を怠らなかった女性俳人・桂信子の関係資料は,平成17年(2005)11月3日柿衞文庫に寄贈され,俳句資料室が開室した。平成21年(2009),その

開室3周年と柿衞文庫開館25周年を記念して、桂信子を顕彰し、女性俳人の活動のさらなる発展を願って、桂信子賞を制定した。

【主催者】公益財団法人 柿衞文庫
【選考委員】宇多喜代子、黒田杏子、寺井谷子、西村和子
【選考方法】選考基準に基づき、選考委員が受賞者を決定する
【選考基準】女性であること、実作と研究・評論をともに行っていること。〔対象〕著作物。句集のほか、俳人・俳句作品・季語など、俳句全般にかかわる研究書・評論・エッセイ等とする。広く収集された情報に基づき行う。
【締切・発表】発表は、伊丹市広報・各日刊紙・柿衞文庫友の会ニュース等で行う
【賞・賞金】賞状および副賞(10万円)
【URL】http://www.kakimori.jp/

第1回(平21年)
　黒田 杏子
第2回(平22年)
　文挾 夫佐恵
第3回(平23年)
　西村 和子
第4回(平24年)
　遠山 陽子
第5回(平25年)
　柿本 多映

106 葛原妙子賞

平成16年(2004)に終了した「河野愛子賞」の後を引き継ぎ、平成17年に創設された。戦後短歌史に名を残す歌人・葛原妙子の業績を称え、中堅女流歌人の優れた歌集歌書に与えられる。

【主催者】砂子屋書房
【選考委員】(第9回) 篠弘、小池光、花山多佳子、佐佐木幸綱
【選考方法】非公募(毎年4月に現代歌人100人に推薦アンケートを求める)
【選考基準】〔対象〕前年1月～12月に出版した中堅女性歌人の歌集・歌書
【締切・発表】発表4月 (第9回)平成25年5月30日授賞式
【賞・賞金】賞状と賞金30万円
【URL】http://www2.ocn.ne.jp/~sunagoya/terayama-kouno.html

第1回(平17年)
　今野 寿美 「龍笛」(砂子屋書房)
第2回(平18年)
　大口 玲子 「ひたかみ」(雁書館)
第3回(平19年)
　酒井 佑子 「矩形(くけい)の空」(砂子屋書房)
第4回(平20年)
　横山 未来子 「花の線画」(青磁社)
第5回(平21年)
　小林 幸子 「場所の記憶」(砂子屋書房)

107 現代詩女流賞

第6回(平22年)
　川野 里子　「幻想の重量―葛原妙子の戦後短歌」(本阿弥書店)
第7回(平23年)
　松村 由利子　「大女伝説」(短歌研究社)
第8回(平24年)
　梅内 美華子　「エクウス」(角川書店)
第9回(平25年)
　なみの 亜子　「バード・バード」(砂子屋書房)

---

107 現代詩女流賞

「ミセス」創刊15周年を記念して「現代短歌女流賞」「現代俳句女流賞」とともに昭和51年(1976)創設。将来女流詩壇を担うに足ると思われる,中堅女流詩人の詩集を対象とする。第13回(昭和63年)の授賞をもって終了。

【主催者】文化学園文化出版局
【選考委員】安西均,伊藤桂一,薩摩忠,新川和江,吉野弘
【選考方法】毎年1月1日より12月31日までの1年間に刊行された,女性による詩集,評論集 〔応募方式〕随時編集部宛に送付
【締切・発表】締切毎年12月31日,結果は「ミセス」4月号に発表。年1回
【賞・賞金】下村良之介作陶器と副賞30万円

第1回(昭51年)
　三井 葉子　「浮舟」(深夜叢書社)
第2回(昭52年)
　会田 千衣子　「フェニックス」(思潮社)
第3回(昭53年)
　田村 さと子　「イベリアの秋」(思潮社)
第4回(昭54年)
　山本 沖子　「朝のいのり」(文化出版局)
第5回(昭55年)
　多田 智満子　「蓮喰いびと」(書肆林檎屋)
第6回(昭56年)
　太原 千佳子　「物たち」(詩学社)
第7回(昭57年)
　藤原 菜穂子　「いま私の岸辺を」(地球社)
第8回(昭58年)
　菊池 敏子　「紙の刃」(紫陽社)
第9回(昭59年)
　征矢 泰子　「すこしゆっくり」(思潮社)
第10回(昭60年)
　新井 千裕　「復活祭のためのレクイエム」(花神社)
第11回(昭61年)
　高橋 順子　「花まいらせず」(書肆山田)
第12回(昭62年)
　永瀬 清子　「あけがたにくる人よ」(思潮社)
第13回(昭63年)
　村瀬 和子　「永見(ひみ)のように」(知良軒)

---

108 現代短歌女流賞

「ミセス」創刊15周年を記念して「現代詩女流賞」,「現代短歌女流賞」,「現代俳句女流賞」の3賞を制定した。この賞は将来女流歌壇を担うに足る中堅女流歌人を対象とする。第13回(昭和63年)の授賞をもって終了。

【主催者】文化学園文化出版局
【選考委員】篠弘,島田修二,塚本邦雄,馬場あき子,安永蕗子
【選考方法】〔対象〕毎年1月1日より12月31日までの1年間に刊行された,女流による歌集,評論集 〔応募方式〕随時編集部宛に送付
【締切・発表】毎年12月31日締切,「ミセス」4月号に発表。年1回
【賞・賞金】下村良之介作陶器と副賞30万円

第1回(昭51年)
　石川 不二子　「牧歌」(不識書院)
第2回(昭52年)
　馬場 あき子　「桜花伝承」(牧羊社)
第3回(昭53年)
　山中 智恵子　「青章」(国文社)
第4回(昭54年)
　安永 蕗子　「朱泥」(東京美術)
第5回(昭55年)
　河野 裕子　「桜森」(蒼土舎)
第6回(昭56年)
　稲葉 京子　「槐の傘」(短歌新聞社)
第7回(昭57年)
　大塚 陽子　「遠花火」(雁書館)

第8回(昭58年)
　河野 愛子　「黒羅」(不識書院)
第9回(昭59年)
　北沢 郁子　「塵沙」(不識書院)
第10回(昭60年)
　築地 正子　「菜切川」(雁書館)
第11回(昭61年)
　三国 玲子　「鏡壁」(不識書院)
第12回(昭62年)
　辺見 じゅん　「闇の祝祭」角川書店
第13回(昭63年)
　今野 寿美　「世紀末の桃」雁書館

109 現代短歌新人賞

日本現代短歌会の振興と,さいたま市民の文学活動を充実させるために,歌壇に新風をもたらす歌人を表彰し,新人芸術家の発掘・支援を行うものである。当初は,旧大宮市主催で行われており,当時予定されていた女性歌人を中心とした文学館整備の先行事業として平成12年度(2000)創設された。合併により,さいたま市となった現在も継続して実施されている。

【主催者】さいたま市,さいたま市教育委員会
【選考委員】(第14回)中村稔(選考委員長),馬場あき子,篠弘,小池光,栗木京子
【選考方法】推薦
【選考基準】前年の10月1日から翌年の9月30日までに刊行された原則として第1歌集を対象とする。約180名の歌人等に対してアンケートを行い,多くの推薦を受けた歌集,および選考委員が推薦する歌集を併せ,12月の選考会で決定。
【締切・発表】毎年12月選考会・発表,文化出版局月刊誌「ミセス」3月号に選考経過等掲載,3月表彰式
【賞・賞金】正賞:賞状,副賞:賞金50万円・記念品

【URL】http://www.city.saitama.jp/

第1回(平12年)
　梅内 美華子　「若月祭(みかずきさい)」(雁書館)
第2回(平13年)
　小守 有里　「こいびと」(雁書館)
第3回(平14年)
　渡 英子　「みづを搬ぶ」(本阿弥書店)
第4回(平15年)
　松本 典子　「いびつな果実」(角川書店)
第5回(平16年)
　河野 美砂子　「無言歌(むごんか)」(砂子屋書房)
第6回(平17年)
　後藤 由紀恵　「冷えゆく耳」(ながらみ書房)
第7回(平18年)
　松村 由利子　「鳥女(とりおんな)」(本阿弥書店)
第8回(平19年)
　小島 なお　「乱反射」(角川書店)
第9回(平20年)
　澤村 斉美　「夏鴉」(砂子屋書房)
第10回(平21年度)
　浦河 奈々　「マトリョーシカ」(短歌研究社)
第11回(平22年度)
　遠藤 由季　「アシンメトリー」(短歌研究社)
第12回(平23年度)
　柳澤 美晴　「一匙の海」(本阿弥書店)
第13回(平24年度)
　高木 佳子　「青雨記」(いりの舎)
第14回(平25年度)
　山崎 聡子　「手のひらの花火」(短歌研究社)

110 現代俳句女流賞

「ミセス」創刊15周年を記念して「現代詩女流賞」、「現代短歌女流賞」、「現代俳句女流賞」の3賞を制定した。この賞は将来女流俳壇を担うと思われる中堅女流俳人の句集を対象とする。第13回(昭63年)の授賞をもって終了。

【主催者】文化学園文化出版局
【選考委員】飯田龍太,鈴木真砂女,野沢節子,細見綾子,森澄雄
【選考方法】〔対象〕毎年1月1日より12月31日までの1年間に刊行された女流による句集,評論集　〔応募方式〕随時編集部宛に送付
【締切・発表】毎年12月31日締切,「ミセス」4月号に発表
【賞・賞金】下村良之介作陶器と副賞30万円

第1回(昭51年)
　桂 信子　「新緑」(牧羊社)
第2回(昭52年)
　鷲谷 七菜子　「花寂び」(牧羊社)
第3回(昭53年)
　神尾 久美子　「桐の木」(牧羊社)
第4回(昭54年)
　中村 苑子　「中村苑子句集」(立風書房)
第5回(昭55年)
　大橋 敦子　「勾玉」(牧羊社)
第6回(昭56年)
　黒田 杏子　「木の椅子」(牧羊社)

第7回（昭57年）
　　永島 靖子　「真昼」（書肆季節社）
第8回（昭58年）
　　岡本 眸　「母系」（牧羊社）
第9回（昭59年）
　　佐野 美智　「棹歌」（牧羊社）
第10回（昭60年）
　　斎藤 梅子　「藍甕（あいがめ）」（牧羊社）

第11回（昭61年）
　　角川 照子　「花行脚」（角川書店）
第12回（昭62年）
　　山本 洋子　「木の花」（牧羊社）
第13回（昭63年）
　　永方 裕子　「麗日」（富士見書房）

111 河野愛子賞

　平成元年（1989）がんで亡くなった歌人・河野愛子の業績を称えて創設された。現代歌人（中堅女性歌人）の歌集・歌書を対象とする。平成16年（2004）の第14回で終了し、「葛原妙子賞」に引き継がれた。

【主催者】砂子屋書房
【選考方法】非公募（毎年4月に現代歌人100人に推薦アンケートを求める）
【選考基準】〔対象〕前年度1月～12月に出版した中堅女性歌人の歌集・歌書
【締切・発表】例年4月に決定
【賞・賞金】賞状と賞金30万円

第1回（平3年）
　　松平 盟子（歌人）「プラチナ・ブルース」
　　（歌集, 砂子屋書房）
第2回（平4年）
　　佐伯 裕子（フリーライター）「未完の手紙」（歌集, ながらみ書房）
第3回（平5年）
　　香川 ヒサ　「マテシス」（歌集, 本阿弥書店）
第4回（平6年）
　　米川 千嘉子　「一夏」（歌集, 河出書房新社）
第5回（平7年）
　　栗木 京子　「綺羅」（歌集, 河出書房新社）
第6回（平8年）
　　永井 陽子　「てまり唄」（歌集, 砂子屋書房）
第7回（平9年）
　　小島 ゆかり　「ヘブライ暦」（歌集, 短歌新聞社）
第8回（平10年）
　　河野 裕子　「体力」（歌集, 本阿弥書店）

第9回（平11年）
　　花山 多佳子　「空合」（歌集, ながらみ書房）
第10回（平12年）
　　水原 紫苑　「くわんおん」（歌集, 河出書房新社）
　　中川 佐和子　「河野愛子論」（歌集, 砂子屋書房）
第11回（平13年）
　　大滝 和子　「人類のヴァイオリン」（歌集, 砂子屋書房）
　　久々湊 盈子　「あらばしり」（歌集, 砂子屋書房）
第12回（平14年）
　　池田 はるみ　「ガーゼ」（歌集, 砂子屋書房）
第13回（平15年）
　　川野 里子　「太陽の壺」（歌集, 砂子屋書房）
第14回（平16年）
　　日高 堯子　「樹雨」（歌集, 北冬舎）

112 星野立子賞

　今なお多くの俳人から愛される星野立子。高浜虚子の次女で,俳句は本来男系の文学であるといわれた1910年代,俳句を女性に教え広めようとした虚子が認め,支援した人物である。女流で初の主宰俳誌『玉藻』を27歳の若さで創刊したことを始め『主婦の友』『婦人公論』などの選句を担当し,俳句初心者の勧誘や婦人俳句の飛躍に大きく貢献したと評されている。平成25年(2013),女流俳人賞「星野立子賞」を新設。今後の俳句界における女流のさらなる文芸の飛躍,若手人材の育成を目指し,作品を募集する。

【主催者】 財団法人 上廣倫理財団,協力:鎌倉虚子立子記念館,後援:角川学芸出版

【選考委員】 星野立子賞:小澤實,黒田杏子,後藤比奈夫,西村和子,星野椿／星野立子新人賞:岸本尚毅,中西夕紀,星野高士

【選考方法】 公募

【選考基準】 〔対象〕星野立子賞:女性に限る。平成24年12月〜翌年11月までに刊行した句集より審査。 星野立子新人賞:20歳以上50歳未満。平成25年11月末日までに創作した未発表の50句の投句により審査。

【締切・発表】 (第2回)平成25年11月30日締切。平成26年2月25日 角川「俳句」3月号にて発表。平成26年3月表彰・祝賀会予定。

【賞・賞金】 星野立子賞:100万円(賞状・記念品) 星野立子新人賞:30万円(賞状・記念品)

第1回(平25年)
　◇星野立子賞
　　津川 絵理子(南風副代表)

　◇星野立子新人賞
　　糸屋 和恵(藍生同人)
　　抜井 諒一(伝統俳句協会会員)

113 ミューズ女流文学賞

　昭和56年(1981)ミューズ創刊5周年を記念して設定。

【主催者】 ミューズ社

【選考委員】 ミューズ編集部

【選考方法】 公募。年1回。

【選考基準】 〔対象〕短歌 〔原稿〕一般葉書応募

【締切・発表】 (第14回)「ミューズ」平成6年初春号に発表

【賞・賞金】 記念品と賞金20万円

第1回(昭55年)
　森山 晴美
　蒔田 律子

第2回(昭56年)
　大西 民子

第3回(昭57年)
　三国 玲子
第4回(昭58年)
　河野 裕子
第5回(昭59年)
　真鍋 美恵子
第6回(昭60年)
　馬場 あき子
第7回(昭61年)
　川口 美根子
　生田 和恵
第8回(昭62年)
　雨宮 雅子

第9回(昭63年)
　尾崎 左永子
第10回(平1年)
　稲葉 京子
第11回(平2年)
　新井 貞子
　筒井 紅舟
第12回(平3年)
　米田 律子
第13回(平4年)
　春日 真木子

114 ラ・メール新人賞

　昭和58年(1983)7月・夏号より季刊で発行されることとなった「現代詩ラ・メール」の年度ごとの行事として,優れた女性詩の新人を発掘する目的で創設された。対象はS会員(年間予約購読者)。平成5年(1993)春,同誌の終刊とともに終了。

【主催者】書肆水族館,現代詩ラ・メールの会

【選考委員】新川和江,吉原幸子

【選考方法】公募

【選考基準】〔対象〕詩　〔資格〕「現代詩ラ・メール」投稿者(S会員)がその年度に寄せた作品中,最も優れた作品の作者に与えられる。投稿権はS会員のみ,1号につき2篇まで,未発表の詩作品。

【締切・発表】(第10回)平成4年4月・7月・10月,平成5年1月各末日締切の投稿作品が選考を経て夏・秋・冬・春各号に掲載され,その中から受賞者が選ばれる。平成5年4月・春号にて発表。

【賞・賞金】賞金10万円と雑誌編集人(選考委員兼任)2名より記念品

第1回(昭59年)
　鈴木 ユリイカ　「生きている貝」ほか
第2回(昭60年)
　中本 道代　「悪い時刻」ほか
第3回(昭61年)
　笠間 由紀子　「二月」ほか
第4回(昭62年)
　国峰 照子　「浮遊家族」ほか
第5回(昭63年)
　柴田 千秋　「博物館」ほか

第6回(平1年)
　小池 昌代　「浮力」ほか
第7回(平2年)
　岬 多可子　「ここから」ほか
第8回(平3年)
　千葉 香織　「鳥」ほか
第9回(平4年)
　高塚 かず子　「水」ほか

第10回（平5年）
　宮尾 節子 「私を渡る」ほか

115 ラ・メール短歌賞

　優れた女性短歌の新人を発掘する目的で昭和62年（1987）に創設された。「ラ・メール俳句賞」と隔年交替。平成5年（1993）春、「現代詩ラ・メール」誌の終刊とともに終了。

【主催者】書肆水族館, 現代詩ラ・メールの会

【選考委員】辺見じゅん

【選考方法】公募

【選考基準】〔対象〕短歌　〔資格〕「現代詩ラ・メール」投稿者（S会員）がその年度に寄せた作品中、最も優れた作品の作者に与えられる。1号につき6首まで。未発表の作品に限る。

【締切・発表】（第4回）平成4年4月・7月・10月・5年1月、各末日締切の投稿作品が選考を経て夏・秋・冬・春各号に掲載され、その中から受賞者が選ばれる。平成5年4月・春号にて発表。

【賞・賞金】賞金10万円

第1回（昭62年）
　袖岡 華子 「黄昏流る」ほか
第2回（平1年）
　飴本 登之 「地上の闇」ほか
第3回（平3年）
　宮崎 郁子 「雨の皮膜」ほか
第4回（平5年）
　中里 茉莉子 「危うき平安」ほか

116 ラ・メール俳句賞

　優れた女性俳句の新人を発掘する目的で昭和62年（1987）に創設された。「ラ・メール短歌賞」と隔年交替とした為、受賞は翌63年からとなった。平成5年（1993）春、「現代詩ラ・メール」誌の終刊とともに第3回（平成4年）にて終了。

【主催者】書肆水族館, 現代詩ラ・メールの会

【選考委員】黒田杏子

【選考方法】公募

【選考基準】〔対象〕俳句。「現代詩ラ・メール」投稿者（S会員）がその年度に寄せた作品中、最も優れた作品の作者に与えられる。一号につき6句まで、未発表の作品に限る。

【締切・発表】（第3回）平成3年4月・7月・10月、平成4年1月各末日締切の投稿作品が選考を経て夏・秋・冬・春各号に掲載される。その中から受賞者が選ばれ、平成4年4月・春号にて発表。

【賞・賞金】賞金10万と記念品

第1回（昭63年）
　小津 はるみ　「水の向う」
第2回（平2年）
　高浦 銘子　「臘梅」

第3回（平4年）
　松本 有宙　「夢のあと」ほか

児童文学

117 カネボウ・ミセス童話大賞

　女性に童話を書く楽しさをと願って、雑誌「ミセス」の創刊20周年を記念して企画された。第3回より「ミセス童話大賞」を「カネボウ・ミセス童話大賞」と改称。第18回（平成10年）をもって終了。

【主催者】文化出版局・雑誌「ミセス」

【選考委員】（第18回）あまんきみこ（作家），落合恵子（作家），角野栄子（作家），三木卓（詩人・作家），鯛嘉行（文化出版局局長）

【選考方法】公募

【選考基準】〔資格〕女性に限る。プロ・アマ、未婚・既婚、国籍不問 〔対象〕テーマは問わないが、幼児および小学校低学年生が読める内容の童話，日本語の未発表の創作（翻訳不可）〔原稿〕400字詰原稿用紙14枚から17枚

【締切・発表】（第18回）平成10年3月31日締切，「ミセス」平成10年10月号誌上にて発表

【賞・賞金】大賞（1編）：賞状と賞金100万円。 優秀賞（3編）：賞状と賞金各30万円。 入選（若干編）：賞状と記念品。 入賞作の著作権は文化出版局に帰属し、賞金には後日、単行本として文化出版局が出版した場合の著作権使用料を含む。

第1回（昭56年）
　北原 樹　「くろねこパコのびっくりシチュー」
◇優秀賞
　佐々 潤子　「赤いくし」
　和田 安里子　「えどいちの夢どろぼう」
　原田 英子　「ひろ君のおばけたいじ」
第2回（昭57年）
　岡沢 真知子　「くまさんのくびかざり」
◇優秀賞
　永松 輝子　「寒山さん拾得さん」

　松岡 節　「もしもしどろぼうくん」
第3回（昭58年）
　吉田 春代　「いなりのかみとほらふきごいち」
第4回（昭59年）
　鈴木 幸子　「ふしぎな日記帳」
◇優秀賞
　鈴木 鉞子　「もんたのはなよめ」
　田中 八重子　「チビの努力も水のあわ」
　青山 史　「天狗がくれた四つの玉」

第5回（昭60年）
　　いかい みつえ　「おじいちゃんのひみつ」
第6回（昭61年）
　　かねこ かずこ　「ペンキやさんの青い空」
第7回（昭62年）
　　今野 和子　「だって, ボクの妹だもん」
第8回（昭63年）
　　藤田 富美恵　「うんどう会にはトビックス！」
第9回（平1年）
　　吉原 晶子　「ふとんだぬきのぼうけん」
第10回（平2年）
　　中尾 三十里　「かいじゅうパパ」
第11回（平3年）
　　石神 悦子　「お客さまはひいおばあちゃん」

第12回（平4年）
　　渡辺 とみ　「なべのふた」
第13回（平5年）
　　加来 安代　「おなべがにげた」
第14回（平6年）
　　よもぎ 律子　「けいこ先生のほけんしつ」
第15回（平7年）
　　ながまつ ようこ　「おまけはおばけ」
第16回（平8年）
　　広瀬 麻紀　「招待状はヤドカリ」
第17回（平9年）
　　上野 恵子　「フライパンとダンス」
第18回（平10年）
　　橋谷 桂子　「コッコばあさんのおひっこし」

118 小梅童話賞

清新な若い人々の作品を求めることに主眼を置き, 具体的には高校生を中心とした階層の人材発掘を目的とする。但し女性であれば年令を問わない。平成14年（2002）第10回をもって終了。

【主催者】 梅花女子大学

【選考委員】 三宅興子（委員長）, 隈元泰弘, 上村幸弘, 西垣勤, 横山充男

【選考方法】 公募

【選考基準】 〔対象〕童話。内容自由。〔資格〕単行本を持たない新人で, 女性に限る。日本語で書かれた自作であること。未発表の作品であること（同人雑誌は問わない）。〔原稿〕10枚程度

【締切・発表】 （第10回）平成14年7月末日締切, 9月下旬発表（本人に通知）

【賞・賞金】 大賞（1編）：賞金10万円・記念品, 優秀賞（5編）：賞金各2万円・記念品。入賞作品の著作権は3年間主催者に帰属する。入選作品6編は受賞作品集として刊行。

第1回（平5年）
　　小田 有希子　「錆姫」
　◇入賞
　　阿砂利 好美
　　にしで しずこ
　　平野 親子
　　伊藤 瑞恵
　　斉藤 亜矢子

第2回（平6年）
　◇大賞
　　斉藤 綾　「風」
　◇優秀賞
　　後藤 美穂　「銀河鉄道からす座特急」
　　荒木 智子　「なっちゃん, おもいっきり！」
　　大山 比砂子　「しあわせの道」
　　武林 淳子　「夏の日」
　　林 篤子　「シリウスのアメ細工」

第3回（平7年）
　◇大賞
　　辰見 真左美 「ブラックブラックは学校ネコ」
　◇優秀賞
　　大野 麻子 「母さんの笑顔」
　　増永 亜紀 「『ジャックと豆の木』の豆の木」
　　斎藤 千絵 「雪の夜のお客さん」
　　望月 雅子 「かおりちゃんの大ぼうけん」
　　吉村 博子 「ひよこがとびだした」
第4回（平8年）
　◇大賞
　　山下 三恵 「信楽タヌキは起きている」
　◇優秀賞
　　岡田 翠 「月夜見亭」
　　五塔 あきこ 「O・S・A・R・Uこちらオサルの放送局」
　　豊永 梨恵 「月のしずくのカクテル」
　　原 尚子 「いちょうとくるみ」
　　兎山 なつみ 「友だちレター」
第5回（平9年）
　◇大賞
　　斎藤 優美 「レウォルフと小さなはっぱ」
　◇優秀賞
　　寺田 さゆみ 「みじ色の羽のねこ」
　　野正 由紀子 「みずちの神」
　　川口 桃子 「かさのむこうに」
　　佐川 庸子 「フクロウと月」
　　黒田 志保子 「なれない！」
第6回（平10年）
　◇大賞
　　大庭 千佳 「サンタクロースさんへ」
　◇優秀賞
　　川本 沙織 「きせつ社の社長あらわれる」
　　甘松 直子 「そよ風の吹く日には，きっと…」
　　北川 チハル 「夏空のスイセン」
　　関根 陽子 「ペルドルの森」
　　鈴木 彩 「蘭―らん―」
第7回（平11年）
　◇大賞
　　菅野 清香 「空をかじったねずみ！」
　◇優秀賞
　　鈴沢 玲美 「きりんの海」
　　田村 緑 「マリンソーダの夏休み」
　　谷原 麻子 「てるてるぼうず」
　　楢原 明理 「とかげがくれたすてきな色」
　　前田 真希 「夢屋」
第8回（平12年）
　◇大賞
　　早坂 幸 「お父さまとこぶた」
　◇優秀賞
　　川崎 倫子 「スーのすてきなぼうけん」
　　向井 千恵 「ドロップ・ドロップ」
　　樋口 てい子 「ぼくとゴキブリのシンクロびより」
　　笹山 奈緒美 「さおりちゃんのせなか」
　　吉次 優美 「鬼の手」
第9回（平13年）
　◇大賞
　　小原 麻由美 「じゃがいもレストランへいらっしゃい」
　　高橋 みか 「しりとりプリン」
　　清水 温子 「にわとりが空をとんだ日」
　　永井 綾乃 「魔女」
　　新井 悦子 「イタイノイタイノとんできた」
　　高橋 奈津美 「約束の庭」
第10回（平14年）
　◇大賞
　　該当作なし
　◇優秀賞
　　浜田 華練 「メガネの神様」
　　小林 真子 「こびとさんと一緒に」
　　ほんだ みゆき 「おばあちゃん屋さん」
　　山下 奈美 「とまと・キングの涙」
　　沖中 恵美 「ただいま考え虫」

119 「小さな童話」大賞

　子どもと出あい、自分と出あう—そんな《子どもとおとなが出あう場》として、日常のなかで見つけた"小さな物語"を、子どもからおとなまで、すべての女性を対象に、創作意欲をくみあげ、また童話作家のすそ野を広げ、水準の向上をめざして創設。応募の資格は女性に限定していたが、第21回より性別不問となった。第23回(平成18年)をもって終了。

【主催者】 毎日新聞社
【選考方法】 公募

第1回 (昭59年)
　◇大賞
　　中村 敦子 「おにゆり」
　◇今江祥吉賞
　　榎本 真理子 「かわらうさぎの話」
　◇山下明生賞
　　徳丸 倫子 「のぼるとやまねこ」
　◇落合恵子賞
　　伊藤 弘子 「スーパータマゴがんばる」
　◇編集部賞
　　横山 美幸 「ももこさんの日々」

第2回 (昭60年)
　◇大賞
　　荒井 ますみ 「サメのいない、海」
　◇今江祥吉賞
　　和田 栄子 「おふくろさんのふくろ」
　◇山下明生賞
　　西沢 杏子 「トカゲのはしご」
　◇落合恵子賞
　　上條 さなえ 「さんまマーチ」
　◇編集部賞
　　糸賀 美賀子 「坂田くん」

第3回 (昭61年)
　◇大賞
　　石井 睦美 「五月のはじめ、日曜日の朝」
　◇今江祥吉賞
　　宇田川 幸子 「星の降る夜」
　◇山下明生賞
　　高田 絵里 「右の魚がいいました」
　◇落合恵子賞
　　鍵山 真由美 「『しにせ ねこ屋』のセールス」
　◇編集部賞
　　矢作 豊子 「みえなくたってともだち」

第4回 (昭62年)
　◇大賞
　　江國 香織 「草之丞の話」
　◇今江祥吉賞
　　杉田 早苗 「郵便屋さん、落としもの」
　◇山下明生賞
　　岩下 みどり 「たいくつな僕らの『かかし戦争』」
　◇落合恵子賞
　　大熊 智子 「やな日にやな猫」
　◇編集部賞
　　伏見 京子 「ゆっくりと…」

第5回 (昭63年)
　◇大賞
　　野原 あき 「木馬が まわる」
　◇今江祥吉賞
　　米田 美稚子 「夢みて オオカミ」
　◇山下明生賞
　　正道 かほる 「金魚」
　◇落合恵子賞
　　紺野 景子 「真昼のモノノケ!」
　◇編集部賞
　　田渕 まゆみ 「峠についた 赤い郵便受け」

第6回 (平1年)
　◇大賞
　　牧野 節子 「桐下駄」
　◇今江祥吉賞
　　橋本 香折 「吸血鬼に御用心!」

◇山下明生賞
　むぎわら ゆら 「朝のできごと」
◇落合恵子賞
　ほり けい 「すばらしきかな、がらくた！」
◇編集部賞
　とよだ くにこ 「海に行った日」
第7回（平2年）
◇大賞
　ほり けい 「リラックス」
◇今江祥吉賞
　遠山 洋子 「わたしが子どもだったとき」
◇山下明生賞
　猫目羽 澪衣 「陽だまり風」
◇落合恵子賞
　渡辺 邦子 「笑ってのびのびネコネコ銭湯ツアー」
◇編集部賞
　中村 令子 「思い出写真館」
第8回（平3年）
◇大賞
　遠山 洋子 「わたしが子どもだったとき（2）」
◇今江祥吉賞
　尾崎 美紀 「あたしのいもうとちゃん」
◇山下明生賞
　小山 亜子 「○（まる）」
◇落合恵子賞
　正道 かほる 「でんぐりん」
◇工藤直子賞
　北川 想雪 「秋の日のサリちゃん物語」
第9回（平4年）
◇大賞
　伏見 京子 「菜の花のぬれた日」
◇今江祥吉賞
　名内 朗子 「夢見る頃」
◇山下明生賞
　夙川 浩子 「はちみつ色の目の猫」
◇落合恵子賞
　紺野 景子 「夕顔」
◇工藤直子賞
　米田 美稚子 「やがて」

第10回（平5年）
◇大賞
　三上 日登美 「冬になるといつも、」
◇今江祥吉賞
　小谷 薫 「三百年目の恋」
◇山下明生賞
　千代田 真智子 「おはなし会」
◇落合恵子賞
　今井 恭子 「鬼ばばの繰り言」
◇工藤直子賞
　大竹 邦子 「感傷的な温室」
第11回（平6年）
◇大賞
　安東 みきえ 「ふゆのひだまり」
◇今江祥吉賞
　安東 みきえ 「いただきます」
◇山下明生賞
　橋本 香折 「ジョーカー」
◇落合恵子賞
　山田 理花 「ギーの親指」
◇工藤直子賞
　むぎわら ゆら 「最後の観覧車」
◇佳作
　谷本 美弥子 「お父さんの海」
　麻生 かづこ 「卒業写真」
　渡辺 頼子 「おいちゃん」
　大柳 喜美枝 「はないちもんめ」
　鳥丸 入江 「たえばあの駅」
◇奨励賞
　寂寥 美雪 「糸紡ぎ」
　凰 鏡 「消えた日々」
第12回（平7年）
◇大賞
　麻田 茂都 「夏の日」
　橋本 香折 「ぼくにぴったりの仕事」
◇今江祥吉賞
　森 由美子 「ルナティックな夢」
◇山下明生賞
　小本 小笛 「お風呂」
◇落合恵子賞
　草野 たき 「教室の祭り」
◇工藤直子賞

119 「小さな童話」大賞

目野 由希　「今日は何の日」
◇佳作
　安藤 由紀子　「月曜日のピクニック」
　紙谷 清子　「バツバツ」
　中山 みどり　「ケリーさんの庭で」
　福地 園子　「霧が晴れるとき」
　藤原 栄子　「日暮れの山入り」
第13回（平8年）
◇大賞
　山川 みか子　「オレンジとグレープフルーツと」
◇今江祥吉賞
　たつみ さとこ　「朝餉の時」
◇山下明生賞
　むぎわら ゆら　「〈ソ〉〈ラ〉」
◇落合恵子賞
　小本 小笛　「たんじょうきねんび」
◇角野栄子賞
　のはら ちぐさ　「公園のブランコで」
◇佳作
　かいど じゅん　「ののこちゃん」
　草野 たき　「一週間」
　飛田 いづみ　「話してちょー！」
　藤田 ちづる　「ふゆのチョウ」
　松井 秀子　「蛍」
◇奨励賞
　菊沖 薫　「こうもりおばあさん」
　幸田 美佐子　「真夜中のお客さん」
第14回（平9年）
◇大賞
　橋本 香折　「トーマスの別宅」
◇今江祥吉賞
　酒井 薫　「山羊のレストランの新メニュー」
◇山下明生賞
　横田 明子　「線香花火」
◇落合恵子賞
　佐藤 亮子　「カマキリが飛んだ日」
◇角野栄子賞
　まきた ようこ　「ジェシカ」
◇佳作
　佐藤 京子　「風をさがして」
　長嶋 美江子　「おせっかいな田村」

Ⅳ 文学

西尾 薫　「あずき休庵 野望を燃やす」
藤田 ちづる　「夕暮れの道」
村瀬 一樹　「風の手」
◇奨励賞
　石毛 智子　「おべんとうをとどけに」
　沢田 俊子　「い・の・ち」
第15回（平10年）
◇大賞
　島村 木綿子　「うさぎのラジオ」
◇落合恵子賞
　野口 麻衣子　「冷蔵庫」
◇角野栄子賞
　中尾 三十里　「藤沢の乱」
◇俵万智賞
　ササキ ヒロコ　「洗たくもの日和」
◇山本容子賞
　たつみ さとこ　「おべんとうをもって」
◇佳作
　安藤 由紀子　「わたしに なる」
　石山 利沙　「はかのれいたち」
　椎原 清子　「風見ぶたの冒険」
　原田 乃梨　「きつねうどん」
　猫 春眠　「小袖」
◇奨励賞
　井上 真梨子　「森のおてんきやさん」
　近藤 朝恵　「トキコ」
第16回（平11年）
◇大賞
　西山 文子　「風船おじさん」
◇落合恵子賞
　上村 フミコ　「おやつの時間です」
◇角野栄子賞
　加藤 聡美　「ネコムズ探偵事務所」
◇俵万智賞
　ノイハウス 聖子　「猫がほしいモニカ～南の海の巻」
◇山本容子賞
　唯野 由美子　「ごめんくなんしょ」
◇佳作
　合田 奈央　「大工犬ゲン」
　荒井 寛子　「ジン＆ラム★ドリーム」
　後藤 みわこ　「みどりのテラダサウルス」

つる りかこ 「サツマイモ」
原 真美 「また あした」
◇奨励賞
大塚 貴絵 「森のやさしさ」
千桐 英理 「しっぽのいっぽ」
第17回（平12年）
◇大賞
長谷川 洋子 「インスタント・シー」
◇落合恵子賞
五嶋 千夏 「さくらおに」
◇角野栄子賞
伊藤 淳子 「ベンチの下のタカギ」
◇俵万智賞
宮田 そら 「たましいのダンス」
◇山本容子賞
荒井 寛子 「バトル」
◇佳作
伊藤 檀 「冬の、リンゴ」
緒原 凛 「椅子の上の人魚」
中尾 三十里 「金魚の呼吸」
広瀬 円香 「真里とチョキ」
福 明子 「ほろん」
◇奨励賞
井上 満紀 「聖徳太子の猫」
保科 靖子 「まちがい電話」
第18回（平13年）
◇大賞
井上 瑞基 「おいしいりょう理」
◇落合恵子賞
力丸 のり子 「ロック ロック イェーイッ！」
◇角野栄子賞
中村 郁子 「ぶうこと どんぐりの木」
◇俵万智賞
村上 しいこ 「とっておきの『し』」
◇山本容子賞
藤原 あずみ 「月のミルク」
◇佳作
大矢 風子 「影屋清十郎の初恋」
神吉 恵美 「ヴィッテさんは荒野にひとりぼっち」
楢村 公子 「メッセンジャー雲」

松浦 南 「お兄ちゃん電車」
山口 玲 「化かしあいっこ」
◇奨励賞
佐藤 奈穂美 「ピンク・ジェリービーンズ」
たみお まゆみ 「人魚おばさん」
第19回（平14年）
◇大賞
川島 えつこ 「十一月のへび」
◇落合恵子賞
原田 乃梨 「いごこちのいい場所」
◇角野栄子賞
駒井 洋子 「あした行き」
◇俵万智賞
ほんだ みゆき 「たわわ」
◇山本容子賞
荒井 寛子 「夏の縁側」
◇佳作
葵井 七輝 「パパはコートがうまくたためない」
宇津木 美紀子 「本の虫」
大野 圭子 「輝け金星」
星川 遙 「まっしろい手紙」
山本 成美 「鍋山の神ん湯」
◇奨励賞
川口 真理子 「猫ッ風の夜」
萬 桜林 「しわくちゃぶたくん」
第20回（平15年）
◇大賞
幸田 裕子 「お・ば・け」
◇落合恵子賞
松森 佳子 「風の歌」
◇角野栄子賞
岡村 かな 「ある夜、ある街で」
◇俵万智賞
千桐 英理 「おまめのおとうと」
◇山本容子賞
藤島 恵子 「シャモと追い羽根」
◇佳作
ありす 実花 「月の缶詰」
和泉 真紀 「本屋に降りた天使」
佐藤 万珠 「せせり」
とざわ ゆりこ 「皿のはしっこ」

119 「小さな童話」大賞

　　葉喰 たみ子 「ひらひら」
　◇奨励賞
　　久保田 さちこ 「天神様の家庭教師」
　　原田 乃梨 「さかな月夜」
第21回（平16年）
　◇大賞
　　宮下 すずか 「い、ち、も、く、さ、ん」
　◇落合恵子賞
　　松橋 裕見子 「夏のポケット」
　◇角野栄子賞
　　小竹守 道子 「ぼく、お買い上げ」
　◇俵万智賞
　　薛 沙耶伽 「小さな参観日」
　◇山本容子賞
　　林 博子 「小豆が笑うまで」
　◇佳作
　　ありす 実花 「だんらん模様の貝殻」
　　苅田 澄子 「いかりのギョーザ」
　　福尾 久美 「星のふる夜」
　　山田 万知代 「きりな」
　　吉住 ミカ 「僕の左腕。」
　◇奨励賞
　　きたやま あきら 「おおかみのふゆ」
　　田名瀬 新太郎 「おうちがこわいよお」
第22回（平17年）
　◇大賞
　　奥原 弘美 「スイカのすい子」
　◇落合恵子賞
　　藤田 ちづる 「白」
　◇角野栄子賞
　　松井 則子 「ワニをさがしに」
　◇俵万智賞

　　長江 優子 「よっちゃん、かえして。」
　◇山本容子賞
　　豊川 遼馬 「ぼくたちのありあなたんけん」
　◇佳作
　　飯田 佐和子 「ぼくの家出」
　　井口 純子 「クリスマスケーキ」
　　小川 美篤 「セミが二度笑った夏の日」
　　平賀 多恵 「兄弟タヌキの化け地蔵」
　　山崎 明穂 「春のバレエと桜の木」
　◇奨励賞
　　長谷川 礼奈 「掌にキリン」
　　吉村 健二 「クイズに答えて南の島へ」
第23回（平18年）
　◇大賞
　　水沢 いおり 「月とペンギン」
　◇落合恵子賞
　　里吉 美穂 「手のひらの三角形」
　◇角野栄子賞
　　松岡 春樹 「歯医者さんを待ちながら」
　◇俵万智賞
　　桜 まどか 「ドンナとマルシロ」
　◇山本容子賞
　　ありす 実花 「洗濯びより」
　◇佳作
　　大津 孝子 「母ちゃん牛はまったくもう〜」
　　大原 啓 「森の祭り」
　　大見 真子 「長いねっこのその先は……」
　　川溝 裕子 「マーブルケーキの味」
　　藤田 ちづる 「春のカレンダー」
　◇奨励賞
　　おおぎやなぎ ちか 「エンペラーのしっぽ」
　　藤島 恵子 「迎え豆、送り豆」

Ⅳ 文学

Ⅴ 漫　画

120 えんため大賞

　平成10年(1998)に小説・マンガなどの新人クリエイター発掘を目的として設立された。各々のジャンルに新風を吹き込むべく、気概ある才能との出会いを望んでいる。ジャンルを代表する作家を目指し、斬新な発想にあふれた自信作を求む。第8回までは、小説部門・コミック部門で実施、第9回より、ガールズコミック部門・ガールズノベルズ部門が新設された。

【主催者】株式会社 KADOKAWA エンターブレイン

【選考委員】ガールズコミック部門：奥村勝彦（コミックビーズログ編集長），コミックビーズログ編集部 / ガールズノベルズ部門：青柳昌行（株式会社KADOKAWA エンターブレインブランドカンパニー ブランドカンパニー長），ビーズログ文庫編集部

【選考方法】〔応募規定〕日本語で記述された応募者自身の創作による未発表の作品に限る。 ガールズコミック部門：1）原稿枚数：ストーリーマンガは16ページ以上。4コママンガは10本以上。オリジナルの内容なら同人誌でも可。2）アナログ原稿（マンガ原稿用紙、ケント紙、画用紙に黒インクか墨汁で描く。セリフは鉛筆書き），デジタル原稿（B4かA4サイズでプリントアウトした出力見本と共に、原稿のデータを焼いたCD-ROM、またはDVD-ROM、またはMOディスクを同封） / ガールズノベルズ部門：1）パソコン、ワープロ等で原稿作成し、1枚あたり40字詰め34行80枚～130枚。2）プリントアウトもしくはデータで応募。3）手書き原稿不可。

【選考基準】〔対象〕ガールズコミック部門：女性をターゲットとしたオリジナリティ溢れる作品を募集。ジャンルは問わない。 / ガールズノベルズ部門：ビーズログ文庫にふさわしいオリジナリティ溢れる女性向けのエンターテインメント作品を募集。未発表のオリジナル作品に限る。 〔部門〕小説部門，ガールズコミック部門，ガールズノベルズ部門

【締切・発表】ガールズコミック部門：年2回実施。（前期）平成25年10月30日締切。平成26年3月1日「B's-LOG COMIC」と公式サイトにて発表。（後期）平成26年4月30日締切。8月1日「B's-LOG COMIC」と公式サイトにて発表。 / ガールズノベルズ部門：平成26年4月30日（当日消印有効）。8月以降発売のエンターブレイン各雑誌・書籍およびエンターブレインHPにて発表。

【賞・賞金】ガールズコミック部門：受賞作品は「B's-LOG COMIC」に掲載。大賞（賞金100万円，デビュー，大賞受賞作品をドラマCD化し，CD付きコミックス単行本として刊行，副賞としてワコム・ペンタブレットを授与），優秀賞（賞金50万円，デビュー，副賞としてワコム・ペンタブレットを授与），特別賞（賞金15万円，担当がついてサポート），奨励賞（賞金5万円，担当がついてサポート） / ガールズノベルズ部門：大賞・優秀賞受賞者はビーズログ文庫よりプロデビュー。大賞（賞金100万円），優秀賞（賞金50万円）

【URL】http://www.enterbrain.co.jp/entertainment/index.html

第9回(平19年)
◇ガールズコミック部門
- 佳作
  こまゆ 「KIN」
  種十号 「歓迎！ UMA研究部」
- 奨励賞
  たちばな のい 「Song Idiot」
◇ガールズノベルズ部門
- 奨励賞
  小野上 明夜 「死神姫の再婚」

第10回(平20年)
◇ガールズコミック部門
- 佳作
  桜井 汐里 「キレイ」
- 奨励賞
  梶原 夷緒 「アタガミ」
◇ガールズノベルズ部門
- 佳作
  真朱 那奈 「月の姫巫女が予言する」
  百瀬 千尋 「夜は花を惑わす」
  小柴 叶 「紅蓮の翼 ～暁を招く神鳥～」
  夏目 瑛子 「フェル・ルトラウスの珠」
- 奨励賞
  菊地 悠美 「東風(こち)を運ぶ飛魚(ひりゅう)」
  神矢 陽 「大好き！ 悪魔は世界の救世主」

第11回(平21年)
◇ガールズコミック部門
- 佳作
  はる 桜菜 「秘密の壁穴」
- 奨励賞
  三雲 アズ 「ミキミハ！」
  たゆた 「筆神(ふでがみ)」
◇ガールズノベルズ部門
- 佳作
  文月 更(旧名・カリコ)「小弓姫(しょうきゅうき)」
- 奨励賞
  夕鷺 かのう 「ヤンキー巫女西征伝」

くりた かのこ 「東の剣士 北の魔女」

第12回(平22年)
◇ガールズコミック部門
- 特別賞
  NICO「四月朔日茶館のチョコレイト」
- 奨励賞
  押月 禄 「火守り」
◇ガールズノベルズ部門
- 優秀賞
  緑川 愛彩(旧名・河合 莉久)「海が愛したボニー・ブランシェ」
- 奨励賞
  甲斐田 紫乃(旧名・岩田 尚虎)「花嫁のヴァンパイア ―月光城の謎―」

第13回(平23年)
◇ガールズコミック部門
- 特別賞
  八街 潤 「SELFISH TRUMP」
- 奨励賞
  モリノ 「しょどう部へようこそ！」
◇ガールズノベルズ部門〈一期〉
- 特別賞
  小椋 新之助 「恋する王子と愛しの姫君」
  秋月 志緒(旧名・木乃香)「神の獣と天の華」
◇ガールズノベルズ部門〈二期〉
- 優秀賞
  石田 リンネ 「おこぼれ姫と円卓の騎士」
- 特別賞
  汐見 まゆき 「テキトー王子、父になる(七人！)。」

第14回(平24年)
◇ガールズコミック部門
- 特別賞
  七白 こさこ 「WORLD GUIDANCE」
◇ガールズノベルズ部門
- 特別賞
  仲村 つばき 「アラハバートの魔法使い～柘榴の乙女と不吉の王子～」

- 奨励賞
  天海 りく 「影の王の婚姻」

第15回（平25年）
◇ガールズコミック部門〈前期〉
  該当作なし
◇ガールズコミック部門〈後期〉
- 奨励賞
  村上 悠 「ヒーロー幼稚園」

  キラ瑠香 「オレの兄ちゃん」
◇ガールズノベルズ部門
- 特別賞
  朝前 みちる 「欺くして歌姫はかたる 〜詩人が捧げる、恋する楽院の幻想曲〜」
  木崎 ちあき 「狩兎町ハロウィンナイト」
- 奨励賞
  悠木 美羽 「お嬢様にしかできない職業〜公爵様の婚活事情」

121 金のティアラ大賞

集英社の少女・女性漫画7誌（りぼん・マーガレット・別冊マーガレット・ザ・マーガレット・クッキー・Cocohana・YOU）が主催の新人漫画賞。少女・女性漫画にとどまらず、"まんが界全体の伝説になりえる"才能を期待する。ストーリー、ギャグ、4コマ全てのジャンルを応募可能。受賞者はデビュー雑誌だけでなく、複数の雑誌でフォローしていく。

【主催者】りぼん，マーガレット，別冊マーガレット，ザ・マーガレット，クッキー，Cocohana，YOU

【選考委員】秋本治，アルコ，小畑友紀，河原和音，小村あゆみ，種村有菜，萩尾望都，藤村真理。りぼん・マーガレット・別冊マーガレット・ザ・マーガレット・クッキー・Cocohana・YOU各誌編集長

【選考方法】審査員による審査

【選考基準】〔対象〕プロ・アマ・年齢性別不問。未発表・未投稿のオリジナル作品。ジャンル不問。

【締切・発表】（第6回）平成25年4月1日締切，6月20日「金のティアラ大賞」HP上にて発表

【賞・賞金】金賞：記念品・賞金500万円。銀賞：記念品・賞金200万円。銅賞：記念品・賞金50万円など。受賞作品数の制限なし。受賞作品は全て掲載。

【URL】http://www.shueisha.co.jp/tiara-award/

第1回（平19年度）
◇金のティアラ大賞
  片山 あやか 「Star man」
◇銀のティアラ賞
  小枝 くり 「宇治金時」
  霜月 ミリ 「カエデの恋」
  吉田 早織 「すずめの巣」
◇銅賞
  眉月 ジュン 「さよならデイジー」
  浜谷 みお 「おやすみがきこえない」
  杉本 愛紗 「宇治っちの願い事」

  鳥谷 かよこ 「植園荘の庭」
  十羽 ナツ 「モデリング」
◇特別賞
- りぼん賞
  一ノ蔵 トメ子 「月刊マン研のすべて」
- クッキー賞
  堀 乃月 「幸福ダイブ」
- マーガレット賞
  ぐりこ 「すきさがし」
- 別冊マーガレット賞
  柚木 麻樹 「クラスメイトのあきらくん」

121 金のティアラ大賞

- YOU賞
  鈴木 レイ 「リアライズ」

第2回（平20年度）
◇金のティアラ大賞
  該当作なし
◇銀のティアラ賞
  有田 直央 「フロムエウロパ」
  まつもと あやか 「BABY BABY BABY!!」
◇銅賞
  渡辺 愛 「事象点Pからの脱却」
  赤澤 美智子 「絶対乗りたい満員電車」
  猫目 トーチカ 「傘が咲く」
◇特別賞
- クッキー賞
  穂野 ひのみ 「君にあげる星」
- 別冊マーガレット賞
  矢城 あかね 「種はどこへ消えた？」
  小山 るんち 「左のキミへ」
- YOU賞
  暁兎 マイカ 「猫門番様」

第3回（平21年度）
◇金のティアラ大賞
  該当作なし
◇銀のティアラ賞
  加藤 文月 「きもちみつめて」
  松岡 とも子 「ハピベジ」
◇銅賞
  飛鳥田 みか 「オタってコスってカオス」
  石井 モモコ 「少年関係」
◇特別賞
- りぼん賞
  杉野 めぐり 「ぼくらは空をしらない」
  牧田 ゆうこ 「君が好きだぜ愛羅武勇」
- マーガレット賞
  咲良 「卒業—4文字—」
- 別冊マーガレット賞
  渡 まかな 「月衣にのせて」
- クッキー賞
  汐泉 真由美 「マリオネ」
- コーラス賞
  大城 マリエ 「99年のフレディ」

- YOU賞
  星山 ユキ 「へんシール」

第4回（平22年度）
◇金賞
  該当作なし
◇銀賞
  小森 羊仔 「きみが死んだら」
  式田 奈央 「そーゅー星の王子様」
  かねもり あやみ 「ネペンテスの恋」
◇銅賞
  國行 由里江 「うしろのあの子」
  ままかり 「キミの歌がきこえる」
  宇乃 つかさ 「夢日和申し」
  城 綾音 「シャルロッテ！」
◇特別賞
- 別冊マーガレット賞
  中村 有希生 「青春ノー・ディスガイズ」
  山口 みゆき 「青いチェリー」
  梢 ミチル 「わすれぐさ」
- クッキー賞
  夏目 愛子 「救世主リリコ」
- YOU賞
  栗美 あい 「青く目覚めて」

第5回（平24年6月発表）
◇金賞
  該当作なし
◇銀賞
  藤井 ハル 「恋文姫」
◇銅賞
  栖藤 ナオ 「理科室のたろうくん」
  高村 ふみ 「からくさ恋慕」
  こだち みく 「君のアスタ*」
  梨川 リサ 「夜明けのスピカ」
  ほり かおる 「彼女の王子様は」
◇特別賞
- りぼん賞
  綿丘 ゆにこ 「恋情色に染まった」
- マーガレット賞
  かわにし 萌 「ふわふわスケジュール」
- マーガレット賞
  鈴木 手毬 「シャッター」
- 別冊マーガレット賞

りま 「Fine Back」
- クッキー賞
 しげみつ あきこ 「いつかあなたの世界の中に」
- ココハナ賞
 中村 みも 「森高ガイドブック」
第6回（平25年6月発表）
◇金賞
 該当作なし
◇銀賞
 該当作なし
◇銅賞
 辻井 ミキ 「いつわり恋模様」

堀 舞 「手紙男子」
大和 アカ 「踊ってミタ!!」
◇特別賞
- 別冊マーガレット賞
 大内 愛美 「私の愛しい靴」
- クッキー賞
 直江 亜季子 「stay with me」
 竿 琳 「相思」
- ココハナ賞
 幸田 みう 「もういちどめくるページ」
- YOU賞
 紙尉 ユビ 「鏡よ鏡」

122 講談社漫画賞

我が国の漫画の質的向上をはかり，その発展に寄与するため，昭和52年（1977）に創設された。毎年最も優れた作品を発表した漫画作家に贈られる。前身は「講談社出版文化賞」の児童漫画部門。

【主催者】講談社

【選考委員】（第37回）安童夕馬，上田美和，藤沢とおる，藤島康介，前川たけし，松笛あけみ，三田紀房

【選考方法】関係者のアンケートによる推薦

【選考基準】〔対象〕過去1年間（前年の4月1日から当年3月31日まで）に，雑誌・単行本等に掲載，発表された漫画作品の中から，斬新で最も優れた作品。

【締切・発表】例年5月に決定。

【賞・賞金】賞状，ブロンズ像と副賞100万円

【URL】http://www.kodansha.co.jp/award/manga.html

第6回（昭57年）
 ◇少女部門
 　美内 すずえ 「妖鬼妃伝」（月刊なかよし）
第7回（昭58年）
 ◇少女部門
 　山岸 凉子 「日出処の天子」（月刊LALA）
第8回（昭59年）
 ◇少女部門
 　小野 弥夢 「LADY LOVE」（別冊少女フレンド）

第9回（昭60年）
 ◇少女部門
 　西 尚美 「まひろ体験」（週刊少女フレンド）
第10回（昭61年）
 ◇少女部門
 　一条 ゆかり 「有閑倶楽部」（月刊りぼん）
第11回（昭62年）
 ◇少女部門
 　あさぎり 夕 「なな色マジック」（月刊なか

よし）
第12回（昭63年）
　◇少女部門
　　松苗 あけみ　「純情クレイジーフルーツ」（月刊ぶーけ）
第13回（平1年）
　◇少女部門
　　鈴木 由美子　「白鳥麗子でございます！」（月刊mimi）
　　さくら ももこ　「ちびまる子ちゃん」（月刊りぼん）
第14回（平2年）
　◇少女部門
　　万里村 奈加　「プライド」（mimi）
第15回（平3年）
　◇少女部門
　　逢坂 みえこ　「永遠の野原」（ぶーけ）
　　深見 じゅん　「悪女」（BE・LOVE）
第16回（平4年）
　◇少女部門
　　岩館 真理子　「うちのママが言うことには」（YOUNG YOU）
第17回（平5年）
　◇少女部門
　　武内 直子　「美少女戦士セーラームーン」（なかよし）
第18回（平6年）
　◇少女部門
　　軽部 潤子　「君の手がささやいている」（月刊mimi）
第19回（平7年）
　◇少女部門
　　小沢 真理　「世界でいちばん優しい世界」（Kiss）
第20回（平8年）
　◇少女部門
　　くらもち ふさこ　「天然コケッコー」（コーラス）
第21回（平9年）
　◇少女部門
　　樹 なつみ　「八雲立つ」（月刊LaLa）
第22回（平10年）
　◇少女部門
　　小花 美穂　「こどものおもちゃ」（月刊りぼん）
第23回（平11年）
　◇少女部門
　　上田 美和　「ピーチガール」（別冊フレンド）
第24回（平12年）
　◇少女部門
　　池沢 理美　「ぐるぐるポンちゃん」（別冊フレンド）
第25回（平13年）
　◇少女部門
　　高屋 奈月　「フルーツバスケット」（花とゆめ）
第26回（平14年）
　◇少女部門
　　よしなが ふみ　「西洋骨董洋菓子店」（Wings）
第27回（平15年）
　◇少女部門
　　羽海野 チカ　「ハチミツとクローバー」（YOUNG YOU）
　　小川 彌生　「きみはペット」（Kiss）
第28回（平16年）
　◇少女部門
　　二ノ宮 知子　「のだめカンタービレ」（Kiss）
第29回（平17年）
　◇少女部門
　　伊藤 理佐　「おいピータン!!」（Kiss）
　　ジョージ朝倉　「恋文日和」（別冊フレンド）
第30回（平18年）
　◇少女部門
　　すえのぶ けいこ　「ライフ」（別冊フレンド）
第31回（平19年）
　◇少女部門
　　六花 チヨ　「IS（アイエス）」（Kiss）
第32回（平20年）
　◇少女部門

V 漫画　　　　　　　　　　　　　　　　　　　　　　　　　　123 小学館新人コミック大賞

　　椎名 軽穂　「君に届け」(別冊マーガレット)
第33回(平21年)
　◇少女部門
　　いくえみ 綾　「潔く柔く」(月刊Cookie)
第34回(平22年)
　◇少女部門
　　東村 アキコ　「海月姫」(Kiss)
第35回(平23年)
　◇少女部門

　　末次 由紀　「ちはやふる」(BE・LOVE)
第36回(平24年)
　◇少女部門
　　水城 せとな　「失恋ショコラティエ」(月刊flowers)
第37回(平25年)
　◇少女部門
　　アルコ〔漫画〕,河原 和音〔原作〕　「俺物語!!」(別冊マーガレット)

123 小学館新人コミック大賞

　小学館発行の各コミック誌が合同で年2回募集する新人賞。昭和52年(1977),それまで「ビッグコミック賞」,「少年サンデー新人まんが賞」,「少女コミック新人まんが賞」と各誌ごとに実施されていた賞を一賞にまとめ「少年まんが部門」,「少女まんが部門」,「一般コミック部門」として引き継ぎ開始。実施回数は70回を越えており,多数の人気漫画家を輩出している。現在では4部門にて実施。

【主催者】小学館

【選考委員】(第74回)少女・女性部門：大海とむ,くまがい杏子,最富キョウスケ,和央明

【選考方法】審査員による審査

【選考基準】〔対象〕性別,年齢制限なし。オリジナルの未発表作品(商業的に未発表)に限る。初投稿はもちろん,既にデビューしている者が違う部門で再挑戦することも歓迎。〔形式〕ストーリーまんがは32ページ前後,ギャグまんがは16ページ前後,4コマまんがは10本以上。デジタルデータでの応募可。〔部門〕児童部門,少年部門,少女・女性部門,青年部門

【締切・発表】(第74回)平成26年3月末日締切,6月発売の小学館の各コミック誌にて発表

【賞・賞金】(第74回)特別大賞：トロフィー・賞状・記念盾・賞金500万円など/大賞：賞状・記念盾・賞金200万円など/入選：賞状・記念盾・賞金50万円など/佳作：賞状・記念盾・賞金30万円など/特別育成金100万円/奨励金10万円

【URL】http://shincomi.shogakukan.co.jp/

第1回(昭52年度上期)
　◇少女まんが部門
　●入選二席
　　行田 ときえ　「ほほえんでもう一度」
　　楡崎 亜樹　「バーンウェル屋敷」
　　鈴木 友子　「絵美子の赤いバラ」
第2回(昭52年度下期)
　◇少女まんが部門

　●入選
　　飛鳥 まり　「ハリー・サイモン・エイプリル」
　●佳作
　　岩田 一二三　「雨からはじまる小さなお話」
　　小谷 泰子　「ごめんなさいの花詞」
第3回(昭53年度上期)
　◇少女まんが部門

123 小学館新人コミック大賞　　　　　　　　　　Ｖ 漫画

- 入選
  - 奈知 未佐子　「時のない家」
  - 中村 りくえ　「思い出のストローハット」
- 佳作
  - 有賀 公紀　「愛する公則くんへ」

第4回（昭53年度下期）
◇少女まんが部門
- 入選
  - 井上 由香　「ふたりぼっちのサイレント・ナイト」
- 佳作
  - 植田 道子　「あのコに負けそっ!!」
  - 八重樫 克子　「泣いたカラスが…」

第5回（昭54年度上期）
◇少女まんが部門
- 入選
  - 北原 文野　「もうひとつのハウプトン」
  - 赤石 路代　「マシュマロティーはひとりで…」
  - 立脇 一科　「グリーンバッグ」
- 佳作
  - 山内 純子　「てぃん・ぱん・らぶ」
  - 宮城 朗子　「紅色蝶みつけた！」

第6回（昭54年度下期）
◇少女まんが部門
- 特選
  - すわ みわこ　「11A.M.あのこ」
- 入選
  - 瓜生 裕美子　「素敵な厄病神」
  - ふくもと ゆみこ　「ちょっと…妃美子ですが」
- 佳作
  - まつの さより　「へえいドクター！」

第7回（昭55年度上期）
◇少女まんが部門
- 特選
  - 堤 聖子　「ハナペこ・パコペン」
- 入選
  - 香川 祐美　「夏草・はるかぜ」
- 佳作
  - 牧野 比呂子　「あたしのコメディアン・ボーイ」
  - 穂実 あゆこ　「兄貴どもスクランブル！」
  - 松本 英子　「日曜はダメよ」
  - 秋枝 純　「ちょっと待った！ アーティー」
  - みさき のあ　「グリーンエルムの風の中」

第8回（昭55年度下期）
◇少女まんが部門
- 特選
  - はまおか のりこ　「こだわりつっぱりフォーティーン」
- 入選
  - 尾里 多湖　「ため息BOXあふれたらどうする？」
  - あおき あき　「わた雪・こな雪・UFO」
  - 星崎 海里　「ペパーミント・キス」
- 佳作
  - 吉田 恵子　「しあわせパントマイム」
  - ハザマ 紅実　「瞬＆DANCING」

第9回（昭56年度上期）
◇少女まんが部門
- 入選
  - 塚本 知子　「4月とあいつと季節風」
  - 佐伯 祥子　「パパ・ピアスぶるうす」
- 佳作
  - 惣領 冬彌　「Bye—Bye雨のメランコリィ」
  - 森川 とおる　「失恋ゲームは終わりにしよう！」
  - 荻原 まひろ　「ちょっとツッパリ♡」
  - 上条 旭　「先生ショナル！」

第10回（昭56年度下期）
◇少女まんが部門
- 入選
  - 森丘 茉莉　「マリア・マリアージュ」
  - 山崎 典子　「元禄かさぶらんか」
- 佳作
  - 芳元 のえ　「金色のおむかい人」
  - 宮下 真沙美　「かわいくってプラス1」
  - 秋里 和国　「背中に花をしょって」

第11回（昭57年度上期）
◇少女まんが部門
- 入選
  - 南 あつき　「沙羅のいる街」
  - 春野 夏海　「スクエアプロポーズ大作戦」

- 佳作
  日向 さら 「とってもスージー！」
  川村 佳世 「夢色♡ラブロード」
  志水 美千子 「だってシニカル乱気流」
  山崎 鮎子 「夏・雪降る日」

第12回（昭57年度下期）
◇少女まんが部門
- 入選
  中島 君枝 「たかがカップに一杯の…」
  森本 銀 「シンデレラ・ハイヒール」
- 佳作
  森本 躬和 「たとえばこんな優等生」
  田村 由美 「オレたちの絶対時間」
  宮島 葉子 「僕のディナーショーにようこそ」

第13回（昭58年度上期）
◇少女まんが部門
- 入選
  下野 昌子 「るびのやさしい時間」
- 佳作
  溝呂木 美都子 「おいなりさんっ！」
  栗城 祥子 「Sugarロードでつかまえて」
  古舘 由姫子 「スクエアこねくしょん」
  岸 香里 「別れてもやさしくね」

第14回（昭58年度下期）
◇少女まんが部門
- 入選
  横山 ゆきね 「千佳の真冬の日記帳」
- 佳作
  幸乃 あいこ 「春のささやき」
  つづき 春 「春先Cake Maker」
  井口 冨美子 「1984―11」
  中森 衣都 「ベルぎわの魔女」

第15回（昭59年度上期）
◇少女まんが部門
- 入選
  生島 ゆう 「クラッキング・クラッカー・サウンド」
- 佳作
  河内 実加 「もとスーパーマンだった男」
  月森 雅子 「緑の風の中で…」
  野原 千代美 「てのひらのメルヘン」
  前川 美保 「過激にスパイス」
  真木 しょうこ 「OH！極道狂想曲」

第16回（昭59年度下期）
◇少女まんが部門
- 入選
  武内 昌美 「涙のむこうにONLY YOU」
- 佳作
  早乙女 威久 「プライベート・コンプレックス」
  牧瀬 みお 「ムーン・バイブレーション」
  中山 亜純 「ウエンディがおとなになった時」

第17回（昭60年度上期）
◇少女まんが部門
- 入選
  さとう 恵子 「ラブチャンスは10円玉」
- 佳作
  伊藤 悶 「セレモニー」
  平岩 桜 「微積分の定義」
  宮下 弘子 「バニラに気分」
  佐藤 真理乃 「オンリー・ガール」

第18回（昭60年度下期）
◇少女まんが部門
- 入選
  佐柄 きょうこ 「さ・よ・な・らエンドレスメモリー」
  はやし あきひこ 「いつまでもこのままでここにいたい」
- 佳作
  仲本 玲子 「麻美プラスワン」
  きほう みく 「とっておきのSWEET CHEEK TIME」
  奈良 摂 「三人患女」
  竹仁百元 「ろまんす色のテープ」
  芝田 真理子 「尚子・スクランブル」

第19回（昭61年度上期）
◇少女コミック賞
- 入選
  該当作品なし
- 佳作
  急場 凌 「SENTAKU」
  草美 あづ 「ガラスの靴はいらない」

123 小学館新人コミック大賞

はね はるこ 「花ラッキョーには負けない！」
第20回（昭61年度下期）
◇少女・女流まんが部門（少女コミック賞）
● 入選
　唐沢 野枝 「Lovely Heart 抱きしめて」
● 佳作
　江野 和代 「LOVE」
　小田 時哉 「2SISTER」
　睦月 美香 「傷だらけのヴィーナス」
　桃園 四川 「田園の憂鬱」
　ひらばやし ちづこ 「My Dearガールフレンド」
　芦野 友紀 「心にSoft rain」
第21回（昭62年度上期）
◇少女・女性まんが部門（少女コミック賞）
● 入選
　藤谷 まり子 「受験戦線異状あり」
● 佳作
　守屋 里海 「MEET AGAIN」
　藤原 よしこ 「SWEET・LOWTEEN」
　紫堂 恭子 「辺境警備」
　おろしジャコ 「エンゼル・トラップ」
　若菜 まみ 「春待蝶々」
　杉原 明緒 「SHE'S LEAVING HOME」
第22回（昭62年度下期）
◇少女・女性まんが部門
● 入選
　阿純 弓子 「引き潮をまって」
● 佳作
　稲葉 悠子 「恋色dream」
　清水 真澄 「真昼時のピュアエンゼル」
　藤田 由加里 「とってもあぶないBOY」
　伊藤 このみ 「いつだってパラダイス」
　有我 菘 「プランタン通信」
　北神 なつき 「ま・だ・よ！ 未経験!!」
第23回（昭63年度上期）
◇少女・女性まんが部門
● 入選
　向坂 桂子 「15th」
　渡瀬 悠宇 「パジャマでおじゃま」
● 佳作

V 漫画

石松 照代 「通りすがりのシーズン」
竜山 さゆり 「夢みる筋肉姫」
松ノ内 タマエ 「ちょっとBLUEなシスターボーイ」
長江 朋美 「泣いてなんかいられない」
春田 まゆら 「VIRGINAL」
石澤 由香子 「花を抱くように」
堀内 さちみ 「僕のバイクでおいでよ」
第24回〔平1年6月頃受賞〕
◇少女・女性まんが部門
● 入選
　該当作品なし
● 佳作
　ひだか まのあ 「夢の呼び声」
　北野 生 「史上最低の日」
　真木 ひいな 「MOVE IN ON ME」
● 期待賞
　霜月 碧 「砂糖雪」
　葛西 由志香 「そばにいて」
　山下 みづほ 「空気Heaven」
　斉藤 美樹 「HATSUKOI(初恋)」
● 奨励賞
　柳田 恵子 「白い小鳥のメッセージ」
　有村 五紀 「淋しい夜はそばにいて…」
　加良 幸利 「花束の氾濫」
　北里 彩子 「サクラ前線アプローチ」
　雄城 和音 「Strawberry icecream」
第25回〔平1年12月頃受賞〕
◇少女・女性まんが部門
● 入選
　該当作品なし
● 佳作
　山辺 麻由 「怒濤の恋愛少女」
　小林 紀子 「キャッチ ミー」
　福神 伶 「かわいいねっていってくれ」
　川崎 葉 「恋メガネ」
● 期待賞
　きんこうじ たま 「Renaissance」
　佐和 佳美 「YU—JIN」
　たなか 友美 「とりあえず…」
● 奨励賞
　梨本 じん 「BABY BOY！」

館沢 あゆみ 「とらぶるフォーメーション」
結城 亜美 「ハートでCHATCH！」
戸田山 もも 「ピンキー＆ダイエット」
高橋 さちえ 「たいむZONE」
碧井 由美 「Walk」
鷹原 すすむ 「神在月の宴」

第26回〔平2年6月頃受賞〕
◇少女・女性まんが部門
● 入選
該当作品なし
● 佳作
熊崎 慎子 「マイ・ステップ・ポジション」
紅迫 春美 「45センチまでの鬱々」
● 期待賞
高田 りえ 「RUN AWAY」
山崎 正恵 「どんなもんだい7days」
たかぐら こおや 「ざしきわらしIN東京」
Yu-to 「地熱」
● 奨励賞
渋谷 うらら 「花散るSuddenly」
諭吉 「ぽーず」
烏丸 葵 「クモリメガネの君へ」
季原 有南 「fallin'」
村瀬 操 「FLOWER」
久瀬 はるき 「風のように愛したい」

第27回〔平2年12月頃受賞〕
◇少女・女性まんが部門
● 入選
私屋 カヲル 「当世幽霊気質」
● 佳作
天川 すみこ 「始・春・記…」
竹安 みゆき 「オーバーラップ」
西 りかこ 「恋人の条件」
大下 みなみ 「亡霊の棲む森」
● 期待賞
柏木 むつみ 「お・い・し・い男女交際」
長谷部 百合 「ブロンディ・ダーリンに気をつけて」
勝戸 泉 「HOLD OUT！」
渋谷 うらら 「GO！」
● 奨励賞
佐藤 美和 「となりの異星人」

下村 みどり 「こころはハイヒール」
林 昭子 「雨の日の夢」
棚部 さとる 「退職願の書き方」
草枕 旅人 「ABNORMAL★LOVE LESSON」

第28回〔平3年6月頃受賞〕
◇少女・女性まんが部門
● 入選
該当作品なし
● 佳作
夢野 まこと 「キリンのままで」
小高 みち代 「ポーカーフェイス」
● 期待賞
はしもと さかき 「鬼姫伝説」
坂元 功 「I WANT…」
木下 猫吉郎 「猫の手も借りたい!?」
片山 千代 「鬼ごっこ」
碧井 由美 「リトル・りとるナース」
栗山 仙子 「結婚」
● 奨励賞
辻 かの子 「Being―存在―」
春巻 力 「君はパパロフの勇者」
三国 郁 「春先スクランブル」

第29回〔平3年12月頃受賞〕
◇少女・女性まんが部門
● 入選
該当作品なし
● 佳作
てしば まさみ 「パパのぬいぐるみ」
宮沢 由貴 「贈る言葉」
下村 みどり 「天国のVOICE」
藤臣 美弥子 「いつかFAIRY TALE」
三国 郁 「ハートにマジック」
● 期待賞
中川 陽子 「Xマスキャロル」
たけむら ゆうこ 「パンダの告白」
雅咲 光美 「君が原動力」
舞浜 千波 「Together」
● 奨励賞
鳳 聖羅 「桜〜Deja-Vu〜」
霧島 珠樹 「いいかもしんない！」
芳本 ともみ 「すこしだけセンチメンタル」

深月 恵　「メタモルフォーゼ」
伊藤 深雪　「サライアのくす・くす」
広瀬 一葉　「今宵あなたのもとへ」
村瀬 操　「世紀末"D"」
浩峰 尚　「舞台裏の勇者たち」
淀 夕季　「奇跡―KISEKI―」

第30回〔平4年6月受賞〕
◇少女・女性まんが部門
- 入選
  該当作品なし
- 佳作
  小室 栄子　「エール」
  佐野 ひろ子　「シーラカンスになりたい」
  伏野 もとこ　「これじゃ本気にもなれない」
  穂高 めぐみ　「哀しみの理由」
- 期待賞
  まくり なつこ　「左右ちがうの」
  桐生 恭羽　「夜空のShooting star」
  高城 李紅　「雨あがりの空に」
- 奨励賞
  三保 三東子　「PETAL DREAM」
  平沢 克巳　「夢はるか」
  北原 諒子　「天上の歌声」
  若山 よしえ　「ドンナ気持ち」
  藤曲 美紀　「ライトコンビネーション」
  平芽 京子　「片想い」
  中村 みき　「のん・とれーす・らぶ」

第31回〔平4年12月受賞〕
◇少女・女性まんが部門
- 特別大賞
  該当作なし
- 大賞
  二神 みはる　「INSIDE」
- 入選
  水鳴 さやか　「冬が、終わろうとしていた。」
  きたもと りえ　「寝顔は見ちゃヤ」
- 佳作
  鳴母 ほのか　「ところによりKISSの嵐」
  まくり なつこ　「彼女は仮面」
  坂元 勲　「盆クラな奴ら」
- 奨励賞

光本 麗子　「バイオレンスな君が好き!!」
舞浜 千波　「AQUATIC EYES」
ほしの きょう子　「遠い空に」
まごた えみ　「ファイトだ！ 手芸部」
祭束 絵理　「花の眠る場所」
吉野 あづさ　「Top kid Collection」
杉野 香子　「夕映えの言葉」

第32回〔平5年6月受賞〕
◇少女・女性まんが部門
- 特別大賞・大賞
  該当作品なし
- 入選
  中村 かなこ　「行こうか!!」
  あおき 緑　「シークレットな関係」
- 佳作
  神藤 みず絵　「ガールフレンズ」
  平泉 遠　「2度目のI Love You」
  笠原 かずひ　「後ろむきな関係」
  やわらぎ ゆう　「へるしぃ LOVEモーション！」
- 奨励賞
  森沢 由奈　「休日は空の下で」
  新条 まゆ　「ドラキュラが狙ってる」
  早水 和鷹　「花の扇」

第33回〔平5年12月受賞〕
◇少女・女性まんが部門
- 特別大賞・大賞
  該当作品なし
- 入選
  ほんだ ちはる　「恋するとなりで」
  高島 亜紀子　「君のいる冬休み」
  たぐち まこと　「バイバイ・メモリーズ」
  東 かをる　「CALL」
- 佳作
  新條 まゆ　「あなたの色に染まりたい」
  柴田 真弓　「わたしの標的 あいつの秘密」
- 奨励賞
  亜紀　「神様はいじわる」
  坂下 亜寿佳　「傘もささずに」
  長谷川 裕世　「ぷるるんエイリアン」
  竹村 有生　「ちょっとパイナップル」
  新城 倫　「やっぱりあたしは亀子なの」

123 小学館新人コミック大賞

第34回〔平6年6月受賞〕
◇少女・女性まんが部門
- 特別大賞
  該当作なし
- 大賞
  朔田 浩美 「渚へGO！」
- 入選
  芦原 妃名子 「その話おことわりします」
- 佳作
  長谷川 智華 「カンタンです。」
  海月 未来 「OVER THE RAIN」
  原 ちかこ 「あなたしか見えない」
  丸山 真理 「ライバル・るるる・カンガルー」
- 奨励賞
  倉持 マリ 「君が想い出になる前に」
  こじま ひろみ 「さくらのはなさくころ」
  YUCHI 「泣かないよ」
  安田 遥 「春物語」

第35回〔平6年12月受賞〕
◇少女・女性まんが部門
- 特別大賞・大賞
  該当作品なし
- 入選
  桜 香織 「上機嫌で行こう」
- 佳作
  鮎川 未緒 「そんな告白いらない」
  青柳 匡美 「花曜日恋曜日」
- 奨励賞
  冨永 亜紀子 「ギャップ」
  英 恵 「ごま大王」
  文月 繭 「きれいになりたい」
  源 千縁 「天使の秘密」
  成田 いさむ 「ファーストデイトはあまのじゃく」
  広前 十和子 「ナイショNAISHOの片想い♡」
  田辺 清巳 「夢のメーメーワク!!」
  鈴木 佐代子 「制服ラプソディ」
  鷹倉 ゲン 「宇宙のかけらがそそぐとき」

第36回〔平7年6月受賞〕
◇少女・女性部門

- 特別大賞・大賞
  該当作品なし
- 入選
  藤原 かねよし 「天使」
- 佳作
  滝井 響 「今が食べ頃」
  杉浦 圭 「ギワクの山下君」
  清水 山葉 「あなただからこそ」
- 奨励賞
  橘高 まお 「X―X（ダブルエックス）」
  高遠 いさな 「彼女と彼のHORIZON」
  宮本 真由香 「いつか天使のいた日々…」
  ひめの みわ 「ライバルは幽霊!?」
  あにた ゆん 「魔法の囁き」

第37回〔平7年12月受賞〕
◇少女・女性部門
- 特別大賞・大賞
  該当作品なし
- 入選
  月梨野 ゆみ 「クリスタル・チェンジ!!」
- 佳作
  さがわ 香野 「風をぬけて行こう」
  野口 由紀 「失恋レストランBAR」
  すぐり 碧 「がんばれ恋する乙女たち」
  マツモト ミカ 「その手紙 宛先違いにつき…」
- 奨励賞
  ごとう ゆうこ 「Kiss me, love me.」
  高星 せう子 「ご近所の、本当にどうでもいい人たち。」
  樋口 稜花 「抱きしめたくて」
  加倉 りわ 「汝の敵を愛せよ」
  柴田 順子 「BOX BOY」
  那月 あいら 「Dream Dream Dream」
  宮本 真由香 「キラメキの中で」

第38回〔平8年6月受賞〕
◇少女・女性まんが部門
- 特別大賞・大賞
  該当作品なし
- 入選
  該当作品なし
- 佳作

笛樹 透子 「CRAZY FOR YOU」
日向 夏生 「メモリーズ・グラフィティ」
高倉 夕美 「たたかう女神サマ」
● 奨励賞
北野 麻理江 「ラスト・サマー」
有森 しいら 「ペイル・シェルター」
上崎 僚子 「こんなボクでごめん!!」
松本 音奈 「空をゆけ！」
栗田 小町 「クリスマス キス」
第39回〔平8年12月受賞〕
◇少女・女性部門
● 特別大賞・大賞
該当作品なし
● 入選
金森 ひろ 「海の彼女」
夏海 鈴 「若き眠り姫の悩み」
● 佳作
海埜 ゆうこ 「テクノ・エンジェル」
佐々江 典子 「ステップ・マインド」
北村 亜紀 「わんダフルヘルパー」
祐木 純 「切手のない贈り物」
● 奨励賞
おかざき 真苗 「FIRST ROUND」
松本 音奈 「人魚の声」
黒條 史紀 「恋をしよう」
小組 ひろ子 「貴花とポエミン」
森住 ひろい 「なくしたI LOVE YOU」
第40回〔平9年6月受賞〕
◇少女・女性部門
● 特別大賞・大賞
該当作品なし
● 入選
該当作品なし
● 佳作
綾瀬 りう 「スタートライン」
横馬場 ユキ 「セミ」
ひなた みわ 「あなたの笑顔がきこえる」
中原 みぎわ 「行かなくちゃ！」
かねなり りえ 「ラブラブ・Count Down」
西沢 実峰 「バナナマン」
御手洗 トモ 「水に流して」
陣名 まい 「恋のホーカス・ポーカス」

● 奨励賞
スギ ちかこ 「Let's FAMILY」
向原 ひさの 「しゃぼん玉飛ばそ」
片山 千代 「男の子女の子」
奥 ちえみ 「ライフワーク」
葉月 優 「STEP×STEP」
第41回〔平9年12月受賞〕
◇少女・女性部門
● 特別大賞・大賞
該当作品なし
● 入選
今井 園子 「花の生まれるわけ」
● 佳作
水無月 りょく 「COSMOS」
瓜生 花子 「安心バンドエード」
井積 みつ 「インナーホワイト」
相川 理子 「それはとてもむずかしい問題」
● 奨励賞
咲良 りょう 「まっ赤なトマコ」
奥 ちえみ 「波の涯て」
髙野 仁美 「天使の種子 ─ ANGEL SEED─」
片山 千代 「あの頃の桜を探して」
第42回〔平10年6月受賞〕
◇少女・女性部門
● 特別大賞・大賞
該当作品なし
● 入選
該当作品なし
● 佳作
江平 洋巳 「学園天国」
宇佐美 真紀 「Great Song」
小畑 友紀 「Raindrops」
成瀬 由美 「まちぼうけの場所」
苑田 和見 「信じるものは救っちゃおう！」
● 奨励賞
神田 恵 「おばけのケジメ。」
高野 鳥美 「BAD FATHER」
稲桐 らお 「CRUSH」
吉永 記子 「エンジェル・ダスト」
Notoko 「手をつないで歩こう」

第43回〔平10年12月受賞〕
◇少女・女性部門
- ●特別大賞・大賞
  該当作品なし
- ●入選
  吉永 記子 「バニラ」
- ●佳作
  嶋木 あこ 「いろはにほへと」
  藤木 リカ 「モオモオ☆パニック」
  朱間 ひとみ 「月イチバイオレンス」
  永瀬 はるひ 「お月さまが見てる」
- ●奨励賞
  五十嵐 みえ 「がんばりましょう」
  秋葉 草子 「満ちる月」
  本多 稔 「世界中の孤独な君へ」
  響 直美 「天使の歌がきこえる」
  椎名 くるみ 「赤ずきん迷宮」

第44回〔平11年6月受賞〕
◇少女・女性部門
- ●特別大賞・大賞
  該当作品なし
- ●入選
  一初 さつき 「お願い、きいてね」
- ●佳作
  氷上 透谷 「アイまで10センチ」
  水波 風南 「実のある"彼女"」
  蓮野 うてな 「淑女同盟」
  浦本 直見 「うさうさボンボン」
  横山 真由美 「噂使い」
  上城 裕子 「Fair-weather Friend」
- ●奨励賞
  森野 玲未 「ビー・マイ・ベイビー」
  佐倉 桐子 「理想と現実・恋愛編」
  梓 水稀 「一天万乗！」
  絹 ひかる 「It's all right」
  星野 なつみ 「千里の道も！」
  泉 月乃 「居酒屋カッちゃん」
  宮部 珠江 「おかえり」

第45回〔平11年12月受賞〕
◇少女・女性部門
- ●特別大賞・大賞
  該当作品なし
- ●入選
  一井 かずみ 「わたしの居る場所」
  桜小路 かのこ 「ライヴがはねたら」
- ●佳作
  本田 稔 「仮性パパ」
  桜井 美也 「ヒミツ」
  むつき ひとみ 「《理由》ありのUターン」
  溝口 涼子 「ラブリーベイベー」
  大沼 ミヨコ 「赤い糸結んで」
- ●奨励賞
  佐藤 喜多 「翼をください」
  藤村 久美子 「アクティブハート」
  水野 ゆあん 「O^3（オゾン）」
  夏生 瞬 「誰かに似た人」
  山下 晴絵 「恋愛プロジェクト」
  佐倉 桐子 「white lie」

第46回〔平12年6月受賞〕
◇少女・女性部門
- ●特別大賞・大賞
  該当作品なし
- ●入選
  該当作品なし
- ●佳作
  岡田 真貴 「ひみつ」
  夏目 藍子 「CHERRY」
  大竹 蚕 「TATTOO」
  水野 ゆあん 「イメ♥テラ♥クラ」
  及川 あや 「誰かに恋をしなければ」
- ●奨励賞
  仲根 メグ 「LOVERS A-Go-Go！」
  月宮 「好きといえたら」
  水村 麟 「火群（ほむら）」
  浦坂 リカ 「MARBLE」
  大濱 妃紗 「サバイバルダイエットLOVE」
  貝賀 智子 「はるが来た」

第47回〔平12年12月受賞〕
◇少女・女性部門
- ●特別大賞
  該当作なし
- ●大賞
  佐倉 桐子 「人魚の恋」
- ●入選

うえだ 美貴　「恋の呪文はラブバード」
- 佳作

  春乃人納人　「Kissの理由」

  春日 あかね　「あくまといけにえ」

  紫海 早希　「サイネリア」
- 奨励賞

  鴻野 スガオ　「名前のない人」

  関口 香代子　「ダイヤモンド☆ガール」

  佐藤 渚〔原作〕, 桜井 聖子〔作画〕　「猥褻ドリーム」

  さちな 珠子　「ありのままを愛して」

第48回〔平13年6月受賞〕

◇少女・女性部門
- 特別大賞・大賞

  該当作品なし
- 入選

  かねさだ 雪緒　「マイ・フェア・ガール」
- 佳作

  虹村 かっこう　「39℃」

  及川 マチコ　「スペシャル☆ランナー」

  すがえ 光夜　「スパーク娘!!」

  山田 さくら　「TAMAちゃん.com」
- 奨励賞

  真白 まゆみ　「嘘つき恋愛事情」

  谷岡 愛子　「29魂」

  橘 紫紋　「Angel of Letter」

  みやもと 朝陽　「幸運という名の遺言」

  さちな 珠子　「素顔をだきしめて」

  岡村 有貴　「アウトサイダー/ドライフラワー」

第49回〔平13年12月受賞〕

◇少女・女性部門
- 特別大賞・大賞

  該当作品なし
- 入選

  海咲 ハナ　「Cosmetic Love」
- 佳作

  花生里　「レモン」

  こはら 裕子　「ラブ テンション」

  若武 ジョウ　「恋愛感染」

  鴻野 スガオ　「開放の呪文」

  鮫島 多喜　「卯月の頃」

鷲尾 美枝　「イラナイモノ、ホシイモノ。」
- 奨励賞

  赤凪 玲香　「カメさまにお願い！」

  椎名 林檎　「年下の男の子」

  森田 珠子　「MY NAME そして YOUR NAME」

  夢菜 あねむ　「これが最後のラブストーリー」

  岡村 有貴　「傍観の恋」

  仔ざる貯金　「Legent of もしも (If)」

第50回〔平14年6月受賞〕

◇少女・女性部門
- 特別大賞

  該当作品なし
- 大賞

  尾崎 衣良　「王子様に目覚めのKISS」
- 入選

  竹之内 城穂　「THE FINAL KEY」

  王里 恵　「やさしい恋の勉強法」
- 佳作

  水浜 藍　「スミちゃんの口癖」

  蓮見 游　「桃色の秘密」

  杉山 美和子　「ナチュラル☆ビューティー」(改題「スイート・スイート・スイート」)

  前川 壱佐　「いつまでも終わらない歌」
- 奨励賞

  飛鳥 キトラ　「鬼御子」

  宇田 とうか　「かわいくなるまでまってね」

  トーマス・チャンドラー　「神社の娘。」

  浅見 弥生　「Cool Boyにご用心！」

第51回〔平14年12月受賞〕

◇少女・女性部門
- 特別大賞・大賞

  該当作品なし
- 入選

  該当作品なし
- 佳作

  松本 ユリ　「SWEET WAR」

  桐島 つばさ　「シャドーボイスに魅せられて」

吉岡 幸子　「夢詠人」
桃乃 みく　「ガーディアン・エンジェル」
- 奨励賞
たつみ かなこ　「サービス××(キス)」
生崎 透　「時空の恋人」
吉野 阿貴　「桜散る花の思ひ出」
月咲 海隆　「まだ逢えないキミへ」
小島 八菜　「両手に花束」
弓削 ゆこ　「人民の自由」
高野 恵美子　「さくらのころ」

第52回〔平15年6月受賞〕
◇少女・女性部門
- 特別大賞・大賞
該当作品なし
- 入選
該当作品なし
- 佳作
水谷 京子　「キスは、アラシ。」
斉藤 美香　「たもつと一緒。」
チカ　「When forture knocks,Open the door!!」
天佑羽　「好きになったもん勝ち」
- 奨励賞
五条 うるの　「LOVE MEDICINE」
暁 ひさぎ　「Summer Shutter」
このは さや　「ぼくらはみんな生きている」
山崎 加代　「リトル・アマデウス」

第53回〔平15年12月受賞〕
◇少女・女性部門
- 特別大賞・大賞
該当作品なし
- 入選
三郷 由香里　「まやかしとまぼろし」
中川 水鈴　「水平線上の闇」
- 佳作
月海 ルナ　「神父様にくちづけ♡」
阿南 まゆき　「マフラーと砂の城」
藤田 にみ　「GO☆FIGHT☆WIN」
長江 すなお　「MISSING RING」
- 奨励賞
桃 みつは　「ビューティー☆ファイター！」
美条 征希　「待ってあげない☆」

橋本 香綾　「たとえ冷血と言われても」
常盤 祐　「やまとなでしこ(超)変化!!」
上田 俊衣　「音色をきかせて」
桜葉 みほこ　「恋の居場所」
はやの 歩実　「天使が微笑んだ」

第54回〔平16年6月受賞〕
◇少女・女性部門
- 特別大賞・大賞
該当作品なし
- 入選
川杉 こゆり　「幸福論」
山中 リコ　「Honey ハニー」
- 佳作
夏希 あゆり　「ハッピーで行こう☆」
丘山 エリ　「春告げ神社」
ニセコカワコ　「MONEY NIGHT」
みとみえにい　「ちび」
紫藤 みずき　「シアワセの居場所」
- 奨励賞
菊池 夕子　「ボクらはみんな生きている」
葉山 ちえ　「ダイナマイトなハニーでもいいんじゃない？」
水 さなえ　「雪あかり降る降る」
日下 直生子　「椿くんのノート」

第55回〔平16年12月受賞〕
◇少女・女性部門
- 特別大賞・大賞
該当作品なし
- 入選
曙 はる　「合縁奇縁」
- 佳作
葉都田 ナオ　「冷蔵庫の天使」
日下 直子　「ストレンジャー」
宮園 いづみ　「春眠処方箋」
米田 菜穂　「スカジャン★ジャンキー」
- 奨励賞
櫻井 こはく　「忘れてなんかいない」
本 はるか　「ピンクの首輪」
都築 あゆみ　「@heaven」
谷藤 典子　「過激にelectric！」
鶴山 時魚　「ヒモ」

123 小学館新人コミック大賞

第56回〔平17年6月受賞〕
◇少女・女性部門
- 特別大賞・大賞
  該当作品なし
- 入選
  葵 みちる 「みずたま・ハート♥」
  かわはら なつみ 「FLY HIGH」
- 佳作
  姫川 きらら 「ミルキーボーイ」
  藤間 麗 「ヘルプmeデンティスト」
  久遠 アリス 「fortune ceremony」
- 奨励賞
  さくら あすか 「花咲王子」
  笹川 直 「佐々木くんと藍田さん」
  環方 このみ 「クリアカラー」
  時山 はじめ 「約束(ジンクス)」

第57回〔平17年12月受賞〕
◇少女・女性部門
- 特別大賞・大賞
  該当作品なし
- 入選
  さくら あすか 「初恋ひろい」
  太田 真里子 「雨あがり、恋手紙」
- 佳作
  森田 ゆき 「カワイイこには恋をせよ!」
  扉月 まみ 「NEW ME!」
  真村 ミオ 「フェイク。ドロップ」
- 奨励金
  環方 このみ 「アニマニ」
  ヒガアロハ 「天使に願いを」
  櫻井 そよな 「Remember」
  伴田 チエ 「ELECTRIC」
  桃滋郎 「君がいれば十分です。」
  奈月 遥 「マジックタイム」
  ならき 良 「sweet power」
  大谷 華代 「妄想モード×恋愛モード」
  しゅう 「甘いサカナゴコロ」

第58回〔平18年6月受賞〕
◇少女・女性部門
- 特別大賞・大賞
  該当作品なし
- 入選
  恵未 こにじ 「水中スタート」
  ひなた 「恋愛サプリ」
- 佳作
  緒川 綾 「鍵が掛かる部屋」
  旺司 朋子 「ワタシの愛のスタイル」
  しばの 結花 「名前のないファンレター」
- 奨励金
  荒川 なつ 「月夜におむかえ」
  小糸 さよ 「デジタル王子」
  倉澤 あずさ 「おねがい☆トップル」
  中嶋 ゆか 「風物語」

第59回〔平18年12月受賞〕
◇少女・女性部門
- 特別大賞
  該当作なし
- 大賞
  真己 京子 「吉国くんのおとなりさん」
- 入選
  椎名 チカ 「アタシが部屋にあげる理由。」
  京町 妃紗 「ピンクローズの鎖」
- 佳作
  室 たた 「On The Start Line」
  幸田 テツ 「手の中に光」
  清水 まみ 「らぶわん」
  小泉 蓮 「もっと知りたい!」
- 奨励金
  心 あゆみ 「最強革命」
  青咲 ルイ 「NADESHIKO」
  春山 ちあき 「魔法を教えて」
  桃もこ 「MYワンだふるDAYS」
  糸川 結 「エゴイストパパ」

第60回〔平19年6月受賞〕
◇少女・女性部門
- 特別大賞・大賞
  該当作品なし
- 入選
  灰島 なぎこ 「花と先輩と私」
- 佳作
  藤実 リオ 「ごほうびはシュガースイート☆」
  銀ノ橋 倫 「立入禁止・ルーム」
- 奨励金

123 小学館新人コミック大賞

まるい ももこ 「ドッキドキ♡ペース」
心 あゆみ 「百花繚乱チェリー」
福浦 茶々 「約束の音」
冬織 透真 「空色のうた」
彩戸 サイコ 「恋をすると醜くなる」

第61回〔平19年12月受賞〕

◇少女・女性部門

- 特別大賞・大賞
該当作品なし
- 入選
くまき 絵里 「初恋レンズ」
滝野 まり 「春が来るまで」
- 佳作
冬織 透真 「凛として焦がれ」
七尾 美緒 「真白な世界」
タテツ エミ 「ヤンデル★ヤンデル」
月本 シンリ 「乙女心とプレゼント」
- 奨励金
唯 マイカ 「コイノハナ」
山田 みほこ 「手と手をつないで」
中倉 ヒロ 「明日へのハピネス！」

第62回〔平20年6月受賞〕

◇少女・女性部門

- 特別大賞・大賞
該当作品なし
- 入選
該当作品なし
- 佳作
安積 さや 「Green Heart」
月鈴 茶子 「イヌイさんッ！」
三村 ムミ 「スキンシッパー」
小純 月子 「スイート×スパイス」
ウメダ シズル 「チキンな2人」
- 奨励金
雪矢 ナギ 「はなみちこみち」
真河 ジュン 「夏のあたしたち」
逸見 奈々恵 「恋の矢印」
北野 希織 「すきって言えばいい」

第63回〔平20年12月受賞〕

◇少女・女性部門

- 特別大賞・大賞
該当作品なし
- 入選
くるみ 「家政婦EX（エキスパート）レッカ」
- 佳作
泉道 亜紀 「恋愛オンチ」
タムラ 圭 「あなたが知りたい」
仲田 早稚代 「キューティーエンジェルズ」
- 奨励金
冬名 真己 「レンアイ☆バトル」
みき ゆうと 「月でスッポン」
音森 春湖 「操りの騎士」
桜井 そよな 「エメラルドの呼吸」
小池 しゃこ 「あめ、のち、あめ。」

第64回〔平21年6月受賞〕

◇少女・女性部門

- 特別大賞・大賞
該当作品なし
- 入選
吉川 キュウ 「ハートが届かない!?」
- 佳作
鷺沢 梅子 「Sakura Snow」
かいだ 伽名 「拝啓 お稲荷様」
左右田 もも 「ガチ恋!!」
瀬能 旬 「破れたら縫え」
- 奨励金
伊東 茉波 「キミに届けたい」
如月 ひいろ 「NEXT DOOR」
清水 しの 「カメラ！」
東野 莉子 「君と純愛」
non 「in cute」
はとぽっぽ 「恋する♡ティーナ©（ちゃん）」

第65回〔平21年12月受賞〕

◇少女・女性部門

- 特別大賞・大賞
該当作品なし
- 入選
宮来 衣 「幻夏祭」
市原 ゆうき 「恋の引力」
- 佳作
みつい 安野 「マドベの恋」
木村 凧 「ダアとキュちゃんの愉快な生活」

女性の賞事典

蝶之宮 ミヅホ 「彼女のヒミツ」
- 奨励金
  満月 かほり 「世界で一番頑張ってる君に」
  non 「気まぐれ王子」

第66回〔平22年6月受賞〕
◇少女・女性部門
- 特別大賞・大賞
  該当作品なし
- 入選
  川瀬 あや 「ぼくらの街の花遊館」
- 佳作
  犬海 コロ 「7.7ロマンス」
  楠野 ひな 「ずぼらっ子××！」
  朝田 とも 「マホウ期限年齢」
  谷 和野 「よいお菓子 わるいお菓子」
  葉野 リカ 「ラブ・ラテ・アート」
- 奨励金
  堀古 みやこ 「きっと幸せ」
  山野 ゆたか 「箱入りラプソディー」

第67回〔平22年12月受賞〕
◇少女・女性部門
- 特別大賞・大賞
  該当作品なし
- 入選
  福永 まこ 「幾月夜を越えて」
- 佳作
  花穂 「トマトの事情」
  豊旗 祐子 「桜の時」
  川上 ちひろ 「Dream Fighter」
- 奨励金
  茜部 「2人のふたごと恋する私」

第68回〔平23年6月受賞〕
◇少女・女性部門
- 特別大賞・大賞
  該当作品なし
- 入選
  辻永 ひつじ 「たなばた恋愛（ラブ）レッスン！」
- 佳作
  花 めい子 「モンスターガール☆アサオカ」
  まかね ゆう 「三色模様」
  沙弥子 「今日も明日も死ぬまでも」

- 奨励金
  小塚 あきら 「変わり者バンパイアとオカルト少年」
  青 美月 「お医者さんごっこ」
  月原 綾 「私が私をやめる日」

第69回〔平23年12月受賞〕
◇少女・女性部門
- 特別大賞・大賞
  該当作品なし
- 入選
  藤緒 あい 「オーライオーライ」
  蛙田 みかん 「スーパー・スター」
- 佳作
  笹木 一二三 「すきなこ だれだ」
  黒田 ノア 「この胸にかかげるは」
- 奨励金
  由木 かずゆ 「マスコットガールななみ」
  皐月 那名 「至上の紫」

第70回〔平24年6月受賞〕
◇少女・女性部門
- 特別大賞・大賞
  該当作品なし
- 入選
  杏堂 まい 「ひめごとまだまだ」
- 佳作
  たむら 紗知 「どす恋っ!!」
  オダマキ 「ギャラクシー・ワンダー・ボーイ」
  菅野 ちひろ 「香り革命！」
- 奨励金
  湖森 チヒロ 「わたしとあなたの10年恋争」
  伊井出 宵 「めざせ完全燃焼系ッ!!」
  和樂 桜夜 「嘘つき王子と魔法使い」

第71回〔平24年12月受賞〕
◇少女・女性部門
- 特別大賞・大賞
  該当作品なし
- 入選
  富田 和 「夏と冬とを繋いだら」
- 佳作
  あずき 優里 「愛しきヘタレ様」
  みづき 真葉 「ドリームめいカー！」

はやみ 知晶 「スワン★コンプレックス」
- 奨励金
紗々田 ささ 「タイトル未定」
土井 晴太 「「スキ」が恋の魔法！」
四ノ原 目黒 「放課後約2時間」

第72回〔平25年6月受賞〕
◇少女・女性部門
- 特別大賞・大賞
該当作品なし
- 入選
原田 さあ 「はるか」
- 佳作
萬田 かり 「GAME of LOVE」
桧本 ごま 「つっぱれ！ 田中さん!!」
- 奨励金
山之内 よもぎ 「アレルギー・ハッピーエンド」

実川 みさ 「嘘つきな彼女」
桜和 アスカ 「今日と明日のレンアイ事情」
あだち みのり 「あなたのそばに」

第73回〔平25年12月受賞〕
◇少女・女性部門
- 特別大賞・大賞
該当作品なし
- 入選
白水 こよみ 「クララに花冠」
- 佳作
益伊 柚茉 「君とハッピーバースデー」
城石 わかこ 「心友コンチェルト」
かや あやか 「あっぷる☆ジュース」
- 奨励金
新名 史門 「Just my love！」
綾華 ここな 「夏恋HONEST」

124 小学館漫画賞

　昭和30年(1955)，「小学館児童まんが賞」として健全明朗な児童向け漫画の振興をはかるため設定。第13回(昭和42年)に「小学館漫画賞」へ名称変更。第21回(昭和50年)から2部門(第一部[少年少女向け]，第二部[青年一般向け])に分かれ，第27回には児童向け部門が発足，第29回(昭和57年)には4部門(第一部[児童向け]，第二部[少年向け]，第三部[少女向け]，第四部[青年一般向け])が設定された。現在も4部門制により幅広く優れた作品を発表した漫画作家に贈られている。

【主催者】小学館，財団法人 日本児童教育振興財団

【選考委員】(第59回)あだち充，尾瀬あきら，角田光代，かわぐちかいじ，さいとうちほ，弘兼憲史，ブルボン小林，武論尊

【選考方法】各部門別に審査委員，漫画家，評論家，雑誌・新聞編集者，関係文化団体，書店関係者および一般読者から推薦された作品を基に，各部門の候補作品を選出。候補作品に対して，各審査委員に推薦並びに選評を依頼。これを集計し，最終審査委員会で検討の上決定。

【選考基準】(第59回)〔対象〕平成25年1月1日以降に，雑誌，単行本，新聞等に発表されたまんが・コミックス作品

【締切・発表】1月下旬新聞社等へ通知，および小学館発行の雑誌(2月以降に発売の号)に発表

【賞・賞金】各部門ともブロンズ像と賞金100万円

【URL】http://www.shogakukan.co.jp/mangasho/

第21回(昭50年度)
　◇少年少女向け
　　萩尾 望都 「ポーの一族」「11人いる！」(別冊少女コミック)
第22回(昭51年度)
　◇少年少女向け
　　小山 ゆう 「がんばれ元気」(少年サンデー)
　　ちば あきお 「キャプテン」「プレイボール」(少年ジャンプ)
第23回(昭52年度)
　◇少年少女向け
　　松本 零士 「銀河鉄道999」(少年キング),「戦場まんがシリーズ」(少年サンデー)
第24回(昭53年度)
　◇少年少女向け
　　古谷 三敏 「ダメおやじ」(少年サンデー)
第25回(昭54年度)
　◇少年少女向け
　　竹宮 恵子 「地球へ…」(マンガ少年),「風と木の詩」(少女コミック)
第26回(昭55年度)
　◇少年少女向け
　　高橋 留美子 「うる星やつら」(少年サンデー)
　　はるき 悦巳 「じゃりん子チエ」(漫画アクション)
第27回(昭56年度)
　◇少年少女向け
　　鳥山 明 「Dr.スランプ」(少年ジャンプ)
第28回(昭57年度)
　◇少年少女向け
　　あだち 充 「みゆき」(少年ビッグコミック),「タッチ」(週刊少年サンデー)
第29回(昭58年度)
　◇少女向け部門
　　吉田 秋生 「吉祥天女」(別冊少女コミック),「河よりも長くゆるやかに」(プチフラワー)
第30回(昭59年度)
　◇少女向け部門
　　木原 敏江 「夢の碑」(プチフラワー)

第31回(昭60年度)
　◇少女向け部門
　　川原 由美子 「前略・ミルクハウス」(別冊少女コミック)
第32回(昭61年度)
　◇少女向け部門
　　篠原 千絵 「闇のパープル・アイ」(週刊少女コミック)
第33回(昭62年度)
　◇少女向け部門
　　惣領 冬実 「ボーイフレンド」(週刊少女コミック)
第34回(昭63年度)
　◇少女向け部門
　　岡野 玲子 「ファンシィダンス」(プチフラワー)
第35回(平1年度)
　◇少女向け部門
　　榛のなな恵 「Papa told me」(YOUNG YOU)
第36回(平2年度)
　◇少女向け部門
　　細川 知栄子あんど芙〜みん 「王家の紋章」(プリンセス)
　　渡辺 多恵子 「はじめちゃんが一番！」(別冊少女コミック)
第37回(平3年度)
　◇少女向け部門
　　藤田 和子 「真コール！」(少女コミック)
第38回(平4年度)
　◇少女向け部門
　　田村 由美 「BASARA」(別冊少女コミック)
第39回(平5年度)
　◇少女向け部門
　　吉村 明美 「薔薇のために」(プチコミック)
第40回(平6年度)
　◇少女向け部門
　　羅川 真里茂 「赤ちゃんと僕」(花とゆめ)
第41回(平7年度)
　◇少女向け部門

神尾 葉子 「花より男子」(マーガレット)
第42回(平8年度)
　◇少女向け部門
　　さいとう ちほ 「花音」(プチコミック)
第43回(平9年度)
　◇少女向け部門
　　渡瀬 悠宇 「妖しのセレス」(少女コミック)
第44回(平10年度)
　◇少女向け部門
　　該当作なし
第45回(平11年度)
　◇少女向け部門
　　いくえみ 綾 「バラ色の明日」(別冊マーガレット)
第46回(平12年度)
　◇少女向け部門
　　篠原 千絵 「天は赤い河のほとり」(少女コミック)
第47回(平13年度)
　◇少女向け部門
　　吉田 秋生 「YASHA―夜叉」(別冊少女コミック)
　　清水 玲子 「輝夜姫」(LaLa)
第48回(平14年度)
　◇少女向け部門
　　矢沢 あい 「NANA」(Cookie)
　　渡辺 多恵子 「風光る」(flowers)
第49回(平15年度)
　◇少女向け部門
　　中原 アヤ 「ラブ★コン」(別冊マーガレット)
第50回(平16年度)
　◇少女向け部門
　　芦原 妃名子 「砂時計」(Betsucomi)
　　小畑 友紀 「僕等がいた」(Betsucomi)
第51回(平17年度)
　◇少女向け部門
　　和泉 かねよし 「そんなんじゃねえよ」(Betsucomi)
第52回(平18年度)
　◇少女向け部門
　　田村 由美 「7SEEDS」(flowers)
第53回(平19年度)
　◇少女向け部門
　　青木 琴美 「僕の初恋をキミに捧ぐ」(少女コミック)
第54回(平20年度)
　◇少女向け部門
　　桜小路 かのこ 「BLACK BIRD」(ベツコミ)
第55回(平21年度)
　◇少女向け部門
　　岩本 ナオ 「町でうわさの天狗の子」(flowers)
第56回(平22年度)
　◇少女向け部門
　　よしなが ふみ 「大奥」(MELODY)
第57回(平23年度)
　◇少女向け部門
　　嶋木 あこ 「ぴんとこな」(Cheese!)
第58回(平24年度)
　◇少女向け部門
　　芦原 妃名子 「Piece」(ベツコミ)
第59回(平25年度)
　◇少女向け部門
　　青木 琴美 「カノジョは嘘を愛しすぎてる」(Cheese!)

125 女子マンガ大賞

　女性による,女性のための本大賞として,平成25年(2013),女性誌『FRaU』が「女子マンガ大賞」および「フラウ文芸大賞」を設立した。少女マンガ・少年マンガなどのジャンルを問わず,「大人女子にぜひ読んでほしい作品を"女子マンガ"としてセレクトし,紹介する」という目的で,『FRaU』のマンガ特集を企画し5年目となった年,「女子マンガ

大賞」設立となった。女性が,女性に向けて読んでもらいたい作品を選出する。

- 【主催者】FRaU(講談社)
- 【選考委員】菊地亜希子(女優・モデル),小田真琴(女子マンガ研究家),福田里香(料理研究家),門倉紫麻(マンガライター)
- 【選考方法】『FRaU』でマンガをセレクトしてきた4名の識者による選出
- 【選考基準】〔対象〕(第1回)平成24年1月～翌年7月までに発売されたマンガ単行本
- 【締切・発表】(第1回)平成25年9月号にて特集
- 【URL】http://frau-web.net/

第1回(平25年)
◇大賞
　渡辺 ペコ 「にこたま」(講談社)
◇女の生き方賞
　西 炯子 「姉の結婚」(小学館)
◇パワーチャージ男子賞
　雲田 はるこ 「昭和元禄落語心中」(講談社)
◇青春フラッシュバック賞
　東村 アキコ 「かくかくしかじか」(集英社)
◇大人ファンタジー賞
　九井 諒子 「ひきだしにテラリウム」(イースト・プレス)

126 電撃コミックグランプリ

　アスキー・メディアワークスによる新人漫画賞。第13回より,一般応募の作品に加え,「電撃大王」「電撃マ王」「シルフ」「電撃コミックジャパン」の4誌で独自に募集中の新人賞入選作が本賞の最終選考にエントリーされる形式となった。第11回までは年2回開催,第12回から年1回開催。第16回から「電撃大賞」のコミック部門に移行。

- 【主催者】株式会社 アスキー・メディアワークス
- 【選考委員】(第15回)少年マンガ部門・少女マンガ部門:大河内一楼(アニメ脚本家),高河ゆん(マンガ家),綱島志朗(マンガ家),吉積信(ゲームプロデューサー)
- 【選考方法】最終選考は選考委員による審査
- 【選考基準】〔資格〕プロ・アマ不問。〔作品規定〕未発表のオリジナル作品であること。ただし他の公募に応募中のものは不可。8ページ以上48ページ以内。4コママンガは1ページに2本として10本以上。デジタル原稿も可。〔応募制限〕複数応募可。ただし1作品ごと別送のこと。〔部門〕少年マンガ部門・少女マンガ部門
- 【締切・発表】(第15回)平成25年9月26日締切。「シルフ」,「電撃コミックジャパン」(電子コミック雑誌),「月刊コミック電撃大王」,「電撃マ王」各誌2月号にて発表。
- 【賞・賞金】(第15回)グランプリ:賞金200万円,作品連載,コミックス化権。準グランプリ:賞金50万円,作品掲載権。優秀賞:賞金30万円。以上,各部門ごとに選出。各部門のグランプリ作品は電撃のコミック雑誌のいずれかに掲載。
- 【URL】http://asciimw.jp/award/comic/

第6回（平18年9月〜平19年3月募集）
◇シルフ部門
- グランプリ
  該当作品なし
- 準グランプリ
  水谷 フーカ 「ウィルロッツ通りの悪魔使い」
- 優秀賞
  森野 ユズ 「GUIDA=FILE」
  風守 いなぎ〔作画〕，烙斗〔原作〕 「てのひらの記憶」
- 奨励賞
  神崎 成 「deep forest」

第7回（平19年3月〜9月募集）
◇少女マンガ部門
- グランプリ・準グランプリ
  該当作品なし
- 優秀賞
  いと ようこ 「少女輪舞」
  小垣 みづ 「宵一夜」
- 奨励賞
  大沢 奈央 「俺達の方法」
  紗童 唄子 「風の約束」

第8回（平19年9月〜平20年3月募集）
◇少女マンガ部門
- グランプリ・準グランプリ
  該当作品なし
- 優秀賞
  風原 末玄 「La Vie en rose」
  鳥獣戯画 「スイートライフ」
- 奨励賞
  村崎 翠 「マイ×ボディーガード」
  瑞希 トビラ 「Which？」

第9回（平20年3月〜9月募集）
◇少女マンガ部門
- グランプリ・準グランプリ
  該当作品なし
- 優秀賞
  藤田 麻由 「ちいさなぼくらのたからもの」
- 奨励賞
  玻都 もあ 「ご主人様は悪の総統」
  まぁ太 「君に幸あれ!!」

第10回（平20年9月〜平21年3月募集）
◇少女マンガ部門
- グランプリ・準グランプリ
  該当作品なし
- 優秀賞
  朔坂 みん 「エンゲージバトル」
- 奨励賞
  オカモト サトル 「いぬミミ！」
  サハラ 「ふつうの子。」

第11回（平21年3月〜9月募集）
◇少女マンガ部門
- グランプリ
  該当作品なし
- 準グランプリ
  黛 ハル太 「夕暮れジャンクション」
- 奨励賞
  稚代〔作画〕，藤井 智宏〔原作〕 「cafe・T・cherry」
  めぇ田 のん 「ダメにペキ！」

第12回（平21年9月〜平22年9月募集）
◇少女マンガ部門
- グランプリ
  該当作品なし
- 準グランプリ
  長神 「ウェザーリポート」
- 優秀賞
  ゑむ 「メガネの国のアリス」

第13回（平22年9月〜平23年9月募集）
◇少女マンガ部門
- グランプリ
  該当作品なし
- 準グランプリ
  きこのみ 「スタイリング・ビビッド」
- 奨励賞
  碓井 ユウ 「屑籠のうた」
  仁和 とりぃ 「幽霊少女とお憑き合い！」
  RATS 「オカケン」

第14回（平23年9月〜平24年9月募集）
◇少女マンガ部門
- グランプリ
  該当作品なし

- ●準グランプリ
  - 西生 まこ 「月下のユウウツ王子」
- 第15回（平24年9月～平25年9月募集）
  - ◇少女マンガ部門
  - ●グランプリ
    - 該当作品なし
- ●準グランプリ
  - 粟島 漣 「そして王子は夢を見る」
  - なま子 「放課後グラース」
- ◇奨励賞
  - 深嶋 しょう子 「魔法の国」

Ⅵ 美術

127 亀高文子記念―赤艸社賞

明治から昭和にかけて女流画家として活躍した兵庫県文化賞受賞者・故亀高文子氏の遺族の寄付をもとに、同女史が創立した「赤艸社女子洋画研究所」にちなんで名づけられた賞。第一線で活躍する女流洋画家を顕彰する。創設当初（平成元年度）は、協会が当時行っていた事業助成の一環として、兵庫県内の各公募展で受賞した作品に対する賞であったが、平成4年度（1992）より洋画の創作を通じて県民文化の高揚に功績のあった女流画家を顕彰する賞へと変遷を遂げた。名称は創設時の「兵庫県文化協会赤艸社賞」から平成4年度に「亀高文子記念―赤艸社賞」と改名された。

【主催者】兵庫県芸術文化協会
【選考方法】学識経験者等による選考委員会の審議を経て決定
【選考基準】〔対象〕洋画の創作を通じて兵庫県民文化の高揚に功績のあった女流画家
【締切・発表】平成25年3月19日
【賞・賞金】賞状および副賞（30万円）を贈呈
【URL】http://www.hyogo-arts.jp/

平成4年度
　中村 百合子（日本美術家連盟会員）
平成5年度
　ユタカ 順子（新世紀美術家協会会員）
平成6年度
　鴨下 葉子（立軌会会員神戸洋画会会員）
平成7年度
　角 迪子（国画会会員）
平成8年度
　大島 泰子（神戸芸術文化会議会員）
平成9年度
　坂口 知子（東光会会員）
平成10年度
　津田 仁子（二紀会会員）
平成11年度
　田村 枝津子（無所属（元光風会会員））
平成12年度
　中辻 悦子（無所属）
平成13年度
　世良 臣絵（一水会会友サロンドートンヌ会員（仏））
平成14年度
　金月 炤子（神戸芸術文化会議会員）
平成15年度
　浜田 公子（国画会会員）
平成16年度
　山﨑 つる子（無所属（元具体美術協会））
平成17年度
　藤原 志保（無所属）
平成18年度
　中島 千恵（ル・サロン永久会員（仏））
平成19年度
　井上 よう子（無所属）
平成20年度
　栃原 敏子（無所属）
平成21年度
　児玉 靖枝（無所属）

平成22年度
　善住 芳枝（無所属）
平成23年度
　小林 欣子（日展会友、東光会審査員）

平成24年度
　河本 和子（日展会友、東光会審査員）

128 朱葉会展

　美術を研究し芸術文化の向上発展と普及に寄与することを目的として、大正7年（1918）10月に女流洋画家研究団体朱葉会を創設。翌8年に第1回展が開催された。

【主催者】朱葉会
【選考方法】公募
【選考基準】〔対象〕会員、会友および洋画を創作する女性を有資格者とする。〔作品規定〕油絵・水彩・版画。いずれも上限150号まで（長辺227.3cm以内）。※下限の規定なし。作品は自己の創作による未発表の作品に限る。〔応募規定〕一般は3点以内（会員は1点、会友は2点以内）〔出品料〕一般は出品作品3点以内で1万円。会員・会友は不要。
【締切・発表】（第92回展）搬入：平成25年6月19日および20日。審査：搬入作品は審査し、入選作品を陳列。一般出品の入選者は6月21日、審査終了後、速達郵便で通知。〔公募展〕6月29日〜7月6日（東京都美術館）
【賞・賞金】文部科学大臣賞、東京都知事賞、損保ジャパン美術財団賞、朱葉会賞、奨励賞その他の賞。優秀作家は本会の会員、会友に推挙。
【URL】http://www.shuyoukai.com/

第1回（大8年）
　授賞なし
第2回（大9年）
　授賞なし
第3回（大10年）
　授賞なし
第4回（大11年）
　授賞なし
第5回（大12年）
　授賞なし
第6回（大13年）
　授賞なし
第7回（大14年）
　授賞なし
第8回（大15年）
　授賞なし
第9回（昭2年）
　授賞なし

第10回（昭3年）
　授賞なし
第11回（昭4年）
　授賞なし
第12回（昭5年）
　授賞なし
第13回（昭6年）
　授賞なし
第14回（昭7年）
　授賞なし
第15回（昭8年）
　横地 朝子
　河津 玉江
　荒木 喜美
第16回（昭9年）
　◇朱葉会賞
　　大久保 為世子
　◇奨励賞

吉橋 和子
第18回（昭11年）
　◇朱葉会賞
　　いわさき ちひろ
第19回（昭13年）
　◇朱葉会賞
　　村井 静江
　◇奨励賞
　　藤江 志津
　　渡辺 百合子
第21回（昭14年）
　◇朱葉会賞
　　岡田 節子
　◇奨励賞
　　柳瀬 弥生
　　岡本 みち子
　　三橋 ふじ子
　　加治屋 ふじ枝
第22回（昭15年）
　◇朱葉会賞
　　岩本 鈴子
　◇奨励賞
　　三橋 ふじ子
　　月尾 菅子
第23回（昭16年）
　◇朱葉会賞
　　上野 ふみ子
　◇奨励賞
　　田川 和子
　　柳瀬 弥生
第24回（昭17年）
　　大縄 久恵
　　佐藤 敦子
　　田川 和子
　　塩田 みな子
　　奥田 八重子
　　青本 純子
第26回（昭19年）
　◇朱葉会賞
　　松本 文江
　◇奨励賞
　　三根 孝子

　　青木 純子
※昭和20・21年 休会
第27回（昭22年）
　◇朱葉会賞
　　松本 文江
　◇奨励賞
　　南 桂子
第28回（昭23年）
　◇朱葉会賞
　　加納川 すゑ
　◇奨励賞
　　小寺 明子
　　山本 朝子
　　井野 陽子
第29回（昭24年）
　◇朱葉会賞
　　吉橋 和子
　◇奨励賞
　　小寺 明子
　　山本 朝子
　　寺崎 マリ子
　　樋渡 さくら
第30回（昭25年）
　◇朱葉会賞
　　小川 イチ
　◇奨励賞
　　井上 千鶴子
　　鹿島 よし子
　　改井 貞子
第32回（昭27年）
　◇朱葉会賞
　　ミセスレピー
　◇奨励賞
　　田中 みち子
　　宗久 恭子
第33回（昭28年）
　◇朱葉会賞
　　真砂 澄子
　◇奨励賞
　　重松 京子
第35回（昭30年）
　◇朱葉会賞

田栗 テル
第37回（昭32年）
　◇朱葉会賞
　　安田 和子
第38回（昭33年）
　◇朱葉会賞
　　該当者なし
第39回（昭34年）
　◇朱葉会賞
　　安田 和子
　◇産経奨励賞
　　梨木 英美子
　◇奨励賞
　　菊池 恵子
　◇プールブー賞
　　山本 英子
　◇ホルベイン賞
　　為郷 緋紗子
　◇会員賞
　　岩村 よし子
　　田栗 テル
第40回（昭35年）
　◇朱葉会賞
　　為郷 緋紗子
　◇奨励賞
　　ブレークモアー
　◇プールブー賞
　　島田 洋子
　◇ホルベイン賞
　　湧井 晏子
　◇会員賞
　　友田 みね子
第42回（昭37年）
　◇奨励賞
　　加藤 幸子
　◇プールブー賞
　　梨本 芙美代
　◇ホルベイン賞
　　土屋 成子
　　マリールイズ ヴィンネル
　◇会員賞
　　山口 礼子

第43回（昭38年）
　◇奨励賞
　　中尾 タカ子
　◇三井信託ジャーナル賞
　　根本 牧
　◇ホルベイン賞
　　石川 えり子
　◇プールブー賞
　　芳谷 明子
　◇褒状
　　ジョイス・ポリニ
　　天野 きい子
　◇会員賞
　　直井 澄子
第44回（昭39年）
　◇朱葉会賞
　　曾布川 正子
　◇奨励賞
　　山際 みはる
　◇三井信託ジャーナル賞
　　塚本 政子
　◇みなと賞
　　ビック・フォード
　◇ホルベイン賞
　　安藤 玲子
　◇プールブー賞
　　小森 謙子
　◇朱葉会会員賞
　　安田 和子
第45回（昭40年）
　◇朱葉会賞
　　渡辺 ヨシ
　◇奨励賞
　　土井 美恵
　◇三井ジャーナル賞
　　塚本 政子
　◇佳作賞
　　木村 よし子
　　近藤 光子
　◇プールブー賞
　　上浦 玲子
　◇会員賞

第46回（昭41年）
　◇朱葉会賞
　　且見 紀久恵
　◇三井賞
　　渡辺 ヨシ
　◇奨励賞
　　曾根 満子
　　塚本 政子
　　的場 和子
　◇プールブー賞
　　樫本 智恵子
　◇会員賞
　　伊藤 秀紅
　　日影 喜代子
第47回（昭42年）
　◇三井信託ジャーナル賞
　　的場 和子
　◇奨励賞
　　直井 幸子
　　五十嵐 しづ子
　　甲斐 映子
　　国府 安子
　◇プールブー賞
　　戸田 のり子
　◇会員賞
　　真砂 澄子
第48回（昭43年）
　◇文部大臣奨励賞
　　石川 ヨシ子
　◇奨励賞
　　前島 静枝
　◇クサカベ賞
　　戸田 のり子
　◇三井信託ジャーナル賞
　　吉武 利子
　◇プールブー賞
　　人見 千恵子
　◇会員賞
　　河野 和子
　　清水 弥子
　　梨本 芙美代

第49回（昭44年）
　◇文部大臣奨励賞
　　田栗 テル
　◇通産大臣賞
　　日影 喜代子
　◇朱葉会賞
　　該当者なし
　◇三井信託ジャーナル賞
　　吉武 利子
　◇奨励賞
　　浅見 増子
　　村岡 正子
　　木村 よし子
　◇プールブー賞
　　望月 美江
　◇会員賞
　　山口 レイ
第50回（昭45年）
　◇文部大臣奨励賞
　　関 綾子
　◇50周年記念賞
　　吉田 ふじを
　◇朱葉会賞
　　浅見 増子
　◇奨励賞
　　前島 静枝
　　上久保 登美子
　◇クサカベ賞
　　堀 達子
　◇マツダ賞
　　富田 芳枝
　◇プールブー賞
　　堀尾 拡子
　◇会員賞
　　塚本 政子
　◇Y夫人賞
　　清水 信子
　◇S氏賞
　　田中 とし子
第51回（昭46年）
　◇文部大臣奨励賞
　　安田 和子

◇朱葉会賞
　堀 達子
◇奨励賞
　人見 千恵子
　中村 まり
◇クサカベ賞
　瀬下 悦子
◇マツダ賞
　五十嵐 しづ子
◇プールブー賞
　塩田 京子
◇会友努力賞
　吉武 利子
◇S賞
　松本 竜
◇I賞
　田野 せつ
◇Y賞
　中山 綾
◇会員賞
　倉繁 貴志子
第52回（昭47年）
◇文部大臣奨励賞
　田野 せつ
◇奨励賞
　金子 澄江
◇ホルベイン賞
　村山 和子
◇マツダ賞
　鳥居 和子
◇プールブー賞
　朝比奈 まり
◇I賞
　湯川 佳子
◇無名氏賞
　山田 文子
◇会員賞
　桜川 洋子
第53回（昭48年）
◇文部大臣奨励賞
　山口 レイ
◇朱葉会賞

　該当者なし
◇奨励賞
　岩上 智恵子
◇マツダ賞
　石井 明子
　瀬下 悦子
◇ホルベイン賞
　三浦 弘子
　三原 裕子
◇無名氏賞
　大縄 久恵
◇会員賞
　山田 和子
◇S氏賞
　守谷 恭子
◇I氏賞
　竹内 利子
◇モリタニ賞
　田原 文子
◇Y夫人賞
　真砂 澄子
第54回（昭49年）
◇文部大臣奨励賞
　清水 信子
◇朱葉会賞
　該当者なし
◇マツダ賞
　新井 光枝
　先山 由久子
◇ホルベイン賞
　山内 直子
◇J賞
　松本 竜
◇S賞
　川嶋 瑠美
◇Y夫人賞
　藤田 美佐子
◇無名氏賞
　長谷川 良子
◇奨励賞
　光田 敦子

第55回（昭50年）
　◇文部大臣奨励賞
　　真砂 澄子
　◇朱葉会賞
　　藤田 美佐子
　◇第55回記念賞
　　吉田 ふじを
　◇藤賞
　　池内 琴子
　◇無名氏賞
　　桜川 洋子
　◇I賞
　　島田 文子
　◇S賞
　　志村 栄子
　◇マツダ賞
　　伊藤 民子
　◇ホルベイン賞
　　守谷 恭子
　◇船岡賞
　　湯川 佳子
　◇ギャラリー扇山堂賞
　　河合 幸子
　◇プールブー賞
　　三浦 弘子
第56回（昭51年）
　◇文部大臣奨励賞
　　梅本 マリ子
　◇朱葉会賞
　　原木 光子
　◇会員賞
　　渡辺 ヨシ
　◇藤賞
　　南 しのぶ
　◇無名氏賞
　　岩上 智恵子
第57回（昭52年）
　◇文部大臣奨励賞
　　塚本 政子
　◇会員努力賞
　　上久保 登美子
　◇藤賞
　　中村 まり
　◇奨励賞
　　仙田 美紗子
　◇無名氏賞
　　横川 律
第58回（昭53年）
　◇文部大臣奨励賞
　　桜川 洋子
　◇朱葉会賞
　　星野 瑛子
　◇会員賞
　　行元 昭子
　◇藤賞
　　奥田 八重子
　◇奨励賞
　　山内 直子
　◇無名氏賞
　　岩浪 圭子
第59回（昭54年）
　◇文部大臣奨励賞
　　伊藤 民子
　◇朱葉会賞
　　河合 幸子
　◇会員賞
　　大成 あつみ
　◇藤賞
　　塙 八重子
　◇奨励賞
　　有路 富子
　◇無名氏賞
　　竹中 栄子
第60回（昭55年）
　◇文部大臣奨励賞
　　竹内 利枝
　◇朱葉会賞
　　新井 三重子
　◇会員賞
　　重松 京子
　◇藤賞
　　横川 律
　◇奨励賞
　　米倉 愛子

星野 瑛子
◇カトレア賞
　　大縄 久恵
◇無名氏賞
　　冨田 倫子
第61回（昭56年）
◇文部大臣奨励賞
　　長谷川 良子
◇朱葉会賞
　　田中 信子
◇奨励賞
　　箕浦 玲子
◇会員賞
　　関 綾子
◇藤賞
　　竹中 栄子
◇カトレア賞
　　原木 光子
◇無名氏賞
　　武富 信子
第62回（昭57年）
◇文部大臣奨励賞
　　大成 あつみ
◇朱葉会賞
　　浜口 美和
◇奨励賞
　　岸 妙子
◇会員賞
　　河合 幸子
◇藤賞
　　的場 和子
◇カトレア賞
　　加藤 幸子
◇無名氏賞
　　橋本 洋子
第63回（昭58年）
◇文部大臣奨励賞
　　岩上 智恵子
◇朱葉会賞
　　該当者なし
◇奨励賞
　　滝 恵子

◇会員賞
　　倉繁 貴志子
◇藤賞
　　増田 欣子
◇カトレア賞
　　河崎 千代子
◇無名氏賞
　　中村 まり
第64回（昭59年）
◇文部大臣奨励賞
　　田島 静子
◇東京都知事賞
　　野村 康子
◇朱葉会賞
　　該当者なし
◇奨励賞
　　平田 博重
◇会員賞
　　岩浪 圭子
◇藤賞
　　三浦 弘子
◇日航賞
　　田中 信子
◇無名氏賞
　　桑田 春子
第65回（昭60年）
◇文部大臣奨励賞
　　倉繁 貴志子
◇東京都知事賞
　　田中 信子
◇朱葉会賞
　　該当者なし
◇奨励賞
　　加藤 諒子
◇会員賞
　　坂田 都
◇藤賞
　　西尾 登美枝
◇日航賞
　　村山 和子
第66回（昭61年）
◇文部大臣奨励賞

有路 富子
◇東京都知事賞
　塙 八重子
◇朱葉会賞
　該当者なし
◇奨励賞
　小笠原 緑
◇会員賞
　寺西 栄子
第67回（昭62年）
◇文部大臣奨励賞
　大縄 久恵
◇東京都知事賞
　今井 静子
◇朱葉会賞
　該当者なし
◇会員賞
　加藤 幸子
◇奨励賞
　原木 光子
◇カトレア賞
　西田 和代
◇日航賞
　山口 都
◇トークロキャンバス賞
　黛 一子
◇船岡賞
　中谷 恭子
◇マツダ賞
　坂上 恵子
◇ホルベイン賞
　浦西 桂子
第68回（昭63年）
◇文部大臣奨励賞
　野村 康子
◇東京都知事賞
　行元 昭子
◇朱葉会賞
　該当者なし
◇会員賞
　田村 安紀
◇奨励賞

　小原 裕美
◇吉田ふじを賞
　大縄 久恵
◇日航賞
　小池 規寧
第69回（平1年）
◇文部大臣奨励賞
　平田 博重
◇東京都知事賞
　河合 幸子
◇朱葉会賞
　該当者なし
◇会員賞
　的場 和子
◇奨励賞
　久保田 寿子
◇吉田ふじを賞
　加藤 幸子
◇日航賞
　黒林 利枝
第70回（平2年）
◇文部大臣奨励賞
　田中 信子
◇東京都知事賞
　星野 瑛子
◇朱葉会賞
　渡辺 喜美
◇第70回展記念賞
　上久保 登美子
　塙 八重子
◇会員賞
　永井 理恵
◇奨励賞
　中村 和子
◇吉田ふじを賞
　白井 珠江
◇岩村芳子賞
　小原 裕美
◇日航賞
　坂田 都
第71回（平3年）
◇文部大臣奨励賞

浜口 美和
◇東京都知事賞
　　小原 裕美
◇朱葉会賞
　　該当者なし
◇会員賞
　　吉川 寿子
◇奨励賞
　　中谷 恭子
◇吉田ふじを賞
　　守谷 恭子
◇岩村芳子賞
　　飯田 紀美子
◇日航賞
　　西尾 登美枝
第72回 (平4年)
◇文部大臣奨励賞
　　加藤 幸子
◇東京都知事賞
　　坂田 都
◇朱葉会賞
　　該当者なし
◇会員賞
　　冨田 倫子
◇奨励賞
　　福永 美加
◇吉田ふじを賞
　　神谷 ふじ子
◇岩村芳子賞
　　谷川 恵美子
◇日航賞
　　河野 和子
第73回 (平5年)
◇文部大臣奨励賞
　　岸 妙子
◇東京都知事賞
　　山口 都
◇朱葉会賞
　　該当者なし
◇会員賞
　　橋本 洋子
◇奨励賞

　　青山 歌子
　　吉井 光子
◇吉田ふじを賞
　　星野 瑛子
◇岩村芳子賞
　　久保 正子
◇日航賞
　　石崎 道子
第74回 (平6年)
◇文部大臣奨励賞
　　上野 洋子
◇東京都知事賞
　　鈴木 敏子
◇朱葉会賞
　　該当者なし
◇会員賞
　　人見 千恵子
◇奨励賞
　　武富 信子
◇吉田ふじを賞
　　梅本 マリ子
◇岩村芳子賞
　　村山 和子
◇日航賞
　　小山田 和子
◇トークロキャンバス賞
　　高橋 美智子
◇船岡賞
　　神谷 多恵子
　　星 ゆみ
第75回 (平7年)
◇文部大臣奨励賞
　　伊藤 行子
◇東京都知事賞
　　高石 和子
◇会員賞
　　福岡 澄子
◇奨励賞
　　大山 のり子
　　下條 美智子
◇吉田ふじを賞
　　後藤 徳子

◇岩村芳子賞
　増田 欣子
◇日航賞
　境 利子
第76回（平8年）
◇文部大臣奨励賞
　山口 都
◇東京都知事賞
　黒沢 きよ子
◇会員賞
　為郷 緋紗子
◇奨励賞
　小西 怜子
◇吉田ふじを賞
　高橋 きみ子
◇岩村芳子賞
　中谷 恭子
◇日航賞
　吉井 光子
第77回（平9年）
◇文部大臣奨励賞
　河合 幸子
◇東京都知事賞
　吉川 寿子
◇会員賞
　手島 直子
◇奨励賞
　石井 伊久子
◇吉田ふじを賞
　倉繁 貴志子
◇岩村芳子賞
　竹中 栄子
◇日航賞
　生田 静美
第78回（平10年）
◇文部大臣奨励賞
　坂田 都
◇東京都知事賞
　陳 宝蘭
◇朱葉会賞
　星 ゆみ
◇会員賞
　久保 正子
◇吉田ふじを賞
　梅沢 圭子
◇岩村芳子賞
　大山 のり子
◇山田文子賞
　梅本 マリ子
◇日航賞
　鈴木 ゆき子
第79回（平11年）
◇文部大臣奨励賞
　富田 万里子
◇東京都知事賞
　井上 禧美子
◇朱葉会賞
　的場 和子
◇会員賞
　小林 多恵子
第80回（平12年）
◇文部大臣奨励賞
　井上 洋子
◇東京都知事賞
　田村 安紀
◇都議会議長賞
　小山田 和子
◇安田火災美術財団奨励賞
　村上 洋子
◇朱葉会賞
　北村 冨紗子
◇会員賞
　武田 采子
◇奨励賞
　戸嶋 桂子
第81回（平13年）
◇文部科学大臣奨励賞
　星 ゆみ
◇東京都知事賞
　宍戸 和子
◇都議会議長賞
　原木 光子
◇安田火災美術財団奨励賞
　伊藤 行子

◇会員賞
　川村 啓子
◇奨励賞
　藤岡 美保子
第82回（平14年）
◇文部科学大臣奨励賞
　石井 伊久子
◇東京都知事賞
　村山 和子
◇安田火災美術財団奨励賞
　岸 妙子
◇会員賞
　鈴木 敏子
◇奨励賞
　小野田 恭子
第83回（平15年）
◇文部科学大臣奨励賞
　大山 のり子
◇東京都知事賞
　吉井 光子
◇損保ジャパン美術財団奨励賞
　星野 瑛子
◇会員賞
　増田 欣子
◇奨励賞
　阿藤 和子
第84回（平16年）
◇文部科学大臣奨励賞
　原木 光子
◇東京都知事賞
　福嶋 親
◇東京都議会議長賞
　白井 珠江
◇損保ジャパン美術財団奨励賞
　田中 信子
◇朱葉会賞
　井上 禧美子
◇会員賞
　山口 都
◇奨励賞
　村上 昭子

第85回（平17年）
◇文部科学大臣奨励賞
　神田 裕子
◇東京都知事賞
　浦沢 直子
◇東京都議会議長賞
　武田 采子
◇損保ジャパン美術財団奨励賞
　山口 都
◇朱葉会賞
　岡田 眞理子
◇会員賞
　守谷 恭子
◇奨励賞
　島田 道子
第86回（平18年）
◇文部科学大臣奨励賞
　村山 和子　「イグアス幻想」
◇東京都知事賞
　田中 昌子　「待春の山麓」
◇東京都議会議長賞
　市川 リウ　「群れ」
◇損保ジャパン美術財団奨励賞
　原木 光子　「六調」
◇朱葉会賞
　加藤 幸子　「蛍飛翔」
◇会員賞
　米原 貴志子　「傘工房」
◇奨励賞
　河合 幸子　「此の地に生まれて」
◇吉田ふじを賞
　芳谷 明子　「サーランギの調べ」
◇岩村芳子賞
　富川 明子　「穴居遺跡（カッパドキア）」
◇山田文子賞
　境 利子　「心やさしき愛犬ホワイト」
◇塚本政子賞
　畑山 喜和子　「蓮沼晩夏」
◇新人賞
　南家 啓子　「鉄の生きもの」
◇船岡賞
　田澤 聆子　「岬の風車」

木谷 とも子　「桜の木のある街」
◇東美賞
　　内野 典子　「追想」
◇トークロキャンバス賞
　　水島 益子　「樹」
◇マツダ賞
　　谷川 恵美子　「蟬鳴く箱根路」
　　大谷 千恵子　「憩い」
◇ホルベイン賞
　　影山 光子　「二人」
　　佐藤 浩代　「ジャングル・ジム」
◇クサカベ賞
　　郡 雅子　「犬吠埼」
　　玉井 千春　「葡萄の季節」
第87回（平20年）
◇文部科学大臣奨励賞
　　鈴木 敏子　「IN・縁」
◇東京都知事賞
　　梅沢 圭子　「残雪の剣岳」
◇東京都議会議長賞
　　阿藤 和子　「変奏曲」
◇損保ジャパン美術財団奨励賞
　　坂田 都　「時空の歪み」
◇朱葉会賞
　　該当者なし
◇会員賞
　　武田 采子　「赤い実─'8」
◇奨励賞
　　長澤 逸子　「枯紫陽花」
◇吉田ふじを賞
　　高石 和子　「晩秋─白根高原─」
◇岩村芳賞
　　鈴木 章子　「サーカス・追想」
◇山田文子賞
　　宮永 瑠里子　「より高く」
◇塚本政子賞
　　赤木 和子　「ふるさと名産」
◇新人賞
　　内木 和枝　「沈黙のオホーツク」
◇船岡賞
　　寺嶋 美代子　「幼子 08-2」
　　一倉 知未　「水面」

◇トークロキャンバス賞
　　川島 尚子　「窓ガラスの中の虚構」
◇マツダ賞
　　パク・ジュヨン　「時の流れ」
　　佐藤 輝子　「古い楽器」
◇ホルベイン賞
　　月田 富佐子　「夏」
　　山口 美智子　「緑の刻・貝」
◇クサカベ賞
　　神 知子　「アーティチョーク」
　　鈴木 陽子　「早春の窓辺」
第88回（平21年）
◇文部科学大臣奨励賞
　　渡辺 喜美　「紙ひこうき」
◇東京都知事賞
　　村上 洋子　「復活祭」
◇東京都議会議長賞
　　田島 時江　「昼下がり Ⅰ」
◇損保ジャパン美術財団奨励賞
　　阿藤 和子　「The day・・・・・・・」
◇第88回記念大賞
　　岸 妙子　「譜」
◇朱葉会賞
　　芳谷 明子　「はるかなる夢」
◇会員賞
　　稲見 潤子　「室内静物」
◇奨励賞
　　赤澤 泉　「白い服の女」
◇与謝野賞
　　島田 道子　「時」
◇吉田ふじを賞
　　南家 啓子　「境港一隅」
◇岩村芳子賞
　　星野 瑛子　「Eの刻・最終章」
◇山田文子賞
　　矢代 ちとせ　「晩秋」
◇塚本政子賞
　　黒沢 きよ子　「三原山火口」
◇新人賞
　　性田 尚　「雪どけ」
◇船岡賞
　　高木 侚子　「望」

長谷川 葉月 「睡蓮あかつきやみに（アンコールワット）」
◇トークロキャンバス賞
　　久保 済子 「なかよし・夏」
◇マツダ賞
　　井澤 美穂子 「たまねぎ」
　　佐藤 雅子 「大樹」
◇ホルベイン賞
　　金子 真裟月 「回想」
　　安田 津奈子 「窓辺」
◇クサカベ賞
　　大川 陽子 「静寂」
　　橋本 るり子 「追憶の人体」
第89回（平22年）
◇文部科学大臣賞
　　北村 冨紗子 「凪」
◇東京都知事賞
　　田岡 瑛子 「午後─秋の終り─」
◇東京都議会議長賞
　　谷川 恵美子 「秋に咲く」
◇損保ジャパン美術財団奨励賞
　　川島 尚子 「満月の夜には魔法がかかる」
◇朱葉会賞
　　該当者なし
◇会員賞
　　齊藤 朝江子 「ひまわりの詩」
◇奨励賞
　　鈴木 ゆき子 「想」
◇与謝野賞
　　藤川 玲子 「サハラ砂漠」
◇吉田ふじを賞
　　武沢 伸一 「カラミ」
◇岩村芳子賞
　　山口 美智子 「響き合う」
◇山田文子賞
　　和久 はるみ 「ときめきの時」
◇塚本政子賞
　　増田 冷子 「祝膳Ⅱ」
◇新人賞
　　渡辺 アイ子 「樫の木」
◇船岡賞
　　磯 紀美子 「グランドキャニオン」

　　坂本 郁衛 「東尋坊」
◇トークロキャンバス賞
　　齊藤 和 「オペラの夜」
◇マツダ賞
　　清水 弘子 「花をいける」
　　岡本 恵子 「芭蕉」
◇ホルベイン賞
　　谷口 静子 「響き」
　　廣瀬 伸子 「フギュール（モンステラと裸婦）」
◇クサカベ賞
　　藤原 順子 「生（セイ）─2010」
　　日髙 のり子 「レッスンを終えて」
第90回（平23年）
◇文部科学大臣賞
　　島田 道子
◇東京都知事賞
　　唐澤 晶子
◇東京都議会議長賞
　　青山 歌子
◇損保ジャパン美術財団奨励賞
　　小俣 裕子
◇朱葉会賞
　　該当者なし
◇会員賞
　　小西 怜子
◇奨励賞
　　郡 雅子
◇与謝野賞
　　飯田 典子
◇新人賞
　　名嘉真 麻希
第91回（平24年）
◇文部科学大臣賞
　　矢代 ちとせ 「瞬間な記憶」
◇東京都知事賞
　　富川 明子 「忘れもの」
◇東京都議会議長賞
　　福嶋 親 「懐古」
◇損保ジャパン美術財団奨励賞
　　神 知子 「宴」
◇朱葉会賞

田中 信子　「楽園にさす影」
◇会員賞
　　佐々木 博江　「from SKY」
◇奨励賞
　　久保 済子　「なかよし・夏Ⅲ」
◇与謝野賞
　　早川 清美　「スタイリッシュな街」
◇清水信子賞
　　今井 ハル子　「刻の音（ね）」
◇新人賞
　　野口 時子　「紫陽花」
◇船岡賞
　　齊藤 和　「繋船」
　　村野 久代　「回想」
◇トークロキャンバス賞
　　永松 陽子　「COMPOSITION 2012-4」
◇マツダ賞
　　井澤 美穂子　「たまねぎ」
　　小林 康子　「一炊の夢 Ⅰ」
◇ホルベイン賞
　　朝香 喜久子　「梅林」
　　中島 和子　「古代のロマン」
◇クサカベ賞
　　賀陽 真由美　「さくら Ⅰ」
　　伊藤 礼子　「籠と果物」
第92回（平25年）
◇文部科学大臣賞
　　田島 時江　「カフェタイム」
◇東京都知事賞
　　赤澤 泉　「古里にて夏」
◇東京都議会議長賞
　　池亀 万紀　「静寂の古道」
◇損保ジャパン美術財団奨励賞
　　石井 幸代　「田園」
◇朱葉会賞
　　宮本 紀子　「Bay of Hudson」
◇会員賞
　　金子 真裟子　「待春」
◇奨励賞
　　坂本 郁衛　「東尋坊」
◇与謝野賞
　　斉藤 和子　「花のある静物」
◇清水信子賞
　　岡本 悦子　「人形と赤いタンブラー」
◇新人賞
　　兼平 レイコ　「花隠れ」「森の雫」
◇船岡賞
　　有尾 美奈子　「春爛漫」
　　高野 千尋　「虚実」
◇トークロキャンバス賞
　　名嘉真 麻希　「宇宙からの妙なる調べに
　　　　　　　　じっと耳を傾ける人々」
◇マツダ賞
　　長澤 逸子　「晩夏」
　　山口 美智子　「響」
◇ホルベイン賞
　　磯 紀美子　「グランドキャニオン」
　　日髙 のり子　「六月」
◇クサカベ賞
　　内木 和枝　「オンネトウ（初夏）」
　　山田 敏子　「冬の訪れ」

129　女流画家協会展

　　女流画家協会は、戦後女流軽視の画壇の風潮に反発して、三岸節子・森田元子ら11名の発起人により創立。協会展は、女流画家の団結によって芸術的向上をはかり、新人の登竜門としての意味をもって、昭和22年（1947）開始された。

【主催者】女流画家協会
【選考方法】公募
【選考基準】〔出品規定〕洋画・日本画・水彩・版画（一人一部門に限る）。搬入票お

よび出品料15000円を添えて搬入。一般：3点まで。総号数は300号以内。大きさ20号より130号F（194cm×162cm縦・横可）までとする。但し、Sサイズは100号（162cm×162cm）まで。それぞれ奥行きは30cm以内とする。未発表作品に限る。版画は額の大きさが50号程度あればよい。出品資格は15歳以上の女性とする。 会員：1点まで。130号F縦まで（横162cm、縦194cm、奥行き20cm以内）。未発表作品に限る。額については一般と同様。委員：同左

【締切・発表】（第67回）搬入：平成25年6月21日・22日，会期：6月29日〜7月6日（東京都美術館），入選発表：6月26日以降ホームページにて確認可能

【URL】 http://www.joryugakakyokai.com/

第1回（昭22年）
◇婦人文庫賞
　雑賀 文子
第2回（昭23年）
◇女流画家協会賞
　該当者なし
第3回（昭24年）
◇女流画家協会賞
　桂 ユキ子
第4回（昭25年）
◇女流画家協会賞
　村尾 絢子
第5回（昭26年）
◇女流画家協会賞
　河村 俊子
第6回（昭27年）
◇女流画家協会賞
　野村 千春
第7回（昭28年）
◇女流画家協会賞
　入江 一子
第8回（昭29年）
◇女流画家協会賞
　野村 千春
第9回（昭30年）
◇女流画家協会賞
　秋元 松子
第10回（昭31年）
◇女流画家協会賞
　入江 一子
◇T夫人賞
　米山 信子
第11回（昭32年）
◇毎日新聞社賞
　岡田 節子
◇女流画家協会賞
　野間 佳子
第12回（昭33年）
◇毎日新聞社賞
　江見 絹子
◇女流画家協会賞
　三宅 章子
第13回（昭34年）
◇毎日新聞社賞
　小川 孝子
◇女流画家協会賞
　高畑 郁子
◇日航賞
　春田 安喜子
◇船岡賞
　峰村 ユキ江
◇バラ賞
　森下 径
◇女流画家協会賞
　溝田 コトエ
◇プールブー賞
　沢村 美佐子
◇文房堂賞
　福並 郷子
◇クサカベ賞
　橋尾 美代子
　伊藤 みつ

第14回（昭35年）
◇毎日新聞社賞
　藤井 多鶴子
◇女流画家協会賞
　福島 瑞穂
第15回（昭36年）
◇女流画家協会賞
　該当者なし
◇会員努力賞
　戸田 綾子
◇日航賞
　織田 彩子
　石本 モコ
　三吉 雅子
第16回（昭37年）
◇女流画家協会賞
　該当者なし
◇日航賞
　沢村 美佐子
◇バラ賞
　北 八代
◇孔雀賞
　原田 睦
◇船岡賞
　古谷 定子
◇奨励賞
　竹中 恵美子
◇レナウン賞
　田辺 房子
◇ユリ賞
　塩川 慧子
◇サクラ賞
　武田 百合子
◇プールブー賞
　清水 康子
◇クサカベ賞
　高間 陽子
◇文房堂賞
　中島 登代子
◇資生堂賞
　南保 佳子

第17回（昭38年）
◇女流画家協会賞
　野間 佳子
◇会員努力賞
　豊島 静枝
　福本 春子
　水野 恭子
　甲斐 仁代
　髙尾 みつ
　徳植 久子
◇奨励賞
　徳永 照子
　俵 典子
　山本 久美子
　天海 敦子
　藤林 百合子
　重延 桜子
第18回（昭39年）
◇会員努力賞
●昭和画廊賞
　水野 恭子
●バラ賞
　藤本 かをり
●Y夫人賞
　沢村 美佐子
●日航賞
　野口 トシ子
●船岡賞
　安部 ケイ
●マツダ賞
　宗久 恭子
◇一般奨励賞
●ユリ賞
　安多 都子
●クサカベ賞
　荒木 約子
●文房堂賞
　中村 セツ子
●プリムス賞
　上条 陽子
●レナウン賞
　早川 みつ子

- プールブー賞
  関口 聖子
- ニューフラワー賞
  中村 修枝
  野中 未知子

第19回（昭40年）
  ◇会員努力賞
  - 昭和画廊賞
    原 光子
  - 日航賞
    町田 京子
  - 船岡賞
    妹尾 民子
  - マツダ賞
    川端 静子
  ◇一般奨励賞
  - 新人優秀賞
    椿 操
  - クサカベ賞
    浅生 法子
  - プリムス賞
    岡野 マチエ
  - 文房堂賞
    川田 約子
  - レナウン賞
    浅海 敬子
  - プールブー賞
    岸 葉子
  - ニューフラワー賞
    岡田 充子

第20回（昭41年）
  ◇文部大臣賞
    仲田 好江
  ◇安井長官賞
    中谷 ミユキ
  ◇花椿賞
    桜井 浜江
    織田 彩子
  ◇日航賞
    水野 恭子
  ◇船岡賞
    後藤 よ志子

  ◇マツダ賞
    名柄 禎子
  ◇新人大賞
    椿 操
  ◇O氏賞
    安多 郁子
  ◇Y夫人賞
    岸 葉子
  ◇レナウン賞
    小堺 景子
  ◇クサカベ賞
    埜谷 己代子
  ◇プリムス賞
    本谷 治子

第21回（昭42年）
  ◇日航賞
    深沢 紅子
  ◇O氏賞
    糸田 玲子
  ◇Y夫人賞
    小寺 明子
  ◇ホルベイン賞
    森田 律
  ◇クサカベ賞
    石橋 幸子
  ◇花椿賞
    鎌苅 登代子
  ◇H夫人賞
    馬越 陽子
  ◇船岡賞
    内柴 静子
  ◇バラ賞
    河村 芙容
    平田 周子
  ◇マツダ賞
    原 佑子
    芝田 藤子

第22回（昭43年）
  ◇女流画家協会賞
    高尾 みつ
  ◇日航賞
    岸 葉子

VI 美術

129 女流画家協会展

◇O氏賞
　川端 静子
◇Y夫人賞
　竹岡 羊子
◇バラ賞
　野口 和江
◇船岡賞
　継岡 リツ
◇マツダ賞
　宮下 富美子
◇クサカベ賞
　木村 美鈴
◇ホルベイン賞
　山中 寿子
◇花椿賞
　仲田 弘子
第23回(昭44年)
　◇会員
　●女流画家協会賞・H夫人賞
　　上司 ふじ
　●甲斐仁代賞
　　後藤 よ志子
　　福島 瑞穂
　●日航賞
　　佐野 ぬい
　●O氏賞
　　前田 さなみ
　　岡野 マチエ
　●Y夫人賞
　　立花 みどり
　　秋田谷 愛子
　◇一般
　●花椿賞・船岡賞
　　竹内 多美子
　　志村 節子
　●マツダ賞
　　山根 通子
　●バラ賞
　　加来 絢子
　●クサカベ賞
　　神館 美恵子
　●ホルベイン賞

　　海野 博子
　●ユリ賞
　　内山 昌
第24回(昭45年)
　◇会員
　●女流画家協会賞・H夫人賞
　　竹岡 羊子
　●甲斐仁代賞
　　原 光子
　●O氏賞
　　上条 陽子
　　衣田 弘子
　●日航賞
　　福島 瑞穂
　●Y夫人賞
　　山本 久美子
　◇一般
　●花椿賞
　　志村 節子
　●O夫人賞
　　ナンシーシルビア村田
　●バラ賞
　　平田 周子
　●ユリ賞
　　タウンゼント 順子
　●船岡賞
　　渡辺 由紀子
　●マツダ賞
　　佐々木 宏子
　●クサカベ賞
　　落合 稜子
　●ホルベイン賞
　　山田 登美子
第25回(昭46年)
　◇会員
　●女流画家協会賞・H夫人賞
　　馬越 陽子
　●甲斐仁代賞
　　徳植 久子
　●O氏賞
　　野間 佳子
　●バラ賞

前田 さなみ
- 日航賞
  会沢 貞子
- Y夫人賞
  大和田 タダ子
◇一般
- 花椿賞
  山根 通子
- O氏賞
  加藤 千枝
- ユリ賞
  山田 登美子
- O夫人賞
  平井 美佐子
- 船岡賞
  服部 けい子
- マツダ賞
  古川 珠枝
- クサカベ賞
  郡 桂子
- リキテックス賞
  渡辺 静江
- ホルベイン賞
  鶴岡 元子

第26回（昭47年）
◇会員
- 女流画家協会賞・H夫人賞
  佐野 ぬい
- 甲斐仁代賞
  秋田谷 愛子
- O氏賞
  石橋 幸子
- バラ賞
  重石 晃子
- 日航賞
  渡辺 由紀子
- Y夫人賞
  西村 芙蓉
◇一般
- 花椿賞
  村山 きおえ
- O氏賞

横溝 環
- ユリ賞
  平井 美佐子
- O夫人賞
  稲田 美乃里
- 船岡賞
  小松 富士子
- マツダ賞
  遠藤 彰子
- アサヒ絵具賞
  沢藤 馥子
- リキテックス賞
  古川 珠枝
- ホルベイン賞
  服部 けい子

第27回（昭48年）
◇会員
- 女流画家協会賞・H夫人賞
  坂倉 育子
- バラ賞
  前田 さなみ
- 甲斐賞・日航賞
  林田 セツ子
- O氏賞
  岡野 マチエ
- Y夫人賞
  ナンシー シルビア
◇一般
- 花椿賞
  佐々木 宏子
- ユリ賞
  秋枝 千郷
- O氏賞
  北村 圭子
- O夫人賞
  大道 あや
- 船岡賞・ホルベイン賞
  タウンゼント 順子
- マツダ賞
  沢口 正子
- アサヒ絵具賞
  吉田 英子

129 女流画家協会展

- リキテックス賞
  小石川 宥子
第28回（昭49年）
　◇会員
- 女流画家協会賞・H夫人賞
  大和田 タダ子
- バラ賞
  山根 通子
- ユリ賞
  会沢 貞子
- ミワ賞
  村山 きおえ
- 甲斐賞
  平田 周子
　◇一般
- 花椿賞
  北 久美子
- Y夫人賞
  遠藤 彰子
- O夫人賞
  大道 あや
- 東京キャンバス賞
  横溝 環
- 船岡賞
  郡 桂子
- 日航賞
  近藤 南海子
- リキテックス賞
  富永 雅子
- ホルベイン賞
  柳 千代子
第29回（昭50年）
　◇会員
- 女流画家協会賞・甲斐特別賞
  岸 葉子
- バラ賞
  村山 きおえ
- ユリ賞
  横溝 環
- ミワ賞
  類 圭子
　◇一般

- 甲斐賞
  江成 久子
- 花椿賞
  稲田 美乃里
- 日航賞
  橋本 とも子
- 東京新聞社賞
  秋枝 千郷
- Y夫人賞
  小石川 宥子
- O夫人賞
  北 久美子
- 東京キャンバス賞
  林 江子
- 船岡キャンバス賞
  長田 久子
- リキテックス賞
  鶴岡 元子
- ホルベイン賞
  田久保 恵美子
- きむら賞
  遠藤 彰子
第30回（昭51年）
　◇会員
- 女流画家協会賞
  林田 セツ子
- 甲斐特別賞
  服部 けい子
- バラ賞
  稲田 みのり
- ユリ賞
  内柴 静子
- 日航賞
  加藤 千枝
- ミワ賞
  宮原 麗子
　◇一般
- 花椿賞
  林 江子
- Y夫人賞
  中山 トシ子
- その他各賞

129 女流画家協会展　　　　　　　　　　　　　Ⅵ 美術

　　森　紀子
　　深尾 恵美子
　　長田 久子
　　浜口 美和
　　天児 奎子
　　近藤 南海子
　　佐藤 幸代
第31回（昭52年）
　◇会員
　●女流画家協会賞
　　該当者なし
　●甲斐賞
　　渡辺 由紀子
　●バラ賞
　　上条 陽子
　●ユリ賞
　　継岡 リツ
　●日航賞
　　中村 セツ子
　●ミワ賞
　　佐々木 宏子
　◇一般
　●花椿賞
　　佐藤 幸代
　●Y夫人賞
　　壬生 迪子
　●東京新聞社賞
　　小西 和子
　●その他各賞
　　間中 敏子
　　長崎 美容子
　　磯辺 さち子
　　山田 啓
　　彦坂 章子
　　長谷川 保枝
第32回（昭53年）
　◇会員
　●女流画家協会賞
　　該当者なし
　●甲斐賞
　　横溝 環
　●バラ賞

　　岡田 菊恵
　●ユリ賞
　　上条 陽子
　●日航賞
　　内柴 静子
　●ミワ賞
　　竹岡 羊子
　◇一般
　●花椿賞
　　堀江 博子
　●Y夫人賞
　　間中 敏子
　●東京新聞社賞
　　加藤 安佐子
　●その他各賞
　　長島 静子
　　深尾 恵美子
　　藤原 淑子
　　天児 奎子
　　田村 能里子
　　徳沢 隆枝
　　安光 契
　　原田 千恵子
第33回（昭54年）
　◇会員
　●女流画家協会賞
　　該当者なし
　●甲斐賞
　　高橋 和子
　●バラ賞
　　継岡 リツ
　●ユリ賞
　　林 江子
　●日航賞
　　伊藤 博子
　●ミワ賞
　　内柴 静子
　◇一般
　●花椿賞
　　田幸 稲
　●Y夫人賞
　　吉村 雅子

- その他各賞
  - 彦坂 章子
  - 山寺 重子
  - 北島 京子
  - 長崎 美容子
  - 加藤 安佐子
  - 吉田 英子
  - 今川 繁子
  - 大信田 樹

第34回（昭55年）
◇会員
- 女流画家協会賞
  - 遠藤 彰子
- 甲斐賞
  - 関口 貴美
- バラ賞
  - タウンゼント 順子
- ユリ賞
  - 坂倉 育子
- 日航賞
  - 石橋 幸子
- 葵賞
  - 加藤 千枝
- ミワ賞
  - 山根 通子
◇一般
- 花椿賞
  - 今川 繁子
- Y夫人賞
  - 堀江 博子
- 東京新聞賞
  - 石井 晴子
- その他各賞
  - 壬生 迪子
  - 吉田 誠子
  - 浜田 ゆう子
  - 山口 孝子
  - 吉村 雅子
  - 清水 夏生
  - 村山 容子
  - 田幸 稲

第35回（昭56年）
◇会員
- 女流画家協会賞
  - 貝塚 やす子
- 甲斐賞
  - 堀江 博子
- バラ賞
  - 長田 久子
- ユリ賞
  - 妹尾 民子
- 安田火災美術財団A賞
  - タウンゼント 順子
- 日航賞
  - 郡 桂子
- 葵賞
  - 岡野 マチエ
◇一般
- 花椿賞
  - 菅原 千恵子
- Y夫人賞
  - 浜田 ゆう子
- 安田火災美術財団B賞
  - 田村 能里子
- 東京新聞社賞
  - 村山 容子
- 奨励賞
  - 山寺 重子
  - 熊沢 淑
  - 山口 孝子
  - 清水 夏生
  - 徳沢 隆枝
  - 石井 晴子
  - 新田 道子
  - 三井 洋子

第36回（昭57年）
◇会員
- 女流画家協会賞
  - 田村 能里子
- バラ賞・ユリ賞
  - 佐藤 幸代
- 安田火災美術財団賞
  - 堀江 博子

129 女流画家協会展

- 甲斐賞
  中村 セツ子
- 日航賞
  浅生 法子
- 葵賞
  関 路子
- F夫人賞
  渡辺 由紀子
◇一般
- 花椿賞
  日比野 すみ
- Y夫人賞
  西村 美代子
- 安田火災美術財団賞
  広瀬 淑子
- 東京新聞社賞
  宮下 富美子
- 奨励賞
  長谷川 保枝
  依田 弘子
  玉置 正子
  山田 リラ
  小野 和子
  大信田 樹
  藤井 エミ
  熊沢 淑

第37回（昭58年）
◇会員
- 女流画家協会賞
  稲田 美乃里
- バラ賞
  塩川 慧子
- ユリ賞
  鶴岡 元子
- 安田火災美術財団賞
  中川 澄子
- 甲斐賞
  遠藤 彰子
- 日航賞
  森脇 栄子
- 葵賞
  重石 晃子

- Y夫人賞
  清水 夏生
◇一般
- 花椿賞
  浅野 紀子
- F夫人賞
  伊藤 君子
- 安田火災美術財団賞
  広瀬 淑子
- 東京新聞社賞
  森山 杏子
- 奨励賞
  金本 啓子
  安光 契
  江部 喜久子
  橋本 とも子
  立花 昌子
  山田 啓
  高原 千秋
  小高 千枝

第38回（昭59年）
◇会員
- 女流画家協会賞
  服部 けい子
- バラ賞
  佐藤 幸代
- ユリ賞
  鶴岡 元子
- 安田火災美術財団賞
  深尾 恵美子
- 甲斐賞
  高橋 和子
- 日航賞
  近藤 南海子
- K夫人賞
  上司 ふじ
- F夫人賞
  壬生 迪子
◇一般
- S特別賞
  森山 杏子
- Y夫人賞

小野 和子
- 安田火災美術財団賞
  湯瀬 富美子
- 東京新聞社賞
  日比野 すみ
- 奨励賞
  西村 美代子
  遠山 玲子
  江部 喜久子
  吉田 誠子
  大塚 章子
  幡谷 純
  浅野 紀子
  小島 愛子

第39回（昭60年）
◇会員
- 女流画家協会賞
  該当者なし
- 甲斐賞
  貝塚 やす子
- K夫人賞
  佐藤 幸代
- バラ賞
  古川 珠枝
- ユリ賞
  日比野 すみ
- 安田火災美術財団賞
  長田 久子
- 日航賞
  田村 能里子
- F夫人賞
  平井 美佐子
◇一般
- S特別賞
  柏 敬子
- 安田火災美術財団賞
  角田 眞理
- Y夫人賞
  金本 啓子
- 東京新聞社賞
  菅原 千恵子
- 奨励賞各賞

伊藤 君子
本沢 秀子
三浦 智子
尾崎 武
石倉 郁美
指原 いく子
藤井 栄晃子

第40回（昭61年）
◇会員
- 女流画家協会賞
  吉田 英子
- K夫人賞
  深尾 恵美子
- 甲斐賞
  堀江 博子
- 安田火災美術財団賞
  小石川 宥子
- 日航賞
  岡野 マチエ
- F夫人賞
  山寺 重子
◇一般
- S特別賞
  山脇 冨士子
- Y夫人賞
  山田 康代
- 東京新聞賞
  安永 弘子
- 奨励賞
  勝又 美江
  崔 恩景
  中川 喜美子
  土居 一江
  長沢 正恵
  坂谷 由美子
  大塚 章子
  新谷 美智子

第41回（昭62年）
◇会員
- 女流画家協会賞
  該当者なし
- 甲斐賞

重石 晃子
- K夫人賞
  広瀬 淑子
- 安田火災美術財団賞
  仲田 弘子
- 日航賞
  安光 契
- F夫人賞
  長田 久子
◇一般
- S特別賞
  安永 弘子
- Y夫人賞
  三浦 智子
- 東京新聞賞
  崔 恩景
- 奨励賞
  角田 眞理
  関 直子
  本沢 秀子
  吉村 喜美代
  上條 喜美子
  山内 恵美子
  山田 康代

第42回（昭63年）
◇会員
- 女流画家協会賞
  加藤 安佐子
- 甲斐賞
  浅生 法子
- K夫人賞
  北 久美子
- 安田火災美術財団賞
  継岡 リツ
- 日航賞
  清水 夏生
◇一般
- S特別賞
  荻原 栄子
- Y夫人賞
  高嶺 かおる
- 東京新聞社賞

中元 宣子
- 奨励賞
  関 直子
  山内 恵美子
  石倉 郁美
  新谷 美智子
  花房 このみ
  岩井 洋子
  湯瀬 富美子

第43回（平1年）
◇会員
- 女流画家協会賞
  北 久美子
- 安田火災美術財団賞
  森山 杏子
- K夫人賞
  小石川 宥子
- 日航賞
  古川 珠枝
- 島あふひ賞
  中川 澄子
  山寺 重子
◇一般
- S特別賞
  中村 智恵美
- Y夫人賞
  江守 マリ子
- 東京新聞社賞
  小島 愛子
- 奨励賞
  中田 千鄒
  星野 麻紀
  幡谷 純
  高嶺 かおる
  荻原 栄子
  中元 宣子
  美馬 須美子

第44回（平2年）
◇会員
- 女流画家協会賞
  該当者なし
- 会員努力賞

森山 杏子
- 桜井悦賞
  志村 節子
- 小川孝子賞
  湯瀬 富美子
- 日航賞
  中川 澄子
- 安田火災美術財団賞
  近藤 南海子
◇一般
- 資生堂賞
  八木 芳子
- Y夫人賞
  三井 洋子
- 東京新聞社賞
  平木 久代
- 奨励賞
  恩田 美千代
  宮原 むつ美
  指原 いく子
  江守 マリ子
  新田 道子
  花房 このみ
  松本 恵美

第45回（平3年）
◇会員
- 女流画家協会賞
  該当者なし
- 山本賞
  中元 宣子
- 桜井悦賞
  荒木 絢子
- 小川孝子賞
  高橋 和子
- 安田火災美術財団賞
  浅生 法子
- 会員奨励賞
  今川 繁子
  後藤 歌子
- 日航賞
  関口 聖子
◇一般

- 大賞
  中村 智恵美
- 資生堂賞
  平木 久代
  伊藤 育子
- Y夫人賞
  西川 美智子
- 東京新聞社賞
  日下部 淑子
- その他各賞
  広直 千賀子
  大野 みつ子
  八木 芳子
  亀井 康子
  吉川 和美
  宮原 むつ美
  川島 のぶ子

第46回（平4年）
◇女流画家協会賞
  秋田谷 愛子
◇安田火災美術財団賞
  長崎 美容子
◇桜井悦賞
  服部 圭子
◇小川孝子賞
  安光 契
◇日航賞
  伊藤 君子
  恩田 美千代
  亀井 康子
  岩井 洋子
◇資生堂賞
  柴崎 路子
◇Y夫人賞
  恩田 美千代
◇東京新聞賞
  笹森 文
◇その他各賞
  大和田 規子
  関口 美智子
  亀井 康子
  鈴木 多美子

129 女流画家協会展　　　　　　　　　　　　　　　　Ⅵ 美 術

　　岩井 洋子
　　佐藤 律子
第47回（平5年）
　◇女流画家協会賞
　　江部 喜久子
　◇資生堂賞
　　片山 紘子
　◇安田火災美術財団賞
　　吉田 誠子
　◇深沢紅子賞
　　関口 貴美
　◇桜井悦賞
　　沢藤 馥子
　◇東京新聞賞
　　本沢 秀子
第48回（平6年）
　◇女流画家協会賞
　　該当者なし
　◇安田火災美術財団賞
　　塩川 慧子
　◇桜井悦賞
　　関口 聖子
　◇後藤よ志子賞
　　安光 契
　◇東京新聞賞
　　志村 節子
　◇会員努力賞
　　江守 マリ子
　◇資生堂賞
　　半那 裕子
第49回（平7年）
　◇女流画家協会賞
　　該当者なし
　◇安田火災美術財団賞
　　中元 宣子
　◇桜井悦賞
　　高嶺 かおる
　◇後藤よ志子賞
　　吉田 誠子
　◇土田次枝賞
　　長崎 美容子
　◇秋元松子賞

　　佐野 晃子
　◇東京新聞賞
　　中村 智恵美
　◇資生堂賞
　　広池 恵子
第50回（平8年）
　◇女流画家協会賞
　　石倉 郁美
　◇上野の森美術館賞
　　吉田 誠子
　◇安田火災美術財団賞
　　江部 喜久子
　◇日航特別賞
　　伊藤 博子
　◇深沢紅子賞
　　田幸 稲
　◇桜井悦賞
　　佐野 晃子
　◇土田次枝賞
　　吉川 和美
　◇秋元松子賞
　　日下部 淑子
　◇東京新聞賞
　　中元 宣子
　◇第50回展記念賞
　　志賀 清代子
　　森田 陽子
　◇彫刻の森美術館賞
　　伊藤 育子
　◇資生堂賞
　　土井 美淑
第51回（平9年）
　◇女流画家協会賞
　　山内 恵美子
　◇安田火災美術財団賞
　　小石川 宥子
　◇桜井悦賞
　　山口 孝子
　◇土田次枝賞
　　新城 小波江
　◇秋元松子賞
　　佐々木 里加

256　女性の賞事典

◇東京新聞賞
　江部 喜久子
◇会員努力賞
　後藤 歌子
　浅野 紀子
　高嶺 かおる
第52回（平10年）
◇女流画家協会賞
　田幸 稲
◇安田火災美術財団賞
　恩田 美千代
◇桜井悦賞
　幡谷 純
◇土田次枝賞
　本沢 秀子
◇秋元松子賞
　志賀 清代子
◇東京新聞賞
　新城 小波江
第53回（平11年）
◇女流画家協会賞
　半那 裕子
◇安田火災美術財団賞
　石倉 郁美
◇桜井悦賞
　山内 恵美子
◇土田次枝賞
　松本 恵美
◇秋元松子賞
　江守 マリ子
◇東京新聞賞
　大橋 弘子
第54回（平12年）
◇女流画家協会賞
　堀岡 正子
◇安田火災美術財団賞
　伊藤 育子
◇桜井悦賞
　大野 みつ子
◇秋元松子賞
　山田 啓
◇東京新聞賞
　山中 真寿子
◇会員努力賞
　松本 恵美
第55回（平13年）
◇55回記念賞
　東谷 弘子
◇女流画家協会賞
　本田 昌子
◇安田火災美術財団賞
　堀岡 正子
◇上野の森美術館賞
　日下部 淑子
◇桜井悦賞
　金谷 ちぐさ
◇秋元松子賞
　高嶺 かおる
◇東京新聞賞
　松本 恵美
第56回（平14年）
◇女流画家協会賞
　関 直子
◇安田火災美術財団賞
　金谷 ゆみえ
◇桜井悦賞
　伊藤 育子
◇深沢紅子野の花美術館賞
　日比野 すみ
◇秋元松子賞
　宮原 むつ美
◇小寺明子賞
　間中 敏子
◇東京新聞賞
　郡 桂子
第57回（平15年）
◇女流画家協会賞
　中村 智恵美
◇損保ジャパン美術財団賞
　早矢仕 素子
◇上野の森美術館賞
　堀岡 正子
◇桜井悦賞
　宮内 禎子

◇秋元松子賞
　　岩井 洋子
◇小寺明子賞
　　山口 孝子
◇原光子賞
　　佐々木 里加
◇東京新聞賞
　　半那 裕子
第58回（平16年）
　◇女流画家協会賞
　　広瀬 晴美
　◇損保ジャパン美術財団奨励賞
　　畠山 恭子
　◇上野の森美術館賞
　　吉川 和美
　◇桜井悦賞
　　岩井 洋子
　◇秋元松子賞
　　平木 久代
　◇原光子賞
　　伊藤 育子
　◇東京新聞賞
　　石田 ひろ子
第59回（平17年）
　◇女流画家協会賞
　　佐々木 里加
　◇損保ジャパン美術財団奨励賞
　　菅原 千恵子
　◇上野の森美術館賞
　　金谷 ゆみえ
　◇織田彩子賞
　　秋元 一枝
　　大橋 弘子
　◇原光子賞
　　宇佐美 明美
　◇東京新聞賞
　　浅羽 洋子
第60回（平18年）
　◇60回記念賞
　　浅羽 洋子
　◇女流画家協会賞
　　該当者なし

◇損保ジャパン美術財団奨励賞
　　森田 陽子
◇上野の森美術館賞
　　東谷 弘子
◇織田彩子賞
　　山本 宣子
◇原光子賞
　　菅原 千恵子
◇東京新聞賞
　　志賀 清代子
◇奨励賞
　　本橋 信子
第61回（平19年）
　◇女流画家協会賞
　　該当者なし
　◇損保ジャパン美術財団奨励賞
　　広瀬 晴美
　◇上野の森美術館賞
　　金谷 ちぐさ
　◇桜井浜江賞
　　本田 昌子
　◇原光子賞
　　宇佐美 明美
　◇織田彩子賞
　　郡 桂子
　◇大住閑子賞
　　八木 芳子
　◇東京新聞賞
　　菅原 千恵子
　◇奨励賞
　　平木 久代
　　笹森 文
第62回（平20年）
　◇女流画家協会賞
　　木本 牧子
　◇損保ジャパン美術財団奨励賞
　　長内 さゆみ
　◇上野の森美術館賞
　　岸 鹿津代
　◇桜井浜江賞
　　平木 久代
　◇東京新聞賞

中村 齋子
◇原光子賞
　　鈴木 多美子
◇織田彩子賞
　　村本 千洲子
◇大住閑子賞
　　平川 きみ子
◇奨励賞
　　宇佐美 明美
第63回（平21年）
◇女流画家協会賞
　　早矢仕 素子
◇損保ジャパン美術財団奨励賞
　　横井 幸代
◇上野の森美術館賞
　　八木 芳子
◇桜井浜江賞
　　松岡 滋子
◇原光子賞
　　笹森 文
◇織田彩子賞
　　日下部 淑子
◇大住閑子賞
　　大和田 規子
◇岡田節子賞
　　塩谷 よし子
◇神戸文子賞
　　前田 礼子
◇東京新聞賞
　　中田 やよひ
第64回（平22年）
◇女流画家協会賞
　　白武 尚美
◇損保ジャパン美術財団奨励賞
　　平川 きみ子
◇上野の森美術館賞
　　宮原 むつ美
◇桜井浜江賞
　　岸 鹿津代
◇東京新聞賞
　　中嶋 しい
◇原光子賞

　　野中 伊久枝
◇織田彩子賞
　　小野口 京子
◇大住閑子賞
　　木本 牧子
◇岡田節子賞
　　関 琳世
◇神戸文子賞
　　志賀 清代子
第65回（平23年）
◇第65回記念賞
　　山本 和子
◇女流画家協会賞
　　青木 俊子
◇損保ジャパン美術財団奨励賞
　　黒沢 裕子
◇上野の森美術館賞
　　塩谷 よし子
◇桜井浜江賞
　　石田 ひろ子
◇東京新聞賞
　　橋本 とも子
◇原光子賞
　　柴野 純子
◇織田彩子賞
　　川口 智美
◇大住閑子賞
　　畠山 恭子
◇岡田節子賞
　　児玉 沙矢華
◇神戸文子賞
　　平川 きみ子
第66回（平24年）
◇女流画家協会賞
　　児玉 沙矢華
◇損保ジャパン美術財団賞
　　手塚 廣子
◇上野の森美術館賞
　　青木 俊子
◇桜井浜江賞
　　目黒 礼子
◇東京新聞賞

堤　敦子
◇原光子賞
　森田　陽子
◇織田彩子賞
　山口　たか子
◇大住閑子賞
　船津　多加子
◇岡田節子賞
　黒沢　裕子
◇神戸文子賞
　前田　礼子
第67回（平25年）
◇女流画家協会賞
　佐藤　みちる
◇損保ジャパン美術財団賞
　小野口　京子

◇上野の森美術館賞
　中村　齋子
◇桜井浜江賞
　生駒　幸子
◇東京新聞賞
　高増　千晶
◇織田彩子賞
　黒沢　裕子
◇大住閑子賞
　桑野　幾子
◇岡田節子賞
　該当者なし
◇神戸文子賞
　渡辺　記世
◇水野恭子賞
　長瀬　いずみ

130　女流陶芸公募展

日本で最初の女流陶芸家グループである女流陶芸の日頃の成果を発表するとともに，全国各地の若い陶芸家にデビューの機会を与えることを目的として，毎年開催されている。

【主催者】女流陶芸

【選考委員】（第47回）島田文雄（東京芸術大学教授），建畠晢（京都市立芸術大学学長），中ノ堂一信（京都造形芸術大学大学院客員教授），森孝一（日本陶磁協会事務局長美術評論家），坪井明日香（女流陶芸代表）

【選考方法】公募

【選考基準】〔作品規定〕陶磁器（オブジェを含む）。未発表創作作品に限る。出品点数，大きさは制限なし。〔出品料〕2点まで1万円，以後1点増すごとに2千円追加。

【締切・発表】（第47回）搬入：平成25年11月18日，発表：11月20日直接通知，展覧会：11月20～26日　京都市美術館

【賞・賞金】文部科学大臣奨励賞，河北記念賞，女流陶芸大賞，なにわ国内留学賞，女流陶芸新人賞，T氏賞，京都府知事賞，京都市長賞，朝日新聞社賞，NHK京都放送局賞

【URL】http://www.w-tougei.com/

第1回（昭42年）
◇女流陶芸賞
　塩坂　敦子
◇京都府知事賞
　森田　幸枝

◇京都市長賞
　高田　陽子
◇毎日新聞社賞
　入江　裕子
◇女流陶芸奨励賞

長谷川 紀代
第2回(昭43年)
◇女流陶芸賞
　荒木 高子
◇京都府知事賞
　栗原 笙子
◇京都市長賞
　細野 紗枝子
◇毎日新聞社賞
　森川 敦子
第3回(昭44年)
◇女流陶芸賞
　酒井 玲子
◇京都府知事賞
　杉村 信子
◇京都市長賞
　西脇 知代
◇毎日新聞社賞
　相良 多美代
第4回(昭45年)
◇女流陶芸賞
　松内 富子
◇京都府知事賞
　原田 知代子
◇京都市長賞
　橋本 美智子
◇毎日新聞社賞
　西脇 知代
第5回(昭46年)
◇女流陶芸賞
　古庵 千恵子
◇京都府知事賞
　可部 美智子
◇京都市長賞
　安田 律子
◇毎日新聞社賞
　西脇 すみ恵
第6回(昭47年)
◇女流陶芸賞
　長尾 登美子
◇京都府知事賞
　徳光 恵子

◇京都市長賞
　佐々木 敬子
◇毎日新聞社賞
　竹内 美佐子
第7回(昭48年)
◇女流陶芸賞
　丸山 真由美
◇京都府知事賞
　恵美 加子
◇京都市長賞
　安田 紘子
◇毎日新聞社賞
　母袋 幸子
第8回(昭49年)
◇女流陶芸賞
　白井 伊寿子
◇京都府知事賞
　小村 睦子
◇京都市長賞
　油谷 裕子
◇毎日新聞社賞
　加藤 かつ子
◇会員賞
　皿谷 緋佐子
第9回(昭50年)
◇女流陶芸賞
　村瀬 敏子
◇京都府知事賞
　梅村 栄子
◇京都市長賞
　市川 和美
◇毎日新聞社賞
　渋谷 淑子
◇会員賞
　恵美 加子
第10回(昭51年)
◇文部大臣賞
　加藤 かつ子
◇女流陶芸賞
　園 阿莉
第11回(昭52年)
◇文部大臣賞

石川 澪子
◇女流陶芸大賞
　キャサリン・ホロウイッツ
◇京都府知事賞
　池上 静
◇京都市長賞
　岩越 博子
◇毎日新聞社賞
　山下 素子
◇女流陶芸新人賞
　永井 佑子
◇S氏賞
　佐藤 よう子
第12回（昭53年）
◇文部大臣賞
　松井 明子
◇女流陶芸大賞
　秋本 彩子
◇京都府知事賞
　船井 紘子
◇京都市長賞
　石川 裕子
◇毎日新聞社賞
　昼間 かずよ
◇女流陶芸新人賞
　上村 とみ子
第13回（昭54年）
◇文部大臣賞
　池上 静
◇女流陶芸大賞
　皆川 典子
◇京都府知事賞
　佐藤 庸子
◇京都市長賞
　田中 範子
◇毎日新聞社賞
　寄神 千恵子
◇女流陶芸新人賞
　吉田 真理子
第14回（昭55年）
◇文部大臣賞
　田中 範子

◇女流陶芸大賞
　土肥 紅絵
◇京都府知事賞
　小倉 幸子
◇京都市長賞
　山下 明子
◇毎日新聞社賞
　岸 映子
◇女流陶芸新人賞
　櫃本 真輝子
第15回（昭56年）
◇文部大臣賞
　市川 和美 「流脈」
◇女流陶芸大賞
　園田 教子 「変奏してゆくもの」
◇京都府知事賞
　永井 佑子
◇京都市長賞
　亀田 恒子
◇毎日新聞社賞
　鳴原 淳子
◇女流陶芸新人賞
　南 澪子
第16回（昭57年）
◇文部大臣賞
　皆川 典子 「実りの里」
◇女流陶芸大賞
　西田 時子 「宇宙の片隅に」
◇京都府知事賞
　染野 幸子
◇京都市長賞
　石川 ハミ
◇毎日新聞社賞
　中条 元子
◇女流陶芸新人賞
　伊藤 美穂子
第17回（昭58年）
◇文部大臣賞
　橋本 美智子 「藍の流れIIIIIII」
◇女流陶芸大賞
　川本 麻紀 「野分き」
◇京都府知事賞

本川 ふさ子
◇京都市長賞
　平賀 妙子
◇毎日新聞社賞
　德田 明美
◇女流陶芸新人賞
　小河 範子
第18回(昭59年)
◇文部大臣賞
　船井 広子
◇女流陶芸大賞
　小田垣 かすみ
◇京都府知事賞
　池田 敬子
◇京都市長賞
　鈴木 博子
◇毎日新聞社賞
　羽崎 昌子
◇女流陶芸新人賞
　木村 雅美
第19回(昭60年)
◇文部大臣賞
　岸 映子 「流紋石器Ⅱ」
◇女流陶芸大賞
　三村 幸子 「象嵌礁Ⅰ・Ⅱ」
◇京都府知事賞
　田中 英子
◇京都市長賞
　佃 和枝
◇毎日新聞社賞
　林 真実子
◇女流陶芸新人賞
　瀬戸 篤美
第20回(昭61年)
◇文部大臣賞
　木村 雅美 「流耀」
◇女流陶芸大賞
　清水 幸子 「銀彩焼きしめ盤「青北風」「海市」」
◇京都府知事賞
　明石 雅代
◇京都市長賞
　北浜 芳恵
◇毎日新聞社賞
　高本 昌枝
◇毎日放送賞
　田口 佳子
◇女流陶芸新人賞
　佃 和枝 「紋様彩器」
第21回(昭62年)
◇文部大臣賞
　瀬戸 篤美 「創積」
◇女流陶芸大賞
　藤野 さち子 「自画像」
◇京都府知事賞
　近藤 知子
◇京都市長賞
　逸崎 いつ子
◇毎日新聞社賞
　桐山 敏子
◇毎日放送賞
　伊藤 敦子
◇女流陶芸新人賞
　日吉 育子
第22回(昭63年)
◇文部大臣賞
　秋本 彩子 「海底生物」
◇女流陶芸大賞
　上田 隆子 「水流」
◇京都府知事賞
　五十嵐 和恵
◇京都市長賞
　大杉 幸江
◇毎日新聞社賞
　前田 清
◇毎日放送賞
　高野 好子
◇女流陶芸新人賞
　吉田 里香
第23回(平1年)
◇文部大臣賞
　平賀 妙子 「波調紋の織り成スカタチA・B」
◇女流陶芸大賞

高木 初見 「遙か」
◇河北賞
　上田 隆子 「風聞」
◇京都府知事賞
　波多野 千寿
◇京都市長賞
　高野 妙子
◇毎日新聞社賞
　鳥越 智子
◇毎日放送賞
　飯田 教子
◇女流陶芸新人賞
　奥田 知子
第24回(平2年)
◇文部大臣賞
　浅井 木実子 「植物化」
◇女流陶芸大賞
　谷口 英子 「石たちのつぶやき」
◇河北賞
　日吉 育子
　石川 裕子
◇京都府知事賞
　林 香君
◇京都市長賞
　松内 倫子
◇毎日新聞社賞
　坂本 登志江
◇毎日放送賞
　増原 照美
◇女流陶芸新人賞
　益成 明子
第25回(平3年)
◇文部大臣賞
　藤野 さち子 「秋の音」
◇女流陶芸大賞
　山仲 久美子 「KAKERA」
◇河北賞
　川井 明子 「備前大鉢」
　永井 佑子 「缶奏」
◇京都府知事賞
　奥田 知子
◇京都市長賞

　岡井 仁子
◇毎日新聞社賞
　古川 万史
◇毎日放送賞
　古屋 真理子
◇女流陶芸新人賞
　林 香君
第26回(平4年)
◇文部大臣奨励賞
　山仲 久美子 「EARTH BALLS」
◇女流陶芸大賞
　須藤 永子 「追憶の街」
◇河北賞
　山下 玉枝 「叩き色絵壺」
　土肥 紅絵 「小袖随想」
◇京都府知事賞
　荻野 万寿子 「練込大鉢」
◇京都市長賞
　森清 和美 「大地」
◇毎日新聞社賞
　余吾 ひろこ 「不安な未来」
◇毎日放送賞
　崔 華芬
◇女流陶芸新人賞
　川口 裕子 「真夏の朝2―夢の終りの空間」
第27回(平5年)
◇文部大臣奨励賞
　皆川 典子 「あ～ら! 奥様」
第28回(平6年)
◇文部大臣奨励賞
　田中 範子 「黒釉裂文扁壺」
◇女流陶芸大賞
　森 昌子 「昇華」
◇女流陶芸新人賞
　古家後 美穂 「破・破・破」
◇河北賞
　明石 雅代 「釉彩雪笹文鉢」
　染野 幸子 「野分きして」
◇京都府知事賞
　橋爪 真理子 「秋思」
◇京都市長賞
　荒木 薫

◇毎日新聞社賞
　日比野 雅子
◇毎日放送賞
　由良 利枝子
第29回（平7年）
◇文部大臣奨励賞
　岩本 幾久子　「指掌」
◇河北賞
　秋本 彩子　「空華」
◇女流陶芸大賞
　辻野 友規美　「種」
◇京都府知事賞
　横井 寿子　「白筒」
◇京都市長賞
　森 昌子　「黎」
◇毎日新聞社賞
　由良 利枝子　「『彤』'95」
◇毎日放送賞
　藤田 康子　「萩壺（庭只海）」
◇女流陶芸新人賞
　高橋 真理子　「風の中へ」
第30回（平8年）
◇文部大臣奨励賞
　荒木 薫　「MOVER」
◇河北賞
　吉田 里香　「二十三夜月」
◇女流陶芸大賞
　小谷 靖子　「青に想う」
◇京都府知事賞
　今泉 のり子　「星雲」
◇京都市長賞
　藤井 良子　「沙羅双樹」
◇毎日新聞社賞
　慶野 ことり　「時空の舟」
◇毎日放送賞
　岡田 都子　「海に咲く」
◇女流陶芸新人賞
　熊谷 さくら　「瑠璃釉壺」
第31回（平9年）
◇文部大臣奨励賞
　古川 万史
◇河北賞
　林 香君
◇なにわ国内留学賞
　安原 幸子
◇女流陶芸大賞
　白石 正子
第32回（平10年）
◇文部大臣奨励賞
　慶野 ことり
◇河北賞
　足立 幸子
◇なにわ国内留学賞
　熊谷 さくら
◇女流陶芸大賞
　星 巻
第33回（平11年）
◇文部大臣奨励賞
　白石 正子
◇河北賞
　鍛冶 ゆう子
◇なにわ国内留学賞
　高野 好子
◇女流陶芸大賞
　佐保川 晶子
第34回（平12年）
◇文部大臣奨励賞
　増田 千鶴子
◇河北賞
　井波 和子
◇なにわ国内留学賞
　松澤 恵美子
◇女流陶芸大賞
　葛原 美穂子
第35回（平13年）
◇文部科学大臣奨励賞
　山内 紅子
◇河北賞
　藤田 康子
◇なにわ国内留学賞
　神保 寛子
◇女流陶芸大賞
　斉藤 美千代

130 女流陶芸公募展　　　　　　　　　　　　　　　　　　　　　　Ⅵ 美術

第36回（平14年）
　◇文部科学大臣奨励賞
　　葛原 美穂子
　◇河北賞
　　大塚 ひさ江
　◇なにわ国内留学賞
　　辻野 創葩
　◇女流陶芸大賞
　　原 裕子
第37回（平15年）
　◇文部科学大臣奨励賞
　　熊谷 さくら
　◇女流陶芸大賞
　　星 巻
　◇朝日新聞社賞
　　稲崎 栄利子
第38回（平16年）
　◇文部科学大臣奨励賞
　　吉田 里香
　◇河北記念賞
　　村山 恵子
　◇女流陶芸大賞
　　大原 れいら
　◇なにわ国内留学賞
　　中島 敬子
　◇女流陶芸新人賞
　　宮本 朋子
　◇T氏賞
　　松尾 優子
　◇京都府知事賞
　　尾崎 玲子
　◇京都市長賞
　　鳥羽 真紀子
　◇朝日新聞社賞
　　多和田 千春
　◇NHK京都放送局賞
　　塩冶 友未子
第39回（平17年）
　◇文部科学大臣奨励賞
　　原田 隆子　「遠山」
　◇河北記念賞
　　染野 幸子　「Works in 2005―いしぶみ」

　◇女流陶芸大賞
　　寺脇 三貴　「崩壊」
　◇なにわ国内留学賞
　　竹下 友佳子　「波動」
　◇女流陶芸新人賞
　　村上 真以　「水の呼吸」
　◇T氏賞
　　野田 里美　「注器 2種」
　◇京都府知事賞
　　水谷 郁子　「細線状紋象嵌器「雅」」
　◇京都市長賞
　　田中 知美　「こころのひだ」
　◇朝日新聞社賞
　　太田 亜矢子　「a beginning of story」
　◇NHK京都放送局賞
　　大亦 みゆき　「天体観測所」
第40回（平18年）
　◇文部科学大臣賞
　　佐保川 晶子　「魂萌え」
　◇河北記念賞
　　皆川 典子　「悟空」
　◇女流陶芸大賞
　　井上 佳由理　「Three Women」
　◇なにわ国際留学賞
　　林 香君　「華厳シリーズ」
　◇女流陶芸新人賞
　　伊藤 みちよ　「外を向いた部屋」
　◇T氏賞
　　玉田 恵子　「覇王の夢」
　◇京都府知事賞
　　服部 真紀子　「徴―しるし」
　◇京都市長賞
　　白川 真悠子　「つちぶえ」
　◇朝日新聞社賞
　　村田 佳穂　「ヒトヨズク（雌，卵）」
　◇NHK京都放送局賞
　　阪谷 洋子　「白泥草文大鉢」
第41回（平19年）
　◇文部科学大臣賞
　　山内 紅子　「衣装」
　◇なにわ国内留学賞
　　松澤 恵美子　「Message For…」

◇河北記念賞
　安原 幸子　「波の歌」
◇女流陶芸大賞
　伊藤 みちよ　「海にそそぐ」
◇女流陶芸新人賞
　渡部 市千　「Pliocene coast」
◇T氏賞
　安藤 麻衣子　「ぽこぽこぽっと」
◇京都府知事賞
　鳥谷部 圭子　「たたずまいシリーズⅡ」
◇京都市長賞
　今野 朋子　「Flower Tree」
◇朝日新聞社賞
　松岡 悠子　「穴のあいた舌 2007」
◇NHK京都放送局賞
　市川 夏子　「森の中ピクシーとの出会い」
第42回（平20年）
◇文部科学大臣賞
　伊藤 みちよ　「窓の通り道」
◇河北記念賞
　大塚 ひさ江　「生まれるかたち2008」
◇女流陶芸大賞
　平瀬 マリ子　「こころもよう」
◇なにわ国内留学賞
　井上 るり子　「影落し」
◇女流陶芸新人賞
　橋本 麻希　「雁字搦めシリーズNO.5」
◇T氏賞
　今田 陽子　「青緑白磁ノ器」
◇京都府知事賞
　大野 孝子　「叩き窯変壺」
◇京都市長賞
　高橋 亜由美　「真理の風」
◇朝日新聞社賞
　安藤 愉理　「林檎（布）林檎（線）」
◇NHK京都放送局賞
　平井 みすず　「想」
第43回（平21年）
◇文部科学大臣賞
　塩冶 友未子　「魂の記憶 200Q」
◇河北記念賞
　高木 希容子　「露草色大鉢」

◇女流陶芸大賞
　長谷川 園恵　「積み重なる大地〜消えない汚染〜」
◇なにわ国内留学賞
　福住 直美　「流れのままに」
◇女流陶芸新人賞
　渡邊 亜紗子　「語りかける者―冬の果て―」
◇T氏賞
　山口 美智江　「夢想」
◇京都府知事賞
　宮本 朋子　「大地の種」
◇京都市長賞
　今田 陽子　「A・i―2009―」
◇朝日新聞社賞
　斉藤 稲子　「絆」
◇NHK京都放送局賞
　篠塚 裕子　「地の種」
第44回（平22年）
◇文部科学大臣賞
　吉田 里香　「うねり―白夜の海辺―、うねり―あの波を越えて―、うねり―ひとすじの光―」
◇河北記念賞
　染野 幸子　「変奏Ⅳ」
◇女流陶芸大賞
　小川 純子　「赤い花」
◇なにわ国内留学賞
　奥田 知子　「古窯」
◇女流陶芸新人賞
　菊見 吟子　「心に穴が開くほどに」
◇T氏賞
　藤田 史枝　「黒の階調」
◇京都府知事賞
　松本 竜子　「巡」
◇京都市長賞
　宮本 朋子　「つながる境目」
◇朝日新聞社賞
　大堀 由美　「雷」
◇NHK京都放送局賞
　佐藤 ちさと　「滑らかな視線の旋律」
第45回（平23年）
◇文部科学大臣賞

米田 みゆき 「オモイノタネ」
◇河北記念賞
　吉田 絵美 「ココチヨイ波ノ旋律」
◇女流陶芸大賞
　小森谷 薫 「ゆらぎ―共生―」
◇なにわ国内留学賞
　山口 美智江 「夢想―果―」
◇女流陶芸新人賞
　梅原 育子 「きのこ」
◇T氏賞
　柴田 有希佳 「色絵連翹文台付長皿」
◇京都府知事賞
　川井 明美 「備前鉢」
◇京都市長賞
　近藤 なを 「風の記憶」
◇朝日新聞社賞
　山口 雛子 「折り」
◇NHK京都放送局賞
　岡本 幸恵 「残照」
第46回（平24年）
◇文部科学大臣賞
　菊見 吟子 「絲を信じた女」
◇河北記念賞
　原 裕子 「Landscape '12」
◇女流陶芸大賞
　松本 郁美 「téte」
◇なにわ国内留学賞
　上田 久乃 「雲の記憶―縄文―」
◇女流陶芸新人賞
　梅本 依里 「頭の上に咲いたもの」
◇T氏賞
　田中 芳子 「夕暮のシルエット」
◇京都府知事賞
　杉山 絵子 「連々」
◇京都市長賞
　田原 形子 「ナイチンゲールの夢」
◇朝日新聞社賞
　鈴木 安江 「余白の感情」
◇NHK京都放送局賞
　阿部 綾子 「瞬間」
第47回（平25年）
◇文部科学大臣賞
　近藤 なを 「銀河―玄武、銀河―淡雪」
◇河北記念賞
　桜井 智子 「抱―フクラムオモイ・アフレルカナシミ・アフレルオモイ・マチワビルオモイ」
◇女流陶芸大賞
　北垣 信江 「天空」
◇なにわ国内留学賞
　伊藤 みちよ 「空に架かる窓」
◇女流陶芸新人賞
　関川 佳古 「夜明け前」
◇T氏賞
　元岡 徳代 「湧き上がる」
◇京都府知事賞
　松本 郁美 「této vol.I」
◇京都市長賞
　田中 芳子 「夜想曲」
◇朝日新聞社賞
　田原 形子 「果てしなき流れの果てに」
◇NHK京都放送局賞
　加藤 真美 「月下」

131 東光展

　東光会は，熊岡美彦・斎藤与里・岡見富雄・堀田清治・橋本八百二・森田茂らによって，昭和7年（1932）に結成。戦争による一時中止を経て終戦後復活し，各地で講習会を開き若い人々の育成に努めた。昭和55年（1980）には社団法人となり，平成16年（2004）には70回記念東光展が開かれた。

【主催者】一般社団法人 東光会

【選考方法】公募

【選考基準】（第76回）〔資格〕義務教育未終了者は不可 〔対象〕油絵,水彩,版画 〔作品規定〕水彩,版画は小さい方の制限はない。大きさは会員・会友はF30号以内。S型は20号（1辺72.7cm）以内。常任審査員は100号まで。当番審査員50号まで。一般はF20号からF30号以内。額縁は巾6cm以内。一般出品者は1人2点まで。〔出品料〕10000円。「全国小品部門コンクール」も同時開催。大きさは,10号以内。出品料は返送料も含めて12000円。

【締切・発表】（第76回）搬入：平成22年5月17日〜18日,発表：5月24日,展覧会：6月9日〜23日（上野の森美術館）。1期から3期まで分かれる。

【賞・賞金】文部科学大臣賞,森田賞,会員賞,損保ジャパン美術財団奨励賞,女流華賞,会友賞,東光賞,奨励賞,佳作賞など

【URL】http://tokokai.com/

第47回（昭56年）
◇女流華賞
　蕨 恵子
第48回（昭57年）
◇女流華賞
　金田 絵美
第49回（昭58年）
◇女流華賞
　佐藤 艶子
第50回（昭59年）
◇女流華賞
　岩本 恭子
第51回（昭60年）
◇女流華賞
　井上 佳美
第52回（昭61年）
◇女流華賞
　横田 テル
第53回（昭62年）
◇女流華賞
　小川 利子
第54回（昭63年）
◇女流華賞
　入江 英子
第55回（平1年）
◇女流華賞
　南原 美那子

第56回（平2年）
◇女流華賞
　南原 美那子
第57回（平3年）
◇女流華賞
　畑山 晶子
第58回（平4年）
◇女流華賞
　中村 玲子
第59回（平5年）
◇女流華賞
　伊東 順子
第60回（平6年）
◇女流華賞
　木村 登美子
第61回（平7年）
◇女流華賞
　小松 茂子
第62回（平8年）
◇女流華賞
　坂口 知子
第63回（平9年）
◇女流華賞
　武智 美年子
第64回（平10年）
◇女流華賞
　井田 善子

第65回（平11年）
◇女流華賞
　　山崎 才会
第66回（平12年）
◇女流華賞
　　岸本 悦子
第67回（平13年）
◇女流華賞
　　清水 恵為子
第68回（平14年）
◇女流華賞
　　花田 とし子
第69回（平15年）
◇女流華賞
　　織田 仁美
第70回（平16年）
◇女流華賞
　　飯田 裕子
第71回（平17年）
◇女流華賞

　　井利 順子
第72回（平18年）
◇女流華賞
　　難波 知津子
第73回（平19年）
◇女流華賞
　　内海 洋江
第74回（平20年）
◇女流華賞
　　市川 弘子
第75回（平21年）
◇女流華賞
　　箱田 栄
第76回（平22年）
◇女流華賞
　　武藤 久子
第77回（平23年）
◇女流華賞
　　前田 理英

132 二紀展〔絵画の部〕

　旧二科会会員であった熊谷守一、栗原信、黒田重太郎、田村孝之介、中川紀元、鍋井克之、正宗得三郎、宮本三郎、横井礼市、の9名は、旧二科会の活動を第一期とし、昭和22年（1947）「美術の第二の紀元を画する」の意図のもとに、第二紀会を創立。その後、会の発展とともに二紀会と改称した。現在、絵画部と彫刻部からなる。第1回展覧会は昭和22年開催。昭和48年第27回より、女性画家の作品へ「女流画家奨励佐伯賞」を贈賞している。

【主催者】一般社団法人 二紀会

【選考委員】阿野露団、赤羽カオル、秋山泉、朝倉雅子、生駒泰充、伊藤光悦、市野英樹、板倉美智子、井上護、今井充俊、犬童徹、遠藤彰子、小川巧、大西生余子ほか

【選考方法】搬入作品を本会委員が審査。

【選考基準】〔資格・対象〕年齢問わず。ただし、性質を同じくする他の公募展に出品しないものとする。自己の創作にして未発表の作品。〔点数・号数〕一般出品者：一人2点まで、30号以上100号以下。準会員：2点まで、30号以上130号以下。会員：1点、30号以上150号以下。委員：1点、200号以内。一般出品者は2点まで15000円（昭和63年以降生まれの者は1万円）。

【締切・発表】（第67回）搬入受付：平成25年9月29日、会期：10月16日～28日（国立新美術館）、発表：10月7日、授賞式：10月19日

【賞・賞金】（第67回）文部科学大臣賞、二紀賞、優賞、奨励賞、準会員優賞、準会員賞、会員優賞、会員賞、宮本賞田村賞、宮永賞、成井賞、黒田賞、鍋井賞、栗原賞、U氏賞、女流画家

132 二紀展〔絵画の部〕

奨励佐伯賞,損保ジャパン美術財団奨励賞等/入選作品は全て作品集に掲載する。
【URL】http://niki-kai.com/menu.html

第27回（昭48年）
◇女流画家奨励佐伯賞
　濱田 嘉代
第28回（昭49年）
◇女流画家奨励佐伯賞
　中井 喜美子
第29回（昭50年）
◇女流画家奨励佐伯賞
　遠藤 彰子
第30回（昭51年）
◇女流画家奨励佐伯賞
　三輪 なつ子
第31回（昭52年）
◇女流画家奨励佐伯賞
　北 久美子
第32回（昭53年）
◇女流画家奨励佐伯賞
　大西 生余子
第33回（昭54年）
◇女流画家奨励佐伯賞
　曽我 芳子
第34回（昭55年）
◇女流画家奨励佐伯賞
　該当者なし
第35回（昭56年）
◇女流画家奨励佐伯賞
　橘野 恵委子
第36回（昭57年）
◇女流画家奨励佐伯賞
　根来 恒子
第37回（昭58年）
◇女流画家奨励佐伯賞
　八木 茉莉子
第38回（昭59年）
◇女流画家奨励佐伯賞
　久間 啓子
第39回（昭60年）
◇女流画家奨励佐伯賞
　佐藤 幸代
第40回（昭61年）
◇女流画家奨励佐伯賞
　板倉 美智子
第41回（昭62年）
◇女流画家奨励佐伯賞
　津田 仁子
第42回（昭63年）
◇女流画家奨励佐伯賞
　磯野 和子
第43回（平1年）
◇女流画家奨励佐伯賞
　加藤 聖こ
第44回（平2年）
◇女流画家奨励佐伯賞
　朝倉 雅子
第45回（平3年）
◇女流画家奨励佐伯賞
　黒田 冨紀子
第46回（平4年）
◇女流画家奨励佐伯賞
　佐藤 美江子
第47回（平5年）
◇女流画家奨励佐伯賞
　護嶋 春水
第48回（平6年）
◇女流画家奨励佐伯賞
　堀江 博子
第49回（平7年）
◇女流画家奨励佐伯賞
　野上 洋子
第50回（平8年）
◇女流画家奨励佐伯賞
　中村 智恵美
第51回（平9年）
◇女流画家奨励佐伯賞
　柴崎 路子

第52回（平10年）
　◇女流画家奨励佐伯賞
　　山本 眞紗子
第53回（平11年）
　◇女流画家奨励佐伯賞
　　藤本 由佳利
第54回（平12年）
　◇女流画家奨励佐伯賞
　　岩永 敬子
第55回（平13年）
　◇女流画家奨励佐伯賞
　　桜田 絢子
第56回（平14年）
　◇女流画家奨励佐伯賞
　　近藤 えみ
第57回（平15年）
　◇女流画家奨励佐伯賞
　　近藤 慧子
第58回（平16年）
　◇女流画家奨励佐伯賞
　　都丸 直子
第59回（平17年）
　◇女流画家奨励佐伯賞
　　向田 友美

第60回（平18年）
　◇女流画家奨励佐伯賞
　　西 禮子
第61回（平19年）
　◇女流画家奨励佐伯賞
　　上野 明美
第62回（平20年）
　◇女流画家奨励佐伯賞
　　德永 芳子
第63回（平21年）
　◇女流画家奨励佐伯賞
　　宮地 邦子
第64回（平22年）
　◇女流画家奨励佐伯賞
　　難波 英子
第65回（平23年）
　◇女流画家奨励佐伯賞
　　立石 真希子
第66回（平24年）
　◇女流画家奨励佐伯賞
　　南 和恵
第67回（平25年）
　◇女流画家奨励佐伯賞
　　鈴記 順子

Ⅶ 音楽・芸能

音楽

133 MTVビデオ・ミュージック・アワード・ジャパン

視聴者・一般応募者の投票結果に基づき,音楽チャンネルMTV Japanが,優れたミュージック・ビデオおよびアーティストに対して授賞する。平成14年(2002)第1回開催。授賞式は,国内外からのゲスト出演やアーティストのパフォーマンスなどにより華やかに開催される。また,その模様はMTV Japanで放送される。

【主催者】エム・ティー・ヴィー・ジャパン株式会社

【選考委員】視聴者,一般応募者

【選考方法】実行委員会が部門毎にノミネート対象となる5作品を選定,視聴者・一般応募者の投票により,各部門最優秀賞を決定する。選考要素は「映像作品としてのクオリティ,インパクト,斬新さ,楽曲とのマッチング」「楽曲自体のクオリティ」「アーティスト自身の魅力/パワー」の3点を重視する。

【選考基準】〔対象〕その年度(前年3月~2月末)の間に日本国内でリリースされた洋楽・邦楽全楽曲のミュージック・ビデオ

【締切・発表】(第12回)平成25年3月28日投票開始,6月11日締切,6月23日授賞式

【賞・賞金】トロフィーを贈呈。最優秀男性アーティストビデオ賞,最優秀女性アーティストビデオ賞,最優秀グループビデオ賞,最優秀新人アーティストビデオ賞,最優秀ビデオ賞,最優秀ロックビデオ賞,最優秀ポップビデオ賞,最優秀R&Bビデオ賞,最優秀ヒップホップビデオ賞,最優秀レゲエビデオ賞,最優秀ダンスビデオ賞,最優秀映画ビデオ賞,最優秀コラボレーションビデオ賞,最優秀アルバム賞,最優秀カラオケソング賞,最優秀振付賞。

【URL】http://www.mtvjapan.com

第1回(平14年)
◇最優秀女性アーティスト賞
　浜崎 あゆみ
第2回(平15年)
◇最優秀女性アーティストビデオ賞
　宇多田 ヒカル 「SAKURAドロップス」
第3回(平16年)
◇最優秀女性アーティストビデオ賞
　浜崎 あゆみ 「Because of You」

第4回(平17年)
◇最優秀女性アーティストビデオ賞
　中島 美嘉 「桜色舞うころ」
第5回(平18年)
◇最優秀女性アーティストビデオ賞
　倖田 來未 「Butterfly」
第6回(平19年)
◇最優秀女性アーティストビデオ賞
　倖田 來未 「夢のうた」

第7回（平20年）
　◇最優秀女性アーティストビデオ賞
　　ファーギー（Fergie）「Big Girls Don't Cry」
第8回（平21年）
　◇最優秀女性アーティストビデオ賞
　　安室 奈美恵 「NEW LOOK」
第9回（平22年）
　◇最優秀女性アーティストビデオ賞
　　安室 奈美恵 「FAST CAR」
第10回（平23年）
　◇最優秀女性アーティストビデオ賞
　　レディー・ガガ 「ボーン・ディス・ウェイ」
第11回（平24年）
　◇最優秀女性アーティストビデオ賞
　　安室 奈美恵 「Love Story」
第12回（平25年）
　◇最優秀女性アーティストビデオ賞
　　西野 カナ 「Always」

134 日本ゴールドディスク大賞

音楽産業の発展と活性化に貢献のあったアーティスト等に感謝の意を表し、かつ音楽産業の振興と音楽文化の普及向上を期して、昭和61年（1986）11月に創設された。第2回～11回（昭和62～平成8年度）に各女性部門を設置した。

【主催者】一般社団法人 日本レコード協会
【選考委員】日本ゴールドディスク大賞委員会および同委員会内審査会議
【選考方法】同協会加盟レコード・メーカー各社の市販商品の正味売上枚数申請より判定。但し、申請された枚数等に関し公認会計士による調査を行う。またアーティスト賞に関しては正味売上の小売換算金額合計による。
【選考基準】〔対象〕前年1月1日から12月31日に発売された全作品
【締切・発表】12月末日迄に各メーカーから登録申請、発表・授賞式は原則3月実施
【賞・賞金】（第27回）〔対象：アーティスト（小売金額換算）〕(1) アーティスト・オブ・ザ・イヤー（邦楽/洋楽・各1組）(2) ベスト・エイジアンアーティスト (3) ベスト・演歌/歌謡曲・アーティスト（該当者上位1組）〔対象：楽曲（売上数）〕(1) ニュー・アーティスト・オブ・ザ・イヤー（新人1位/邦・洋・アジア各1組）(2) ベスト5ニュー・アーティスト（邦楽新人上位5組）(3) ベスト3ニュー・アーティスト（洋楽・アジア 各新人上位3組）(4) ベスト・演歌/歌謡曲・ニューアーティスト（該当者上位1組）〔対象：アルバム（売上数）〕(1) アルバム・オブ・ザ・イヤー（邦楽/洋楽・上位1作品）(2) ベスト5アルバム（邦楽上位5作品）(3) ベスト3アルバム（洋楽・アジア各上位3作品）(4) クラシック・アルバム・オブ・ザ・イヤー（上位1作品）(5) ジャズ・アルバム・オブ・ザ・イヤー（上位1作品）(6) インストゥルメンタル・アルバム・オブ・ザ・イヤー（上位1作品）(7) サウンドトラック・アルバム・オブ・ザ・イヤー（上位1作品）(8) アニメーション・アルバム・オブ・ザ・イヤー（上位1作品）(9) 純邦楽・アルバム・オブ・ザ・イヤー（上位1作品）(10) 企画・アルバム・オブ・ザ・イヤー（上位1作品）〔対象：シングル〕(1) シングル・オブ・ザ・イヤー（邦楽/洋楽・上位1作品）(2) ベスト5シングル（上位5作品）〔対象：ダウンロード〕(1) ソング・オブ・ザ・イヤー・バイ・ダウンロード（邦・洋・アジア各上位1作品）(2) ベスト5ソング・バイ・ダウンロード（上位5作品））〔対象：ビデオ（売上数）〕ベスト・ミュージック・ビデオ（邦楽上位3作品,洋楽・アジア上位1作品）―以上各賞受賞につきトロフィー

を授与。副賞なし。
【URL】http://www.golddisc.jp/

第2回（昭62年度）
◇The Best Album of the Year賞（邦楽）
- ポップス（女性ソロ）部門
  松任谷 由実 「ダイヤモンドダストが消えぬまに」（東芝EMI）
- ヤングアイドル（女性ソロ）部門
  中山 美穂 「COLLECTION」（キングレコード）
- ロック・フォーク（女性ソロ）部門
  渡辺 美里 「BREATH」（CBSソニー）
- 演歌（女性ソロ）部門
  石川 さゆり 「特選集夫婦善哉」（コロムビア）

第3回（昭63年度）
◇The Best Album of the Year賞（邦楽）
- ポップス（女性ソロ）部門
  松任谷 由実 「Delight Slight Light KISS」（東芝EMI）
- ヤングアイドル（女性ソロ）部門
  工藤 静香 「gradation」（ポニーキャニオン）
- ロック・フォーク（女性ソロ）部門
  渡辺 美里 「ribbon」（CBSソニー）
- 演歌（女性ソロ）部門
  テレサ・テン 「テレサ・テン全曲集／BEST HITS '88 TERESA TENG」（トーラスレコード）

第4回（平1年度）
◇The Best Album of the Year賞（邦楽）
- ポップス（女性ソロ）部門
  松任谷 由実 「LOVE WARS」（東芝EMI）
- ヤングアイドル（女性ソロ）部門
  工藤 静香 「HARVEST」（ポニーキャニオン）
- ロック・フォーク（女性ソロ）部門
  渡辺 美里 「Flower bed」（CBSソニーグループ）
- 演歌（女性ソロ）部門
  美空 ひばり 「美空ひばり特選集 川の流れのように」（日本コロムビア）

第5回（平2年度）
◇アルバム賞（邦楽）
- ポップス部門（女性）
  松任谷 由実 「天国のドア」（東芝EMI）
- アイドル部門（女性）
  工藤 静香 「unlimited」（ポニーキャニオン）
- ロック・フォーク部門（女性）
  プリンセス・プリンセス 「PRINCESS PRINCESS」（CBSソニー）
- 歌謡曲・演歌部門（女性）
  テレサ・テン 「'90ベストコレクション—涙の条件」（トーラスレコード）

第6回（平3年度）
◇アルバム賞（邦楽）
- ポップス部門（女性）
  松任谷 由実 「DAWN PURPLE」（東芝EMI）
- アイドル部門（女性）
  中山 美穂 「MIHO'S SELECT」（キングレコード）
- ロック・フォーク部門（女性）
  プリンセス・プリンセス 「DOLL IN ACTION」（ソニーレコード）
- 歌謡曲・演歌部門（女性）
  桂 銀淑 「桂銀淑全曲集」（東芝EMI）

第7回（平4年度）
◇アルバム賞（邦楽）
- ポップス部門（女性）
  DREAMS COME TRUE 「The Swinging Star」（ソニー・ミュージックエンタテインメント）
- アイドル部門（女性）
  工藤 静香 「Best of Ballade Empathy」（ポニーキャニオン）
- ロック・フォーク部門（女性）

プリンセス・プリンセス 「SINGLES 1987―1992」(ソニー・ミュージックエンタテインメント)
- 歌謡曲・演歌部門(女性)
山口 百恵 「百恵復活」(ソニー・ミュージックエンタテインメント)

第8回(平5年度)
◇アルバム賞(邦楽)
- ポップス部門(女性)
DREAMS COME TRUE 「MAGIC」(ソニー・ミュージックエンタテインメント)
- ロック・フォーク部門(女性)
ZARD 「揺れる想い」(ポリドール)
- 歌謡曲・アイドル部門(女性)
工藤 静香 「スーパーベスト」(ポニーキャニオン)
- 演歌部門(女性)
藤 あや子 「むらさき雨情~オリジナル全曲集」(ソニー・ミュージックエンタテインメント)

第9回(平6年度)
◇アルバム賞(邦楽)
- ポップス部門(女性)
竹内 まりや 「Impressions」(イーストウエスト・ジャパン)
- ロック・フォーク部門(女性)
ZARD 「OH MY LOVE」(ポリドール)
- 歌謡曲・アイドル部門(女性)
小泉 今日子 「anytime」(ビクターエンタテインメント)
- 演歌部門(女性)
藤 あや子 「女泣川~オリジナル全集」(ソニー・ミュージックエンタテインメント)

第10回(平7年度)
◇アルバム賞(邦楽)
- ポップス部門(女性)
trf 「dAnce to positive」(エイベックス・ディー・ディー)
- ロック・フォーク部門(女性)
MY LITTLE LOVER 「evergreen」(バップ)
- 歌謡曲・アイドル部門(女性)
内田 有紀 「純情可憐乙女模様」(キングレコード)
- 演歌部門(女性)
テレサ・テン 「Super Selection」(トーラスレコード)

演 劇

135 O夫人児童青少年演劇賞

　我が国の児童青少年演劇は,一般の演劇と同様に男性の指導者を主軸として今日に至っている。もとより出演者や創造活動,劇団経営等には多くの女性を迎え,その功績は何ら異なるところがない。こうした児童青少年演劇界での女性の積極的な活動を期待して,社団法人日本児童演劇協会(現・公益社団法人日本児童青少年演劇協会)は,昭和59年(1984)に匿名婦人の寄付を受け「O夫人児童演劇賞」を設定した。第13回(平成9年度)まで実施の後,休止。平成16年度(平成17年授賞)より「O夫人児童青少年演劇賞」の名称で再開した。今後の児童青少年演劇において,女性の活動が期待され,その多面的な進出を必要とされている中,女性の積極的な活動をうながし,これまでの業績を称えるものとする。

【主催者】公益社団法人 日本児童青少年演劇協会(旧・社団法人 日本児童演劇協会)

【選考委員】（第22回）松谷みよ子（作家），横溝幸子（演劇評論家），内木文英（日本児童青少年演劇協会会長）
【選考方法】推薦者の推薦による
【選考基準】〔対象〕児童演劇の創造普及に貢献した女性
【締切・発表】受賞結果は『児童・青少年演劇ジャーナル げき』（児童・青少年演劇ジャーナル編集委員会 編・発行）に掲載
【賞・賞金】正賞：レリーフ（河野正造作），副賞：賞金30万円
【URL】http://www.linkclub.or.jp/~jcta/

第1回（昭60年度）
　小百合 葉子（劇団たんぽぽ主宰）"昭和20年より劇団を結成，84歳の今日に至るまで自ら舞台活動の先頭に立ち，多くの劇団員を養成。全国的規模で巡演を行ない，児童演劇の創造・普及・振興に貢献した"

第2回（昭61年度）
　竹内 とよ子（人形劇団プーク）"昭和30年人形劇団プークに入団。以来同劇団の多くの作品に出演，操作に当り，昭和48年からは演出を担当。その作品の一つ「ゆうびん屋さんのお話」は昭和56年度東京都優秀児童演劇選定優秀賞を受けた。今後とも女性演出家として活躍が各方面から期待される"

第3回（昭62年度）
　伊藤 巴子（劇団仲間）"昭和28年劇団仲間創立以来，多くの作品に出演。とくに児童演劇の面で，1500回を超す「乞食と王子」，ほかに「森は生きている」の主役などですぐれた演技を示し，児童演劇の発展に寄与した"

第4回（昭63年度）
　中島 茜（劇団風の子北海道）"知的な演技力で，一連の風の子作品を生み出す中心的な役割を果した。また「トランク劇場」初期メンバーとして西ドイツ公演に参加，その後の海外公演のさきがけとなるなど，女性として日本の児童演劇の普及，向上につとめている"

第5回（平1年度）
　岸田 今日子（演劇集団円）"「円・こどもステージ」として，昭和56年の「おばけリンゴ」以後，毎年すぐれた児童演劇を企画，その成果に対して"

第6回（平2年度）
　広瀬 多加代（劇団R&C）

第7回（平3年度）
　小森 美巳（演劇集団円 演出）

第8回（平4年度）
　小池 タミ子（児童劇作家）

第9回（平5年度）
　浅野 昤子（劇団らくりん座）

第10回（平6年度）
　如月 小春（劇団NOISE）

第11回（平7年度）
　小林 美実（宝仙学園短期大学教授）

第12回（平8年度）
　西村 和子（人形劇団クラルテ）

第13回（平9年度）
　西田 豊子（劇作家・演出家）

第14回（平16年度）
　神田 成子（劇団風の子）"風の子に入団後の『カレドニア号出帆す』等に出演，『突然の陽射し』などの多数の脚本脚色を手がけてこられた精力的な活動に対して"

第15回（平17年度）
　かめやま ゆたか（有限会社いちょう座代表取締役）"楽劇団いちょう座「リーダース・シアター お話がいっぱい」を企画・制作し，児童青少年演劇に新しい表現形式を展開した。また全国の地域・学校等

で年間200回に及ぶ「リーダース・シアター（朗読劇）」のワークショップを実施し、表現教育の向上に寄与された"

第16回（平18年度）
　石川　君子（有限会社ひとみ座代表取締役）"長年にわたり、企画制作者として人形劇の創造と普及向上に尽力。「かわさき市民プラザ人形劇まつり」では、地域の特にアマチュアの人形劇団育成につとめた。最近の「岩崎加根子の朗読とひとみ座の人形劇のセッションでは、新しい人形劇の世界を創出された"

第17回（平19年度）
　上保　節子（劇団たんぽぽ）"40余年にわたり、俳優および制作者として児童青少年演劇の発展普及に尽力。また教師を対象にした「朗読勉強会」を続け、主に静岡県内の学校での子どもたちへの表現指導など表現教育の向上にも寄与"

第18回（平20年度）
　細沼　淑子（劇団風の子）

第19回（平21年度）
　松本　則子（人形劇団クラルテ）

第20回（平22年度）
　中村　芳子（NPO法人「劇団道化」副理事長）"劇団道化の諸作品の脚本を担当し

「にわか師三代」（熊井宏之氏と共作）で「斎田喬戯曲賞」を受賞。特に、近年の「知覧・青春」（篠崎省吾と共作）、「古林食堂」（同）は、高い評価を得ている。韓国・タイ・中国等の海外公演プロデュースでは、アジア諸国との国際交流に貢献。また、九州地域での市民劇・市民ミュージカルにも積極的に取り組み、地域文化の普及向上にも大きな役割を果たしている"

第21回（平23年度）
　井上　幸子（人形劇団ブーク）"40年にわたり、人形劇団ブークの多くの作品で、俳優・制作・脚色・演出に優れた成果をあげた。また大人向けの作品にも挑み、高い評価を得、人形劇の普及・向上に尽力された"

第22回（平24年度）
　永野　むつみ（人形劇団ひぽぽたあむ）"人形劇団カラバス、人形劇団ひぽぽたあむの上演活動において、長年にわたり人形劇の普及・発展に尽力された。片手使い人形による独自の人形劇観からの舞台表現は、定評を得ている。最近は上演活動のみならず、ワークショップや講演会を通して、子どもたちへの舞台芸術の発展・向上に寄与している"

136 日本シェイクスピア賞

　平成3年（1991）にイギリスで開催されたジャパン・フェスティバルの期間中、ロンドンの国際シェイクスピア・グローブ・センターで「日本のシェイクスピア展」が開かれた際に、この展覧会に協力した日本の演劇人や文化人が表彰された。これを機に日本シェイクスピア・グローブ・センターより日本人に贈る賞として「日本シェイクスピア賞」が創設された。平成6年度（1994）にロンドンの国際シェイクスピア・グローブ・センターが「グローブ賞」を設立したのを期に吸収され、中止された。

【主催者】駒澤大学シェイクスピア・インスティチュート、日本シェイクスピア・グローブ・センター

【選考委員】五泉八州男、喜志哲雄、委員長・菊池明、大場建治、荒井良雄

【選考方法】選考委員の推薦による

【選考基準】〔対象〕女優賞（デイム・ジュディ・デンチ賞）：シェイクスピアの女性役

で優れた演技を示した女優に。

【賞・賞金】演劇賞,男優賞(サー・ジョン・ギールグッド賞),学術賞(スタンリー・ウェルズ賞),日英文化交流賞(サム・ワナメイカー賞)。ロンドンの国際シェイクスピア・グローブ・センターより表彰状,協賛のサッポロ・ビール,大和日英基金,グレイト・ブリテン・ササカワ財団,駒澤大学シェイクスピア・インスティチュートより記念品。

第1回(平4年度)
◇女優賞
太地 喜和子(文学座) "文学座のシェイクスピア劇公演における演技"

第2回(平5年度)
◇女優賞
河内 桃子(俳優座) "俳優座のシェイクスピア劇公演の演技"

137 読売演劇大賞

平成6年(1994)に創刊120周年を迎えた読売新聞の記念事業として創設された。古典から現代劇まで演劇全分野を網羅し,21世紀をめざす文化への活力となることを目的とする。

【主催者】読売新聞社

【選考委員】(第21回)青井陽治,河合祥一郎,七字英輔,中井美穂,萩尾瞳,前田清実,みなもとごろう,矢野誠一,渡辺保

【選考方法】翌年1月の第1次選考会で5部門の候補各5件を選出。演劇評論家や演劇界,マスコミ界の関係者100人の投票で各部門の最優秀賞を決め,最終選考会で,大賞,杉村春子賞,芸術栄誉賞を選出する。

【選考基準】〔対象〕前年1月から12月までに上演された,すべての演劇から最も優れた作品・人物 〔部門〕作品,男優,女優,演出家,スタッフの5部門と,新人が対象の杉村春子賞,長年の功績やすぐれた企画を顕彰する芸術栄誉賞

【締切・発表】例年1月末に決定,発表は2月上旬。

【賞・賞金】正賞:ブロンズ像「蒼穹」,副賞:大賞に賞金200万円,その他の最優秀各賞,杉村春子賞,芸術栄誉賞に賞金100万円

【URL】http://info.yomiuri.co.jp/culture/engeki/

第1回(平6年)
◇最優秀女優賞
藤間 紫 "杉浦直樹事務所+総合ビジョン「父の詫び状」の中牟田とめ役,帝国劇場「濹東綺譚」のお玉役の演技"
◇優秀女優賞
佐藤 オリエ 「テレーズ・ラカン」(T.P.T.)
白石 加代子 「百物語シリーズ・篝筒」(メジャーリーグ)
土居 裕子 「シャボン玉とんだ宇宙までとんだ」(音楽座)
藤 真利子 「テレーズ・ラカン」(T.P.T.)

第2回(平7年)
◇大賞・最優秀女優賞
杉村 春子 "「ウェストサイドワルツ」,「恋ぶみ屋一葉」,「ふるあめりかに袖はぬらさじ」の演技"
◇優秀女優賞
今津 朋子 「泣かないで」(音楽座)

梅沢 昌代 「父と暮せば」(こまつ座)
新橋 耐子 「頭痛肩こり樋口一葉」(こまつ座)
森 光子 「放浪記」(芸術座)

第3回 (平8年)
◇最優秀女優賞
麻実 れい "「ハムレット」のハムレット役, 「エンジェルス・イン・アメリカ」の天使役などの演技"
◇優秀女優賞
東 恵美子 「黄昏」(劇団青年座)
倉野 章子 「三人姉妹」「野分立つ」(T.P.T., 文学座)
佐藤 オリエ 「葵上」「班女」「エンジェルス・イン・アメリカ」(T.P.T., 銀座セゾン劇場)
土居 裕子 「アイ・ラブ・坊っちゃん'95」「星の王子さま」(音楽座)

第4回 (平9年)
◇大賞・最優秀女優賞
黒柳 徹子 「幸せの背くらべ」「マスター・クラス」
◇優秀女優賞
郡山 冬果
白石 加代子
寺島 しのぶ
土居 裕子

第5回 (平10年)
◇最優秀女優賞
三田 和代 "「紙屋町さくらホテル」の園田恵子役の演技"
◇優秀女優賞
今井 和子
今津 朋子
川口 敦子
西山 水木

第6回 (平11年)
◇最優秀女優賞
岩崎 加根子 "「エヴァ、帰りのない旅」のリル役, 「あなたまでの6人」のウィーザ役の演技"
◇優秀女優賞

市原 悦子
北林 谷栄
草笛 光子
宮本 裕子

第7回 (平12年)
◇大賞・最優秀女優賞
森 光子 "「放浪記」の林芙美子役"
◇優秀女優賞
麻実 れい
大橋 弘枝
岸田 今日子
富沢 亜古

第8回 (平13年)
◇最優秀女優賞
三田 和代 "「夜への長い旅路」の演技"
◇優秀女優賞
久世 星佳
目黒 未奈
渡辺 美佐子

第9回 (平14年)
◇最優秀女優賞
加藤 治子 "「こんにちは, 母さん」での演技"
◇優秀女優賞
秋山 菜津子
寺島 しのぶ
長谷川 稀世

第10回 (平15年)
◇大賞・最優秀女優賞
大竹 しのぶ "「売り言葉」「太鼓たたいて笛ふいて」の演技"
◇優秀女優賞
麻実 れい
岸田 今日子
草笛 光子
高橋 惠子

第11回 (平16年)
◇最優秀女優賞
寺島 しのぶ "「さぶ」のおすえ役, 「マッチ売りの少女」の女役, 「世阿弥」の葛野の前役"
◇優秀女優賞

麻実 れい
池田 有希子
高畑 淳子
辻 由美子
第12回（平17年）
　◇最優秀女優賞
　　宮沢 りえ "「透明人間の蒸気」のヘレン・ケラ役"
　◇優秀女優賞
　　麻実 れい
　　一路 真輝
　　キムラ 緑子
　　倉野 章子
第13回（平18年）
　◇最優秀女優賞
　　戸田 恵子 "「歌わせたい男たち」の演技"
　◇優秀女優賞
　　大浦 みずき
　　大竹 しのぶ
　　七瀬 なつみ
　　松 たか子
第14回（平19年）
　◇最優秀女優賞
　　寺島 しのぶ "「書く女」の演技"
　◇優秀女優賞
　　秋山 菜津子 "「タンゴ・冬の終わりに」の演技"
　　麻実 れい "「黒蜥蜴」の演技"
　　草笛 光子 "「6週間のダンスレッスン」の演技"
　　島田 歌穂 "「ベガーズ・オペラ」などの演技"
第15回（平20年）
　◇最優秀女優賞
　　松 たか子 "「ひばり」「ロマンス」の演技"
　◇優秀女優賞
　　池内 淳子
　　笹本 玲奈
　　奈良岡 朋子
　　堀内 敬子
第16回（平21年）
　◇最優秀女優賞
　　宮沢 りえ "「人形の家」の演技"
　◇優秀女優賞
　　市原 悦子
　　高 秀喜
　　深津 絵里
　　吉行 和子
第17回（平22年）
　◇最優秀女優賞
　　鳳 蘭 "「雨の夏、三十人のジュリエットが還ってきた」「COCO」「屋根の上のヴァイオリン弾き」の演技"
　◇優秀女優賞
　　蒼井 優
　　剣 幸
　　中嶋 朋子
　　波乃 久里子
第18回（平23年）
　◇最優秀女優賞
　　麻実 れい "「冬のライオン」(幹の会＋リリック)のエレノア・オヴ・アキテーヌ役、「おそるべき親たち」(tpt)のイヴォンヌ役の演技"
　◇優秀女優賞
　　阿知波 悟美 　「キャンディード」（東宝）
　　大竹 しのぶ 　「ヘンリー六世」（埼玉県芸術文化振興財団/ホリプロ）
　　銀粉蝶 　「かたりの椅子」（二兎社）、「ガラスの葉」（世田谷パブリックシアター）
　　多部 未華子 　「農業少女」（東京芸術劇場）
第19回（平24年）
　◇最優秀女優賞
　　大竹 しのぶ 　「大人は、かく戦えり」（シス・カンパニー）のヴェロニク・ウリエ役、「ピアフ」（東宝）のエディット・ピアフ役の演技
　◇優秀女優賞
　　麻実 れい 　「トップ・ガールズ」（シス・カンパニー）、「みんな我が子」（梅田芸術劇場）
　　シルビア・グラブ 　「国民の映画」（パルコ）
　　中谷 美紀 　「猟銃」（パルコ,USINEC）
　　三田 和代 　「秘密はうたう」（兵庫県立芸術

文化センター）
第20回（平25年）
◇最優秀女優賞
　高畑 淳子 "「ええから加減」（東宝/コマ・スタジアム）の海野宇多恵役,「組曲虐殺」（こまつ座＆ホリプロ）の佐藤チマ役の演技"
◇優秀女優賞
　あめく みちこ 「負傷者16人」（新国立劇場）,「竜馬の妻とその夫と愛人」（劇団東京ヴォードヴィルショー）
　大竹 しのぶ 「シンベリン」（埼玉県芸術文化振興財団/ホリプロ）,「ふくすけ」（Bunkamura/大人計画）
　清水 直子 「パック オブ ライズ」（劇団俳優座LABO）,「野がも」（名取事務所）
　根岸 季衣（「パーマ屋スミレ」（新国立劇場）,「しみじみ日本・乃木大将」（こまつ座＆ホリプロ））

第21回（平26年）
◇最優秀女優賞
　中谷 美紀 "「ロスト・イン・ヨンカーズ」（パルコ）のベラ役の演技"
◇優秀女優賞
　高泉 淳子 「ホロヴィッツとの対話」（パルコ）,「ア・ラ・カルト2」（こどもの城劇場事業本部）
　剣 幸 「ハロー・ドーリー！」（富山市民文化事業団）
　松本 紀保 「治天ノ君」（劇団チョコレートケーキ）
　満島 ひかり 「100万回生きたねこ」（ホリプロ）,「いやむしろわすれて草」（五反田団/Age Global Networks）

映画・映像

138 あいち国際女性映画祭 ショートフィルム・アワード

「あいち国際女性映画祭」は、中部圏唯一の国際映画祭として、平成8年（1996）開始。例年9月に愛知県内で開催され、女性映画監督作品を中心に上映する。男女共同参画意識の普及を図るため、世界で活躍する女性映画監督等を招き、女性の生き方や社会参加、女性と男性の相互理解などをテーマとした映画の上映やゲストトークなどを行っている。本映画祭のコンペティションとして、平成24年（2012）より「ショートフィルム・アワード」を実施。「あいち国際女性映画祭2012」にて第1回が行われた。

【主催者】公益財団法人 あいち男女共同参画財団

【選考委員】野上照代（あいち国際女性映画祭2013運営委員会運営委員）,堀部俊仁（愛知県興行協会理事長）,斉藤綾子（明治学院大学文学部芸術学科教授）,ショーレ・ゴルパリン（字幕翻訳家）,佐藤祈美栄（あいち男女共同参画財団理事長）,木全純治（あいち国際女性映画祭ディレクター）,加藤和己（あいち国際女性映画祭イベントディレクター）

【選考基準】〔対象〕女性監督によるオリジナル映像作品。平成23年4月1日以降に完成した作品。作品は30分以内。製作国・テーマ・ジャンル・過去の受賞歴不問。

【締切・発表】（2013・第2回）作品提出締切7月5日,ノミネート作品発表7月下旬,9月7日上映。映画祭会期：8月31日～9月8日

【賞・賞金】グランプリ：賞金20万円,準グランプリ：賞金5万円

2012（第1回・平24年）
　◇グランプリ
　　金谷 真由美　「ボトルシップ」
　◇準グランプリ
　　ツァォ・チン（曹 静）「春節」
　　天野 千尋　「フィガロの告白」

2013（第2回・平25年）
　◇グランプリ
　　Tina Pakravan「inja shahre man bood (It was my city)」
　◇準グランプリ
　　塚原 真梨佳　「Gray Zone」

139 キネマ旬報ベスト・テン〔個人賞〕

　大正13年（1924），ベストテン制度によってそれぞれの時代の我が国文化水準を映画の面から伝えるため創設された。最古のベストテンだが，個人の趣味趣向を多数の幅広い年齢層・所属の選考委員によって選出することで中和し，アカデミックでオーソドックスなものになっている。昭和30年（1955）より個人賞を創設，日本映画監督賞・外国映画監督賞・女優賞・男優賞を贈呈。現在は，個人賞として，主演・助演・新人の各女優・男優賞，日本映画監督賞・日本映画脚本賞・外国映画監督賞が贈られている。

【主催者】キネマ旬報社

【選考委員】（第87回）秋本鉄次（映画評論家），秋山登（映画評論家），浅野潜（映画評論家），石飛徳樹（朝日新聞記者），稲垣都々世（映画評論家），上野昂志（映画評論家），宇田川幸洋（映画評論家），内海陽子（映画評論家），浦崎浩實（激評家），襟川クロ（映画パーソナリティー）ほか

【選考方法】ベスト・テンの選考方法：各選考委員が選出したベスト・テンの第1位を10点，第2位を9点，以下第10位を1点として総点数を集計，合計点の多い作品から決定

【選考基準】〔対象〕当該年度に公開された全邦画・洋画

【締切・発表】例年2月初旬に刊行される「キネマ旬報」2月下旬号誌上にて発表。

【賞・賞金】トロフィー（ワダエミ デザイン），賞状を贈呈。主演女優賞・男優賞，助演女優賞・男優賞，新人女優賞・男優賞，日本映画監督賞，日本映画脚本賞，外国映画監督賞。

【URL】http://www.kinejun.com/

第29回（昭30年度）
　◇女優賞
　　高峰 秀子　「浮雲」
第30回（昭31年度）
　◇女優賞
　　山田 五十鈴　「猫と庄造と二人のをんな」「流れる」
第31回（昭32年度）
　◇女優賞
　　山田 五十鈴　「蜘蛛巣城」「どん底」「下町」ほか
第32回（昭33年度）
　◇女優賞
　　田中 絹代　「楢山節考」ほか
第33回（昭34年度）
　◇女優賞
　　新珠 三千代　「人間の條件 第1部・第2部」ほか

第34回（昭35年度）
　◇女優賞
　　山本 富士子　「女経」「濹東綺譚」ほか
第35回（昭36年度）
　◇女優賞
　　若尾 文子　「女は二度生まれる」「妻は告白する」
第36回（昭37年度）
　◇女優賞
　　岡田 茉莉子　「今年の恋」「霧子の運命」
第37回（昭38年度）
　◇女優賞
　　左 幸子　「にっぽん昆虫記」「彼女と彼」
第38回（昭39年度）
　◇女優賞
　　京 マチ子　「甘い汗」
第39回（昭40年度）
　◇女優賞
　　若尾 文子　「清作の妻」「波影」「妻の日の愛のかたみに」
第40回（昭41年度）
　◇女優賞
　　司 葉子　「紀ノ川」「ひき逃げ」「沈丁花」
第41回（昭42年度）
　◇女優賞
　　岩下 志麻　「智恵子抄」「あかね雲」「女の一生」
第42回（昭43年度）
　◇女優賞
　　若尾 文子　「不信のとき」「濡れた二人」「積木の箱」
第43回（昭44年度）
　◇女優賞
　　岩下 志麻　「心中天網島」
第44回（昭45年度）
　◇女優賞
　　倍賞 千恵子　「家族」「男はつらいよ 望郷篇」
第45回（昭46年度）
　◇女優賞
　　藤 純子　「緋牡丹博徒・お命戴きます」「女渡世人・おたの申します」

第46回（昭47年度）
　◇女優賞
　　伊佐山 ひろ子　「一条さゆり・濡れた欲情」「白い指の戯れ」
第47回（昭48年度）
　◇女優賞
　　江波 杏子　「津軽じょんがら節」
第48回（昭49年度）
　◇女優賞
　　田中 絹代　「望郷」
第49回（昭50年度）
　◇主演女優賞
　　浅丘 ルリ子　「男はつらいよ 寅次郎相合い傘」
　◇助演女優賞
　　大竹 しのぶ　「青春の門」
第50回（昭51年度）
　◇主演女優賞
　　原田 美枝子　「青春の殺人者」「大地の子守歌」
　◇助演女優賞
　　太地 喜和子　「男はつらいよ 寅次郎夕焼け小焼け」
第51回（昭52年度）
　◇主演女優賞
　　岩下 志麻　「はなれ瞽女おりん」
　◇助演女優賞
　　桃井 かおり　「幸福の黄色いハンカチ」
第52回（昭53年度）
　◇主演女優賞
　　梶 芽衣子　「曽根崎心中」
　◇助演女優賞
　　大竹 しのぶ　「事件」「聖職の碑」
第53回（昭54年度）
　◇主演女優賞
　　桃井 かおり　「もう頬づえはつかない」
　◇助演女優賞
　　小川 真由美　「復讐するは我にあり」
第54回（昭55年度）
　◇主演女優賞
　　大谷 直子　「ツィゴイネルワイゼン」
　◇助演女優賞

大楠 道代　「ツィゴイネルワイゼン」
第55回（昭56年度）
　◇主演女優賞
　　倍賞 千恵子　「駅・STATION」
　◇助演女優賞
　　加賀 まりこ　「泥の河」「陽炎座」
第56回（昭57年度）
　◇主演女優賞
　　松坂 慶子　「蒲田行進曲」「道頓堀川」
　◇助演女優賞
　　小柳 ルミ子　「誘拐報道」
第57回（昭58年度）
　◇主演女優賞
　　田中 裕子　「天城越え」
　◇助演女優賞
　　永島 暎子　「竜二」
第58回（昭59年度）
　◇主演女優賞
　　吉永 小百合　「おはん」「天国の駅」
　◇助演女優賞
　　三田 佳子　「Wの悲劇」
第59回（昭60年度）
　◇主演女優賞
　　倍賞 美津子　「生きてるうちが花なのよ死んだらそれまでよ党宣言」「恋文」
　◇助演女優賞
　　藤田 弓子　「瀬降り物語」「さびしんぼう」
第60回（昭61年度）
　◇主演女優賞
　　秋野 暢子　「片翼だけの天使」
　◇助演女優賞
　　いしだ あゆみ　「火宅の人」
第61回（昭62年度）
　◇主演女優賞
　　宮本 信子　「マルサの女」
　◇助演女優賞
　　桜田 淳子　「イタズ・熊」
第62回（昭63年度）
　◇主演女優賞
　　桃井 かおり　「TOMORROW/明日」「木村家の人々」「噛む女」
　◇助演女優賞

秋吉 久美子　「異人たちとの夏」
　◇新人女優賞
　　中川 安奈　「敦煌」
第63回（平1年度）
　◇主演女優賞
　　田中 好子　「黒い雨」
　◇助演女優賞
　　相楽 晴子　「どついたるねん」
　◇新人女優賞
　　川原 亜矢子　「キッチン」
第64回（平2年度）
　◇主演女優賞
　　松坂 慶子　「死の棘」
　◇助演女優賞
　　香川 京子　「式部物語」
　◇新人女優賞
　　牧瀬 里穂　「東京上空いらっしゃいませ」「つぐみ」
第65回（平3年度）
　◇主演女優賞
　　北林 谷栄　「大誘拐—RAINBOW KIDS」
　◇助演女優賞
　　和久井 映見　「息子」「就職戦線異状なし」
　◇新人女優賞
　　石田 ひかり　「ふたり」「咬みつきたい」「あいつ」
第66回（平4年度）
　◇主演女優賞
　　大竹 しのぶ　「死んでもいい」「復活の朝」「夜逃げ屋本舗」
　◇助演女優賞
　　藤谷 美和子　「寝盗られ宗介」「女殺油地獄」
　◇新人女優賞
　　墨田 ユキ　「濹東綺譚」
第67回（平5年度）
　◇主演女優賞
　　ルビー・モレノ　「月はどっちに出ている」
　◇助演女優賞
　　桜田 淳子　「お引越し」
　◇新人女優賞
　　田畑 智子　「お引越し」

139 キネマ旬報ベスト・テン〔個人賞〕

第68回(平6年度)
◇主演女優賞
　高岡 早紀　「忠臣蔵外伝四谷怪談」
◇助演女優賞
　室井 滋　「居酒屋ゆうれい」
◇新人女優賞
　鈴木 砂羽　「愛の新世界」

第69回(平7年度)
◇主演女優賞
　杉村 春子　「午後の遺言状」
◇助演女優賞
　乙羽 信子　「午後の遺言状」
◇新人女優賞
　一色 紗英　「蔵」

第70回(平8年度)
◇主演女優賞
　原田 美枝子　「絵の中のぼくの村」
◇助演女優賞
　草村 礼子　「Shall we ダンス？」
◇新人女優賞
　草刈 民代　「Shall we ダンス？」

第71回(平9年度)
◇主演女優賞
　桃井 かおり　「東京夜曲」
◇助演女優賞
　倍賞 美津子　「東京夜曲」「うなぎ」
◇新人女優賞
　佐藤 仁美　「バウンス ko GALS」

第72回(平10年度)
◇主演女優賞
　原田 美枝子　「愛を乞うひと」
◇助演女優賞
　大楠 道代　「愚か者 傷だらけの天使」
◇新人女優賞
　田中 麗奈　「がんばっていきまっしょい」

第73回(平11年度)
◇主演女優賞
　鈴木 京香　「39 刑法三十九条」
◇助演女優賞
　富司 純子　「あ、春」「おもちゃ」
◇新人女優賞
　池脇 千鶴　「大阪物語」

第74回(平12年度)
◇主演女優賞
　藤山 直美　「顔」
◇助演女優賞
　大楠 道代　「顔」
◇新人女優賞
　松田 まどか　「NAGISA なぎさ」

第75回(平13年度)
◇主演女優賞
　片岡 礼子　「ハッシュ！」
◇助演女優賞
　柴咲 コウ　「GO」「案山子 KAKASHI」
◇新人女優賞
　真中 瞳　「ココニイルコト」

第76回(平14年度)
◇主演女優賞
　宮沢 りえ　「たそがれ清兵衛」「うつつ」
◇助演女優賞
　北林 谷栄　「阿弥陀堂だより」
◇新人女優賞
　小西 真奈美　「阿弥陀堂だより」「クロエ」「うつつ」

第77回(平15年度)
◇主演女優賞
　寺島 しのぶ　「ヴァイブレータ」「赤目四十八瀧心中未遂」
◇助演女優賞
　大楠 道代　「座頭市」「赤目四十八瀧心中未遂」
◇新人女優賞
　寺島 しのぶ　「ヴァイブレータ」「赤目四十八瀧心中未遂」「ゲロッパ！」

第78回(平16年度)
◇主演女優賞
　宮沢 りえ　「父と暮せば」
◇助演女優賞
　YOU「誰も知らない」
◇新人女優賞
　土屋 アンナ　「下妻物語」「茶の味」

第79回(平17年度)
◇主演女優賞
　田中 裕子　「いつか読書する日」「火火」

◇助演女優賞
　薬師丸 ひろ子 「ALWAYS 三丁目の夕日」「オペレッタ狸御殿」「レイクサイド マーダーケース」「鉄人28号」
◇新人女優賞
　沢尻 エリカ 「パッチギ！」「阿修羅城の瞳」「SHINOBI」

第80回（平18年度）
◇主演女優賞
　中谷 美紀 「嫌われ松子の一生」「LOFT ロフト」「7月24日通りのクリスマス」
◇助演女優賞
　蒼井 優 「フラガール」「虹の女神 Rainbow Song」「ハチミツとクローバー」
◇新人女優賞
　檀 れい 「武士の一分」

第81回（平19年度）
◇主演女優賞
　竹内 結子 「サイドカーに犬」「クローズド・ノート」「ミッドナイトイーグル」
◇助演女優賞
　永作 博美 「腑抜けども、悲しみの愛を見せろ」
◇新人女優賞
　蓮仏 美沙子 「転校生 さよならあなた」「バッテリー」

第82回（平20年度）
◇主演女優賞
　小泉 今日子 「トウキョウソナタ」「グーグーだって猫である」
◇助演女優賞
　樹木 希林 「歩いても 歩いても」
◇新人女優賞
　甘利 はるな 「コドモのコドモ」

第83回（平21年度）
◇主演女優賞
　松 たか子 「ヴィヨンの妻〜桜桃とタンポポ〜」
◇助演女優賞
　満島 ひかり 「愛のむきだし」「プライド」「クヒオ大佐」
◇新人女優賞
　川上 未映子 「パンドラの匣」

第84回（平22年度）
◇主演女優賞
　寺島 しのぶ 「キャタピラー」
◇助演女優賞
　安藤 サクラ 「ケンタとジュンとカヨちゃんの国」「トルソ」「SRサイタマノラッパー2〜女子ラッパー☆傷だらけのライム」
◇新人女優賞
　桜庭 ななみ 「最後の忠臣蔵」「書道ガールズ!! わたしたちの甲子園」

第85回（平23年度）
◇主演女優賞
　永作 博美 「八日目の蝉」
◇助演女優賞
　小池 栄子 「八日目の蝉」「RAILWAYS 愛を伝えられない大人たちへ」
◇新人女優賞
　忽那 汐里 「少女たちの羅針盤」「マイ・バック・ページ」

第86回（平24年度）
◇主演女優賞
　安藤 サクラ 「かぞくのくに」
◇助演女優賞
　安藤 サクラ 「愛と誠」「その夜の侍」ほか
◇新人女優賞
　橋本 愛 「桐島、部活やめるってよ」「ツナグ」「Another アナザー」ほか

第87回（平25年度）
◇主演女優賞
　真木 よう子 「さよなら渓谷」「そして父になる」「すーちゃん まいちゃん さわ子さん」
◇助演女優賞
　田中 裕子 「はじまりのみち」「共喰い」
◇新人女優賞
　黒木 華 「舟を編む」「シャニダールの花」「草原の椅子」「まほろ駅前番外地」「くじけないで」

140 シネ・フロント読者ベストテン

　全国各地で映画の鑑賞会を開き良質の映画の普及活動をしている映画サークルの機関誌として,昭和52年(1977)8月に月刊誌「シネ・フロント」が創刊された。その翌年より創刊の主旨に沿って,読者投票の形で創設された。

【主催者】シネ・フロント社
【選考方法】読者投票
【選考基準】〔対象〕毎年1月1日から12月31日までに一般公開された作品
【締切・発表】発表「シネ・フロント」誌上
【賞・賞金】日本映画ベストテン,外国映画ベストテン,日本映画監督賞,日本映画脚本賞,日本映画男優賞,日本映画女優賞
【URL】http://cine-front.co.jp/

第1回(昭51年度)
　◇女優賞
　　原田 美枝子 「大地の子守歌」
第2回(昭52年度)
　◇女優賞
　　桃井 かおり 「幸福の黄色いハンカチ」
第3回(昭53年度)
　◇女優賞
　　大竹 しのぶ 「事件」
第4回(昭54年度)
　◇女優賞
　　大竹 しのぶ 「あゝ野麦峠」
第5回(昭55年度)
　◇女優賞
　　倍賞 千恵子 「遙かなる山の呼び声」
第6回(昭56年度)
　◇女優賞
　　田中 裕子 「炎の第五楽章」
第7回(昭57年度)
　◇女優賞
　　松坂 慶子 「蒲田行進曲」
第8回(昭58年度)
　◇女優賞
　　田中 裕子 「天城越え」
第9回(昭59年度)
　◇女優賞
　　薬師丸 ひろ子 「Wの悲劇」
第10回(昭60年度)
　◇女優賞
　　倍賞 美津子 「生きてるうちが花なのよ死んだらそれまでよ党宣言」「恋文」
第11回(昭61年度)
　◇女優賞
　　いしだ あゆみ 「火宅の人」「時計」
第12回(昭62年度)
　◇女優賞
　　宮本 信子 「マルサの女」
第13回(昭63年度)
　◇女優賞
　　桃井 かおり 「TOMORROW明日」
第14回(平1年度)
　◇女優賞
　　田中 好子 「黒い雨」
第15回(平2年度)
　◇女優賞
　　松坂 慶子
第16回(平3年度)
　◇女優賞
　　工藤 夕貴 「戦争と青春」
第17回(平4年度)
　◇女優賞

大竹 しのぶ 「復活の朝」
第18回（平5年度）
　◇女優賞
　　和久井 映見 「虹の橋」
第19回（平6年度）
　◇女優賞
　　室井 滋 「居酒屋ゆうれい」
第20回（平7年度）
　◇女優賞
　　乙羽 信子 「午後の遺言状」
第21回（平8年度）
　◇女優賞
　　原田 美枝子
第22回（平9年度）
　◇女優賞
　　酒井 美紀
第23回（平10年度）
　◇女優賞
　　大竹 しのぶ
第24回（平11年度）
　◇女優賞
　　大竹 しのぶ 「生きたい」「鉄道員（ぽっぽや）」
第25回（平12年度）
　◇女優賞
　　藤山 直美 「顔」
第26回（平13年度）
　◇女優賞
　　田中 裕子 「ホタル」
第27回（平14年度）
　◇日本映画女優賞
　　宮沢 りえ
第28回（平15年度）
　◇日本映画女優賞
　　市原 悦子
第29回（平16年度）
　◇日本映画女優賞
　　宮沢 りえ
第30回（平17年度）
　◇日本映画女優賞
　　田中 裕子 「いつか読書する日」「火火」
第31回（平18年度）
　◇日本映画女優賞
　　檀 れい 「武士の一分」
第32回（平19年度）
　◇日本映画女優賞
　　麻生 久美子 「夕凪の街 桜の国」
第33回（平20年度）
　◇日本映画女優賞
　　吉永 小百合 「母べえ」
第34回（平21年度）
　◇日本映画女優賞
　　松 たか子 「ヴィヨンの妻〜桜桃とタンポポ」
第35回（平22年度）
　◇日本映画女優賞
　　深津 絵里 「悪人」
第36回（平23年度）
　◇日本映画女優賞
　　大竹 しのぶ 「一枚のハガキ」
第37回（平24年度）
　◇日本映画女優賞
　　安藤 サクラ 「かぞくのくに」

141 声優アワード

　声優業界の発展と声優の地位向上，人材育成に寄与することを目的として，平成18年（2006）創設。その年度で"最も印象に残る"声優や作品の業績を称える。

【主催者】声優アワード実行委員会

【選考委員】（第8回）選考委員長：藤原正道（国際放映株式会社 代表取締役社長），選考委員：高寺たけし（株式会社 ハーフ エイチ・ピー スタジオ），長崎行男（マイルストーン音楽出版株式会社），三間雅文（有限会社 テクノサウンド 代表），井上俊次（株式会

141 声優アワード

社 ランティス 代表取締役社長），金子満（東京工科大学メディア学部教授学術博士），竹内宏彰（株式会社 ブルズ・アイ 取締役），氷川竜介（アニメ評論家），松本悟（一般社団法人 日本動画協会 専務理事），AKIHABARAゲーマーズ本店，アニメイト秋葉原店，アニメイト池袋本店，一般社団法人 日本音声製作者連盟 推薦音響監督2名

【選考方法】 13部門を設け各々の定義に従って選定・評価・贈賞するものとする。各部門については各投票サイトにて行われた一般投票での得票を各媒体ごとに集計し，その結果を元に最終選考へのノミネート者を決定。その後，選考委員会による二次選考とその結果を精査する中央選考委員会を経て受賞者が選出される。

【選考基準】〔対象〕主演女優賞：対象期間中に発表された作品の中で主演として活躍した者（役柄ではなく本人の性別）。 助演女優賞：対象期間中に発表された作品の中で助演として活躍した者（役柄ではなく本人の性別）。 新人女優賞：原則として声優としてデビュー5年以内。対象期間中に「新人賞」を取るにふさわしい特に目立った活躍をした者。

【締切・発表】（第8回）平成26年2月28日発表，3月1日授賞式

【賞・賞金】 トロフィーを贈呈。（第8回）第1群（一般投票により一次選出を行う部門）：主演男優賞，主演女優賞，助演男優賞，助演女優賞，新人男優賞，新人女優賞，歌唱賞，パーソナリティ賞，最多得票賞 / 第2群（選考委員会にて顕彰される特別賞など）：特別功労賞，功労賞，シナジー賞，富山敬賞，キッズ・ファミリー賞，高橋和枝賞，特別賞

【URL】 http://www.seiyuawards.jp/

第1回（平19年）
◇第1群
● 主演女優賞
　朴 璐美（円企画）
● サブキャラクター女優賞
　小清水 亜美（八重垣事務所）
　後藤 邑子（ぷろだくしょんバオバブ）
● 新人女優賞
　鹿野 優以（青二プロダクション）
　平野 綾（スペースクラフト・エンタテインメント）

第2回（平20年）
◇第1群
● 主演女優賞
　平野 綾（スペースクラフト・エンタテインメント）
● サブキャラクター女優賞
　釘宮 理恵（アイムエンタープライズ）
　斎賀 みつき（賢プロダクション）
● 新人女優賞
　加藤 英美里（81プロデュース）

　小林 ゆう（ホーリーピーク）

第3回（平21年）
◇第1群
● 主演女優賞
　釘宮 理恵（アイムエンタープライズ）
● 助演女優賞
　遠藤 綾（オフィスPAC）
　沢城 みゆき（マウスプロモーション）
● 新人女優賞
　阿澄 佳奈（81プロデュース）
　戸松 遥（ミュージックレイン）

第4回（平22年）
◇第1群
● 主演女優賞
　沢城 みゆき（マウスプロモーション）
● 助演女優賞
　井上 喜久子（オフィスアネモネ）
　堀江 由衣（ヴィムス）
● 新人女優賞
　伊藤 かな恵（青二プロダクション）
　豊崎 愛生（ミュージックレイン）

第5回（平23年）
◇第1群
- 主演女優賞
  豊崎 愛生（ミュージックレイン）
- 助演女優賞
  新井 里美（ゆーりんプロ）
  伊藤 かな恵（青二プロダクション）
- 新人女優賞
  金元 寿子（ぷろだくしょんバオバブ）
  佐藤 聡美（青二プロダクション）

第6回（平24年）
◇第1群
- 主演女優賞
  悠木 碧（プロ・フィット）
- 助演女優賞
  加藤 英美里（81プロデュース）
- 新人女優賞
  茅野 愛衣（プロ・フィット）
  三上 枝織（青二プロダクション）

第7回（平25年）
◇第1群
- 主演女優賞
  阿澄 佳奈（81プロデュース）
- 助演女優賞
  大原 さやか（俳協）
  戸松 遥（ミュージックレイン）
- 新人女優賞
  石原 夏織（スタイルキューブ）
  大久保 瑠美（81プロデュース）

第8回（平26年）
◇第1群
- 主演女優賞
  佐藤 利奈（俳協）
- 助演女優賞
  石川 由依（砂岡事務所）
- 新人女優賞
  内田 真礼（アイムエンタープライズ）

142 日刊スポーツ映画大賞

年間を通じて最も活躍した俳優、最も話題を提供した作品等を顕彰し、日本映画の発展隆盛に寄与するために設置された。同時に国民的スターであった故石原裕次郎氏を偲び、石原裕次郎賞として作品賞および個人賞を設ける。

【主催者】日刊スポーツ新聞社

【選考委員】（第26回）秋山登（映画評論家），石飛徳樹（朝日新聞記者），伊藤さとり（映画ライター・映画パーソナリティ・司会），神田紅（講釈師），残間里江子（プロデューサー），品田雄吉（映画評論家），須永智美（共同通信文化部 映画担当記者），仲川幸夫（石原プロモーション常務），林雄一郎（テレビ朝日 映画事業部長），福島瑞穂（参院議員・弁護士），渡辺武信（建築家），日刊スポーツ選考委員

【選考方法】各選考委員によるノミネート

【選考基準】主演女優賞：優れた演技で作品効果を高め、かつ観客を魅了した女優。 助演女優賞：計算しつくした重厚（軽妙）な演技で作品の完成度を高めた女優。

【締切・発表】選考後、1週間以内に発表。故石原裕次郎氏の誕生日12月28日に授賞式

【賞・賞金】表彰楯を贈呈。作品賞、監督賞、主演男優賞、主演女優賞、助演男優賞、助演女優賞、新人賞、外国作品賞、石原裕次郎賞（300万円），石原裕次郎新人賞（100万円）。

【URL】http://www.nikkansports.com/entertainment/award/ns-cinema/top-ns-cinema.html

第1回(昭63年)
◇主演女優賞
　吉永 小百合　「華の乱」
◇助演女優賞
　秋吉 久美子　「寅次郎物語」「異人たちとの夏」

第2回(平1年)
◇主演女優賞
　十朱 幸代　「ハラスのいた日々」「社葬」
◇助演女優賞
　南 果歩　「夢見通りの人々」「蛍」

第3回(平2年)
◇主演女優賞
　松坂 慶子　「死の棘」
◇助演女優賞
　小川 真由美　「白い手」「遺産相続」

第4回(平3年)
◇主演女優賞
　村瀬 幸子　「八月の狂詩曲(ラプソディー)」
◇助演女優賞
　和久井 映見　「息子」「就職戦線異常なし」

第5回(平4年)
◇主演女優賞
　三田 佳子　「遠き落日」
◇助演女優賞
　中村 玉緒　「橋のない川」

第6回(平5年)
◇主演女優賞
　岩下 志麻　「新極道の妻たち・覚悟しいや」
◇助演女優賞
　竹下 景子　「学校」ほか

第7回(平6年)
◇主演女優賞
　高岡 早紀　「忠臣蔵外伝 四谷怪談」
◇助演女優賞
　斉藤 慶子　「東雲楼 女の乱」

第8回(平7年)
◇主演女優賞
　杉村 春子　「午後の遺言状」
◇助演女優賞
　名取 裕子　「マークスの山」

第9回(平8年)
◇主演女優賞
　浅丘 ルリ子　「男はつらいよ 寅次郎紅の花」
◇助演女優賞
　草村 礼子　「Shall we ダンス?」

第10回(平9年)
◇主演女優賞
　黒木 瞳　「失楽園」
◇助演女優賞
　鈴木 京香　「ラヂオの時間」

第11回(平10年)
◇主演女優賞
　大竹 しのぶ　「学校Ⅲ」
◇助演女優賞
　倍賞 美津子　「秘祭」「ラブレター」

第12回(平11年)
◇主演女優賞
　富司 純子　「おもちゃ」
◇助演女優賞
　田中 裕子　「お受験」「大阪物語」

第13回(平12年)
◇主演女優賞
　吉永 小百合　「長崎ぶらぶら節」
◇助演女優賞
　大楠 道代　「顔」

第14回(平13年)
◇主演女優賞
　岸 恵子　「かあちゃん」
◇助演女優賞
　天海 祐希　「連弾」

第15回(平14年)
◇主演女優賞
　鈴木 京香　「竜馬の妻とその夫と愛人」ほか
◇助演女優賞
　宮沢 りえ　「たそがれ清兵衛」

第16回(平15年)
◇主演女優賞
　寺島 しのぶ　「赤目四十八滝心中未遂」
◇助演女優賞
　八千草 薫　「阿修羅のごとく」

第17回（平16年）
◇主演女優賞
　小雪　「嗤う伊右衛門」
◇助演女優賞
　鈴木 京香　「血と骨」
第18回（平17年）
◇主演女優賞
　小泉 今日子　「空中庭園」
◇助演女優賞
　薬師丸 ひろ子　「ALWAYS 三丁目の夕日」
第19回（平18年）
◇主演女優賞
　松雪 泰子　「フラガール」
◇助演女優賞
　富司 純子　「フラガール」
第20回（平19年）
◇主演女優賞
　竹内 結子　「サイドカーに犬」
◇助演女優賞
　樹木 希林　「東京タワー オカンとボクと、時々、オトン」
第21回（平20年）
◇主演女優賞
　綾瀬 はるか　「ICHI」「僕の彼女はサイボーグ」「ハッピーフライト」
◇助演女優賞
　夏川 結衣　「歩いても 歩いても」

第22回（平21年）
◇主演女優賞
　松 たか子　「ヴィヨンの妻」
◇助演女優賞
　余 貴美子　「ディア・ドクター」
第23回（平22年）
◇主演女優賞
　深津 絵里　「悪人」
◇助演女優賞
　蒼井 優　「おとうと」
第24回（平23年）
◇主演女優賞
　宮﨑 あおい　「ツレがうつになりまして。」「神様のカルテ」
◇助演女優賞
　加賀 まりこ　「洋菓子店コアンドル」「神様のカルテ」
第25回（平24年）
◇主演女優賞
　吉永 小百合　「北のカナリアたち」
◇助演女優賞
　樹木 希林　「わが母の記」「ツナグ」
第26回（平25年）
◇主演女優賞
　真木 よう子　「さよなら渓谷」
◇助演女優賞
　伊藤 蘭　「少年H」

143 日本アカデミー賞

　わが国の映画芸術, 技術, 科学の向上発展と映画界の振興を目的に昭和53年（1978）に第1回授賞式を行い, 平成19年（2007）に30回を迎えた。作品・監督・主演男女・助演男女・脚本・音楽・撮影・美術・照明・録音・編集・アニメ作品・外国作品の15部門の正賞に加え, 新人賞ほか特別賞を贈賞し, 受賞者に栄誉を与えるとともに, 映画界に携わるすべての人々の親睦を深める事を目的とする。映画人の創意を結集した映画人による映画人のための賞。

【主催者】日本アカデミー賞協会

【選考方法】優秀賞・最優秀賞は同協会会員（映画関係者）約4000名の投票による一度目の投票を集計し, 12月に各部門上位5名・5作品を発表, 二度目の投票で最優秀賞を決定し, 2～3月の授賞式で発表する。

【選考基準】優秀賞：東京地区における商業映画劇場にて, 有料で35mmまたは70mmの

143 日本アカデミー賞　　　Ⅶ 音楽・芸能

フイルムおよびデジタルシネマ方式で初公開され、原則として1日3回以上上映し、通常の宣伝のもとに一週間以上継続して公開された40分以上の作品。ドキュメンタリー（記録）映画・オムニバス映画・短篇映画（40分未満）・再上映映画・映画祭のみの上映作品・昨年度対象になった作品を除く。

【締切・発表】例年2月～3月に発表・授賞式。

【賞・賞金】最優秀賞：賞状, 最優秀賞ブロンズ, 賞金30万円。 優秀賞：賞状, 優秀賞ブロンズ, 賞金20万円（作品賞を除く12部門）。 特別賞：賞状, 賞金10万円。 話題賞：賞状。 協会特別賞：賞状, 特別賞ブロンズ, 賞金10万円。 会長特別賞・会長功労賞・協会栄誉賞：賞状。 新人俳優賞：賞状, 賞金10万円。 岡田茂賞・協会特別賞：賞状, ブロンズ, 賞金10万円

【URL】http://www.japan-academy-prize.jp/

第1回（昭53年）
　◇最優秀主演女優賞
　　岩下 志麻 「はなれ瞽女おりん」
　◇最優秀助演女優賞
　　桃井 かおり 「幸福の黄色いハンカチ」
第2回（昭54年）
　◇最優秀主演女優賞
　　大竹 しのぶ 「事件」
　◇最優秀助演女優賞
　　大竹 しのぶ 「聖職の碑」
第3回（昭55年）
　◇最優秀主演女優賞
　　桃井 かおり 「神様のくれた赤ん坊」「もう頬づえはつかない」
　◇最優秀助演女優賞
　　小川 真由美 「配達されない三通の手紙」「復讐するは我にあり」
第4回（昭56年）
　◇最優秀主演女優賞
　　倍賞 千恵子 「遙かなる山の呼び声」「男はつらいよ 寅次郎ハイビスカスの花」
　◇最優秀助演女優賞
　　大楠 道代 「ツィゴイネルワイゼン」「刑事珍道中」
第5回（昭57年）
　◇最優秀主演女優賞
　　松坂 慶子 「青春の門 筑豊篇」「男はつらいよ 浪花の恋の寅次郎」
　◇最優秀助演女優賞

　　田中 裕子 「北斎漫画」「ええじゃないか」
第6回（昭58年）
　◇最優秀主演女優賞
　　松坂 慶子 「蒲田行進曲」「道頓堀川」
　◇最優秀助演女優賞
　　小柳 ルミ子 「誘拐報道」
第7回（昭59年）
　◇最優秀主演女優賞
　　小柳 ルミ子 「白蛇抄」
　◇最優秀助演女優賞
　　浅野 温子 「陽暉楼」「汚れた英雄」
第8回（昭60年）
　◇最優秀主演女優賞
　　吉永 小百合 「おはん」「天国の駅」
　◇最優秀助演女優賞
　　菅井 きん 「お葬式」
第9回（昭61年）
　◇最優秀主演女優賞
　　倍賞 美津子 「恋文」「友よ静かに瞑れ」
　◇最優秀助演女優賞
　　三田 佳子 「Wの悲劇」「春の鐘」
第10回（昭62年）
　◇最優秀主演女優賞
　　いしだ あゆみ 「火宅の人」「時計」
　◇最優秀助演女優賞
　　原田 美枝子 「火宅の人」「プルシアンブルーの肖像」
第11回（昭63年）
　◇最優秀主演女優賞

宮本 信子 「マルサの女」
◇最優秀助演女優賞
　かたせ 梨乃 「極道の妻たちⅡ」「吉原炎上」

第12回（平1年）
◇最優秀主演女優賞
　吉永 小百合 「つる〈鶴〉」「華の乱」
◇最優秀助演女優賞
　石田 えり 「嵐が丘」「ダウンタウン・ヒーローズ」「華の乱」

第13回（平2年）
◇最優秀主演女優賞
　田中 好子 「黒い雨」
◇最優秀助演女優賞
　市原 悦子 「黒い雨」

第14回（平3年）
◇最優秀主演女優賞
　松坂 慶子 「死の棘」
◇最優秀助演女優賞
　石田 えり 「飛ぶ夢をしばらく見ない」「釣りバカ日誌2・3」

第15回（平4年）
◇最優秀主演女優賞
　北林 谷栄 「大誘拐—RAINBOW KIDS」
◇最優秀助演女優賞
　和久井 映見 「息子」「就職戦線異状なし」

第16回（平5年）
◇最優秀主演女優賞
　三田 佳子 「遠き落日」
◇最優秀助演女優賞
　藤谷 美和子 「女殺油地獄」「寝盗られ宗介」

第17回（平6年）
◇最優秀主演女優賞
　和久井 映見 「虹の橋」
◇最優秀助演女優賞
　香川 京子 「まあだだよ」

第18回（平7年）
◇最優秀主演女優賞
　高岡 早紀 「忠臣蔵外伝 四谷怪談」
◇最優秀助演女優賞
　室井 滋 「居酒屋ゆうれい」

第19回（平8年）
◇最優秀主演女優賞
　浅野 ゆう子 「蔵」
◇最優秀助演女優賞
　乙羽 信子（故人）「午後の遺言状」

第20回（平9年）
◇最優秀主演女優賞
　草刈 民代 「Shall we ダンス？」
◇最優秀助演女優賞
　渡辺 えり子 「Shall we ダンス？」

第21回（平10年）
◇最優秀主演女優賞
　黒木 瞳 「失楽園」
◇最優秀助演女優賞
　倍賞 美津子 「うなぎ」

第22回（平11年）
◇最優秀主演女優賞
　原田 美枝子 「愛を乞うひと」
◇最優秀助演女優賞
　麻生 久美子 「カンゾー先生」

第23回（平12年）
◇最優秀主演女優賞
　大竹 しのぶ 「鉄道員（ぽっぽや）」
◇最優秀助演女優賞
　岸本 加世子 「菊次郎の夏」

第24回（平13年）
◇最優秀主演女優賞
　吉永 小百合 「長崎ぶらぶら節」
◇最優秀助演女優賞
　原田 美枝子 「雨あがる」

第25回（平14年）
◇最優秀主演女優賞
　岸 恵子 「かあちゃん」
◇最優秀助演女優賞
　柴咲 コウ 「GO」

第26回（平15年）
◇最優秀主演女優賞
　宮沢 りえ 「たそがれ清兵衛」
◇最優秀助演女優賞
　北林 谷栄 「阿弥陀堂だより」

第27回（平16年）
◇最優秀主演女優賞

寺島 しのぶ 「赤目四十八滝心中未遂」
◇最優秀助演女優賞
　深津 絵里 「阿修羅のごとく」
第28回(平17年)
◇最優秀主演女優賞
　鈴木 京香 「血と骨」
◇最優秀助演女優賞
　長澤 まさみ 「世界の中心で、愛をさけぶ」
第29回(平18年)
◇最優秀主演女優賞
　吉永 小百合 「北の零年」
◇最優秀助演女優賞
　薬師丸 ひろ子 「ALWAYS 三丁目の夕日」
第30回(平19年)
◇最優秀主演女優賞
　中谷 美紀 「嫌われ松子の一生」
◇最優秀助演女優賞
　蒼井 優 「フラガール」
第31回(平20年)
◇最優秀主演女優賞
　樹木 希林 「東京タワー オカンとボクと、時々、オトン」
◇最優秀助演女優賞
　もたい まさこ 「それでもボクはやってない」
第32回(平21年)
◇最優秀主演女優賞
　木村 多江 「ぐるりのこと。」

◇最優秀助演女優賞
　余 貴美子 「おくりびと」
第33回(平22年)
◇最優秀主演女優賞
　余 貴美子 「ディア・ドクター」
◇最優秀助演女優賞
　松 たか子 「ヴィヨンの妻 ～桜桃とタンポポ～」
第34回(平23年)
◇最優秀主演女優賞
　深津 絵里 「悪人」
◇最優秀助演女優賞
　樹木 希林 「悪人」
第35回(平24年)
◇最優秀主演女優賞
　井上 真央 「八日目の蝉」
◇最優秀助演女優賞
　永作 博美 「八日目の蝉」
第36回(平25年)
◇最優秀主演女優賞
　樹木 希林 「わが母の記」
◇最優秀助演女優賞
　余 貴美子 「あなたへ」
第37回(平26年)
◇最優秀主演女優賞
　真木 よう子 「さよなら渓谷」
◇最優秀助演女優賞
　真木 よう子 「そして父になる」

144 日本映画批評家大賞

　淀川長治,水野晴郎,南俊子,白井佳夫氏はじめフリーの映画批評家が集まり,日本映画の充実,向上を目的として,平成3年(1991)に創設された。日本映画界で初めての映画批評家だけによる賞。現代文化の一翼を担う映画を更に向上させたい。そんな願いで純粋に永年映画を愛し映画を見続けた批評家たちが,この一年を振り返って,すばらしい活躍をした方々,やがて次の世代に大いなる飛躍を遂げる方々,更にはこれまで映画界に多大な足跡を刻んだ大先輩の方々に賞を差し上げることによって新しい映画の発展に貢献しようというもの。

【主催者】日本映画批評家大賞実行委員会

【選考委員】代表：渡部保子,副代表：福田千秋,委員：平山允,島敏光,国弘よう子,津島令子,野島孝一,垣井道弘

【選考方法】選考委員によるディスカッションと投票により受賞者を決定

【選考基準】〔対象〕(1)当該年1月1日から12月31日までの間に映画館において1週間以上の上映をした35ミリの外国映画と日本映画作品全て (2)過去に映画界に多大な貢献をし、現在他の分野で活躍している方々

【締切・発表】例年、翌年の3月初旬発表,3月下旬授賞式

【賞・賞金】トロフィーを贈呈。新人女優賞(小森和子賞)、新人男優賞(南俊子賞)、助演男優賞、助演女優賞、主演男優賞、主演女優賞、編集賞(浦岡敬一賞)、監督賞、作品賞、新人監督賞、ドキュメンタリー監督賞、アニメーション作品賞、アニメーション監督賞、アニメーション功労賞、ゴールデン・グローリー賞(水野晴郎賞)、特別賞、ダイヤモンド大賞(淀川長治賞)。

【URL】http://jmc-award.com/

第1回(平3年度)
◇日本映画
 ● 女優賞
　工藤 夕貴　「戦争と青春」
◇外国映画
 ● 女優賞
　ジョディ・フォスター　「羊たちの沈黙」

第2回(平4年度)
◇日本映画
 ● 女優賞
　三田 佳子　「遠き落日」
◇外国映画
 ● 女優賞
　ベット・ミドラー　「フォー・ザ・ボーイズ」

第3回(平5年度)
◇日本映画部門
 ● 女優賞
　香川 京子　「まあだだよ」
◇外国映画部門
 ● 女優賞
　マギー・チャン　「ロアン・リンユイ 阮令玉」
　コン・リー　「秋菊の物語」

第4回(平6年度)
 ● 女優賞
　山口 智子
◇外国映画部門
 ● 女優賞
　エマ・トンプソン
　オー・ジョンヘ

第5回(平7年度)
◇日本映画部門
 ● 女優賞
　秋吉 久美子　「深い河」
 ● 特別女優賞
　杉村 春子　「午後の遺言状」
◇外国映画部門
 ● 女優賞
　メリル・ストリープ　「マディソン郡の橋」

第6回(平8年度)
◇女優賞
　原田 美枝子
◇特別女優賞
　草刈 民代

第7回(平9年度)
◇女優賞
　鈴木 京香
◇特別女優賞
　淡島 千景

第8回(平10年度)
◇女優賞
　松 たか子

第9回(平11年度)
◇女優賞
　風吹 ジュン
　鈴木 京香

第10回（平12年度）
◇女優賞
　黒木 瞳
第11回（平13年度）
◇主演女優賞
　夏川 結衣
◇助演女優賞
　倍賞 美津子
　二宮 さよ子
第12回（平14年度）
◇主演女優賞
　宮沢 りえ
◇助演女優賞
　香川 京子
第13回（平15年度）
◇主演女優賞
　寺島 しのぶ　「ヴァイブレータ」
　竹内 結子　「黄泉がえり」
◇助演女優賞
　中原 ひとみ　「わらびのこう 蕨野行」
第14回（平16年度）
◇主演女優賞
　秋吉 久美子　「透光の樹」
◇助演女優賞
　土屋 アンナ　「下妻物語」
◇新人賞（小森和子賞）
　香里奈　「深呼吸の必要」
第15回（平17年度）
◇主演女優賞
　田中 裕子　「いつか読書する日」
◇助演女優賞
　井川 遥　「樹の海」
◇新人賞（小森和子賞）
　多部 未華子　「HINOKIO」
　大後 寿々花　「SAYURI」
第16回（平18年度）
◇主演女優賞
　深津 絵里　「博士の愛した数式」
◇助演女優賞
　樹木 希林　「赤い鯨と白い蛇」
　フラガールズ　「フラガール」
◇新人賞（小森和子賞）

　檀 れい　「武士の一分」
◇特別女性監督賞
　せんぼん よしこ　「赤い鯨と白い蛇」
　荻上 直子　「かもめ食堂」
　安田 真奈　「幸福のスイッチ」
　宮本 理江子　「チェケラッチョ!!」
　呉 美保　「酒井家のしあわせ」
　西川 美和　「ゆれる」
第17回（平19年度）
◇主演女優賞
　竹内 結子　「サイドカーに犬」
◇助演女優賞
　永作 博美　「腑抜けども、悲しみの愛を見せろ」
　高橋 惠子　「ふみ子の海」
◇新人賞（小森和子賞）
　佐々木 麻緒　「マリと子犬の物語」
第18回（平20年度）
◇主演女優賞
　小池 栄子　「接吻」
◇助演女優賞
　坂井 真紀　「実録・連合赤軍 あさま山荘への道程」
◇新人賞（小森和子賞）
　吉高 由里子　「蛇にピアス」
第19回（平21年度）
◇主演女優賞
　薬師丸 ひろ子　「今度は愛妻家」
◇助演女優賞
　八千草 薫　「ディアドクター」
◇新人賞（小森和子賞）
　満島 ひかり　「愛のむきだし」
第20回（平22年度）
◇主演女優賞
　内田 有紀　「ばかもの」
　永作 博美　「酔いがさめたら、うちに帰ろう。」
◇助演女優賞
　松坂 慶子　「武士の家計簿」
◇新人女優賞（小森和子賞）
　桜庭 ななみ　「最後の忠臣蔵」
　徳永 えり　「春との旅」

◇審査員特別賞女優賞
　友近　「サビ男サビ女」
第21回（平23年度）
◇主演女優賞
　大竹 しのぶ　「一枚のハガキ」
◇助演女優賞
　宮本 信子　「阪急電車 片道15分の奇跡」
◇新人女優賞（小森和子賞）
　剛力 彩芽　「カルテット！」

　前田 敦子　「もし高校野球の女子マネージャーがドラッカーの「マネジメント」を読んだら」
第22回（平24年度）
◇主演女優賞
　安藤 サクラ　「かぞくのくに」
◇助演女優賞
　松原 智恵子　「トテチータ・チキチータ」
◇新人女優賞（小森和子賞）
　武井 咲　「今日、恋をはじめます」

145 日本映画プロフェッショナル大賞

　日本映画の活性化のため、様々な理由から過小評価された日本映画にスポットを当てることを目的として創設された。独自の視点で毎年ベストテンと個人賞を選出する。

【主催者】「日本映画プロフェッショナル大賞」実行委員会（実行委員長：大高宏雄）

【選考委員】アルタミラピクチャーズ（スタッフ一同）、磯島治之（編集者）、上野昂志（映画評論家）、臼井一郎（彩プロ）、大高宏雄（日プロ大賞実行委員長）、大塚史貴（映画.com・副編集長）、荻野洋一（映像演出、映画評論）、桂千穂（脚本家、評論家）、加藤敦（北海道新聞記者）、河本清順（シネマ尾道・支配人）、切通理作（文筆家）、古賀重樹（新聞記者）、小張アキコ（映画評論家）、佐藤佐吉（監督・脚本家・俳優）、進藤良彦（ライター）、高崎俊夫（映画批評家・編集者）、谷岡雅樹（ノンフィクション作家）、中村勝則（映画ライター）、西田宣善（オムロ）、樋口尚文（映画批評家・電通クリエイティブ・ディレクター）、細谷隆広（トラヴィス）、堀口慎（東宝）、森直人（映画批評）、森本英利（PFF事務局）

【選考方法】公募。現役プロデューサー、脚本家、評論家、配給・宣伝・興行関係者たちがベスト10と個人賞を選出。

【選考基準】〔対象〕邦画メジャー系で公開される以外の、いわゆる独立系中心の日本映画。国内主要映画賞で既に受賞している作品以外の全作品が対象。

【締切・発表】受賞結果発表：毎年2月〜3月頃、授賞式：毎年3月〜5月頃

【賞・賞金】楯を贈呈。ベストテン、個人賞（作品賞、主演男優賞、主演女優賞、監督賞、新人監督賞、新進プロデューサー賞、特別賞）

【URL】http://nichi-pro.filmcity.jp/

第1回（平3年度）
◇主演女優賞
　中嶋 朋子　「あさってDANCE」
第2回（平4年度）
◇主演女優賞
　西村 知美　「爆！ BAKU」

第3回（平5年度）
◇主演女優賞
　石田 ひかり　「はるか、ノスタルジィ」
第4回（平6年度）
◇主演女優賞
　鈴木 砂羽　「愛の新世界」

第5回（平7年度）
　◇主演女優賞
　　内田 有紀　「花より男子」
第6回（平8年度）
　◇主演女優賞
　　川上 麻衣子　「でべそ」
第7回（平9年度）
　◇主演女優賞
　　西田 尚美　「ひみつの花園」
第8回（平10年度）
　◇主演女優賞
　　田中 麗奈　「がんばっていきまっしょい」
第9回（平11年度）
　◇主演女優賞
　　吉本 多香美　「皆月」
第10回（平12年度）
　◇主演女優賞
　　田中 麗奈　「はつ恋」
第11回（平13年度）
　◇主演女優賞
　　麻生 久美子　「回路」「贅沢な骨」「0cm4」ほか
第12回（平14年度）
　◇主演女優賞
　　森口 瑤子　「UNloved」
第13回（平15年度）
　◇主演女優賞
　　池脇 千鶴　「ジョゼと虎と魚たち」
　　寺島 しのぶ　「ヴァイブレータ」「赤目四十八瀧心中未遂」

第14回（平16年度）
　◇主演女優賞
　　蒼井 優　「花とアリス」
第15回（平17年度）
　◇主演女優賞
　　田中 裕子　「いつか読書する日」「火火」
　　小泉 今日子　「空中庭園」
第16回（平18年度）
　◇主演女優賞
　　中谷 美紀　「嫌われ松子の一生」「LOFT ロフト」
第17回（平19年度）
　◇主演女優賞
　　石田 えり　「サッド ヴァケイション」
第18回（平20年度）
　◇主演女優賞
　　小池 栄子　「接吻」
第19回（平21年度）
　◇主演女優賞
　　ペ・ドゥナ　「空気人形」
第20回（平22年度）
　◇主演女優賞
　　内田 有紀　「ばかもの」
第21回（平23年度）
　◇主演女優賞
　　榮倉 奈々　「東京公園」「アントキノイノチ」
第22回（平24年度）
　◇主演女優賞
　　前田 敦子　「苦役列車」

146 ブルーリボン賞

　新聞社の各映画記者が1年間の映画界を振り返り、その成果について議論し、世に問うことを目的として、昭和25年（1950）に創設された。当初は「日本映画文化賞」という名称であったが、この時、賞状をありあわせの青いリボンで結んで贈ったことから「ブルーリボン賞」の名が使われ、第3回から正式名称となった。昭和36年（1961）、一般紙と共同通信が記者会を脱してスポーツ紙（現在は7社）のみが残り、更には昭和42年（1967）に中断されたが、その後昭和51年（1976）に10年ぶりで復活され、現在に至る。

【主催者】東京映画記者会

【選考委員】在京スポーツ新聞社7社の映画記者

【選考方法】前年末までに記者会員全員による投票を行いノミネートを決定。選考会は1月（会員の3分の2以上の出席によって成立）。合議制で行われ，最終的には投票により過半数を得た作品・人が各賞に決まる。
【選考基準】〔対象〕対象年度の1月1日から12月31日までに首都圏で封切られた全作品（地方で先行公開があった場合も首都圏での封切り日が基準）
【締切・発表】例年1月下旬
【賞・賞金】青いリボンで結ばれている賞状とモンブラン製の万年筆を贈呈。作品賞，監督賞，主演男優賞，主演女優賞，助演男優賞，助演女優賞，新人賞，外国映画賞。

第1回（昭25年度）
　◇演技賞
　　淡島 千景　「てんやわんや」「奥様に御用心」
第2回（昭26年度）
　◇主演女優賞
　　原 節子　「麦秋」「めし」
　◇助演女優賞
　　杉村 春子　「麦秋」「めし」「命美わし」
　◇海外女優賞
　　ベティ・ハットン　「アニーよ銃をとれ」
第3回（昭27年度）
　◇主演女優賞
　　山田 五十鈴　「現代人」「箱根風雲録」
　◇助演女優賞
　　中北 千枝子　「丘は花ざかり」「稲妻」
第4回（昭28年度）
　◇主演女優賞
　　乙羽 信子　「縮図」「欲望」「女の一生」
　◇助演女優賞
　　浪花 千栄子　「祇園囃子」
第5回（昭29年度）
　◇主演女優賞
　　高峰 秀子　「二十四の瞳」「女の園」「この広い空のどこかに」
　◇助演女優賞
　　望月 優子　「晩菊」
第6回（昭30年度）
　◇主演女優賞
　　淡島 千景　「夫婦善哉」
　◇助演女優賞
　　山田 五十鈴　「たけくらべ」「石合戦」

第7回（昭31年度）
　◇主演女優賞
　　山田 五十鈴　「母子像」「猫と庄造と二人のをんな」「流れる」
　◇助演女優賞
　　久我 美子　「夕やけ雲」「女囚と共に」「太陽とバラ」
第8回（昭32年度）
　◇主演女優賞
　　望月 優子　「米」「うなぎとり」
　◇助演女優賞
　　淡路 恵子　「女体は哀しく」「下町」
第9回（昭33年度）
　◇主演女優賞
　　山本 富士子　「白鷺」「彼岸花」
　◇助演女優賞
　　渡辺 美佐子　「果しなき欲望」
第10回（昭34年度）
　◇主演女優賞
　　北林 谷栄　「キクとイサム」
　◇助演女優賞
　　新珠 三千代　「人間の条件」「私は貝になりたい」
第11回（昭35年度）
　◇主演女優賞
　　岸 恵子　「おとうと」
　◇助演女優賞
　　中村 玉緒　「ぼんち」「大菩薩峠」
第12回（昭36年度）
　◇主演女優賞
　　若尾 文子　「女は二度生れる」「妻は告白する」「婚期」

◇助演女優賞
　高千穂 ひづる 「背徳のメス」「ゼロの焦点」
第13回（昭37年度）
◇主演女優賞
　吉永 小百合 「キューポラのある街」
◇助演女優賞
　岸田 今日子 「破戒」「秋刀魚の味」
第14回（昭38年度）
◇主演女優賞
　左 幸子 「にっぽん昆虫記」「彼女と彼」
◇助演女優賞
　南田 洋子 「競輪上人行状記」「サムライの子」
第15回（昭39年度）
◇主演女優賞
　岩下 志麻 「五弁の椿」
◇助演女優賞
　吉村 実子 「鬼婆」
第16回（昭40年度）
◇主演女優賞
　若尾 文子 「清作の妻」（大映）、「波影」（東京映画）
◇助演女優賞
　二木 てるみ 「赤ひげ」
第17回（昭41年度）
◇主演女優賞
　司 葉子 「紀ノ川」（松竹）
◇助演女優賞
　乙羽 信子 「本能」
第18回（昭50年度）
◇主演女優賞
　浅丘 ルリ子 「男はつらいよ 寅次郎相合い傘」
◇助演女優賞
　倍賞 千恵子 「男はつらいよシリーズ」
第19回（昭51年度）
◇主演女優賞
　秋吉 久美子
◇助演女優賞
　高峰 三枝子

第20回（昭52年度）
◇主演女優賞
　岩下 志麻 「はなれ瞽女おりん」
◇助演女優賞
　桃井 かおり 「幸福の黄色いハンカチ」
第21回（昭53年度）
◇主演女優賞
　梶 芽衣子 「曽根崎心中」
◇助演女優賞
　宮下 順子 「ダイナマイトどんどん」
第22回（昭54年度）
◇主演女優賞
　桃井 かおり 「もう頬づえはつかない」（ATG）、「神様のくれた赤ん坊」「男はつらいよ 翔んでる寅次郎」（松竹）
◇助演女優賞
　倍賞 美津子 「復讐するは我にあり」
第23回（昭55年度）
◇主演女優賞
　十朱 幸代 「震える舌」
◇助演女優賞
　加賀 まりこ 「夕暮れまで」
第24回（昭56年度）
◇主演女優賞
　松坂 慶子 「男はつらいよ 浪花の恋の寅次郎」「青春の門 筑豊篇」
◇助演女優賞
　田中 裕子 「北斎漫画」
第25回（昭57年度）
◇主演女優賞
　夏目 雅子 「鬼龍院花子の生涯」
◇助演女優賞
　山口 美也子 「さらば愛しき大地」
第26回（昭58年度）
◇主演女優賞
　田中 裕子 「天城越え」
◇助演女優賞
　永島 暎子 「竜二」
第27回（昭59年度）
◇主演女優賞
　薬師丸 ひろ子 「Wの悲劇」
◇助演女優賞

三田 佳子 「Wの悲劇」「序の舞」
第28回（昭60年度）
　◇主演女優賞
　　十朱 幸代 「花いちもんめ」「櫂」
　◇助演女優賞
　　藤 真利子 「薄化粧」「危険な女たち」
第29回（昭61年度）
　◇主演女優賞
　　いしだ あゆみ 「火宅の人」
　◇助演女優賞
　　大竹 しのぶ 「波光きらめく果て」
第30回（昭62年度）
　◇主演女優賞
　　三田 佳子 「別れぬ理由」
　◇助演女優賞
　　秋吉 久美子 「夜汽車」
第31回（昭63年度）
　◇主演女優賞
　　桃井 かおり 「木村家の人々」「噛む女」
　　「TOMORROW/明日」
　◇助演女優賞
　　秋吉 久美子 「異人たちとの夏」
第32回（平1年度）
　◇主演女優賞
　　田中 好子 「黒い雨」
　◇助演女優賞
　　南 果歩 「夢見通りの人々」「226」「蛍」
第33回（平2年度）
　◇主演女優賞
　　松坂 慶子 「死の棘」
　◇助演女優賞
　　中嶋 朋子 「つぐみ」
第34回（平3年度）
　◇主演女優賞
　　工藤 夕貴 「戦争と青春」
　◇助演女優賞
　　風吹 ジュン 「無能の人」
第35回（平4年度）
　◇主演女優賞
　　三田 佳子 「遠き落日」
　◇助演女優賞
　　藤谷 美和子 「女殺油地獄」「寝盗られ

宗介」
第36回（平5年度）
　◇主演女優賞
　　ルビー・モレノ 「月はどっちに出ている」
　◇助演女優賞
　　香川 京子 「まあだだよ」
第37回（平6年度）
　◇主演女優賞
　　高岡 早紀 「忠臣蔵外伝 四谷怪談」
　◇助演女優賞
　　室井 滋 「居酒屋ゆうれい」
第38回（平7年度）
　◇主演女優賞
　　中山 美穂 「Love Letter」
　◇助演女優賞
　　中山 忍 「ガメラ・大怪獣空中決戦」
第39回（平8年度）
　◇主演女優賞
　　該当者なし
　◇助演女優賞
　　岸田 今日子 「学校の怪談2」「八つ墓村」
第40回（平9年度）
　◇主演女優賞
　　桃井 かおり 「東京夜曲」
　◇助演女優賞
　　倍賞 美津子 「うなぎ」「東京夜曲」
第41回（平10年度）
　◇主演女優賞
　　原田 美枝子 「愛を乞うひと」
　◇助演女優賞
　　余 貴美子 「学校Ⅲ」「あ、春」
第42回（平11年度）
　◇主演女優賞
　　鈴木 京香 「39 刑法第三十九条」
　◇助演女優賞
　　富司 純子 「おもちゃ」
第43回（平12年度）
　◇主演女優賞
　　吉永 小百合 「長崎ぶらぶら節」
　◇助演女優賞
　　宮崎 美子 「雨あがる」

第44回（平13年度）
　◇主演女優賞
　　天海 祐希 「狗神」「連弾」「千年の恋 ひかる源氏物語」
　◇助演女優賞
　　奈良岡 朋子 「ホタル」
第45回（平14年度）
　◇主演女優賞
　　片岡 礼子 「ハッシュ！」
　◇助演女優賞
　　宮沢 りえ 「たそがれ清兵衛」「うつつ」
第46回（平15年度）
　◇主演女優賞
　　寺島 しのぶ 「赤目四十八滝心中未遂」「ヴァイブレータ」
　◇助演女優賞
　　大楠 道代 「赤目四十八滝心中未遂」「座頭市」
第47回（平16年度）
　◇主演女優賞
　　宮沢 りえ 「父と暮せば」
　◇助演女優賞
　　長澤 まさみ 「世界の中心で、愛をさけぶ」「深呼吸の必要」
第48回（平17年度）
　◇主演女優賞
　　小泉 今日子 「空中庭園」
　◇助演女優賞
　　薬師丸 ひろ子 「ALWAYS 三丁目の夕日」ほか
第49回（平18年度）
　◇主演女優賞
　　蒼井 優 「フラガール」「ハチミツとクローバー」
　◇助演女優賞
　　富司 純子 「フラガール」「犬神家の一族」「寝ずの番」

第50回（平19年度）
　◇主演女優賞
　　麻生 久美子 「夕凪の街 桜の国」
　◇助演女優賞
　　永作 博美 「腑抜けども、悲しみの愛を見せろ」
第51回（平20年度）
　◇主演女優賞
　　木村 多江 「ぐるりのこと。」
　◇助演女優賞
　　樹木 希林 「歩いても 歩いても」
第52回（平21年度）
　◇主演女優賞
　　綾瀬 はるか 「おっぱいバレー」
　◇助演女優賞
　　深田 恭子 「ヤッターマン」
第53回（平22年度）
　◇主演女優賞
　　寺島 しのぶ 「キャタピラー」
　◇助演女優賞
　　木村 佳乃 「告白」
第54回（平23年度）
　◇主演女優賞
　　永作 博美 「八日目の蟬」
　◇助演女優賞
　　長澤 まさみ 「モテキ」
第55回（平24年度）
　◇主演女優賞
　　安藤 サクラ 「かぞくのくに」
　◇助演女優賞
　　広末 涼子 「鍵泥棒のメソッド」
第56回（平25年度）
　◇主演女優賞
　　貫地谷 しほり 「くちづけ」
　◇助演女優賞
　　二階堂 ふみ 「地獄でなぜ悪い」「四十九日のレシピ」

147 報知映画賞

日本映画に重点を置いて、映画の振興と映画界の発展を目的に、スポーツ新聞が単独開

催する初の映画賞として昭和51年（1976）に創設された。

【主催者】報知新聞社

【選考委員】（第38回）内海陽子（映画評論家），見城徹（株式会社幻冬舎代表取締役社長），齋藤安弘（ラジオパーソナリティー），品田雄吉（映画評論家），福永聖二（読売新聞編集委員・映画担当），藤田晋（株式会社サイバーエージェント代表取締役社長），松本志のぶ（フリーアナウンサー），渡辺祥子（映画評論家），報知新聞映画担当記者

【選考方法】読者投票の結果も加味したノミネート制。個人部門は原則10人，作品部門は原則20作品をノミネート。この個人部門，作品部門の中から選考委員会で受賞者・受賞作を決定。

【選考基準】〔対象〕前年12月1日から当該年11月30日までに，ホール・劇場等で通算7日間以上一般有料公開された，原則として35ミリ以上の全新作映画。それらの作品に出演した俳優，女優。

【締切・発表】（第38回）読者投票締切は11月1日，選考委員会11月中旬，発表12月上旬報知新聞紙上，表彰式12月下旬

【賞・賞金】賞状，ブロンズ像（和田誠デザイン），賞金50万円。作品賞，監督賞，主演男優賞，主演女優賞，助演男優賞，助演女優賞，新人賞，作品賞海外部門，特別賞。

【URL】http://cinemahochi.yomiuri.co.jp/

第1回（昭51年度）
◇主演女優賞
　秋吉 久美子　「あにいもうと」
◇助演女優賞
　太地 喜和子　「男はつらいよ 寅次郎夕焼け小焼け」
第2回（昭52年度）
◇主演女優賞
　岩下 志麻　「はなれ瞽女おりん」
◇助演女優賞
　いしだ あゆみ　「青春の門 自立篇」
第3回（昭53年度）
◇主演女優賞
　梶 芽衣子　「曽根崎心中」
◇助演女優賞
　大竹 しのぶ　「事件」「聖職の碑」
第4回（昭54年度）
◇主演女優賞
　宮下 順子　「赫い髪の女」「濡れた週末」
◇助演女優賞
　小川 真由美　「復讐するは我にあり」「配達されない三通の手紙」

第5回（昭55年度）
◇主演女優賞
　倍賞 千恵子　「遙かなる山の呼び声」「男はつらいよシリーズ」
◇助演女優賞
　阿木 燿子　「四季 奈津子」
第6回（昭56年度）
◇主演女優賞
　松坂 慶子　「青春の門」「男はつらいよ 浪花の恋の寅次郎」
◇助演女優賞
　田中 裕子　「北斎漫画」
第7回（昭57年度）
◇主演女優賞
　桃井 かおり　「疑惑」
◇助演女優賞
　山口 美也子　「さらば愛しき大地」
第8回（昭58年度）
◇主演女優賞
　夏目 雅子　「魚影の群れ」
◇助演女優賞
　倍賞 美津子　「陽暉楼」ほか

第9回（昭59年度）
　◇主演女優賞
　　吉永 小百合　「おはん」「天国の駅」
　◇助演女優賞
　　菅井 きん　「お葬式」
第10回（昭60年度）
　◇主演女優賞
　　倍賞 美津子　「恋文」「生きてるうちが花なのよ死んだらそれまでよ党宣言」
　◇助演女優賞
　　三田 佳子　「春の鐘」「Wの悲劇」
第11回（昭61年度）
　◇主演女優賞
　　いしだ あゆみ　「火宅の人」
　◇助演女優賞
　　原田 美枝子　「火宅の人」
第12回（昭62年度）
　◇主演女優賞
　　大竹 しのぶ　「永遠の1/2」
　◇助演女優賞
　　桜田 淳子　「イタズ―熊」
第13回（昭63年度）
　◇主演女優賞
　　安田 成美　「マリリンに逢いたい」
　◇助演女優賞
　　石田 えり　「ダウンタウン・ヒーローズ」「嵐が丘」
第14回（平1年度）
　◇主演女優賞
　　田中 好子　「黒い雨」
　◇助演女優賞
　　吉田 日出子　「社葬」
第15回（平2年度）
　◇主演女優賞
　　松坂 慶子　「死の棘」ほか
　◇助演女優賞
　　樋口 可南子　「浪人街」
第16回（平3年度）
　◇主演女優賞
　　工藤 夕貴　「戦争と青春」
　◇助演女優賞
　　風吹 ジュン　「無能の人」

第17回（平4年度）
　◇主演女優賞
　　清水 美砂　「シコふんじゃった。」「おこげ」「未来の想い出」
　◇助演女優賞
　　藤谷 美和子　「女殺油地獄」「寝盗られ宗介」
第18回（平5年度）
　◇主演女優賞
　　ルビー・モレノ　「月はどっちに出ている」
　◇助演女優賞
　　桜田 淳子　「お引越し」
第19回（平6年度）
　◇主演女優賞
　　高岡 早紀　「忠臣蔵外伝 四谷怪談」
　◇助演女優賞
　　室井 滋　「居酒屋ゆうれい」
第20回（平7年度）
　◇主演女優賞
　　中山 美穂　「Love Letter」
　◇助演女優賞
　　梶 芽衣子　「鬼平犯科帳」
第21回（平8年度）
　◇主演女優賞
　　原田 美枝子　「絵の中のぼくの村」
　◇助演女優賞
　　渡辺 えり子　「Shall We ダンス？」
第22回（平9年度）
　◇主演女優賞
　　黒木 瞳　「失楽園」
　◇助演女優賞
　　倍賞 美津子　「東京夜曲」「うなぎ」
第23回（平10年度）
　◇主演女優賞
　　原田 美枝子　「愛を乞うひと」
　◇助演女優賞
　　麻生 久美子　「カンゾー先生」
第24回（平11年度）
　◇主演女優賞
　　風吹 ジュン　「コキーユ/貝殻」「金融腐蝕列島『呪縛』」
　◇助演女優賞

富司 純子 「あ、春」「おもちゃ」「ドリームメーカー」
第25回（平12年度）
◇主演女優賞
藤山 直美 「顔」
◇助演女優賞
西田 尚美 「ナビィの恋」
第26回（平13年度）
◇主演女優賞
小泉 今日子 「風花」
◇助演女優賞
柴咲 コウ 「GO」「バトル・ロワイヤル」「案山子」
第27回（平14年度）
◇主演女優賞
宮沢 りえ 「たそがれ清兵衛」
◇助演女優賞
菅野 美穂 「化粧師」「Dolls」
第28回（平15年度）
◇主演女優賞
寺島 しのぶ 「赤目四十八滝心中未遂」
◇助演女優賞
深津 絵里 「阿修羅のごとく」「踊る大捜査線THE MOVIE2 レインボーブリッジを封鎖せよ！」
第29回（平16年度）
◇主演女優賞
松 たか子 「隠し剣 鬼の爪」
◇助演女優賞
長澤 まさみ 「世界の中心で、愛をさけぶ」「深呼吸の必要」
第30回（平17年度）
◇主演女優賞
田中 裕子 「火火」「いつか読書する日」
◇助演女優賞
薬師丸 ひろ子 「ALWAYS 三丁目の夕日」
第31回（平18年度）
◇主演女優賞
中谷 美紀 「嫌われ松子の一生」「LOFT ロフト」など
◇助演女優賞
蒼井 優 「ハチミツとクローバー」「フラガール」など
第32回（平19年度）
◇主演女優賞
麻生 久美子 「夕凪の街 桜の国」
◇助演女優賞
永作 博美 「腑抜けども、悲しみの愛を見せろ」
第33回（平20年度）
◇主演女優賞
小泉 今日子 「グーグーだって猫である」「トウキョウソナタ」
◇助演女優賞
樹木 希林 「歩いても 歩いても」
第34回（平21年度）
◇主演女優賞
松 たか子 「K―20 怪人二十面相・伝」「ヴィヨンの妻～桜桃とタンポポ」
◇助演女優賞
八千草 薫 「ガマの油」「ディア・ドクター」「引き出しの中のラブレター」
第35回（平22年度）
◇主演女優賞
深津 絵里 「悪人」
◇助演女優賞
ともさかりえ 「ちょんまげぷりん」
第36回（平23年度）
◇主演女優賞
永作 博美 「八日目の蟬」「酔いがさめたら、うちに帰ろう。」
◇助演女優賞
宮本 信子 「阪急電車片道15分の奇跡」
第37回（平24年度）
◇主演女優賞
吉永 小百合 「北のカナリアたち」
◇助演女優賞
安藤 サクラ 「愛と誠」「その夜の侍」
第38回（平25年度）
◇主演女優賞
真木 よう子 「さよなら渓谷」
◇助演女優賞
池脇 千鶴 「舟を編む」「凶悪」「潔く柔くきよくやわく」

148 毎日映画コンクール

敗戦後の荒廃した日本に新しい文化を創造するため,日本映画の再建・発展と大衆娯楽としての映画の育成を目的として,昭和21年(1946)に創設された。

【主催者】 毎日新聞社,スポーツニッポン新聞社

【選考委員】(第68回)2次選考委員〔俳優部門〕上野昂志,襟川クロ,北川れい子,佐藤雅昭,松島利行,前島良行,松井久子

【選考基準】〔対象〕「作品」「俳優」「スタッフ」「ファン賞」各部門は,1月1日から12月31日までに国内で14日間以上,有料で劇場公開された映画が対象。「作品」「俳優」「スタッフ」各部門は,全作品を対象に2段階選考を行う。1次選考は,映画評論家,映画記者が母体となる1次選考委員が投票で行う。「作品」「俳優」部門は,ここに映画を学ぶ学生の票を加味し,それぞれの上位得票者を2次選考の候補とする。

【締切・発表】 2月上旬表彰式

【賞・賞金】 トロフィー,賞状,副賞を贈呈。作品部門:日本映画大賞,日本映画優秀賞,外国映画ベストワン賞/監督賞/脚本賞/俳優部門:男優主演賞,女優主演賞,男優助演賞,女優助演賞,スポニチグランプリ新人賞,田中絹代賞(田中絹代の偉大な業績を継ぐ可能性のある女優へ贈る)/スタッフ部門:撮影賞,美術賞,音楽賞,録音賞/ドキュメンタリー部門:ドキュメンタリー映画賞/アニメーション部門:アニメーション映画賞,大藤信郎賞/TSUTAYA映画ファン賞:日本映画部門,外国映画部門/特別賞

【URL】 http://mainichi.jp/enta/cinema/mfa/

第1回(昭21年度)
◇(俳優関連部門なし)

第2回(昭22年度)
◇演技賞
●女優演技賞
　田中 絹代 「結婚」「女優須磨子の恋」「不死鳥」(松竹)

第3回(昭23年度)
◇演技賞
●女優演技賞
　田中 絹代 「夜の女たち」「風の中の牝鶏」(松竹)

第4回(昭24年度)
◇演技賞
●女優演技賞
　原 節子 「お嬢さん乾杯」(松竹),「青い山脈」(東宝),「晩春」(松竹)

第5回(昭25年度)
◇演技賞
●女優演技賞
　京 マチ子 「偽れる盛装」「羅生門」(大映)

第6回(昭26年度)
◇演技賞
●女優演技賞
　原 節子 「めし」(東宝),「麦秋」(松竹)
●女優助演賞
　田村 秋子 「自由学校」「少年期」(松竹)

第7回(昭27年度)
◇演技賞
●女優主演賞
　山田 五十鈴 「箱根風雲録」(新星映画社・前進座),「現代人」(松竹)
●女優助演賞
　中北 千枝子 「丘は花ざかり」(東宝),「お

かあさん」(新東宝),「稲妻」(大映)

第8回（昭28年度）
◇演技賞
- 女優主演賞
  望月 優子 「日本の悲劇」（松竹）
- 女優助演賞
  杉村 春子 「にごりえ」（新世紀・文学座），「東京物語」（松竹）

第9回（昭29年度）
◇演技賞
- 女優主演賞
  高峰 秀子 「二十四の瞳」「女の園」（松竹），「この広い空のどこかに」（松竹）
- 女優助演賞
  久我 美子 「女の園」「この広い空のどこかに」（松竹），「悪の愉しさ」（東映），「億万長者」（青年俳優プロ）

第10回（昭30年度）
◇演技賞
- 女優主演賞
  高峰 秀子 「浮雲」（東宝）
- 女優助演賞
  左 幸子 「おふくろ」「人生とんぼ帰り」（日活）

第11回（昭31年度）
◇演技賞
- 女優主演賞
  山田 五十鈴 「流れる」（東宝），「猫と庄造と二人のおんな」（東京映画），「母子像」（東映）
- 女優助演賞
  沢村 貞子 「赤線地帯」（大映），「太陽とバラ」（松竹），「現代の欲望」「妻の心」（東宝）

第12回（昭32年度）
◇演技賞
- 女優主演賞
  高峰 秀子 「喜びも悲しみも幾歳月」（松竹），「あらくれ」（東宝）
- 女優助演賞
  田中 絹代 「異母兄弟」（独立映画），「女体は哀しく」（宝塚映画），「地上」（大映）

第13回（昭33年度）
◇演技賞
- 女優主演賞
  淡島 千景 「蛍火」（歌舞伎座プロ），「鰯雲」（東宝）
- 女優助演賞
  岡田 茉莉子 「悪女の季節」（松竹）

第14回（昭34年度）
◇演技賞
- 女優主演賞
  北林 谷栄 「キクとイサム」（大東映画）
- 女優助演賞
  吉行 和子 「才女気質」「にあんちゃん」（日活）

第15回（昭35年度）
◇演技賞
- 女優主演賞
  岸 恵子 「おとうと」（大映）
- 女優助演賞
  田中 絹代 「おとうと」（大映）

第16回（昭36年度）
◇演技賞
- 女優主演賞
  高峰 秀子 「永遠の人」（松竹），「名もなく貧しく美しく」（東宝）
- 女優助演賞
  新珠 三千代 「小早川家の秋」「南の風と波」（東宝）

第17回（昭37年度）
◇演技賞
- 女優主演賞
  岡田 茉莉子 「秋津温泉」「今年の恋」（松竹）
- 女優助演賞
  岸田 今日子 「破戒」（大映），「秋刀魚の味」（松竹），「忍びの者」（大映）

第18回（昭38年度）
◇演技賞
- 女優主演賞
  左 幸子 「にっぽん昆虫記」（日活），「彼女と彼」（岩波映画）
- 女優助演賞

中村 玉緒 「越前竹人形」(大映)
第19回(昭39年度)
◇演技賞
- 女優主演賞
  京 マチ子 「甘い汁」(東京映画)
- 女優助演賞
  楠 侑子 「赤い殺意」「おんなの渦と淵と流れ」(日活)

第20回(昭40年度)
◇演技賞
- 女優主演賞
  左 幸子 「飢餓海峡」(東映)
- 女優助演賞
  奈良岡 朋子 「証人の椅子」(大映)

第21回(昭41年度)
◇演技賞
- 女優主演賞
  司 葉子 「紀ノ川」(松竹)
- 女優助演賞
  坂本 スミ子 「エロ事師たち〜人類学入門」(今村プロ・日活)

第22回(昭42年度)
◇演技賞
- 女優主演賞
  岩下 志麻 「智恵子抄」(松竹),「あかね雲」(表現社)
- 女優助演賞
  左 幸子 「女の一生」「春日和」(松竹)

第23回(昭43年度)
◇演技賞
- 女優主演賞
  乙羽 信子 「藪の中の黒猫」(近代映画協会・日映新社),「強虫女と弱虫男」(近代映画協会)
- 女優助演賞
  山岡 久乃 「眠れる美女」(近代映画協会),「女と味噌汁」「カモとねぎ」(東宝)

第24回(昭44年度)
◇演技賞
- 女優主演賞
  岩下 志麻 「心中天網島」(表現社・ATG),「わが恋わが歌」(松竹)

- 女優助演賞
  小山 明子 「少年」(創造社・ATG)

第25回(昭45年度)
◇演技賞
- 女優主演賞
  倍賞 千恵子 「家族」「男はつらいよ 望郷篇」(松竹)
- 女優助演賞
  奈良岡 朋子 「地の群れ」(えるふプロ・ATG),「どですかでん」(四騎の会)

第26回(昭46年度)
◇演技賞
- 女優演技賞
  藤 純子 「緋牡丹博徒・お命戴きます」(東映)

第27回(昭47年度)
◇演技賞
- 女優演技賞
  栗原 小巻 「忍ぶ川」(東宝)

第28回(昭48年度)
◇演技賞
- 女優演技賞
  賀来 敦子 「青幻記」(青幻記プロ)

第29回(昭49年度)
◇演技賞
- 女優演技賞
  田中 絹代 「サンダカン八番娼館・望郷」(東宝),「三婆」(東京映画)

第30回(昭50年度)
◇演技賞
- 女優演技賞
  浅丘 ルリ子 「男はつらいよ 寅次郎相合い傘」(松竹)

第31回(昭51年度)
◇演技賞
- 女優演技賞
  秋吉 久美子 「あにいもうと」(東宝)

第32回(昭52年度)
◇演技賞
- 女優演技賞
  岩下 志麻 「はなれ瞽女おりん」(表現社)

第33回(昭53年度)
◇演技賞
- 女優演技賞
  梶 芽衣子 「曽根崎心中」(ATG・木村プロ・行動社)

第34回(昭54年度)
◇演技賞
- 女優演技賞
  桃井 かおり 「もう頬づえはつかない」(あんぐる・ATG)

第35回(昭55年度)
◇演技賞
- 女優演技賞
  倍賞 千恵子 「遙かなる山の呼び声」(松竹)

第36回(昭56年度)
◇演技賞
- 女優演技賞
  倍賞 千恵子 「駅」(東宝),「男はつらいよ 浪花の恋の寅次郎」(松竹)

第37回(昭57年度)
◇演技賞
- 女優演技賞
  松坂 慶子 「蒲田行進曲」(松竹・角川事務所),「道頓堀川」(松竹)

第38回(昭58年度)
◇演技賞
- 女優主演賞
  田中 裕子 「天城越え」(松竹)
- 女優助演賞
  由紀 さおり 「家族ゲーム」(ATG他)

第39回(昭59年度)
◇演技賞
- 女優主演賞
  吉永 小百合 「天国の駅」(東映),「おはん」(東宝映画)
- 女優助演賞
  三田 佳子 「序の舞」(東映),「Wの悲劇」(角川事務所)

第40回(昭60年度)
◇演技賞
- 女優主演賞
  倍賞 美津子 「恋文」(松竹富士),「生きてるうちが花なのよ死んだらそれまでよ党宣言」(キノシタ映画)
- 女優助演賞
  藤 真利子 「薄化粧」(松竹)
◇田中絹代賞
  吉永 小百合

第41回(昭61年度)
◇演技賞
- 女優主演賞
  いしだ あゆみ 「時計」「火宅の人」
- 女優助演賞
  村瀬 幸子 「人間の約束」
◇田中絹代賞
  倍賞 千恵子

第42回(昭62年度)
◇演技賞
- 女優主演賞
  十朱 幸代 「夜汽車」「蛍川」
- 女優助演賞
  石田 えり 「ちょうちん」
◇田中絹代賞
  三田 佳子

第43回(昭63年度)
◇演技賞
- 女優主演賞
  小泉 今日子 「怪盗ルビイ」
- 女優助演賞
  秋吉 久美子 「異人たちとの夏」
◇田中絹代賞
  岩下 志麻

第44回(平1年度)
◇演技賞
- 女優主演賞
  田中 好子 「黒い雨」「ゴジラVSビオランテ」
- 女優助演賞
  相楽 晴子 「どついたるねん」「ハラスのいた日々」
◇田中絹代賞
  十朱 幸代

第45回（平2年度）
◇演技賞
● 女優主演賞
　松坂 慶子　「死の棘」
● 女優助演賞
　つみき みほ　「桜の園」
◇田中絹代賞
　岸 恵子
第46回（平3年度）
◇演技賞
● 女優主演賞
　北林 谷栄　「大誘拐―RAINBOW KIDS」
● 女優助演賞
　風吹 ジュン　「無能の人」
◇田中絹代賞
　樋口 可南子
第47回（平4年度）
◇演技賞
● 女優主演賞
　藤谷 美和子　「寝盗られ宗介」「女殺油地獄」
● 女優助演賞
　乙羽 信子　「墨東綺譚」
◇田中絹代賞
　大竹 しのぶ
第48回（平5年度）
◇演技賞
● 女優主演賞
　ルビー・モレノ　「月はどっちに出ている」
● 女優助演賞
　桜田 淳子　「お引越し」
◇田中絹代賞
　香川 京子
第49回（平6年度）
◇演技賞
● 女優主演賞
　吉永 小百合　「女ざかり」
● 女優助演賞
　室井 滋　「居酒屋ゆうれい」
◇田中絹代賞
　久我 美子

第50回（平7年度）
◇女優主演賞
　杉村 春子　「午後の遺言状」
◇女優助演賞
　鰐淵 晴子　「遙かな時代の階段を」「東京デラックス」「眠れる美女」
◇田中絹代賞
　浅丘 ルリ子
第51回（平8年度）
◇女優主演賞
　高岡 早紀　「KYOKO」
◇女優助演賞
　草村 礼子　「Shall weダンス？」
◇田中絹代賞
　松坂 慶子
第52回（平9年度）
◇女優主演賞
　桃井 かおり　「東京夜曲」など
◇女優助演賞
　倍賞 美津子　「東京夜曲」「うなぎ」
◇田中絹代賞
　淡島 千景
第53回（平10年度）
◇女優主演賞
　原田 美枝子　「愛を乞うひと」
◇女優助演賞
　余 貴美子　「学校Ⅲ」「あ、春」
◇田中絹代賞
　藤村 志保
第54回（平11年度）
◇女優主演賞
　大竹 しのぶ　「生きたい」「黒い家」など
◇女優助演賞
　小島 聖　「あつもの」
◇田中絹代賞
　富司 純子
第55回（平12年度）
◇女優主演賞
　藤山 直美　「顔」
◇女優助演賞
　松坂 慶子　「さくや 妖怪伝」「本日またた休診なり」

◇田中絹代賞
　原田 美枝子
第56回（平13年度）
　◇女優主演賞
　　牧瀬 里穂 「ターン」
　◇女優助演賞
　　荻野目 慶子 「三文役者」
　◇田中絹代賞
　　倍賞 美津子
第57回（平14年度）
　◇女優主演賞
　　大塚 寧々 「笑う蛙」「うつつ」「歩く、人」
　◇女優助演賞
　　宮沢 りえ 「たそがれ清兵衛」「うつつ」
　◇田中絹代賞
　　吉行 和子
第58回（平15年度）
　◇女優主演賞
　　寺島 しのぶ 「赤目四十八滝心中未遂」
　◇女優助演賞
　　大楠 道代 「赤目四十八滝心中未遂」「座頭市」
　◇田中絹代賞
　　八千草 薫
第59回（平16年度）
　◇女優主演賞
　　深田 恭子 「下妻物語」
　◇女優助演賞
　　田畑 智子 「隠し剣 鬼の爪」「血と骨」
　◇田中絹代賞
　　淡路 恵子
第60回（平17年度）
　◇女優主演賞
　　田中 裕子 「いつか読書する日」「火火」
　◇女優助演賞
　　板谷 由夏 「運命じゃない人」
　◇田中絹代賞
　　若尾 文子
第61回（平18年度）
　◇俳優部門
　●女優主演賞
　　中谷 美紀 「嫌われ松子の一生」
　●女優助演賞
　　蒼井 優 「フラガール」「虹の女神」「ハチミツとクローバー」
　●田中絹代賞
　　草笛 光子
第62回（平19年度）
　◇俳優部門
　●女優主演賞
　　麻生 久美子 「夕凪の街 桜の国」
　●女優助演賞
　　高橋 惠子 「ふみ子の海」
　●田中絹代賞
　　中村 玉緒
第63回（平20年度）
　◇俳優部門
　●女優主演賞
　　小池 栄子 「接吻」
　●女優助演賞
　　松坂 慶子 「火垂るの墓」
　●田中絹代賞
　　余 貴美子
第64回（平21年度）
　◇俳優部門
　●女優主演賞
　　小西 真奈美 「のんちゃんのり弁」
　●女優助演賞
　　八千草 薫 「ディア・ドクター」
　●田中絹代賞
　　高橋 惠子
第65回（平22年度）
　◇俳優部門
　●女優主演賞
　　寺島 しのぶ 「キャタピラー」
　●女優助演賞
　　夏川 結衣 「孤高のメス」
　●田中絹代賞
　　江波 杏子
第66回（平23年度）
　◇俳優部門
　●女優主演賞
　　小泉 今日子 「毎日かあさん」
　●女優助演賞

永作 博美 「八日目の蝉」
● 田中絹代賞
　大楠 道代
第67回(平24年度)
◇俳優部門
● 女優主演賞
　田畑 智子 「ふがいない僕は空を見た」
● 女優助演賞
　安藤 サクラ 「愛と誠」
● 田中絹代賞

田中 裕子
第68回(平25年度)
◇俳優部門
● 女優主演賞
　赤木 春恵 「ペコロスの母に会いに行く」
● 女優助演賞
　吉高 由里子 「横道世之介」
● 田中絹代賞
　加賀 まりこ

149 マックス ファクター・ビューティ・スピリット賞

　ハリウッドのムービー・メークから出発した化粧品会社「マックス ファクター」が、平成11年(1999)創立90周年を記念して、「ゆうばり国際ファンタスティック映画祭」の中に創設。映画界で活躍する女性に贈り、美術やヘアメークなど裏方の女性にもスポットを当てる。

【主催者】マックス ファクター

【選考方法】映画関係者からの推薦が中心。ゆうばり映画祭実行委員内にて,映画界で活躍する女性を対象に選考。

【選考基準】〔対象〕特別な規約はないが,映画界に何らかの関わりがあるジャンルで活躍していること。また,その活動実績が多くの人々に高く評価され,認知されていることが基本条件。対象年度内における活躍だけでなく,広く長く貢献している人物も対象とする。

【締切・発表】発表は例年2月に実施されていた「ゆうばり国際ファンタスティック映画祭」の開会式にて実施

【賞・賞金】賞状と記念品

第1回(平11年度)
　中村 玉緒(女優)
　カン・スイヨン(女優/韓国)
　部谷 京子(美術)
　内山 いほ子(ヘアメークアーティスト)
第2回(平12年度)
　工藤 夕貴(女優)
　スー・チー(女優)
　長田 千鶴子(映画編集者)
　吉野 節子(ヘアメークアーティスト)
第3回(平13年度)
　高島 礼子(女優)
　石川 三千花(エッセイスト)
　田中 宥久子(ヘアメークアーティスト)
　黒沢 和子(衣裳デザイナー)
第4回(平14年度)
　原田 美枝子(女優)
　岡本 みね子(映画プロデューサー)
　カオリ・ナラ・ターナー(メークアップアーティスト)
　戸田 奈津子(映画字幕翻訳家)
第5回(平15年度)
　高野 悦子(岩波ホール総支配人)
　宮本 まさ江(衣裳デザイナー)

田中 マリ子（メークアップアーティスト）
淡路 恵子（女優）
第6回（平16年度）
　宮本 信子（女優）
　池ノ辺 直子（映画予告編，演出）
　小沼 みどり（ヘアー＆メークアップアーティスト）
　奈良橋 陽子（監督，演出）
第7回（平17年度）
　吉行 和子（女優）

深田 恭子（女優）
ワダ エミ（衣装デザイナー）
大島 ミチル（作曲・編曲家）
豊川 京子（メークアップ アーティスト）
第8回（平18年度）
　桃井 かおり（女優）
　高山 由紀子（監督）
　井川 成子（ヘアメーク・アーティスト）
　富司 純子（女優）

150 山路ふみ子賞

元女優・山路ふみ子氏の私財に基づき，日本映画の振興を目的として昭和51年（1976）に設立された。

【主催者】公益財団法人 山路ふみ子文化財団

【選考方法】毎年11月より翌年10月までに公開された映画を対象に選考委員会により決定

【選考基準】女優賞：発表年度において最も優れた仕事をした女優。新人女優賞：発表年度において最も優れた仕事をした新人女優

【締切・発表】毎年10月に受賞者発表，11月最終金曜日に授賞式

【賞・賞金】映画賞，映画功労賞，文化賞，福祉賞，女優賞，新人女優賞。賞金各50万円。

【URL】http://www18.ocn.ne.jp/~yamaji/

第10回（昭61年度）
◇女優賞
　大原 麗子 "テレビドラマや映画で活躍，映画「新・喜びも悲しみも幾歳月」では卓越した演技力を見せた"
第11回（昭62年度）
◇女優賞
　吉永 小百合
第12回（昭63年度）
◇女優賞
　松坂 慶子 "永年にわたりトップスターとして活躍，最近では「椿姫」での演技が注目された"
第13回（平1年度）
◇新人女優賞
　川原 亜矢子 「キッチン」

第14回（平2年度）
◇女優賞
　香川 京子 「式部物語」
◇新人女優賞
　牧瀬 里穂 「東京上空いらっしゃいませ」「つぐみ」
第15回（平3年度）
◇女優賞
　樋口 可南子 「四万十川」
◇新人女優賞
　和久井 映見 「息子」
第16回（平4年度）
◇女優賞
　三田 佳子 「遠き落日」
◇新人女優賞
　清水 美砂 「おこげ」「シコふんじゃった。」

第17回（平5年度）
　◇女優賞
　　和久井 映見
　◇新人女優賞
　　及川 麻衣
第18回（平6年度）
　◇女優賞
　　高岡 早紀
　◇新人女優賞
　　佐伯 日菜子
第19回（平7年度）
　◇女優賞
　　秋吉 久美子　「深い河」
　◇新人賞
　　粟田 麗　「東京兄弟」
第20回（平8年度）
　◇女優賞
　　原田 美枝子　「絵の中のぼくの村」
　◇新人賞
　　深津 絵里　「ハル」
第21回（平9年度）
　◇女優賞
　　清水 美砂　「うなぎ」
　◇新人賞
　　酒井 美紀　「愛する」
第22回（平10年度）
　◇女優賞
　　大竹 しのぶ　「学校Ⅲ」
　◇新人女優賞
　　田中 麗奈　「がんばっていきまっしょい」
第23回（平11年度）
　◇女優賞
　　風吹 ジュン
　◇新人女優賞
　　広末 涼子
第24回（平12年度）
　◇女優賞
　　宮崎 美子　「雨あがる」
　◇新人女優賞
　　北川 智子　「ざわざわ下北沢」
第25回（平13年度）
　◇女優賞
　　田中 裕子　「ホタル」
　◇新人女優賞
　　真中 瞳　「ココニイルコト」
第26回（平14年度）
　◇女優賞
　　鈴木 京香
　◇新人女優賞
　　遠野 凪子
第27回（平15年度）
　◇女優賞
　　市原 悦子　"蕨野行"の演技"
　◇新人女優賞
　　清水 美那　"蕨野行"の演技"
第28回（平16年度）
　◇女優賞
　　宮沢 りえ　「父と暮せば」
　◇新人女優賞
　　一青 窈　「珈琲時光」
第29回（平17年度）
　◇女優賞
　　柴咲 コウ　「メゾン・ド・ヒミコ」
　◇新人女優賞
　　香椎 由宇　「リンダ・リンダ・リンダ」
　　　「ローレライ」
第30回（平18年度）
　◇女優賞
　　蒼井 優　「フラガール」「男たちの大和
　　　YAMATO」
　◇新人女優賞
　　真木 よう子　「ゆれる」
第31回（平19年度）
　◇女優賞
　　竹内 結子　「サイドカーに犬」
　◇新人女優賞
　　成海 璃子　「神童」「あしたの私の作り方」
　　　「きみにしか聞こえない」
第32回（平20年度）
　◇女優賞
　　小泉 今日子　「グーグーだって猫である」
　　　「トウキョウソナタ」
　◇新人女優賞
　　綾瀬 はるか　「僕の彼女はサイボーグ」

「ICHI」「ハッピーフライト」
第33回(平21年度)
　◇女優賞
　　松 たか子　「ヴィヨンの妻 ～桜桃とタンポポ～」
　◇新人女優賞
　　柴本 幸　「TAJOMARU」
第34回(平22年度)
　◇女優賞
　　寺島 しのぶ　「キャタピラー」
　◇新人女優賞
　　満島 ひかり　「悪人」
第35回(平23年度)
　◇女優賞

永作 博美　「酔いがさめたら、うちに帰ろう。」
　◇新人女優賞
　　井上 真央　「八日目の蟬」
第36回(平24年度)
　◇女優賞
　　吉永 小百合　「北のカナリアたち」
　◇新人女優賞
　　武井 咲　「愛と誠」「るろうに剣心」「今日、恋をはじめます」
第37回(平25年度)
　◇女優賞
　　真木 よう子　「さよなら渓谷」
　◇新人女優賞
　　濱田 ここね　「おしん」

放 送

151 東京ドラマアウォード

　平成19年(2007)、民放連・NHKが中心となり、番組制作プロダクション、映画製作社、実演家団体、その他映像関連団体など、放送コンテンツに関わる全ての関係者が参加する形で創設され、以降毎年開催されている「国際ドラマフェスティバル in TOKYO」のメインイベントとして、平成18年(2008)より実施されている賞。作品の質の高さだけではなく、"市場性"、"商業性"にスポットをあて、"世界に見せたい日本のドラマ"というコンセプトのもと、世界水準で海外に売れる可能性が高い優秀なテレビドラマを表彰する。

【主催者】 国際ドラマフェスティバルin TOKYO 実行委員会
【選考方法】 一般Web投票の結果を参考に選考、最終決定
【選考基準】 〔対象〕授賞年の前年7月～当年6月までに放送された単発・連続ドラマ
【締切・発表】 (2013・第6回)平成25年10月22日授賞式
【賞・賞金】 トロフィーを贈呈。作品賞(グランプリ(連続ドラマ・単発ドラマ)、優秀賞(連続ドラマ・単発ドラマ)、ローカルドラマ賞)、個人賞(主演男優賞、主演女優賞、助演男優賞、助演女優賞、脚本賞、演出賞、プロデュース賞)、特別賞。
【URL】 http://www.j-ba.or.jp/drafes/

2008(第1回・平20年)
　◇個人賞
　　●主演女優賞

上野 樹里　「ラスト・フレンズ」(フジテレビ)、「のだめカンタービレ in ヨーロッパ」(フジテレビ)

- 助演女優賞
  和久井 映見 「ちりとてちん」(NHK)
2009 (第2回・平21年)
◇個人賞
- 主演女優賞
  天海 祐希 「BOSS」(フジテレビ)
- 助演女優賞
  戸田 恵梨香 「流星の絆」(TBS) ほか
2010 (第3回・平22年)
◇個人賞
- 主演女優賞
  松雪 泰子 「Mother」(日本テレビ)
- 助演女優賞
  尾野 真千子 「火の魚」(NHK),「Mother」(日本テレビ)
2011 (第4回・平23年)
◇個人賞
- 主演女優賞
  鈴木 京香 「セカンドバージン」(NHK)

芦田 愛菜 「マルモのおきて」(フジテレビ),「さよならぼくたちのようちえん」(日本テレビ)
- 助演女優賞
  満島 ひかり 「モテキ」(テレビ東京),「さよならぼくたちのようちえん」(日本テレビ)
2012 (第5回・平24年)
◇個人賞
- 主演女優賞
  尾野 真千子 「カーネーション」(NHK)
- 助演女優賞
  杏 「妖怪人間ベム」(日本テレビ)
2013 (第6回・平25年)
◇個人賞
- 主演女優賞
  能年 玲奈 「あまちゃん」(NHK)
- 助演女優賞
  小泉 今日子 「あまちゃん」(NHK)

152 日刊スポーツ・ドラマグランプリ

　当該年度に放送されたテレビドラマから,優秀作品や俳優を選出する賞。年間4期に放送された連続ドラマの中で,各期ごとに最も印象に残った「作品」「主演男優」「主演女優」「助演男優」「助演女優」に投票してもらい,各部門の上位が,年度末に行われる年間決選へノミネートされ,グランプリが決定する。

【主催者】日刊スポーツ

【選考方法】年度を4期(春・4月期,夏・7月期,秋・10月期,冬・1月期)に分け,各期ごとに,ウェブサイト「ニッカンスポーツ・コム」ほかで投票を受付,日刊スポーツドラマ担当記者が選出したノミネート作品一覧の中から,各部門1件ずつ投票する。各部門上位5位までが,3月実施の年間決選にノミネートされ,各部門計20人(作品)の候補に対し投票を実施,グランプリを決定する。

【選考基準】〔対象〕4月から3月までに放送された連続ドラマ

【締切・発表】年間決戦投票3月末

【賞・賞金】トロフィーを贈呈。作品賞,主演男優賞,主演女優賞,助演男優賞,助演女優賞。

【URL】http://www.nikkansports.com/entertainment/award/ns-dramagp/top-ns-dramagp.html

第1回 (平9年度)
◇主演女優賞

常盤 貴子 「最後の恋」
◇助演女優賞

稲森 いずみ 「ビーチボーイズ」
第2回(平10年度)
  ◇主演女優賞
    江角 マキコ 「ショムニ」
  ◇助演女優賞
    深田 恭子 「神様、もう少しだけ」
第3回(平11年度)
  ◇主演女優賞
    常盤 貴子 「ビューティフルライフ」
  ◇助演女優賞
    水野 美紀 「ビューティフルライフ」
第4回(平12年度)
  ◇主演女優賞
    ともさか りえ 「君が教えてくれたこと」
  ◇助演女優賞
    涼風 真世 「晴れ着ここ一番」
第5回(平13年度)
  ◇主演女優賞
    深津 絵里 「恋ノチカラ」
  ◇助演女優賞
    天海 祐希 「水曜日の情事」
第6回(平14年度)
  ◇主演女優賞
    竹内 結子 「ランチの女王」
  ◇助演女優賞
    矢田 亜希子 「僕の生きる道」
第7回(平15年度)
  ◇主演女優賞
    竹内 結子 「プライド」
  ◇助演女優賞
    小雪 「僕と彼女と彼女の生きる道」
第8回(平16年度)
  ◇主演女優賞
    天海 祐希 「離婚弁護士」
  ◇助演女優賞
    岡本 綾 「Mの悲劇」

第9回(平17年度)
  ◇主演女優賞
    天海 祐希 「女王の教室」
  ◇助演女優賞
    薬師丸 ひろ子 「1リットルの涙」
第10回(平18年度)
  ◇主演女優賞
    井上 真央 「花より男子2(リターンズ)」
  ◇助演女優賞
    鈴木 京香 「華麗なる一族」
第11回(平19年度)
  ◇主演女優賞
    堀北 真希 「花ざかりの君たちへ」
  ◇助演女優賞
    香椎 由宇 「有閑倶楽部」
第12回(平20年度)
  ◇主演女優賞
    宮﨑 あおい 「篤姫」
  ◇助演女優賞
    上野 樹里 「ラスト・フレンズ」
第13回(平21年度)
  ◇主演女優賞
    天海 祐希 「BOSS」
  ◇助演女優賞
    大政 絢 「ヤマトナデシコ七変化」
第14回(平22年度) ※中止
第15回(平23年度)
  ◇主演女優賞
    松嶋 菜々子 「家政婦のミタ」
  ◇助演女優賞
    杏 「妖怪人間ベム」
第16回(平24年度)
  ◇主演女優賞
    堀北 真希 「梅ちゃん先生」
  ◇助演女優賞
    戸田 恵梨香 「鍵のかかった部屋」

153 放送ウーマン賞

　アメリカの放送にたずさわる女性組織AWRT主催賞を参考に、昭和48年(1973)に創設された。放送の世界で優れた業績をあげた女性に女性から贈られる。

153 放送ウーマン賞

【主催者】日本女性放送者懇談会（SJWRT）
【選考方法】会員および有識者による推薦。選考委員会により，候補者の中から選考・決定。
【選考基準】〔対象〕(1) 話題作で社会への影響が大きい，(2) 豊かな才能で人気高く活躍中，(3) 長くひとつの番組を担当してきた，(4) 長く一筋の道を歩んできた，(5) 放送局の現場でめざましい活躍をした，等優れた業績をあげた女性
【締切・発表】毎年12月に推薦を締切，発表は翌年1月，授賞式3月
【賞・賞金】賞状，トロフィー
【URL】http://sjwrt.org/

1973（昭48年度）
　藤本 裕子（朝日放送ディレクター）"テレビ・ルポルタージュ「6本の牛乳」の勇気ある長期取材が実り多くの人に感銘を与えた"
　渡辺 典子（故人・元NHKディレクター）"CDA (Cooking Director's Association)を創立，新分野を開拓の役員として活躍"

1974（昭49年度）
　該当者なし

1975（昭50年度）
　常田 久仁子（フジTVプロデューサー）""コント55号"を育てその黄金時代を築く。「欽ちゃんのドンとやってみよう」のプロデューサーおよび長年にわたるコント番組への貢献"
　平野 愛子（NHKディレイター）"入局以来ラジオドラマの演出ひとすじ。秋浜悟史作「親守り子守り唄」(NHK)の演出および長年にわたるラジオドラマにおける業績。第27回イタリア賞グランプリ受賞を機に"

1976（昭51年度）
　井村 千鶴子（フリー・アナウンサー）"ワイドショーの生放送でのCMを9年間担当，抜群の信頼を得た。ACCグランプリも受賞"
　吉村 陽子（NHKディレイター）"外国映画「警部マクロート」「世界のワンマンショー」など，テレビ番組の企画，日本語版の製作に新境地を開拓"

1977（昭52年度）
　橋田 寿賀子（作家）"「たんぽぽ」「となりの芝生」をはじめ，現代の家族を見つめる数々の作品で話題に。殊にこの年は「人間模様・夫婦」(NHK連続ドラマ)がセンセーションを巻き起こした"
　井口 保子（ラジオ関東アナウンサー）"女性で初めて競馬実況放送のアナウンサーとして番組への進出を果たした。核心を突くインタビュー，鋭い予想にファンは脱帽"

1978（昭53年度）
　黒柳 徹子（俳優，司会者）"「徹子の部屋」「音楽の広場」「ザ・ベストテン」など才気に富んだ話術，華麗な個性，誠実，率直な司会者としてのめざましい活躍ぶりが多くの支持を得ている"
　上貞 良江（NHKディレイター）"「女性の声でイメージ・チェンジを」との企画で戦後のラジオ体操番組の指導者としてスタート。テレビ体操では番組制作を担当，ラジオ体操50年を機に"

1979（昭54年度）
　兼高 かおる（ジャーナリスト，プロデューサー，ナレーター）"斬新な企画，世界各地の未知の自然，人間を訪ねる勇気と行動力，上品なナレーションが好評，長寿番組「世界の旅」で社会的にも大きな影響を与えた"
　磯野 恭子（山口放送ディレクター）「女の

視点で生きやすい社会を願い発言し,弱者の存在を知らせるためのパイプ役を努めなければならない」という信念を軸に「原爆の子・百合子」など社会性の強い優れたドキュメンタリー番組の制作に対して

1980(昭55年度)
  せんぼん よしこ(NTVディレイター)"開局以来代表作「愛の劇場」をはじめ500本を超えるTVドラマを演出,「ああ！この愛なくば一頑張ってよ,邦ちゃん」で芸術祭大賞も受賞"
  坂本 登志子(毎日放送アナウンサー)"「こども音楽コンクール」の司会,クイズ「金の歌銀の歌」「現代に生きる」をはじめ数々の司会,インタビュー,ニュースに29年余り第一線のアナウンサーとして活躍"

1981(昭56年度)
  石井 ふく子(演出家)"TBSのテレビプロデューサーとして「東芝日曜劇場」のほか,50%という高視聴率を上げた「ありがとう」など数多くのホームドラマを手がけ,ドラマ作りを通して多くの俳優・放送作家を育ててもいる"
  笹谷 清子(NHKアナウンサー)"NHKの女性アナウンサーとして初めて定年までアナウンスの現場で活躍した。なかでも,ラジオの「心身障害児とともに」を20年間担当,その熱意に対して"

1982(昭57年度)
  加藤 道子(声優)"ラジオドラマ,TVドラマそれぞれに新しい分野を拓いてきた草分け的存在。なかでも"聴く文字"としての「日曜名作座」で,25年を超す長寿番組における円熟した芸,朗読の第一人者としての活躍が大賞に"
  五井 千鶴子(文化放送CMディレイター)"昭和45年よりラジオCM製作を担当,民放祭金賞受賞を皮切りに以後毎年,広告関係のグランプリを獲得。豊かなアイデアに溢れた数多くのCMを制作"

1983(昭58年度)
  大野 靖子(脚本家)"経済ドラマ「ザ・商社」(NHK),ジンギスカンの征服ドラマ「蒼き狼」(テレビ朝日)など骨太の男っぽい世界を描いた作品が話題。視野の広い独自の社会派路線を確立"
  市岡 康子(テレビディレイター)"新しい視点から,ドキュメンタリーの新領域を開拓。昭和47年に日本映像記録センター設立「すばらしい世界旅行」(NTV系)の専任ディレイターとして国際的に絶賛を浴びる。未開の土地の母系社会を主なテーマとして追求を続けている"

1984(昭59年度)
  沢地 久枝(作家)"ライフワークの一つ「滄海よ眠れ」を上梓,日米双方の膨大な資料の収集と取材をもとに活字,映像,音の世界にわたり,戦後40年を経た今,改めて戦後の意味を問い直す。長年にわたる独自の反戦をそのTVドラマ化で確立した"
  高橋 幸子(テレビディレイター)"フリーのディレイターとして活動。長年にわたって企画力・演出力で,優れた番組を制作。特に「ずばらしき仲間」(TBS系)では,新しい形式のトークショーを確立した"

1985(昭60年度)
  アグネス・チャン(歌手)"80年代には難民救済コンサートやテレビドラマに出演。特に"国際青年年"の昨年には「帰って来たツバメ」(NHK特集),「24時間テレビ」(NTV)に出演"
  うないフェスティバル'85(代表:源 啓美)"40人近くの女性たちが参加して,女たち自身の現状と問題点を探り,21世紀へのメッセージをうたいあげた「うないフェスティバル」を実施,「女性が作るラジオ12時間スペシャル」として中継生放送を行った"

1986(昭61年度)
  樹木 希林(俳優)"長年にわたり,テレビ

を中心にドラマからCMまで，その際立った演技力が高い評価を受け，殊に昨年はNHK連続テレビ小説「はね駒」で，母親役を好演。存在感のある女優として改めて実力を示した"

湯川 れい子（音楽評論家，作詞家）"長年にわたり，ラジオ放送を中心に音楽評論，DJと幅広く活躍，日本の若者にアメリカの音楽文化を伝え続ける。また，数々のヒットソングの作詞にも才能を発揮，新しい分野を開拓した"

1987（昭62年度）

和田 アキ子（歌手）"芸能生活20周年，これまでにテレビ・ラジオでの歌手・司会者・俳優など多彩な活躍で親しまれる。ことに，歯に衣着せぬ語り口とこまやかな心遣いをみせる司会では新しい時代の女性パーソナリティ像を開拓"

額田 やえ子（外国映画日本語版テレビ台本製作者）"流行語にまでなった「うちのカミさんが…」で親しまれた「刑事コロンボ」をはじめとする数々の名訳と日本語のリズムを生かしたセリフによって作品の面白さを増し，テレビ界に新しい分野を確立した"

1988（昭63年度）

落合 恵子（作家）"ラジオ番組「落合恵子のちょっと待ってMonday」（文化放送）を通して，「戦争と女たち」「社会における性差別」など，一貫して人権・環境・反戦を訴え放送界に新たな刺激を与えた"

福田 雅子（NHKディレクター）"被差別部落をテーマにした「風よ陽よ墓標に」などの作品で，人権問題を世に問いつづけ，真摯な取材と温かいまなざしで優れたドキュメンタリー番組を制作"

1989（平1年度）

樋口 恵子（評論家）"テレビ・ラジオ・著作・講演活動を通じて女性・家族・老いの問題を鋭い視点でわかりやすく提示したオピニオンリーダーとしての幅広い活躍"

松永 英美（中国放送プロデューサー）"テレビプロデューサーとして一貫して原爆・戦争をテーマに掘り起こし，現実を見据える中で取材対象を海外にまで広げて優れたドキュメンタリー番組を制作した"

◇SJ特別賞

久米 宏（司会者）"「ニュース・ステーション」の司会者としてウィットに富んだ語り口で内外の出来事に果敢に挑戦し，多くの人々にニュースを知る楽しさを伝えた"

1990（平2年度）

内舘 牧子（脚本家）"「思い出にかわるまで」などテレビドラマに新しい風を吹き込み若者に支持された"

小池 ユリ子（ニュースキャスター）"「ワールドビジネスサテライト」で女性の経済ニュースキャスターとして新しい分野をひらいた"

1991（平3年度）

山田 邦子（タレント）"シャープな感覚と個性豊かなキャラクターで新しいタレント像をつくった"

米原 万里（ロシア語同時通訳）"ソ連崩壊の年の同時通訳としてのめざましい活躍に対して"

1992（平4年度）

はんさむウーマンスタッフ（NHK）"時代をリードする新しい女性像をとりあげ社会に風穴をあける斬新な番組づくり"

宮嶋 泰子（テレビ朝日スポーツキャスター）"女性スポーツキャスターの草分けとして活躍のかたわら優れたスポーツドキュメンタリーを手がけた"

1993（平5年度）

岩井 まつよ（信越放送ディレクター）"戦争・高齢化社会・医療・教育などの分野で優れたドキュメンタリーを制作"

桜井 よし子（ニュースキャスター）"「きょうの出来事」で女性キャスターの先駆者として活躍"

1994（平6年度）
　東海林 のり子（リポーター）"ワイドショーのリポーターとして人間の本質に迫る取材を続けた"
　橋本 佳子（ドキュメンタリージャパン・プロデューサー）"優れたドキュメンタリーを制作し, リーダーとしても若手クリエイターを送り出してきた"
◇特別賞
　秋山 ちえ子（評論家）"15000回をこえる「秋山ちえ子の談話室」など半世紀にわたってラジオ番組で独自の視点でリポートした"
1995（平7年度）
　小山内 美江子（脚本家）
　合津 直江（テレビマンユニオンプロデューサー）
1996（平8年度）
　斎明寺 以玖子（NHKドラマディレクター）
　城 菊子（山口放送プロデューサー）
1997（平9年度）
　国谷 裕子（キャスター）
　星田 良子（共同テレビドラマディレクター）
1998（平10年度）
　五十嵐 久美子（ドキュメンタリージャパン演出家）
　伊井 純子（エフエム中九州アナウンサー・ディレクター）
1999（平11年度）
　田丸 美寿々（ニュースキャスター）
　宮田 輝美（関西テレビディレクター）
◇日本女性放送者懇談会30周年特別賞
　大島 渚（映画監督）
2000（平12年度）
　増田 明美（スポーツコメンテーター）
　ナマ・イキVOICE～100%女性倶楽部スタッフ（鹿児島テレビ）
2001（平13年度）
　竹葉 晶子（フリーTVカメラウーマン）
　佐藤 園子（NHK国際局ディレクター）
◇放送ウーマン賞2001特別賞
　平良 とみ（女優）
2002（平14年度）
　浅野 加寿子（NHKドラマプロデューサー）"大河ドラマ「利家とまつ～加賀百万石物語～」で, 女性層の圧倒的な支持を得る。「男は美しく, 女は逞しく」というキャッチコピーに象徴されるように, "男女共助"の新しい解釈を明るく表現, 時代劇に女性層の関心と共感を呼び戻した功績に対し, 贈賞"
　土江 真樹子（琉球朝日放送）"「告発～外務省機密漏えい事件から30年・今語られる真実～」は, 沖縄復帰30年の節目の年に, 基地問題とは何か, どう向き合うべきかについて広く社会に問題提起をした。さらに, 個人情報保護法案が議論されている中で, 取材とは, 報道とは何かという大きなテーマをも投げかけた。今後も沖縄からの問いかけとして作品を作り続けて欲しいという願いを込めて, 贈賞"
2003（平15年度）
　東 ちづる（女優）"女優としてだけではなく, 情報・娯楽番組の司会やリポーターなどで幅広く活躍する一方, 番組で出会ったドイツ平和村の子どもたちへの支援, あしなが育英会や骨髄バンクへの協力活動など, 社会的活動にも大きく貢献し, 多くの人たちの架け橋となっている。世界で起きている出来事に対して高い問題意識をもち, それを自分らしく伝えようとする姿勢に共感。同じ放送ウーマンとしてエールを送るとともに, 今後の更なる活躍を期待して, 贈賞"
　野澤 喜代（信越放送ディレクター）"ドキュメンタリー制作において, それまでの枠にとらわれない, 新たな在り方を示す。鋭い洞察力と, 豊かな経験から生まれた優れた技量, 柔らかな感性で, 独自の世界を構築。地域に根ざした長年の番組作りへの真摯な姿勢に敬意を表するとともに, 今後も質の高い番組を作り続けてほしいという願いを込めて, 贈賞"

2004（平16年度）

　大山 のぶ代（女優・声優）"女優，タレントとしての長年にわたるユーモア溢れる幅広い活躍とともに，国民的アニメ「ドラえもん」の声の主役を放送開始以来26年間も務め，視聴者に夢と希望を与え続けてきた功績と同時に，今後も新しい挑戦を続けようとされている意欲に対し，贈賞"

　大脇 道代（中京テレビディレクター）"報道現場で追い続ける膨大なニュースの中から，日々の暮らしに潜む問題を掬い取り，きめ細かい取材と公正な視点での構成で，世の中に問題提起する報道番組を作り続けている姿勢に対して，贈賞。6月に放送された「見過ごされたシグナル～検証・高速道路トラック事故～」で上期ギャラクシー賞，地方の時代賞優秀賞を受賞するなど，その力量は高く評価をされている"

◇日本女性放送者懇談会35周年特別賞

　FMながおか "新潟県中越地震の被災地のラジオ局として10月23日の地震発生直後から通常番組を中止し，24時間体制で災害放送を行い，安否情報，生活情報等を流し続けた上，10月26日から3か月間，長岡市申請の臨時災害FM局として全面的にサポートし，在住外国人向け放送，文字放送にも協力し，被災者向けに情報を流し続けた"

　FMゆきぐに "10月23日の中越地震では，被害の大きかった隣接の十日町市に開設された臨時災害FM局をサポートし，また，地震発生1週間後，1か月後，2か月後に特別番組を企画制作しミュージックバードの衛星回線経由で全国放送した"

2005（平17年度）

　磯山 晶（TBSドラマプロデューサー）"2005年の「タイガー&ドラゴン」のヒットでは，女性層や若者の間で落語ブームを巻き起こす火付け役となり，また「木更津キャッツアイ」「池袋ウエストゲートパーク」「天国に一番近い男」などでは，独自色の強い作品づくりを貫き，いわば"磯山スタイル"とでもいうべきコンセプト，表現手法を成功させてきたことへの功績に対し，贈賞"

　大原 れいこ（テレビマンユニオン制作担当取締役）"6歳のヴァイオリニスト，五嶋龍くんを追った「連続ドキュメント 五嶋龍のオデッセイ」（フジテレビ）を10年にわたり制作し続けたのをはじめ，番組制作の長いキャリアの中で，一貫してクラシック音楽を楽しく，わかりやすく伝え続けていること，また，音楽を創造するアーティストたちのありのままの素顔を，ごく自然なかたちで描き出してしまう独特の才能，取材対象に対する自らのスタンスを守り続けることができるドキュメンタリストとしての厳格な姿勢に敬意を表し，贈賞"

2006（平18年度）

　岡江 久美子（女優）"TBSテレビ「はなまるマーケット」のメインパーソナリティとして，開始から10年にわたって週5日の放送をその安定した存在感で牽引してきたこと。女優であり，妻であり，母であるという様々な体験をもとに，ますます多様化していく放送の仕事に，より高い見識を発揮して活躍されることを期待して，贈賞"

　糸林 薫（NHK放送技術局音声担当）"入局以来一貫して音声技術，主にラジオドラマを中心に活躍し，担当した番組がこれまでに芸術祭大賞，イタリア賞を受賞。それぞれの作品の主題，個性を柔らかな感性で捉えることのできる，いわば「音の職人」の技に対し，贈賞。ハイビジョンの導入に先立って始まったサラウンドの開発などにかかわり，ニューヨークの学会で講師を務めるなど，2児の母でありながらワールドワイドに活躍されていることに敬意を表し，贈賞"

2007（平19年度）

　中園 ミホ（脚本家）"1988年のデビュー以

来,「白鳥麗子でございます!」「恋の奇跡」「やまとなでしこ」「ハケンの品格」など,個性あふれ,自分の道をしっかりと歩む女性を描き続け,幅広い視聴者から共感を得られるシナリオ作りで多くのファンを獲得。世の中で多くを語らず,隠れている人々にスポットライトを当てる瑞々しい感性と,常に本音で,人間を丁寧に描きこむ独自の視点が,ともにますます磨かれていくことを願って,贈賞"

金本 麻理子(バサラディレクター) "1994年に(株)バサラに移籍してからは,一貫してドキュメンタリーを中心に活躍し,特に2007年に放送された「証言記録 マニラ市街戦~死者12万焦土への1か月~」は圧倒的なドキュメンタリストとしての資質を十二分に発揮した作品で,どこへでも,なんでも撮りに行く,というバイタリティあふれた取材力と,番組制作にあたっての高い志に敬意を表し,贈賞"

2008(平20年度)

宮本 理江子(フジテレビドラマ演出家) "フジテレビ入社以来,一貫してドラマ制作の現場にいて,数少ない女性演出家,監督としての地位を築いた。特に「風のガーデン」は,倉本聰の脚本で北海道富良野の美しい草花・自然を生かしながら,ガンに侵されて余命をどう生きるかという「生と死」という普遍のテーマにじっくり向き合い,繊細な洞察力に富んだ手法で,ふくらみと深みを備えたリアルで叙情的な大人のドラマを生み出したことに対し,贈賞"

水野 晶子(毎日放送アナウンサー) "ラジオで活躍するアナウンサーとしてリスナーから大きな支持を得ているだけでなく,ラジオドキュメンタリーを聴く会の開催やラジオ文化の復権に尽力して成果を上げ,さらにナレーションを担当した「おれは闘う老人(じじい)となる~93歳の元兵士の証言~」が「第4回日本放送文化大賞」ラジオグランプリを受賞するなど,マスコミ業界の中でも一際厳しいラジオでの活躍に対し,贈賞"

2009(平21年度)

右田 千代(NHKチーフディレクター) "原爆被爆者に「広島に何をしに来たのだ」と問われたことがきっかけで「戦争と人間」をテーマに多くの番組を制作。2009年夏に放送されたNHKスペシャル「日本海軍 400時間の証言」は,これまで公的な資料がほとんどないとされてきた大日本帝国海軍・軍令部の関係者が戦後開いた「海軍反省会」の証言テープに基づく貴重なスクープであること,組織における責任,過ちに対する向き合い方など,現代にも通じるメッセージ性の高い番組であることが高く評価された"

◇日本女性放送者懇談会40周年特別賞

宇田川 清江(フリーアナウンサー) "放送界に入って50年以上現役のアナウンサーとして活躍。「ラジオ深夜便」では1990年の開始当初から20年にわたりただ一人継続してアンカーをつとめ,高齢者だけでなく受験生やひとり暮らしの人など,人の声が恋しいリスナーの心に"ふるさとの声""母の声"となって語りかけ,言葉と声の力を示し続けてきたことに敬意を表し,贈賞"

黒柳 徹子(女優) "50年余りにわたって放送の第一線を歩み,テレビ番組には欠かせない存在として活躍を続けていること。また,テレビ朝日「徹子の部屋」は,1976年の開始から今年で35年目を迎えるなど,長きにわたりテレビに新風を吹き込んできた実績と,放送業界で働く多くの女性に力を与える精力的な仕事ぶりに敬意を表し,贈賞"

2010(平22年度)

大石 静(脚本家) "1986年の脚本家デビュー以来,鋭い洞察力と豊かな表現力で主人公を生き生きと描き,女性たちの共感を得るオリジナル作品を数多く生み出す。2010年秋にNHKで放送された

「セカンドバージン」は、リアリティと品性を保ちながら女性の強さと危うさを見事に表現し、大きな反響を呼んだ。時代を反映し、特に大人の女性たちを惹きつけるドラマを作り続けていることにエールを送り、贈賞"

三上 智恵(琉球朝日放送キャスター)"1995年に琉球朝日放送に転職し、沖縄に移住。今やウチナンチューの心を持って沖縄の歴史と現在を捉える。ドキュメンタリー「英霊か犬死か」では沖縄の人々にも鋭い問題提起をし、キャスターを務めるニュース番組では、貴重な資料映像と証言で「65年前の今日、何があったのか」を綴った「オキナワ1945」を1年間毎日放送した。ジャーナリストの原点ともいえるその真摯な報道姿勢に敬意を表し、贈賞"

2011(平23年度)

堀川 惠子(ドキュメンタリー・ディレクター)"20年にわたりテレビ報道の現場で、「人の命」をテーマにした優れたドキュメンタリー番組の制作を続けた。なかでもNHKのETV特集では、2009年「死刑囚永山則夫 獄中28年間の対話」をはじめ、3年連続で死刑問題に取り組み、質の高いドキュメンタリー番組を制作、本にもまとめた。刑罰の一つとしての「死刑」を、被害者の命と更生の道を閉ざされ処刑される死刑囚の命、ともに「命」という視点から見つめ、罪と罰のあり方に対する問題提起を続けていることに敬意を表し、またフリーランスの立場からの意欲的な企画を世に問う場が更に広がることを願って、贈賞"

白石 草(NPO法人OurPlanetTV代表理事)"2001年の設立時からインターネットの特性を生かし、マス・メディアと異なる視点で発信する新しいメディアのあり方を模索してきた。特に2011年の原発事故では、発生直後から他のフリージャーナリストたちと協力し、放射能汚染について被災地の様子をいち早く伝えるとともに、独自の視点で発信を続けている。また被曝への疑問や不安を持つ子どもたちの取材活動をサポートした番組「私たちの未来は大丈夫? 子どもが考える原発と被曝」は、インターネット配信だけでなく、CS朝日ニュースターでも放送され、メディアの在り方に新たな可能性を示した。メディアの多様性を自らの行動で示し続けた10年間の活動に敬意を表し、贈賞"

2012(平24年度)

岩谷 可奈子(NHKチーフプロデューサー)""朝ドラ"のプロデューサーを、入局26年目にして念願かなって務めたが、東日本大震災が起きて、企画を一から練り直して生まれたのが「梅ちゃん先生」だった。当時ドラマの現場では珍しかった出産、育児休職を経て、復帰後は大河ドラマ「龍馬伝」や土曜ドラマなど様々なドラマを制作しながらキャリアを積み、満を持して"朝ドラ"プロデューサーに挑戦し結果も出したことは、後輩の女性たちにも希望を与えるだろう。ベテランプロデューサーに敬意を表し、贈賞"

内山 聖子(テレビ朝日ゼネラルプロデューサー)"1990年代、テレビ朝日で初の女性プロデューサーとなる。ドラマ「ドクターX～外科医・大門未知子」では、民放ドラマ年間最高視聴率24.4%を記録。「黒革の手帖」「交渉人」など米倉涼子さんとタッグを組んだ一連の作品は、過酷な職場で生きる女性の姿をリアルに描き多くの視聴者の支持を得た。「しなやかに」「したたかに」話題作を作り続けてきたプロデューサーに、贈賞"

薬師丸 ひろ子(女優・歌手)"今年の放送文化に多大なる貢献をし、特に社会現象ともなった「あまちゃん」の音痴の大女優・鈴鹿ひろ美役は圧倒的な存在感があった。35年の長きに渡り、シリアスな役柄からコメディまで主役のみならず

しっかりと脇を固めるポジションまで私たちを勇気づけ楽しませ、更に素敵な年齢の重ね方は多くの女性の共感を得た。これは一つ一つの作品に真摯に向き合い、美しい日本語を大切にした上でテーマとなるメッセージをきちんと伝えてきた賜物だと思われる。その至宝の存在である薬師丸さんの長年の功績に敬意を表し、贈賞"

「日本テレビ キユーピー3分クッキング」制作チーム(日本テレビ) "スタートしたのは1963年。あくまで「主役は大根やニンジン」をモットーに奇をてらわず、手軽に美味しく健康的なレシピを紹介する番組は台所を預かる多くの人々の強い味方である。また、早い段階からテキスト、インターネット、スマートフォン向けアプリなど他メディアとの融合も先駆的な役割を果たしてきた。生きる術である食の伝統を半世紀に渡って次世代につないでいく、これは大きな文化遺産でもあると思われる。そんな番組作りをコツコツと日々続けてきた制作チームに尊敬の念を込め、贈賞"

154 放送と女性ネットワーク賞

　平成3年(1991)6月に発足し、放送業界に働く女性と視聴者が手を携えて、放送を巡る様々な問題に取組んできた「放送と女性ネットワークin関西(略称：WNB)」が平成10年(1998)に設立した賞。「男女雇用機会均等法」が制定されて以降、放送局内の女性ディレクターやプロデューサーは少ないながら、またプロダクションや制作会社、フリーで働く女性たちはさらに厳しい制作条件の中で、女性の視点を生かしながらの制作に励んでおり、本賞はこうした女性制作者たちの優れた作品を讃え、彼女たちを励まし、応援していく目的と、視る側・創る側がともに、双方向から質の高い番組作りを目指すために行われてきた。「男女雇用機会均等法」施行から20年を越え、賞創設の趣旨であった、女性制作者にエールを贈る目標・役割が微力ながらも果たせたとのことから、若い世代に期待を託して、平成22年(2010)第6回をもって選考を終了することとなった。

【主催者】放送と女性ネットワークin関西(WNB)

【選考委員】(第6回)小川真知子(メディア研究家 CMの中の男女役割を問い直す会世話人)、下之坊修子(映像発信てれれ代表)、津村明子(ジャーナリスト 元大阪府ドーンセンター館長)、藤本裕子(メディア・プロデューサー 元朝日放送)

【選考方法】公募・推薦

【選考基準】(第6回)(1)テレビ局・ラジオ局・制作会社・フリーで働く、プロデューサー・ディレクターなど、女性制作者による自薦作品(平成20年1月~21年12月までにオンエアされたもの) (2)WNBモニターによる推薦作品〔モニター推薦対象となる作品〕(1)地上波であること〔衛星放送(BS)は除く〕ラジオはAM・FMとも (2)NHKと民放 全国ネット、ローカル番組を問わない (3)番組ジャンルは問わない (4)関西エリアの女性による作品

【締切・発表】(第6回)モニター期間：平成20年12月~21年12月 表彰式：平成22年7月24日

【URL】http://homepage3.nifty.com/wnb/index.html

第1回(平10年)
◇最優秀賞

宮田 輝美(関西テレビ)「忘れられた精神病棟—大和川病院が消えた日」
◇タイムリーテーマ賞
大岡 理恵(朝日放送)「性の越境者たち—男から女へ・女から男へ」
◇均等法世代賞
亘 佐和子(毎日放送)「さまよえる均等法一期生たち」
◇ジェンダーフリー賞
岡本 純江(毎日放送)「現場に働く女性たち」
◇特別賞
橋本 祐子(朝日放送)「どんどん学び隊—集中講座・夏の花物語」

第2回(平11年)
◇最優秀賞
阪神大震災特集番組「WITH…絆は世界へ」
榛葉 健(毎日放送 報道ディレクター)
◇21世紀へ響き合いま賞
メディアDo「『皺の響き』～"怒"という名の打ち手たち～」
宮田 輝美(関西テレビ ディレクター)
◇21世紀へ語り継ぎま賞
新日本探訪「いのち語り継いで～神戸 学生新聞の震災5年～」
堅達 京子(NHK大阪放送局 報道ディレクター)
◇タイムリーテーマ賞
報道スペシャル「「癒しへの道しるべ～犯罪被害者を守るものは～」
堀川 雅子(読売テレビ 報道記者)
◇ドキュメンタリー賞
テレメンタリー98「犯人さがし～標的になった一家の138日～」
大岡 理恵(朝日放送 報道記者)
◇モニター賞(ラジオ)
「こんな話がおました～今蘇る西条凡児の話芸～」
橋本 祐子(朝日放送 ディレクター)

第3回(平15年)
◇最優秀賞

ドキュメント02「天国への応援歌～めざせ！ 日本一のチアリーダー」
十河 美加(読売テレビ ディレクター)
◇タイムリーテーマ賞
ザ・ドキュメント「研修医～明日の医療のために～」
吉國 ぴあ(関西テレビ ディレクター)
◇子育て応援賞
映像01「ほったらかしで子は育つ」
植田 恵子(ビデオユニテ ディレクター)
◇エコロジー賞
素敵な宇宙船地球号「カヤネズミ物語～草の家に迫る危機」
河野 久美子(ドキュメンタリー工房 ディレクター)
◇見たら得するで賞
ちちんぷいぷい「お母さん派遣します」
亘 佐和子(毎日放送 ディレクター)

第4回(平18年)
◇WNB大賞
「VOICE」大阪市カラ残業
大西 亜雅紗(毎日放送・ディレクター)
◇社会の木鐸賞
ABCドキュメンタリー・スペシャル「終わりなき葬列～発症まで30年、いま広がるアスベスト被害～」
野崎 朋未(ドキュメンタリー工房・ディレクター)
◇暗闇から脱け出しま賞
NNNドキュメント'05「児童虐待～監察医のみた傷痕～」
堀川 雅子(読売テレビ・ディレクター)
◇語りつぎきま賞
「はじめて知った"震災"～神戸、中高生10人の記録映画づくり～」
宮本 麻衣子(NHK大阪放送局・ディレクター)
◇モニター推薦賞
NNNドキュメント'05「赤ちゃんと語ろ～笑わない天使たちのSOS～」
十河 美加(読売テレビ・ディレクター)
◇WNBエール賞

「センスアップ 経済」
　松岡 千鶴（NPO京都コミュニティ放送・ディレクター）
第5回（平20年）
◇放送と女性ネットワーク大賞
　ETV特集「誇りをもって笑顔をみせて～認知症を生きる夫婦の物語～」
　山下 徳子（NHK大阪 番組制作部）
◇絆は奇跡を呼ぶで賞
　映像07「私は生きる～JR福知山線事故から2年～」
　橋本 佐与子（毎日放送 報道局ニュースセンター部）
◇薬から子どもをまもりま賞
　NNNドキュメント06「投毒～薬を毒に変えないために～」
　十河 美加（読売テレビ 報道局）
◇こんな番組が視たかったで賞
　痛快！エブリデイ 特集「親子で語ろう 平和のこと」
　長谷川 ユキ（関西テレビ 制作部）
◇こんな番組が視たかったで賞
　「世界の子供がSOS！ THE☆仕事人バンク マチャアキJAPAN」
　佐々木 聰子（朝日放送）
◇良心は生き続けるで賞
　「はやみみラジオ！ 水野晶子です」
　水野 晶子（毎日放送 アナウンサー室）
第6回（平22年）
◇放送と女性ネットワーク大賞
　ザ・ドキュメント「希望って、何？～不安社会を生きる若者たち～」（関西テレビ）
　野崎 朋未（フリー ディレクター）
◇「悪妻」バンザイ賞
　歴史秘話ヒストリア「明治悪妻伝説～初代"ハンサムウーマン"新島八重の生涯」（NHK大阪）
　押尾 由紀子（NHK大阪 制作部ディレクター）
◇夢をひろげま賞
　民教協"生きる"「夢をあきらめない！ 73歳の新米教師」（朝日放送）
　永野 ひかる（朝日放送 ニュース情報センター）
◇今こそ心を奏でま賞
　「好きやねん♪オーケストラ 中学生から社会人まで85人の音がひとつになった」（関西テレビ）
　河野 久美子（フリー ディレクター）
◇記憶によりそいま賞
　ラジオ「ネットワーク1・17」（毎日放送）シリーズ人々の震災22・両親を亡くした書道家～筆に込める思い 『震災15年ネットワーク1・17スペシャル～終わらない震災』『阪神淡路大震災15年特別番組』（神戸東遊園地から生中継）
　魚住 由紀（フリー アナウンサー）
◇時空をこえた贈り言葉で賞
　ラジオ「紫式部の贈り言葉」（KBS京都）
　北川 享子（京都放送 ラジオ編成制作局）

---

155 読売・日本テレビWoman's Beat大賞カネボウスペシャル21

　21世紀という時代を自分らしく生きていく女性の姿が、同時代を生きる女性たちに希望や勇気を与え、新しい女性の生き方の一つとして共感できるドキュメンタリー作品を募集する。テレビドラマ化を念頭にして選考。平成16年（2004）第3回をもって終了。

【主催者】読売新聞社，日本テレビ，カネボウ（後援）

【選考委員】（第3回）宮本輝，内館牧子，阿川佐和子，林真理子，島田雅彦，浅海保

【選考方法】公募

【選考基準】〔対象〕主人公が女性であること。自分自身の体験を基にしたもの,または周辺で多彩な生き方,魅力的で心を打つ生き方をしている女性を取材したもの。〔資格〕男女,年齢,国籍,プロ・アマを問わない。未発表作品に限る。〔応募規定〕日本語に限る。B4判400字詰め縦書き原稿用紙を使用。ワープロで応募の場合は普通紙に1行20字まで20行,縦書き。50枚以上,100枚以内。

【締切・発表】（第3回）平成15年9月30日締切,平成16年3月発表

【賞・賞金】大賞：賞金1000万円,優秀賞：賞金300万円,入選：賞金30万円,読者賞：賞金50万円

第1回（平14年）
　俣木 聖子　「花、咲きまっか」
◇優秀賞
　鈴木 やえ　「P-5インマイライフ」
◇入選
　渡部 京子　「雪国のたより」
　大和田 暢子　「ハウス・グーテンベルクの夏」
　河原 有伽　「社長と呼ばないで」
◇読者賞
　鈴木 やえ　「P-5インマイライフ」
第2回（平15年）
◇優秀賞
　内山 弘紀　「今 何かを摑みかけて」
　新田 順子　「彩・生」
◇入選
　比留間 典子　「あこがれ・たそがれ郵便車」
　落合 洋子　「天職」
　大島 千代子　「ロールレタリング―手を洗う私へ」
◇読者賞
　比留間 典子　「あこがれ・たそがれ郵便車」
第3回（平16年）
　藤崎 麻里　「溺れる人」
◇優秀賞
　八木沼 笙子　「夜はこれから」
◇入選
　高橋 和子　「人生どんとこい」
　竹内 みや子　「夏樹と雅代」
　カウマイヤー 香代子　「自分を信じて」
◇読者賞
　藤崎 麻里　「溺れる人」

156 読売「ヒューマン・ドキュメンタリー」大賞

　日本中の女性に向けて,「生まれよ,新しい女流文芸」と高らかに呼びかけ,人間の生きる姿をあるがままに描いた自由な形式の文芸作品を募集するために昭和55年（1980）「読売女性ヒューマン・ドキュメンタリー大賞」として創設。平成5年（1993）第15回から応募資格を男女不問とし,賞名を読売「ヒューマン・ドキュメンタリー」大賞と改称。平成13年（2001）に21世紀型に発展させた「読売・日本テレビ ウーマンズ・ビート大賞カネボウスペシャル21」が新設され,引き継がれた。

【主催者】読売新聞社

【選考委員】（第20回）三好徹（作家）,佐藤愛子（作家）,橋田寿賀子（脚本家）,野上龍雄（脚本家）,五木寛之（作家）,椎名誠（作家）,小谷直道（読売新聞社編集局次長）

【選考方法】公募

【選考基準】〔対象〕人間の「生きる姿」をテーマとする未発表の文芸作品 〔資格〕年齢,国籍,アマ・プロの別は問わない 〔原稿〕400字詰め原稿用紙で90枚以上100枚以

156 読売「ヒューマン・ドキュメンタリー」大賞

内, 縦書き, ワープロの場合は20字×20行

【締切・発表】（第20回）平成10年9月30日締切（当日消印有効）。平成11年3月, 選考結果を読売新聞紙上で発表の予定。

【賞・賞金】 大賞（1編）：賞状・賞牌・賞金1000万円, 優秀賞（1編）：賞状・賞牌・賞金300万円, 入選（3編）：賞状・賞牌・賞金各50万円, 奨励賞（若干）：賞状・賞金各20万円。受賞作のうち1編をドラマ化, 日本テレビ系列で放映予定。版権・著作権は読売新聞社に帰属。

第1回（昭55年）
　江川 晴　「小児病棟」
第2回（昭56年）
　大森 黎　「大河の一滴」
第3回（昭57年）
　◇優秀賞
　深貝 裕子　「母ちゃんの黄色いトラック」
　加野 ヒロ子　「142号室」
第4回（昭58年）
　◇優秀賞
　大日方 妙子　「こぶしの花」
　遠藤 誉　「不条理のかなたに」
第5回（昭59年）
　◇優秀賞
　柴田 亮子　「かんころもちの島で」
　野上 照代　「父へのレクイエム」
第6回（昭60年）
　藤村 志保　「脳死をこえて」
　荻原 恵子　「花冷え」
　清水 まち子　「迎え坂」
第7回（昭61年）
　◇優秀賞
　良永 勢伊子　「赤い夕日の大地で」
第8回（昭62年）
　板見 陽子　「ダイアリー」
第9回（昭63年）
　三田 公美子　「空飛ぶ母子企業」
第10回（平1年）
　◇優秀賞
　星野 由樹子　「オレは彦っぺだ」
　蟹江 緋沙　「友情の反乱」
第11回（平2年）
　徳永 瑞子　「プサ マカシ」

　◇入選
　坂上 富志子　「まみの選択」
　井上 洋子　「スターライト」
　行宗 登美　「十勝野の空は青い」
　榎本 佳余子　「夕焼け道を歩きたい」
　◇佳作
　峰谷 良香　「銀の針」
　永田 万里子　「生きる」
第12回（平3年）
　古越 富美恵　「終の夏かは」
　◇入賞
　竹下 妙子　「十二年目の奇跡」
　◇入選
　吉沢 岩子　「カリーライス屋一代記」
　田村 明子　「オークウットの丘の上で」
第13回（平4年）
　該当者なし
　◇優秀賞
　吉開 若菜　「殴られる人」
　◇入賞
　山岸 昭枝　「ちゃんめろの山里で」
　◇入選
　小川 弥栄子　「おまけのおまけの汽車ポッポ」
　玉置 和子　「ソウル・ツイン・ブラザーズ」
　沖野 智津子　「ダウン・タウンへ」
第14回（平5年）
　該当者なし
　◇優秀賞
　藤田 直子　「ばいばい, フヒタ」
　奥田 昌美　「ディスポの看護婦にはなりたくない」
　藤本 仁美　「人生の夏休み」

156 読売「ヒューマン・ドキュメンタリー」大賞

第15回(平6年)
　該当者なし
　◇優秀賞
　　田辺 郁　「ハナの気配」
　◇入選
　　岩森 道子　「抱卵」
　　小島 淑子　「群れなす星とともに」
　　佐藤 尚爾, 佐藤 栄子　「翼をもがれた天使たち」
　　矢吹 正信　「もう一つの俘虜記」
　◇奨励賞
　　国本 憲明　「二つの祖国」
　　樋口 てい子　「徒労の人」
　　宮本 まどか　「風の旋律」
第16回(平7年)
　該当者なし
　◇優秀賞
　　松本 悦子　「生きのびて」
　　斉藤 郁夫　「神様はいる」
　◇入選
　　松岡 香　「恵子のこと」
　　菊地 由夏　「生きてるって楽しいよ」
　　野口 良子　「シゲは夜間中学生」
　◇奨励賞
　　山地 美登子　「ウォーク号の金メダル」
　　中山 智奈弥　「16歳のままの妹」
第17回(平8年)
　　松沢 倫子　「岡田嘉子 雪の挽歌」
　◇優秀賞
　　野上 貝行　「一すじの道 房江夫妻の生」
第18回(平9年)
　該当作なし
　◇優秀賞
　　小豆畑 孝　「おがさわら村民課長日記」
　　柴 久美子　「死にたいなんて言わないで」
第19回(平10年)
　　高橋 靖子　「家族の回転扉」
第20回(平11年)
　　植嶋 由衣　「いちご薄書」
　◇優秀賞
　　西川 のりお　「オカン」
　◇入選

　　野村 若葉子　「狂言の国・詩人の国」
　　長谷川 寿子　「伴走夫婦」
　　湊 崇暢　「いくつもの海をこえて」
　◇奨励賞
　　斉藤 二三枝　「頬ずりをさせて下さい」
　　深田 智香子　「次の季節(とき)へ」

受賞者名索引

【あ】

相 幸子 ……………………… 92
あいあい夢の会 ……………… 124
あいおいニッセイ同和損害
　保険株式会社 …………… 115
愛川 欽也 ……………… 48, 56
哀川 翔・公美 ……………… 57
相川 理子 …………………… 216
相坂 柚火子 ………………… 104
会沢 貞子 ……………… 248, 249
合津 直江 …………………… 323
会田 千衣子 ………………… 188
IWAD環境福祉専門学校
　……………………………… 31
相場 カツ子 ………………… 129
相見 壽子 …………………… 43
青 美月 ……………………… 222
葵井 七輝 …………………… 201
葵 みちる …………………… 220
蒼井 優 …… 76, 281, 287, 293,
　296, 300, 304, 307, 313, 316
碧井 由美 …………………… 213
青井 禮子 …………………… 169
あおき あき ………………… 210
青木 功 ……………………… 56
青木 計世 …………………… 94
青木 琴美 …………………… 225
青木 寿賀子 ………………… 101
青木 純子 …………………… 231
青木 チエ …………………… 56
青木 俊子 …………………… 259
青木 智子 …………………… 170
青木 久子 …………………… 107
青木 秀道 …………………… 52
あおき 緑 …………………… 214
青木 由紀子 ………………… 110
青咲 ルイ …………………… 220
青本 純子 …………………… 231
青柳 匡美 …………………… 215
青山 歌子 ……………… 238, 242
青山 久枝 …………………… 37
青山 史 ……………………… 195
青山 光子 …………………… 164
赤石 路代 …………………… 210
赤木 和子 …………………… 241
赤木 春恵 …………………… 314

赤坂 真理 …………………… 185
赤澤 泉 ………………… 241, 243
赤澤 美智子 ………………… 206
明石 春枝 …………………… 106
明石 雅代 ……………… 263, 264
暁 ひさぎ …………………… 219
茜部 ……………………… 222
赤羽 由紀子 ………………… 52
赤水 照子 …………………… 42
赤嶺 千壽 …………………… 40
赤茂野菜組合 ……………… 121
阿川 佐和子 ………………… 65
阿川 泰子 …………………… 63
亜紀 ………………………… 214
阿木 燿子 ………… 57, 65, 305
秋池 玲子 …………………… 89
秋枝 蕭子 …………………… 40
秋枝 純 ……………………… 210
秋枝 千郷 ……………… 248, 249
秋里 和国 …………………… 210
秋月 志緒 …………………… 204
秋田 幸子 …………………… 41
秋田県横手市農業委員会
　……………………………… 128
秋田谷 愛子 ……… 247, 248, 255
暁兎 マイカ ………………… 206
秋野 不矩 …………………… 21
秋野 暢子 …………………… 285
秋葉 節子 …………………… 124
秋葉 草子 …………………… 217
秋本 彩子 ………… 262, 263, 265
秋元 一枝 …………………… 258
秋元 松子 …………………… 244
秋元 松代 …………………… 181
秋山 晶子 …………………… 109
秋山 あさの ………………… 175
秋山 をね …………………… 88
秋山 咲恵 …………………… 89
秋山 佐和子 ………………… 50
秋山 ちえ子 …………… 14, 323
秋山 秋梅 …………………… 135
秋山 菜津子 …………… 280, 281
秋吉 久美子 ……………… 65,
　285, 292, 297, 298, 302,
　303, 305, 310, 311, 316
秋吉 敏子 ……………… 13, 76
阿久津 智子 ………………… 109
圷 美奈子 …………………… 180
アクティブブレインズ …… 31

アグネス・チャン ………… 321
アグリウーマン中津川学校
　給食部会 …………………… 124
アグリおばん ……………… 125
アグリハウス菜っちゃん
　……………………………… 123
曙 はる ……………………… 219
曙太郎 ……………………… 56
朱間 ひとみ ………………… 217
上松 美香 …………………… 16
浅井 木実子 ………………… 264
浅生 法子 …… 246, 252, 254, 255
浅岡 美恵 ……………… 15, 21
浅岡 美恵 …………………… 42
朝丘 雪路 …………………… 64
浅丘 ルリ子 ………………… 63,
　66, 284, 292, 302, 310, 312
朝香 喜久子 ………………… 243
朝香 式 ……………………… 172
麻上 千鳥 …………………… 41
浅川 智恵子 …………… 87, 146
雅咲 光美 …………………… 213
朝前 みちる ………………… 205
あさぎり 夕 ………………… 207
朝倉 摂 ……………………… 15
朝倉 雅子 …………………… 271
浅倉 むつ子 …………… 16, 54
朝倉 ………………………… 128
朝倉 由希野 ………………… 171
麻田 茂都 …………………… 199
朝田 とも …………………… 222
浅田 美代子 ………………… 64
浅田 好未 …………………… 61
安里 英子 …………………… 34
浅野 温子 ………… 66, 71, 294
浅野 加寿子 ………………… 323
浅野 千恵 …………………… 54
浅野 紀子 ………… 252, 253, 257
浅野 ゆう子 …………… 71, 295
浅野 晧子 …………………… 277
浅羽 洋子 …………………… 258
朝原 宣治 …………………… 48
浅原 真弓 …………………… 108
朝比奈 愛子 ………………… 176
朝比奈 まり ………………… 234
朝吹 真理子 ………………… 76
浅海 敬子 …………………… 246
浅見 増子 …………………… 233
浅見 弥生 …………………… 218
麻実 れい ……………… 280, 281

浅見 れいな …………… 60	阿部 綾子 …………… 268	新井 タネ …………… 163
浅利 純子 …………… 12	安部 ケイ …………… 245	新井 千裕 …………… 188
浅利 妙峰 …………… 33	阿部 智左子 …………… 56	荒井 寛子 ……… 200, 201
アジア女性資料センター・	阿部 紀子 …………… 39	荒井 ますみ …………… 198
ユースグループ ……… 45	阿部 馳夫 …………… 130	新井 三重子 …………… 235
アジアの女性と子どもネッ	阿部 秀世 …………… 163	新井 光枝 …………… 234
トワーク …………… 20	阿部 昌子 …………… 152	荒井 緑 …………… 153
芦田 愛菜 …………… 318	阿部 雅司 …………… 56	荒金 久美 …………… 88
安次富 初子 …………… 41	阿部 光子 ……… 178, 181	荒川 あや …………… 160
芦野 友紀 …………… 212	阿部 都 …………… 127	荒川 晃市 …………… 56
芦野 由利子 ……… 12, 20	阿部 康子 …………… 43	荒川 佐知 …………… 56
芦原 瑞祥 …………… 171	阿部 玲子 …………… 95	荒川 静香 ……… 69, 75, 90
芦原 妃名子 ……… 215, 225	阿部 礼子 …………… 130	荒川 なつ …………… 220
阿砂利 好美 …………… 196	天川 すみこ …………… 213	荒川 裕理 …………… 22
阿純 弓子 …………… 212	天草町漁業協同組合婦人	荒木 かおり …………… 23
飛鳥 キトラ …………… 218	部 …………… 118	荒木 薫 ……… 264, 265
飛鳥 まり …………… 209	天児 奎子 …………… 250	荒木 淳 …………… 52
飛鳥田 みか …………… 206	天野 きい子 …………… 232	荒木 絢子 …………… 255
あずき 優里 …………… 222	天野 千尋 …………… 283	荒木 高子 …………… 261
梓 水稀 …………… 217	天野 寛子 …………… 54	荒木 智子 …………… 196
アステラス製薬 …………… 115	天野 麻穂 …………… 136	荒木 寿枝 …………… 163
小豆畑 孝 …………… 332	天海 敦子 …………… 245	荒木 約子 …………… 245
東 かをる …………… 214	天海 祐希 …………… 57,	荒木 喜美 …………… 230
東 ちづる …………… 323	65, 292, 304, 318, 319	荒武 タミ …………… 7
東 文恵 …………… 95	天海 りく …………… 205	荒谷 美智 …………… 146
東 恵美子 …………… 280	甘利 はるな …………… 287	新珠 三千代 ……… 283, 301, 309
阿澄 佳奈 ……… 290, 291	甘利 幸子 …………… 148	有尾 美奈子 …………… 243
安積 さや …………… 221	あまん きみこ …………… 20	有賀 公紀 …………… 210
畔地 里美 …………… 171	網野 菊 ……… 177, 178	有我 菘 …………… 212
畦道グループ食品加工組	安室 奈美恵 ……… 64, 274	有砂 悠子 …………… 177
合 …………… 124	あめく みちこ …………… 282	有澤 美枝子 …………… 142
麻生 かづこ …………… 199	雨宮 雅子 …………… 193	有路 富子 ……… 235, 237
麻生 久美子 ……… 289,	飴本 登之 …………… 194	ありす 実花 ……… 201, 202
295, 300, 304, 306, 307, 313	あやおり夢を咲かせる女性の	有田 直央 …………… 206
阿武 喜美子 …………… 145	会 …………… 31	有馬 真喜子 …………… 4
足立 幸子 …………… 265	綾香 清子 …………… 128	有村 五紀 …………… 212
安達 知子 …………… 169	綾華 ここな …………… 223	有森 しいら …………… 216
あだち 充 …………… 224	綾瀬 はるか … 76, 293, 304, 316	有森 裕子 ……… 12, 82
あだち みのり …………… 223	彩瀬 まる ……… 172, 183	有吉 佐和子 …………… 178
新 光江 …………… 313	綾瀬 りう …………… 216	有賀 喜代子 …………… 176
阿知波 悟美 …………… 281	彩戸 サイコ …………… 221	有賀 夏紀 …………… 54
渥美 雅子 …………… 40	綾戸 智絵 ……… 14, 84	アルコ …………… 209
阿藤 和子 ……… 240, 241	綾部 美知枝 …………… 12	淡路 恵子 ……… 301, 313, 315
阿南 まゆき …………… 219	鮎川 未緒 …………… 215	淡島 千景 ……… 297, 301, 309, 312
あにた ゆん …………… 215	荒井 悦子 …………… 38	粟島 漣 …………… 228
アニマル浜口 …………… 56	新井 悦子 …………… 197	粟津 キヨ ……… 25, 54
あばん亭 …………… 122	新井 貞子 …………… 193	粟田 麗 …………… 316
油谷 裕子 …………… 261	新井 里美 …………… 291	OurPlanet-TV …………… 29
阿部 彩 …………… 18	新井 順子 …………… 87	杏 ……… 58, 68, 75, 318, 319
阿部 彩子 …………… 139		

安西 篤子 …………… 179	五十嵐 みえ …………… 217	石井 節子 …………… 41
安齋 さと子 …………… 130	井川 成子 …………… 315	石井 晴子 …………… 251
安齋 忠作 …………… 130	井川 遥 ………… 73, 298	石井 英子 …………… 10
安西 ひろこ …………… 67	活き生きネットワーク … 31	石井 ふく子 …………… 321
安藤 和津 …………… 48	行きまっせ!消費者啓発グ	石井 美恵子 …………… 94
安藤 サクラ …………… 287, 289, 299, 304, 307, 314	ループ「てくてく」…… 32	石井 道子 …………… 145
	いくえみ 綾 …… 209, 225	石井 睦美 …………… 198
杏堂 まい …………… 222	生島 ゆう …………… 211	石井 幹子 …………… 12
安藤 麻衣子 …………… 267	幾瀬 マサ …………… 145	石井 モモコ …………… 206
安藤 まさ子 …………… 161	生田 和恵 …………… 193	石岡 弘子 …………… 161
安藤 美姫 ……… 69, 76	生田 静美 …………… 239	石垣 靖子 …………… 11
安東 みきえ …………… 199	井口 純子 …………… 202	石垣 りん …………… 181
安藤 優子 …………… 64	井口 冨美子 …………… 211	石頭 悦 …………… 110
安藤 由紀子 …………… 200	井口 保子 …………… 320	石神 悦子 …………… 196
安藤 愉理 …………… 267	池内 琴子 …………… 235	石川 亜沙美 ‥ 58, 70, 74, 75, 77
安藤 玲子 …………… 232	池内 淳子 …………… 281	石川 逸子 …………… 35
	池上 季実子 …… 57, 63, 67	石川 えり子 …………… 232
【い】	池上 静 …………… 262	石川 和枝 …………… 140
	池上 千寿子 …………… 16	石川 君子 …………… 278
	池亀 万紀 …………… 243	石川 幸千代 …………… 106
李 愚貞 …………… 6	池川 順子 …………… 40	石川 さゆり ……… 63, 275
李 修京 …………… 34	池川 玲子 …………… 26	石川 ハミ …………… 262
李 順愛 …………… 54	池沢 理美 …………… 208	石川 秀美 …………… 56
イ・ヨンスク …………… 4	池田 香代子 …………… 86	石川 不二子 …………… 189
李 寧熙 …………… 35	池田 敬子 ……… 15, 263	石川 澪子 …………… 262
伊井 純子 …………… 323	池田 啓子 …………… 148	石川 三千花 …………… 314
飯島 直子 …………… 63	池田 章子 …………… 85	石川 由依 …………… 291
飯島 ユキ …………… 49	池田 治子 ……… 105, 106	石川 裕子 ……… 262, 264
飯塚 信子 …………… 121	池田 はるみ …………… 191	石川 ヨシ子 …………… 233
飯田 紀美子 …………… 238	池田 満寿夫 …………… 56	石倉 郁美 ‥ 253, 254, 256, 257
飯田 教子 …………… 264	池田 美香 …………… 128	石黒 不二代 …………… 92
飯田 桂子 …………… 86	池田 守男 …………… 42	石毛 智子 …………… 200
飯田 幸子 …………… 127	池田 有希子 …………… 281	石崎 道子 …………… 238
飯田 佐和子 …………… 202	池田 陽子 …………… 128	石澤 由香子 …………… 212
飯田 典子 …………… 242	池田 里衣子 …………… 142	石津 綾子 …………… 143
飯田 美加 …………… 110	池波 志乃 …………… 57	いしだ あゆみ …………… 285, 288, 294, 303, 305, 306, 311
飯田 裕子 …………… 270	池ノ辺 直子 …………… 315	
飯田雀のお宿「まゆの会」 …………… 126	池坊 由紀 …………… 23	石田 えり ‥ 295, 300, 306, 311
伊井出 宵 …………… 222	池森 敦子 …………… 143	石田 純一 …………… 77
飯豊 深雪 …………… 186	池脇 千鶴 …… 286, 300, 307	石田 瀬々 …………… 172
飯山市農村女性団体連絡会 …………… 118	生駒 京子 …………… 34	石田 友子 …………… 109
	生駒 幸子 …………… 260	石田 ひかり ‥ 52, 285, 299
家永 香織 …………… 180	為郷 緋紗子 ……… 232, 239	石田 ひろ子 ……… 258, 259
いかい みつえ …………… 196	IZAM …………… 67	石田 瑞穂 …………… 138
五十嵐 麻子 …………… 94	伊佐山 ひろ子 …………… 284	石田 都 …………… 41
五十嵐 和恵 …………… 263	井澤 美穂子 ……… 242, 243	石田 ゆり子 …………… 63
五十嵐 久美子 …………… 323	石井 明子 …………… 234	石田 米子 …………… 55
五十嵐 しづ子 ……… 233, 234	石井 伊久子 ……… 239, 240	石田 リンネ …………… 204
	石井 幸代 …………… 243	石田尾 博夫 …………… 43
	石井 志保子 …………… 138	

石巻復興支援ネットワーク やっぺす石巻 …………… 45	一条 ゆかり ………… 76, 207	伊藤 昇 ………………… 130
石橋 幸緒 ………………… 79	市田 ひろみ ……………… 20	伊藤 弘子 ……………… 198
石橋 幸子 …… 246, 248, 251	一ノ蔵 トメ子 ………… 205	伊藤 博子 ………… 250, 256
石橋 志う ……………… 163	一の瀬 綾 ……………… 181	伊藤 弘美 ……………… 106
石原 一子 ………………… 7	一初 さつき …………… 217	伊藤 比呂美 …………… 185
石原 夏織 ……………… 291	市原 悦子 ………… 64, 280, 281, 289, 295, 316	伊藤 雅子 ………………… 7
石原 さとみ …… 69, 74, 76	市原 ゆうき …………… 221	伊東 昌子 ……………… 157
石原 奈津子 ……………… 31	市村 順子 ………………… 35	伊藤 まち子 …………… 127
石原 幸子 ……………… 168	一文字 祐子 ……………… 37	伊東 茉波 ……………… 221
石松 照代 ……………… 212	伊調 馨 …………………… 76	伊藤 檀 ………………… 201
石丸 晶子 ……………… 184	伊調 千春 ………………… 22	伊東 美咲 …………… 65, 82
石牟礼 道子 ………… 18, 185	一路 真輝 ……………… 281	伊藤 瑞恵 ……………… 196
石母田 れい子 ………… 125	樹 なつみ ……………… 208	伊藤 みちよ …… 266, 267, 268
石本 和子 ……………… 128	IKKO ……………………… 68	伊藤 みつ ……………… 244
石本 モコ ……………… 245	逸崎 いつ子 …………… 263	伊藤 光子 ……………… 176
石山 純恵 ……………… 111	一色 紗英 ……………… 286	伊藤 美穂子 …………… 262
石山 利沙 ……………… 200	一尺屋上浦婦人営農集団 ……………………… 118	伊藤 深雪 ……………… 214
維住 玲子 ……………… 177	一本木 えみこ …… 97, 116	伊藤 有子 ……………… 21
和泉 かねよし ………… 225	井積 みつ ……………… 216	伊藤 悶 ………………… 211
泉 月乃 ………………… 217	出田 基子 ……………… 130	伊藤 幸恵 ……………… 174
和泉 真紀 ……………… 201	出田 義国 ……………… 130	伊藤 行子 ………… 238, 239
泉谷 美津子 …………… 125	井手野加工グループ … 120	伊藤 由美 ………………… 11
伊勢 悦子 ……………… 41	イデル、ロフサンダンサン ……………………… 3	伊藤 蘭 ………………… 293
伊勢志摩海女小屋体験 … 121	イトー・ターリ ………… 29	伊藤 莉沙 ……………… 186
磯 紀美子 ………… 242, 243	いと ようこ …………… 227	伊藤 理佐 ……………… 208
磯野 和子 ……………… 271	伊藤 敦子 ……………… 263	伊藤 礼子 ……………… 243
磯野 恭子 …………… 9, 320	伊藤 育子 … 255, 256, 257, 258	糸賀 美賀子 …………… 198
磯辺 サタ ………………… 18	伊藤 かな恵 ……… 290, 291	糸川 結 ………………… 220
磯辺 さち子 …………… 250	伊藤 君子 …… 252, 253, 255	糸田 玲子 ……………… 246
礒部 幸江 ………………… 47	伊藤 恭子 ……………… 143	糸林 薫 ………………… 324
磯山 晶 ………………… 324	Ito,Kiyomi ……………… 158	糸屋 和恵 ……………… 192
磯山 久美子 ……………… 27	伊藤 久美子 …………… 110	稲垣 あゆみ ……………… 95
井田 善子 ……………… 269	伊藤 恵子 ……………… 130	稲垣 千代子 …………… 165
板倉 美智子 …………… 271	伊藤 このみ …………… 212	稲崎 栄利子 …………… 266
板野 友美 …………… 62, 68	伊藤 さかえ ……………… 21	稲田 美乃里 … 248, 249, 252
板見 陽子 ……………… 331	伊東 サダ子 ……………… 30	稲田 みのり …………… 249
板谷 由夏 ……………… 313	伊藤 さなゑ ……………… 42	稲田 明理 ……………… 148
一井 かずみ …………… 217	伊藤 紫虹 ………………… 20	稲葉 京子 ………… 189, 193
市岡 康子 ……………… 321	伊藤 秀紅 ……………… 233	稲葉 祥子 ……………… 171
市川 温子 ………… 152, 154	伊藤 淳子 ……………… 201	稲葉 真弓 ………… 176, 179
市川 和美 ………… 261, 262	伊東 順子 ……………… 269	稲葉 美佐子 …………… 161
市川 夏子 ……………… 267	伊藤 節子 ………………… 37	稲葉 悠子 ……………… 212
市川 温子 ……………… 182	伊藤 民子 ……………… 235	井波 和子 ……………… 265
市川 弘子 ……………… 270	伊藤 千賀子 …………… 168	稲見 潤子 ……………… 241
市川 房枝 ………………… 7	伊藤 巴子 ……………… 277	稲森 いずみ ………… 73, 319
市川 リウ ……………… 240	伊藤 友美 ………………… 37	乾 東里子 ……………… 176
一倉 知未 ……………… 241	伊東 直子 ……………… 133	乾 由香 ………………… 109
一条 ふみ ………………… 35		犬海 コロ ……………… 222
		井野 和子 ……………… 103

338 女性の賞事典

井野 陽子 ……………… 231
稲生 襄 ………………… 161
井上 昭正 ……………… 52
井上 荒野 ……………… 181
井上 いほり …………… 33
井上 茅那 ……………… 186
井上 佳由理 …………… 266
井上 喜久子 …………… 290
井上 禧美子 ……… 239, 240
井上 清美 ……………… 44
井上 幸子 ……………… 278
井上 瑞基 ……………… 201
井上 耐子 ……………… 43
井上 千鶴子 …………… 231
井上 豊萌 ……………… 171
井上 信幸 ……………… 130
井上 真央 …… 68, 296, 317, 319
井上 真梨子 …………… 200
井上 三千子 …………… 21
井上 光子 ……………… 21
井上 満紀 ……………… 201
井上 由香 ……………… 210
井上 ユキエ …………… 130
井上 由美 ……………… 47
井上 由美子 …………… 87
井上 よう子 …………… 229
井上 洋子〔画家〕 …… 239
井上 洋子 ……………… 331
井上 佳美 ……………… 269
井上 るり子 …………… 267
井上 和香 ………… 58, 67
猪口 邦子 ……………… 15
井野瀬 久美惠 ………… 26
伊波 伊々子 …………… 186
伊原 昭 ………………… 17
井原 理代 ……………… 42
茨城県立水戸第二高等学
　校 …………………… 156
伊吹 裕子 ……………… 134
伊部 京子 …………… 10, 20
今井 絵理子 …………… 51
今井 和子 ……………… 280
今井 恭子 ………… 186, 199
今井 けい ……………… 25
今井 幸代 ……………… 23
今井 静子 ……………… 237
今井 園子 ……………… 216
Imai, Teruko …………… 158
今井 信子 ……………… 12
今井 ハル子 …………… 243

今井 美樹 ………… 51, 63, 71
今井 通子 ……………… 7
今泉 のり子 …………… 265
今栄 東洋子 …………… 147
今川 敦子 ……………… 41
今川 繁子 ………… 251, 255
今津 朋子 ………… 279, 280
今田 陽子 ……………… 267
今西 未来 ……………… 143
井村 千鶴子 …………… 320
井利 順子 ……………… 270
入江 一子 ……………… 244
入江 英子 ……………… 269
入江 裕子 ……………… 260
いろいろアグリ ……… 121
岩井 志麻子 …………… 182
岩井 如雪 ……………… 20
岩井 洋子 … 254, 255, 256, 258
岩井 まつよ …………… 322
岩井 万祐子 …………… 33
岩井 玲奈 ……………… 155
岩岡 ひとみ …………… 33
岩上 智恵子 …… 234, 235, 236
岩木 潤子 ……………… 37
岩國 哲人 ……………… 53
岩倉 百合子 …………… 143
岩倉 暢子 ……………… 96
岩越 栄子 ……………… 150
岩越 博子 ……………… 262
岩佐 郁子 ……………… 42
岩阪 恵子 ……………… 185
岩崎 加根子 …………… 280
岩崎 民子 ……………… 145
いわさき ちひろ ……… 231
岩崎 昌子 ……………… 152
岩崎 和佳子 …………… 160
岩下 志麻 …… 63, 65, 284,
　292, 294, 302, 305, 310, 311
岩下 みどり …………… 198
岩田 一二三 …………… 209
岩田 康子 ……………… 99
岩館 真理子 …………… 208
岩谷 可奈子 …………… 326
岩永 敬子 ……………… 272
岩浪 圭子 ………… 235, 236
岩根 忍 ………………… 80
岩橋 邦枝 ………… 179, 185
岩橋 昌美 ……………… 177
岩間 暁子 ……………… 25

岩宮 陽子 ……………… 88
岩村 よし子 …………… 232
岩本 幾久子 …………… 265
岩本 恭子 ……………… 269
岩本 鈴子 ……………… 231
岩本 ナオ ……………… 225
岩森 道子 ……………… 332
インタヴォン, チャンタソ
　ン ……………………… 6

【う】

Venus One（ヴィーナス ワ
　ン）…………………… 31
ウィメンズセンター大阪
　…………………… 20, 54
ウィメンズネットこうべ
　…………………………… 20
ヴィンネル, マリールイズ
　………………………… 232
上浦 玲子 ……………… 232
上崎 僚子 ……………… 216
上貞 良江 ……………… 320
植嶋 由衣 ……………… 332
上杉 孝實 …………… 24, 43
上田 薫 ………………… 133
上田 喜志子 …………… 41
植田 貴世子 ………… 31, 99
植田 桐加 ……………… 156
上田 欽悟 ……………… 130
植田 恵子 ……………… 328
上田 さえ子 …………… 130
上田 隆行 ………… 263, 264
上田 俊衣 ……………… 219
上田 初美 ……………… 80
上田 久乃 ……………… 268
上田 真由美 …………… 134
うえだ 美貴 …………… 218
植田 道子 ……………… 210
上田 美和 ……………… 208
植田 恭代 ……………… 180
上田 理恵子 …………… 99
上戸 彩 ………………… 58,
　64, 67, 70, 74, 76, 77, 82
上野 明美 ……………… 272
上野 カナエ …………… 130
上野 絹子 ……………… 125
上野 恵子 ……………… 196

上野 樹里	……	76, 317, 319
上野 登	……	130
上野 壽子	……	162
上野 裕美	……	132
上野 ふみ子	……	231
上野 賢美	……	108
上野 由岐子	……	76, 82, 92
上野 洋子	……	238
上原 彩子	……	86
上原 多香子	……	64
上原 ひろみ	……	76
上原 三千	……	103
上村 愛子	……	57
上村 千賀子	……	49
上村 とみ子	……	262
上村 フミコ	……	200
植和田 英子	……	21, 124
魚住 由紀	……	329
浮田 久子	……	36
宇崎 竜童	……	57
宇佐美 明美	……	258, 259
宇佐美 真紀	……	216
潮田 眞弓	……	171
牛来 千鶴	……	108, 112
宇治市消防団あさぎり分団	……	22
碓井 ユウ	……	227
渦浦漁業協同組合女性部	……	120
宇田 とうか	……	218
宇田川 清江	……	325
宇田川 幸子	……	198
宇多田 ヒカル	……	273
うたたねの里いっぷく亭	……	120
内潟 安子	……	166
うちこグリーンツーリズム協会	……	121
内柴 静子	……	246, 249, 250
内田 さやか	……	144
内田 奈織	……	22
内田 ひろ子	……	14
内田 真礼	……	291
内田 雅克	……	27
内田 有紀	……	71, 276, 298, 300
内舘 牧子	……	322
内出 幸美	……	88
内永 ゆか子	……	43
内野 典子	……	241
内村 和	……	171

内山 いほ子	……	314
内山 聖子	……	326
内山 弘紀	……	330
内山 昌	……	247
内山 理名	……	69
うつい工房	……	126
宇津木 妙子	……	42, 85
宇津木 美紀子	……	201
宇都宮 貞子	……	9
内海 洋江	……	270
うつみ 宮土理	……	48, 56
うないフェスティバル'85	……	321
宇野 千代	……	177, 178
宇乃 つかさ	……	206
姥山 寛代	……	8
馬面 善子	……	183
海月 未来	……	215
羽海野 チカ	……	208
海野 博子	……	247
海埜 ゆうこ	……	216
梅木 あゆみ	……	32
梅沢 圭子	……	239, 241
梅沢 昌代	……	280
ウメダ シズル	……	221
梅内 敏浩	……	53
梅内 美華子	……	188, 190
梅原 育子	……	268
梅原 ひまり	……	21
梅宮 アンナ	……	63, 67
梅宮 クラウディア	……	56
梅宮 辰夫	……	56
梅村 栄子	……	261
梅本 依里	……	268
梅本 恵子	……	128
梅本 マリ子	……	235, 238, 239
宇山 翠	……	173
浦 久美子	……	120
浦河 奈々	……	190
浦川 嘉子	……	108
浦坂 リカ	……	217
浦沢 直子	……	240
浦西 桂子	……	237
浦松 香津子	……	39
浦本 直美	……	217
瓜生 花子	……	216
瓜生 裕美子	……	210
海野 フミ子	……	31

【え】

榮倉 奈々	……	60, 300
江川 晴	……	331
江口 洋介	……	48
江國 香織	……	181, 185, 198
エコトラック	……	100
江崎 貴久	……	32
江刺 昭子	……	181
江尻 省	……	23
エスペランスグループ	……	126
江角 マキコ	……	51, 65, 72, 319
AWS女性シェルター	……	20
越前 文子	……	110
エド・はるみ	……	76
江藤 あさひ	……	186
江夏 美好	……	181
江波 杏子	……	284, 313
江成 久子	……	249
NEC	……	51
NTTソフトウェア	……	114
NTTデータ	……	51
NPOカタリバ	……	32
グリーンコンシューマー高松	……	32
江野 和代	……	212
榎本 真理子	……	198
江幡 清	……	52
海老澤 香織	……	91
蛯子 良子	……	128
海老名 美どり	……	56
海老根 真琴	……	155
江平 洋巳	……	216
FMながおか	……	324
FMゆきぐに	……	324
FGM廃絶を支援する女たちの会	……	19
えぷろんおばさん	……	118
江部 喜久子	……	252, 253, 256, 257
江見 絹子	……	244
恵美 加子	……	261
ゑむ	……	227
江村 利雄	……	56
江村 登美子	……	56
江本 菜穂	……	22
江守 マリ子	……	254,

                                                              255, 256, 257
江里 佐代子 ‥‥‥‥‥‥‥ 21
エルダー, ウィリアム・M.
  ‥‥‥‥‥‥‥‥‥‥‥‥ 53
圓城 三花 ‥‥‥‥‥‥‥‥ 21
円地 文子 ‥‥‥‥‥‥ 177, 178
遠藤 彰子 ‥‥‥‥‥‥‥‥ 248,
                             249, 251, 252, 271
遠藤 綾 ‥‥‥‥‥‥‥‥‥ 290
遠藤 織枝 ‥‥‥‥‥‥‥‥ 10
遠藤 恵子 ‥‥‥‥‥‥‥‥ 43
遠藤 寿美子 ‥‥‥‥‥‥‥ 21
遠藤 貴子 ‥‥‥‥‥‥‥‥ 95
遠藤 千咲 ‥‥‥‥‥‥‥‥ 91
遠藤 誉 ‥‥‥‥‥‥‥‥‥ 331
遠藤 宮子 ‥‥‥‥‥‥‥‥ 42
園藤 祐子 ‥‥‥‥‥‥‥‥ 103
遠藤 由季 ‥‥‥‥‥‥‥‥ 190
塩冶 友未子 ‥‥‥‥‥ 266, 267

【お】

オー・ジョンヘ ‥‥‥‥‥ 297
呉 美保 ‥‥‥‥‥‥‥‥‥ 298
オアシスグループ ‥‥‥‥ 119
及川 あや ‥‥‥‥‥‥‥‥ 217
及川 久仁江 ‥‥‥‥‥‥‥ 117
及川 秀子 ‥‥‥‥‥‥‥‥ 113
及川 麻衣 ‥‥‥‥‥‥‥‥ 316
及川 マチコ ‥‥‥‥‥‥‥ 218
逢坂 みえこ ‥‥‥‥‥‥‥ 208
逢坂 麗 ‥‥‥‥‥‥‥‥‥ 37
旺司 朋子 ‥‥‥‥‥‥‥‥ 220
邑楽町農畜産物処理加工施
  設利用組合(邑楽町あいあい
  センター利用組合)‥‥‥ 120
王里 恵 ‥‥‥‥‥‥‥‥‥ 218
大石 亜紀子 ‥‥‥‥‥‥‥ 93
大石 佳能子 ‥‥‥‥‥‥‥ 90
大石 静 ‥‥‥‥‥‥‥‥‥ 325
大石 芳野 ‥‥‥‥‥‥‥‥ 17
大出 陽子 ‥‥‥‥‥‥‥‥ 127
大内 愛美 ‥‥‥‥‥‥‥‥ 207
大内 美紀 ‥‥‥‥‥‥‥‥ 39
大内りんどう生活改善グルー
  プ ‥‥‥‥‥‥‥‥‥‥ 118
大浦 みずき ‥‥‥‥‥‥‥ 281
大江 世津子 ‥‥‥‥‥‥‥ 106

大岡 静衣 ‥‥‥‥‥‥‥‥ 142
大岡 理恵 ‥‥‥‥‥‥‥‥ 328
大川 くみ子 ‥‥‥‥‥‥‥ 37
大川 陽子 ‥‥‥‥‥‥‥‥ 242
大木 直子 ‥‥‥‥‥‥‥‥ 44
おおぎやなぎ ちか ‥‥‥‥ 202
大串 裕子 ‥‥‥‥‥‥‥‥ 155
大楠 道代 ‥‥‥‥‥‥‥‥ 285,
                             286, 292, 294, 304, 313, 314
大口 玲子 ‥‥‥‥‥‥‥‥ 187
大久保 為世子 ‥‥‥‥‥‥ 230
大久保 佳代子 ‥‥‥‥‥‥ 76
大久保 久子 ‥‥‥‥‥‥‥ 40
大久保 瑠美 ‥‥‥‥‥‥‥ 291
大熊 智子 ‥‥‥‥‥‥‥‥ 198
大隅 正子 ‥‥‥‥‥‥ 138, 146
大熊 由紀子 ‥‥‥‥‥‥‥ 145
大後 寿々花 ‥‥‥‥‥‥‥ 298
大坂 千恵子 ‥‥‥‥‥‥‥ 171
大崎市農業委員会 ‥‥‥‥ 129
大窄 マリアナ・今日美 ‥ 159
大笹 いづみ ‥‥‥‥‥‥‥ 97
大澤 志津江 ‥‥‥‥‥‥‥ 136
大沢 奈央 ‥‥‥‥‥‥‥‥ 227
大沢 真木子 ‥‥‥‥‥‥‥ 167
大沢 真理 ‥‥‥‥‥‥‥‥ 54
大下 みなみ ‥‥‥‥‥‥‥ 213
大信田 樹 ‥‥‥‥‥‥ 251, 252
大島 香織 ‥‥‥‥‥‥‥‥ 49
大島 千代子 ‥‥‥‥‥‥‥ 330
大島 智子 ‥‥‥‥‥‥‥‥ 133
大島 渚 ‥‥‥‥‥‥‥‥‥ 323
大島 まり ‥‥‥‥‥‥‥‥ 152
大島 ミチル ‥‥‥‥‥‥‥ 315
大島 美幸 ‥‥‥‥‥‥‥‥ 48
大島 泰子 ‥‥‥‥‥‥‥‥ 229
大島 優子 ‥‥‥‥‥‥ 66, 70, 81
大城 マリエ ‥‥‥‥‥‥‥ 206
大杉 幸江 ‥‥‥‥‥‥‥‥ 263
大澄 賢也 ‥‥‥‥‥‥‥‥ 56
大関 キン ‥‥‥‥‥‥‥‥ 42
太田 茜 ‥‥‥‥‥‥‥‥‥ 143
太田 亜矢子 ‥‥‥‥‥‥‥ 266
太田 清子 ‥‥‥‥‥‥‥‥ 23
太田 朋子 ‥‥‥‥‥‥‥ 9, 138
太田 真里子 ‥‥‥‥‥‥‥ 220
大田 洋子 ‥‥‥‥‥‥‥‥ 177
大平 恵 ‥‥‥‥‥‥‥‥‥ 117
大滝 和子 ‥‥‥‥‥‥‥‥ 191
大瀧 雅世 ‥‥‥‥‥‥‥‥ 157

大竹 蚕 ‥‥‥‥‥‥‥‥‥ 217
大竹 邦子 ‥‥‥‥‥‥‥‥ 199
大竹 しのぶ ‥‥‥‥‥‥‥ 65,
                   76, 280, 281, 282, 284, 285,
                        288, 289, 292, 294, 295,
                   299, 303, 305, 306, 312, 316
大竹 友子 ‥‥‥‥‥‥‥‥ 36
大谷 千恵子 ‥‥‥‥‥‥‥ 241
大谷 直子 ‥‥‥‥‥‥‥‥ 284
大谷 華代 ‥‥‥‥‥‥‥‥ 220
大谷 藤子 ‥‥‥‥‥‥ 177, 178
大津 孝子 ‥‥‥‥‥‥‥‥ 202
大塚 聡子 ‥‥‥‥‥‥‥‥ 18
大塚 章子 ‥‥‥‥‥‥‥‥ 253
大塚 貴絵 ‥‥‥‥‥‥‥‥ 201
大塚 寧々 ‥‥‥‥‥‥ 66, 313
大塚 ひさ江 ‥‥‥‥‥ 266, 267
大塚 陽子 ‥‥‥‥‥‥‥‥ 189
大塚 玲奈 ‥‥‥‥‥‥‥‥ 109
大槻 みち子 ‥‥‥‥‥‥‥ 37
大坪 順子 ‥‥‥‥‥‥‥‥ 129
大坪 久子 ‥‥‥‥‥‥‥‥ 147
鳳 鏡 ‥‥‥‥‥‥‥‥‥‥ 199
鳳 聖羅 ‥‥‥‥‥‥‥‥‥ 213
鳳 蘭 ‥‥‥‥‥‥‥‥‥‥ 281
大成 あつみ ‥‥‥‥‥ 235, 236
大縄 久恵 ‥‥ 231, 234, 236, 237
大西 亜雅紗 ‥‥‥‥‥‥‥ 328
大西 生余子 ‥‥‥‥‥‥‥ 271
大西 智子 ‥‥‥‥‥‥‥‥ 171
大西 民子 ‥‥‥‥‥‥‥‥ 192
大西 なおみ ‥‥‥‥‥‥‥ 155
大貫 映子 ‥‥‥‥‥‥‥‥   8
大沼 ミヨコ ‥‥‥‥‥‥‥ 217
大野 麻子 ‥‥‥‥‥‥‥‥ 197
大野 涼 ‥‥‥‥‥‥‥‥‥ 138
大野 圭子 ‥‥‥‥‥‥‥‥ 201
大野 聖子 ‥‥‥‥‥‥‥‥ 143
大野 孝子 ‥‥‥‥‥‥‥‥ 267
大野 庸子 ‥‥‥‥‥‥‥‥ 40
大野 照子 ‥‥‥‥‥‥‥‥ 161
大野 みつ子 ‥‥‥‥‥ 255, 257
大野 靖子 ‥‥‥‥‥‥‥‥ 321
大庭 千佳 ‥‥‥‥‥‥‥‥ 197
大庭 みな子 ‥‥‥‥‥ 178, 185
大橋 敦子 ‥‥‥‥‥‥‥‥ 190
大橋 恭子 ‥‥‥‥‥‥‥‥ 143
大橋 弘枝 ‥‥‥‥‥‥‥‥ 280
大橋 弘子 ‥‥‥‥‥‥ 257, 258

大橋 史恵	55	小笠原 みどり	3
大橋 松	40	小笠原 緑	237
大濱 妃紗	217	岡山市農業協同組合建部	
大林 道子	54	ピーマン部会	123
大原 一枝	146, 167	岡嶌 偉久子	180
大原 加津子	171	岡田 淳子	41
大原 啓	202	岡田 菊恵	250
大原 さやか	291	岡田 圭子	92
大原 富枝	177, 178	緒方 世喜子	41
大原 由記子	173	岡田 節子	231, 244
大原 麗子	315	緒方 文江	161
大原 れいこ	324	岡田 真貴	217
大原 れいら	266	岡田 眞理子	240
大日方 妙子	331	岡田 茉莉子	284, 309
大日向 雅美	15	尾形 実生	36
大平 トシエ	41	岡田 充子	246
大平 光代	85	岡田 翠	197
大程 幸子	126	岡田 都子	265
大堀 和子	108	岡田 由紀	142
大堀 由美	267	尾方 美子	39
大政 絢	59, 319	岡野 とし子	128
大亦 みゆき	266	岡野 マチエ	246, 247, 248, 251, 253
大見 真子	202		
大道 あや	248, 249	岡野 玲子	224
大村 はま	8	岡村 恵美子	134
大村 ひさゑ	159	岡村 かな	201
大森 安恵	163	岡村 正	43
大森 黎	331	岡村 有貴	218
大矢 風子	201	小鴨 梨辺華	22
大柳 喜美枝	199	岡本 綾	319
大矢根 綾子	153	岡本 歌子	145, 163
大藪 順子	29	岡本 悦子	243
大山 のぶ代	324	岡本 恵子	242
大山 のり子	238, 239, 240	オカモト サトル	227
大山 比砂子	196	岡本 純江	328
大脇 道代	324	岡本 眸	191
大和田 タダ子	248, 249	岡本 みち子	231
大和田 暢子	330	岡本 みね子	314
大和田 規子	255, 259	岡本 幸恵	268
大和田 獏	48	丘山 エリ	219
岡井 仁子	264	緒川 綾	220
岡井 満子	186	小川 イチ	231
岡江 久美子	48, 324	小川 薫	132
小垣 みづ	227	小川 君子	37
岡崎 朋美	52	小川 純子	267
おかざき 真苗	216	小川 孝子	244
岡崎 美紀子	110	小川 ツヤ	21
岡沢 真知子	195	小川 利子	269
小笠原 悦子	15	小河 範子	263
		小川 真由美	284, 292, 294, 305
		小川 真理子	47
		小川 美知	102
		小川 弥栄子	331
		小川 彌生	208
		尾川 裕子	186
		小川 美篤	202
		小川 義美	86
		小川 善美	86
		荻上 直子	298
		奥菜 恵	69
		沖中 恵美	197
		沖野 智津子	331
		荻野 万寿子	264
		荻野 真昼	175
		荻野 美穂	26
		荻野目 慶子	313
		沖藤 典子	42
		荻原 栄子	254
		荻原 恵子	331
		荻原 まひろ	210
		奥 キヌ子	89
		奥 ちえみ	216
		奥田 瑛二	48
		奥田 知子	264, 267
		奥田 昌美	331
		奥田 八重子	231, 235
		奥野 史子	21, 48
		奥野 美代子	33
		奥原 弘美	202
		奥間 邦子	109
		奥村 澄枝	39
		奥村 幸恵	128
		奥村 理英	186
		奥山 榮	21
		小倉 幸子	262
		小椋 新之助	204
		小倉 弘子	173
		オークローン マーケティング	114
		尾崎 衣良	218
		尾崎 左永子	193
		尾崎 武	253
		尾崎 美紀	199
		尾崎 美和子	148
		尾崎 玲子	266
		長田 千鶴子	314
		尾里 多湖	210
		長内 さゆり	258
		小山内 美江子	14, 323

小山内 美喜子 ……… 125	小原 裕美 ……… 237, 238	カウマイヤー 香代子 … 330
長内 侑子 ……………… 146	小原 麻由美 …………… 197	嘉悦 康人 ……………… 53
小沢 真珠 ……………… 60	小原 睦代 ……………… 156	蛙田 みかん …………… 222
小沢 真理 ……………… 208	緒原 凛 ………………… 201	花生里 ………………… 218
押尾 由紀子 …………… 329	帯 正子 ………………… 176	香瑠鼓 ………………… 14
押切 もえ ……………… 81	大日方 邦子 …………… 16	加賀 まりこ ………… 285,
押月 禄 ………………… 204	おふくろ会 …………… 119	293, 302, 314
鷲淵 紹子 ……………… 21	小布施町風の会 ……… 125	香川 綾 ……………… 8, 160
押山 美知子 …………… 27	小渕 優子 ……………… 50	香川 京子 …………… 285,
小津 はるみ …………… 195	小俣 喜久子 …………… 160	295, 297, 298, 303, 312, 315
小塚 あきら …………… 222	小俣 裕子 ……………… 242	香川 ヒサ ……………… 191
織田 彩子 ………… 245, 246	穂実 あゆこ …………… 210	香川 祐美 ……………… 210
織田 静香 ……………… 106	小村 悦子 ……………… 41	柿崎 育子 ……………… 135
小田 時哉 ……………… 212	重石 晃子 …… 248, 252, 254	柿本 多映 ……………… 187
織田 仁美 ……………… 270	小山田 和子 ……… 238, 239	鍵山 真由美 …………… 198
小田 泰子 ……………… 169	織部 圭子 ……………… 170	賀来 敦子 ……………… 310
小田 有希子 …………… 196	織部 るぴ ……………… 171	加来 絢子 ……………… 247
小高 千枝 ……………… 252	おろしジャコ ………… 212	加来 安代 ……………… 196
小高 みち代 …………… 213	尾張中央農業協同組合グ	楽四季舎 ……………… 119
小田垣 かすみ ………… 263	リーンセンター春日井産直部	角田 光代 ……………… 182
小田嶋 良 ……………… 39	会 …………………… 120	覚道 奈津子 …………… 155
オダマキ ……………… 222	音田 昌子 ……………… 41	角本 典子 ……………… 41
落合 恵美子 …………… 54	恩田 美千代 ……… 255, 257	加倉 りわ ……………… 215
落合 恵子 ………… 13, 322	恩田 弥生 ……………… 136	影山 光子 ……………… 241
落合 信子 ……………… 56	女たちの現在を問う会 … 54	華工房ブーケ ………… 118
落合 博満 ……………… 56	女のスペース・おん … 19	葛西 由志香 …………… 212
落合 洋子 ……………… 330	女のスペース・にいがた	笠岡湾干拓酪農婦人部 … 118
落合 稜子 ……………… 247	……………………… 20	笠原 かずみ …………… 214
音森 春湖 ……………… 221		風原 末玄 ……………… 227
乙羽 信子 ………… 286,	【 か 】	笠間 由紀子 …………… 193
289, 295, 301, 302, 310, 312		風視 のり ……………… 175
小沼 みどり …………… 315	甲斐 映子 ……………… 233	風守 いなぎ …………… 227
小根山 千歳 …………… 153	甲斐 カズ子 …………… 42	梶 芽衣子 …………… 284,
小野 和子 ………… 252, 253	改井 貞子 ……………… 231	302, 305, 306, 311
小野 奈々 ……………… 117	甲斐 智美 ……………… 80	鍛冶 ゆう子 …………… 265
小野 春生 ……………… 160	甲斐 仁代 ……………… 245	鍛冶 怜奈 ……………… 140
小野 弥夢 ……………… 207	貝賀 智子 ……………… 217	香椎 由宇 ………… 316, 319
尾野 真千子 ………… 76, 318	貝塚 やす子 ……… 251, 253	梶川 ゆり子 …………… 111
オノ・ヨーコ …………… 76	かいだ 伽名 …………… 221	加治木 紀子 …………… 86
小野上 明夜 …………… 204	甲斐田 紫乃 …………… 204	樫地 一恵 ……………… 37
小野口 京子 ……… 259, 260	かいど じゅん ………… 200	鹿嶋 敬 ……………… 4, 53
小野沢 あかね …………… 27	皆藤 愛子 ……………… 70	鹿島 美織 ……………… 113
小野田 恭子 …………… 240	海東 セラ ……………… 171	鹿島 光代 ……………… 4
小野寺 直美 …………… 39	戒能 民江 ……………… 55	加嶋 泰子 ……………… 128
尾畑 やよい …………… 142	開聞農産物販売所「おふく	鹿島 よし子 …………… 231
小畑 友紀 ………… 216, 225	ろの里」運営会 …… 121	樫本 智恵子 …………… 233
小花 美穂 ……………… 208	海堀 あゆみ …………… 23	加治屋 勝子 …………… 134
小原 康司 ……………… 48	カイヤ ………………… 56	加治屋 ふじ枝 ………… 231
小原 日登美 …………… 48		カシュパパ …………… 45
		柏 敬子 ………………… 253

柏木 抄蘭 …………… 176	加藤 シヅエ …………… 11	金田 絵美 …………… 269
柏木 むつみ …………… 213	加藤 静子 …………… 180	兼高 かおる …………… 320
梶原 夷緒 …………… 204	加藤 隆子 …………… 138	かねなり りえ …………… 216
梶原 奈美子 …………… 93	加藤 千枝 …… 248, 249, 251	兼平 レイコ …………… 243
梶原 拓 …………… 53	加藤 富子 …………… 123	兼松 左知子 …………… 9
春日 あかね …………… 218	加藤 治子〔医師〕…… 162	金本 啓子 ……… 252, 253
春日 キスヨ …………… 54	加藤 治子〔女優〕…… 280	金元 寿子 …………… 291
春日 真木子 …………… 193	加藤 聖こ …………… 271	かねもり あやみ …… 206
春日井 路子 …………… 21	加藤 博子 …………… 182	加野 ヒロ子 …………… 331
数野 美つ子 …………… 145	加藤 真美 …………… 268	鹿野 優以 …………… 290
カスミ …………… 51	加藤 美砂子 …………… 152	叶内 紀雄 …………… 53
片岡 稔恵 …………… 176	加藤 道子 …………… 321	加良 幸利 …………… 212
片岡 真 …………… 171	加藤 ミリヤ …………… 76	下之門 洋子 …………… 124
片岡 礼子 ……… 286, 304	加藤 元美 …………… 109	加納川 すゑ …………… 231
片桐 実央 …………… 111	加藤 幸子 …………… 232,	樺澤 壽美子 …………… 122
片島 麦子 …………… 171	236, 237, 238, 240	可部 美智子 …………… 261
かたせ 梨乃 …… 63, 67, 295	加藤 百合子 …………… 112	花穂 …………… 222
片田江 舞子 …………… 96	加藤 洋子 …………… 14	蒲浦 裕子 …………… 37
片野坂 友紀 …………… 134	加藤 庸子 …………… 166	鎌苅 登代子 …………… 246
片山 あやか …………… 205	加藤 諒子 …………… 236	鎌田 健司 …………… 46
片山 千代 ……… 213, 216	加藤 類子 …………… 21	鎌田 由美子 …………… 89
片山 紘子 …………… 256	加藤 ローサ …………… 65	鎌田 理恵 …………… 186
片山 美代子 …………… 21	角川 照子 …………… 191	蒲入水産有限会社加工部
片山 ゆかり …………… 176	門倉 ミミ …………… 171	…………… 122
勝浦 令子 …………… 26	角田 眞理 ……… 253, 254	鎌野 実知子 …………… 31
香月 涼子 …………… 129	香取 浩子 …………… 152	カマラードの家 …… 118
勝田 敦美 …………… 36	海南 友子 …………… 49	神 知子 ……… 241, 242
勝田ひまわり会 …… 122	金井 美恵子 …………… 179	紙尉 ユビ …………… 207
勝戸 泉 …………… 213	金川 文子 …………… 40	神尾 久美子 …………… 190
勝野 洋 …………… 57	金澤 恵子 …………… 37	神尾 真由子 …………… 76
勝野 愛裕 …………… 37	鎌谷中もえぎグループ企業組	神尾 葉子 …………… 225
勝間 和代 …… 16, 50, 92	合 …………… 21	上久保 登美子 ‥ 233, 235, 237
勝又 美江 …………… 253	金本 麻理子 …………… 325	上条 旭 …………… 210
且見 紀久恵 …………… 233	金森 千栄子 …………… 8	上條 喜美子 …………… 254
桂 信子 …………… 190	金森 ひろ …………… 216	上條 さなえ …………… 198
桂 ユキ子 …………… 244	金森 弘子 …………… 41	上城 裕子 …………… 217
加藤 あい ……… 64, 73	金森 福子 …………… 111	上条 陽子 …… 245, 247, 250
加藤 愛子 …………… 42	金森 正子 …………… 120	上正路 理砂 …………… 182
加藤 安佐子 … 250, 251, 254	金谷 ちぐさ ……… 257, 258	上新原 十和 ……… 132, 133
加藤 竺子 ……… 160, 168	金谷 フサ …………… 7	上竹ビオーネづくりロマンの
加藤 文月 …………… 206	金谷 真由美 …………… 283	会 …………… 123
加藤 郁子 …………… 40	金谷 ゆみえ ……… 257, 258	神館 美恵子 …………… 247
加藤 エミ子 …………… 43	蟹江 緋沙 …………… 331	上司 ふじ ……… 247, 252
加藤 英美里 ……… 290, 291	兼井 典子 …………… 151	上保 節子 …………… 278
加藤 一実 …………… 140	金子 鮎子 …………… 12	紙谷 清子 …………… 200
加藤 かつ子 …………… 261	かねこ かずこ …………… 196	神谷 多恵子 …………… 238
加藤 聡美 …………… 200	金子 真裟子 ……… 242, 243	神谷 トメ …………… 42
加藤 式造 …………… 52	金子 澄江 …………… 234	神谷 ふじ子 …………… 238
加藤 重子 …………… 122	金子 正子 …………… 10	神谷 真子 …………… 155
	かねさだ 雪緒 …………… 218	神谷 雅子 …………… 22

神矢 陽 …………… 204	河北 善樹 …………… 130	河原 有伽 …………… 330
神山 美智子 …………… 17	川口 敦子 …………… 280	河原 由美子 …………… 224
カミングス, セーラ・マリ	川口 智美 …………… 259	川淵 三郎 …………… 56
……………… 85	川口 春奈 …………… 66	川淵 康子 …………… 56
嘉村 國男 …………… 53	川口 裕子 …………… 264	川辺 純可 …………… 175
亀井 静子 …………… 32	川口 真理子 …………… 201	川溝 裕子 …………… 202
亀井 康子 …………… 255	河口 三千子 …………… 20	川村 佳世 …………… 211
亀岡子育てネットワーク	川口 美登里 …………… 37	川村 啓子 …………… 240
……………… 24	川口 美根子 …………… 193	河村 俊子 …………… 244
亀岡市消防団つつじ分団	川口 美也 …………… 85	河村 芙容 …………… 246
……………… 23	川口 桃子 …………… 197	川村 美紀 …………… 129
亀崎 善江 …………… 161	川崎 麻児 …………… 14	川本 沙織 …………… 197
亀田 恒子 …………… 262	川崎 恵示 …………… 128	川本 麻紀 …………… 262
亀山 美知子 …………… 54	河崎 千代子 …………… 236	川本 和佳 …………… 171
かめやま ゆたか …………… 277	川崎 麻世 …………… 56	カン・スイヨン …………… 314
蒲生 ゆかり …………… 186	川崎 倫子 …………… 197	神吉 恵美 …………… 201
鴨下 葉子 …………… 229	川崎 葉 …………… 212	神崎 成 …………… 227
かも寿会 …………… 120	川島 海荷 …………… 66	神崎 夕紀 …………… 92
かや あやか …………… 223	川島 えつこ …………… 201	貫地谷 しほり …………… 60, 304
加悦 富美恵 …………… 123	川島 慶子 …………… 26	岩倉 いずみ …………… 136
賀陽 真由美 …………… 243	川島 尚子 …………… 241, 242	神田 うの …………… 58,
茅野 愛衣 …………… 291	川島 千帆 …………… 142	60, 61, 67, 68, 74
香山 雅子 …………… 143	川島 なお美 …………… 64	神田 香織 …………… 29
加山 雄三 …………… 56	川島 のぶ子 …………… 255	神田 奈緒子 …………… 135
KARA …………… 66	川島 素子 …………… 135	神田 成子 …………… 277
唐木 幸子 …………… 87	川嶋 瑠美 …………… 234	神田 道子 …………… 43
唐澤 晶子 …………… 242	川杉 こゆり …………… 219	神田 恵 …………… 216
唐澤 寿 …………… 160	川瀬 あや …………… 222	神田 裕子 …………… 240
唐沢 野枝 …………… 212	川瀬 啓子 …………… 42	苅田町女性農業機械オペ
唐沢 美貴 …………… 9	河瀬 直美 …………… 76	レーターグループ「グリーン
烏丸 葵 …………… 213	川添 照子 …………… 127	ズ」…………… 32
苅米 眞弓 …………… 129	川添 房江 …………… 179	貫戸 朋子 …………… 22
苅田 澄子 …………… 202	川田 喜代子 …………… 169	菅野 喜典 …………… 162
香里奈 …………… 75, 298	川田 仁子 …………… 163	菅野 清香 …………… 197
狩野 亜由美 …………… 22	川田 約子 …………… 246	菅野 ちひろ …………… 222
軽部 潤子 …………… 208	河内 実加 …………… 211	菅野 典雄 …………… 4
軽部 妙子 …………… 45	河内 幸枝 …………… 100	菅野 美穂 …………… 307
川井 明子 …………… 264	河津 玉江 …………… 230	管乃 了 …………… 172
川井 明美 …………… 268	川那部 喜美子 …………… 160	上林 博雄 …………… 52
河合 幸子 …………… 235,	かわにし 萌 …………… 206	甘松 直子 …………… 197
236, 237, 239, 240	川野 里子 …………… 188, 191	
河合 とも子 …………… 108	河野 輝枝 …………… 40	**【き】**
河合 初子 …………… 20	河野 裕子 …………… 21,	
川合 真紀 …………… 138	185, 189, 191, 193	
川上 ちひろ …………… 222	川端 静子 …………… 246, 247	木織 雅子 …………… 33
川上 登美子 …………… 96	川原 亜矢子 …………… 58,	樹木 希林 …………… 76, 287,
川上 弘美 …………… 179, 185	64, 73, 75, 83, 285, 315	293, 296, 298, 304, 307, 321
川上 麻衣子 …………… 300	河原 和音 …………… 209	木々 康子 …………… 181
川上 未映子 …………… 76, 185, 287	かわはら なつみ …………… 220	木々乃 すい …………… 174
河北 とも子 …………… 130	川原 正孝 …………… 34	

菊沖 薫 …………… 200	北川 チハル ………… 197	木原 敏江 …………… 224
菊川 怜 …… 64, 70, 74, 77	北川 智子 …………… 316	木原 洋美 …………… 97
菊池 恵子 …………… 232	北口 和皇 …………… 127	季原 有南 …………… 213
菊地 栄 ……………… 49	北里 彩子 …………… 212	吉備野工房ちみち …… 33
菊池 佐紀 …………… 173	北沢 郁子 …………… 189	きほう みく ………… 211
菊池 敏子 …………… 188	北島 京子 …………… 251	金 静伊 ……………… 54
菊池 ナヨ …………… 122	喜多嶋 美枝子 ……… 42	金 富子 ……………… 27
菊池 桃子 …………… 77	北城 恪太郎 ………… 43	金 美穂 ……………… 29
菊池 夕子 …………… 219	北城 景 ……………… 186	金 栄 ………………… 54
菊地 由夏 …………… 332	北爪 しのぶ ………… 148	木村 朗子 …………… 27
菊地 悠美 …………… 204	木谷 とも子 ………… 241	木村 さやか ………… 141
菊地 凛子 ………… 75, 91	北乃 きい …………… 77	木村 純子 …………… 131
菊見 吟子 ……… 267, 268	北野 希織 …………… 221	木村 多江 ……… 296, 304
きこのみ …………… 227	北野 生 ……………… 212	木村 凧 ……………… 221
木崎 ちあき ………… 205	北野 麻理江 ………… 216	木村 登美子 ………… 269
木﨑 良子 …………… 24	北野 陽子 …………… 103	木村 英代 …………… 181
木佐貫 邦子 ………… 8	北浜 芳恵 …………… 263	木村 会欣 …………… 137
如月 小春 …………… 277	北林 谷栄 ………… 280,	木村 雅美 …………… 263
如月 ひいろ ………… 221	285, 286, 295, 301, 309, 312	木村 昌由美 ………… 147
岸 映子 ………… 262, 263	北原 亜以子 ………… 179	木村 美鈴 …………… 247
岸 香里 ……………… 211	北原 文野 …………… 210	キムラ 緑子 ………… 281
岸 恵子 …………… 292,	北原 樹 ……………… 195	木村 よし子 ……… 232, 233
295, 301, 309, 312	北原 キヨ …………… 10	木村 佳乃 … 66, 71, 83, 304
岸 妙子 …… 236, 238, 240, 241	北原 昌子 …………… 37	木村 涼子 …………… 25
岸 直枝 …………… 163	北原 リエ …………… 176	木本 牧子 ……… 258, 259
岸 葉子 ………… 246, 249	北原 諒子 …………… 214	客野 遥 ……………… 156
岸 鹿津代 ……… 258, 259	北比良グループ …… 124	キャシー中島 ………… 57
岸田 今日子 ……… 277,	北御牧村母親連絡会 … 123	木山 啓子 …… 16, 85, 88
280, 302, 303, 309	北村 亜紀 …………… 216	きゃりーぱみゅぱみゅ … 76
岸田 想子 …………… 141	北村 圭子 …………… 248	急場 凌 ……………… 211
岸谷 美穂 …………… 87	北村 亨 ……………… 47	喜友名 慶子 ………… 126
貴島 清美 …………… 108	北村 年子 …………… 29	京 マチ子 …… 284, 308, 310
来島 潤子 …………… 176	北村 冨紗子 …… 239, 242	行田 ときえ ………… 209
岸本 悦子 …………… 270	北村 満緒 …………… 176	京都子育てネットワーク
岸本 加世子 ………… 295	きたもとりえ ……… 214	……………………… 22
岸本 眞奈美 ………… 29	きたやま あきら …… 202	京都食べもの文化研究会
城石 わかこ ………… 223	吉瀬 美智子 ………… 66	……………………… 22
喜田 昭子 …………… 152	橘田 佳音利 ………… 91	京町 妃紗 …………… 220
喜多 悦子 ……… 15, 43	橘高 まお …………… 215	京樂 真帆子 ………… 27
北 久美子 …… 249, 254, 271	橘野 恵委子 ………… 271	清岡 久幸 …………… 90
北 八代 ……………… 245	城戸 瑞穂 …………… 134	清川 あさみ ………… 76
喜多 由布子 ………… 186	木爾 チレン ………… 172	清島 眞理子 ………… 169
北浦 雅子 …………… 7	絹 ひかる …………… 217	清瀬 マオ …………… 172
北岡 和子 …………… 40	衣田 弘子 …………… 247	漁村女性起業化グループ
北垣 信江 …………… 268	木内 むめ …………… 40	「かなんど工房」 …… 123
北神 なつき ………… 212	木下 アリーシア …… 13	清野 めぐみ ………… 108
北川 悦吏子 ………… 85	木下 猫吉郎 ………… 213	清原 亜希 …………… 52
北川 享子 …………… 329	木下 博勝 …………… 56	清村 千鶴 …………… 93
北川 想子 …………… 199	木下 充代 …………… 150	きらきらネットワーク倶楽
	木の実 ナナ ………… 64	部 ………………… 118

キラ瑠香 …………… 205	杏掛 磨也子 ………… 150	栗屋 しのぶ ………… 108
霧島 一博 …………… 56	杏沢 久里 …………… 186	栗木 京子 …………… 191
霧島 珠樹 …………… 213	忽那 汐里 …… 60, 62, 77, 287	栗城 祥子 …………… 211
桐島 つばさ ………… 218	工藤 あい …………… 105	ぐりこ ……………… 205
霧島 菜穂子 ………… 56	工藤 静香 …… 67, 275, 276	クリスティーン麗子 … 56
桐野 夏生 …… 15, 84, 182, 185	工藤 豪 ……………… 45	くりた かのこ ……… 204
桐山 敏子 …………… 263	工藤 桃 ……………… 120	栗田 小町 …………… 216
桐生 恭羽 …………… 214	工藤 まゆみ ………… 156	栗原 和枝 …………… 147
キリンホールディングス	工藤 都子 …………… 125	栗原 慶子 …………… 121
……………………… 114	工藤 夕貴 …………… 288,	栗原 小巻 …………… 310
金 真須美 …………… 171	297, 303, 306, 314	栗原 笙子 …………… 261
金月 炤子 …………… 229	国仲 涼子 …………… 82	栗原 はるみ ………… 50
きんこうじ たま …… 212	国峰 照子 …………… 193	栗原 恵 ……………… 60
金城 祐子 …………… 88	国本 憲明 …………… 332	栗美 あい …………… 206
銀ノ橋 倫 …………… 220	国谷 裕子 …………… 323	栗山 仙子 …………… 213
銀粉蝶 ……………… 281	國行 由比江 ………… 206	栗山 千明 …… 60, 68, 75
	ステファニー・クープ … 5	グリーンレディースにか
【く】	久保 恵子 …………… 97	ほ …………… 31, 124
	久保 済子 ……… 242, 243	くるみ ……………… 221
	久保 純子 …………… 51	クルム伊達 公子 … 24, 76
九井 諒子 …………… 226	久保 正子 ……… 238, 239	呉 裕利子 …………… 93
久遠 アリス ………… 220	窪 美澄 ……………… 172	黒岩 麻里 …………… 142
久我 美子 …… 301, 309, 312	久保 八百子 …… 43, 120	黒川 洵子 …………… 141
釘宮 理恵 …………… 290	久保木 道子 ………… 40	黒木 華 ……………… 287
久々湊 盈子 ………… 191	久保田 匡子 …… 170, 173	黒木 瞳 …… 50, 57, 63, 65,
日下 直子(直生子) … 219	久保田 くら ………… 166	77, 82, 83, 292, 295, 298, 306
日下部 淑子 ………… 255,	久保田 さちこ ……… 202	黒木 メイサ ………… 66,
256, 257, 259	久保田 寿子 ………… 237	70, 72, 76, 77, 83
日下部 りえ …… 135, 150	窪田 泰江 …………… 141	黒沢 和子 …………… 314
草刈 民代 …………… 66,	熊谷 京子 …………… 100	黒沢 きよ子 …… 239, 241
76, 286, 295, 297	熊谷 さくら …… 265, 266	黒沢 裕子 ……… 259, 260
草刈 麻有 …………… 60	熊谷 美沙子 ………… 129	黒條 史杞 …………… 216
草野 たき ……… 199, 200	くまき 絵里 ………… 221	黒田 惠美 …………… 122
草野 裕子 ……………	熊崎 慎介 …………… 213	黒田 志保子 ………… 197
草笛 光子 … 74, 280, 281, 313	熊沢 淑 ………… 251, 252	黒田 知永子 ………… 51
草間 弥生 …………… 76	熊野 恵造 …………… 115	黒田 ノア …………… 222
草枕 旅人 …………… 213	熊野 智子 …………… 128	黒田 弘子 …………… 26
草美 あづ …………… 211	久米 さやか ………… 95	黒田 冨紀子 ………… 271
草村 礼子 …… 286, 292, 312	久米 宏 ……………… 322	黒田 杏子 ……… 187, 190
串田 つゆ香 ………… 164	雲田 はるこ ………… 226	黒田 有希子 ………… 155
具島 兼三郎 ………… 52	倉木 麻衣 …………… 80	黒田 玲子 …………… 138
串間21レディ ……… 128	倉澤 あずさ ………… 220	黒谷 友香 ………… 60, 67
楠野 ひな …………… 222	倉繁 貴志子 … 234, 236, 239	黒谷 玲子 …………… 143
楠 侑子 ……………… 310	倉島 撰子 …………… 165	グロッシー …………… 34
葛原 美穂子 …… 265, 266	倉野 章子 ……… 280, 281	黒野 政江 …………… 125
楠本 幸子 …………… 183	倉橋 由美子 …… 177, 181	黒林 利枝 …………… 237
久世 星佳 …………… 280	倉林 麻貴 ……… 143, 151	黒柳 徹子 … 65, 280, 320, 325
久世 妙子 …………… 40	くらもち ふさこ …… 208	桑井 朋子 …………… 173
久瀬 はるき ………… 213	倉持 マリ …………… 215	桑田 春子 …………… 236

桑田 ミサオ ……………… 119	小出 義雄 ……………… 56	国分寺町生活改善クラブ協議
桑野 幾子 ……………… 260	小糸 さよ ……………… 220	会 ……………………… 118
桑原 千月 ……………… 97	洪 郁如 ……………… 26	小久保 德子 ……………… 85
郡司 裕子 ……………… 89	髙 博子 ……………… 128	小組 ひろ子 ……………… 216
群馬県母乳育児をひろめる	孔 令亜 ……………… 49	九日市場グループ ……… 118
会 ……………………… 166	甲賀 かをり ……………… 135	心 あゆみ …………… 220, 221
	香川県三豊市農業委員会	小堺 景子 ……………… 246
【け】	…………………………… 128	古座川ゆず平井の里 …… 100
	稿桐 らお ……………… 216	仔ざる貯金 ……………… 218
	向後 晶子 ……………… 149	こざわ たまこ …………… 172
桂 銀淑 ……………… 275	神津 博子 ……………… 41	小柴 叶 ……………… 204
邢彦 ……………… 174	上月 文青 ……………… 172	小柴 慶子 ……………… 56
KEIKO ……………… 67	厚生年金事業振興団大阪厚	小柴 昌俊 ……………… 56
慶野 ことり ……………… 265	生年金病院 ……………… 32	越原 一郎 ……………… 52
劇団 夢芝居 ……………… 123	幸田 文 ……………… 178	小島 愛子 …………… 253, 254
研 ナオコ ……………… 67	倖田 來未 … 65, 68, 72, 75, 273	小島 幸子 ……………… 91
堅達 京子 ……………… 328	幸田 テツ ……………… 220	小島 淑子 ……………… 332
	合田 奈央 ……………… 200	小島 なお ……………… 190
【こ】	幸田 みう ……………… 207	小島 奈津子 ……………… 64
	幸田 美佐子 ……………… 200	小島 八菜 ……………… 219
	幸田 裕子 ……………… 201	小島 聖 ……………… 312
胡 潔 ……………… 180	幸谷 愛 ……………… 135	小島 秀子 ……………… 148
高 秀喜 ……………… 281	神足 寛子 ……………… 97	こじま ひろみ …………… 215
高 維京 ……………… 28	河内 桃子 ……………… 279	小島 真知子 ……………… 103
古庵 千恵子 ……………… 261	河野 愛子 ……………… 189	小島 ゆかり ……………… 191
五井 千鶴子 ……………… 321	河野 和子 …………… 233, 238	小清水 亜美 ……………… 290
小池 栄子 ……………… 58,	河野 久美子 …………… 328, 329	五条 うるの ……………… 219
77, 287, 298, 300, 313	鴻野 スガオ ……………… 218	梢 ミチル ……………… 206
小池 規寧 ……………… 237	河野 澄子 ……………… 56	小菅 雅美 ……………… 159
小池 しゃこ ……………… 221	河野 多恵子 ……………… 178	小純 月子 ……………… 221
小池 タミ子 ……………… 277	河野 信子 ……………… 34	古関 弘子 ……………… 109
小池 千枝 ……………… 15	河野 美砂子 ……………… 190	小関 八重子 ……………… 43
小池 昌代 ……………… 193	河野 美代子 ……………… 10	子育てサポーター・チャ
小池 真理子 ……………… 56	河野 義行 ……………… 56	オ ……………………… 45
小池 百合子 …………… 63, 65	河野 林 ……………… 163	子育て支援コミュニティ お
小池 ユリ子 ……………… 322	神戸大学 ……………… 114	ふぃすパワーアップ …… 21
小石川 宥子 ……………… 249,	耕房よってかんせ ……… 126	子育てふれあいグループ自然
253, 254, 256	河本 和子 ……………… 230	花 ……………………… 46
肥塚 典子 ……………… 163	剛力 彩芽 ……………… 60,	小平 陽一 ……………… 47
小泉 和子 …………… 22, 42	62, 66, 73, 75, 76, 80, 82, 299	小竹 貴子 ……………… 92
小泉 今日子 ……………… 276,	小枝 くり ……………… 205	小竹守 道子 ……………… 202
287, 293, 300, 304, 307,	郡 桂子 ……………… 248,	こだち みく ……………… 206
311, 313, 316, 318	249, 251, 257, 258	小舘 香椎子 ……………… 43
小泉 蓮 ……………… 220	郡 雅子 …………… 241, 242	小谷 薫 ……………… 199
小磯 節子 ……………… 121	郡山 冬果 ……………… 280	小谷 眞由美 …………… 21, 101
小磯 晴代 …………… 139, 148	五家荘しゃくなげ会 …… 124	小谷 実可子 ……………… 51
小出 啓子 ……………… 56	小行司健康グループ …… 121	小谷 元子 ……………… 139
小出 寛子 ……………… 86	國分 綾子 ……………… 21	小谷 泰子 ……………… 209
小出 史 ……………… 108	国府 安子 ……………… 233	小谷 靖子 ……………… 265
	国府野菜本舗 ……………… 120	児玉 沙矢華 ……………… 259

児玉 靖枝 ………… 229	小林 則子 …………… 8	近藤 慧子 ………… 272
古手川 祐子 ………… 63	小林 紀子 ………… 212	近藤 知子 ………… 263
小寺 明子 …… 231, 246	小林 麻央 ………… 70	近藤 なを ………… 268
後藤 明子 ………… 43	小林 真子 ………… 197	近藤 南海子 …… 249,
五塔 あきこ ……… 197	小林 康子 ………… 243	250, 252, 255
後藤 歌子 …… 255, 257	小林 ゆう ………… 290	近藤 紀子 ………… 31
五島 瑳智子 ……… 164	小林 由佳 ………… 144	近藤 弘子 ………… 171
後藤 澄江 ………… 43	小林 幸子 ………… 187	近藤 美欧 ………… 136
後藤 スミ子 ……… 42	小林 陽太郎 ……… 53	近藤 未佳子 ……… 49
後藤 節子 ………… 169	小林 美実 ………… 277	権藤 光枝 ………… 109
後藤 知朝子 ……… 175	小林 與三次 ……… 52	近藤 光子 ………… 232
五嶋 千夏 ………… 201	小林 りん ………… 112	近藤 み弥 ………… 163
後藤 徳子 ………… 238	こはら 裕子 ……… 218	近藤 みゆき ……… 180
後藤 俊夫 ………… 140	小檜山 ルイ ……… 26	今野 和子 ………… 196
後藤 展子 ………… 110	駒井 つる子 ……… 42	紺野 景子 …… 198, 199
後藤 典子 ………… 141	駒井 洋子 ………… 201	今野 寿美 …… 187, 189
護嶋 春水 ………… 271	小松 君江 ………… 40	今野 タイ ………… 160
後藤 真希 …… 65, 67	小松 茂子 ………… 269	今野 朋子 ………… 267
後藤 美穂 ………… 196	小松 富士子 ……… 248	今野 信子 ………… 168
後藤 みわこ ……… 200	こまゆ ………… 204	紺野 美紗子 ……… 63
ごとう ゆうこ …… 215	小宮山 眞佐子 …… 105	
後藤 邑子 ………… 290	小村 睦子 ………… 261	**【さ】**
後藤 由紀恵 ……… 190	小室 栄子 ………… 214	
後藤 由季子 ……… 148	米谷 ふみ子 ……… 179	崔 華芬 ………… 264
後藤 由美 ………… 28	米光 雅代 ………… 37	彩雲 ………………… 125
後藤 よ志子 … 246, 247	小本 小笛 …… 199, 200	雑賀 文子 ………… 244
子ども夢フォーラム … 46	小森 謙子 ………… 232	斎賀 みつき ……… 290
ゴードン, ベアテ・シロタ	湖森 チヒロ ……… 222	才木 智尋 ………… 157
…………… 4, 13	小森 美巳 ………… 277	西郷 真理子 ……… 92
湖南広域消防局 …… 33	古森 由夏 ………… 93	財前 直見 ………… 64
小西 和子 ………… 250	小守 有里 ………… 190	才田 亜希子 ……… 106
小西 聖子 ………… 13	小森 羊仔 ………… 206	斎田 晴子 ………… 79
小西 真奈美 … 60, 286, 313	籠田 淳子 ………… 33	さいたま市 ……… 51
小西 眞理子 …… 22, 125	小森谷 薫 ………… 268	齊藤 朝江子 ……… 242
小西 怜子 …… 239, 242	古家後 美穂 ……… 264	斉藤 綾 …………… 196
KONISIKI ………… 56	小柳 ルミ子 … 56, 64, 285, 294	斉藤 亜矢子 ……… 196
このは さや ……… 219	小山 明子 ………… 310	斉藤 郁夫 ………… 332
小林 麻美 ………… 94	小山 亜子 ………… 199	齋藤 イツ子 ……… 117
小林 勇 …………… 130	小山 静子 ………… 26	斉藤 稲子 ………… 267
小林 梅子 ………… 161	小山 ゆう ………… 224	斎藤 梅子 ………… 191
小林 かおり ……… 153	小山 るんち ……… 206	齊藤 和 ……… 242, 243
小林 欣子 ………… 230	小雪 …… 65, 73, 293, 319	斉藤 和子 ………… 243
小林 幸子〔歌手〕… 64	コルティ, イヴァンカ … 3	斎藤 加代子 ……… 166
小林 幸子〔農業〕… 130	今 鸞子 …………… 165	齋藤 慶子 ………… 49
小林 純子 ………… 17	コン・リー ……… 297	斉藤 慶子 ………… 292
小林 澄江 ………… 20	近藤 朝恵 ………… 200	斎藤 千絵 ………… 197
小林 成美 ………… 159	近藤 温子 ………… 152	齋藤 千鶴 ………… 31
小林 多恵子 ……… 239	近藤 えみ ………… 272	さいとう ちほ …… 225
小林 とし子 ……… 34	近藤 科江 ………… 148	
小林 成美 ………… 174	近藤 恵子 ………… 43	

斎藤 鶴子 …………… 35	坂下 亜寿佳 …………… 214	桜川 洋子 …………… 234, 235
齊藤 尚子 …………… 43	坂田 千鶴子 …………… 34	桜小路 かのこ …… 217, 225
斎藤 煕子 …………… 180	坂田 麻実子 …………… 143	さくらじま旬彩館 …… 122
斉藤 裕美 …………… 84	坂田 都 …………… 236,	桜田 絢子 …………… 272
斎藤 史 …………… 185	237, 238, 239, 241	桜田 淳子 …… 285, 306, 312
斎藤 文栄 …………… 5	坂谷 由美子 …………… 253	桜庭 馨 …………… 175
斉藤 二三枝 …………… 332	阪谷 洋子 …………… 266	桜庭 ななみ …… 287, 298
斎藤 史子 …………… 170	栄部 比夏里 …………… 140	桜葉 みほこ …………… 219
斎藤 優美 …………… 197	坂本 郁衛 …………… 242, 243	桜本 美奈子 …………… 117
斉藤 美香 …………… 219	坂元 功 …………… 213	桜和 アスカ …………… 223
斉藤 美樹 …………… 212	坂元 勲 …………… 214	さくらんぼグループ …… 118
斉藤 美千代 …………… 265	坂本 恵美 …………… 37	境分 万純 …………… 29
齋藤 未来 …………… 88	阪本 惠子 …………… 109	佐々江 典子 …………… 216
齋藤 礼子 …………… 152	坂元 昂 …………… 146	笹川 直 …………… 220
西原 理恵子 …… 52, 76	坂本 スミ子 …………… 310	笹川 浩美 …………… 150
齋尾 恭子 …………… 146	坂本 登志江 …………… 264	佐々木 かをり …………… 51
斎明寺 以玖子 …… 323	坂本 登志子 …………… 321	佐々木 香織 …………… 143
ザイラー、エルンスト …… 22	坂本 直子 …………… 186	佐々木 京子 …………… 130
ザイラー、和子 …… 22	坂本 冬美 …………… 60	佐々木 敬子 …………… 261
佐伯 明香 …………… 109	阪本 美智子 …………… 103	佐々木 健介 …… 48, 56
佐伯 祥子 …………… 210	佐柄 きょうこ …………… 211	佐々木 聰子 …………… 329
佐伯 輝子 …………… 164	相良 多美代 …………… 261	佐々木 純子 …………… 141
佐伯 日菜子 …………… 316	相楽 晴子 …… 285, 311	佐々木 誠造 …………… 41
佐伯 裕子 …………… 191	さがわ 香野 …………… 215	佐々木 千鶴 …………… 134
三枝 和子 …………… 181, 185	佐川 庸子 …………… 197	佐々木 尚之 …………… 45
竿 琳 …………… 207	向坂 桂子 …………… 212	佐々木 希 …………… 59
早乙女 威久 …………… 211	鷺沢 梅子 …………… 221	笹木 一二三 …………… 222
酒井 彩名 …………… 69	先山 由久子 …………… 234	佐々木 博江 …………… 243
酒井 薫 …………… 200	朔坂 みん …………… 227	ササキ ヒロコ …………… 200
酒井 シヅ …………… 169	作田 絵里 …………… 155	佐々木 宏子 …… 247, 248, 250
酒井 順子 …………… 182	朔田 浩美 …………… 215	佐々木 麻緒 …………… 298
境 利子 …………… 239, 240	佐久間 良子 …………… 63	佐々木 政子 …………… 146
酒井 法子 …………… 77	咲良 …………… 206	佐々木 真理 …… 131, 154
坂井 博美 …………… 26	さくら あすか …………… 220	佐々木 里加 …… 256, 258
坂井 真紀 …………… 298	桜 香織 …………… 215	佐々木 玲慈 …………… 130
酒井 牧子 …………… 176	佐倉 桐子 …………… 217	紗々田 ささ …………… 223
坂井 眞壽子 …………… 42	桜 まどか …………… 202	笹田 奈緒美 …………… 197
酒井 美紀 …… 289, 316	佐倉 緑 …………… 150	笹原 留以子 …………… 19
酒井 佑子 …………… 187	さくら ももこ …………… 208	笹本 玲奈 …………… 281
酒井 玲子 …………… 261	咲良 りょう …………… 216	笹森 文 …… 255, 258, 259
坂上 恵子 …………… 237	櫻井 こはく …………… 219	笹谷 清子 …………… 321
坂上 富志子 …………… 331	桜井 汐里 …………… 204	ささや ななえ …………… 15
坂上 有利 …………… 43	桜井 聖子 …………… 218	指原 いく子 …… 253, 255
阪口 あき子 …………… 107	桜井 そよな …… 220, 221	指原 莉乃 …………… 82
阪口 杏里 …………… 62	櫻井 武雄 …………… 53	佐宗 祐子 …………… 146
阪口 桂子 …………… 21	櫻井 千秋 …………… 95	佐多 稲子 …………… 178
坂口 千代能 …………… 121	桜井 智子 …………… 268	佐田 真由美 …………… 67
坂口 知子 …… 229, 269	桜井 浜江 …………… 246	佐竹 寛 …………… 53
坂倉 育子 …… 248, 251	桜井 美也 …………… 217	定本 久世 …………… 149
	桜井 よし子 …………… 322	

さちな 珠子 …………… 218
皐月 那名 ……………… 222
五月 みどり ……………… 64
佐々 潤子 ……………… 195
さつま日置農業協同組合・JA
　さつま日置女性部会 … 128
ZARD …………………… 276
里いもグループ ………… 22
佐藤 藍子 ………… 57, 69
佐藤 愛子 ……………… 178
佐藤 明子 ……………… 142
佐藤 朝子 ………………… 40
佐藤 敦子〔研究者〕…… 137
佐藤 敦子〔画家〕……… 231
佐藤 あやの …………… 135
佐藤 栄子 ……………… 332
佐藤 江梨子 ……………… 75
佐藤 オリエ ……… 279, 280
佐藤 和子 ………………… 42
佐藤 香苗 ………………… 37
佐藤 喜多 ……………… 217
佐藤 喜美 ………………… 9
佐藤 京子 ……………… 200
佐藤 惠子 ………………… 43
さとう 恵子 …………… 211
佐藤 幸代 …………… 250,
　　　　　251, 252, 253, 271
佐藤 聡美 ……………… 291
佐藤 純子 ………………… 44
佐藤 尚爾 ……………… 332
佐藤 園子 ……………… 323
佐藤 孝子 ……………… 104
佐藤 周子 ……………… 138
佐藤 ちさと …………… 267
佐藤 秩子 ……………… 166
佐藤 艶子 ……………… 269
佐藤 輝子 ……………… 241
佐藤 奈穂美 …………… 201
佐藤 渚 ………………… 218
佐藤 春実 ……………… 134
佐藤 久子 ……………… 148
佐藤 仁美 ……………… 286
佐藤 浩代 ……………… 241
佐藤 真琴 ………… 33, 109
佐藤 雅子 ……………… 242
佐藤 万珠 ……………… 201
佐藤 真海 ………… 76, 95
佐藤 真理乃 …………… 211
佐藤 美江子 …………… 271
佐藤 みちる …………… 260

佐藤 美由紀 …… 136, 142, 149
佐藤 美和 ……………… 213
佐藤 恵 ………………… 103
佐藤 縁 …………… 140, 148
佐藤 陽子〔ヴァイオリニスト〕………………… 56
佐藤 陽子〔研究者〕…… 142
佐藤 よう子 …………… 262
佐藤 庸子 ……………… 262
佐藤 良子 ………………… 30
佐藤 律子 ……………… 256
佐藤 利奈 ……………… 291
佐藤 亮子 ……………… 200
里見 香奈 ………… 79, 80
里吉 美穂 ……………… 202
真田 恭子 ………………… 40
砂庭 須美子 …………… 105
実川 みさ ……………… 223
佐野 晃子 ……………… 256
佐野 いくみ …………… 97
佐野 ぬい ………… 247, 248
佐野 ハツノ …………… 33
佐野 ひろ子 …………… 214
佐野 美智 ……………… 191
佐野 優子 ……………… 23
サハラ ………………… 227
佐分 妙 ………………… 160
佐保川 晶子 ……… 265, 266
鮫島 多喜 ……………… 218
鮫島 弘子 ………… 95, 113
鮫島 美子 ……………… 163
SAYAKA ………………… 67
沙弥子 ………………… 222
小百合 葉子 …………… 277
皿谷 緋佐子 …………… 261
猿橋 勝子 ………………… 7
サルンパエット, ラトゥナ
………………………… 6
澤 穂希 ………………… 76
佐和 佳美 ……………… 212
澤井 仁美 ……………… 136
澤木 万理子 …………… 22
澤口 彰子 ……………… 166
澤口 聡子 ……………… 148
沢口 正子 ……………… 248
沢尻 エリカ ……… 75, 287
沢城 みゆき …………… 290
澤田 明子 ……………… 127
沢田 研二 ……………… 63
澤田 拓子 ……………… 100

沢田 俊子 ……………… 200
佐渡 昌子 ……………… 146
沢地 久枝 ………… 7, 321
澤中 裕子 ………………… 37
沢藤 馥子 ………… 248, 256
沢松 奈生子 ……………… 11
沢村 貞子 ……………… 309
澤村 斉美 ……………… 190
沢村 美佐子 ……… 244, 245
沢山 美果子 ……………… 26
紗童 唄子 ……………… 227
サン奄美 ……………… 124
さんかくナビ ……………… 32
参画プランニング・いわて ……………… 4, 33
三田 果菜 ……………… 101
山武市農業共同参画推進会 ……………… 128
三戸地区産地直売施設連絡協議会 …………… 123

【し】

椎名 篤子 ……………… 15
椎名 軽穂 ……………… 209
椎名 くるみ …………… 217
椎名 チカ ……………… 220
椎名 林檎 ……………… 218
椎原 清子 ……………… 200
紫海 早希 ……………… 218
J.POSH ………………… 99
JA愛知東助け合い組織つくしんぼうの会 …… 122
JA塩田町女性機会士レモンズ会 ……………… 118
JAかみましき女性部「よってはいよファクトリー」……………… 126
JCLバイオアッセイ …… 100
塩井 外喜子 ……………… 40
塩川 慧子 …… 245, 252, 256
塩坂 敦子 ……………… 260
塩尻 かおり …………… 153
塩尻市農村女性いきいきネットワーク会議 … 118
塩田 京子 ……………… 234
塩田 寿美歌 ……………… 56
塩田 みな子 …………… 231

潮谷 義子 …………… 85	芝田 藤子 …………… 246	清水 まち子 ………… 331
塩谷 よし子 ………… 259	柴田 文江 …………… 16	清水 まみ …………… 220
塩野 七生 …………… 179	柴田 真弓 …………… 214	清水 美沙 …………… 57
塩野谷農業協同組合塩谷地	芝田 真理子 ………… 211	清水 美砂 …… 306, 315, 316
区〆縄部会 ……… 121	柴田 美雅 …………… 134	志水 見千子 ………… 21
汐見 まゆき ………… 204	柴田 有希佳 ………… 268	志水 美千子 ………… 211
塩見 美喜子 ………… 139	柴田 亮子 …………… 331	清水 美那 …………… 316
塩満 典子 …………… 146	柴野 純子 …………… 259	清水 弥子 …………… 233
塩屋かたろう会 …… 120	しばの 結花 ………… 220	清水 康子 …………… 245
志賀 清代子 ……… 256,	芝原 妙子 …………… 49	清水 山葉 …………… 215
257, 258, 259	柴本 幸 ……………… 317	清水 由紀子 ………… 147
四海漁業協同組合女性部	渋谷 うらら ………… 213	清水 玲子 …………… 225
……… 121	渋谷 和子 …………… 21	志村 栄子 …………… 235
四季（ふれあいタイム四季）	渋谷 輝子 …………… 122	志村 薫 ……………… 104
……… 122	澁谷 智子 …………… 44	志村 節子 …… 247, 255, 256
式田 奈央 …………… 206	渋谷 淑子 …………… 261	志村 ふくみ ………… 22
嶋原 淳子 …………… 262	SHIHO ……………… 77	下河原 朋子 ………… 105
重 由美子 …………… 13	島 桂次 ……………… 53	下島 和子 …………… 120
重住 徳子 …………… 37	島 さち子 …………… 176	下重 美紀 …………… 135
重谷 安代 …………… 150	島尾 ミホ …………… 181	下條 美智子 ………… 238
重延 桜子 …………… 245	嶋木 あこ ……… 217, 225	霜月 碧 ……………… 212
重渕 雅敏 …………… 53	島木 葉子 …………… 184	霜月 ミリ …………… 205
重松 京子 ……… 231, 235	島倉 千代子 ………… 64	下坪 久美子 ………… 97
しげみつ あきこ …… 207	嶋崎 紀子 …………… 168	下野 昌子 …………… 211
茂森 あゆみ ………… 82	嶋崎 啓子 …………… 128	下村 俊子 …………… 99
宍戸 和子 …………… 239	島田 歌穂 …………… 281	下村 みどり ………… 213
静間 敏子 …………… 41	島田 文子 …………… 235	下山 直子 …………… 129
Giselle ……………… 58	島田 道子 …… 240, 241, 242	下吉田みそ加工グループ
下森 華子 …………… 42	島田 緑 ………… 134, 153	……… 124
七白 こさこ ………… 204	島田 陽子 …………… 63	ジャイアント馬場 …… 56
紫堂 恭子 …………… 212	島田 洋子 …………… 232	ジャガー横田 ………… 56
紫藤 みずき ………… 219	島野 穹子 …………… 41	釈 由美子 ………… 58, 73
篠 ひろこ …………… 63	島村 木綿子 ………… 200	釈永 君子 …………… 184
篠崎 真紀 …………… 39	島本 郁子 …………… 41	謝花 直美 …………… 29
篠塚 のり …………… 121	清水 市代 …… 78, 79, 80	シャーロックホームズ事務
篠塚 裕子 …………… 267	清水 五百子 ………… 162	局長 東 恵子 ……… 45
篠田 麻里子 ………… 68	清水 恵為子 ………… 270	しゅう ……………… 220
篠原 千絵 ……… 224, 225	清水 幸三 …………… 130	十羽 ナツ …………… 205
四ノ原 目黒 ………… 223	清水 幸子 …………… 263	夙川 浩子 …………… 199
篠原 涼子 ………… 65, 71	清水 しの …………… 221	城 綾音 ……………… 206
四宮 愛 ……………… 150	清水 信子 ……… 233, 234	肖 霞 ………………… 50
柴 久美子 …………… 332	清水 温子 …………… 197	城 菊子 ……………… 323
榛葉 健 ……………… 328	清水 照子 ……… 14, 130	浄安森林組合婦人部「ききょ
芝木 好子 ……… 177, 178	清水 季子 …………… 93	うの会」 …………… 118
柴咲 コウ … 286, 295, 307, 316	清水 直子 …………… 282	庄司 智春 …………… 57
柴崎 路子 ……… 255, 271	清水 夏絵 …………… 167	東海林 のり子 ……… 323
柴田 順子 …………… 215	清水 夏生 …… 251, 252, 254	庄司 祐子 …………… 120
柴田 千秋 …………… 193	清水 弘子 …………… 242	少女時代 …………… 66
柴田 朋子 …………… 150	清水 婦久子 ………… 180	正田 絢子 …………… 22
柴田 博美 …………… 54	清水 真澄 …………… 212	性田 尚 ……………… 241

上智大学　114	新藤 優佳　142	杉山 絵子　268
正道 かほる　198, 199	陣名 まい　216	杉山 佳代子　42
笑福亭 鶴瓶　77	新橋 耐子　280	杉山 清佳　143
食彩あさひ　120	新ふくしま農業協同組合　127	杉山 太規子　164
ジョージ朝倉　208	神保 寛子　265	杉山 美和子　218
女性起業ネットワーク そよかぜ　118		すぐり 碧　215
女性と仕事研究所　45	**【 す 】**	村主 章枝　68
女性の家サーラー　20		スザンヌ　68, 70, 76, 81
女性の人権KAMARADO　19	スー・チー　314	涼風 真世　319
女性パイロットによる韓国訪問飛行チーム　37	水産物市場改善協会　51	鈴木 厚子　128
ジョンソン・エンド・ジョンソン株式会社　51	水田 祥代　146, 166	鈴木 亜美　60
白井 明子　95	水浜 藍　218	鈴木 彩　197
白井 伊寿子　261	末次 由紀　209	鈴木 章子　241
白井 恵美　91	すえのぶけいこ　208	鈴木 杏　82
白井 珠江　237, 240	末政 ひかる　84	鈴木 郁子　34
白井 浩子　138	須賀 敦子　179	鈴木 鋏子　195
白石 加代子　279, 280	須賀 朋子　47	鈴木 永二　53
白石 草　326	菅井 きん　294, 306	鈴木 おさむ　48
白石 正子　265	須貝 美穂　128	鈴木 公子　97
白石 光江　124	すがえ 光夜　218	鈴木 京香　76, 286, 292, 293, 296, 297, 303, 316, 318, 319
白石 美帆　58	菅谷 直子　35	鈴木 幸子　195
白川 真悠子　266	菅原 あけみ　108	鈴木 佐代子　176, 215
白川 八重子　7	菅原 千恵子　251, 253, 258	鈴木 砂羽　286, 299
白川 由美　64	スギ ちかこ　216	鈴木 手毬　206
白木 夏子　94	杉浦 圭　215	鈴記 順子　272
白武 尚美　259	杉浦 浩美　55	鈴木 多美子　255, 259
白藤 梨可　137	杉浦 真由美　150	鈴木 智恵子　130
白百合グループ　118	杉浦 美羽　149	鈴木 登紀子　143
シルビア、ナンシー　247, 248	鋤柄 よしこ　106	鈴木 敏子　238, 240, 241
シルビア・グラブ　281	杉田 早苗　198	鈴木 友子　209
城崎 由紀　137	杙田 博571	鈴木 奈々　62
白鳥町農業婦人クラブ　125	すぎなの会　124	鈴木 七美　26
白水 こよみ　223	杉野 香子　214	鈴木 春江　119
辛 淑玉　18	杉野 めぐり　206	鈴木 博子　263
真行寺 千佳子　138	杉橋 やよい　44	鈴木 保奈美　66
神宮 由美子　42	杉原 明緒　212	鈴木 益子　146
新城 小波江　256, 257	杉村 静　186	鈴木 真由美〔英語教育〕　103
新條 まゆ　214	杉村 信子　261	鈴木 真由美〔研究者〕　133
新城 倫　214	杉村 春子　279, 286, 292, 297, 301, 309, 312	鈴木 美津夫　130
人身売買禁止ネットワーク　49	杉本 愛紗　205	鈴木 美穂子　128
新谷 恵子　37	杉本 薫子　104	鈴木 やえ　330
新谷 美智子　253, 254	杉本 晴子　176	鈴木 安江　268
進藤 斗志代　43	杉本 節子　22	鈴木 裕子　54
神藤 みず絵　214	杉本 苑子　179	鈴木 ゆき子　239, 242
新藤 みち子　122	杉本 好美　22	鈴木 由美子〔研究者〕　137
	杉山 愛　68, 76, 88	鈴木 由美子〔漫画家〕　208
		鈴木 ユリイカ　193
		鈴木 陽子　241

| 鈴木 里佳 ………… 90
鈴沢 玲美 ………… 197
鈴本 レイ ………… 206
須田 久美子 ……… 92
須藤 昭子 ………… 161
須藤 永子 ………… 264
栖藤 ナオ ………… 206
ストップ子ども買春の会
　………………… 19
ストリープ, メリル … 297
スプツニ子! ……… 76
スペースふう ……… 32
寿美 花代 ………… 56
角 迪子 …………… 229
住川 奈美 ………… 110
墨田 ユキ ………… 285
住友スリーエム …… 114
須山 ユキヱ ……… 176
諏訪 貴子 ………… 95
すわ みわこ ……… 210

【せ】

清家 章 …………… 27
生崎 透 …………… 219
性暴力を許さない女の会
　………………… 20
性暴力救援センター・大阪
　（SACHICO） …… 32
せいわの里 ………… 125
瀬尾 まいこ ……… 22
瀬川 瑛子 ………… 64
瀬川 清子 ………… 7
瀬川 智子 ………… 41
瀬川 祐代 ………… 84
関 敦子 …………… 164
関 綾子 ……… 233, 236
関 ウタ …………… 42
瀬木 恵里 ………… 143
関 直子 ……… 254, 257
関 路子 …………… 252
関 幸子 …………… 88
関 琳世 …………… 259
汐泉 真由美 ……… 206
関川 佳古 ………… 268
関口 香代子 ……… 218
関口 仁子 ………… 153
関口 聖子 …… 246, 255, 256

| 関口 貴美 …… 251, 256
関口 美智子 ……… 255
赤凪 玲香 ………… 218
関西 佳子 …… 93, 100
関根 千佳 …… 86, 107
関根 近子 ………… 95
関根 知子 ………… 151
関根 みよ ………… 167
関根 陽子 ………… 197
寂寥 美雪 ………… 199
瀬下 悦子 ………… 234
薛 沙耶伽 ………… 202
瀬戸 朝香 …… 73, 77
瀬戸 篤美 ………… 263
瀬戸内 寂聴（晴美）
　……… 22, 76, 178, 180
瀬能 旬 …………… 221
妹尾 民子 …… 246, 251
セブン&アイ・ホールディ
　ングス ………… 98
瀬谷 ルミ子 …… 18, 94
世良 臣絵 ………… 229
芹那 ……………… 62
善住 芳枝 ………… 230
仙田 美紗子 ……… 235
泉道 亜紀 ………… 221
千桐 英理 ………… 201
全日本空輸株式会社 … 36, 114
せんぼん よしこ … 298, 321

【そ】

徐 阿貴 …………… 55
寒川 歳子 ………… 32
左右田 もも ……… 221
相馬 直子 ………… 45
相馬 雪香 ………… 12
相馬 芳枝 ………… 138
惣万 佳代子 …… 30, 86
惣領 冬実（冬彌） … 210, 224
添田 包子 ………… 41
添田 百枝 ………… 163
曽於市農業委員会 … 128
曽我 芳子 ………… 271
十河 美加 …… 328, 329
SOSHIREN女のからだから
　………………… 19
袖井 孝子 ………… 43

| 袖岡 華子 ………… 194
曽根 ひろみ ……… 26
曾根 満子 ………… 233
曽野 綾子 ………… 178
園 阿莉 …………… 261
苑田 和見 ………… 216
園田 教子 ………… 262
園田 正世 ………… 106
園部町環境衛生推進委員
　会 ……………… 22
曾布川 正子 ……… 232
染野 幸子 ‥ 262, 264, 266, 267
征矢 泰子 ………… 188

【た】

田井 久惠 ………… 114
第一生命保険 ……… 115
大栄町酪農女性部 … 118
太地 喜和子 … 279, 284, 305
大地 真央 …… 65, 68
第25回全国都道府県対抗女
　子駅伝競走大会京都府チー
　ム ……………… 22
大門 優子 ………… 38
平良 進 …………… 56
平良 とみ …… 56, 86, 323
タウンゼント 順子
　……… 247, 248, 251
TAO ………… 58, 76
田岡 瑛子 ………… 242
多賀 多津子 ……… 47
高井 まどか ……… 140
高石 和子 …… 238, 241
高泉 淳子 ………… 282
高浦 銘子 ………… 195
高尾 昭子 ………… 143
高尾 みつ …… 245, 246
高岡 早紀 ………… 286,
　292, 295, 303, 306, 312, 316
高木 絹子 ………… 43
高木 希容子 ……… 267
高木 侚子 ………… 241
高木 敏子 ………… 16
高木 直 …………… 43
高樹 のぶ子 ……… 179
高木 初見 ………… 264
高木 松江 ………… 164

高木 佳子 ………… 190	高橋 尚子 ………… 64, 87	田口 佳子〔作家〕… 173, 176
高木 克美 ………… 21	高橋 奈津美 ………… 197	田口 佳子〔陶芸家〕… 263
高久 裕子 ………… 186	高橋 英樹・美恵子 …… 56	たぐち まこと ………… 214
鷹倉 ゲン ………… 215	高橋 まさえ …… 135, 149	田口 素子 ………… 17
たかぐら こおや ……… 213	高橋 真梨子 ………… 66	田口 ランディ …… 85, 182
高倉 夕美 ………… 216	高橋 真理子 ………… 265	田久保 恵美子 ………… 249
髙﨑 恵 ………… 45	高橋 みか ………… 197	田栗 テル …… 232, 233
高里 鈴代 ………… 6, 13	高橋 美智子 ………… 20	武井 咲 ………… 58,
髙澤 規子 ………… 41	高橋 美智子〔画家〕… 238	59, 66, 76, 82, 83, 299, 317
髙島 亜紀子 ………… 214	高橋 美奈子 ………… 151	竹井 澄子 ………… 11
髙島 忠夫 ………… 56	高橋 三保子 ………… 138	武井 たつ子 ………… 146
髙島 進子 ………… 43	高橋 美由紀 ………… 89	武井 史恵 ………… 149
髙島 礼子 …… 64, 314	高橋 靖子 ………… 332	武石 麗子 ………… 106
髙島屋 ………… 115	高橋 裕子 ………… 30	竹内 静香 ………… 168
高城 李紅 ………… 214	高橋 淑子 ………… 139	竹内 多美子 ………… 247
髙田 朱弥 ………… 156	高橋 留美子 ………… 224	竹内 利枝 ………… 235
髙田 絵里 ………… 198	高畑 淳子 …… 66, 281, 282	竹内 利子 ………… 234
髙田 はるみ ………… 105	高畑 郁子 ………… 244	竹内 とよ子 ………… 277
髙田 陽子 ………… 260	鷹原 すすむ ………… 213	武内 直子 ………… 208
髙田 りえ ………… 213	高原 千秋 ………… 252	竹内 野乃 ………… 142
高千穂 ひづる ………… 302	高原 照美 ………… 167	武内 昌美 ………… 211
高塚 かず子 ………… 193	高倍 鉄子 ………… 138	竹内 まりや ………… 276
高遠 いさな ………… 215	高星 せう子 ………… 215	竹内 美佐子 ………… 261
高鳥 悠記 ………… 143	高間 陽子 ………… 245	竹内 みや子 ………… 330
高西 弥生 ………… 36	高増 千晶 ………… 260	竹内 結子 ………… 287,
高野 悦子 …… 12, 314	高松市生活研究グループ連	293, 298, 316, 319
高野 恵美子 ………… 219	絡協議会 ………… 126	竹岡 裕子 ………… 135
高野 妙子 ………… 264	髙峰 愛子 ………… 154	竹岡 羊子 …… 247, 250
高野 千尋 ………… 243	髙嶺 かおる …… 254, 256, 257	竹川 佳壽子 ………… 41
高野 鳥美 ………… 216	高峰 秀子 …… 283, 301, 309	竹川 初美 ………… 126
高野 仁美 ………… 216	高峰 三枝子 ………… 302	竹川 博子 ………… 106
高野 寛子 ………… 129	高村 ふみ ………… 206	武沢 伸子 ………… 242
高野 好子 …… 263, 265	髙村 リエ ………… 40	竹下 敦子 ………… 117
高橋 愛 ………… 62	高本 昌枝 ………… 263	竹下 景子 …… 66, 292
高橋 あい ………… 186	髙屋 奈月 ………… 208	竹下 妙子 ………… 331
高橋 亜由美 ………… 267	髙安 秀子 ………… 123	竹下 友佳子 ………… 266
高橋 泉 …… 93, 108	高柳 泰世 ………… 165	武田 采子 …… 239, 240, 241
高橋 和子〔画家〕	高柳 友子 ………… 157	武田 修宏 ………… 68
………… 250, 252, 255	高薮 縁 ………… 139	武田 裕子 ………… 157
高橋 和子 ………… 330	高山 アカリ ………… 156	武田 美保 …… 21, 60
高橋 きみ子 ………… 239	高山 侑子 ………… 39	武田 百合子 …… 181, 245
高橋 惠子 ·· 66, 280, 298, 313	高山 由紀子 ………… 315	武田 陽子 ………… 47
高橋 啓子 ………… 94	高山 あぐり☆ウィミンの	武智 美年子 ………… 269
高橋 さちえ ………… 213	会 ………… 118	武富 信子 …… 236, 238
高橋 幸子 ………… 321	田川 和子 ………… 231	竹中 栄子 …… 235, 236, 239
高橋 順子 …… 50, 188	滝 恵子 ………… 236	竹中 恵美子〔経済学者〕… 40
高橋 ジョージ …… 48, 56	滝井 響 ………… 215	竹中 恵美子〔画家〕… 245
高橋 たか子 …… 178, 181	滝川 クリステル … 65, 71, 75	竹中 ナミ ………… 14
高橋 毅 ………… 52	瀧川 寛子 ………… 38	竹中 伸枝 ………… 128
	滝野 まり ………… 221	

竹西 寛子 ………… 178, 181	田中 兆子 ………… 172	谷川 千津 ………… 135
竹之内 城穂 ………… 218	田中 知世子 ………… 111	谷口 静子 ………… 242
竹葉 晶子 ………… 323	田中 敏 ………… 42	谷口 とよ美 ………… 107
武林 淳子 ………… 196	田中 敏子 ………… 41	谷口 英子 ………… 264
竹原 由佳 ………… 156	田中 とし子 ………… 233	谷田 絹子 ………… 18
竹宮 恵子 ………… 14, 224	田中 知美〔経済学者〕 … 96	谷原 麻子 ………… 197
竹宮 敏子 ………… 165	田中 知美〔陶芸家〕 … 266	谷藤 典子 ………… 219
竹村 有生 ………… 214	たなか 友美 ………… 212	谷本 歩美 ………… 82
たけむら ゆうこ ………… 213	田中 直紀 ………… 56	谷本 美弥子 ………… 199
竹本 さやか ………… 141	田中 奈津美 ………… 155	種市 加津子 ………… 97
竹安 みゆき ………… 213	田中 信子 ‥ 236, 237, 240, 243	種十号 ………… 204
田幸 稲 … 250, 251, 256, 257	田中 範子 ………… 262, 264	田野 せつ ………… 234
蛸島 彰子 ………… 78	田中 秀子 ………… 47	田ノ本 智子 ………… 110
田澤 由利 ………… 31, 108	田中 裕子 ………… 42	田畑 香織 ………… 143
田澤 聆子 ………… 240	田中 洋美 ………… 45	田畑 智子 ‥ 74, 285, 313, 314
田島 静子 ………… 236	田中 富士枝 ………… 148	田端 ハナ ………… 21
田島 時江 ………… 241, 243	田中 眞紀子 ………… 56, 82	田原 形子 ………… 268
田島 寧子 ………… 82	田中 まこ ………… 99	田原 節子 ………… 56
多田 智満子 ………… 188	田中 昌子 ………… 240	田原 総一朗 ………… 56
唯 美津木 ………… 144, 153	田中 マリ子 ………… 315	太原 千佳子 ………… 188
唯野 由美子 ………… 200	田中 みち子 ………… 231	田原 文子 ………… 234
舘 有紀 ………… 186	田中 光穂 ………… 37	田渕 久美子 ………… 92
橘 紫紋 ………… 218	田中 咸子 ………… 146	田渕 まゆみ ………… 198
たちばな のい ………… 204	田中 美穂 ………… 32	多部 未華子 ………… 281, 298
立花 昌子 ………… 252	田中 美代子 ………… 135	田部井 淳子 ………… 10
立花 みどり ………… 247	田中 八重江 ………… 195	田間 泰子 ………… 26
立花 美哉 ………… 21, 60	田中 裕子 ‥ 285, 286, 287, 288,	玉井 里美 ………… 107
たつみ かなこ ………… 219	289, 292, 294, 298, 300, 302,	玉井 千春 ………… 241
たつみ さとこ ………… 200	305, 307, 311, 313, 314, 316	玉井 菜採 ………… 24
辰見 真左美 ………… 197	田中 宥久子 ………… 76, 314	玉置 和子 ………… 331
竜山 さゆり ………… 212	田中 由里子 ………… 39	玉置 正子 ………… 252
伊達 公子 ………… 82	田中 芳子 ………… 268	玉田 恵美 ………… 266
立石 真希子 ………… 272	田中 好子 ………… 285,	玉津 菊子 ………… 40
舘沢 あゆみ ………… 213	288, 295, 303, 306, 311	田丸 麻紀 ………… 61, 70
タテツ エミ ………… 221	田中 理恵 ………… 62	田丸 美寿々 ………… 63, 323
立脇 一科 ………… 210	田中 麗奈 ‥ 67, 286, 300, 316	たみお まゆみ ………… 201
帯刀 陽子 ………… 137	田名瀬 新太郎 ………… 202	田村 安紀 ………… 237, 239
田所 喬 ………… 45	田辺 郁 ………… 332	田村 秋子 ………… 308
田中 麻子 ………… 46	田辺 清巳 ………… 215	田村 明子 ………… 331
田中 阿里子 ………… 176	棚部 さとる ………… 213	田村 雲供 ………… 54
田中 郁代 ………… 22	田辺 聖子 ………… 13, 179	田村 枝津子 ………… 229
田中 英子 ………… 263	田辺 房子 ………… 245	田村 貴恵子 ………… 171
田中 絹代 ………… 283,	田浪 亜央江 ………… 34	タムラ 圭 ………… 221
284, 308, 309, 310	谷 あゆみ ………… 32	たむら 紗知 ………… 222
田中 小有里 ………… 117	谷 和野 ………… 222	田村 さと子 ………… 188
田中 澄江 ………… 13, 179, 185	谷 嘉代子 ………… 12	田村 能里子 … 250, 251, 253
田中 田鶴子 ………… 24	谷井 友海 ………… 102	田村 総 ………… 182
田中 千佳 ………… 176	谷岡 愛子 ………… 218	田村 三千代 ………… 128
田中 チカ子 ………… 42	谷川 恵美子 … 238, 241, 242	田村 緑 ………… 197
		田村 由美 ‥ 211, 224, 225

田村 亮子 ………… 82
田山 雪江 ………… 105
たゆた ……………… 204
樽川 通子 ………… 42
ダルク女性ハウス …… 20
多和田 千春 ……… 266
多和田 葉子 ……… 185
俵 友恵 ……………… 11
俵 典子 …………… 245
俵 万智 ………… 51, 185
壇蜜 …………… 61, 76
檀 れい …………… 60,
　　66, 73, 76, 287, 289, 298
だんどりの会 …… 119

【ち】

崔 恩景 ……… 253, 254
崔 映淑 …………… 54
チカ ……………… 219
近澤 恵美子 ……… 45
チカップ 美恵子 …… 34
竹仁百元 ………… 211
「地に舟をこげ 在日女性文学」…………… 34
ちば あきお ……… 224
千葉 香織 ………… 193
千葉 小織 ………… 107
千葉 すず ………… 48
千葉 奈津子 ……… 135
千葉 秀子 ………… 121
千葉 真子 ………… 21
千葉 涼子 ………… 79
CHIHARU ………… 76
チャン, マギー …… 297
中条 元子 ………… 262
稚代 ……………… 227
張 龍妹 …………… 180
鳥獣戯画 ………… 227
長神 ……………… 227
長曽我部 紀理子 … 133
長南 光 …………… 124
蝶之宮 ミヅホ …… 222
千代原 真智子 …… 199
沈 青 ……………… 140
陳 宝蘭 …………… 239

【つ】

ツァオ・チン ……… 283
築地 正子 ………… 189
通崎 睦美 ………… 22
塚口 千枝 ………… 37
司 葉子 …… 284, 302, 310
塚原 真梨佳 ……… 283
塚本 知子 ………… 210
塚本 政子 …… 232, 233, 235
塚本 良江 ………… 95
都河 明子 ………… 43
津川 絵理子 ……… 192
津川 有香子 ……… 171
月尾 菅子 ………… 231
継岡 リツ …… 247, 250, 254
月ヶ瀬 かほる …… 37
月咲 海隆 ………… 219
月鈴 茶子 ………… 221
月田 富佐子 ……… 241
月原 綾 …………… 222
月海 ルナ ………… 219
月本 シンリ ……… 217
月森 雅子 ………… 211
月梨野 ゆみ ……… 215
筑紫 みずえ ……… 84
佃 和枝 …………… 263
つくば市農業・農村男女共同参画社会推進委員会 … 118
柘植 あづみ ……… 54
辻 かの子 ………… 213
辻 きぬ …………… 41
辻 仁成 …………… 56
辻 希美 ……… 52, 77, 81
辻 めぐみ ………… 38
辻 友美子 ………… 110
辻 由美子 ………… 281
辻井 ミキ ………… 207
辻永 ひつじ ……… 222
辻野 創葩 ………… 266
辻野 友規美 ……… 265
津嶋 サダノ ……… 8
津島 佑子 …… 178, 181, 185
津島活性化グループ … 118
辻村 みよ子 ……… 25
辻元 清美 ………… 12

都築 あゆみ ……… 219
つづき 春 ………… 211
津田 仁子 …… 229, 271
津田 喬子 ………… 167
津田 道子 ………… 21
つたの輪 ………… 125
土江 真樹子 ……… 323
土田 和子 ………… 21
土田 セイ ………… 9
土原 和子 ………… 150
土屋 アンナ ……… 52,
　　68, 70, 75, 76, 286, 298
土屋 貞代 ………… 43
土屋 成子 ………… 232
土谷 真理子 ……… 36
筒井 紅舟 ………… 193
堤 敦子 …………… 260
堤 恵美子 ………… 107
堤 香苗 …………… 107
堤 聖子 …………… 210
恒光 ゆかり ……… 38
椿 操 ……………… 246
坪井 明日香 ……… 20
壹井 栄 …………… 177
坪井 節子 ………… 17
坪内 知佳 ………… 96
坪内 南 …………… 95
つまごい竹の子グループ
　…………………… 121
つみき みほ ……… 312
津村 節子 ………… 179
つる りかこ ……… 201
鶴岡 元子 …… 248, 249, 252
剣 幸 ………… 281, 282
鶴田 真由 ………… 64
鶴保 庸介 ………… 56
鶴山 時魚 ………… 219

【て】

丁 莉 ……………… 180
trf ………………… 276
ティグラオ, ラケル・エドラリン ……………… 6
帝人株式会社 …… 100
ティティクシュ, ウシャ
　…………………… 28
DV防止ながさき …… 20
デヴィ・スカルノ … 64

てしば まさみ ………… 213
手島 直子 …………… 239
手塚 廣子 …………… 259
手づくりクッキーおから
　や ………………………… 46
手づくり梨工房 ……… 125
寺崎 朝子 …………… 150
寺崎 マリ子 ………… 231
寺沢 国子 ……………… 9
寺島 しのぶ …… 60, 76,
　280, 281, 286, 287, 292, 296,
　298, 300, 304, 307, 313, 317
寺嶋 美代子 ………… 241
寺田 さゆみ ………… 197
寺田 真由美 ………… 129
寺西 栄子 …………… 237
寺西 美佳 …………… 135
寺部 清毅 ……………… 52
寺村 絵里子 …………… 45
寺脇 三貴 …………… 266
テレサ・テン …… 275, 276
天童 よしみ …………… 64
テンプスタッフ株式会社
　…………………………… 51
天佑羽 ………………… 219
天六 ヤヨイ …………… 171

【と】

十朱 幸代 ………… 65,
　292, 302, 303, 311
土居 一江 …………… 253
土井 香苗 ……………… 18
土井 晴太 …………… 223
土井 美恵 …………… 232
土井 美淑 …………… 256
土居 裕子 ……… 279, 280
東京国際女性映画祭 … 49
東京都世田谷区 ……… 51
東條 初恵 …………… 104
桃滋郎 ………………… 220
東野 莉子 …………… 221
東北大学 杜の都女性研究者
　ハードリング支援事業 サイエ
　ンス・エンジェル …… 156
藤間 麗 ……………… 220
堂本 暁子 ……………… 43
當山 君子 …………… 124

東洋の魔女の皆さん
　1964年東京五輪出場メン
　バー …………………… 18
遠野 凪子 …………… 316
遠野市農業委員会 …… 128
遠野地方Y・Y・Y推進女性
　の会 …………………… 118
遠山 菊江 …………… 122
遠山 陽子 …………… 187
遠山 洋子 …………… 199
遠山 嘉一 ……… 140, 146
遠山 玲子 …………… 253
常田 久仁子 ………… 320
時津 涼歌 ……………… 41
ときめき水都市運営委員
　会 ……………………… 124
時山 はじめ ………… 220
常盤 貴子 …… 83, 318, 319
常盤 祐 ……………… 219
徳植 久子 ……… 245, 247
徳川 直子 ……………… 38
徳沢 隆枝 ……… 250, 251
特産氷見稲積梅生産組合
　………………………… 122
徳田 明美 …………… 263
あんふぁんねっと ……… 45
徳永 えり …………… 298
徳永 照子 …………… 245
徳永 瑞子 …………… 331
徳永 芳子 …………… 272
徳丸 倫子 …………… 198
徳光 恵子 …………… 261
徳光野菜婦人部 ……… 118
徳矢 典子 ……………… 42
とざわ ゆりこ ……… 201
利谷 信義 ……………… 42
戸嶋 桂子 …………… 239
豊島 静枝 …………… 245
豊島 文子 …………… 142
豊島 ミホ …………… 172
戸田 綾子 …………… 245
戸田 恵梨香 …… 60, 318, 319
戸田 恵子 ……… 66, 281
戸田 奈津子 ………… 314
戸田 のり子 ………… 233
戸田山 もも ………… 213
栩木 伸明 …………… 183
栃木県農村女性会議 … 129
栃原 敏子 …………… 229
杼村 正雄 ……………… 53

鳥取大学医学部附属病院
　………………………… 98
鳥羽 真紀子 ………… 266
戸張 靖子 …………… 155
土肥 紅絵 ……… 262, 264
飛田 いづみ ………… 200
トビーン, コルム …… 183
トーマス・チャンドラー
　………………………… 218
戸松 遥 ………… 290, 291
都丸 直子 …………… 272
富岡 恵美子 …………… 41
富岡 幸子 …………… 143
富岡 多恵子 … 178, 181, 185
富川 明子 ……… 240, 242
富沢 亜古 …………… 280
冨沢 真理子 …………… 54
富田 文菜 …………… 155
富田 和 ……………… 222
富田 野乃 …………… 142
富田 真理子 ………… 152
富田 万里子 ………… 239
冨田 倫子 ……… 236, 238
富田 裕子 ……………… 49
富田 祐子 …………… 110
富田 芳枝 …………… 233
冨永 愛 …… 52, 58, 75, 76
冨永 亜紀子 ………… 215
冨永 千恵子 …………… 34
冨永 暉人 ……………… 43
冨永 雅子 …………… 249
冨永 依里子 ………… 155
富山 妙子 ……………… 6
ともさかりえ ……… 64,
　81, 307, 319
友田 みね子 ………… 232
友近 …………… 76, 299
兎山 なつみ ………… 197
豊川 京子 …………… 315
豊川 遼馬 …………… 202
豊崎 愛生 ……… 290, 291
とよだ くにこ ……… 199
トヨタファイナンス …… 98
豊永 梨恵 …………… 197
豊旗 祐子 …………… 222
鳥居 和子 …………… 234
鳥居 清光 ……………… 9
鳥居 啓子 …………… 148
鳥居 麗子 …………… 133

鳥海 文子 …………… 170
鳥越 智子 …………… 264
鳥越どんづまりハウス … 118
鳥谷 かよこ ………… 205
鳥丸 入江 …………… 199
DREAMS COME TRUE
　……………… 275, 276
鳥谷部 圭子 ………… 267
鳥山 明 ……………… 224
ドレフュス, ジュリー … 63
十和田湖町ふるさと活性化
　友の会 ……………… 118
トンプソン, エマ …… 297

【 な 】

内木 和枝 ……… 241, 243
内藤 こづえ …………… 11
内藤 大助 ……………… 57
内藤 千珠子 …………… 27
内藤 真弓 ……………… 57
名内 朗子 …………… 199
直井 幸子 …………… 233
直井 澄子 …………… 232
直江 亜季子 ………… 207
中畔 都舎子 ……… 22, 40
永井 綾乃 …………… 197
中井 喜美子 ………… 271
中居 成子 …………… 105
中井 広恵 ……… 78, 79, 80
永井 路子 …………… 178
永井 佑子 ……… 262, 264
永井 陽子 …………… 191
永井 理恵 …………… 237
長池 博子 ……… 40, 165
中泉 敦子 …………… 156
中江 文 ……………… 135
長江 すなお ………… 219
長江 朋美 …………… 212
永方 裕子 …………… 191
長江 優子 …………… 202
中尾 彬 ………………… 57
中尾 タカ子 ………… 232
長尾 登美子 ………… 261
中尾 三十里 … 196, 200, 201
中川 安奈 …………… 285
中川 喜美子 ………… 253
中川 佐和子 ………… 191

中川 潤子 ……………… 90
中川 翔子 …………… 73, 81
中川 澄子 ……… 252, 254, 255
中川 水鈴 …………… 219
中川 陽子 …………… 213
中川 佳子 ……………… 37
那賀川こまち ………… 125
中北 千枝子 ……… 301, 308
中倉 ヒロ …………… 221
長崎 美容子 ………… 250,
　　　　　　　251, 255, 256
永作 博美 ……… 66, 287,
　296, 298, 304, 307, 314, 317
中迫 貞子 …………… 126
中里 恒子 …………… 178
中里 茉莉子 ………… 194
長澤 逸子 ……… 241, 243
永澤 奈美子 ………… 142
長沢 正恵 …………… 253
長澤 まさみ …… 60, 65,
　74, 75, 77, 82, 296, 304, 307
中沢 由美 …………… 161
中島 茜 ……………… 277
永島 暎子 ……… 285, 302
Nakashima,Emi ……… 158
中島 和子 …………… 243
中島 君枝 …………… 211
中嶋 喜代 ……………… 42
中島 敬子 …………… 266
中嶋 しい …………… 259
中島 滋代 …………… 120
長島 静子 …………… 250
中島 民子 ……………… 30
中島 千恵 …………… 229
中嶋 朋子 …… 281, 299, 303
中島 登代子 ………… 245
長嶋 美江子 ………… 200
中島 美嘉 ……… 89, 273
永島 靖子 …………… 191
中嶋 ゆか …………… 220
中島 裕美子 ………… 152
長瀬 いずみ ………… 260
永瀬 清子 …………… 188
永瀬 はるひ ………… 217
長瀬 美樹 …………… 149
中園 ミホ ……… 91, 324
中田 和子 ……………… 41
仲田 早稚代 ………… 221
中田 千鄒 …………… 254

長田 華子 ……………… 5
長田 久子 …………… 249,
　　　　　　　250, 251, 253, 254
仲田 弘子 ……… 247, 254
永田 万里子 ………… 331
永田 萌 ……………… 3, 21
中田 やよひ ………… 259
仲田 好江 …………… 246
中谷 恭子 …… 237, 238, 239
中谷 美紀 … 65, 71, 75, 281,
　282, 287, 296, 300, 307, 313
中谷 ミユキ ………… 246
中谷 友紀 …………… 150
中辻 悦子 …………… 229
中西 友子 …………… 138
中西 美世 ……………… 21
中西 由利子 …………… 56
なかにし 礼 …………… 56
仲根 メグ …………… 217
永野 ひかる ………… 329
永野 むつみ ………… 278
長野県女性農業委員の会
　…………………… 127
中野市豊田農産物加工施設
　利用組合 ………… 124
中橋 恵美子 ……… 31, 92
中原 アヤ …………… 225
永原 和子 ……………… 26
中原 ひとみ ………… 298
永原 裕子 …………… 138
中原 みぎわ ………… 216
仲二見 裕美 ………… 132
長堀 紀子 …………… 143
名嘉真 麻希 ……… 242, 243
仲間 由紀恵 …………… 76
永松 愛子 …………… 133
永松 カズ子 ………… 129
永松 輝子 …………… 195
ながまつ ようこ …… 196
永松 陽子 …………… 243
中道 瞳 ……………… 23
中村 文妃子 ………… 109
中村 あずさ …………… 67
中村 敦子 …………… 198
中村 アン ……………… 69
中村 郁子 …………… 201
中村 江里子 …………… 64
中村 和子 …………… 237
中村 かなこ ………… 214
中村 きい子 ………… 181

中村 セツ子 …… 245, 250, 252	中山 年子 …………… 169	奈良橋 陽子 …………… 315
中村 苑子 …………… 190	中山 トシ子 …………… 249	楢原 明理 …………… 197
中村 隆子 …………… 13	中山 富美子 …………… 21	楢原 由紀子 …………… 120
中村 正 …………… 53	中山 茅集 …………… 176	楢村 公子 …………… 201
中村 玉緒 …………… 64, 292, 301, 310, 313, 314	中山 みつい …………… 121	成澤 廣修 …………… 51
中村 智恵美 …………… 254, 255, 256, 257, 271	中山 みどり …………… 200	成田 いさむ …………… 215
	中山 美穂 …… 275, 303, 306	成田 宏子 …………… 42
中村 齋子 …………… 259, 260	名柄 禎子 …………… 246	成田 真由美 …………… 13
仲村 つばき …………… 204	なごやか営農グループ …… 125	成瀬 真弓 …………… 149
中村 友重 …………… 131	名古屋大学 …………… 115	成瀬 由美 …………… 216
仲村 朋子 …………… 144	梨川 リサ …………… 206	成海 璃子 …………… 65, 316
中村 修枝 …………… 246	梨木 英美子 …………… 232	鳴母 ほのか …………… 214
中村 橋之助 …………… 48, 56	梨木 香歩 …………… 185	名和 千嘉 …………… 163
中村 春子 …………… 15	梨本 じん …………… 212	南家 啓子 …………… 240, 241
中村 弘子 …………… 20	梨本 芙美代 …………… 232, 233	南駿農業協同組合 …………… 129
中村 文 …………… 180	奈月 遥 …………… 220	難波 知津子 …………… 270
なだ いなだ …………… 53	南場 智子 …………… 84, 89
中村 文子 …………… 35	奈知 未佐子 …………… 210	難波 英子 …………… 272
中村 富美子 …………… 42	夏川 結衣 …… 293, 298, 313	灘波 陽子 …………… 37
中村 まり …… 234, 235, 236	那月 あいら …………… 215	南原 美那子 …………… 269
中村 みき …………… 214	夏希 あゆり …………… 219	南部 きみ子 …………… 176
中村 道子 …………… 3	夏生 瞬 …………… 217	南保 佳子 …………… 245
中村 路子 …………… 170	夏木 マリ …………… 65, 68	南里 栄子 …………… 161
中村 美穂 …………… 136	夏海 鈴 …………… 216	
中村 みも …………… 207	夏目 愛子 …………… 206	【に】
中村 桃子 …………… 55	夏目 藍子 …………… 217	
中村 優希 …………… 155	夏目 瑛子 …………… 204	
中村 有希生 …………… 206	夏目 雅子 …………… 302, 305	新居 彩子 …………… 97
中村 百合子 …………… 229	なでしこジャパン …… 68, 95	新倉 美佐子 …………… 104
中村 佳子 …………… 122	名取 美和 …………… 87	新関 さとみ …………… 32, 107
中村 芳子 …………… 278	名取 裕子 …………… 63, 292	新名 史門 …………… 223
中村 利江 …………… 90	菜々緒 …………… 68	新美 みどり …………… 117
中村 りくえ …………… 210	七尾 美緒 …………… 221	二階堂 ふみ …………… 304
中村 玲子 …………… 174	七瀬 なつみ …………… 281	二木 てるみ …………… 302
中村 玲子〔画家〕…………… 269	七ッ山婦人加工グループ …………… 120	NICO …………… 204
中村 令子 …………… 199	浪花 千栄子 …………… 301	西 炯子 …………… 226
中元 宣子 …… 254, 255, 256	ナマ・イキVOICE～100% 女性倶楽部スタッフ … 323	西 尚美 …………… 207
中本 道代 …………… 193		西 りかこ …………… 213
仲本 玲子 …………… 211	なま子 …………… 228	西 禮子 …………… 272
中森 衣都 …………… 211	波岡 聡子 …………… 101	西井 明子 …………… 142
永谷 亜矢子 …………… 90	並木 陽子 …………… 111	西尾 薫 …………… 200
中山 亜純 …………… 211	なみの 亜子 …………… 188	西尾 珪子 …………… 8
中山 綾 …………… 234	波乃 久里子 …………… 281	西尾 拓美 …………… 48
中山 エミリ …………… 69	奈良 摂 …………… 211	西尾 登美枝 …… 236, 238
中山 忍 …………… 303	ナラ・ターナー, カオリ …… 314	西生 まこ …………… 228
中山 千恵子 …………… 86	奈良岡 朋子 …… 281, 304, 310	西方町農産物加工組合「おとめ会」…………… 126
中山 智奈弥 …………… 332	奈良尾生活改善グループ …………… 124	
中山 登紀子 …………… 176		西川 あゆみ …………… 109
中山 敏子 …………… 43	ならき 良 …………… 220	西川 きよし …………… 56

西川 恵子	………	138
西川 潤	………	41
西川 のりお	………	332
西川 ヘレン	………	56
西川 美智子	………	255
西川 美和	………	298
西口 典江	………	170
西窪 あけみ	………	130
西窪 武	………	130
西倉 実季	………	55
西沢 杏子	………	198
西沢 桂子	………	97
西沢 実峰	………	216
西田 恵里	………	143
西田 和代	………	237
西田 時子	………	262
西田 豊子	………	277
西田 尚美	………	300, 307
西田 ひかる	………	71
西谷 友重	………	131
にしで しずこ	………	196
西野 カナ	………	68, 274
西野 毅史	………	45
西部 知香	………	122
西町 意和子	………	177
西村 いつき	………	99
西村 かおる	………	16
西村 和子〔俳人〕	………	187
西村 和子〔人形劇〕	………	277
虹村 かっこう	………	218
西村 恭子	………	21
西村 珠子	………	137
西村 知美	………	48, 299
西村 芙蓉	………	248
西村 美也子	………	110
西村 美代子	………	252, 253
西本 陽子	………	176
西山 きよみ	………	124
西山 文子	………	200
西山 茉希	………	59
西山 水木	………	280
西脇 悦子	………	41
西脇 すみ恵	………	261
西脇 知代	………	261
ニセコカワコ	………	219
新田 純子	………	176
新田 順子	………	330
新田 孝子	………	180
新田 道子	………	251, 255
日辺あゆみ会	………	126
蜷川 実花	………	68
二宮 恭子	………	94
二宮 さよ子	………	298
二ノ宮 知子	………	208
二宮 慶枝	………	41
仁平 知世	………	94
日本エアシステム	………	36
日本女性差別撤廃条約NGOネットワーク（JNNC）	………	3
「日本テレビ キユーピー 3分クッキング」制作チーム	………	327
日本電気株式会社	………	51
日本ハム	………	114
仁村 魚	………	175
仁和 とりぃ	………	227
庭山 聡美	………	152

【ぬ】

縫田 曄子	………	9
額田 やえ子	………	322
糠塚 康江	………	55
貫井 香織	………	129
抜井 諒一	………	192
温井 和佳奈	………	110
布瀬 智子	………	128

【ね】

根岸 季衣	………	282
猫 春眠	………	200
猫目 トーチカ	………	206
猫目羽 澪衣	………	199
根来 恒子	………	271
根本 かおる	………	90
根本 牧	………	232
根本 由美子	………	125

【の】

ノイハウス 聖子	………	200
農産物直売所 ほたるの里利用組合	………	126
能年 玲奈	………	318
野上 員行	………	332
野上 照代	………	331
野上 弥生子	………	178
野上 洋子	………	271
野際 陽子	………	63, 65
野口 和江	………	247
野口 時子	………	243
野口 トシ子	………	245
野口 麻衣子	………	200
野口 政子	………	40
野口 みずき	………	22
野口 由紀	………	215
野口 良子	………	332
野坂 千秋	………	95
野崎 京子	………	139
野崎 朋未	………	328, 329
野澤 佳世	………	155
野澤 喜代	………	323
野澤 良美	………	167
熨斗 麻起子	………	94
野島 千恵子	………	176
野尻 知里	………	90
能城 律子	………	14
野津 初子	………	40
野末 信子	………	125
及位 ヤエ	………	12
野田 里美	………	266
野田 聖子	………	56
野田 法子	………	40
野田 裕美	………	136
野田 由美子	………	87
野田 佳江	………	10
能登 祐子	………	33
Notoko	………	216
野殿 英恵	………	156
野中 伊久枝	………	259
野中 広務	………	53
野中 美応	………	154
野中 未知子	………	246
野々山 久也	………	43
野原 あき	………	198
のはら ちぐさ	………	200
野原 千代美	………	211
野間 佳子	………	244, 245, 247
野正 由紀子	………	197
野見山 潔子	………	171
野村 淳子	………	148
野村 育世	………	26
野村 克也	………	48, 56
野村 沙知代	………	48, 56

野村 忠宏 ……………… 56
野村 千春 ……………… 244
野村 康子 ………… 236, 237
野村 葉子 ……………… 56
野村 若葉子 …………… 332
野本 照子 ……………… 165
埜谷 己代子 …………… 246
野呂 たぢ ……………… 163
野呂 幸枝 ……………… 163
non ………………… 221, 222

【は】

灰島 なぎこ …………… 220
倍賞 千恵子 ……… 284, 285,
　　288, 294, 302, 305, 310, 311
倍賞 美津子 ……… 285, 286,
　　288, 292, 294, 295, 298, 302,
　　303, 305, 306, 311, 312, 313
VAWW-NET Japan …… 55
芳賀 よみ子 …………… 119
伯方地区生活研究グループ
　連絡協議会 …………… 118
萩尾 望都 ……………… 224
萩の会 …………………… 31
杷木町あぐりの会 ……… 118
萩原 葉子 ………… 178, 181
朴 仁京 …………………… 5
パク・ジュヨン ………… 241
朴 璐美 ………………… 290
葉喰 たみ子 …………… 202
箱田 栄 ………………… 270
羽崎 昌子 ……………… 263
ハザマ 紅実 …………… 210
橋尾 美代子 …………… 244
橋川 ふさ子 …………… 169
橋爪 真理子 …………… 264
橋田 寿賀子 …………… 320
元 ちとせ ……………… 87
橋本 愛 ………………… 287
橋本 香綾 ……………… 219
橋本 香折 ……… 198, 199, 200
はしもと さかき ……… 213
橋本 佐与子 …………… 329
橋本 静代 ……………… 146
橋本 聖子 ………………… 9
橋本 知子 ……………… 117
橋本 とも子 …… 249, 252, 259

橋本 裕子 ……………… 41
橋本 芙美 ……………… 95
橋本 麻希 ……………… 267
橋本 正恵 ……………… 31
橋本 昌子 ……………… 111
橋本 真由美 …………… 90
橋本 美知子 …………… 167
橋本 美智子 ……… 261, 262
橋本 美穂 ……………… 143
橋本 祐子 ……………… 328
橋本 葉子 ………… 146, 164
橋本 洋子 ………… 236, 238
橋本 佳子 ……………… 323
橋本 陵加 ……………… 101
橋本 るり子 …………… 242
橋谷 桂子 ……………… 196
葉月 優 ………………… 216
蓮野 うてな …………… 217
荷見 ヒサ子 …………… 165
蓮見 游 ………………… 218
パーズリー, ジャン …… 49
長谷川 歩 ……………… 94
長谷川 逸子 …………… 11
長谷川 紀代 …………… 261
長谷川 稀世 …………… 280
長谷川 京子 ………… 52, 65
長谷川 公一 …………… 53
長谷川 潤 ……………… 73
長谷川 園恵 …………… 267
長谷川 多紀 …………… 174
長谷川 智華 …………… 215
長谷川 葉月 …………… 242
長谷川 寿子 …………… 332
長谷川 裕世 …………… 214
長谷川 保枝 ……… 250, 252
長谷川 ユキ …………… 329
長谷川 洋子 …………… 201
長谷川 良子 ……… 234, 236
長谷川 礼奈 …………… 202
長谷場 久美 …………… 14
長谷部 百合 …………… 213
畑 和 …………………… 53
畑山 晶子 ……………… 269
畠山 恭子 ………… 258, 259
畑山 喜和子 …………… 240
畠山 さゆり …………… 107
畑山 隆則 ……………… 56
畑山 真由美 …………… 56
波多野 千寿 …………… 264

波多野 優香 …………… 21
幡谷 純 ………… 253, 254, 257
働きたいおんなたちのネッ
　トワーク ………… 22, 31
働くことと性差別を考える
　三多摩の会 …………… 54
働くママ支援プロジェクト
　「キラきゃりママ」代表 大洲
　早生李 ………………… 45
服部 けい子 …… 248, 249, 252
服部 圭子 ……………… 255
服部 真紀子 …………… 266
服部 政子 ……………… 56
服部 美恵子 …………… 56
服部 道江 ……………… 95
服部 道子 ………………… 9
ハットン, ベティ ……… 301
玻都 もあ ……………… 227
葉都田 ナオ …………… 219
はとぽっぽ …………… 221
鳩山 幸 ………………… 65
花 めい子 ……………… 222
花田 とし子 …………… 270
花田 雅江 ……………… 105
花野米レディース ……… 118
花房 このみ ……… 254, 255
英 恵 …………………… 215
花山 多佳子 …………… 191
塙 八重子 ………… 235, 237
羽根 澄子 ………………… 9
はね はるこ …………… 212
葉野 リカ ……………… 222
馬場 あき子 …… 185, 189, 193
馬場 元子 ……………… 56
PUFFY ………………… 72
濱岡 登美子 …………… 21
はまおか のりこ ……… 210
浜口 京子 ……………… 14
濱口 千穂 ……………… 117
浜口 初枝 ……………… 56
浜口 美和 ………… 236, 238, 250
浜崎 あゆみ …… 67, 72, 85, 273
浜崎 浩子 ……………… 152
濱砂 圭子 ……………… 31
濱田 嘉代 ……………… 271
浜田 華練 ……………… 197
浜田 公子 ……………… 229
浜田 きよ子 …………… 22
濱田 ここね …………… 317
濱田 すみれ …………… 45

浜田 博美	129	
濱田 滋子	40	
濱田 雅	164	
浜田 ゆう子	251	
浜谷 みお	205	
浜野 佐知	34	
早川 清美	243	
早川 みつ子	245	
早川 律子	165	
早坂 幸	197	
林 昭子	213	
はやし あきひこ	211	
林 篤子	196	
林 香君	264, 265, 266	
林 克重	34	
林 京子	178	
林 江子	249, 250	
林 志英	109	
林 博子	202	
林 藤江	125	
林 富美子	9, 163	
林 文子	89	
林 芙美子	177	
林 雅子	8	
林 真実子	263	
林 真理子	64	
早矢仕 素子	257, 259	
林 陽子	143	
林 玲子	25	
林 セツ子	248, 249	
林葉 直子	78, 79	
はやの 歩実	219	
葉山 ちえ	219	
葉山 由季	171	
早水 和鷹	214	
はやみ 知晶	223	
早見 優	71	
原 楫	42	
原 節子	301, 308	
原 ちかこ	215	
原 尚子	197	
ハラ ハルカ	175	
原 日出子	48	
原 ひろ子	42	
原 富美子	121	
原 真美	201	
原 光子	246, 247	
原 百代	8	
原 佑子	246	
原 裕子	266, 268	
原木 光子	235, 236, 237, 239, 240	
原田 紀久子	23	
原田 惠子	56	
原田 さあ	223	
原田 隆子	266	
原田 千恵子	250	
原田 知代子	261	
原田 乃梨	200, 201, 202	
原田 英子	195	
原田 雅彦	56	
原田 美枝子	284, 286, 288, 289, 294, 295, 297, 303, 306, 312, 313, 314, 316	
原田 躬予子	42	
原田 睦	245	
原田 康子	177, 179	
原田 由美子	186	
原田 慶恵	152	
はる 桜菜	204	
はるき 悦巳	224	
春田 安喜子	244	
春田 慶子	37	
春田 まゆら	212	
はるな 愛	68	
春野 夏海	210	
榛の なな恵	224	
春乃人納人	218	
春巻 力	213	
春山 ちあき	220	
はんさむウーマンスタッフ	322	
半田 たつ子	13	
伴田 チエ	220	
半田 百合子	18	
坂東 敬子	88	
坂東 昌子	147	
坂東 眞理子	50	
坂東 美紀	21	
坂東 未来	107	
半那 裕子	256, 257, 258	
半浴 仁美	37	

【ひ】

ピア・スタディング	45	
P&G	98, 114	
日置 真世	32, 93	
ヒガアロハ	220	
日影 喜代子	233	
東磐井地方森林組合室根婦人部はなみずきの会	118	
東尾 理子	77	
東谷 弘子	257, 258	
東日本大震災女性支援ネットワーク	50	
東野 真由美	31	
東原 亜希	81	
東村 アキコ	209, 226	
氷上 透谷	217	
光機械製作所	98	
緋川 小夏	175	
樋口 稜花	215	
樋口 可南子	63, 76, 306, 312, 315	
樋口 恵子	14, 42, 322	
樋口 てい子	197, 332	
樋口 久子	15	
彦坂 章子	250, 251	
久田 真紀子	107	
久田 ヤヨイ	41	
久武 綾子	25	
久富 一代	106	
久間 啓子	271	
扉月 まみ	220	
ビストロくるるん	122	
ピーター	68	
日高 堯子	191	
日髙 のり子	242, 243	
ひだか まのあ	212	
飛騨市農業委員会	128	
日立製作所	51	
左 幸子	284, 302, 309, 310	
櫃本 真輝子	262	
一青 窈	316	
hitomi	52, 67	
人見 千恵子	233, 234, 238	
ひなた	220	
ひなた みわ	216	
日向 蓬	172	
日野 佳恵子	30	
日野 俊子	164	
日野 美貴	113	
桧本 ごま	223	
響 直美	217	
日比野 すみ	252, 253, 257	

日比野 雅子 ………… 265	平芽 京子 ………… 214	深田 智香子 ………… 332
一二三 恵美 ………… 152	平山 あや ………… 69, 70	深津 絵里 …… 65, 281, 289,
一二三 ゆう子 ………… 124	蛭田 亜紗子 ………… 172	293, 296, 298, 307, 316, 319
姫川 きらら ………… 220	蒜業会林業研究部会 … 118	深見 希代子 ………… 138
ひめの みわ ………… 215	昼間 かずよ ………… 262	深見 じゅん ………… 208
肥山 詠美子 …… 135, 139, 152	比留間 典子 ………… 330	福 明子 ………… 183, 201
檜山 洋子 ………… 41	広池 恵子 ………… 256	福井 真紀子 ………… 34
日向 さら ………… 211	広岡 守穂 ………… 53	福井 美津子 ………… 54
日向 夏生 ………… 216	ヒロコ・グレース ……… 63	福浦 茶々 ………… 221
ひょうたん倶楽部 ……… 122	広末 涼子 ………… 60,	福尾 久美 ………… 202
兵藤 秀子 ………… 7	65, 73, 83, 304, 316	福岡 文子 ………… 145
日吉 育子 ……… 263, 264	広瀬 一葉 ………… 214	福岡 澄子 ………… 238
平井 美佐子 …… 248, 253	広瀬 多加代 ………… 277	福岡県 ………… 50
平井 みすず ………… 267	廣瀬 伸子 ………… 242	福岡県女性史編纂委員会
平井 由紀子 ………… 109	広瀬 晴美 ………… 258	………… 26
平泉 遠 ………… 214	広瀬 麻紀 ………… 196	福士 加代子 ………… 24
平岩 桜 ………… 211	広瀬 円香 ………… 201	福嶋 親 ……… 240, 242
平尾 隆 ………… 47	廣瀬 慎美子 ………… 150	福島 みずほ ………… 93
平岡 敬 ………… 53	広瀬 淑子 ……… 252, 254	福島 瑞穂 ……… 245, 247
平岡 利枝 ………… 89	広津 桃子 ……… 178, 181	福島 裕子 ………… 128
平賀 多恵 ………… 202	広直 千賀子 ………… 255	福島 理恵子 ………… 93
平賀 妙子 ………… 263	浩峰 尚 ………… 214	福島 リラ ………… 76
平川 きみ子 ………… 259	広前 十和子 ………… 215	福代 俊子 ………… 43
平川 浩子 ………… 40	ヒロミ ………… 48	福神 伶 ………… 212
平木 久代 ……… 255, 258	ひわき ゆりこ ………… 171	福住 直美 ………… 267
平木 理化 ………… 82	樋渡 さくら ………… 231	福田 明子 ………… 115
平子 理沙 ………… 67	ピンク・レディー …… 68, 76	福田 沙紀 …… 60, 66, 70
平沢 克巳 ………… 214		福田 順子 ………… 37
平瀬 マリ子 ………… 267	【ふ】	福田 須磨子 ………… 181
平田 周子 …… 246, 247, 249		福田 智美 ………… 142
平田 博重 ……… 236, 237	ファーギー ………… 274	福田 雅子 ………… 322
平田 眞貴子 ………… 21	ファームまぁま喜ね舎 … 121	福田 美蘭 ………… 13
平田 由美 ………… 26	フィルダス,タヒラ ……… 29	福武 直 ………… 52
平田 律子 ………… 39	フィンレージの会 ……… 19	福地 園子 ………… 200
平舘 美木 ………… 106	笛樹 透子 ………… 216	服藤 早苗 ………… 25
平地 和恵 ………… 38	フェリシモ ………… 101	福留 ケイ子 ………… 125
平野 愛子 ………… 320	フォスター,ジョディ …… 297	福永 ひろ子 ………… 164
平野 綾 ………… 290	フォード,ビック ………… 232	福永 まこ ………… 222
平野 京子 ………… 164	深尾 恵美子 …… 250, 252, 253	福永 美加 ………… 238
平野 世紀子 ………… 122	深尾 凱子 ………… 41	福並 郷子 ………… 244
平野 多嘉子 ………… 40	深貝 裕子 ………… 331	福原 啓子 ………… 42
平野 親子 ………… 196	深沢 潮 ………… 172	福原 義春 ………… 53
平野 紀子 ……… 11, 22	深沢 紅子 ………… 246	福本 潮子 ………… 21
平野 佳子 ………… 128	深沢 ひとみ ………… 114	福本 春子 ………… 245
平林 幸子 ………… 22	深沢 倫子 ………… 152	ふくもと ゆみこ ……… 210
平林 たい子 …… 177, 178	深嶋 しょう子 ………… 228	福山 三義 ………… 130
ひらばやし ちづこ …… 212	深田 恭子 ……… 59, 64,	福山 律子 ………… 130
平原 綾香 ………… 69	68, 69, 82, 304, 313, 315, 319	福吉あかもく部会 ……… 125
平原ホタルグループ …… 120		富国生命保険 ………… 114
		藤 あや子 ………… 276

富司 純子（藤 純子） …… 76, 284, 286, 292, 293, 303, 304, 307, 310, 312, 315	藤田 宜永 …………… 56	舩岳 眞理 …………… 97
	藤谷 まり子 ………… 212	舟木 かな子 ………… 173
	藤谷 美紀 …………… 57	船越 英一郎 ………… 48
藤 真利子 …… 279, 303, 311	藤谷 美和子 ……… 285, 295, 303, 306, 312	鮒田 トト …………… 171
藤井 絢子 ………… 42, 87		船津 多加子 ………… 260
藤井 エミ …………… 252	藤浪 芳子 …………… 100	文挾 夫佐恵 ………… 187
藤井 和佐 …………… 25	藤野 可織 …………… 24	風吹 ジュン ………… 65, 297, 303, 306, 312, 316
藤井 栄見子 ………… 253	藤野 さち子 …… 263, 264	
藤井 多鶴子 ………… 245	藤野 正美 …………… 36	文月 更 ……………… 204
藤井 儔子 …………… 163	伏野 もとこ ………… 214	冬織 透真 …………… 221
藤井 智宏 …………… 227	藤ノ木 陵 …………… 175	冬名 真己 …………… 221
藤井 紀子 …………… 147	藤林 百合子 ………… 245	フラガールズ ……… 298
藤井 ハル …………… 206	藤原 ヒサヨ ………… 41	ブラウン, アルマ・G … 29
藤井 良子 …………… 265	藤間 紫 ……………… 279	降矢 恭子 …………… 106
藤井 リナ …………… 62	藤曲 美紀 …………… 214	武陵 蘭 ……………… 183
藤家 渓子 …………… 13	伏見 京子 …… 198, 199	プリンセス・プリンセス …………… 275, 276
藤家 渓子 …………… 21	伏見 妙子 …………… 42	
藤江 志津 …………… 231	藤実 リオ …………… 220	古川 珠枝 … 248, 253, 254
藤枝 澪子 …………… 41	富士見産婦人科病院被害者同盟 ………… 20, 55	古川 万史 ……… 264, 265
藤緒 あい …………… 222		フルーグフェルダー, グレゴリー・M. ………… 54
藤岡 恵子 …………… 132	藤村 久美子 ………… 217	
藤岡 美保子 ………… 240	藤村 志保 ……… 312, 331	古越 富美恵 ………… 331
藤臣 美弥子 ………… 213	藤村 るり子 ………… 21	古沢 昌子 …………… 128
藤川 英華 …………… 153	藤目 ゆき …………… 54	古舘 由姫子 ………… 211
藤川 玲子 …………… 242	藤本 かをり ………… 245	古谷 定子 …………… 245
藤木 リカ …………… 217	藤本 仁美 …………… 331	古野 雅子 …………… 21
藤崎 麻里 …………… 330	藤本 裕子 …………… 320	古橋 源六郎 ……… 4, 53
藤島 恵子 ……… 201, 202	藤本 美貴 …………… 57	古屋 繁子 …………… 41
藤代 智春 …………… 96	藤本 由佳利 ………… 272	古屋 真理子 ………… 264
藤田 和子 …………… 224	藤山 直美 … 286, 289, 307, 312	古谷 三敏 …………… 224
藤田 苑子 …………… 26		ブレークモアー ……… 232
藤田 ちづる ……… 200, 202	藤原 あずみ ………… 201	プロジェクト：「戦時性暴力の被害者から変革の主体へ―正義を求める女性たちの闘い」………… 29
藤田 徳子 …………… 106	藤原 栄子 …………… 200	
藤田 敏子 ……… 31, 104	藤原 かねよし ……… 215	
藤田 直子 …………… 331	藤原 志保 …………… 229	
藤田 にみ …………… 219	藤原 たか子 ………… 32	フローレンス ………… 32
藤田 晴雄 …………… 130	藤原 淑子 …………… 250	
藤田 比沙子 ………… 20	藤原 菜穂子 ………… 188	**【へ】**
藤田 富美恵 ………… 196	藤原 宏子 …………… 149	
藤田 史枝 …………… 267	藤原 よしこ ………… 212	裵 智恵 ……………… 44
藤田 麻由 …………… 227	藤原 順子 …………… 242	ペ・ドゥナ …………… 300
藤田 美栄 …………… 40	文月 繭 ……………… 215	平敷 淳子 …………… 165
藤田 美佐子 …… 234, 235	布施谷 充紀子 ……… 37	ベッキー …………… 60, 66, 67, 68, 80, 82
藤田 愛 ……………… 150	二神 みはる ………… 214	
藤田 恵 ……………… 153	ふたば夢工房企業組合 … 125	紅迫 春美 …………… 213
藤田 康子 …………… 265	物産販売所「清流」愛称お ばしゃんの店「清流」… 121	部谷 京子 ……… 13, 314
藤田 由加里 ………… 212		辺見 じゅん ………… 189
藤田 由美子 ………… 130	ブッシイ, アンヌ ……… 27	逸見 奈々恵 ………… 221
藤田 弓子 …………… 285	船井 紘子 …………… 262	
	船井 広子 …………… 263	

【ほ】

逸見 真由 ………… 171

【ほ】

BOA ………… 65
帆足 キヨ ………… 32
放送と女性ネットワークin関西 ………… 31
蓬萊 智子 ………… 117
北斗 晶 ………… 48, 56
保倉 明子 ………… 136
保坂 智子 ………… 165
星 巻 ………… 265, 266
星 ゆみ ………… 238, 239
星川 遙 ………… 201
星川 光子 ………… 31
星崎 海里 ………… 210
星田 良子 ………… 323
保科 靖子 ………… 201
ほしの あき ………… 75
星野 瑛子 ………… 235, 236, 237, 238, 240, 241
ほしの きょう子 ………… 214
星野 なつみ ………… 217
星野 麻紀 ………… 254
星野 有香 ………… 87
星野 由樹子 ………… 331
星野 弓子 ………… 54
星山 ユキ ………… 206
細井 恵美子 ………… 24
細尾 真奈美 ………… 157
細川 佳代子 ………… 16
細川 忍 ………… 53
細川 千絵 ………… 137
細川 知栄子あんど芙〜みん ………… 224
細川 ふみえ ………… 67
細沼 淑子 ………… 278
細野 紗枝子 ………… 261
細野 靖幸 ………… 115
細谷 英二 ………… 43
細谷 紀子 ………… 134
穂高 めぐみ ………… 214
北海道子育支援ワーカーズ ………… 32
ほっと今庄 ………… 125
穂野 ひのみ ………… 206
ほり かおる ………… 206

ほり けい ………… 199
堀 聡子 ………… 46
堀 純子 ………… 148
掘 達子 ………… 233, 234
堀 乃月 ………… 205
堀 舞 ………… 207
堀 麻希 ………… 152
堀井 謹子 ………… 134
堀内 敬子 ………… 281
堀内 さちみ ………… 212
堀江 節子 ………… 55
堀江 博子 ………… 250, 251, 253, 271
堀江 由衣 ………… 290
堀江 由香里 ………… 111
堀尾 拡子 ………… 233
堀岡 正子 ………… 257
堀川 惠子 ………… 326
堀川 雅子 ………… 328
堀木 エリ子 ………… 22, 86, 105
堀北 真希 ………… 60, 65, 73, 74, 75, 76, 77, 83, 319
堀切 さとみ ………… 29
堀口 文 ………… 163
堀口 雅子 ………… 15
堀古 みやこ ………… 222
堀越 深雪 ………… 38
堀澤 早霧 ………… 38
ポリーニ, ジョイス ………… 232
堀場 清子 ………… 25, 35
ホロウイッツ, キャサリン ………… 262
本沢 秀子 ………… 253, 254, 256, 257
本上 まなみ ………… 64, 77
ほんだ ちはる ………… 214
本多 房子 ………… 181
本田 昌子 ………… 257, 258
本田 和子 ………… 41
本田 美奈子 ………… 71
本多 稔 ………… 217
本田 稔 ………… 217
ほんだ みゆき ………… 197, 201
本間 郁子 ………… 18
本間 絹子 ………… 87
本間 美和子 ………… 148

【ま】

まぁ太 ………… 227

舞坂 あき ………… 176
舞鶴市女性センターネットワークの会 ………… 22
米田 菜穂 ………… 219
舞浜 千波 ………… 213, 214
MY LITTLE LOVER ………… 276
マウン, シンシア ………… 6
前川 壱佐 ………… 218
前川 初子 ………… 41
前川 美保 ………… 211
前島 静枝 ………… 233
前田 敦子 ………… 66, 76, 81, 299, 300
前田 さなみ ………… 247, 248
前田 佐保 ………… 45
前田 清 ………… 263
前田 とみ子 ………… 176
前田 真希 ………… 197
前田 美香 ………… 150
前田 理英 ………… 270
前田 礼子 ………… 259, 260
前原 洋子 ………… 116
まかね ゆう ………… 222
真河 ジュン ………… 221
真木 和 ………… 21
真己 京子 ………… 220
槙 佐知子 ………… 10
真木 しょうこ ………… 211
真木 ひいな ………… 212
真木 よう子 ………… 287, 293, 296, 307, 316, 317
牧浦 理恵 ………… 144
牧瀬 みお ………… 211
牧瀬 里穂 ………… 60, 63, 285, 313, 315
牧田 ゆうこ ………… 206
まきた ようこ ………… 200
蒔田 律子 ………… 192
牧野 公子 ………… 151
牧野 節子 ………… 176, 198
牧野 比呂子 ………… 210
牧野 夫佐子 ………… 162
まくり なつこ ………… 214
まごころ会 ………… 124
馬越 陽子 ………… 246, 247
まごた えみ ………… 214
政池 知子 ………… 136
正木 陶子 ………… 172
真砂 澄子 ………… 231, 233, 234, 235
マザーネット ………… 31

政野 澄子 …… 40	松岡 千鶴 …… 329	まつもと あやか …… 206
益伊 柚茉 …… 223	松岡 とも子 …… 206	松本 郁美 …… 268
真白 まゆみ …… 218	松岡 春樹 …… 202	松本 伊代 …… 48
増井 光子 …… 8, 145	松岡 佑子 …… 85	松本 有宙 …… 195
増子 佳世 …… 152	松岡 悠子 …… 267	松本 英子 …… 210
増田 明美 …… 8, 323	松木 洋人 …… 45	松本 悦子 …… 332
増田 かおり …… 108	松坂 慶子 …… 64, 285, 288,	松本 恵美 …… 255, 257
増田 恭子 …… 32	292, 294, 295, 298, 302, 303,	松本 紀保 …… 282
増田 欣子 …… 236, 239, 240	305, 306, 311, 312, 313, 315	松本 幸四郎・紀子 …… 56
増田 千鶴子 …… 265	松﨑 実穂 …… 47	松本 竜子 …… 267
増田 冷子 …… 242	松澤 恵美子 …… 265, 266	松本 典子 …… 190
増永 亜紀 …… 197	松沢 倫子 …… 332	松本 則子 …… 278
益成 明子 …… 264	松下 敦子 …… 150	松本 音奈 …… 216
増原 照美 …… 264	松下 祥子 …… 134, 148	松本 文繪 …… 21
増山 たづ子 …… 8	松下 智子 …… 149	松本 文絵 …… 168
益若 つばさ …… 68	松下 奈緒 …… 73, 82	松本 文江 …… 231
真朱 那奈 …… 204	松嶋 藻乃 …… 156	マツモト ミカ …… 215
俣木 聖子 …… 330	松島 紀佐 …… 148	松本 めぐみ …… 56
町田 京子 …… 246	松島 慈児 …… 21	松元 裕子 …… 117
松 たか子 …… 281, 287,	松嶋 菜々子 …… 58,	松本 ユリ …… 218
289, 293, 296, 297, 307, 317	64, 66, 72, 319	松本 陽子 …… 132
松井 明子 …… 262	松田 桂 …… 172	松本 竜 …… 234
松井 彩 …… 133	松田 恵子 …… 141	松本 零士 …… 224
松居 一代 …… 48	松田 壽美子 …… 108	松森 佳子 …… 201
松井 今朝子 …… 22	松田 聖子 …… 67	松山 京子 …… 164
松井 忠三 …… 53	松田 千鶴子 …… 43	松山 幸雄 …… 52
松井 則子 …… 202	松田 解子 …… 181	松雪 泰子 …… 63, 75, 293, 318
松井 秀子 …… 200	松田 知子 …… 136, 152	祭束 絵理 …… 214
松井 冬子 …… 75	松田 まどか …… 286	的場 和子 …… 233, 236, 237, 239
松井 美紀 …… 143	松田 美夜子 …… 11	Mana …… 67
松井 やより …… 12, 35	松平 盟子 …… 191	間中 敏子 …… 250, 257
松内 富子 …… 261	松っちゃん市場販売組合	真中 瞳 …… 286, 316
松内 節子 …… 264	…… 123	眞鍋 史乃 …… 136
松浦 愛子 …… 124	松任谷 由実 …… 275	真鍋 美恵子 …… 193
松浦 亜弥 …… 65	松苗 あけみ …… 208	ままかり …… 206
松浦 範子 …… 29	松永 英美 …… 322	間宮 敬子 …… 157
松浦 真弓 …… 92	松永 真理 …… 84	間宮 安子 …… 41
松浦 三知子 …… 35	まつの さより …… 210	真村 ミオ …… 220
松浦 南 …… 201	松ノ内 タマエ …… 212	真矢 みき …… 65
松浦 理英子 …… 179	松場 登美 …… 91	眉月 ジュン …… 205
松尾 亜紀子 …… 38	松橋 裕見子 …… 202	黛 一子 …… 237
松尾 周子 …… 164	松原 一枝 …… 181	黛 ハル太 …… 227
松尾 弘子 …… 21	松原 智恵子 …… 299	マリエ …… 59, 62, 68
松尾 優子 …… 266	松原 敏美 …… 41	万里村 奈加 …… 208
松尾 幸子 …… 145	松原 律子 …… 111	まるい ももこ …… 221
松尾 葉子 …… 8	松村 久子 …… 126	丸尾 容子 …… 141
松尾 香 …… 332	松村 文代 …… 91	丸川 賀世子 …… 176
松岡 享子 …… 11	松村 由利子 …… 49, 188, 190	丸木 希代 …… 165
松岡 滋子 …… 259	松村 好子 …… 18	丸木 俊 …… 12
松岡 節 …… 195	松本 朝子 …… 37	丸田 智子 …… 88

丸田 好美	………	105
丸浜 江里子	………	49
丸山 栄子	………	130
丸山 里美	………	55
丸山 千秋	………	147
丸山 春美	………	130
丸山 史	………	176
丸山 真由美	………	261
丸山 真理	………	215
丸山 結香	………	31
萬田 かり	………	223
萬田 久子	………	64, 69

【み】

未唯（MIE）	………	57, 68
美内 すずえ	………	207
三浦 晶子	………	135
三浦 永理	………	133
三浦 タカコ	………	41
三浦 朋子	………	56
三浦 智子	………	253, 254
三浦 弘子	………	234, 235, 236
三浦 道子	………	17
三浦 雄一郎	………	56
三浦 陽子	………	155
三浦市漁協婦人部連絡協議会	………	118
三笠運輸株式会社	………	31
三日月 拓	………	172
三上 公子	………	32
三上 枝織	………	291
三上 智恵	………	326
三上 日登美	………	199
三神 美和	………	164
未希	………	58
三木 紀伊子	………	174
みき ゆうと	………	221
右田 千代	………	325
右田 広美	………	129
御器谷 友美	………	151
三国 郁	………	213
三国 玲子	………	189, 193
三雲 アズ	………	204
御子柴 真由美	………	109
三坂特産物センター	………	124
岬 多可子	………	193
みさき のあ	………	210
海咲 ハナ	………	218
三郷 由香里	………	219
三澤 いく子	………	130
三澤 澄江	………	111
三澤 英雄	………	130
美条 征希	………	219
水 さなえ	………	219
水上 ムス	………	41
水上 幸衛	………	42
観月 ありさ	………	66, 71
深月 恵	………	214
瑞希 トビラ	………	227
みづき 真葉	………	222
水越 洋子	………	88
水沢 いおり	………	202
水沢地方農業担い手女性塾	………	118
水島 照子	………	7
水島 益子	………	241
水城 せとな	………	209
水谷 郁子	………	266
水谷 京子	………	219
水谷 フーカ	………	227
水鳴 さやか	………	214
水沼 未雅	………	156
水野 晶子	………	325, 329
水野 加余子	………	23
水野 恭子	………	245, 246
水野 真紀	………	57, 65, 73
水野 三重子	………	40
水野 美紀	………	70, 319
水野 ゆあん	………	217
水野 由美	………	144
水野 佳子	………	186
水原 希子	………	59, 73, 76
水原 紫苑	………	191
瑞穂市農業委員会	………	129
三隅 佳子	………	3, 42
水村 和枝	………	131, 147
水村 麟	………	217
ミセスいんない町づくりグループ	………	118
ミセスレビー	………	231
溝口 紀子	………	139
溝口 昌子	………	168
溝口 涼子	………	217
溝田 コトエ	………	244
美空 ひばり	………	275
溝呂木 美都子	………	211
三田 和代	………	280, 281
三田 公美子	………	331
三田 寛子	………	48, 56
三田 佳子	………	63, 285, 292, 294, 295, 297, 303, 306, 311, 315
みたけグルメ工房組合	………	125
御手洗 トモ	………	216
道下 和子	………	129
道の駅かほく小栗郷「お栗茶屋」	………	124
みつい 安野	………	221
三井 マリ子	………	4
三井 葉子	………	188
三井 洋子	………	251, 255
満島 ひかり	………	76, 282, 287, 298, 317, 318
満月 かほり	………	222
光田 敦子	………	234
光野 ため	………	21
光畑 由佳	………	32, 109
三林 美雪	………	107
光本 麗子	………	214
三森 かおり	………	130
三森 斉	………	130
みとみえにい	………	219
ミドラー, ベット	………	297
緑川 愛彩	………	204
皆川 賢太郎	………	57
皆川 千恵子	………	21
皆川 典子	………	262, 264, 266
皆川 未来	………	116
水無月 りょく	………	216
湊 かなえ	………	93
湊 崇暢	………	332
湊浦漁業協同組合女性部	………	124
南 明奈	………	60, 62, 69, 70
南 あつき	………	210
南 綾子	………	172
南 和恵	………	272
水波 風南	………	217
南 果歩	………	56, 292, 303
南 桂子	………	231
南 コニー	………	49
南 しのぶ	………	235
南 ツギエ	………	41
南 登美子	………	21
南 とめ	………	10
南 澪子	………	262

南田 洋子	……………	302
南大東村農漁村生活研究会	……………	125
南谷 英美	……………	155
源 千縁	……………	215
三根 孝子	……………	231
峰 竜太	……………	56
峰島 歌子	……………	41
峰谷 良香	……………	331
峯野 知子	……………	142
峰村 ユキ江	……………	244
箕浦 高子	……………	149
箕浦 玲子	……………	236
美濃島 薫	……………	140
三橋 ふじ子	……………	231
三原 裕子	……………	234
壬生 佐久子	……………	42
壬生 迪子	……	250, 251, 252
三船 美佳	…	48, 56, 74, 77
御船おふくろの店	……………	125
三保 三東子	……………	214
美馬 須美子	……………	254
三村 幸子	……………	263
三村 ムミ	……………	221
宮井 久美子	……………	22
宮井 真千子	……………	90, 100
宮内 禎子	……………	257
宮尾 すすむ・明美	……………	56
宮尾 節子	……………	194
宮尾 登美子	……………	178
宮川 幸子	……………	167
宮川 大助	……………	56
宮川 花子	……………	56
宮川 葉子	……………	180
宮城 朗子	……………	210
宮木 あや子	……………	172
宮城 まり子	……………	11
宮城県南三陸農協花き部会 女性部	……………	118
みやぎジョネット	……	19, 33
三宅 章子	……………	244
三宅 静恵	……………	129
三宅 深雪	……………	151
三宅 義子	……………	55
宮子 外喜子	……………	120
宮坂 陽子	……………	159
宮崎 あおい	……	76, 293, 319
宮崎 郁子	……………	194
宮崎 恭子	……………	43
宮崎 東海	……………	21
宮崎 弘美	……………	31
宮崎 安子	……………	160
宮崎 美子	……	303, 316
宮里 藍	……………	89
宮沢 由貴	……………	213
宮沢 りえ	……	57, 71, 76, 281, 286, 289, 292, 295, 298, 304, 307, 313, 316
宮地 邦子	……………	272
宮下 啓子	……………	106
宮下 順子	……	302, 305
宮下 すずか	……………	202
宮下 富美子	……	247, 252
宮下 弘子	……………	211
宮下 真沙美	……………	210
宮嶋 泰子	……………	322
宮島 葉子	……………	211
宮園 いづみ	……………	219
宮田 そら	……………	201
宮田 輝美	……	323, 328
宮田 まゆみ	……………	10
宮田 由美子	……………	85
宮永 瑠里子	……………	241
宮西 香穂里	……………	28
宮原 むつ美	……	255, 257, 259
宮原 寧子	……………	186
宮原 麗子	……………	249
宮部 珠江	……………	217
宮部 みゆき	……………	86
みやもと 朝陽	……………	218
宮本 悦子	……………	135
宮本 恵美子	……………	18
宮本 朋子	……	266, 267
宮本 信子	……	285, 288, 295, 299, 307, 315
宮本 紀子	……………	243
宮本 麻衣子	……………	328
宮本 まさ江	……………	314
宮本 まどか	……………	332
宮本 真由香	……………	215
宮本 裕子	……………	280
宮本 理江子	……	298, 325
宮来 衣	……………	221
明神農産加工組合	……………	120
三吉 雅子	……………	245
三輪 なつ子	……………	271
三輪 昌子	……………	40

【む】

向井 千秋	……	56, 145
向井 千恵	……………	197
向井 万起男	……………	56
向田 麻衣	……………	18
向原 ひさの	……………	216
むぎわら ゆら	……	199, 200
向田 友美	……………	272
夢菜 あねむ	……………	218
むつき ひとみ	……………	217
睦月 美香	……………	212
ムトゥ,サラスワティ	……………	29
武藤 久子	……………	270
武藤 正子	……………	104
武藤 類子	……………	29
宗片 惠美子	……………	32
宗久 恭子	……	231, 245
村井 静江	……………	231
村石 京子	……………	38
村尾 絢子	……………	244
村岡 ツユ子	……………	119
村岡 正子	……………	233
村上 章子	……………	176
村上 昭子	……………	240
村上 しいこ	……………	201
村上 真以	……………	266
村上 悠	……………	205
村上 洋子	……	239, 241
村崎 翠	……………	227
村治 佳織	……………	15
村瀬 一樹	……………	200
村瀬 和子	……………	188
村瀬 幸子	……	292, 311
村瀬 敏子	……………	261
村瀬 春樹	……	40, 52
村瀬 操	……	213, 214
村田 喜代子	……	179, 185
村田 早耶香	……………	111
村田 沙耶香	……………	183
村田 佳穂	……………	266
村野 久代	……………	243
邑橋 裕恵	……………	120
村松 加奈子	……………	152
村松 静子	……………	17
村松 里衣子	……………	142
村本 千洲子	……………	259

村本 理恵子 ……… 85	302, 303, 305, 311, 312, 315	森だくさんの会女性部会
村山 和子 ‥ 234, 236, 238, 240	百瀬 千尋 ……… 204	……… 31
村山 勝美 ……… 63	桃園 四川 ……… 212	森永 美智子 ……… 126
村山 きおえ ……… 248, 249	桃乃 みく ……… 219	森中 玲子 ……… 36
村山 恵子 ……… 266	桃もこ ……… 220	モリノ ……… 204
村山 由香里 ……… 32, 104	森 綾子 ……… 32	森野 ユズ ……… 227
村山 容子 ……… 251	森 郁恵 ……… 139	森野 玲未 ……… 217
室 たた ……… 220	森 泉 ……… 58	森本 躬和 ……… 211
室井 滋 ……… 286,	杜 香織 ……… 176	森本 銀 ……… 211
289, 295, 303, 306, 312	森 和子 ……… 105	森本 千絵 ……… 94
室山 優子 ……… 142	森 健祐 ……… 42	守谷 恭子 ‥ 234, 235, 238, 240
	森 進一 ……… 56	守屋 里海 ……… 212
	森 智子 ……… 127	森山 杏子 ……… 252, 254, 255
【め】	森 紀子 ……… 250	森山 晴美 ……… 192
	森 英恵 ……… 64, 76	森山 良子 ……… 65
めぇ田 のん ……… 227	森 昌子〔歌手〕……… 56	森脇 栄子 ……… 252
恵未 こにじ ……… 220	森 昌子〔陶芸家〕…‥ 264, 265	紋別簿記会 ……… 118
目黒 未奈 ……… 280	森 ます美 ……… 55	
目黒 礼子 ……… 259	森 茉莉 ……… 180	
メータオ診療所 ……… 6	森 美樹 ……… 173	【や】
目野 由希 ……… 200	森 光子 ……… 280	
米良 はるか ……… 113	森 美和子 ……… 138	矢内 理絵子 ……… 79
メロード ……… 124	森 悠子 ……… 22	八重樫 克子 ……… 210
綿丘 ゆにこ ……… 206	森 由美子 ……… 199	八木 幸子 ……… 31
	森 理世 ……… 62, 76	八木 茉莉子 ……… 271
	森丘 茉莉 ……… 210	八木 芳子 ‥ 255, 258, 259
【も】	森川 敦子 ……… 261	八木沼 笙子 ……… 330
	守川 千穂 ……… 117	柳生 美江 ……… 109
もたい まさこ ……… 296	森川 とおる ……… 210	薬師丸 ひろ子 ……… 287,
母袋 幸子 ……… 261	森川 万智子 ……… 54	288, 293, 296, 298, 302,
望月 郁子 ……… 179	森川 みどり ……… 162	304, 307, 319, 326
望月 牧子 ……… 144	森木 千津美 ……… 86	薬丸 裕英 ……… 56
望月 雅子 ……… 197	森清 和美 ……… 264	八雲ハンドメイドの会 …… 124
望月 美江 ……… 233	森口 瑤子 ……… 300	野菜直売所「おかあさんの
望月 優子 ……… 301, 309	森沢 由奈 ……… 214	店」 ……… 124
持田 澄子 ……… 138	森下 郁子 ……… 11	矢沢 あい ……… 225
持田 美根子 ……… 184	森下 径 ……… 244	矢澤 澄子 ……… 43
持谷 靖子 ……… 43	森住 ひろい ……… 216	矢城 あかね ……… 206
本 はるか ……… 219	森瀬 いずみ ……… 175	八代 亜紀 ……… 66
元岡 徳代 ……… 268	森田 祥子 ……… 108	矢代 ちとせ ……… 241, 242
本川 ふさ子 ……… 263	森田 節子 ……… 103	屋代 浩子 ……… 94
本橋 信子 ……… 258	森田 珠子 ……… 218	安 咸子 ……… 146
元淵 幸 ……… 13	森田 弘美 ……… 105	安 めぐみ ……… 70
本谷 治子 ……… 246	森田 真規子 ……… 156	野水 あいら ……… 186
本谷 有希子 ……… 76, 183	森田 ゆき ……… 220	安井 久子 ……… 37
元好 三和子 ……… 9	森田 幸枝 ……… 260	八杉 満利子 ……… 138
桃 みつは ……… 219	森田 陽子 ‥ 256, 258, 260	安多 郁子 ……… 246
桃井 かおり ……… 65, 75,	森田 りえ子 ……… 23	安田 和子 ……… 232, 233
83, 284, 285, 286, 288, 294,	森田 律 ……… 246	保田 健二 ……… 53
	森高 千里 ……… 48, 51	

安田 純代 …………… 42	山内 純子〔漫画家〕…… 210	ヤマザキ マリ …………… 76
安田 津奈子 …………… 242	山内 直子 ………… 234, 235	山崎 美和恵 …………… 154
安田 成美 ……… 51, 63, 306	山内 マリコ ……… 172, 183	山路 ひろ子 …………… 186
安田 玲美 …………… 95	山内 美雪 …………… 108	山地 美登子 …………… 332
安田 仁奈 …………… 136	山内 恵 …………… 49	山下 明子 …………… 262
安田 徳子 …………… 180	山岡 久乃 …………… 310	山下 勲夫 …………… 130
安田 遥 …………… 215	やまがた育児サークルラン	山下 カズ子 …………… 78
安田 紘子 …………… 261	ド …………… 33	山下 和子 …………… 130
安田 真奈 …………… 298	山川 みか子 …………… 200	山下 邦子 …………… 186
安田 美沙子 …………… 70	山岸 昭枝 …………… 331	山下 玉枝 …………… 264
安多 都子 …………… 245	山岸 香奈恵 …………… 183	山下 智恵子 …………… 176
安田 律子 …………… 261	山岸 治男 …………… 43	山下 徳子 …………… 329
安永 弘子 ………… 253, 254	山岸 凉子 …………… 207	山下 知子 …………… 46
安永 蕗子 …………… 189	山際 みはる …………… 232	山下 奈美 …………… 197
安原 幸子 ………… 265, 267	矢口 敦子 …………… 177	山下 晴絵 …………… 217
安光 契 …………… 250,	山口 絵理子 …………… 32	山下 三恵 …………… 197
252, 254, 255, 256	山口 香 …………… 10	山下 みづほ …………… 212
矢田 亜希子 …………… 319	山口 孝子 …… 251, 256, 258	山下 素子 …………… 262
谷田沢 典子 …………… 41	山口 たか子 …………… 260	山下 由美 ………… 33, 117
八千草 薫 …………… 65,	山口 年子 …………… 176	山田 五十鈴 …………… 283,
76, 292, 298, 307, 313	山口 智子 ……… 106, 297	301, 308, 309
八街 潤 …………… 204	山口 雛子 …………… 268	山田 詠美 …………… 179
谷津倉 智子 …………… 31	山口 美智江 ……… 267, 268	山田 和子 …………… 234
梁 雅子 …………… 177	山口 美智子 …… 241, 242, 243	山田 邦子 …………… 322
柳 千代子 …………… 249	山口 みつ子 ……… 14, 43	山田 啓 ……… 250, 252, 257
やなぎ みわ …………… 23	山口 都 …… 237, 238, 239, 240	山田 敬子 …………… 54
柳澤 桂子 …………… 145	山口 美也子 ……… 302, 305	山田 恵子 …………… 147
柳澤 美晴 …………… 190	山口 みゆき …………… 206	山田 さくら …………… 218
柳澤 実穂 …………… 136	山口 百恵 …………… 276	山田 多佳子 …………… 160
栁 喜美子 …………… 41	山口 祐子 …………… 38	山田 たけを …………… 47
柳 恵子 …………… 212	山口 玲 …………… 201	山田 敏子 …………… 243
柳原 和子 …………… 17	山口 レイ ………… 233, 234	山田 登美子 ……… 247, 248
柳元 麻実子 …………… 143	山口 礼子 …………… 232	山田 晴河 …………… 138
柳谷 郁子 …………… 171	山崎 明子 …………… 27	山田 文子 …………… 234
柳谷 慶子 …………… 26	山崎 明穂 …………… 202	山田 満知子 …………… 10
柳瀬 弥生 …………… 231	山崎 鮎子 …………… 211	山田 万知代 …………… 202
矢野 陽子 …………… 135	山崎 和子 …………… 38	山田 みほこ …………… 221
矢作 豊子 …………… 198	山崎 加代 …………… 219	山田 康代 ………… 253, 254
矢走 恵美子 …………… 128	山崎 京子 …………… 121	山田 優 …………… 81
八尋 美智子 …………… 123	山崎 才会 …………… 270	山田 由佳 …………… 96
藪 ゆき子 …………… 86	山崎 倫子 …………… 166	山田 理花 …………… 199
藪内 英子 …………… 163	山崎 聡子 …………… 190	山田 リラ …………… 252
矢吹 正信 …………… 332	山崎 捷子 …………… 43	山寺 重子 …… 251, 253, 254
矢部 みち子 …………… 105	山咲 千里 …………… 67	大和 アカ …………… 207
山 悦子 …………… 38	山﨑 つる子 …………… 229	山仲 久美子 …………… 264
山秋 真 …………… 29	山崎 直子 …………… 155	山中 智恵子 …………… 189
山内 恵美子 …… 254, 256, 257	山崎 典子 …………… 210	山中 寿子 …………… 247
山内 紅子 ………… 265, 266	山崎 比紗子 …………… 104	山中 真寿子 …………… 257
山内 純子〔客室乗務員〕… 37	山崎 正恵 …………… 213	山中 幸恵 …………… 38
		山中 リコ …………… 219

山根 多恵 …………… 107	雄城 和音 …………… 212	横井 幸代 …………… 259
山根 通子 ‥ 247, 248, 249, 251	祐木 純 ……………… 216	横井 千香子 …………… 90
山野 和子 ……………… 15	優木 まおみ ……… 60, 75	横井 寿子 …………… 265
山野 ゆたか …………… 222	悠木 美羽 …………… 205	横尾 さとり ………… 159
山ノ内 早苗 ………… 170	夕鷺 かのう ………… 204	横川 律 ……………… 235
山之内 よもぎ ……… 223	祐天寺 ヒロミ ……… 175	横田 明子 …………… 200
山辺 麻由 …………… 212	遊YOU村女性部 …… 118	横田 響子 …………… 33
山村 美紗 ……………… 21	湯川 佳子 ……… 234, 235	横田 純子 …………… 33
山村 睦 ……………… 171	湯川 れい子 ………… 322	横田 テル …………… 269
山本 愛 ……………… 52	由木 かずゆ ………… 222	横田 洋三 …………… 4
山本 朝子 …………… 231	由紀 さおり …… 66, 76, 311	横地 朝子 …………… 230
山本 沖子 …………… 188	諭吉 ………………… 213	横馬場 ユキ ………… 216
山本 和子 …………… 259	幸乃 あいこ ………… 211	横溝 環 ……… 248, 249, 250
山本 公子 ……………… 21	行宗 登美 …………… 331	横溝 正子 …………… 40
山本 君子 …………… 120	雪村 いづみ ………… 64	横路 孝弘 …………… 52
山本 希美子 ………… 135	行元 昭子 ……… 235, 237	横峯 さくら …………… 67
山本 久美子 …… 245, 247	雪矢 ナギ …………… 221	横山 詩子 …………… 159
山本 純子 ……………… 22	弓削 ゆこ …………… 219	横山 和子 …………… 166
山本 淳子 ……………… 22	遊佐 雅美 ……………… 14	横山 真由美 ………… 217
山本 せつ子 …………… 40	楡崎 亜樹 …………… 209	横山 未来子 ………… 187
山本 貴司 ……………… 48	湯崎 夫沙子 …………… 10	横山 美幸 …………… 198
山本 成美 …………… 201	湯沢 美都子 ………… 168	横山 ゆきね ………… 211
山本 宣子 …………… 258	湯沢 雍彦 ……………… 41	横山 りえ …………… 104
山本 典子 …………… 112	吉本 桂子 …………… 113	吉井 光子 …… 238, 239, 240
山本 英子 …………… 232	柚木 麻樹 …………… 205	義江 明子 …………… 26
山本 繊子 …………… 167	湯瀬 富美子 … 253, 254, 255	吉岡 幸子 …………… 219
山本 富士子 …… 284, 301	ユタカ 順子 ………… 229	吉岡 敏子 …………… 128
山本 文子 ……………… 32	YUCHI ……………… 215	吉開 若菜 …………… 331
山本 眞紗子 ………… 272	Yu-to ……………… 213	吉川 香里 …………… 117
山本 美佳子 …………… 36	柚木 美佐子 ………… 171	吉川 和美 …… 255, 256, 258
山本 道子 …………… 179	由美 かおる …………… 64	吉川 キュウ ………… 221
山本 美穂 …………… 111	弓 透子 ……………… 170	吉川 寿子 ……… 238, 239
山本 柚 ……………… 28	夢耕房農産加工グループ	吉川 朋子 ……… 144, 150
山本 容子 ……………… 7	………………… 125	吉川 トリコ ………… 172
山本 洋子 …………… 191	夢野 まこと ………… 213	吉川 のり子 …………… 18
山脇 冨士子 ………… 253	榎本 佳余子 ………… 331	吉川 ひなの ……… 67, 72
山脇 るり子 …………… 37	湯山 育子 …………… 150	吉國 ぴあ …………… 328
やわらぎ ゆう ……… 214	由良 利枝子 ………… 265	吉沢 岩子 …………… 331
梁 澄子 ……………… 54		吉沢 薫 ……………… 171
	【よ】	吉澤 ひとみ …………… 62
【ゆ】		善積 京子 …………… 54
	余 貴美子 ………… 66,	吉住 ミカ …………… 202
湯浅 雪子 ……………… 41	293, 296, 303, 312, 313	吉田 秋生 ……… 224, 225
唯 マイカ …………… 221	姚 毅 ………………… 27	吉田 英子 …… 248, 251, 253
YOU …………… 65, 286	陽気な母さんの店友の会	吉田 絵美 …………… 268
優香 … 58, 60, 69, 70, 74, 75	………………… 125	吉田 絵里 ……… 136, 148
悠木 碧 ……………… 291	養老 静江 …………… 160	吉田 恵子 …………… 210
結城 亜美 …………… 213	養老 孟司 ……………… 53	吉田 沙保里 ……… 16, 76
	余吾 ひろみ ………… 264	吉田 早織 …………… 205

吉田 誠子 …… 251, 253, 256	吉本 多香美 ………… 300	龍 知恵子 …………… 162
吉田 清二 …………… 130	芳本 ともみ ………… 213	梁 澄子 ……………… 54
吉田 千春 …………… 142	芳元 のえ …………… 210	緑友会六輪村 ……… 125
吉田 年美 …………… 152	吉本 信子 …………… 141	LiLiCo ………………… 68
吉田 知子 …………… 178	吉本 ばなな ………… 185	梨花 ………………… 81
吉田 典子 …………… 170	吉本 光里 …………… 92	リンゼイ美恵子 ……… 177
吉田 春代 …………… 195	吉本 ミチ …………… 161	
吉田 日出子 ………… 306	吉本 実憂 …………… 60	【る】
吉田 ふじを …… 233, 235	吉屋 信子 …………… 177	
吉田 穂波 …………… 157	吉行 和子 … 281, 309, 313, 315	類 圭子 ……………… 249
吉田 麻衣子 ………… 149	吉行 理恵 ……… 179, 181	ルーシュ, バーバラ …… 26
吉田 正子 …………… 96	依田 弘子 …………… 252	ルダシングワ 真美 …… 17
吉田 マサ子 ………… 130	依田 真由子 ………… 155	ルビー・モレノ ……… 285,
吉田 真理子 ………… 262	淀 夕季 ……………… 214	303, 306, 312
吉田 陽子 …………… 124	与那国町生活改善実行グ	
吉田 義仁 …………… 53	ループ連絡研究会 …… 121	【れ】
吉田 里香 ‥ 263, 265, 266, 267	米川 千嘉子 ………… 191	
吉高 まり …………… 91	米倉 愛子 …………… 235	冷泉 布美子 ………… 21
吉高 由里子 … 66, 298, 314	米倉 涼子 …………… 57,	レディー・ガガ ……… 274
吉武 利子 ……… 233, 234	61, 64, 66, 67, 68, 70,	レディース100年の森林業
芳谷 明子 …… 232, 240, 241	71, 72, 73, 74, 75, 77, 83	グループ ……………… 32
吉次 優美 …………… 197	米沢 富美子 …… 13, 138, 145	蓮仏 美沙子 ………… 287
吉永 小百合 …… 285, 289, 292,	米田 明美 …………… 180	蓮舫 ……………… 51, 66
293, 294, 295, 296, 302, 303,	米田 美稚子 ……… 198, 199	
306, 307, 311, 312, 315, 317	米田 みゆき ………… 268	【ろ】
良永 勢伊子 ………… 331	米田 律子 …………… 193	
吉永 記子 ……… 216, 217	米原 貴志子 ………… 240	ローラ …… 60, 68, 72, 73, 80
よしなが ふみ …… 208, 225	米原 万里 …………… 322	
吉野 阿貴 …………… 219	米山 信子 …………… 244	【わ】
吉野 あづさ ………… 214	よもぎ 律子 ………… 196	
吉野 せい …………… 181	寄神 千恵子 ………… 262	ワイルダー, マーシー …… 148
吉野 節子 …………… 314	萬 桜林 ……………… 201	若尾 文子 …………… 63,
吉野 直子 …………… 11		76, 284, 301, 302, 313
吉橋 実江子 ………… 21	【ら】	若田 加寿子 ………… 37
吉橋 和子 …………… 231		環方 このみ ………… 220
吉橋 通夫 …………… 183	らいてう研究会 ……… 49	若武 ジョウ ………… 218
吉原 晶子 …………… 196	らいてうの家 ………… 35	若菜 まみ …………… 212
吉松 育美 …………… 73	羅川 真里茂 ………… 224	若林 静子 …………… 164
吉村 明美 …………… 224	烙斗 ………………… 227	若山 清香 ……… 135, 144
吉村 憂希 …………… 32	RATS ………………… 227	若山 よしえ ………… 214
吉村 喜美代 ………… 254		脇田 サトエ ………… 126
吉村 健二 …………… 202	【り】	脇田 晴子 …………… 25
吉村 実子 …………… 302		脇山 順子 …………… 43
吉村 奈央子 ………… 171	李 宇玲 ……………… 180	ワーキング・ウィメンズ・ネッ
吉村 博子 …………… 197	力丸 のり子 ………… 201	
吉村 雅子 ……… 250, 251	六花 チヨ …………… 208	
芳村 真理 …………… 63	りま ………………… 207	
吉村 陽子 …………… 320		
吉本 純子 …………… 111		

女性の賞事典 **373**

トワーク（WWN） 3
和久 はるみ 242
和久井 映見 285,
　　289, 292, 295, 315, 316, 318
湧井 晏子 232
和崎 揚子 93
鷲尾 美枝 218
鷲谷 七菜子 190
和田 アキ子 63, 68, 322
和田 安里子 195
和田 梅 8
和田 栄子 198
ワダ エミ 21, 315
和田 恵子 144
和田 智恵子 21, 43
和田 ゆりえ 171
和田 律子 180
私屋 カヲル 213
渡瀬 悠宇 212, 225
渡辺 愛 206
渡辺 アイ子 242
渡邊 亜紗子 267
渡部 市千 267
渡辺 えり子 295, 306
渡辺 加奈 84
渡辺 記世 260
渡部 京子 330
渡辺 邦子 199
渡辺 謙 77
渡邉 貞子 121
渡辺 静江 248
渡部 周子 26
渡辺 多恵子 224, 225
渡邊 智恵子 93
渡辺 千佳子 105
渡辺 とみ 196
渡辺 典子 320
渡辺 裕之 48
渡辺 ペコ 226
渡邉 政子 121
渡邉 真理 157
渡辺 満里奈 52
渡辺 みえこ 34
渡辺 美佐子 280, 301
渡辺 美里 275
渡辺 美奈代 67
渡辺 美代子 140
渡辺 睦子 133
渡辺 めぐみ 44

渡辺 やよい 172
渡辺 由紀子 247,
　　　　　　　248, 250, 252
渡邉 裕美子 180
渡辺 百合子 231
渡辺 ヨシ 232, 233, 235
渡辺 喜美 237, 241
渡辺 頼子 199
綿矢 りさ 23
亘 佐和子 328
渡 英子 190
渡 まかな 206
ワット 隆子 10
鰐淵 晴子 312
和樂 桜夜 222
蕨 恵子 269

【英数】

Burgess,Diane J. 158
Duchêne,Dominique 158
Duncan,Ruth 158
Giacomini,Kathleen M.
　　　　　　　　　　 158
Liu,Huixin 137
Pakravan,Tina 283

女性の賞事典

2014年5月25日　第1刷発行

発　行　者／大高利夫
編集・発行／日外アソシエーツ株式会社
　　　　　〒143-8550 東京都大田区大森北 1-23-8 第3下川ビル
　　　　　電話 (03)3763-5241(代表)　FAX(03)3764-0845
　　　　　URL http://www.nichigai.co.jp/
発　売　元／株式会社紀伊國屋書店
　　　　　〒163-8636 東京都新宿区新宿 3-17-7
　　　　　電話 (03)3354-0131(代表)
　　　　　ホールセール部(営業)　電話 (03)6910-0519

電算漢字処理／日外アソシエーツ株式会社
印刷・製本／光写真印刷株式会社

不許複製・禁無断転載　　〈中性紙H-三菱書籍用紙イエロー使用〉
〈落丁・乱丁本はお取り替えいたします〉
ISBN978-4-8169-2472-9　　Printed in Japan,2014

本書はディジタルデータでご利用いただくことが
できます。詳細はお問い合わせください。

女性・婦人問題の本全情報2007-2010

A5・810頁　定価（本体28,500円＋税）　2011.5刊

2007～2010年に刊行された女性・婦人問題関連の図書9,700点を網羅した図書目録。政治・歴史・労働問題から家庭・健康・性の問題まで、幅広い分野の図書をテーマごとに通覧できる。

環境・エネルギーの賞事典

A5・360頁　定価（本体14,000円＋税）　2013.8刊

国内の環境・エネルギー分野の主要な賞の概要と、第1回からの全受賞者情報を掲載。おおさか環境賞、環境デザイン賞、日韓国際環境賞、ブループラネット賞、省エネ大賞、石油学会賞、日本原子力学会賞など58賞を収録。

ノーベル賞受賞者業績事典
新訂第3版―全部門855人

ノーベル賞人名事典編集委員会編

A5・790頁　定価（本体8,500円＋税）　2013.1刊

1901年の創設から2012年までの、ノーベル賞各部門の全受賞者の業績を詳しく紹介した人名事典。835人、20団体の経歴・受賞理由・著作・参考文献を掲載。

日本の祭神事典
社寺に祀られた郷土ゆかりの人びと

A5・570頁　定価（本体13,800円＋税）　2014.1刊

全国各地の神社・寺院・小祠・堂などで祭神として祀られた郷土ゆかりの人物を一覧できる。歴史上の有名人をはじめ、地域に貢献した市井の人まで多彩に収録。

日本全国　発祥の地事典

A5・560頁　定価（本体9,500円＋税）　2012.7刊

主に明治期以降におこった産業・文化、歴史の事物起源を示す発祥の地1,247件を収録した事典。製鉄、企業、大学、農産物、医学、鉄道、姓氏、祭礼、芸能など様々な発祥の地を掲載。

データベースカンパニー
日外アソシエーツ　〒143-8550　東京都大田区大森北1-23-8
TEL.(03)3763-5241　FAX.(03)3764-0845　http://www.nichigai.co.jp/